ヘーゲル全集 第 11 巻
ハイデルベルク・エンツュクロペディー

ヘーゲル全集 第11巻

ハイデルベルク・エンツュクロペディー

(1817)

付：補遺

責任編集　山口誠一

訳　者
池松　辰男／伊藤　功／大西　正人
岡崎　龍／大河内泰樹／川瀬　和也
小島　優子／真田　美沙

知泉書館

責任編集総括

山 口 誠 一

凡　　例

I　参照文献
本翻訳は，つぎのテキストと翻訳を参照した。
A　テキスト

1. *Georg Wilhelm Friedrich Hegel, Enzyklöpedie der philosophischen Wissenschaften im Grundrisse (Georg Wilhelm Friedrich Hegel: Sämtliche Werke. Jubiläumsausgabe in zwanzig Bänden. Bd. 6).* Hrsg. v. H. Glockner, Friedrich Frommann Verlag, Stuttgart, 1968[4].

2. *Georg Wilhelm Friedrich Hegel, Enzyklöpedie der philosophischen Wissenschaften im Grundrisse (Georg Wilhelm Friedrich Hegel: Gesammelte Werke. Bd. 13).* Hrsg. v. W. Bonsiepen und K. Grotsch, Felix Meiner Verlag, Hamburg, 2000.（本テキストの枢要をなす校訂注［Apparat］は，原則として翻訳しなかった。大量の精神哲学自筆原稿メモ写真もすべて割愛した。自筆原稿タイトルも変更し，大量の見出しを挿入した。）

3. I. Der Objektive Geist aus der Heidelberger Enzyklopädie (1817) mit Hegels Vorlesungen (1818-1819). In: G.W.F. Hegel, *Vorlesungen über Rechtsphilosophie. 1818-1831.* Edition und Kommentar in sechs Bänden von K.-H. Ilting, Bd. 1, F. Frommann Verlag, Stuuttgart-Bad Cannstatt, 1973, S. 126ff.

4. Hegels Notizen zum absoluten Geist. Eingeleitet und hrsg. von H. Schneider. In: *Hegel-Studien.* Bd. 9, 1974, S. 9ff.

5. Hegels Vorlesungsnotizen zum subjektiven Geist. Eingeleitet und hrsg. von F. Nicolin und H. Schneider. In: *Hegel-Studien.* Bd. 10, 1975, S. 11ff.

6. Ein Blatt aus Hegels Heidelbergerzeit. Hrsg. und erläutert von K. Düsing und H. Kimmerle. In: *Hegel-Studien.* Bd. 6, 1971, S. 39ff.

7. Ein Blatt aus Hegels Vorlesungen über Logik und Metaphysik. Hrsg. und erläutert von F. Hogemann und W. Jaeschke. In: *Hegel-Studien.* Bd. 12, 1977, S. 19ff.

8. Unveröffentlichte Vorlesungsmanuskripte Hegels. Hrsg. und erläutert von H. Schneider. In: *Hegel-Studien.* Bd. 7, 1972, S. 9ff.

B　翻　訳

Encyclopédie des Sciences Philosophiques, I.-La Sciences de la Logique. Texte Intégral Présenté, Traduit et Annoté par B. Bourgeois, Paris, 1970.

Encyclopedia of the philosophical sciences in outline. tr. by Steven A. Taubeneck, in *Encyclopedia of the philosophical sciences in outline and critical writings.* ed. by E. Behler, Oxford University Press, New York, 1990.

vi 凡 例

『ハイデルベルク・エンチュクロペディー』「緒論」および「予備概念」，加藤尚武・
　上村芳郎訳，『ヘーゲル研究』（上妻精・加藤尚武編集），第 4 号，1987 年。
『ハイデルベルク・エンチュクロペディー』「客観的精神」章，加藤尚武・神山伸弘
　訳，『ヘーゲル研究』（上妻精・加藤尚武編集），第 8 号，1988 年。
G.W.F. ヘーゲル『ハイデルベルク・エンチュクロペディー』の「主観的精神」（ハイ
　デルベルク，1817 年），高畑菜子・栗原隆訳，『知のトポス』第 11 号，2016 年，
　pp.1-58.
G.W.F. ヘーゲル著／黒崎剛監訳／藤田俊治・小坂田英之・金澤秀嗣訳『ハイデルベ
　ルク論理学講義──『エンチクロペディー』「論理学」初版とその講義録』ミネ
　ルヴァ書房，2017 年。

Ⅱ　参照ヘーゲル全集・著作集・講義録原稿選集
Georg Wilhelm Friedrich Hegel's Werke Vollständige Ausgabe durch einen Verein von
　Freunden des Verewigten: Philipp Marheineke, Johannes Schulze, Eduard Gans,
　Leopold v. Henning, Heinrich Hotho, Karl Michelet, Friedrich Förster. 1. u. 2.
　Auflage, Berlin (Leipzig): Düncker und Humblot, 1832-1845.（Hegel, *Werke.* と略
　記し，ベルリン版『ヘーゲル著作集』あるいは故人の友人の会版『ヘーゲル著
　作集』と日本語表記する。）
Georg Wilhelm Friedrich Hegel: Sämtliche Werke. Jubiläumsausgabe in zwanzig Bänden.
　Neu hrsg. v. Glockner, Hermann, Stuttgart, Frommann, 1927ff.
Georg Wilhelm Friedrich Hegel: Werke in zwanzig Bänden. Auf der Grundlage der Werke
　von 1832-1845 neu editierte Ausgabe. Redaktion Eva Moldenhauer und Karl Markus
　Michel, Frankfurt am Main, Suhrkamp Verlag, 1969-1979.（*SK* と略記する。）
Georg Wilhelm Friedrich Hegel: *Gesammelte Werke*. Felix Meiner Verlag, Hamburg,
　1968ff.（*GW* と略記し，アカデミー版『ヘーゲル全集』と日本語表記する。）
Georg Wilhelm Friedrich Hegel: Vorlesungen über die Philosophie. Ausgewählte
　Nachschriften und Manuskrite. Felix Meiner Verlag, Hamburg, 1983ff.（*V* と略記し，
　『ヘーゲル講義録原稿選集』と日本語表記する。）

Ⅲ　表記について
　A　記号表記
1）　訳文中の節ごとの小見出しなどは，すべて訳者による挿入である。
2）　『ハイデルベルク・エンツュクロペディー』第 3 部精神哲学自筆メモ部分脚注内
　　注の頁数と行数は，アカデミー版『ヘーゲル全集』第 13 巻のものである。
3）　訳者による挿入は，亀甲〔　〕括ってある。
4）　書名以外の論文名と引用文などの訳語表記は，鈎括弧「　」で括ってある。
5）　書名・誌名は，訳語を二重鈎括弧『　』で括ってある。
6）　隔字体表記による強調は，黒ゴマ傍点記号（例：あいうえお）で表記する。
7）　大文字による強調は太字ゴチック体で表記する。また，小型大文字による強調
　　（例：KAPITÄLCHEN）はゴチック体で表記する。

凡　　例　　　　　　　　　vii

8)　文章の省略記号は〔…〕とする。

9)　｜（頁数）は，オリジナル版の改頁を示す。

10)　O｜[★]は『ハイデルベルク・エンツュクロペディー』第3部精神哲学自筆メモ
　用挿入頁綴じ込み原版を示す。

11)　本文各節の注解部分は右に2字下げで示した。

12)　頁数の後の[★]は，当該頁が自筆メモ用挿入用紙であることを示している。

　B　数字表記

1)　訳者が挿入した序数は，1，2，3と表記する。

2)　（　）で括った節番号は，『エンツュクロペディー』第3版の節番号である。

3)　補遺（A）『ハイデルベルク・エンツュクロペディー』C. 精神哲学についてのメ
　モの【　】内の丸括弧で括られた数字は，ヘーゲル自筆原稿の頁数である。

4)　【　】内の括弧前の数字は，【　】以降のアカデミー版『ヘーゲル全集』第13
　巻の頁数を示す。

　C　注・文献表記について

1)　ヘーゲルによる注は，注記号のある段落直下に置く。

2)　原注，訳注，校訂注の注番号は，共通の通し番号で表記し，注番号は訳文中に
　上付き1/4角で1），2），3）と表記し，脚注とする。その際に注番号の後に（原
　注）（訳注）（クロノロギー注）（校訂注）などの区別を表記する。

3)　原注は，アカデミー版の Anmerkung の翻訳であり，訳注の一部分も Anmerkung
　を参照している。クロノロギー注は，アカデミー版の Editorischer Bericht を参
　照している。アカデミー版の Apparat は原則として翻訳しないが，重要なもの
　は，校訂注とした。

　D　原稿文表記について

1)　…は，校訂注でだけ，原典編集者によるテキスト省略を示す。

2)　〈　〉は，原稿における削除箇所を示す。

3)　《　》は，原稿における過剰削除箇所を示す。

4)　たとえば，die｜の下付数字は校訂注における同一行での登場順を示す。

Ⅳ　翻訳分担

翻訳分担については，本書巻末の訳者紹介を参照されたい。

目　次

凡　例⋯⋯⋯⋯⋯⋯⋯⋯⋯⋯⋯⋯⋯⋯⋯⋯⋯⋯⋯⋯⋯⋯⋯⋯⋯⋯⋯⋯ v

哲学的諸学問のエンツュクロペディー要綱

［序　説］⋯⋯⋯⋯⋯⋯⋯⋯⋯⋯⋯⋯⋯⋯⋯⋯⋯⋯⋯⋯⋯⋯⋯⋯⋯⋯ 5
内容目次⋯⋯⋯⋯⋯⋯⋯⋯⋯⋯⋯⋯⋯⋯⋯⋯⋯⋯⋯⋯⋯⋯⋯⋯⋯⋯⋯ 9
緒　論⋯⋯⋯⋯⋯⋯⋯⋯⋯⋯⋯⋯⋯⋯⋯⋯⋯⋯⋯⋯⋯⋯⋯⋯⋯⋯⋯⋯ 11

I　論理学

予備概念⋯⋯⋯⋯⋯⋯⋯⋯⋯⋯⋯⋯⋯⋯⋯⋯⋯⋯⋯⋯⋯⋯⋯⋯⋯⋯⋯ 24

第1部　存在論⋯⋯⋯⋯⋯⋯⋯⋯⋯⋯⋯⋯⋯⋯⋯⋯⋯⋯⋯⋯⋯⋯⋯ 43
　A　質⋯⋯⋯⋯⋯⋯⋯⋯⋯⋯⋯⋯⋯⋯⋯⋯⋯⋯⋯⋯⋯⋯⋯⋯⋯⋯ 44
　B　量⋯⋯⋯⋯⋯⋯⋯⋯⋯⋯⋯⋯⋯⋯⋯⋯⋯⋯⋯⋯⋯⋯⋯⋯⋯⋯ 56
　C　度量⋯⋯⋯⋯⋯⋯⋯⋯⋯⋯⋯⋯⋯⋯⋯⋯⋯⋯⋯⋯⋯⋯⋯⋯⋯ 61

第2部　本質論⋯⋯⋯⋯⋯⋯⋯⋯⋯⋯⋯⋯⋯⋯⋯⋯⋯⋯⋯⋯⋯⋯⋯ 63
　A　純粋な反省諸規定⋯⋯⋯⋯⋯⋯⋯⋯⋯⋯⋯⋯⋯⋯⋯⋯⋯⋯ 66
　B　現象⋯⋯⋯⋯⋯⋯⋯⋯⋯⋯⋯⋯⋯⋯⋯⋯⋯⋯⋯⋯⋯⋯⋯⋯ 76
　C　現実性（Die Wirklichkeit）⋯⋯⋯⋯⋯⋯⋯⋯⋯⋯⋯⋯⋯ 85

第3部　概念論⋯⋯⋯⋯⋯⋯⋯⋯⋯⋯⋯⋯⋯⋯⋯⋯⋯⋯⋯⋯⋯⋯⋯ 97
　A　主観的概念⋯⋯⋯⋯⋯⋯⋯⋯⋯⋯⋯⋯⋯⋯⋯⋯⋯⋯⋯⋯⋯ 100
　B　客観⋯⋯⋯⋯⋯⋯⋯⋯⋯⋯⋯⋯⋯⋯⋯⋯⋯⋯⋯⋯⋯⋯⋯⋯ 124

x　　　　　　　　目　次

　C　理念 ……………………………………………………………… 136

Ⅱ　自然哲学

第1部　数　学 ……………………………………………………… 161

第2部　物理学 ……………………………………………………… 173
　A　力学 ……………………………………………………………… 176
　B　元素物理学 ……………………………………………………… 188
　C　個体物理学 ……………………………………………………… 203

第3部　有機体物理学 ……………………………………………… 221
　A　地質学的自然 …………………………………………………… 223
　B　植物的自然 ……………………………………………………… 225
　C　動物有機体 ……………………………………………………… 228

Ⅲ　精神哲学

第1部　主観的精神 ………………………………………………… 257
　A　魂 ………………………………………………………………… 259
　B　意識 ……………………………………………………………… 272
　C　精神 ……………………………………………………………… 284

第2部　客観的精神 ………………………………………………… 305
　A　法権利 …………………………………………………………… 307
　B　道徳性 …………………………………………………………… 312
　C　人倫 ……………………………………………………………… 317

第3部　絶対的精神 ………………………………………………… 325

目　次　　　　xi

補　遺

（A）『エンツュクロペディー』　C. 精神哲学についてのメモ……337
　〔第 1 部　主観的精神〕…………………………………………340
　　〔A　魂〕…………………………………………………………341
　　〔B　意識〕………………………………………………………364
　　〔C　精神〕………………………………………………………385
　〔第 2 部　客観的精神〕…………………………………………419
　　〔A　法権利〕……………………………………………………420
　　〔B　道徳性〕……………………………………………………430
　　〔C　人倫〕………………………………………………………439
　〔第 3 部　絶対精神〕……………………………………………456

（B）　「論理学・形而上学」講義のメモ紙片Ⅰ…………………475
　　1817 年夏学期講義開始用メモ…………………………………476
　　哲学生活への道…………………………………………………477

（C）　「論理学・形而上学」講義のメモ紙片Ⅱ…………………479
　　論理学と形而上学との一体化…………………………………480
　　普遍的なものの学としての論理学……………………………481

（D）　講義メモ（論理学・形而上学，自然哲学，人間学・心理学）
　　…………………………………………………………………485
　　「エンツュクロペディー」講義メモ……………………………486
　　シューバート著作をめぐって…………………………………489
　　『エンツュクロペディー』第 19 節に関連して………………493
　　自然の 3 段階……………………………………………………494
　　精神哲学第 1 部 b についてのメモ……………………………496
　　『エンツュクロペディー』第 322 節以下についてのメモ …………497
　　『エンツュクロペディー』第 320 節・第 321 節についてのメモ………498
　　『エンツュクロペディー』第 321 節についてのメモ …………………500
　　『エンツュクロペディー』初版の第 311 節・第 322 節等についてのメモ

xii　　　　　　　　　　　　　目　次

　　　　　　　　……………………………………………………………… 501

（E）　『エンツュクロペディー』注解口述筆記ノート …………… 505

亡失稿報告……………………………………………………………… 521
　　1　『エンツュクロペディー』Ⅱのメモ用紙綴じ込み私家本………… 521
　　2　原稿 ……………………………………………………………… 521

解　　説

第 1 部
ヘーゲル哲学と『ハイデルベルク・エンツュクロペディー』

Ⅰ　現代とヘーゲル体系………………………………………………… 526

Ⅱ　哲学体系構想の変遷と『ハイデルベルク・エンツュクロペ
　　ディー』　………………………………………………………… 529

Ⅲ　ヘーゲルの哲学史体系と哲学体系との関係……………………… 531

第 2 部
『ハイデルベルク・エンツュクロペディー』と
『エンツュクロペディー』各版・『論理学』との異同

Ⅰ　序説の異同…………………………………………………………… 534

Ⅱ　緒論の異同…………………………………………………………… 534

Ⅲ　論理学部門の異同…………………………………………………… 535

目　　次　　　xiii

Ⅳ　自然哲学部門の異同 ……………………………………………… 539

Ⅴ　精神哲学部門の異同 ……………………………………………… 544

第 3 部
『ハイデルベルク・エンツュクロペディー』と
補遺の文献資料上の解明

Ⅰ　『エンツュクロペディー』第 1 版　1817 年 ……………………… 554
　1　伝承資料 ………………………………………………………… 554
　　（A）哲学的諸学問エンツュクロペディー要綱，ゲオルク・ヴィルヘ
　　　　ルム・フリードリッヒ・ヘーゲル博士担当講義での使用のため
　　　　に，〔…〕ハイデルベルク，アウグスト・オスヴァルド大学書店，
　　　　1817 年。 ……………………………………………………… 554
　　（B）メモ用綴じ込み頁を含む『エンツュクロペディー』冊子自筆メモ
　　　　における印刷テキストの校訂 ……………………………… 557
　2　『哲学のエンツュクロペディー』成立史 ……………………… 558
　　（A）エンツュクロペディー的な叙述の公刊計画と形成史 ……… 558
　　（B）論理学部門の形成 ………………………………………… 562
　　（C）精神哲学部門の形成 ……………………………………… 563
　　（D）自然哲学部門の形成 ……………………………………… 566
　3　ハイデルベルクでの『エンツュクロペディー』を取り巻く状況
　　　………………………………………………………………… 568
　　（A）『エンツュクロペディー』刊行経緯 ……………………… 568
　　（B）出版時の状況について …………………………………… 570
　　（C）印刷状況について ………………………………………… 571

Ⅱ　補遺について ……………………………………………………… 574
　1　『エンツュクロペディー』「Ⅲ　精神哲学について」の自筆メモ
　　　について ……………………………………………………… 574
　2　『エンツュクロペディー』Ⅲ についてのメモ詳説 ……………… 576

（A）伝承資料 ……………………………………………………… 576

　　（B）メモ成立史 …………………………………………………… 581

　3　「論理学・形而上学」講義のメモ紙片Ⅰ ……………………… 593

　　（A）伝承資料 ……………………………………………………… 593

　　（B）成立史 ………………………………………………………… 594

　4　「論理学・形而上学」講義のメモ紙片Ⅱ ……………………… 595

　　（A）伝承資料 ……………………………………………………… 595

　　（B）成立史 ………………………………………………………… 595

　5　講義メモ（「論理学・形而上学」講義，「自然哲学」講義ならびに
　　　「人間学・心理学」講義）………………………………………… 596

　　（A）「エンツュクロペディー」講義メモ ……………………… 596

　　（B）シューバート著作をめぐって ……………………………… 598

　　（C）『エンツュクロペディー』第1版の第311節・第322節などについ
　　　　てのメモ ……………………………………………………… 604

　　（D）『エンツュクロペディー』注解口述筆記ノート ………… 605

Ⅲ　亡失稿報告 …………………………………………………………… 610

　1『エンツュクロペディー』Ⅱについての綴じ込みのある私家本 …… 610

　2　原稿 ………………………………………………………………… 611

責任編集者あとがき …………………………………………………… 627

詳細目次（エンツュクロペディー）…………………………………… 629

人名索引 ………………………………………………………………… 640

書名索引 ………………………………………………………………… 644

地名索引 ………………………………………………………………… 649

事項索引 ………………………………………………………………… 651

訳者紹介 ………………………………………………………………… 668

ヘーゲル全集

第 11 巻

ハイデルベルク・エンツュクロペディー

［1］哲学的諸学問のエンツュクロペディー要綱

ハイデルベルク大学教授
ゲオルク・ヴィルヘルム・フリードリッヒ・ヘーゲル博士
担当講義での使用のために

ハイデルベルク
アウグスト・オスヴァルド大学書店
1817 年

【5】〔序　説〕

哲学の全範囲の概観

〔手引きが〕必要だということもあって聴講者諸君にわたしの哲学講義へ〔本書を〕手引きにして案内する。その必要が喫緊の機縁となって、以前より思いのほか早く哲学の全範囲を概観していただくことになっている。

〔全範囲といっても〕要綱は、その性格上、理念内容を網羅して詳述するわけでもない。むしろ、理念だけを体系的に｜（Ⅳ）導出し詳述する点では制約があるのが、要綱である。なお、その導出は、かつての証明が通常意味していたことや、学的哲学の必須事項も含意しなければならない。そういうわけで、本書の〔『哲学的諸学問のエンツュクロペディー要綱』という〕書名が示唆している意図は、一方では〔理念内容の〕全範囲を暗示し、〔他方では〕個々の事柄を口述講義に取っておくことである。

哲学の仕上げは内容と合致する方法による

しかし次に、要綱の内容はすでに前提され周知なので、意図的に短く講義されるべきだというのであれば、むしろ整理整頓だけが表面上の目的とされてくる。本論述はこのケースでもない。むしろ一つの方法に従って哲学を新たに仕上げることが立案されているのであり、その方法が、望むらくは唯一の真理で内容とも合致することを承認していただきたい｜（Ⅴ）。そうなれば、この仕上げを読者の面前で長点がより多いものと見なすこともできよう。ただし、それは、全体の第一部門で或る

論理学 についての労作を読者に委ねたのと同様に哲学の当該部門〔論理学〕以外の部門についての詳細な労作が先行しているという事情が許容されたときのことであるが。そもそも思うに，表象や経験的に周知のことから〔本書の〕内容を容易に思いつく面が制限を受けなければならなかったにもかかわらず，概念によって生じる媒介でしかありえない移行からみて，次のことを本書で注意喚起している。それは，本論述を前進させる方法は，他の諸学問が捜し求める表面的でしかない順序や，哲学上の｜（VI）対象にあって通例になっている作法からは十分区別されることである。この作法によると，一つの図式を前提し，他の諸学問の〔順序の〕様式がなしているのと同様に表面的に，さらにそれ以上に勝手に素材を並べて，この上なく奇妙な誤解のせいで概念結合が偶然にして気ままになされることで概念の必然性を満たしてしまおうとする。

精神の両方向 ——ロマン主義と後期啓蒙主義

〔まず，一方で〕われわれが見たのは，上記の気ままさが，哲学の内容をも仕切り，思想の冒険へと乗り出し，注意深く誠実な努力をしばしの間圧倒したことである。また，そうでなければ，馬鹿さかげんが昂じて精神錯乱にさえなったと見なされていることをわれわれは見た。〔しかし〕その内容は驚くべきものでもなければ精神錯乱ということでもなくて，【6】もっと本来的にまたもっと多くの場合には，よく知られた｜（VII）陳腐な考え方であることを，また，その形式がへんな結合と無理やりの捻じ曲げをするわざとらしい方法ではあるがたやすく手に入る機知によるたんなる手管であることも見抜かれたりした。その形式がそもそもその真面目そうな顔つきの背後にある自己と読者に対する欺瞞だと見抜かれたりした〔ロマン主義〕[1]。〔次に〕それに反して，他方，

1）（訳注）ここで，哲学の形式に関する欺瞞ということで，ヘーゲルは，シェリング追随者に一般的に言及しており，その人たちは，『精神現象学』では，形式主義と呼ばれ（アカデミー版『ヘーゲル全集』第 9 巻，36 頁），『哲学史講義』では，シェリング追随者とも呼ばれている（ベルリン版『ヘーゲル著作集』第 15 巻，680 頁以降）。さらに「イェーナメモ帳」第 10 番（アカデミー版『ヘーゲル全集』第 5 巻，489 頁）では，こう言われている。「詩人の天才時代があったように，現在は哲学的天才時代であるように思われる。炭素，窒素，酸

われわれが見たように，浅薄さのおかげで思想欠如が，自分自身にとっ
て賢明な懐疑主義や理性的に控えめな批判主義だとして，承認の印を押
され，理念がないがゆえに，それと同程度に空虚な自分の慢心と虚栄を
増長させている〔後期啓蒙主義〕。──以上の精神の両方向は，かなり
の期間，ドイツ的厳粛さを嘲笑い，その厳粛さのもつもっと深い要求を
疲弊させ，哲学という学に対する無関心，それどころか軽蔑を結果とし
てもたらした。そうして，自称控えめな｜（VIII）人が哲学のもっとも
深淵なものについて口をはさんだり拒否したりしてよいと思い，さらに
このもっとも深淵なものに対して，かつて理性的認識──その形式が証
明として了解されていた──をあえて拒んだりしてよいと思っている。

　今言及した〔精神の〕両方向のうちで最初の現象〔ロマン主義〕を見
方によっては，学の領域ならびに政治の領域で立ち上がった新時代の
若々しい歓喜と見なすこともできる。この歓喜は若返った精神の日の出
を陶酔しながら歓待し，大して苦労することもなくすぐ理念を享受し
ようとして，理念が差し出した希望や見通しをしばらくほしいままに
した。そのとき，歓喜はその脱線をいとも容易に鎮める。というのは，
いっぱしの性根がその歓喜の根柢にあるからであり，｜（IX）その性
根の周りに注ぎかけられる表面的靄は自ずから雲散霧消しなければなら
ないからである。しかし，もう一方の現象〔後期啓蒙主義〕はもっと不
快である。というのは，それには，衰弱と力不足が認められるからであ
り，慢心で覆い隠そうとすることに精を出しているからである。つま
り，この慢心は，あらゆる世紀の哲学精神に精通してはいるがその精神
を誤認し，たいていは自分自身をも誤認しているのである。

素といったものが一緒にこねくりまわされ，他の者によって極性などで記述された紙で留め
られ，虚栄などの木製の尖ったロケットを発射することで，その人たちは，天上界を描いて
いると思い込んでいる。たとえば，ゲレスやヴァーグナーなど。もっとも粗野な経験が酸素
と極による形式主義で飾り付けられ，理性を欠いた類推や泥酔した思想の閃きで飾り付けら
れる」。

理性的洞察の立場と直接知・感情

　しかし，当該の両現象に対して，一層，喜ばしいことがある。それは，もっと高次の認識についての哲学的関心と厳粛な愛がとらわれなく虚栄もなく保存されていることにも気づき，さらにそれに言及することである。それに比して，この関心が，〔高次認識についての〕とりわけ直接知や感情の形式にさらに時として傾いたとき，その関心は，或る内面衝動──｜（X）それは人間に尊厳をひとえに与える理性的洞察へますます拡がってゆく──を明らかにする。ただし，それは次のことにこの上なく恩恵を被っている。それは，理性的洞察の立場が哲学知の結果としてだけ人間自身に生じることであり，哲学的関心が軽蔑するように見えるものを，哲学的関心が条件としてすくなくとも承認していることである。この真理認識への関心【7】を満たす手引きないし寄与を，本試論は供するのであって，その関心に本試論を，著者は捧げる。そのような目的によってこの試論が手にとりやすいものとなることを願っている。

　　ハイデルベルク，1817 年 5 月

内 容 目 次

緒　論

I　論 理 学

予備概念
第1部　存在論
　A　質
　　a）存在　　　b）定在　　　c）対自存在
　B　量
　　a）純粋量　　　b）定量　　　c）度
　C　度量
第2部　本質論
　A　純粋反省諸規定
　　a）同一性　　　b）区別　　　c）根拠
　B　現象
　　a）現実存在（Die Existenz）　　　b）現象　　　c）相互関係
　C　現実性
第3部　概念論
　A　主観的概念
　　a）概念そのもの　　　b）判断　　　c）推理
　B　客　観
　　a）機械的連関　　　b）化学的連関　　　c）目的論
　C　理　念
　　a）生命　　　b）認識作用　　　c）絶対的理念

II　自然哲学

第1部　数　学

第2部　物理学

  A　力　学

  B　元素物理学

    a）元素物体　　　b）元素　　　c）元素過程

  C　個体物理学

    a）形態　　b）諸区別の特殊化　　　c）個体化の過程

第3部　有機体物理学

  A　地質学的自然

  B　植物的自然

  C　動物有機体

Ⅲ　精神哲学

第1部　主観的精神

  A　魂

    a）魂の自然規定性　　　b）主観的魂のその実体性に対する対立

    c）魂の現実性

  B　意識

    a）意識そのもの　　　b）自己意識　　　c）理性

  C　精神

    a）理論的精神　　b）実践的精神

第2部　客観的精神

  A　法権利

  B　道徳性

  C　人倫

第3部　絶対精神

    a）芸術宗教　　b）啓示宗教　　　c）哲学

緒　　論

第1節　哲学以外の諸学問は表象を前提している（第1節）

　哲学以外のすべての学問には，直接的なものだと表象が認めている対象がある。したがって，学問を始める際にも，そういう対象を，想定ずみのものだとして前提している。また，学問がさらに先に進んだ際に必要だと見なされる規定でさえも，表象から採用する。

　〔哲学以外の〕当該学問が論ずる対象そのものの必然性について，当該学問には弁明する必要もない。つまり，数学一般，幾何学，算術，法学，医学，動物学，植物学などの学問では，大きさ，空間，数，法・権利，病気，動物，植物などがあると前提してもかまわない。すなわち，こうした対象は，現にあるものとして表象が受け入れずみなのである。そうした対象が存在することを疑ったり，また，大きさ，空間や，病気，動物，植物などがそれ自体として自立して（an und für sich）存在しなければならないことを概念から証明するようなどと要求することは，想定外である。──そういった対象に関してまず挙げられるのは，誰でもが知っている名称である。名称というものは確固としているが，さしあたっては｜　(4)事象の表象を与えてくれるだけである。しかし，当の事象についてのもっと詳しい規定も挙げるべきである。〔名称を挙げるのと〕同じように，そうした詳しい規定も確かに直接の表象から取ってくる場合もある。けれども，この場合には，難題に直面しがちになる。つまり〔この場合に〕捉えられるあれこれの詳しい規定に関して，それらの規定が対象のうちに現にあることも，また本質的な規定でもあるということもどちらも等しくただちに認められよという難題である。この〔現にあることと本質的にあることという両面性の〕問題については〔一方で〕形式的なことを言えば，その〔問題を解

決する〕ために論理学を，つまり定義や区分などについての理論を前提している。だが〔他方で〕，内容に関していえば，その際には経験的な流儀で取り扱うことが認められていて，その取り扱いで，普遍的な対象に関する表象のうちにどのような徴標が事実として見出されるかを，あちらこちらで探すことになる。すなわち，そうした事実からしてすでにちょっとやかましい議論の的になる場合がある。

【16】
第2節　哲学を始めることの内容上の難題
　以上に比して，哲学の始まりには難題がある。難題だというのは，哲学の対象というのがすでに必然的にただちに懐疑や論争の的になってしまうのである。1）対象の中身に関しては，対象がたんに表象の〔対象である〕だけではなく，哲学の対象なのだと主張されなくてはならないときに，哲学の対象は表象のうちに求められないどころか，認識の仕方に関しては表象と対立していて，表象することの方がむしろ哲学によって己れを超えていくようにされなければならないからである。

第3節　哲学を始めることの形式上の難題
　2）形式に関しても，哲学の対象は同じ難題に委ねられている。というのは，哲学の対象が，哲学を始める出発点だとされる以上，無媒介なのであるが，それはその本性から言うと，媒介されたものとして提示され，｜（5）概念によって必然的であると認識されるべき類のものだからである。そして同時に，〔哲学の対象では〕認識の仕方と方法を前提することもできない。なぜならば，そのような認識の仕方や方法は哲学そのものの内部に属するものだからである。

　　かりに，表象に対して表象自身のうちで，哲学にとってのまったく未規定な対象を明らかにしてやるということこそが問題であるとすれば，そのかぎり，次のようなありきたりの訴えかけに逃げ道を求めることができるかもしれない。つまり，人間というものは感性的な知覚や欲望から出発し，次のように感じる，——すぐさまそうしたものを超え出て，自分が今あるよりもさらに高いもの，無限の存在，無限の意志，こうしたものへの感情と予感へと向かうのだ

と。──その人間が抱く普遍的な関心にも向かい，その関心には，次のようなさまざまな問いがある。魂とは何か？　世界とは何か？　神とは何か？──わたしは何を知ることができるのか？　何に従ってわたしは行為するべきなのか？　わたしは何を望むことができるのか？　等々[2]。さらに詳しくは，宗教とその対象へ向かうように指示される場合もある。このようなあれこれの問いやそうした諸々の対象そのものがすぐに疑いと否定を招くことを無視することはできる。その場合にしても，すでに一方で直接的な意識は，そしてそれ以上に宗教は，自分の流儀で，以上の問いに対する解決を，そしてそういう対象にかんする説を含んでいる。しかしながら，これでは，あれこれの対象を哲学の内容とする固有のものを表明してはいない。──それだから，すでに対象にかんしてさえ，哲学が意味する権威や一般的な一致をあてにすることはできない。この節で述べた，概念による必然性の認識という要求でさえ，認められてはいないのである。なぜならば，【17】その必然性の認識をただちに捨て去って，哲学の対象を｜（6）むしろ直接的感情や直観に求め，その上知覚のこうした直接性を理性と称してさえいるのに，「自分には哲学がある」と思い込んでいる者はいくらでもいるからである。この意味でニュートンを筆頭とするイギリス人たちは，実験物理学さえも哲学と呼んでいる[3]。それで，かれらはまた静電発電機，

2）（訳注）カントが，判断を表象の表象と規定するなど，表象を重視したことから，『純粋理性批判』第2版833頁の記述を皮肉っている。さらにイマヌエル・カント『論理学講義用手引き』〔G. B. イェッシェ編〕，ケーニヒスベルク，1800年，25頁や『カント全集』第9巻，25頁も参照されたい。

3）（訳注）ここではニュートンが名指されているので，まず，ニュートン物理学の主著『自然哲学の数学的諸原理』ロンドン，1687年は，無論のこと，さらに実験哲学としてのニュートン物理学のイギリスでの受容も念頭に置かれている。たとえば，B. マルティン著『ブリテン哲学あるいはノート付き12回講義におけるニュートンの世界知，天文学，地質学の分かりやすい新教科概念。全博物学についての物理学的，力学的，幾何学的証明と説明そして実験によって確証された証明と説明を含む。同様に一切の有用な道具や機械の発案，製造法，改良，使用についての正確な報告と説明。ならびにそれらの性能と効能についての新算definition』第1巻，英語からの翻訳最新版にしてアブラハム・ゴットヘルフ・ケストナーの序説といくつかの回想付き準拠。ライプツィヒ，1778年，2月参照。ヘーゲルの教授資格請求論文でのイギリス実験哲学への初期の指示（アカデミー版『ヘーゲル全集』第5巻，240頁28行から29行）も参照。それは，ベンヤミン・マルティンの著作にまず関係しているであろう。

磁気装置，空気ポンプなどを哲学的道具と呼んでいる。しかし，実際には木や鉄などを組み合わせたものを哲学の道具と言う場合はおそらくないのであって，むしろ，思考だけがそう呼ばれうるのである[*]。

[*] 現在でもトムソンが編集している雑誌の誌名でさえ，『哲学年報，あるいは化学，鉱物学，力学，博物学，農学，および技術の雑誌』というものである。──このことから，ここで哲学的と称せられている材料がどういうものであるか，おのずとイメージできるだろう[4]。

第4節　緒論は先取りにすぎない

哲学の対象は無媒介なものではない。だから，哲学の対象の概念および哲学そのものの概念は，哲学のうちでだけ摑むことができる。それゆえ，本来哲学そのものに先立って，対象ならびに哲学そのものについてもともと緒論で述べることがあっても，それは先取りであるにすぎず，それだけでは基礎づけられているようなものではまだない。しかし，それだからこそまた，ここで述べるような先取りには，最低限の反論の余地もない。〔そしてそのような先取りをする〕意図は，まだ無規定で，暫定的にすぎないが，並べ立てて周知させることにある。

第5節　哲学は理性の学である

以上のようにして，『エンツュクロペディー』で哲学とは理性の学であると主張される。しかも理性とは，自己自身が一切の存在であると意識しているかぎりのことである。｜（7）

〔1〕 哲学的な知以外のすべての知は，有限なものについての知すなわち有限な知である。というのは，そもそもこの有限な知では理性は主観的知として，所与の対象を前提していて，そのために有限な対象を自己自身だと認識することはないからである。〔2〕権

---

4) （訳注）トムソン編集の雑誌の書誌とは，次のようである。『哲学年報。化学，鉱物学，力学，博物学，農学，および技術に関する雑誌』，トーマス・トムソン編，第1巻。1813年1月-6月，ロンドン，1813年。（第16分冊が，トムソン編集の最終分冊として1820年にロンドンで刊行された。）

利や義務などの対象は，自己意識のうちに見出されるにもかかわらず，個々別々の対象も存在し，それらの対象と並んであるいはそれらの外に，したがってまた自己意識の外にも宇宙の自余の富が存在することになる。宗教の対象は，いかにもそれだけでもう一切のものを自己のうちに包括しているはずの無限な対象である。けれども，宗教の表象はいつまでも自己に忠実のままではいない。なぜならば，宗教にとってもまた世界はあくまでも無限なものの外で依然として自立しているからである。それで，宗教が【18】最高の真理として挙げるものは，計りがたく神秘的であって，認識できず所与でもあり，区別する意識にとって所与および外面的なものという形式をとっているとされる。宗教で真なるものは，感情と直観，予感，表象，信心深さなるもののうちにある。宗教の真理は思想的考えとも結びついてはいるが，真理が真理の形式のうちにはない。宗教の心情はすべてを包括するものであるにしろ，宗教は一般に，自余の意識とは分かたれた固有の領域をなしている。〔3〕哲学を〔理性の学であり〕自由の学であるとも見なすことができる。哲学では対象のよそよそしさ（Fremdartigkeit）が消失し，それによって意識の有限性が消失しているから，ただ哲学内でだけ，偶然性と自然必然性，および外的なものへの関係一般，それゆえ依存と憧憬と恐れがなくなっている。哲学内でだけ，理性はどこまでも自己自身のもとにある。同じ理由によって，この哲学では理性には主観的理性であるという一面性｜（8）がない。だからといって理性は独特な天才の所有物でも特別な神的幸運（あるいは不運）の賜物でもあるわけでもない。芸術家に腕前があるのとはわけがちがう。むしろ，理性は，自覚している理性に他ならないから，その本性からして普遍的な学となりうるのである。〔4〕また同様に，理性は〔或る種の〕観念論でもない。この観念論では，知の内容には，ただ自我によって設定されて自己意識内部に閉ざされた主観的所産という規定しかない。理性は己れ自身を存在だと意識しているのであるから，〔もし自我が〕自己を客体に対してある一特殊者と心得て，自我が己れの規定は自己内にあり，自己の外部および自己を超えて或る他のものとは区別されていると心得ている場合，そのような自我の主

観性は揚棄されており，理性的な普遍のうちへと消え失せている。

第6節　エンツュクロペディー（百科全書）としての哲学（第15節）

哲学は，その領域全体が諸部門を特定の仕方で示しながらで叙述されるときには，哲学的な諸学問のエンツュクロペディー〔百科全書〕である。また，その〔哲学〕諸部門の分離と関連が概念の必然性に従って叙述されるかぎりでは哲学的エンツュクロペディーである。

　　〔1〕哲学とは徹頭徹尾，理性的な知である。それによって，哲学各部門はどれをとっても哲学全体であり，自己自身の内部で推理で完結した総体性の円環である。けれども，哲学的理念はそうした個々の部門では特殊な【19】規定性ということで存在する，言い換えれば特殊な場面ということで存在する。

　　〔2〕個々の円環は自己内で総体性であるから，自分がいる場面の制限さえも突破して，それより広い領野の基礎となる。それだから全体は諸々の円環からなる一つの円環として叙述されるのであって，これらの円環のどれもが｜　(9) 必要不可欠な契機である。そのために，それぞれの円環に特有な場面からなる体系が理念全体を形成していて，その理念の方も同じく個々の場面のどこでも現れる。

第7節　エンツュクロペディーは必然的に体系である（第14節）

哲学は本質的にもエンツュクロペディーである。なぜならば，真なるものはまさに総体性としてしか存在することができないし，また自らの区別項を〔はっきりと〕区別し規定することによってしか，それらの区別の必然性でありえず，全体という自由ではありえないからである。したがって，哲学は必然的に体系でなければならない。

　　体系のないまま哲学してみても，学的なものとなることはできない。その上，体系がないままに哲学することは，それだけとって見てもせいぜい主観的なものの考え方を表現するのでしかないのである。それに加えて内容面からみても偶然である。なぜならば，内容は全体の契機としてしか自身正当化されないし，全体を離れれば内容上は無根拠の前提や主観的な確信でしかないからである。

第8節 哲学の体系と哲学の歴史 (第13節)

哲学の体系とは，他の諸原理とは違う区別された或る特定の原理をもつ一つの哲学のことであると解するならば，それは誤謬である。逆に，真なる哲学の原理は，すべての特殊的な諸原理を自己のうちに含まなければならない。哲学はこうした原理を哲学そのものに即して明らかにしているだけでない。哲学の歴史もまた一方では，さまざまな姿で現れてくる諸々の哲学ということで，唯一の哲学をさまざまな形成段階で明らかにしている。そして他方では，あれこれの特殊な諸原理というものがあっても，そうした諸原理のうちの一つが一つの体系の基礎となったのであってそれらの特殊な諸原理は同一の全体から分岐したにすぎないことを明らかにしている。

この場合は普遍的なものと特殊的なものとはそれ本来の規定に従って区別されなければならない。普遍的なものを形式的に受け取って特殊的なものと並べて置くならば，普遍的なもの自身もまた｜ (10) 何らかの特殊的なものになってしまう。そのように置くのは日常生活にとっての対象の場合に，おのずと不適切でまずいということが分かる。たとえば，果物を欲しがっている人であれば，桜んぼや梨や葡萄などを，それは桜んぼや梨や葡萄であるが，果物ではないなどと言って受け取らないということはないだろう。──ところが哲学に関しては，人々はそのたぐいのことがあってもよいとしている。つまり一方では，多様な哲学があり，そのどれもが一つの哲学にすぎず，哲学そのものではないというのが，哲学を侮りはねつけるもっともな理由になるということを許している。まるで桜んぼは果物ではないかのようにである。そして他方では，人々は普遍的なものを原理としている哲学を特殊的なものを原理としている哲学と並べて置くことを許している。それどころか，【20】「哲学などはまったく存在しない」と断言し，そして真なるものを所与の直接的なものとして前提し，この真なるものに関してあれこれの反省を行う思想活動のために，「哲学」という名を使っているような学説と並べて置くことさえも人々はよいとしている。

第9節　エンツュクロペディーと特殊的学問との関係（第16節）

しかし，エンツュクロペディーということでは，学問の特殊化した展開を詳細に叙述することはできない。むしろ学を特殊な諸学問の始まり〔原理〕と根本概念とに制限しなければならない。

　　特殊な学問を構築するために特殊部門はどれほど必要なのかということが明確に定められることはけっしてない。というのは，或る部門が，一つの真なるものであるためには，たんに孤立化した契機であってはならず，総体性でなければならないからである。したがって，哲学の全体が真に一つの学問をなすのである。しかし，それはまたいくつかの特殊的諸学問からなる一つの全体であると見ることもできる。｜　（11）

第10節　哲学と実証的な諸学問（第16節注）

或る学問で真であるものは，哲学のおかげで，また哲学にもとづいて真である。それで，哲学のエンツュクロペディーはあらゆる真なる学問を包括する。

　　哲学的エンツュクロペディーは他の通例のエンツュクロペディーと以下のようにして区別される。通例のエンツュクロペディーというものが偶然で経験的な仕方で採り上げられた諸学問の寄せ集めであり，その中には学問という名前をもってはいても，学問という名前以外の点で言えばそれ自身はたんなる知識の集積にすぎないものもあるということによって区別される。そのような寄せ集めということで諸学問を一緒にして統一する際，このような統一もまた同じく，諸学問が表面的に取り上げられているので，表面的統一，すなわち一つの整理分類（Ordnung）である。こういう整理分類は，同じ理由から言っても，さらにまた諸々の素材が偶然的本性のものであるという理由からしても，一つの試行にとどまり，いつまでも不適切な面を顕わにせざるをえない。さらに哲学的エンツュクロペディーは，1）たとえば文献学といった，そうしたたんなる知識の寄せ集めを排除するということに加えて，さらにまた何といっても，2）たとえば紋章学といった，たんなる恣意を自分の根拠としているような学問をも排除する。このたぐいの学問は徹頭徹尾，実

証的な学問である。3) 学問のうちには実証的と呼ばれてはいても，合理的な根拠と始まり〔原理〕とがある学問もある。諸学問のそうした合理的な根拠と始まりという部分は哲学に属する。これに対して実証的な側面はあくまでもそれらの学問自前のものである[5]。哲学の外で哲学とは関わりなく成立しているあれこれの学問は，おしなべてこうしたたぐいのものである。しかし，それらの学問の実証的な側面にはさまざまな種類がある。1) 真に真なるものであるこれらの学問の始まりは，【21】偶然的なものをその終局としているが，それはこれらの実証的な諸学問では，それらが普遍的なものを経験的で個別的な現実性に｜（12）引き下げなければならないことのおかげである。変化と偶然の〔支配する〕この分野では，概念がではなく，あれこれの根拠だけが効力を発揮することが〔できる〕。たとえば，法学や直接税と間接税の制度は厳密で最終的決定を必要とするが，この決定は概念によってそれ自体でそれだけで（an and für sich）規定されていることの圏外にある。したがって，或る根拠からはこう理解することができるが別の根拠からはまた違うように理解できるというように規定するための余地を残してしまい，確固とした究極のものにはなりえない。同じように，自然の理念も，それが個々の姿をとる際にはさまざまな偶然のうちに迷い込む。博物学，地誌学，医学などは現実のあれこれの規定や，種や区別にまといつかれているが，それらの規定や種や区別などは，理性によってではなく表面的な偶然と戯れによって規定されている。歴

---

5) （訳注）ヘーゲルは，知識の寄せ集めと哲学にならない実証科学を含む同時代のエンツュクロペディーと一線を画している。たとえば，カール・アウグスト・シャラー著『諸学問のエンツュクロペディーと方法論』マグデブルク，1812 年は，諸学問の取り扱いで始まり（§§27-52），次に歴史記述学（§§53-90）ということで紋章学も挙げている（§85）。また，法学と神学をもっぱら実証科学としているのは，ルートヴィッヒ・ハインリッヒ・ヤーコプ著『全学問と諸技芸のエンツュクロペディー図説』ハレ，1800 年とヴィルヘルム・タラウゴット・クルーク著『諸学問の体系的エンツュクロペディー試論』第 3 分冊，ヴィッテンベルク／ライプツィヒ，1796 年；イェーナ，1797 年；ツィルヒョウ，1809 年である。また，シェリング著『学術的研究の方法に関する講義』についてのフリードリッヒ・シュライエルマッハー由来の匿名書評（『イェーナ一般学芸新聞』第 96 号，1804 年 4 月 21 日，138 段）の次のような行文もヘーゲルの念頭にあるかもしれない。「これまで挙げたエンツュクロペディーも，全認識とそれらの関連の体系を少なくとも輪郭において立てるという理念に導かれていることなく，いつももっぱら経験的に個別のことに広がっている」。

史でさえも或る意味ではそうした学問の仲間にはいる。なぜなら
ば，理念が歴史の本質であるとは言っても，この理念が現象してく
るのは偶然性のうちや恣意の領域のうちであるかぎりでそう言える
からである。2）そのような諸学問は自分たちのもつさまざまの概
念が有限なものだと認識することもない。さらにそれらの概念が，
そして概念領域の全体がもっと高次の領域に移行してしまうことを
明らかにすることもない。むしろ，それらはそのまま有効であると
決めてかかっている。このかぎりでもこれらの諸学問は実証的であ
る。また，第1の実証的側面が素材の有限性であったように，上
記の形式の有限性に関わっているのが，3）認識根拠の有限性であ
る。それは，次の理由からである。まず一方ではこれらの諸学問は
理屈づけをする（räsonnirend）という態度をとっており，そのかぎ
りで他方では感情，信念，他人の権威，おしなべて言えば，内的直
観や外的直観の権威が認識根拠となっているからである。こうした
認識根拠には，宗教，そして哲学でも人間学，意識の事実，内的直
観や外的直観に基礎を求めようとする哲学，そしてまた博物学など
にも必要である。4）またさらに，次のような場合もある。つまり，
学的叙述の形式は｜（13）たんに経験的で概念を欠いたものでし
かない。だが，それ以外の点ではセンスのある直観のおかげで，現
象にすぎないものが概念の内的系列通りに配列されることである。
それには次のことも含まれている。それは，さらにまた集められた
諸々の現象の対立と多様さのために，あれこれの条件という表面的
な偶然的状況がなくなって，それによって次に普遍的なものが目の
前に現れてくることである。――このようにして，気のきいた実験
物理学や歴史学などは，自然および人間の起こす出来事や行いにつ
いての合理的な学問を，表面的であるとはいえ概念を反映している
形象ということで叙述するのである。

【22】

第11節　学問の概念的三区分（第18節）
　学問全体は理念の叙述である。したがって，学問の区分はやっとこの
理念に基づいて概念把握することができる。さて，理念は自己自身に等
しい理性である。だが，その理性が，自立的であるためには，自己に対

置させられ，自己にとって他のものとなりつつ，しかもこの他のものうちにあって自己自身に等しい。だから，学問は三つの部門に分かれる。1）論理学，それ自体でそれだけで（an und für sich）理念の学問，2）自然哲学，すなわち己れにとって他在（Anderssein）のうちにある理念の学。3）精神哲学，すなわち理念の他在から自己に還帰する理念の学。

　　1）学問そのものに先立ってなされる学問の区分は，とりあえずは学問の対象に関する外的反省である。なぜならば，対象の概念に関してなされるあれこれの区別は対象を認識することによってしか判明にならないものであるのに，その認識がまさに学問そのものだからである。そういうわけで，哲学の区分は，理念そのものがもつ固有の必然性によって産出されるものの先取りなのである。2）先に第6節ですでに注記しておいたことだが，特殊な諸学問の区別項とは，理念そのものの諸規定に他ならないのであり，理念はこうしたさまざまな場面（Element）で叙述されて存在するものに他ならない。認識されるものは，自然では理念とは別のものなのではない。むしろ，自然とは外化放棄（Entäußerung）という形式をとっている理念である。また，精神のうちでは理念は自立的〔対自的〕に存在するものでありかつそれ自体でそれだけで（an und für sich）成るものとして存在している。さらに，理念はこのように規定されて現れてくるわけだが，こうした規定は流転してゆく契機である。したがって，個々の学問とは，自分のもつ内容を存在する対象として認識することである。それと同時に，そこで，そのまますぐに内容がさらに高いレベルの円環へ移行していくことを認識することである。それで，区分の表象には正しくないところがある。つまりその表象は，特殊な諸部門や諸学問を並存させてしまう。それはあたかも，そうした諸部門や諸学問があたかも静止しているにすぎないかのようなのである。そして，ちょうど諸種（Arten）のように，それぞれが区別されているということで実体的なものであるかのようなのである。

【23】 | (15)

I

論　理　学

予備概念

第12節　純粋理念の学問としての論理学（第19節）
　論理学は純粋理念の学問である。つまり思考という抽象的な場面での理念の学問である。

　　先に哲学一般について前もっていくつか考えを述べておいた。この予備概念に含まれているいくつかの規定についても，それと同じことがあてはまる。すなわち，これらの諸規定も同様に先取りなのである。言い換えれば，それらは全体を見通したあとで，また全体を見通すことから挙げられる諸規定なのである。なるほど論理学は思考の学問であり思考の諸規定と諸法則の学問であるということができる。しかし，思考とはまず最初には，知るというはたらきが自己自身と純粋に同一であることである。したがって，思考は，理念を論理的な理念とする普遍的規定性，つまり場面をなすものに他ならない。理念はいかにも思考である。しかし，形式的思考ではなく，思考本来の諸規定の総体としての思考なのであり，その諸規定を思考が自己自身に明らかにする。——論理学は次のようなかぎりでもっとも難しい学である。つまり，論理学が取り扱うのはあれこれの直観ではないし，幾何学のように抽象的な直観に｜ (16) 関わるのですらない，——あるいは，だからといって諸々の感性的表象に関わるのではなく，純粋諸抽象体を取り扱う。そして，〔論理学では〕純粋思想のうちへと己れを引き戻し，これをしっかりとつかみ，純粋思想の内で動き，そういった力を論理学は要求する。別の面からすれば，論理学はもっとも容易な学であると見ることもできるかもしれない。なぜならば，〔論理学の〕内容は固有の思考に他ならず，思考になじみの深い諸規定に他ならないし，同時にこの規定はもっとも単純な規定だからである。論理学が役に立つかということは，主観が別の目的のために一定の仕方で自らを陶冶するかぎりで，主観との関係に関わっている。論理学による形成陶冶というのは，思考で訓育されることにある。なぜならば，この学問は思

考の思考であるからである。しかし，論理的なものは【24】真理
の絶対的形式であり，またそれ以上に純粋真理そのものでもある
かぎり，論理的なものはたんに何かの役に立つものというのとは，
まったく別物なのである。

第13節　論理的なものの三形式面（第79節）

論理的なものには，形式からは三つの面がある。それはα）抽象的あ
るいは悟性的面，β）弁証法的あるいは否定的に理性的面，γ）思弁的
あるいは肯定的に理性的面である。

　　以上の三つの面が論理学の三部門というわけではない。それら
はあらゆる論理的に実在的なものの三契機，つまりあらゆる概念
の，言い換えれば真なるもの一般の三契機である。この三契機にし
ても，再び第一の契機である悟性的なもののもとに置かれ，それに
よって別々に分離される場合もある。しかし，その場合には，この
三契機はその真実の姿では考察されていない。

第14節　α）悟性的面（第80節）

α）悟性としての思考は，固定した規定性と，その規定性の他の規定
性に対する違いにこだわっている。また，この思考は，そのような制限
された抽象的なものがそれだけで（für sich）存立し存在するものだと
見なしている。｜（17）

第15節　β）弁証法的面（第81節）

β）弁証法的契機とは，固定した諸規定自身の固有の自己揚棄であり，
自分とは反対の規定に諸規定が移行してゆくことである。

　　1）弁証法的なものが悟性によってそれだけで分離されて受け取
られたとき，それをとりわけ学的概念として明示すれば，それは懐
疑主義である。懐疑主義が含んでいるのは，弁証法的なものの結果
としてのたんなる否定でしかない。2）通常は，弁証法とは外から
の技巧と見なされている。それは恣意によって，規定的概念を混乱
させ，規定的概念の中に矛盾の空虚な仮象をひきおこす。取るに足
らないものであるのは，この規定ではなく，この仮象なのである。

26　　　　　　　　Ｉ　論　理　学

それに対して，むしろ，悟性的なものの方が真なるものであると
されている。だが，むしろ弁証法は悟性諸規定や諸物，有限なもの
一般にそなわった固有にして真の本性だと考えなければならない。
〔外的〕反省はさしあたって孤立した諸規定性を超え出てゆくこと
であって，関係づけではある。けれども，関係づけとは言っても，
孤立した規定性を相互に関係づけはするものの，それ以外の点で
はそれらを孤立したまま通用させる。これに対して弁証法は【25】
〔このような孤立状態を〕内在的に超出してゆくことなのであり，
その中で悟性諸規定の一面性・制限性は，それが実際にそうである
として，つまり自己の否定として提示される。それで，弁証法的な
ものが，前進にとっての運動する魂をなしており，原理なのであ
る。この原理によってだけ，内在的な連関と必然性が学の内容と
なってくるのである。また，この弁証法的なもののうちに，有限的
なものを表面的にではなく真に超える高揚がそもそもある。｜(18)

第 16 節　γ）思弁的面（第 82 節）
　γ）思弁的なもの，あるいは肯定的に理性的なものは，対立しあって
いる諸規定の統一を摑む。すなわちそれらの規定が解体し，移行してゆ
くことに含まれている肯定的なものを摑む。
　　1）弁証法には肯定的な成果がある。というのは，弁証法には或
る一定の内容があるからである。言い換えれば弁証法の成果とは真
実には空虚で抽象的な無ではなく，或る特定の諸規定の否定なので
ある。そして，成果が直接的な無ではなくて，いっぱしの成果であ
るというがゆえにこそ，それらの特定の規定は，まさしく成果に含
まれているからである。2）それで，この理性的なものは，確かに
思考されたものでも抽象的なものではあるが，同時に具体的なもの
でもある。というのは，それは単純で形式的な統一ではなく，区別
された諸規定の統一だからである。それゆえ哲学は，たんなる抽象
や形式的な思想には徹頭徹尾何の関わりももたず，ただ具体的な思
想だけを問題とする。3）思弁的論理学にはたんなる悟性の論理学
も含まれていて，思弁的論理学から悟性の論理学を作りだすのに手
間はかからない。そのため必要となるのは，ただ思弁的論理学から

弁証法的なものと理性的なものを取り去ることである。そうしたものを取り去れば思弁的論理学は通常の論理学になる。そうすると論理は，数々の思想諸規定を寄せ集めて並べ立てた記述（Historie）となってしまうわけである。こうした諸規定は，有限であるにもかかわらず何か無限なものだと見なされている。

第17節　思弁哲学としての論理学

　内容からは，論理学では思考の諸規定をそれ自体でそれだけで（anund für sich）考察する。こうしたあり方では思考の諸規定は，具体的な純粋諸思想，つまり諸々の概念であり，あらゆるものの絶対存在する｜(19)　根拠という価値と意味を備えたものである。それで，論理学は本質的に思弁哲学である。

　【26】本節と前節では分けておいたが，思弁的なものでは形式と内容とはそもそもそのようには分かれていない。理念の諸形式とは理念の諸規定であって，そうであるならば，こうした理念の諸規定そのものとは別に，真なる内容がまだどこからかやってくるかのように言うべきではない。これに対してたんなる悟性の論理学の諸形式は，それだけで真なるものですらなく，真なるものの形式でさえありえない。かえってそれらはむしろ，たんに形式的なものであるがゆえに内容との対立に本質的につきまとわれているのだから，有限なものの，真ではないものの諸形式以上のものではない。しかし，論理学は純粋に思弁哲学であり，さしあたっては思考のうちにある理念である。言い換えれば，絶対者は，まだその永遠という性状に閉じ込められている。だから，論理学は一面では主観的な学であり，そうであるために第一の学である。論理学にはまだ理念の完全な客観性という面が欠けている。しかし〔他面では〕，論理学は実在的なものの絶対的な根拠であるだけではなくて，自らが絶対的根拠であることを自分で明らかにする。そして，そのことによって，〔主観的な学であるのと〕同様に実在的に普遍的で，かつ客観的学であることが判明する。論理学の諸概念がとる最初の普遍的な姿では，論理学はそれだけでしかも主観的で特殊な営みとして現れてきて，この営みの外に感性的世界，また具体的世界，知的世界の

28 　　　　　　　　　　Ⅰ　論　理　学

豊かさ全体が活動していると思われている。しかし，それは，この豊かさが実在的部門の哲学だと認められるのであって，その部門が純粋理念に帰りつき，そして帰りつくことで，自らの究極の根拠と真理をもつものであることが明らかにされる。そのことによって論理的｜（20）普遍は，もはや先の実存的豊かさに対置される特殊であるのではない。むしろ，この豊かさを含み込むものが真の普遍であることが明らかにされる。このとき論理学は思弁神学という意義を獲得する。

第18節　論理学と形而上学および批判哲学との関係の再検討（第27節）

　論理学は本質的には思弁哲学を意味する。この意味での論理学が，論理学とは切り分けられ，旧来形而上学と呼ばれてきた学問にとって代わる。論理的なものの本性，そして学的認識がとるようになった立場は，形而上学の本性から，次に形而上学の息の根を止めた批判哲学から，暫定的にではあるが，もっと詳しく解明されるであろう。この目的のために，これらの〔形而上学と批判哲学という〕学の概念および論理的なものとこれらの学の概念との関係とについてさらに立ち入って述べるべきである。――ちなみに形而上学が多少旧来のものであるというのは，哲学史に関してであるにすぎない。旧来の形而上学は，それだけ取り上げれば，【27】近年そうなっているように[1]そもそも理性的諸対象についてのたんなる悟性的見解である。

第19節　旧来形而上学による述語付加の欠陥（第28節）

　すなわちこの学〔形而上学〕は，思考の諸規定が物の根本諸規定だと見なしていた。形而上学が最近の批判哲学の営みなどよりも高い位置を占めていたのは，次の前提のおかげである。それは，存在する当のものは思考されることによって自体的に認識されるという前提である。しかし1）――形而上学が，かの〔思考の〕諸規定を受け取っていたのは，抽象的な姿で，それらが独立して通用し真なるものの述語でありうるも

―――――――――――――
　　1）　（訳注）ヴォルフの形而上学は，カントより以前ということで過去のものというわけではなくて，論理的なもの悟性的面を形成しているがゆえに不可欠である。

のとしてである。一般的に言えば形而上学は，絶対的なものに述語を付加するという仕方で絶対的なものを認識することができるとそもそも前提してしまっていた。そして，悟性の諸規定をそれら自身がもつ内容と価値とから研究することもしなかったし，｜（21）述語を付加することによって絶対的なものを規定するというこの〔命題〕形式を吟味することもしなかった。

　　そのような述語の事例は，「神は定在する」という命題における定在，「世界は有限であるか無限であるか」という問いにおける有限性や無限性，「魂は単純である」という命題における単純，複合，さらに「物は一であり，全体である」〔という命題における一や全体〕などである。

第 20 節　旧来形而上学による表象を基準とする欠陥（第 30 節）

2）形而上学の対象は，なるほど絶対的に理性に属する諸全体（魂，世界，神）ではあった。しかし，形而上学は，これらを表象から取って来て，悟性規定を適用する際の，できあがった所与の主語として根底に据え，述語が適切で十分であるかどうかの基準をもっぱらこの表象に置いた。

第 21 節　旧来形而上学による独断論の欠陥（第 32 節）

3）こうして形而上学は独断論となった。そのわけは，先に〔第 19 節で事例として〕挙げた命題がそうであったように，有限な諸規定の本性から，「対立する両主張のうち，一方は真であるが，他方は偽でなければならない」と想定せざるをえなかったからである。

【28】

第 22 節　存在論への批判（第 33 節）

この形而上学が整理されて一つのかたちをとってから，その第 1 部となったのは存在論である。存在論とは，本質体（Wesen）のもつ抽象的諸規定2)にかんする学説である。そのような抽象的諸規定は，あれこれとさまざまな姿をとっているし，妥当する範囲も限られていて，原理を

　2）（訳注）ここでの存在論の定義は，クリスティアン・ヴォルフ著『第一哲学もしくは存在論』にある。

30 　　　　　　　　Ⅰ　論 理 学

欠いている。そのために，そのような諸規定は，どうしても経験的で偶
然的な仕方で取り上げられなければならない。またそのさらに詳しい内
容が依拠することができるのは，表象でしかなく，｜（22）或る言葉
で念頭に置かれているのはこのことにほかならないのだという断言でし
かないのであり，ひょっとしたら，語源学にも基づいて行うことくらい
しかできないであろう。そこで問題になりうるのは，もっぱら分析が言
語の使い方と一致していて正しいということでしかなく，〔内容が〕経
験的にすべて挙げ尽くされているということでしかない。そうした諸規
定が真理であり必然であることがそれ自体でそれだけで問題にはなりえ
ない。

　　　「存在，定在，あるいは有限性，単純性，複合といったものが，
　　それ自体でそれだけで真なる概念であるか」と問うことを，次のよ
　　うに考えるとしたら，不審に思う人もいるかもしれない。すなわ
　　ち，問題となりうるのはたんに或る命題が真であるかどうかという
　　ことだけだということであり，そこで問われているのは，或る概念
　　を或る主語に真に付加する（慣用に従えば）ことができるか否か[3]，
　　ということだけである場合である。そして主語と，その主語に述語
　　として付加される概念との間に矛盾があれば，それは真理でないこ
　　とだ，と考えられている[4]。そのような表象では，概念は単純な規

───────────

　　3）（訳注）ここでの主語への述語の付加については，マース著『論理学綱要』「定言判
断について」編 96 頁ではこういわれている。「述語は，主語に付随すると考えられるかぎり
で主語に付加（帰属）される。述語が主語に帰属しないと考えられるかぎりで述語は主語に
拒否される。述語が主語に付加されている場合，判断は肯定判断であり，述語が主語に拒否
されている場合，判断は否定判断である」。さらにキーゼヴェッター著『学校用論理学』32
頁ではこういわれている。「その徴表が否定以外含まない概念は欠如存在である。そして，そ
の概念によっては何も認識されないので空虚な概念である。否定によって，否定が付加され
る対象をこの否定の反対が付随する諸事物の一定領域から排除し，さらに無数の自余の諸事
物へ対象を移して，それによって対象が何であるかを認識することなく各対象の一つにも多
くのそのような否定徴表が無限に付加されうるので，そのような否定概念は無限的でもある
（欠如存在という言葉は底本ではイタリック体で強調されている）」。さらに同書 47-48 頁で
はこう言われている。「排中律（propositiones exclusivae）。その命題では，他の主語の排除に
よって一つの主語に一つの述語が付加されるか拒否されるかである。たとえば，神は全能で
ある。あるいは，他の述語の排除によって一つの主語に一つの述語が付加されるか拒否され
るかである。たとえば，カイウスは豊かではまったくない」。
　　4）（訳注）主語概念と述語概念との間の矛盾については，たとえば，クリスティアン・
ヴォルフ著『第一哲学もしくは存在論』フランクフルト／ライプツィヒ，1736 年，15 頁以

定性であると解されている。しかし，概念とはそもそも具体的なものなのであって，どんな規定性でさえも，本質的には異なった諸規定の統一なのである。したがって，もし真理とは「矛盾がない」ということにすぎないのであれば，どんな概念の場合であれ，その概念がそのような内的矛盾を含んでいないかどうかを，まず始めに考察しなければならないことになる。

第23節　合理的心理学（第34節）

第2部は，合理的心理学，つまり霊魂論[5]（Pneumatologie）であった。これは，霊魂の，つまり物としての精神の形而上学的本性に関わっている。

　　不死性[6]が，複合，時間，質的変化，量的増減を位置づけるこの領域で求められた。｜（23）

第24節　宇宙論（第35節）

第3部，宇宙論（Kosmologie）[7]で扱われたのは，世界であり，その偶然性，必然性，永遠性，時間・空間内の制限であり，変化する世界における【29】形式的諸法則，さらに人間の自由，そして悪の起源である。

　　絶対的対立にここであてはまるのはとりわけ次のものである。そ

降，第1部第1章第1節「矛盾律について」を参照。

　5）（訳注）合理的心理学については，クリスティアン・ヴォルフ著『合理的心理学』フランクフルト／ライプツィヒ，1740年を参照。また，霊魂論という書名をめぐっては，クリスティアン・アウグスト・クルージウス著『理性真理が偶然真理に対立するかぎりでの必然的理性真理の草案』ライプツィヒ，1745年，819頁以降を参照。この書名への批判をめぐっては，カント『判断力批判』437頁（第89節），『カント全集』第5巻，460-461頁を参照。魂の形而上学的本性に関連しては，ヴォルフ著『合理的心理学』9-62頁：第1章第1節「魂の本性と本質について」を参照。事物としての精神の本性については，同書，32頁を参照。

　6）（訳注）魂の不死については，クリスティアン・ヴォルフ著『合理的心理学』621-665頁：第4章第2節を参照。

　7）（訳注）ヴォルフ学派の世界概念については，クリスティアン・ヴォルフ著『一般宇宙論』フランクフルト／ライプツィヒ，1737年，クリスティアン・アウグスト・クルージウス著『理性真理が偶然的真理に対立するかぎりでの必然的理性真理の草案』ライプツィヒ，1745年，649頁以降「宇宙論，世界の必然的本質についての教説，およびそこからア・プリオリに理解できること」を参照。

32 I　論　理　学

れは，偶然性と必然性，外的必然性と内的必然性，作用因と目的因，言い換えれば因果性一般と目的，本質あるいは実体と現象，形相と質料，自由と必然，幸福と苦しみ，善と悪である。

第 25 節　自然神学（合理神学）（第 36 節）

第 4 部，自然神学，あるいは合理神学[8]が考察したのは，神の概念，つまり神の可能性，神の現存在証明，そして神の諸性質である。

　a）このようにして神を悟性的に考察する場合にとりわけ肝心なのは，わたしたちが神ということで表象しているものにどの述語が適合しどの述語が適合しないか，ということである。実在性と否定，あるいは肯定的なものと否定的なものといった対立が，ここでは克服できないものとして現れてくる。悟性が取り上げる〔神の〕概念に残されるものは，結局，無規定な本質，純粋実在性あるいは肯定性という空虚な抽象だけなのである。b）有限な認識による証明に含まれているのは，逆さまの姿勢である。〔1〕それは，神が現に存在する客観的根拠が挙げられるということであれば神の存在は媒介されたものとして提示されることになるか，あるいは，〔2〕この根拠がわたしたちの認識にとっての主観的根拠にすぎないとされるかぎり，｜（24）諸々の規定性の悟性的同一性に基づいて進んでいくこの証明では，有限的なものから無への移行を果たすことはできないのであって，現に存在する世界という実定的であり続ける有限性から神を解放することなどできはしない。その結果として，神は現に存在する世界の直接的な実体だと規定されなければならない。〔3〕あるいは，神は客観として主観に対立し続けるということになるので，この仕方では有限なものになってしまう[9]。c）諸々の性質は，もともといま上に挙げた抽象概念では没落してしまっている。しかし，有限な世界がなおも真なる存在と表象され，神がこ

8）（訳注）自然神学については，クリスティアン・ヴォルフ著『自然神学』フランクフルト／ライプツィヒ，1739 年，第 1 部を参照されたい。同書第 2 部は，フランクフルト／ライプツィヒで，1741 年に刊行された。

9）（訳注）b）の叙述は，第 3 版では，〔1〕を論拠にして，帰結が，〔2〕か〔3〕かという二者択一に書き換えられている。

の世界に対立するものと依然として表象されるかぎり、有限な世界
への神のさまざまな関係の表象もまた生じる。この関係が性質と規
定されるとき、一方では、〔神の〕あれこれの有限な状況への関係
なので、それ自体が有限なたぐいのもの（たとえば、正義である、寛
大である、力のある、賢い、など）でなければならない。しかし、そ
れは他方では、また同時に〔神の性質なのだから〕無限でもあるべ
きである。この矛盾の解決策は、この〔自然神学の〕立場からす
れば、中身に乏しいあいまいなものでしかない。つまり、諸々の性
質を没規定なものにしてゆく、【30】すなわち「ヨリ優レタ意味」
（sensum eminentiorem）[10]のものにしてゆくという量的な増大とい
う仕方で解決を図るしかない。だが、実際には、こうした解決の仕
方では、性質は表象からは消されてしまい、表象に残されるのは、
ただ名称だけでしかない。

第 26 節　経験論
この旧来形而上学を、正反対の側から加えられた二つの攻撃が打ち
破った。Ⅰ）一方の攻撃は経験論に基づいて哲学することである。これ
は、表象の内容ばかりでなく、また思考の内容と規定のすべてについて
も次のように考える。つまり、そのような内容や規定は感性的知覚、感
情、そして直観のうちで、外的もしくは内的意識の事実として見出さ
れる、あるいはそうした意識の事実から導くことができると信じてい
る。そして、この経験的｜（25）事実一般、およびこの事実の分析を
真理の源泉だと見なし、超感性的なものは総じて拒否したり、少なく
ともそうしたたぐいのものの認識を、すべて拒否する。そして思考に認め
られるのは、抽象という形式、もしくは同一命題の形式だけだという。

第 27 節　カント哲学の悟性概念
Ⅱ）この見解にまず反対する見解を含んでいるのが、カント哲学であ
る。カント哲学は形而上学で使われてきたさまざまな悟性概念の価値を
詳細な検討に委ね、それらに関して次のように主張した。つまり悟性概

10）（訳注）神の性質の「ヨリ優レタ意味」については『自然神学』第 2 編、第 2 章、
第 2 節「神の知性について」144 頁：第 158 節、145 頁、第 159 節を参照。

34　　　　　　　　　　　Ⅰ　論　理　学

念は感性に由来するのではなく，思考の自発性に属するものであって，
それらが含んでいる諸々の関係は普遍性と必然性を，つまり客観性を
備えており，これらの関係こそがア・プリオリな総合的諸命題である，
と[11]。

第28節　統覚と純粋悟性概念（第42節）

　さまざまな悟性概念の特定の根拠としてカント哲学が挙げるのは，思
考する自我の根源的同一性（自己意識の超越論的統一）[12]である。感情と
直観によって与えられる表象は，それらの内容からも多様なものであ
るが，同様に表象の形式によっている場合でも，多様なものである。
すなわち表象の形式によっているというのは，互いが互いの外にある
（Aussereinander）と捉える感性によっていることであり，感性の二つの
形式である空間と時間のうちに置くことであるから[13]，この場合も表象
は多様なものになる。自我がこの多様なものを自己に関係づけ，一つの
意識としての自己のうちで一つにすると（純粋統覚），それによってこ
の多様なものは同一性を獲得し，根源的に結合される。ところで，こう
した関係づけを行う特定の【31】諸様式が，諸々の純粋悟性概念，す
なわちカテゴリーなのである。

第29節　純粋悟性概念と経験との関係（第43節）

　一方では，たんなる知覚は，諸カテゴリーが客観的であるおかげで高
められて経験となる。｜（26）しかし，他方では，これらの諸概念〔カ
テゴリー〕は，それぞれがたんなる主観的意識の諸々の統一にすぎない

---

　11)　（訳注）ア・プリオリな総合的諸命題については，カント『純粋理性批判』第2
版，2，3-4頁以降，12-14頁以降，19，126頁およびカント『プロレゴーメナ』77頁以降
（§§18・19），『カント全集』第4巻，297-299頁を参照されたい。
　12)　（訳注）思考する自我の根源的同一性については，カント『純粋理性批判』第2版，
132頁でこう言われている。「わたしは，これを経験的統覚と区別するために，純粋統覚と名
づける。あるいはまたこの統覚を，根源的統覚とも名づける。この統覚は，「わたしは考える」
という，あらゆる他の表象にともなわざるをえず，かつあらゆる意識において同一である表
象を生み出す自己意識であり，けっしてさらに他の統覚からは導き出せないような自己意識
だからである。わたしはまた，この統覚にもとづいてア・プリオリな認識が可能となるため
に，この統覚の統一を自己意識の超越論統一と名づける」。
　13)　（訳注）感性の形式としての時間と空間については，カント『純粋理性批判』超越
論的原理論，第1部，超越論的感性論を参照されたい。

ので，所与の素材によって制約されていて，それだけでは空虚であり，経験のうちでしか適用され[14]使用されないものである。

第30節　悟性と物自体との関係（第44節）

このような諸概念〔カテゴリー〕は前節の有限性のために，絶対的なものの諸規定であることができない。絶対的なものは知覚のうちに与えられていないからである[15]。それで，悟性，つまりカテゴリーによる認識は，物自体を認識する能力がないことになる。

第31節　カントの理性による認識批判（第45，46，52節）

ところで，理性とは無制約的なものについての能力である。この理性は，このような経験的認識が制約されたものであることを洞察し，それによってこの経験的認識によって得られるのは現象にすぎない[16]のだということを洞察する。けれども，もし理性がその本性に従って無限なものつまり物自体を認識の対象にしようとし，そして諸カテゴリーを——理性といってもカテゴリー以外のものをもたないから——物自体に適用しようとすれば，理性は越権的（超越的）になってしまって，あれこれの誤謬推理を犯し，諸々の二律背反におちいる[17]。だから，理性が経験を単一な体系とするために提供するものは，形式的統一以外のものではない。理性は真理のカノン〔規範〕であって，オルガノン〔機関，道具〕ではない。理性が提供できるのは無限なものの理説（Doctrin）ではなくて，認識の批判にすぎない[18]。

14）カテゴリーの適用については，カント『純粋理性批判』第2版，75，102頁，122-123頁，カント『プロレゴーメナ』77頁以降（§§18・19），『カント全集』第4巻，297-299頁，カント『純粋理性批判』第2版，313，343頁を参照されたい。

15）（訳注）悟性と物自体との関係については，同書，第2版，356，367，377，379頁を参照されたい。

16）（訳注）経験的認識と現象との関係については，同書，352，671頁を参照されたい。

17）（訳注）純粋理性の誤謬推理および二律背反については，同書第2版399頁以降超越論的弁証論第2書第1章，同書第2版432頁以降，超越論的弁証論第2書第2章純粋理性の二律背反を参照されたい。

18）（訳注）ヘーゲルは，『純粋理性批判』緒論から短縮して引用している。第2版26頁ではこう言われている。「われわれがこの研究を本来理説と称することができず，たんに超越論的批判とのみ称しうるという理由は，この研究が認識そのものの拡張を意図するものでなく，もっぱら認識を是正することをのみ意図し，あらゆるア・プリオリな認識についてそ

第32節　カント哲学の一面性（第48節 注）

　さて，カント哲学が正当に認識しているのは，悟性の諸規定が有限であって，そのために真なるものを摑む能力がないことである。だが，この哲学が一面的であるのは，悟性の諸規定をそれ自体でそれだけで（an und für sich）考察することがないからであり，また，悟性諸規定の有限性をそれらの内容の本性のうちに見るのでもなくて，それらが【32】思考する｜（27）自己意識に属しているという対立のうちに見ていて，それらをそのように対立したままにしているからである。

　　熟察されるべきは，上記の諸命題をカントが論じていくやり方には，格別の欠陥があることである。諸々のカテゴリーが一つ一つ取りあげられるという面にかぎって見ても挙げられているだけで，まったく不完全であるということもそうである。それに加えて，それらが経験的なやり方で一般の論理学[19]から取ってこられているのもそうである。しかも，いわゆる自己意識の超越論的統一がそもそもどうやって自己を規定していくのか，また同様に，その統一がどのように多様な諸規定（これがすなわちカテゴリーである）に進展して行くのかも明らかにされることがない。──言い換えれば，諸々のカテゴリーがそれらの規定されたあり方に従って演繹されていない。理性のいわゆる誤謬推理と二律背反を論じる場合でも，例のカテゴリー表がまたも同様に前提とされてもいて，その後になって好んで用いられるようになったやり方が使われている。すなわち〔カテゴリーを〕導出するかわりに，すでに仕上げられた図式へ対象をただあてはめるだけというやり方である。二律背反が詳しく論じられる場合のその他の問題点に関して，わたしは拙著『論理学』（シュラーク書店，ニュルンベルク，1812-16 年）で，折りに触れて指

───────────

れが認識の根拠として価値があるか無価値であるかを識別するための試金石を与えるべきものであるからであり，これこそ，まさにわれわれが今取りかかっている仕事である。このような批判はしたがって一つの準備，できることなら一個の機関のための準備でありたい。そしてもしこれが成功しないということであれば，少なくとも，純粋理性のための準備である」。

　19)（訳注）一般の論理学については，同書第 2 版 105 頁を参照されたい。そこで，カントは自分流に「アリストテレスはカテゴリーをかき集めた」と非難している。かくして，アリストテレスは，自分に生じるがままにカテゴリーをかき集めたということになる。

摘しておいた[20]。——ところで「悟性規定が理性的なものをつてに設定する矛盾は本質的で必然的である」という思想は，当代にとって哲学のきわめて重要で意義深い進歩の一つだと絶対に評価しなければならない。『純粋理性批判』では，この矛盾はこれらの概念そのものにあるのではなく，それを無制約的なものに適用する際にだけ生じてくるかのように表象されているにしてもである[21]。また同じく立派な功績として認められなければならないのは，カント哲学が自我を純粋統覚として際立たせて，自我の認識をもはや魂という物（Seelending）——それが物質的で｜（28）あろうとなかろうと——や，あれこれの形而上学的述語[22]としたのではなく，自我の真の本質としたということ，すなわち自己意識の純粋な自己同一性つまり自由としたことである。この同一性がいわゆる魂というものの本質にして実体であると捉えられたことによって，哲学的認識のための絶対的基礎が据えられたのである。

第 33 節　主観的観念論としての批判主義

したがって，カントの批判主義は主観性の哲学，主観的観念論にすぎない。カント哲学が経験論と異なるのは，経験を構成する当のものにおいてでしかない。理性が感性を超えるものも，理性的で神的なものも認識しないという点では，それは経験論とまったく一致している。【33】カント哲学は，有限で真ではないものに止まっている。すなわち主観的でしかない認識に止まっていて，外面性と物自体[23]とを己れの条件としていて，しかもこの物自体というものは，形式をもたないものという抽象であり，空虚な彼岸である。

---

20)　（訳注）G. W. F. ヘーゲル『論理学』の書誌については，本書 35 頁脚注 15 を参照。なお，二律背反論をめぐってはヘーゲル『論理学』第 1 巻，客観的論理学，ニュルンベルク，1812 年，138-150 頁：アカデミー版『ヘーゲル全集』第 11 巻，113-120 頁，147-150 頁を参照。

21)　（訳注）矛盾については，カント『純粋理性批判』第 2 版，433，448，452 頁を参照。

22)　（訳注）形而上学的述語については，同書，第 2 版，132，399 頁を参照。

23)　（訳注）物自体については，訳注 24 参照。

38 I 論 理 学

第34節　カント哲学の前提（第6節，注）

　同時にカント哲学は，対立のこの〔外面性と物自体という〕二つの側面を究極のものと見なしていながら，それらを超えてもいる。というのは例の悟性の認識が現象にすぎないこと，理性の生み出すものが一面的で形式的統一でしかないこと，これに対して，物自体は規定を欠いた空虚なものではあっても自体であるから同時に真なるものであって概念を含むべきなのであるということ，こうしたことをカント哲学が認識しているからである[24]。

　　一方で悟性が認識するのは現象だけであることを認めながら，他方で，「認識はこれより先に進むことはできない。それは人間の知の自然的・絶対的制約である」と言って，その認識が何か絶対的なものであると主張するのは，たいへんな不整合である。或るものが制約とか｜（29）欠如として認識されるのは，全体的で完全なものという，現存理念と比較されることによるしかない。それゆえ，不覚にも，或るものを有限なもの，あるいは制約されたものと特徴づけるからには，無限なもの，無制限なものが現実的で現存することの証明が含まれているのを洞察していない。ちょっと宗教的なものや人倫的なもののことだけでも思い起こせばよいのであって，そのようなもののうちには絶対的なものに関する知がある。確かにこの知は展開された知ではないけれども，未知の無規定的な彼岸としての自体に対して，此岸として直接に関わるのではない。そのような対立に固執すれば，認識することは主観的で，絶対者は依然として否定的なものであるが，むしろこの知はそうした対立を放棄してしまった知なのである。だが，とりわけ人倫的なものに関して，また部分的には宗教的なものに関しても，理論的なものと実践的なものは，二つの特殊な能力あるいは力と，いわば二種類の住みかと常に見なされがちである。この見方と一般に結びついているのは，魂という表象である。この表象は，原子論的物質とちょうど同じように，それ自身のうちでもともと多様な物と考えられている。だが，またそのように分離されてしまうのは，いろいろな前提や断言のせ

---

24)　（訳注）現象と物自体については，訳注22, 23 も参照されたい。

いでもある。前提とか断言とかいうものは，一旦固定された表象に
なってしまうと，それ以上は批判されないで真実だと見なされてし
まうからである。しかし，自己意識の統一もやはり前提されている
わけだから，こうした分離が前提されていた自己意識の統一と矛盾
することはすぐに分かることだし，また，そうなれば，理論的な能
力も，認識も欠いた実践的な能力が一体何であるのかは，言うこと
もできないことだろう。

【34】

第35節　学的立場にとって放棄すべき諸前提

ところで，すでに詳述されたような，哲学的認識の主観的で有限な様
式には諸々の前提が含まれている。学の立場に身を置くためには，そう
した諸前提を放棄することが必要となる。｜（30）その前提というの
は，次のようである。1）制約され対立しあっている悟性諸規定一般が，
固定的に妥当するという前提，2）そのような思想諸規定の一つが哲学
的認識に適合するか否かを決める基準となるべき基体が，所与の，表象
されすでにできあがっている基体であるという前提，3）認識するとは，
そういうできあがっていて確定した述語を何らかの所与の基体へと関係
づけることにすぎないという前提，4）認識する主観と，それとは一致
しえない別ものである客観とが対立していて，この対立のいずれの面
も，今しがた述べた対立の場合と同じように，自分だけで確定した真な
るものであるはずだという前提。

第36節　論理学の無前提性（第78節，第25節注）

こうした諸前提を放棄することが要求されうる理由は，それらが誤っ
ているからだというのではまだない。なぜならば，いま述べたあれこれ
の規定は学のうちで必ず現れてくるのであって，そのような規定そのも
のに即してそうした諸前提が誤っているということを学は初めて示さな
ければならないからである。諸前提を放棄することが要求されるのはむ
しろ，それらの規定の所属するところが表象であり，また直接的思考，
言い換えれば所与にとらわれている思考，すなわち臆見だからである。
そもそも，そうした諸前提が所与の前提であるのに対して，学は，純粋
な思考であろうとすることより他に何も前提しないからである。

40　　　　　　　　　　Ⅰ　論　理　学

²⁵⁾わたしは以前『精神現象学』つまり意識の学的歴史を，哲学の第1部として論じた。そうしたのは『精神現象学』は純粋な学の概念を生み出すものであるから，純粋学に先行しなければならないという意味でであった。しかし同時に意識とその歴史とは，その他一切の哲学的学と同じく，絶対的始まりではなくて，哲学の円環内の一分肢なのである。そうなれば，懐疑主義もまた，有限な認識のあらゆる形式を｜（31）貫いて遂行される否定学であるから，同じく学への導入（Einleitung）の役を演じると思われるかもしれない。だが，懐疑主義は，ただたんにほめられた道ではないだけでなく，それゆえにひょっとしたら余計でもあるかもしれない。なぜならば，先に〔第15節で〕述べたように²⁶⁾，〔懐疑主義を包括している〕弁証法的なものこそが，それ自身肯定学の本質的契機であるのだから。さらに，付言するならば懐疑主義は有限な諸形式を，もっぱら経験的で学的ではないやり方で見つけ，それらを所与として取り上げることしかできないであろう。そのような完遂された懐疑主義の要求は，一切のものを疑うということ（Zweifeln），【35】あるいはむしろ，すべてのものに絶望するということ（Verzweiflung），つまりまったく何ものをも前提してはいないということ，こうしたことが学に先立っていなければならないという要求と同じものである²⁷⁾。こうした要求が本来の意味で完遂されるのは，純粋に思考しようという決意においてであり，一切を捨象し，自由の純粋抽象つまり思考の単純性を貫徹する自由によってである。——カント哲学が広めた要求，すなわち，現実に認識する前に認識能力を批判的に吟味せよという要求²⁸⁾は，一見したところでは，もっともらしいこ

　25）　（訳注）『精神現象学』の書名は，底本ではこうなっている。G. W. F. ヘーゲルの学の体系・第1部『精神現象学』バンベルク／ヴュルツブルク，1807年。この点については，アカデミー版『ヘーゲル全集』第9巻，3，51，444，446-447，454頁以降，469頁以降を参照されたい。

　26）　（訳注）第15節では，論理的なものの第二の面である弁証法的なものを独立させると懐疑主義になるとされている。

　27）　（訳注）完遂された懐疑主義についてはアカデミー版『ヘーゲル全集』第9巻，56頁に書かれている。0

　28）　（訳注）認識能力の批判については，カント『純粋理性批判』第2版，7，25-26頁以降，12-14頁以降，19，126頁，カント『プロレゴーメナ』16頁以降，『カント全集』第4

ととして差し出されている。だが，このような吟味はそれ自身が一つの認識活動である。だから，認識を行わないでこうした吟味を行うべきだというのは無意味である。そればかりか，現実に認識する前に認識能力を想定するということがすでに，能力とか力とかいう正当化されていないカテゴリーや規定を前提にしていることでもあるし，また主観的認識活動を前提にしていることでもある。これは，前に述べた前提の一つである。ちなみに論理学も，ここで求められている吟味ではある。ただしこれはやり方としては批判的方式よりも真なるものである。批判的方式は，なによりもまず当の己れがまさに作り出した己れ自身の前提と，己れが行っていることの本性とを吟味しなければならなかったはずなのに，それができなかったのである。｜（32）

第 37 節　論理学の三部門（第 83 節）

　純粋学つまり論理学は，三つの部門に分かれる。三つとは，存在論理学，本質論理学，そして概念あるいは理念の論理学である。言い換えれば，〔存在論理学は〕直接的思想の論理学，〔本質論理学は〕反省する思想の論理学，〔概念の論理学は〕反省から還帰して自己に至り，実在的な姿をとりながらも自己自身のもとに存在する思想の論理学である。

巻，261 頁を参照されたい。

【36】
第 1 部　存 在 論

A 質

---

a）存　　在

第 38 節　学の始まりとしての純粋存在（第 86 節）

　純粋存在が始まりをなす。というのも，純粋存在は純粋な思想でもあれば単純な直接体でもあるからである。しかも，最初の始まりは媒介されたものではありえず，またそれ以上に規定されたものでもありえない。

　したがって絶対的なものの真に第一の定義は，「絶対的なものは純粋存在である」となる。

　　この定義はよく知られている定義と同じものである。それは「神はあらゆる実在性の総括である」[1]という定義——つまり，どんな実在性が含んでいる規定性であっても，規定性は捨象されるべきであるから——言い換えれば，「神はあらゆる実在性のうちの実在的なものに他ならず，もっとも実在的なものである」という定義である。実在性は自己への反省を含んでいるから，この定義は，もっと直接的に言い表わせば，「神はあらゆる定在のうちの存在である」[2]となる。——抽象的で空虚な存在から学を始める｜（34）ことに

---

　　1)　（訳注）「あらゆる実在性の総括」としての神という表現については，『純粋理性批判』第 2 版，605，607，610 頁を参照。

　　2)　（訳注）当該の神の定義については，ヤコービ著『スピノザ書簡』61 頁でこう言われている。「スピノザの神は一切の現実における現実の純粋な原理であり，一切の現存における存在の純粋な原理であり，まったく個体性がなくて，端的に無限である」。同書付論Ⅶでも，その文が繰り返されている（句読法と文体が少し変えられている）。『ヤコービ全集』第 1 巻，第 1 分冊，39，247 頁も参照。

第 1 部　存在論　　　45

対しては[3]，あらゆる疑惑がかけられ，異議が唱えられるであろう。
だが，こうした疑惑や異議は，始まりの本性につきものであること
を｜たんに意識するだけで解消する。存在は，自我＝自我[4]や，絶
対的無差別ないし絶対的同一性などと規定されることができるが，
これらの形式は，端的な良心（Gewissen）つまり自己自身だとい
う確信（Gewissheit）で始めなければならないという必然性の観点
においてか，それとも絶対的に真なるもので始めなければならない
という必然性の観点でか，どちらかの観点で，最初のものでなけれ
ばならない形式と見なすことができる。しかし，いずれの形式のう
ちにもすでに媒介があるから，真実にはいずれも最初のものではな
い。媒介とは，諸々の区別項から出現することである。【37】たと
え〔フィヒテのように〕自我＝自我が，あるいはまた〔シェリン
グのように〕知的直観が真にまさに最初のものだと見なされるとし
ても，それはその純粋直接状態では存在に他ならない[5]。また純粋
存在は逆にもはやこの抽象的なものとしてではなく，自己のうちに

---

　　3)　（訳注）絶対的無差別については，シェリング『わが哲学体系の叙述』ではこう言
われている。第 1 節解明「わたしが理性と呼ぶのは絶対的理性である。いいかえれば，主観
的なものと客観的なものとの相対的な無差別として考えられるかぎりにおける理性である」
（『シェリング著作集』第 4 巻，114 頁）。また，第 4 節「理性の存在に対する最高の法則は，
そして理性の外には何ものも存在しない以上〔…〕（理性のうちに包括されているかぎりでの）
あらゆる存在に対するものでもある最高の法則は，同一性の法則である。これはあらゆる存
在との関係では，A ＝ A によって表現される」（『シェリング著作集』第 4 巻，116 頁）。
　　4)　（訳注）フィヒテの知識学の端的に無制約的な第 1 原則のための定式「自我＝自我」
をめぐっては，フィヒテ著『全知識学の基礎』7-8，25 頁（『フィヒテ全集』第 2 巻，257,
269 頁）を参照。
　　5)　（訳注）知的直観という表現が存在を意味していることをめぐっては，フィヒテ著
（匿名刊行）「書評：ゴットロープ・エルンスト・シュルツェ著（同じく匿名刊行）『エネジ
デームスあるいはラインホルト教授がイェーナで提出した基礎哲学の基礎について。理性批
判の僭越に対する懐疑主義の擁護と並んで』」1792 年，『一般学芸新聞』，イェーナ，1794 年，
第 47 号，374 段，第 48 号，381 段，第 49 号，387 段（『フィヒテ全集』第 2 巻，48, 57,
65 頁）所収を参照されたい。ヘーゲルは実質上異なることを統合していることについては，
たとえば，フィヒテ著『全知識学の基礎』14 頁でこう言われている。「さらに，一定の作用
としての判断をすべて捨象して，たんに，先の形式によって与えられた，人間精神一般の『活
動の仕方』に注目するならば，『実在性』のカテゴリーが得られる。『A は A である』という
命題が適用できるものはすべて，この命題がそれに適用できるかぎりで，実在性をもつ。或
る物（自我のうちに設定されたもの）のたんなる設定作用によって設定されているものが，
その物において実在性であり，その物の本質である」。『フィヒテ全集』第 2 巻，261 頁も参
照。

46 I 論理学

媒介を含むものとして，純粋に思考することあるいは直観することである。ちなみに「絶対的なものは存在である」，言い換えれば「絶対的無差別である」という定義の形式が成り立つのは，完全に，表象の基体が，ここでは絶対的なものの名ということで思い浮かべられているからである。――この基体というのは，唯一問題となるその思想が，述語にしか含まれていない基体である。したがって，例の主語も，命題の形式と同じくまったく余計なものなのである。

第39節　純粋存在は無である（第87節）

ところでこの純粋存在は純粋抽象であり，それゆえ絶対的に否定的なものである。これを〔存在と〕同様に直接的にとると無である。

　1）ここから「絶対的なものは無である」という絶対的なものの第二の定義が帰結する。実際には「物自体[6]は無規定なものであり，まったく無形式で，│（35）それゆえまた無内容である」と言われる場合，この発言にこの第二の定義は含まれている。あるいはまた「神とはまさに最高の実在である」と言う場合も同様である。なぜならば，そのようなものとしての神は〔物自体と〕同じ否定性だと表明されているからである。この否定性を或る肯定的なものにとっての無規定性だとか見なしうる。けれども肯定的なものとはそれ自身が一つの規定性であり，それであるからこの規定性は〔神や物自体と〕同様に揚棄されるべきである。さらに言えば，無規定性自身がまたしても揚棄される。なぜならば，もともと物自体や神はこうした空虚なものであるべきではなく，むしろ何らかの実質と内容をもつはずだからである。それゆえ，規定性も，その反対項である無規定性も物自体と神に帰属するべきものではない。2）この直接性のうちの対立が存在と無であると表明するならば，「存在が無である」ということがあまりにも奇をてらったものであるように見えるから，人は存在を固定し，存在がこのように〔無へと〕移行することを防ごうと試みないわけにはゆかないだろう。この点に関しては，熟考したとしても，思いつかれるのは，存在を無と区別する

---

6) （訳注）物自体については，脚注23，24，25を参照。

ような確固とした規定を存在のために探し出すことでしかない。そこで存在を，たとえばあらゆる変転のうちにあって不変なもの，かぎりなく規定することのできる質料などというように捉えてみたり，あるいはまたよく考えもしないで，何か或る個別的な存在と見なしたりする。しかし，そのようなより立ち入ったずっと具体的諸規定が与えられてしまうと，存在はもはや，この始まりでは直接的にあるような純粋存在ではいられなくなる。その純粋無規定性のゆえに，存在は無なのであり，表明することができないものである。存在が無から区別されるなどということは，たんなる思い込みにすぎない。【38】──〔物自体と神という〕この二つの始まりに関して，それらはこうした空虚な抽象でしかなく，両者のどちらもが他方と同じくらい空虚であるということをまさにしっかりと意識しておくべきである。存在のうちに，あるいは両者〔神と物自体〕のうちに一つの確固とした意味を見出そうとする衝動は，それ自身がまさにそれらを先へと導き，それらに真の意味を与える必然性に他ならない。この前進こそまさに論理学的｜（36）遂行であり，これ以降に提示される経過なのである。存在と無とのためにいっそう深まった諸規定を見出す熟考が論理的思考であり，それによってそうした諸規定は偶然的仕方でではなく，必然的仕方で生み出される。──したがって存在と無とがこれ以降に獲得するさまざまな意味はどれも，まさしく絶対的なもののより詳しい規定であり，より真の定義だと見られなければならない。そうなれば，そのようなもの〔さまざまな意味をもつ諸規定や定義〕はもはや存在と無のような空虚な抽象ではなく，むしろ具体的なものであって，そのうちでは存在と無という両者は契機となっている。そのような具体的なものにあっても区別は出現するが，そのかぎり，この区別も同様に自己内でさらに規定されたものである。──無をそれだけで見ると，その最高形式は自由である。だが，自由が否定性であるのは，それが最高度に自己のうちに深まって，それ自身また肯定でもあるかぎりでである。

48 I 論 理 学

第40節　無（第88節）

　無はこのように直接的なもの，自己自身に等しいものであるので，また反対に存在である当のものと同じものである。したがって，存在の，ならびに無の真理は両者の統一である。この統一が生成（Werden）である。

　1)「存在と無とは同一のものである」という命題は，表象にはあまりにも逆説的な命題であるように見えるから，ことによると真面目に考えられたものだとは思わないかもしれない。実際にこの命題はいかにも思考が要求される命題のうちでもっとも難しいものでもある。というのは，存在と無とは，まったくの直接性という形をとった対立，つまり，自分の他者への関係を含む規定が一方のうちにすでに設定されていることのない対立だからである。しかし存在と無とは，前節で指摘されたように，この規定を含んでいる。つまり，まさに存在と無の両者において同一である規定を含んでいる。そしてそのかぎり両者の統一の演繹は，｜（37）およそ哲学することの進展全体が，一定の方法をもったもの，すなわち必然的なものであるから，或る概念のうちにすでに含まれているものをただたんに設定することに他ならないというかぎりで，まったく分析的である。──だが，存在と無との統一が正しいのと同様に，両者がまったく異なっていること，一方が【39】他方であるところのものではないということもまた正しい。だが，まさに存在と無とがまだ無媒介なものである。だから，区別はここではまだ規定されてしまっているわけではない。だから，両者に即してある区別は，やっと言い表しえないもの，たんなる思い込みでしかない。2)「存在と無とは同じものである」という命題を笑いものにしたり，あるいはむしろ，あれこれの暴論がこの命題の帰結であり適用であると間違って断言をして，当該の暴論を持ち出したりするために，機知を大きく消費する必要はない。それはたとえば，この命題にしたがえば，わたしの家，わたしの財産，息をするための空気，この町，太陽，法，精神，神が存在するのも存在しないのも同じことである，というような暴論がある。ここでは部分的に特殊な諸目的，或るものがわたしに対してもつ有用性がひっそりと持ち込まれて，有

用な事柄が存在しようがしまいがわたしにはどうでもよいことなのか，と問われる。実際に哲学とは，まさに人間を数えきれない有限な目的や意図から解放し，人間をそれらに対して無関心にするという教説である。だから，そのような事柄があろうがなかろうが，人間にとって確かに同じことになる。——さらに，空気，太陽あるいは法，神など何であれ，そうしたものに関していえば，そのような諸々の本質的目的，絶対的な諸々の現実存在，そして諸理念をたんに存在と規定して考察することは，安易である。そのような具体的諸対象は，たんに存在するもの，あるいはまた存在しないものともなおまったく別の何かなのである。存在と無のような貧弱な抽象は，——そして，それらはまさに｜（38）始まりの両規定にすぎないから，存在するもののうちでもっとも貧弱な規定である——上に述べたような諸対象の本性を表現するところまでいかない。だから，そのような具体的なものがひっそり持ち込まれるときには，安易な人は，問題になっているものとはまったく別のものを表象し，そして，それについて語るのが通常となっている。しかし，ここで問題になっているのは，たんに抽象的な存在と無であるにすぎない。——3）「存在と無との統一など理解されはしない」と安易に言われることがある。だが，その統一の概念はこれまでの諸節で指摘されており，そこで指摘された以上のものではない。両者の統一を理解するというのは，そこで指摘されたことを摑むことに他ならない。だが，人々は，そのような理解するという言葉を本来もっと広い意味に，すなわちこの統一についてもっと多様でもっと豊かに意識することと解している。そのためにそのような概念は，日常的に働いている思考によりなじみのものとなって具体的な事例として提示されることになる。すでに指摘したように，哲学は全体として概念をこのようにもっと具体的に実現することに他ならない。——だが，概念的に，理解できないということが，感性的なものをまったく混じえることなしにしっかりと抽象的諸思想を維持し，思弁的諸命題を捉えることに不慣れだということを表現している。そのかぎりでは，【40】哲学的知のあり方は確かに日常生活において親しまれている知のあり方とは異なっているし，また他の諸学問で支配

的である知のあり方とも異なっていると言う以上のものではない。
——概念的に理解しないということが確かにこの点では，存在と無
との統一を表象することができないということすら意味しているこ
とがよくある。けれども，この場合は実際そうではない。むしろ誰
にもこの統一についてかぎりなく多くの表象がある。それで，この
ような表象を欠いているということがいわんとするところは人々が
当の〔統一の〕概念を自分たちのもっている表象のうちの何らかの
ものとして認識することなく，それらの表象をその統一の事例とし
て｜（39）知ることもないということでしかありえない。存在と
無の統一のもっとも手近な事例は生成である。だれにも生成につい
ての表象があり，そしてまた同様にそれが一つの表象であることを
認めるであろう。さらに，その生成の表象を分析してみると，存在
の規定がそのうちに含まれている。しかしまた存在とはまったく別
なもの，つまり無の規定もまたそのうちに含まれていることも認め
るであろう。またさらに，これら両規定が分離されないでこの一つ
の表象のうちにあるのも認めるであろう。こうして生成が存在と無
の統一であることを認めるであろう。——始まりというのもまた同
じく手近な事例である。事象はまだその始まりにはないのだが，し
かし始まりはたんに事象の無なのではなく，すでにまた事象の存在
も始まりにある。始まりという言葉は，すでに先への進展が考慮さ
れていることを表現している。だが，実は生成は一つの始まりです
らあり，さらに次へと進んでゆかなければならない。生成は自己の
うちで矛盾なので，一つの生成したものに，すなわち定在になる。

b）定　　在

第41節　生成の成果としての定在（第89節）

　無と一体化した生成である存在と，そして存在と一体である無とは，
消え去ってゆくものであるにすぎない。生成は自己のうちにある自己矛
盾を通じて崩壊し，存在と無が揚棄され収束し統一となる。こうして生
成の成果は定在である。

第1部 存在論 51

　知における前進と発展とは，諸々の成果をそれらの真理のうち
に堅持することで唯一基礎づけられる。或る何らかの対象ないし
概念のうちに矛盾が示されるとき，（そして矛盾が，すなわち対立す
る二規定が示されないですむようなものはどこにもまったくない。──
悟性による抽象とは【41】一つの規定性に強引に固執することであり，
｜（40）その規定性のうちにある他の規定性についての意識をくもらせ，
遠ざけようと努めることである。）──今やそのような矛盾を認識す
るときに，常に下される結論は「だからこのものは無である」と
いうものである。それと同じように，ゼノンは最初に運動につい
て「運動は自己矛盾である。だから存在しない」ということを明ら
かにしたし[7]，あるいは古代の人々は発生と消滅という生成の二様
式を真でない規定であると認識し，「一者すなわち絶対的なものは，
発生も消滅もしない」と表明した。この弁証法はそのように成果の
否定的側面に立ち止まっているにすぎないのであって，同時に現実
的に現存しているものを捨象している。この成果は規定された成果
であり，ここでは純粋無である。しかし，それは存在を自己のうち
に含む無であり，また同じく無を自己のうちに含んでいる存在であ
る。こうして 1) 定在は存在と無との統一であり，この統一という
ことではこれら両規定の直接性は消滅しており，したがって両者の
関係のうちでは両者の矛盾は消滅している。すなわちこの統一は，
そこにおいて両者が契機であるにすぎないような統一である。2)
成果が揚棄された矛盾なので，それは自己との単純な統一という形
式をとっており，言い換えればそれ自身が存在ではあるが，この存
在は，否定あるいは規定性をともなった存在である。

第42節　質は他在であり実在性である（第90節・第91節）

　定在は，無媒介な，言い換えれば存在する規定性としてある規定性を
伴う存在，すなわち質である。だが，無がこの規定性の根拠になってい
るから，それによって定在の非存在もまた設定されている。この非存在

---

　7)　（訳注）アリストテレスによるゼノンのパラドックスの描写については，『自然学』
第 6 巻第 9 章，『アリストテレス全集』239b5-240b を参照されたい。さらに，ヘーゲルの『哲
学史講義』での詳述（ベルリン版『ヘーゲル著作集』第 13 巻，313-326 頁）を参照されたい。

52   Ⅰ　論　理　学

も同様に無媒介のものとしてあるのであって，──それは他在である。だから，質はそれ自体として他者への関係である。というのは，他者が質に固有の契機だからである。この対他存在のうちにありながら，同時に存在するものであり，自己自身への関係なので，質は実在性である。| （41）

第43節　或るもの（第91節）

実在性は，他在に対して無媒介で無関与である純粋自己関係なので，或るものである。或るものには諸々の質あるいは実在性があるが，この質や実在性は或るものの定在の広がりなので，すなわち他のものへのさまざまな関係なので，或るものとは区別されている。

【42】

第44節　或るものの有限と可変（第92節）

しかし，或るものにあっては規定性は或るものの存在と一体である。それで，他在もまた或るものの外にある無関与なものではなくて，むしろ或るもの固有の契機である。したがって，或るものはその質によって第一に有限であり，第二に可変的である。そのために，可変性は或るものの存在に属する。

第45節　或るものは他のものへと無限進行する（第93節）

或るものは或る他のものになる。しかし，この当の他のもの自体が一つの或るものである。それで，それも同じく或る他のものになり，すぐにかぎりなく続くことになる。

第46節　否定的無限性としての無限進行（第94節）

この無限性は悪無限性，言い換えれば否定的無限性である。なぜならば，この無限性は有限なものを揚棄することに他ならないけれども，有限なものは繰り返しまた生じてくるので，揚棄されているのと同様にまた揚棄されてもいないからである。──言い換えれば，この無限性は有限なものを揚棄すべきであるという当為を表現しているだけである。この無限進行は依然として，有限なものは或るものでもあれば自らの他のものでもあるという有限なものが含んでいる矛盾の表明でしかない。そ

第1部　存在論　　53

れで，これらの互いに引き合う両規定の交替がいつまでも続くことなの
である。

第47節　真の無限性（第95節）

　実際に現にあるのは，或るものが他のものになり，その他のものが総
じて他のものになることである。｜（42）（或るものは他のものと関わっ
ているときには，それ自身がすでに他のものに対する他のものである。）それ
で，或るものが移行していく先のものは，移行する当のものとまったく
同じであり，両者には同一の規定，すなわち他のものであるという規定
以上の規定がない。——このようにして或るものはそれが〔他のもの
へ〕移行していくことで，もっぱら自己自身と一致するのでしかない。
そして移行することでの，また他のものでの自己自身へのこのような関
係は，真の無限性である。あるいは，否定的に考察すれば，変化させら
れるものは他のものであるが，この他のものは他のものにとっての他の
ものになる。このようにして存在が，否定の否定として回復される。こ
の回復された存在が対自存在である。

【43】　　　　　　　　c）対自存在

第48節　対自存在は直接性でありーである（第96節）

　対自存在は，自己自身への関係としては直接性である。そしてこの直
接性は，否定的なものの自己への関係としては対自的に存在するもの，
言い換えれば一（das Eins）である。

第49節　一の絶対的反発（第97節）

　否定的なものの自己自身への関係は，否定的な関係，一の絶対的反発
（Repulsion），すなわち多くの一を設定することである。対自存在の直
接性に従えば，これらの多くのものは存在するものである。そして，そ
のかぎりで諸々の一の反発は現存するものとしての一相互の反発，言い
換えれば相互に排斥しあうことである。

54 I 論理学

第50節 一の牽引と量への移行（第98節）

　しかし，多くのものは一なるもの（das Eine）であり，他のもの〔多くのもの〕も一なるものであるから，多くのものと一つのものとは同一である。あるいは反発をそれ自体で考察してみれば，それは多くの相互の否定的な振る舞い（Verhalten）であるから，反発であるのと同じく本質的にそれら相互の関係でもある。反発するときに一つのものが関係しているのは〔やはり〕諸々の一である。それゆえ，｜（43）一はそれらのもので自己自身に関係する。したがって反発は反発であるのと同じく本質的に牽引（Attraction）でもある。このようにして排斥する一，つまり対自存在は自己を揚棄する。質的な規定性は，一ということでそのそれ自体としてそれだけで規定されたそれの存在に到達したが，このようにして，それは揚棄されたものとしてある規定性へと，すなわち量（Quantitat）としての存在へ移行している。

　　原子論哲学はこの立場であり，その立場は，絶対的なものは対自存在，一，多くの一であると規定している。それらの根本力としては，一の概念のもとで現れる反発すらも想定してはいる。しかし，牽引がではなくて，むしろ偶然が，すなわち無思想なものが，それらを集め合わせるとされている。一が一として固定されると，一が他の一と合致することがまったく表面的なものであると見なされるのは確かに当然である。——空虚（das Leere）が原子とは別の原理として想定されている[8]が，この空虚は反発そのもの，【44】すなわち諸々のアトムの間に存在する無であると表象されている。近代原子論——物理学は依然としてこの原理を守っている——は，部分的には諸々の原子を放棄したとはいえ，分子という小さな粒子に固執している。このことによって近代原子論は感性的表象に一層近づいたが，思考による考察は放棄してしまった。さらに，牽引力が反発力のわきに置かれることによって，対立はいかにも完全にされ，このいわゆる自然力の発見によって多くのことが知られることになった。ところが，この両力の相互関係が両者の具体的で実在的な

---

　8)　（訳注）空虚については，キケロのエピクロスについての報告：キケロ『予言について』第2巻，第17章（第40節），『神々の本性について』第1巻，第8章，M・トゥーリ編『キケロ全集』全4巻，ライプツィヒ，1737年，673，474頁を参照されたい。

第1部　存在論

ものをなしているのであるが，この関係は，これまでのところ，あいかわらずはっきりしなくて混乱したままにすぎない。｜（44）

B　量

----

a）純　粋　量

第51節　量は純粋存在である（第99節）

　量は純粋存在である。その純粋存在にあっては，規定性はもはや存在そのものと一体のものとして置かれているのでなく，揚棄されたものあるいは無関与なものとされている。

　1）大きさ（Größe）という表現は，主に定量（Quantum）を示す言葉であるから，そのかぎり量にはふさわしくない。

　2）数学では通常，大きさは増減しうるものと定義されている。この定義は定義されるはずのものそのものを再び含んでいるから，大きな欠陥をかかえている。とは言え，この定義の含意は，「大きさという規定は，可変的で無関与なものとして設定されているような規定である」ことである。だから，大きさが変化し，つまり——外延や内包が増加したとしても，たとえば家や赤という事象が家や赤でなくなるわけではない。

　3）絶対的なものは純粋量である——この立場は，次のかぎりでそのまま受け取られてきた。つまり，絶対的なものには，質料という規定があるのだが，この質料には確かに形式が属している。しかし，この形式は〔質料に〕無関係な規定だというかぎりでである。というのも，量には規定性がまったくないというわけではなくて，むしろ規定性は量を結果として生み出すさまざまな契機のうちの一つだからである。——また，〔シェリングが立てたような〕「絶対的なものすなわち絶対的に無差別なもののもとではあらゆる区別は

第1部　存在論　　　57

たんに量的である」とされる考えでは量が絶対的なものの根本規定
をなす[9]。その他，【45】純粋空間では実在的なものが無関与な空間
充足だと見られ，光では｜　(45) 形態や陰影も表面的区別と見ら
れうるかぎりで，純粋空間，光なども量の実例と見なすことができ
る。

第52節　連続量と分離量（第100節）

量のうちにある諸契機は，量のうちでは揚棄されている。だから，
それらの諸規定は，量の規定性としてあるのだとしても，それらが一
体になったもの〔統一〕としての量の諸規定性としてのみある。牽引
（Attraction）によって設定された自己自身との同等性という規定では，
量は連続した大きさ（continuirliche Größe）であり，一という規定では
分離した大きさである。だが，連続した大きさは〔連続しているのと〕
同じくらい分離してもいる。なぜならば，連続した大きさは多くのも
の（Vielen）の連続性にすぎないからである。分離した大きさも分離し
ているのと同じくらい連続している。分離した大きさの連続性とは，多
くの一が同じものであるとみたときの一，すなわち単位（Einheit）であ
る。

　　1）だからそのかぎりで，連続した大きさと分離した大きさとは，
　　あたかも一方の規定が他方の規定に帰属することがないかのように
　　二つの種類だと見られてはならない。むしろ，両者が互いに区別さ
　　れるのは，次のことによってだけである。すなわち，或るときには
　　同じ全体が全体の諸規定のうちの一方の規定の下に設定され，また
　　他のときには，他方の下に設定されているということによるだけで
　　ある。

　　2）空間や時間や物質〔質料〕が無限に分離できるのか，あるい
　　はむしろそれらは分離不可能なものから成っているのかという二律
　　背反[10]は，量を或るときには連続量として，また或るときには不連

---

9)　（訳注）シェリング『わが哲学体系の叙述』，13 頁以下参照。『シェリング著作集』
第 4 巻，123 頁参照。
　　10)　（訳注）当該の二つの二律背反については，カント『純粋理性批判』第 2 版，454-
461 頁（第 1 アンチノミー）と 462-471 頁（第 2 アンチノミー）を参照。

58 Ⅰ 論 理 学

続量として主張することに他ならない。空間や時間などがもっぱら
連続量という規定とされるとき，それらは限りなく分離可能であ
る。だが，不連続量という規定とされるときには，それらはそれ自
体として分離されており，諸々の分離不可能な一から成っている。

b）定　　量

第 53 節　定量（第 101 節）

したがって，量の直接的な単一性の点からいうと，一にとっての否定
的なものは限界であり，量は本質的に定量である。｜（46）

【46】

第 54 節　集合数と単位（第 102 節）

定量ではその完全な規定性が数にある。なぜならば，数の構成要素
（Element）になっているのは一だからである。分離という契機からみれ
ば，数は集合数であり，連続という契機からみれば，単位である。量の
このような質的区別は，一では揚棄されている。一は数全体，すなわち
集合数と単位であり，定量という自己の限界と同一である本質である。

c）度

第 55 節　度（第 103 節）

この限界は，自己内で多重な規定性としては外延的大きさであるが，
自己内で単一な規定性としては，内包的大きさ，言い換えれば，度であ
る。

　　だから，連続した大きさと分離の大きさを，外延的大きさと内包
　的大きさから区別するのは，前者が量一般を目指すのに対して，後
　者が量の限界ないし規定性そのものを目指すところにある。〔連続
　的大きさと分離的大きさと〕同様に，外延的大きさと内包的大き
　さもまた次の二つの種類なのではない。それらの〔二つの〕種類の
　各々は他方がもっていないような規定性を含む二つの種類ではな

い。

第 56 節　無限の量的進行（第 104 節）

度のうちに定量の概念が設定されている。度はそれだけで（für sich）単一なものとしての大きさである。だが，そのために度はその規定性をまったく自分の外に，つまり他の大きさのうちにもっている。定量とはその対自存在が絶対的な外面性である規定性であるが，定量のこのような無関与によって，無限の量的進行が設定されている。

　　数は，確かに対自的に存在する規定性の自己同一性としての思想ではある。だが，自己に対して完全に表面的な存在としての思想である。｜（47）数は思想であるから直観には属さない。だが，数は，直観の外面性を自己のうちにもつ思想である。――したがって，定量はたんに無限に増減させることができるだけではない。むしろ定量とはその概念によって自己自身を越えて外へ送り出すこの運動である。〔第 46 節で述べた〕無限の量的進行もまた【47】同じ一つの矛盾の無思想な繰り返しに他ならない。そして，この矛盾が定量一般であり，そしてこの矛盾がはっきりと設定されると，度なのである。この矛盾を無限進行の形式で言い表すのは無駄なことである。そして，この無駄についてアリストテレスによると，ゼノンが正当にも次のように言っている。すなわち「或ることを一度言うのと，いつも言うのとは同じことである」[11]と。

第 57 節　量的比（第 105 節）

定量が，対自的に存在する自らの規定性にありながら以上のように自己自身に外的であること，このことが定量の質をなしている。定量はこのように外的であるということでまさに定量そのものであり，また自己に関係しているのである。換言すれば，まさに外面性すなわち量的なも

　　11）（訳注）ヘーゲルは，『哲学史講義』でも当該箇所と関連づけている。ベルリン版『ヘーゲル著作集』第 13 巻，312 頁を参照。そこでヘーゲルは，シンプリキオス『アリストテレス『自然学』第 10 巻注解：アリストテレス原文付き』ベネチア，1526 年，30 裏頁を指示している。また，『ベルリン版アリストテレス・ギリシャ語注解』第 9 巻，シンプリキオス『アリストテレス『自然学』第 6 巻注解』ベルリン，1882 年，141 頁も参照。

のと，対自存在すなわち質的なものとが，定量では合一されている。以上のように設定されたとき，定量はまずは無媒介なものではなく，むしろ量的比である。

第58節　度量への移行（第106節）

　だが，量的比の両項はなおそれ自身無媒介な二つの定量にすぎないのであって，両項の関係は，それ自身が無関与な関係あるいは一つの定量（Exponent, 指数）である。換言すれば，質的規定と量的規定とはなお互いに外的である。だが，両項の真理に従えば，つまり量的なもの自身がその外面性ということでの自己への関係であること，あるいは対自存在と規定性の無関与性とが合一されていることに従えば，比は度量である。｜（48）

C　度　量

第 59 節　度量（第 107 節）

　度量とは質的定量である。それもまず直接的なものとしてであって，定在ないし質と結びついている定量である。

　　様相あるいは様式であることが，質と量に対する第三のものとして現れることはありうるが，それは質的なものが量的なものと統一されることによって外面的で無関与な存在になっているかぎりにおいてである。【48】だが，様態（Modus）はそもそもこのような無関与性あるいは偶然性しか表現しない。だが，この外面的なあり方はまた同時に質的存在の表現でもあって，或る事態に際してとられる態度について，「一切は様式（Art und Weise）にかかっている」というのがその例である。だが，様態は，このような質的側面からも，無規定的様式にすぎない。その真の規定性ということでは，様態は度量である。

第 60 節　規則としての度量（第 108 節）

　度量ということで質と量とはもっぱら無媒介の統一のうちにあるのだから，両者の区別は同様に無媒介なあり方で両者のもとに登場する。そのかぎりで特有の定量（das specifische Quantum）は，一方ではたんなる定量であり，増減が可能である。そのかぎりで度量は一つの規則なのであって，増減することによって揚棄されることはない。だが，他方で定量の変化は，また質の変化でもある。

第 61 節　度量の無限進行（第 109 節）

　没度量とは，さしあたり，或る度量が自らの量的本性によって自らの

62 　　　　　　　　　Ⅰ　論　理　学

｜質的規定性を超え出ることである。ところが，最初の量的比の没度量
である他方の量的な比も，同じく質的であるから，没度量も同じく一つ
の度量である。質から定量への，そして定量から質へのこの二つの移行
も，またして無限進行として表象されうる。

　　第62節　本質への移行（第110節・第111節）
　実際にここで何が設定されているのかというと，移行というはたらき
一般が揚棄されていることである。質的なものと量的なものとはそれら
自身が質的に異なっている。しかし，質は定量という無関与な規定性の
うちでは揚棄されもするが，ところがまたそのうちで設定されてもいる
のであって，このように自らを外化放棄しながらその外化放棄のうちで
まさしく自己自身だけと合致する。以上のことによって設定されている
のが，自らの他在ということで自己を揚棄するのと同様にこの他在をも
揚棄してしまう否定性である。このようにして自己を自己自身へと関係
づける存在こそが，本質である。｜　（49）

【49】

第 2 部　本 質 論

64   I　論　理　学

第63節　仮象と反省（第112節）

　本質は，それ自身の否定性によって自分を自分と媒介する存在である。そうしたものとしての本質は，否定的なものを，直ちに揚棄された（aufgehoben）規定性として，すなわち仮象として含んでいる。したがって本質は反省である[1]。——本質がそうした自分自身への関係であるのは，ただその自己関係が他者への関係であり，しかもそのままたんに設定されたもの，媒介されたものとしてのみあるような他者への関係であるかぎりにおいてのことである。

　　絶対的なものは本質である。——この規定は，存在も同様に単純な自己への関係である点では，「絶対的なものは存在である」，という規定と同じ規定である。しかし同時にこの規定の方がより高次である。なぜならば，本質は，自分のうちへと入り込んだ存在であるからであり，言い換えればその単純な自己への関係は否定的なものの否定によって，ないしは純粋な否定性としてあるからである。しかし絶対的なものが本質と規定されるとき，通常では否定性はただ

---

　　1)　（訳注）「仮象」を発生させる本質の「反省」の論理が，「揚棄」の論理と関係づけられて説明されている。「揚棄する（aufheben）」の「真実の二義性」については，ヘーゲルは『精神現象学』の知覚章ではっきり述べていて，それは「否定することであると同時に保存すること」（GW9,72）である。つまり，何かを無として否定するはたらきは，しかしそれが無を否定するはたらきとして成り立つためには，否定されるべき無があることを必要とする。無がなければ，無を否定するはたらきも成り立たないからである。言い換えれば揚棄は，無を否定して成り立つためには，否定されるべき無を観念的契機として保存し，無をあらしめるのでなければならない。ヘーゲルによって強調され，日本で「揚棄」「止揚」と訳されてきた否定のこのはたらき，無を保存し，《無をあらしめる》はたらきを，ヘーゲルはここで仮象発生の論理とする。仮象とは，本来無であり無に帰るべきものが，いったんかりにあらしめられることだからである。しかもヘーゲルはここで，こうした無をあらしめる否定のはたらきを，非本質を否定して初めて存在することができる本質自身がもたなければならない，と考える。つまり本質自身が，その存在を賭けて，無的な「仮象を映ずる（scheinen）」「反省」のはたらき（ライプニッツ的に言えば表象のはたらき）である。ここでは，ヘーゲルが，やはりカントが画期だったとみている点を指摘しなければならない。すなわち，ヘーゲルは，『論理学』序論で「カントが根底におき一般に妥当させた普遍的理念は，仮象の客観性と矛盾の必然性であった」（GW11,27, GW21,40　強調は第2版でヘーゲルがくわえたもの）と述べている。カントの「超越論的反省」（『純粋理性批判』B317頁）は，現象の形式を物自体においては無であるものとして反省する。つまりカントの反省は，それ自体としては無である観念的なものを経験的には実在させあらしめているわけであるが，こうしたカントの超越論的反省の発展という観点からも弁証法的反省の論理は捉え返されなければならない。

第2部　本質論　　　　　　　　　　　　　　　　65

あらゆる規定的な述語の捨象という意味にのみ解されがちである。その場合には，〔捨象という〕この否定的な行為は本質の外に属することになり，したがって本質そのものはこうしたその諸前提を欠いた結果としてのみ，｜（51）捨象の残り滓〔caput mortuum〕としてのみあることになる。しかし，この否定性は存在にとって外的ではなく，存在固有の弁証法である。だから，存在の真理は自分のうちへ入り込んだ存在としての，あるいは自分のうちに存在する存在としての本質なのである。そしてその本質と直接的な存在との区別をなすものこそ，まさに例の反省に他ならないのであって，反省は本質そのものの固有の規定なのである。

第64節　反省としての本質の存在

　本質の領域では，相関性が支配的な規定である。存在の領域では，同一性は自己への直接的な関係であり，否定的なものはたんなる他在である。それに対して現在の領域では，すべてのものは，存在するものとして設定されているにしても，それはただ，同時にその設定を乗り越えてしまっているかぎりでのことである。それは，反省の存在であり，相互関係である。

【50】 A　純粋な反省諸規定

――――――――

a）同 一 性

第65節　自己内に仮象を映す反省としての本質的存在（第115節）
　本質は，自己のうちに〔仮象として〕映現するのであり，純粋な反省
である。こうして本質は自己との同一性であり――自己への関係である
が，ただしそれは直接的な関係としてではなくて反省された関係として
である。
　　1）この同一性は，同一性に固執して区別が捨象されるかぎりで
は，形式的ないし悟性的同一性である。あるいはむしろ，抽象とい
うものは，こうした形式的同一性の設定であり，それ自身で具体的
なものを単純性の形式へ変換することである。――それは，具体的
なもののもとにある多様なものの，ある部分が切り捨てられて残り
の一つだけが採りあげられるのか，｜（52）それとも区別された
多様なものが内容的に何の変更も生じないような仕方で唯一の規定
性へと集約されるのかである。真相からみれば，両者は同じもので
ある。というのは，いかなる存在も，あるいはいかなる普遍的な規
定も，概念としてそれ自身で具体的だからである。それゆえ，一つ
の単純で同一のものとして表象ないし思考に現れるものをそうあら
しめようと，あるいは具体的なものとして現れるものを単純な規定
性の形式へと集約しようと，それは同じ偶然性であり恣意なのであ
る。2）同一性が，命題の主語としての絶対的なものと結合される
と，「絶対的なものは自分と同一である」，という命題になる。――
確かにこの命題は正しい。しかし，果たしてそれがその本当の意味

第 2 部　本質論　　　　　　　　　　　67

で考えられているかどうかはなお曖昧である。だから，この命題は少なくともその表現上は不完全である。というのも，ここで考えられているのが抽象的な悟性的同一性，すなわち本質の他の諸規定との対立における同一性なのか，それともそうではなくてそれ自身で具体的なものとしての同一性が考えられているのか，これでははっきりしないからである。後者の場合にはこの同一性は，今後明らかになるように，根拠であり，あるいはより高次の真相では概念である。さらにまた，絶対という言葉も，抽象という意味でしかないことがよくある。だから，絶対空間とか絶対時間とか呼ばれているのは，抽象的な空間，抽象的な時間のことに他ならない。3）本質の諸規定は，本質的な諸規定であるとも理解されうるが，そうなると【51】それらは前提された主語に属する述語だということになる。しかもなおそれらは本質自身の諸規定であるので，それらは本質的諸規定それ自体，普遍的に本質的なものである。そのため，それらに対してはすべてのものという主語も与えられており，これによって生じる諸命題が普遍的思考法則として表明されたのである。こうして同一性の命題は次のようになる。——すべてのものは自分と同一である。A=A。｜（53）これを否定的に言うなら，A は A かつ非 A であることはできない。——この命題は，真の思考法則であるよりは，抽象的悟性の法則であるにすぎない。命題という形式からしてすでに真の思考法則に矛盾している。というのも，命題というものは，主語と述語との間の区別をもやはり期待させるのであるが，この命題は，そうした命題の形式が要求しているものを果たさないからである。しかし，とりわけこの法則が揚棄されるのは，後続のいわゆる思考諸法則によってであって，それらは同等の妥当性で最初の法則とは並列しておかれるのである[2]。

　2）（訳注）当該箇所原注は，このように「抽象的悟性の法則」をヘーゲルが批判する際にかれの念頭にあったであろうものとして，マースの『論理学綱要』ハレ，1793 年，8 頁以下の「思考の諸法則」を挙げている。そこには，矛盾律の定式が「非 A であるような A は無である」というように与えられている。これは一見すると，同一律「A は A である」の存立を，「非 A であるような A」を無として否定するはたらきにみているかのようでもある。だが，同一律は矛盾律からも（auch）導かれうるというマースの言い方（同 10 頁）が表わしているように，結局そこでは，同一律にとって，「非 A であるような A」を無として否定する

b）区　　別

第66節　本質の否定作用は自己関係的であり自己内区別を生む（第116節）

　本質は純粋な同一性でありながら自分自身の中での仮象でもある。本質がそうしたものであるのは，本質が，存在の否定性ないし自己関係する否定性であり，こうして自分自身からの自分の突き離しであるかぎりでのことである。したがって，本質は，本質的に，区別の規定を含む。

　　ここでは，他在はもはや質的なもの，規定性，否定，限界ではなくて，本質すなわち自己へと関係するものにおいてあるものとしてのそうしたものである。否定は，それゆえ，関係，区別，設定された存在，媒介された存在としてある。

第67節　本質にとって外的で仮象上の区別としての差異（第117節）

　区別はまず，α）直接的な区別である。あるいは，直接性と存在は本質において揚棄され，たんに設定されているものにすぎないのだから，たんに設定された区別である。それは差異性である。この差異性では，区別された各々のものはそれぞれでそれだけ【52】で〔単独で〕それがそうであるところのものである。そして，この区別は，他のものへの自分の関係に無関与であり，したがってこの他のものへの関係はそれにとって外的な関係なのである。

　　差異性は，設定されたものとしての設定されたものであるとも言われうる。言い換えれば，差異性は，区別が本質におけるものとしてはたんに｜（54）仮象でしかないように，ようやく仮象としてある設定されたものだということである。——ところでしかし，設

はたらきは外的なものでしかないと言える。つまり同一性の存立が，否定作用に媒介されない直接性と捉えられている。しかし，弁証法の論理によれば，同一性は，非AであるようなAを無として否定するはたらき以外の何ものでもない。しかも，否定するはたらきが成り立つためには，否定されるものがなければならない。だから，否定はまさに否定するためにこそ，その否定されるべき「非AであるようなA」を無としてあらしめるのでなければならない。しかし抽象的悟性に対しては，こうした目的を介した媒介はいまだ隠されている。

定されたものとしての設定されたものとは，否定的なものとしての否定的なもののことであるから，差異あるものとは，それだけで存在するもの〔対自存在〕のことである。したがって，差異あるものとは，むしろ仮象とは反対のものである。それだけで存在するものは，相関性をはねつけ，たんに区別のうちにあろうとはしないのであるが，しかしこの区別こそその本質をなすのであるから，まさにこの理由によって，それはその真相においてあるものとして設定されていない。それはたんにようやく区別の仮象であるにすぎない。

第68節　外的な区別としての相等と不等（第117節注）

　差異あるものがその相互の区別に対して，無関与であるため，区別は，当の差異あるものの外部で比較する第三者に属することになる。このような外面的な区別は，関係づけられたものの同一性としては相等性であり，非同一性としては不等性である。

　　1）相等性と不等性とは，同一性と区別とが悟性に対してあるあり方である。両者ともに，区別の概念に含まれている。なぜならば，区別自身はそのものとして不等性の面をなすがそれと同様に，区別は関係であり，これは相等性の面をなすからである。しかし，相等性と不等性は，それ自身に外面的な区別に他ならないから，この区別として設定されているものは，それが相等であるか不等であるかということに無関与である。こうして，これらの両規定は互いから分離し，等しいものはただ等しく，不等なものはただ不等であることになる。——比較というものは，実は相等性と不等性に対するまったく同一の基体をももつものではあるが，当のものがその点で等しいとされる側面や観点は，当のものがその点で不等とされる側面・観点とは異なっている。——2）差異性も，同様に一つの命題に変換された。すなわち，それは「すべてのものは異なっている」。あるいは，「相互に完全に等しい二物は存在しない」という命題である[3]。この命題では，すべてのものに対して，最初の〔第65

　3）（訳注）ヘーゲルによって強調された差異性に関するこれら二つの命題は，『論理学』の論述から看取されるように，ライプニッツ『モナドロジー』の第9節を構成する二つの文（第二文は第一文の理由を述べている）を平易に，「モナド」という用語も用いずに簡略

70   I 論 理 学

節の同一性の〕命題においてそれに添えられた同一性とは対立する
｜（54）述語が与えられている。しかし，差異性のもとに，たん
に外的な比較に属する差異性のみが理解されているかぎりは，或る
ものは自立的に自分自身だけで存在し，たんに自分と同一であるべ
きである。したがって，この二番目の命題は第一の命題に矛盾【53】
するべきではない。だがそのときには，差異性もまた，「或るもの」
ないし「すべてのもの」そのものに属しているのではなく，この
主語の本質的な規定ではなくなる。この第二の命題は，それゆえ，
〔「すべてのもの」という語を主語にしては〕本来まったく言えな
いのである。差異性が，このまったく無規定な区別であり，たんな

化したものである。これらはいわゆる不可識別者同一の原理を述べている命題であって，す
べての存在は，みなそれぞれ唯一無二であり他によって代替されえない独自性をもつこと，
その意味での絶対性をもつことを主張する。そしてヘーゲルは，『論理学』でこの「差異性
の命題の解消と空無性（Nichtigkeit）」を示そうとし，本節でもこの後にみられるようにそれ
が空虚な「同語反復」でしかないと否定的に語る。しかしこの命題の「空無性」ということ
については，ヘーゲル論理学に占める否定的なものの位置づけに関する弁証法的両義性があ
り，注意が必要である。確かにこの命題に対するヘーゲルの初めの頃の評言には今の『論理
学』の文言が示す通り否定的なものが目立ち，また揶揄的ですらある。すなわち——「形而
上学の命題を吟味するために，木の葉を比較するなどということをやっておればよかったと
は，形而上学にとって何と運のいい時代だったことか！」——だがエンツュクロペディーも
第3版（1830）になると，第2版（1827）までは残っていた命題が同語反復だという本節に
もみられる否定的評言を省き，「これがライプニッツの命題の〔本当の〕意味である」とい
う一文を特に追加しているように，晩年に近づくほどこの命題を肯定的に語るようになる。
それはこの命題が，真理における唯一無二の個体の独自性の意義をはっきり打ち出している
からであろう。もとよりヘーゲルにとって「純粋概念の現実存在は個体である」（『精神現象
学』GW9,378）。だからこそ，どんな「世界史的行為の先端にも実体的なものを現実化する
主体性としての諸個人が立っている」（『法哲学』§348）という世界史的個人の見方も出てく
る。そしてこれは，唯一無二の個体的なもの・個人的なものに定位する経験論に対して，こ
うした定位をなしえない旧悟性形而上学に対する優位性を認める見地に結びつくのである。
そして，このエンツュクロペディーの後の版の展開でも，「経験論のうちには真なるものは
現実のうちにありかつ知覚に対して現存していなければならないという偉大な原理がある」
（GW20,76,§38Anm.）と言って，「自分自身でその普遍的規定から特殊化と規定へ進みえない
悟性」（GW20,75,§37）の形而上学よりも哲学史的に一段高い発展段階に位置づけるのもその
ためである。だから個体的なものの独自性というそれ自身としては正しいライプニッツの洞
察ではあるが，それはすでに概念的に同一であるからといって感性的直観において同一であ
るわけではないというカントによる批判（『純粋理性批判』B337頁以下）を招いて以来，こ
うした概念と感性の根本的区別を知らない悟性形而上学の方法の能力の限界を超えてしまっ
ているとみられるのであり，そこにこの命題の悟性的形式に対するヘーゲルの否定的発言の
理由がある。ただしヘーゲルは，カント的な感性と悟性の二元論も同様に一面的であり，個
体に対してやはり外面的であると批判する。

る数多性であるかぎりでは，この命題はどのみち同語反復であり，すべてのもの，すなわちその完全な数多性の状態に或るものは，数多のものである，ことになる。しかし，もしも或るものそのものが異なっているのならば，それはその固有の規定性によるものである。こうして，もはや差異性そのものではなく，規定された区別が考えられていることになる。

第69節　外的な区別から区別そのものへの推移（第118節）

相等性は，もっぱら同じものではないもの，互いに同一ではないものの間だけに成立する同一性であり，不等性も，不等なものの間の関係である。したがって，〔相等性と不等性の〕両者は，互いに無関与にばらばらに異なった側面ないし観点に属するのではなくて，一方は他方への仮象的映現である。差異性は，それゆえ，反省の区別であり，すなわち，それ自体で区別そのものである。

第70節　肯定的なものと否定的なもの──対立の命題（第119節）

β）区別自体は，本質的な区別であり，肯定的なものと否定的なものである。それで，肯定的なものが自分への同一的な関係であるのは，それが否定的なものでないことに応じており，そして否定的なものが自立的にそれだけで区別されたものであるのは，それが肯定的なものでないことに応じている。〔この肯定的なものと否定的なものの〕それぞれは，それが他のものではないというようにしてそれぞれ自立的にそれだけである。それによってこのそれぞれは，他のもののうちで仮象として映現し，したがってただ他のものがあるかぎりでのみ存在する。それゆえ，本質の区別｜（56）は対立である。そこでは，区別されたものが自分に対抗してもっているのは，なにか他のもの一般ではなく，自分の他のものなのである。言い換えれば，それぞれは，その固有の規定をただ他のものへ関係してのみもつのであり，ただ他者へと反省しているそのかぎりで自己へと反省しているのである。

この区別自体は，次の命題を与える。すべてのものは本質的に区別されたものである。あるいはこの命題は，次のように表現されてきた──対立する二つの述語のうち，或るものにはただ一方だけが

属し，第三のものは存在しない。——ところで，この対立の命題
は，同一性の命題〔同一律〕に矛盾している。というのも，一方に
よれば，或るものは自己への関係にすぎないのに，他方によれば，
或るものは他者への関係であるとされるからである。——このよう
な矛盾した両命題を比べてみることさえしないで並べておくという
のは，抽象【54】ならではの軽率さである。——第三者排斥の命
題〔排中律〕は，限定的悟性の命題である。この限定された悟性と
いうのは，自分から矛盾を遠ざけようとし，しかもそうすることに
よって矛盾を犯してしまうものである。なぜならば，述語というも
のは，まさにそれが一つの対立したものである点で，その中ではそ
れ自身とともにその反対も含まれている第三者であるからである。
Aは，＋Aかまたは－Aであらねばならない。これによってすでに
に第三のものが，言い表されている。すなわち＋でも－でもないが
同様にまた＋Aとしても－Aとしても設定されているAが言い現
されている。

第71節　自己内の区別としての本質の区別の回復（第120節）

今では肯定的なものとは，次のような差異あるもののことである。つ
まり，自立的にそれだけであらねばならないが，しかも同時に，その他
者への関係に無関与ではいられないあの差異あるものである。それと同
様に，否定的なものも，そのように自立的で，ゆえに否定的に自己へ関
係し，それだけであらねばならないが，しかしまた否定的なものとして
は端的に，自分のこうした自己関係，己れの肯定的なものを，ただ他の
ものにおいてのみ｜（57）もつのでなければならない。こうして，両
者は設定された矛盾であり，両者はもともと自体的には同じものであ
る。しかし両者は，その各々が他者の揚棄であるとともに自己自身の揚
棄なのであるから，それぞれそれだけでみてもやはり同じものである。
こうして，両者は，根拠へと没落する。——あるいは，本質的な区別は
無媒介に，それ自体でもまたそれだけである区別（Unterschied an und
für sich）として，たんに〔己れからの〕己れ自らの区別に他ならない
のであって，同一的なものを含むのである。——本質的な区別は，区別
であるにしても自己へ関係する区別として，すでに同様に自己と同一的

第2部　本質論　　73

なものとして言い表されている。そして，そもそも対立したものとは，一つのものとその他者，自己と自己に対立するものとをそれ自体で含むものである。

c）根　　拠

第72節　根拠─総体性として設定された本質（第121節）

　根拠は，同一性と区別との統一である。すなわち，区別と同一性がそうしたものとして明らかになったものの真相である。根拠は，自己への反省であるが，それは同様に他者への反省であり，またその逆であるものである。それは，総体性として設定された本質である。

　　根拠の命題〔根拠律〕は言う。「すべてのものは，その十分な根拠をもっている」，と[4]。つまり，或るものの真の本質性〔反省規定〕は，自分と同一的なものとしての規定でもなければ【55】差異あるものとしての規定でもなく，またたんに肯定的なものとしての，

───────────

　4）　（訳注）ヘーゲルは『論理学』で，この根拠の命題を「その全哲学の原理」にし，「通常この原理に結びつけられるよりも深い意義と重大な概念を結びつけた」のはライプニッツであるとして，そのいわゆる充足理由律──「何事も十分な理由なしには起こらない」（ライプニッツ『自然と恩寵の理性原理』）──をこの根拠の命題として定式化している。そのライプニッツによれば「この原理を認めたうえで，当然提出される第一の質問は『なぜ無ではなく，何かがあるのか』というもの」（同書）である。ここにはなぜ悪や不条理を含んだこの不完全な世界があるとみえるのかその価値を問う弁神論の関心があるであろう。だがライプニッツによれば，われわれが「先立つ状態へとどのようにさかのぼってみても，世界がなぜ（実在しないよりも）むしろ実在するか，またなぜこのようになっているかという十分な理由を諸状態のうちに見出すことはない」（ライプニッツ『事物の根源的起源』）のである。すなわちこの充足理由律（十分な根拠の原理）がかえってその裏面で述べていることは，われわれが有限的な諸事物の系列内に囚われているかぎりにおいては，世界はその個々の部分ではそのつどの根拠が見つかりはするが全体としてはその存在の十分な理由が見出されないということ，世界はその無限後退的な系列全体としては根拠などなくただあるだけだと見えざるをえないということである。そしてライプニッツの充足理由律がもつこうした裏の顔──すなわち有限的諸事物に対して現れてくるいわば仮象としての不充足理由律──は，ヘーゲルのこの後の議論とも深く関わるであろう。たとえば「規定された根拠だとか言っても何か形式的なもの」（次節）であり内容と現実存在の根拠になっていないとしてカントの物自体へ移っていく議論や，あるいは「質料」が形式に対するその仮象的無関与性において「根拠をもたない（grundlos）」（『論理学』GW11,298）あり方をするという議論などと深いつながりがあるであろう。

74　　　　　　　　　　Ⅰ　論　理　学

あるいはたんに否定的なものとしての規定でもない。むしろ，この
或るものが存在するのは，他のものにおいてであること，つまり，
自己と同一的なものとして本質である他のものにおいてだというこ
とである。しかしこの他者も同様に，抽象的な自己への反省ではな
く，他のものへの反省なのである。根拠とは，それ自身のうちに存
在する本質である。しかしこの本質は，本質的に根拠なのであっ
て，そしてそれが根拠であるのは，ただそれが或るものの根拠であ
り，〔ということは〕ある他なるものの根拠であるかぎりにおいて
である。｜　（58）

第73節　直接的存在の再生―現実存在（第122節）

本質は，さしあたり自己内での仮象の映現であり媒介である。反省規
定というものは，媒介の規定性であり，それゆえ本質的に媒介されたも
のである。この自己内での媒介は，それ自体としては自らを揚棄してし
まっているのであるから，これは，直接性の，ないしは存在の再生であ
る。ただしこの存在は，媒介の揚棄によって媒介されているかぎりでの
存在である。つまり，それが現実存在である。

　　根拠には，まだ何も内容もなく目的もない。そのためそれはまだ
活動的でも産出的でもなくて，ただ何らかの現実存在が根拠からで
てくるというだけである。したがって，規定された根拠だとか言っ
ても，何か形式的なものである。なぜならば，現実存在とその根拠
の内容が，その形式と一体ではなく，根拠が，それ自体でもそれだ
けでも（an und für sich）規定されている，というのではないから
である。だからあらゆるものに対して，何らかの根拠が見出され示
されうるのであって，ある適切な根拠（たとえば行動の適切な動機）
は，何かを引き起こすかもしれないし，引き起こさないかもしれな
い，ある結果をもつかもしれないし，またもたないかもしれない。
それが何かを引き起こす動機となるのは，たとえば，意志に取り入
れられることによるのであり，この意志が根拠をようやく活動的な
ものへ，原因へと仕立てるのである。――そのため，根拠そのもの
は，根拠からでてくる現実存在に対抗して内的なもののうちにそれ
だけでとどまるということもなく，まったくもってこの現実存在へ

第 2 部　本 質 論　　　75

と移っていってしまっている。──根拠は，直接的に他者への反省
であるところの自己への反省である。そして現実存在は，両者のこ
の直接的統一なのであって，そこでは，根拠の媒介は，自己を揚棄
してしまっている。

【56】

B　現　象

a）現実存在（Die Existenz）

第74節　物自体（第123節・第124節）

　現実存在するもの（Das Existirende）は，自己への反省と他のものへの反省の直接的な統一であり，そのために，それは，たんに統一ないし自己への反省としてあるのみではなく，これら両方の規定へと区別されている。前者〔自己への反省還帰〕としては，それは物であり，そして抽象的に固定されるならば，物自体である。

　　　ここにその発生が示されているのは，カント哲学であれほど有名になった物自体である[5]。すなわち，それは，区別された規定に対立して固執された抽象的な自己への反省として，そうした諸規定の空虚な基底として発生する。——それだけで真理であるものとしての根拠は，これにより物自体として設定され，また根拠は，内容も目的ももたずにただ揚棄された媒介であるので，無規定的で非活動的なものとして設定されている。

第75節　物の諸性質（第125節）

　他者への反省としての物は，諸々の区別を自らでもつ。物はこの区別に従えば，規定された物である。これらの諸規定は，互いに異なりはするが，それらが自己への反省をもつのは，物においてであって，それら

---

　5)　（訳注）理念の立場における充足理由律が，その裏面で有限者に対する不充足理由律に反転し，現象の根拠としてそれ自身は無根拠にみえる物自体を導出するという論点については前の第72節訳注を参照。

第2部　本質論　　　　　　　　　　　　77

自身においてではない。それらは物の諸性質であり，それらと物との関係は，もつという関係である。

　もつということが，あるということに代わる関係として登場する。なるほど或るものも，さまざまな質をもってはいる。しかしこのように，もつということを存在するものへ転用するのは不正確である。なぜならば，質としての規定性は，直接に｜（60）或るものと一体であり，したがって或るものは，その質を失うと，存在することをやめるからである。しかし，物は，区別から区別された同一性として，自己への反省である。——もつ（Haben）という語は，多くの言語で過去を表示するのに用いられているが——これはもっともである。というのは，過去とは揚棄された存在であり，精神はその過去が自己へと反省することであり，過去はこのように自己へ反省することによって【57】のみなお存立をもつからである。また，それに対して精神は，己れのうちで揚棄されているこの存在を己れから区別してもいるのだからである。

第76節　諸性質の一定の自立化としての質料（第126節）

他者への反省は，その真理，つまり根拠では，自己への反省でもある。そのため，物の諸性質は，同様に自立的なものでもあり，物への繫縛から解かれている。とはいえ，それらは，たんに，物の相互に区別された諸規定性が自己のうちに反省したものにすぎないから，他者への反省に対してもつという関係にたつような物ではない。むしろ抽象的な諸規定性としての物，質料である。

　実際，さまざまな質料，たとえば磁気的質料，電気的質料も，物とは呼ばれない。——それらは，本来の意味での質であり，その存在と一体のもの，直接性に達した規定性である。ただしこの直接性は，現実存在である直接性である。

第77節　質料に対立するものとしての形式（第127節）

質料は，抽象的ないし無規定的な他者への反省であり，あるいは同時に，規定されたものとしての自己への反省である。質料は，それゆえ，定在する物性であり，物の基底である。しかし，質料に対立して，規定

78 I 論 理 学

された区別があり，この区別はそのかぎりで形式である。｜（61）

第78節　形式と質料，物自体と諸質料（第129節）

　形式と質料，物自体と物がそれからなる諸質料〔物素〕は，非本質的現実存在と本質的現実存在の対立と同じ対立である。だが，一つ違うのは，形式は，それだけでみれば他者への反省の抽象であるのに，物自体は，自己への反省の抽象であるという点である。他方，質料が形式に対して本質的現実存在であるのは，質料が自己への反省を，しかし同時に規定性を自身のうちにもつからである。同様に，物がそれからなる数多の諸質料も，物の本質的現実存在であり，それは，これらの諸質料が，他者への反省であるのと同時に，しかし，それが自己への反省でもあるからである。

【58】

第79節　本質と非本質の相互転換としての現象（第130節）

　物は，その本質的な現実存在を，一なる質料としてもつとともに多なる自立的諸質料としてももつ。この多なる自立的諸質料は，一なる質料が本質的現実存在である以上，形式に引き下げられる。しかし多なる自立的諸質料もまったく同様に本質的現実存在であるから，一なる質料を抽象的で空虚な物性へと引きずり下ろす。物は，このようなしかたで，現象である。

b）現　　象

第80節　現象（131節）

　本質は，現象（erscheinen）しなければならない。こうして本質自身のうちに映ずる本質の仮象（Schein）とは，現実存在の直接性に向けての本質の揚棄のことである。だが，この直接性は，存在のそれではなく，反省を根拠としてもつ。だから，この直接性は，直ちに揚棄され，存在していない自己同一性のうちにその根拠をもつようなものである。しかし，この存在していない自己同一性の内面性は，それ自体ただちに同様に他者への反省であり，したがって現実存在である。ただしそれは

第 2 部　本　質　論　　　　79

最初の現実存在とは別の現実存在なのである。このように，現実存在
するものとしての或るもの｜（62）は，それ自身のうちにあるという
よりむしろ他のもののうちにあり，媒介されたものである。こうした点
で，本質は，現象のうちにある。それゆえ，本質は，現象の背後や彼岸
にあるのではない。むしろ，本質が現実存在するものであるということ
よって，現実存在は現象なのである。――

第 81 節　直接性と媒介性の直接的統一としての現実存在

　要するに，現実存在するものの真理は，それだけで存続するものであ
るにしても，そのまま直接他のものとして現実存在しているものなので
ある。現実存在するものは，直接的に媒介として現実存在している。そ
れゆえ，このような両面化された現実存在のあり方の区別も，関係も，
どちらも同じものなのである。さらに，現実存在のこれらのあり方は，
反省の区別なので一方は自己への反省であり，他方は他者への反省であ
るという相互に対立する規定性をもつ。

【59】

第 82 節　現実存在のあり方である相互関係（第 134 節）

　したがって，現実存在するものないしその規定性ということでの現象
は，相互関係である。この相互関係では，同一のものが，諸々の自立的
な現実存在の対立であり，かつ，それらの同一的な関係でもある。そし
て，この関係でのみ，区別されたものはまさにそれとしてあるのであ
る。

c）相互関係

第 83 節　全体と部分との相互関係（第 135 節）

　1）直接的な相互関係は，全体と部分の相互関係である。全体は，諸
部分から，つまり全体の反対のものからなっている。諸部分は，諸々の
自立的な差異あるものである。しかし，それらが諸部分であるのは，そ
れら相互の同一的な関係においてのみであり，言い換えれば，それらが
ひとまとまりにされて全体を形成するかぎりでである。しかし，ひとま

80 I 論 理 学

とまりというのは，部分の反対物である。｜（63）

第 84 節　力とその外化（第 136 節）

2）こうして，この相互関係における同一のものは，直ちに，自己自身への否定的関係である。しかもそのため，この同一のものは，媒介として設定されている。つまり，同一のものが区別に対して無関与でありながら，しかも自己への否定的関係であるように設定されている。この自己への否定的関係は，自己への反省なので自分自身を突き離し，自分を他者への反省として現実存在するに至らしめるのであり，またその逆でもある。──これが力とその外化である。

　　全体と部分の相互関係は，直接的で，したがって無思想な相互関係，自己との同一性から差異性への無思想な転換である。全体から諸部分へ，諸部分から全体への移行がなされるが，どちらの面もそれだけで自立的な現実存在ととられるために，一方のうちで他方のものへの対立が忘れ去られる。言い換えれば，諸部分は全体の中に存立し，また全体は諸部分から存立するとされるから，ときには一方が，別のときには他方が存立するものであり，同様にそのたびごとに，その存立するものの他のものは非本質的なものである。機械的相互関係は，一般にその表面的な形式では，自立的なものとしての諸部分が統一を欠いたまま，【60】互いに対しても全体に対しても対立する点に存する。質料の可分性に関わる無限進行は，この相互関係を用いることもできる。その場合には，無限進行は，同じ相互関係の両側面の無思想な交替である。或る物が，いったん，一つの全体としてとられ，次に，部分の規定へと移っていく。今度は，この規定が忘れ去られ，部分だったものが全体と見なされる。するとまた，部分の規定が現れる，という具合に無限に進むのである。──しかし，もしもこの無限性が，真に否定的なもの｜（64）と解されるならば，この無限性は，相互関係の，自己への否定的関係となる。すなわちそのとき，無限性は力であり，自己と同一的な全体であるが，この自己と同一的な全体というものは，自己内存在であり，かつ自己を揚棄し外化するものであり，また逆に，消滅し力のうちへ帰ることとしての外化である。──力は，それが無限性で

第 2 部　本 質 論　　　　　　　　　　　　81

あるのにもかかわらず，やはり有限でもある。つまり，力は外化す
るために外からの誘発を必要とし，その作用において盲目であり，
たんに或る規定された，有限な内容をもつにすぎない。力は，やは
り全体と部分の相互関係と同様に，或る内容をもつ。なぜかといえ
ば，同一のものが，形式上区別された規定性において設定され，し
かもこれら形式諸規定の統一としてあり，こうした区別に対して同
時に無関与でもあるからである。しかし，この同一のものは，まだ
ようやくそれ自体として（an sich），このような同一性であるとい
うにすぎない。なぜなら，相互関係の両側面の各々は，まだ自らそ
れだけで（für sich），相互関係の具体的な同一性であるのではなく，
またまだ総体性であるのでもないからである。それゆえ，両者は，
お互いに対して異なるものであり，相互関係は，全体として，有限
な相互関係である。そのため，力は，外からの誘発を必要とし，そ
の内容の規定性は，偶然的なものである。力の内容は，まだ概念と
目的の無限性をもたないが，この目的というものは，それ自体的で
もそれだけでみても（an-und-für-sich）規定されているものなので
ある。——だから，力の本性そのものは知られておらず，ただその
外化のみが認識されるともよく言われる。しかし，一方では，力の
全内容規定は，外化のそれとまったく同じである。したがって，現
象を力から説明することは，一つの空虚な同語反復である。知られ
ていないとされるものは，それゆえ，自己への反省の空虚な形式以
外のものではなく，この空虚な形式によってのみ，力はその外化か
ら区別されるのであるが，——しかしこの形式はまったくよく知ら
れたものなのである。しかし他方では確かに，力の本性は，或る知
られていないものではある。なぜならば，｜（65）力の相互関係
は，確かに，始めはようやく抽象的な否定性でしかないとはいえ，
ともかく確かにその否定性に関して，無限であるのだが，しかし，
それ以外の力の規定性の方は有限だからである。そのため，力の規
定性は，連関の必然性と根源の必然性を必要とするのに，そうした
ものを一貫して欠いている。要するに，力がもつ自立性の仮象と，
さまざまな条件をもたなければならないという力の有限【61】性
との間には，矛盾がある。しかし，これらの諸条件は，力の外にあ

82 I 論 理 学

り，そのため力においては認識されない。

第85節　力の外化を通じて設定された統一としての内と外（第137節）

力は，それ自体としては自己への否定的関係であるような全体であるものである。それゆえ，力は，自分を自分から突き離し，自分を外化する。しかし，こうした他者への反省，つまり諸部分の区別は，同様に自己への反省でもあるから，外化は，それによって力が自分へ帰ってくる媒介である。それゆえ，力の外化とは，始めはようやくそれ自体で存在している〈自己への反省と他者への反省の同一性〉を，力の外化を通じて設定するということなのである。したがって，力の真理は，その両側面がたんに内と外として区別されている相互関係である。

第86節　内と外との同一性としての内容（第138節）

3）内とは，その真相においてある根拠，つまり現象と相互関係の一つの面としての根拠，自己への反省という空虚な形式である。この形式に対しては，現実存在が，（内と）同様に相互関係の一面として，他者への反省という空虚な規定をともなって，外として対立する。両者の同一性こそが，中身の満たされた同一性，すなわち内容である。それは，力の運動のうちで設定された自己への反省と他者への反省の統一である。

第87節　内容としての現象と本質との同一性（第139節）

それゆえ第一に，外は内と同じ内容をもつ。内的であるものは，外｜(66)的にもあり，またその逆でもある。現象は，本質の中にないものは何も示さず，本質の中には，自らに顕現しないものは何もない。

第88節　その同一性における内と外，現象と本質との直接的相互転化（第140節）

しかし，第二に，内と外とは，かたや自己同一性の抽象物，かたやたんなる実在性の抽象物として，やはり相互にまったく対立してもいる。ところが，両者は本質的に同一だから，ようやくただ一方の抽象【62】

第2部　本質論　　　　　　　　　　　　　　　83

においてのみ設定されているものは，また直接にただ他方のうちにのみ
ある。それゆえ，たんに内的なものでしかないものは，それによってま
たたんに外的なものでしかない。そして，たんに外的なものでしかない
ものも，やはりたんに内的なものでしかない。

　　本質をたんなる内とのみ解するのは，よくありがちな反省の誤り
である。もし本質がそのようにのみ解されるならば，こうした考察
もまったく外面的なものであり，その言うところの本質は，空虚で
外面的な抽象である。或る詩人は言っている

　　　　自然のうちへは，いかなる被造の精神も達しない

　　　　幸いなるかな，せめてその外殻なりとも知らば[6]

むしろ，詩人はこう言うべきだったろう。かれにとって自然の本
質が内として規定されるまさにそのとき，かれは外殻のみを知る，
と。——存在一般においては，概念がまだようやくたんなる内でし
かないからこそ，概念は存在にとっての外，——すなわちたんに
主観的で真理を欠いた思考なのである。——自然そのものにおいて
も，精神においても，概念，目的，法則がまだようやく内的な素
質，純粋な可能性にすぎないならば，それらはまだようやく外面的
で非有機的な自然，第三者的な学識，よそからの強要等々にすぎな
い。

第89節　内と外との同一性としての現実性（第141節）

　空無である（leer）二つの抽象物によって，同一の内容が，なおも両
者の相互関係においてあるとされる。そしてこれらの抽象物は，その |
(67) 直接的な移行のうちで，一方は他方のうちで，互いに揚棄しあう。

---

　6)　（原注）この幾度となく引用される詩は，アルブレヒト・フォン・ハラーの1730年
に成立した「人間の美徳の過ち」から取られている。これは，最初1732年にハラーの『スイ
ス詩の試み』で公表された。アルブレヒト・フォン・ハラ―『スイス詩の試み』正式の増補
改定第6版，ゲッティンゲン，1751年，100頁よりここに引用する。

　自然のうちへは，いかなる被造の精神も達しない

　幸いなるかな，自然がなおその外殻なりとも示せば（weis't）

　フォン・ハラーが"weist"を「示す」の意味で理解しているのに対して，ヘーゲルはそれを
「知る」の意味で解している。これはシュヴァーベン方言によって可能になったのであり，そ
れによると「知る」（wissen）の三人称単数現在〔weiss〕は"weisst"となりうる。これに対
応させて，ヘーゲルは詩行を解釈しなおしている。

84 I 論 理 学

両者は，仮象として設定された本質の仮象であり，言い換えれば，まったくの非本質となった本質性である。力の外化によって，内は，現実存在へと設定される。この設定は，空無なる抽象による媒介である。だから，それ自身のうちで消滅して直接性となる。この直接性では，内と外は，それ自体的でもそれだけでも同一となっている。このような同一性が，現実性である。

C　現実性（Die Wirklichkeit）

第90節　他において自己にとどまる現実性（第142節）

　現実性は，本質と現実存在との，あるいは内と外との，直接的になった統一である。現実的なものの外化は，【63】現実的なものそのものである。そして，現実的なものは，外化においても依然として本質的なものであり続けるのであり，かつ，それが本質的なものであるのは，直接的で外面的な現実存在の内にあるかぎりにおいてである。

　　以前には，直接的なものの形式としては，存在と現実存在が登場した〔第38節以下，第74節以下〕。存在とは，そもそも，反省がなされない直接性であり，他のものへの移行である。現実存在（Die Existenz）は，存在と反省との直接的な統一である。だから，現実存在は，現象であり，根拠から出ても根拠へと帰る〔没落する〕のである。現実的なもの（Das Wirkliche）は，その直接的な統一が設定された存在であり，自己と同一になった相互関係である。したがって，現実的なものは移行を免れており，それの外面性はそれの現実化〔エネルゲイア〕である。現実的なものは，その外面性の中で，自己へ反省している。その定在は，それ自身の顕現に他ならず，他のものの顕現ではない。

第91節　現実性は自己媒介的可能性も含む（第143節）

　現実性は，反省一般であるから，1）それの直接性と，それの｜　(68)自己との媒介，つまり可能性との間の区別でもある。——この可能性は，現実的なものの具体的な統一に対抗するもの，抽象的で非本質的な本質性として設定されている自己への反省である。

　　カントは，可能性について，そしてそれとともに現実性と必然

性について，「これらの規定は，客観としての概念をいささかなり
とも増大させるものではなく，ただ認識能力に対する関係性を表し
ているにすぎないから」と言って，これらの規定を様相と見なし
た。かれにそうさせたのは，なるほど，この可能性の規定である。
実際，可能性は，さしあたりは，自己への反省という本来が空無
な（leer）抽象だから，主観的な思考にのみ属している[7]。可能性は，
以前〔第86節-第88節〕に内だったのと同じものであるが，現実
的なもので内は揚棄されているので，今ではそれが揚棄ないしたん
に設定された外面的な内として規定され，したがってもちろんのこ
と一つのたんなる様相として，空無な抽象として，設定されている
のである。——だが，現実性と必然性とは，本当は他のものに対す
るたんなる一つのあり方どころのものではなく，むしろまさしくそ
の正反対である。——さて，可能性はもう一度具体的な現実的なも
のに対して，自己同一性という，本来空無な形式であるから，した
がって，すべてのものは可能である。というのは，この〔空無の〕
形式は，抽象によって，すべての内容に加えられうるからである。
しかし，同様に，すべてのものは不可能である。なぜなら，内容と
いうのはある具体的なものだから，すべての内容において，その規

---

7)　（訳注）カントによる様相のカテゴリーのこうした性格づけについては『純粋理性
批判』B266頁を参照。これら様相概念に限らずカテゴリー全般さらに現象の形式一般が，
たんに主観的な思考にのみ属して物自体に属するのではなく，物自体では無であるという現象
の観念性とこの観念性に結びついた物自体の実在性についての洞察は，カントの超越論的観
念論の要点である。だがそれは単純な問題でもなく，数々の疑問を引き起こしてきたという
含みが本文の「さしあたり」という言葉で表現されているであろう。すでにヤコービはこれ
について，物自体を前提することなしにカントの体系に入れないが，物自体を前提してはそ
の体系にとどまれないと述べていた（ヤコービ『デイヴィッド・ヒューム』，1787年）ので
あるし，やがてこの疑問はG. E. シュルツェの批判——カントが原因のカテゴリーを現象に
制限したにもかかわらず物自体が或る種の原因として示されているという批判を生みだした
のだった（シュルツェ『エネジデームス』1792年）。実際，カントによって「自然による原
因性」から区別された「自由による原因性」（カント前書B560頁），すなわち或る状態を自
ら始める能力としての物自体的な原因性は，いかなる意味でなおも原因性と呼ばれうるのか。
現代では，カントにおけるカテゴリーのこうした多義性をアリストテレス的な類推の概念に
よって擁護するG. マルチンのような学者もいる。しかし，そのG. マルチンもやはり，様相
概念には超越論的分析論で確定されたのとはもっと別な意味がなければならない，そうでな
ければカントは自由の「可能性」「実在性」について語ることはできなかったであろうと言っ
ている（G. マルチン『カント』岩波書店，日本訳への序文）。

定性は，規定された対立として，したがって矛盾として，把握され
うるからである。──だから，このような可能性と不可能性につい
ての議論ほど，空無な議論はない。特に哲学では，何か或るものが
可能であるとか，【64】いや，もっと他の或るものも可能であると
かいう指摘は，その他よく話題にされるありそうなことについてと
同様，話題にされてはならない。｜（69）

第92節　可能性と対立する直接的現実性の偶然性への転落（第144節）

2）しかし，現実的なものは，自己への反省としての可能性から区別
されてしまえば，それ自身，たんに外面的直接体であるにすぎない。言
い換えればむしろ，現実的なものは，その直接性のために，それ自身直
接的に，たんに自己への反省という抽象のうちにあるにすぎない。した
がって，それは，一つのたんに可能的なものとしての現実的なものとし
て規定されている。こうした，ただの可能性であるという，あるいは非
本質的な現実性であるという価値においては，現実的なものは，一つの
偶然的なものである。

第93節　たんに可能的・偶然的なものが有限であるのはその形式と内容の分離による（第145節）

しかし，このような，仮象として設定された仮象，すなわちたんなる
可能性ならびに偶然性は，現実的なものということで，その実在的に
なった自己への反省をもつ。だから，ここに内容が設定されており，こ
の内容において，可能性や偶然性が，その本質的な規定根拠をもつので
ある。それゆえ，より詳しく言えば，偶然的なものと可能的なものの有
限性は，自己同一という形式規定が内容から区別されている点にある。
そして，或るものが偶然であるか，可能であるかということは，その内
容にかかっているのである。

第94節　偶然から条件への転化（第146節）

しかし，この自己への反省は，現実的なものでは，もはや単純な本質
においてそうであったように抽象的な規定ではない。むしろ，それは，

88   I 論 理 学

自己を揚棄する設定あるいは媒介である。したがって，直接的な現実性
としての偶然性は，自己同一的なものではあるが，それは本質的に設定
された存在としてのことである。〔ただし〕その設定は，まったく同様
に揚棄されてもいる。すなわち，偶然性は，前提されたもの〔前もって
設定されたもの〕であって，その直接性は，まさに同様に一つの可能性
であり，しかも揚棄されるという規定を同時にもつのであり——つまり
それは，他のものの可能性であり，条件なのである。

第95節　可能性と現実性の実在的になった同一性としての必然性　（第147節）

3）内容が充実したために現実化の条件が帰属するようになった可能
性は，さしあたりまず，実在的可能性である。しかし，内容からも直接
|　(70) 的現実性からも区別されたものとして，この実在的可能性は，
それだけである形式である。しかも，それは，【65】現実的なものの領
域では，抽象的な同一性ではなくそれだけである形式の具体的総体性で
あり，内が外へ，また外が内へと直接的に自己を転移することである。
その可能性は，自己へ反省したものとしての根拠であり，活動，しかも
自己を揚棄して現実性となす実在的根拠の活動であり，さらにまた偶然
的現実性，つまり条件の活動である，すなわちこの活動は条件の自己へ
の反省であり，他の現実性への自己揚棄の活動である。可能性と現実性
とのこのような同一性が，必然性である。

第96節　必然性と必然性の相互関係としての現実的なもの（第149節）

したがって，必然性は，自分と同一で，ただし内容に充ちた一なる本
質である。この本質は，その区別項が自立した現実的なものの形式をも
つという仮象を自分のうちに映現する。そして，この本質の同一的なも
のは，同時に絶対的形式としてあり，すなわち直接性を媒介へ，媒介を
直接性へ揚棄する活動である。——必然的なものは他のものによってあ
り，この他のものは，媒介する根拠と，直接的な現実性，すなわち同時
に再び条件である偶然的なものへと分解している。必然的なものは，他
のものによるものとしては，それ自体でそれだけであるというのではな

第2部　本質論　　　　　　　　　　　　　　89

く，たんなる設定されたものではある。しかし，この他による媒介は，
まったく同様に直ちに自分自身の揚棄でもある。根拠は，自分を根拠と
して，しかも偶然的な条件としては自分を直接性へと転移し，これに
よってかの設定された存在はかえって現実性へと揚棄されており，根拠
は自分自身と合一している。この同一性が，現実的なものを必然的なも
のにする。現実的なものは，それゆえその真相としては，必然性の相互
関係である。

第97節　実体性と偶有性（第150節）

　必然的なものは，まず第一に，a）実体性と偶有性との相互関係であ
る。｜（71）この相互関係の自己との絶対的な同一性が，実体である
が，それは次のようなものとしてである。つまり必然性として，このよ
うな内面性の否定性であり，それゆえに，自分を現実性として設定する
もの，しかしまた〔内面性の否定とであるのと〕同様に，この外面性の
否定性でもある。この否定性により，現実的なものは，直接的なものと
して，たんに偶有的なものであり，この偶有的なものは，そのたんなる
可能性を通じて他の現実性へと移って行く。この移行こそ，形式活動
〔第96節〕としての実体の同一性である。

【66】

第98節　実体（第151節）

　こうして，実体とは，諸偶有の総体性である。そして，この偶有性に
おいて実体は絶対的な威力として，そしてあらゆる内容をもつ富として
自らを明らかにする。ただし，この〔総体性の〕内容は，こうした顕現
のはたらきそのものと別ではない。というのも，自己へ反省した規定性
は，形式に対して無関与ではなく，実体の威力の中でこそ移行するから
である。——言い換えれば，実体性なるものは，むしろそれ自身絶対的
な形式活動であり，必然性の威力なのである。

第99節　威力として作用する原因への実体の推移（第152節）

　b）実体が絶対的な威力として，内的可能性である自己へ関係する威
力であるという契機からすれば，実体は作用するものであり，原因であ
る。実体性は，したがって，本質的に，因果性である。

90   Ⅰ 論 理 学

第100節　無限な原因性とその有限化としての無限進行（第153節）
　しかし，この因果性は〔実体性であるのと〕同様に，因果的相互関係
でもある。何によってかというと，実体が現実性であることによってで
ある。その際，現実性は，現実性であると同時に一つの設定されたも
のに他ならないが，それによって必然的なものである。そして，実体と
は，偶有性への移行に対抗して自己へ反省し，そうすることによって本
源的な事柄（Sache）になるものなのであり，実体はまたそれと同じだ
けこうした自己への反省ないし自らのたんなる可能性を揚棄してもお
り，自分自身にとっての否定的なものとして自己を設定し，こうして一
つの結果を産出する。｜（72）
　　　原因（Ursache）と結果とは，実体，ないしもともとあった本源
　　的な事柄（ursprüngliche Sache）と，たんなる設定された存在〔も
　　ともと「あった」のではなく設定されて初めて「なった」存在〕
　　として，相互に対立し合っている。——もともとあった〔＝設定
　　されて「なった」のではない〕原因の本源性そのものを構成する
　　のは，必然性がもつ同一性なのだが，原因はまさにこの必然性に
　　よって，結果へと移って行ってしまっている。結果の中には，原
　　因の中にないいかなる内容もない。上記の同一性が，内容である。
　　しかしまた同様に，同一性は，形式規定でもある。原因の本源性
　　（Ursprünglichkeit）は，結果〔＝「なった」もの〕において揚棄さ
　　れ，この結果の中で，原因は自分を一つの設定された存在となす。
　　しかしこの設定された存在は，同様にただちに揚棄されてもいる
　　〔つまり設定されて「なった」とみえた存在は，もともと「あった」
　　ものにすぎない〕ので，かえって，それは，原因が自分自身へと反
　　省すること，原因のもともとあったという本源性である。結果にお
　　いて初めて，原因〔もともとあったということ〕は現実的なのであ
　　る。
　　　必然性の概念は，哲学でもっとも難しい概念の一つであるが，そ
　　れはこの概念が，まさに概念そのものなのであるが，しかしなおそ
　　の外面性での概念だからである。——実体性は，まだ直接的に受け
　　とめられた必然性である。けれども，実体性は，少なくとも本質的
　　には相互【67】関係である。すなわち，それだけである実体とか

偶有とかいうのは，空無な抽象である。しかし，無限な実体性の相互関係は，その実在性としては，因果的相互関係である。なぜならば，実体にとって，自分に関係することは，外面的な抽象ではないからである。むしろ，実体は，この自己関係そのものであり，したがって実体は原因だからである。しかし，実体が原因であるのは，それ自身無限的にであり，実体が作用すること（Wirken）は無限な作用である。この無限な作用というものは，結果（Wirkug）において自分に帰り，この自己還帰で初めて，本源的（ursprünglich）かつ現実的（wirklich）となる。——原因が有限的なものであるのは，ただ，自分を直ちに揚棄する対立の契機においてのみである。——この対立が固執され，それによって原因の概念が放棄されることによって，有限な原因が，そして因果的相互関係についてのありふれた表象が生まれる。その有限性はまた，形式と内容の対立にも姿を変え，原因が有限なのは，｜（73）その内容面が一つの規定された現実性であるからだと受けとめられる。原因は，この有限性のために，一つの設定されたものであるという，あるいは一つの結果であるという仮象を映現する。そのとき，この結果は再び，或る他の原因をもつのであって，このようにしてまたここにも，結果から原因への無限進行が発生する。下降的な無限進行も，同様にして生じる。すなわち，結果は，その原因との同一性によっては自己への反省であり，それ自身が現実的なものであり原因である。しかも再び他の諸結果をもつ他の原因である，というようにすぐに無限に進むからである。

第101節　別の実体を設定し存在させる原因の前提作用（第154節）

原因は，その作用においてたんに設定であるばかりではない。それと同様に，こうした設定による媒介は，自己への反省とその無媒介な直接性へと揚棄されてしまってもいる。そのことによって，原因は，〔設定であるのと〕同時に前提すること（Voraussetzen）である。したがって，別の実体が，前にある（vorhanden）のであり，この実体に先の原因の結果が生ずるのである。

92　　　　　　　　　Ⅰ　論　理　学

第102節　交互作用（第154節）

前提された〔前もって設定された〕実体は，直接的であると規定され，したがって自己関係する否定性ではなく能動的でもなく，逆に受動的であると規定されている。しかし，それは，実体である以上，能動的でもあって，その前提された直接性を，あるいは同じことだが，そのうちに設定された結果を揚棄し，反作用する。すなわち，前提された実体は，最初の実体の能動性を揚棄するのだが，しかし，この最初の実体の方も同様に，その直接性ないしこの実体の中に設定された結果の揚棄である。したがって他方の実体の能動性を廃棄し，【68】これに反作用する。こうして，因果性は，c）交互作用の相互関係へと移っている。

　交互作用では，原因と結果の無限進行が，真の仕方で揚棄されている。というのも，原因から結果への，また結果から原因への直線的な超出が，自分のうちへ曲げ戻されているからである。或る結果をもつ原因は，それ自身が｜（74）一つの結果なのであるが，しかし結果であるといっても，その背後や，それ自身の結果の彼岸にある〔それ自身とは別の〕原因の結果でもない。むしろ，それは，それ自身の結果であるものにおいて発生した〔それ自身が発生させた〕原因の結果なのである。同様に，結果も，それ自身再び原因なのであるが，しかし自分がその結果であるところのものに対する原因なのである。言い換えれば，原因が結果であるのは，原因が結果をもつのと，別の観点によることではない。むしろ，結果が産出されるということが，原因が設定されて存在するということであり，──しかしこの設定された存在が，直接的には，同じく自己への反省，現実性，前提された実体である──〔設定されない他として設定された〕他の原因──でもある。──しかし，原因は，直接的なものとして，現実的であり，本源的であるはずである。けれども，まさにこのような直接性が，ただ設定された存在，あるいは結果でしかない。

第103節　因果性の自体的にある真理（無限な原因）としての交互作用（第155節）

交互作用は，因果性の真理である。すなわち，因果性は，ただ交互作

第2部　本質論　　　　　　　　　　　　　　　　　　93

用としてのみある。原因はただ作用するものとしてあるのに，受動性は
作用しない直接性である。だから，最初のものと見なされた原因は，そ
の直接性のために，受動的なものとして，設定された存在そして結果と
して規定されている。しかしそのとき，なお二つであるといわれた原因
の区別は消えてしまっているのであって，自体的には，ただ一つの原因
が，すなわち，その結果において自分を実体としては揚棄するが，こう
して自分を揚棄することによって初めて自分を自立させている原因があ
るにすぎない。

　第104節　因果性の自体的にある真理（無限な原因）の自立化・現
　　　　実化としての交互作用（第156節）
　しかし，この統一は，やはりまたそれだけでも存在してきている。と
いうのは，こうした交代の全体が，原因自身による設定であり，ただこ
の原因による設定が，原因の存在だからである。原因が交互作用の中で
受けとった結果ないし受動性は，かえって，原因の本源性であり，原因
による媒介の揚棄によって媒介されて産出された直接性である。原因の
能動性は，原因が自分自身を結果として，あるいは｜（75）設定され
たものとして設定することである。そして，このように自分を結果へと
引きずり下ろすことこそ，逆に，原因の本源性であり，自立的な存在な
のである。

【69】

　第105節　必然性の真相（第157節）
　したがって，このような自分自身との純粋な交代こそ，その覆いが取
り払われ，あるいは〔そのもともとあったところがはっきり〕設定され
た必然性である。この必然性の紐帯は，いまだ内的なものとしての同一
性である。なぜならば，それは，諸々の現実的なものの同一性であり，
しかし，その現実的なものの自立性こそまさに必然性でなければならな
いからである。それゆえ，因果性と交互作用を経る実体の成り行きは，
自立性が否定的な自己への関係であるということの設定に他ならない。
──なぜ否定的かといえば，この関係の中で区別し媒介するはたらき
が，互いに対して自立し合っている諸々の現実的なものの本源性にまで
成る（zu einer Ursprünglichkeit〔…〕wird）〔もともとあったことにこ

94　　　　　　　　　Ⅰ　論　理　学

れから成る〕のだからであり，——なぜ自分自身への関係かといえば，
それらの現実的なものの自立性こそまさに，それらの同一性としてある
からである。

第106節　必然性の真相としての自由，実体の真相としての概念の自立性（第158節）

必然性のこのような真理は，したがって，自由であり，そして，実体
の真理は，概念である——それはすなわち，次のような自立性である。
つまり，区別された諸々の自立的なものへと自分を自分から突き放すこ
とであり，この突き離しとして自分と同一なものであり，こうして自分
自身のもとにとどまり続ける自分との交代運動であるような自立性であ
る。

第107節　スピノザ的実体の現実化としての概念（第159節）

　こうして，概念が，存在と本質の真理である。というのは，反省が自
分自身のうちで仮象を映しだすことが，同時に，自立的な直接性である
ことになるからである。そして，この異なる現実の存在が，直ちに，た
だ自分自身の中で仮象を映ずることに他ならないからである。

　1)　概念は，自分を存在と本質の真理として証明し，存在と本
質の両者は概念の中でその根拠へ帰ったものとしてあるから，逆に
概念は，その根拠としての存在から発展したのである。この｜進展
の前者の面は，この進展でその内を覆っていた帳が取り払われた存
在の内部への深化と見なされうる。また後者の面は，より不完全な
ものからのより完全なものの出現と見なされうる。より完全なもの
とより不完全なものという，ひじょうに皮相的な思想がここで抱い
ている内容をさらに詳しく規定してみる。するとそれは，自分との
直接的な統一としての存在が，自分との自由な媒介としての概念と
の間にもつ区別である。存在は自分を概念のたんなる一契機として
【70】示したのだから，概念は，まさにこれによって，自己を存在
の真理として証明したのである。概念のこのような自己への反省で
あり，媒介の揚棄として，概念は，直接的なもの〔媒介されないも
の〕を前提するはたらき（das Voraussetzen des Unmittelbaren）で

ある。——それは，自分へ帰ることと同一であるような前提のはたらきなのだが，こうした同一性こそ，自由と概念を形づくるのである。したがって，もしも契機が不完全なものと呼ばれるならば，概念は完全なものであるけれども，この完全なものとは，不完全なものから発展するということなのである。というのは，概念は，本質的に，自分の前提を廃棄するはたらきだからである。しかし，このように〔前提の廃棄として〕自分を設定するという形で，自分にその前提を〔廃棄されるべきものとして，しかし廃棄が可能となるためには逆に保存されるべき契機として，つまり揚棄の契機として〕作るのは，概念だけなのである。死んだ概念には，もちろん，自由もなければ，自分自身の中での運動もないので，不完全と呼びうるような契機もない。——契機が自立的なものと見なされ，前提が本源的であくまで動かない始まり〔Prius〕としてみられるならば，このような規定は，このようなものに縛りつけられた概念同様，概念ではない。それは，完全なものと不完全なものの対立——後者の不完全なものが，それ自体としてもそれだけでみても何ものかであるかのように——と同様，空無の抽象である。

2）存在と本質の概念に対する関係についてさらに言うと，概念は，単純な直接性としての存在に帰った本質であって，そうであることによって，仮象を映しだすこの本質のはたらきは│（76）現実性をもち，そして同時に，この本質の現実性は，自分自身の中で仮象を映しだす自由なはたらきなのである。概念は，存在をもつ（hat）。それは，概念の単純な自分への関係として，あるいは自分の中でのその統一の直接性としてである。存在は，たいへん内容の乏しい規定なので，その規定は概念のうちで示されうる最小の規定である。

3）必然性から自由への移行，あるいは現実的なものから概念への移行は，もっとも困難なものである。なぜならば，自立的な現実性が，移行によって，および現実性にとって他的な自立的現実性との同一性によってこそ，もっぱらその実体性をもつと考えられねばならないからである。したがってまた概念も，それ自身がまさにこうした同一性であるのだから，もっとも困難なものである。しか

し，むしろ最大の困難は，現実的な実体そのもの，つまり原因——それだけで存在する対自存在において，何ものも自分のうちに侵入させようとしない原因——が，すでに必然性ないし運命に服従しているということ，この服従が最大の困難である。これに対して，必然性を思考することは，かえってこれらの困難の解消である。なぜならば，思考するということは，自己が他者のうちで自分自身と合致することだからである。これは解放であるが，抽象化による逃避ではなく，現実的なものが必然性の威力によって結びつけられている他の現実的なもののうちで，自分を他のものとしてではなく，自分自身による存在と設定としてもつことである。スピノザ的実体という偉大な直観は，【71】それ自体としては，有限で，それだけである対自存在からの解放である。しかし，概念そのものは，それだけで，必然性の威力であり，実体的な自由なのである。

【72】

第 3 部　概 念 論

98   I　論　理　学

第108節　概念は自由である（第160節）

　概念は，自由なものである。それは，概念が，本質の自己内での反省
という純粋な否定性としてあるからであり，実体の威力としてあるから
である。──さらにこうした否定性の総体性としては，概念は，それ自
体としては規定されているというにとどまらず，それだけで規定されて
いるものである。

第109節　概念の進展は発展である（第161節）

　概念の進展するはたらきは，発展である。というのは，区別されたも
のが，同一的なものとして直接に設定されているし，あるいは，規定性
は，概念の自由な存在としてあるからである。

第110節　この概念論の区分および通常の論理学との違い（第162節）

　概念論は，以下の論に分かれる。1）主観的ないし形式的概念につい
ての論。2）直接的なものとしての概念，あるいは客観性についての論。
3）理念，主観－客観，概念と客観性の統一，絶対的真理についての論。
　　通常の論理学[1]は，ここで全体の第三部の一部分として登場して
　くるものしか含まない。その他には，たとえば，前に〔【51】以下〕
　登場してきたいわゆる思考の法則，そして応用論理学では，認識に
　関するさらに若干のことどもを含んでいる。こうした範囲が｜(79)
　ただ偶然選びだされた材料として提示され，しかも範囲がこれ以上
　でもこれ以下でもないという点についてはなんの正当化も考えられ
　ていない。それだけに，そうした範囲では不十分であることをわざ
　わざ示すのは，いっそう余計なことである。一方，本書で論理的な

――――――――――
　　1）（原注）ヘーゲルは，ニートハンマー宛の1808年5月20日付の手紙で次のように
書いている。「論理学と言われているものは，それについての教科書は十分あるが，その資格
があるものはまったく残らないような代物だ。〔…〕この論理学を何とかぶ厚くしようとし
て，心理学から取られたあさましい詰めもの（シュタインバルト，キーゼヴェッター，メー
メルを見よ）によって拡張されてきた」。ヘーゲル『書簡集』第1巻229頁を見よ。──しか
し，ここで名を挙げられた著者たちのうち，ヘーゲルの蔵書中に確認できるのはキーゼヴェッ
ターのみである。J. G. C. キーゼヴェッター『学校用論理学』ベルリン，1797年。

第3部　概念論　　　　　　　　　　　　　　99

ものに与えられる範囲は，その論理的なもの自身の発展によって導
き出され，正当化されるのである。先行する論理的諸規定，すなわ
ち存在と本質の諸規定との関係について言うと，これら存在と本質
の諸規定は，たんに思考の【73】諸規定であるばかりではないと
いう点を注意しておくことができる。その移行を通じて，弁証法的
契機を通じて，そしてそれらの自分への還帰と総体性において，そ
れらは，自分を概念として証明したのである。ただし，それらは，
たんに規定された概念であり，それ自体としては概念であるという
にすぎない。あるいは同じことだが，それらは，ただわれわれに対
しては，概念であるというにすぎない。というのも，各々の規定が
そこへ移行し，あるいは各々の規定がその中に仮象を映す他のもの
が，特殊として規定されていないからである，また両者に対する第
三者も，個別ないし主体として規定されておらず，さらに各々の規
定は普遍性ではないから，それと対立する規定におけるその同一
性，すなわちその自由が設定されていないからである。2）概念の
論理学は，その通常の取り扱いによれば，たんなる形式的な学問と
して理解される。すなわち，概念，判断，推理という形式そのもの
を問題とするが，或るものが真であるかどうかは一切問題にせず，
こうしたことはまったく内容だけに依存する，と理解されている。
もしも本当に，概念の論理的諸形式が，諸々の表象や思想を入れる
死んだ不活発で，中身に無関心な容器だとしたら，そうした形式の
知識は，まったく余計な，なくともよいおしゃべりというものだろ
う。ところが，実際には，それらは逆に，概念の諸形式なので，現
実的なものの生きた精神である。現実的なものに関して真であるの
は，ただこれらの形式の力であるもの，これらの形式によって，ま
たこれらの形式において真であるものに他ならないのである。しか
し，従来，これらの形式そのものの妥当性と真理は，｜（80）そ
れらの必然的な連関と同様，一度も考察されたり探究されたりした
ことがなかったのである。

A　主観的概念

---

a）概念そのもの

第111節　概念の統一の三契機（第163節）

概念そのものは，普遍性，特殊性および個別性の諸契機を含む。普遍性は，それの規定性の中での自分自身との自由な同等性である。特殊性は，その中で普遍的なものが自分自身との濁りのない等しさを保っている当の規定性である。そして個別性は，その規定性が自分へ反省することである。この反省における自分との否定的な統一は，それ自体としてはというだけでなくそれだけでも規定されたものであるのと同時に，自分と同一な，つまり普遍的なものでもある。

【74】個別的なものは，現実的なものと同じものである。ただし，個別的なものは，概念から出てきたのであるから，個別的なものが普遍的なものとして，すなわち自分との同一性であるにしても否定的な同一性として設定されている。現実的なものは，まだようやく自体的〔潜在的に〕のみ，あるいは直接的にのみ，本質と現実存在の統一であるにすぎないから，作用することもできる〔というにすぎない〕。これに対して，概念の個別性は，もっぱら現に作用しているものである。しかもそれは，もはや原因のように，他のものを生み出す作用という仮象を伴うこともなく，自分自身を生み出す作用をしているものである。

第3部　概念論　　　　　　　　　　　　　　　101

第112節　真の概念はその個別・特殊・普遍の統一により具体的である（第164節）

　概念は，まさしく具体的なものである。なぜかというと，自分との否定的な統一，すなわち個別性が，概念の自己関係，すなわち普遍性の本質をなすからである。そのかぎり，概念の諸契機は，切り離されえない。反省の諸規定は，〔各自〕それだけで対立規定から切り離されて把握され，妥当するとされる。しかし，概念においては，それらの同一性が設定されているから，概念の諸契機の各々は，直接ただ他の契機から，そして他の契機とともにのみ把握されうる。｜（81）

　　概念が何か抽象的なものであるということほど，よく聞かされる話はない。これは，概念が理念でないかぎりでは，まったく正しい。そのかぎりでは，主観的な概念は，まだ形式的である。けれども，これは，概念がそれ自身とは異なる他の内容を一つずつもつとか，もらうべきだということではまったくない。──絶対的な形式そのものとしては，概念は，全体としての規定性であり，ただしその真相において見られた全体としての規定性である。したがって，概念は，抽象的であるにもかかわらず，具体的なものであり，しかもまさしく具体的なもの，主体そのものである。概念が，概念として客観性から区別されて現実存在するかぎりでは，概念は精神である。他のすべての具体的なものは，ここまで具体的ではない。少なくとも普通一般に具体的なものと考えられているのは，外面的にまとめられた多様性である。──人間とか家とか動物とか，通常，概念，それも規定された概念と呼ばれているものは，概念などではまったくなく，単純な諸規定，それも抽象的な諸表象である。──それらは，概念からたんに普遍性の契機だけを取り上げ，特殊性と個別性は捨て去り，まさにそれゆえ概念を捨象する抽象物なのである。

第113節　概念的統一における内在的区別としての判断（第165節）

　個別性の契機が，初めて，概念の諸契機を，諸区別として設定する。というのは，個別性は，概念の否定的な自己内反省であり，それゆえ，まず第一に，最初の否定として，概念の自由な【75】区別するはたら

102 　　　　　　　　　Ｉ　論　理　学

きだからである。このはたらきによって，概念の規定性が設定される。
しかし，それは，特殊性としてである。その意味は，第一に，諸区別項
が，相互にただ概念の諸契機という規定性をもつのみであるということ
であり，かつ同様に，一方が他方であるというそれらの同一性が設定さ
れているということである。概念のこのように設定された特殊性が，判
断である。

　普遍，特殊，個別を分離された概念として固定することは，抽
象化の，｜（82）あるいは同一性という反省規定に固執する悟性
のこととするところである。ところで，概念としての概念の種類
が，すなわち，どこかよそから取ってこられた内容がその規定性を
なすべきではないかぎりの規定された概念というものが，述べられ
なければならないとすれば，かの三契機だけが，真実の種類であろ
う。——明晰なとか判明なとか妥当な概念[2]という概念の通常の種
類は，明晰な概念や判明な概念のもとにたんなる諸表象が考えられ
ているかぎり，概念にではなく，心理学に属するものである。明晰
な概念のもとに，一つの抽象的だが単純に規定された表象が考えら

─────────
　　2）（原注）明晰にして判明な概念については，デカルト『省察』の次の版の第三省察，
第２段を参照。『レナトゥス・デス・カルテスの第一哲学についての省察。ここでは神の存在
と，人間精神と身体との区別が証明される。神と精神についてのその証明において，著名な
学者たちによるさまざまな反論が，著者の答弁とともに，ここに付されている。売却と修正
前の最後の発行』アムステルダム，1663年，15頁，『デカルト全集』，アダン＆タヌリ編，第
７巻，35頁を参照。さらに『原理』の第一部，第45節，第54節を参照，デカルト『哲学の
原理』12頁，14頁，『デカルト全集』アダン＆タヌリ編，第８巻1，21頁以下，25頁以下を
参照。妥当な観念についてはスピノザ『エチカ』第二部，定義四，77頁以下，『スピノザ全
集』，ゲプハルト編，第２巻，85頁を参照。——ヘーゲルがこの箇所で，これらの概念の「通
常」のあり方について語っているかぎりでは，かれが同時代の学校論理学を念頭に置いたこ
とも考えられる。これについては，たとえばキーゼヴェッター『学校用論理学』20頁を参照。
「第36節〔…〕曖昧ではない概念は，判明（deutlich）であるかそれとも判明でないかである。
判明な概念をもつのは，概念そのものが意識されるばかりでなく，その諸徴標（Merkmale）
も意識されるときである。わたしの概念が判明でないと言えるのは，わたしが確かに概念を
意識しているが，その諸徴標を意識していないときである。〔…〕」「第37節〔…〕或る概念
を明晰（klar）と呼べる〔が判明でない〕のは，確かにそれを適切に他の概念から区別できる
が，それの徴標を何ら挙げえないときである。ときとしてこの言い方は適当でない。なぜな
ら，概念は何ら徴標を含まずに絶対に単純であ〔りう〕るからである。〔このときは，徴標を
挙げえなくとも判明だからである。〕しかししばしば，概念はやはり諸徴標を含むが，ただそ
れらが相互に区別されていないときがあるが，そのとき概念は〔判明ではなく〕混乱してい
ると言うのである」。

第 3 部　概 念 論　　　　　　　　　　　　103

れ，判明な概念のもとにも，同様な表象が考えられている。ただし
この表象ではさらに一つの徴表が，つまり主観的な認識のための一
つのしるしが際立たせられているのである。妥当な概念は，これよ
りは概念を，それどころか理念をすら暗示するものではある。しか
し，これとてもやはり形式的なものしか，すなわち概念あるいは一
表象とその対象——ある外的な物との一致という形式的なものしか
表現していない。——下位，同位の〔概念の〕区別の根底にあるの
は，普遍と特殊の没概念的な区別，そして外面的な反省における両
者の相互関係である。しかしさらに，反対概念と矛盾概念，肯定概
念と否定概念等々の種類の枚挙[3]は，思想の諸規定性を偶然に拾い

---

　　3)　（原注）いわゆる下位概念と同位概念については，たとえばマース『論理学綱要』31
頁以下を参照。「52 節〔…〕説明〔…〕或る一つの概念 a が他の一つの概念 b を〔内包とし
て〕含む（einschliessen）のは，すべての a が b であるときである。〔…〕a と b とが交換概
念であるのは，a が b を，そして他方 b が a を〔内包として〕含むときである。a が b を〔内
包として〕含むが，逆に b によって含まれるのではないとき，a は b の下位に置かれる。最
後に，a と b とが一致（einstimmig）しはするものの，どちらも他方を〔内包として〕含ま
ないとき，両者は同位である。補遺 1〔…〕すべての交換概念，下位概念，同位概念は一致
する。そしてすべての一致する概念は，交換概念であるか，互いに下位ないし同位概念であ
る」。さらにキーゼヴェッター『学校用論理学』を見よ。その 28 頁，「第 56 節〔…〕概念どう
しが同位であるのは，それらが或る一つの概念の領域〔外延〕に属するか，またはその概念
の内容〔内包〕に属するときである。前者の場合が選言概念と呼ばれ，後者の場合は乖離
概念と呼ばれる。白人種，黒人種，黄色人種，赤褐色人種という諸概念は，人間という概念
の領域〔外延〕の諸部分であり，したがってこれらは同位でありかつ選言概念である。理性
的という概念と動物という概念は，合わさって人間という概念をなす。したがってこれらも
同様に同位であるが，しかし乖離的である。〔…〕」。その 30 頁，「第 59 節〔…〕58 節に述
べられたことから，諸概念の間のこれまでなされた区別に対して，それらを比較すれば，容
易に次のような規則が導かれる。〔…〕1) すべての下位概念は，それらがその下位に置かれ
る上位概念と一致する。というのは，この上位概念は，それら下位概念の中に徴標として含
まれているからである。〔…〕」——反対概念と矛盾概念については，たとえばマース『論理
学綱要』30 頁を見よ。「第 50 節〔…〕説明〔…〕二つの概念が対立しているとき，一方の
概念で，他方の概念で考えられているものの否定より以外に何も考えられていない，という
ことがありうるが，それ以上のものをさらに含んでいることもありうる。前者の場合，両概
念は矛盾的（kontradiktorisch）に対立しており，後者の場合，反対的（kontraer）に対立して
いる。〔…〕注解 1〔…〕何か或る概念を a で表示するならば，na はその矛盾的対立物であ
り，nax は反対的対立物である。na の矛盾的対立物は nna であり，すなわち〔…〕a
である」。さらにキーゼヴェッター『学校用論理学』29 頁以下を見よ。「第 58 節〔…〕一個
の意識へと結合される諸表象，したがってまた諸概念は，合致している，一致している，調
和している，協調している，と呼ばれる。意識の或る統一と調和しない諸表象は，対立的，
非協調的と呼ばれる。〔…〕対立は，矛盾（Widerspruch）であるか反対（Widerstreit）であ
るかである。矛盾的な（widersprechend, kontradiktorisch）表象どうしでは，一方は他方をた

104 　　　　　　　　　Ｉ　論　理　学

　上げることに他ならない。これら思想の諸規定性は，ただそれ自体
でのみ，言い換えれば，それらがその〔本来の〕ものとして取り扱
われることによってのみ，概念である。しかし，そうでなければ，
これらの規定性は概念の規定性そのものとは何の関係もない内容
ないし諸規定である。──普遍的，特殊的，個別的という概念の真
実の区別は，ただそれらが外面的反省によって引き離されるかぎり
で，概念の種類をなす。概念は，むしろ，普遍であるにしても，｜
(83) 自己を規定し，そのことによって特殊である普遍であり，し
かし同様に，規定性としての自分のこの特殊性を揚棄し，その点で
自分に帰り，それによって個別であり，かつ一なる同一性において
普遍である，ただそういう普遍である。──概念そのものの内在的
な区別と反省は，判断において，設定される。

【76】　　　　　　　　b）判　　断

第114節　判断（本源的分割）とその形式の限界（第166節）
　判断は，その特殊性における概念である。というのは，判断は，契機
でありながら同時にそれだけで存在するもの，自己同一なものとして設
定されており，したがって相互に個別と普遍として対抗するその諸契機
を，区別しながら関係させることとしてあるからである。
　　1）通常，判断と言うと，人はまず主語と述語という両項の自立
　性を考える。主語は或る物ないしそれだけである規定，述語も同様

んに廃棄している。たとえば丸いと丸くないなど，その一般的関係はaと非aである。反対
的な（widerstreitend, kontraer）表象どうしでは，一方は他方をたんに廃棄しているのみでな
く，さらにそれに加えて何か他のものを設定している。たとえば，財産と借金など。〔…〕反
対的な両表象に対する一般的な表記は＋aと－aであり，一方は肯定的，他方は否定的と呼
ばれる」。──概念の種類の枚挙という話題に関しては，ヘーゲルはマース『論理学綱要』35
頁以下（第35節以下）を念頭に置いた可能性がある。──肯定概念と否定概念については，
キーゼヴェッター『学校用論理学』31頁を見よ。「第60節〔…〕それによって何かが設定さ
れる概念を，肯定概念（実在性）と言う。それにより何かが設定されないならば，その概念
を否定概念（否定）と言う。〔…〕可死性は肯定概念であり，不死性は否定概念である。肯定
概念に対立するものは，その否定であり，逆に，否定概念に対立するものは，その肯定であ
る。──否定概念は，自分がそれの否定であるところの肯定概念をいつでも前提する。──
肯定概念に対しては，否定のみが対立するのだから，すべての肯定概念は統一される」。

第3部　概念論　　　　　　　　　　　　　　　　　　　105

に，主語の外に，たとえばわたしの頭の中にある或る普遍的な規定
であり，――そしてそれが次にわたしによって〔主語の規定と〕一
緒にされ，こうして判断がなされると考える。しかし，であるとい
う繋辞〔Copula〕は，主語に関して述語を言い表すのであるから，
あの外面的で主観的な包摂作用は再び揚棄され，判断は対象そのも
のの規定ととられる。――われわれの言葉で判断（Urteil）と言う
その語源的な意味には，より深いものがある。それは，概念の統一
を最初のものとして表現するとともに，概念の区別をもともとあっ
た本源的な分割作用（ursprungliche Theilug）として表現してもい
る。これが判断の真相である。

　2）抽象的な判断をさしあたり表現しているのが，個別的なもの
は普遍的なものである，という命題である。個別と普遍は，主語と
述語が相互に対してもつ本質的な規定だからである。――この命題
は，一つの矛盾である。そしてまさにこの矛盾が，判断がさらに引
き続き自分を規定し，主語と述語の同一性に｜（84）至らねばな
らないという必然性を生ぜしめるのである。そこからまた直ちに明
らかなのは，このような抽象的な判断が何ら真理をもたないという
ことである。なるほど，このような判断も，その内容によって正
しく（richtig）はありうる。言い換えれば，このような判断も，有
限な思考一般である知覚の領域における真理はもちうる。しかし，
それ自体でそれだけでも真なる真理（Wahrheit an und fur sich）が，
このような判断に帰属することはない。というのも，主語と述語，
抽象的な個別と普遍（その際，どちらが概念で，どちらが実在性とと
られるかは重要でない）とが，一致しないからである。一方は，む
しろ，他方がそれでないものであるとされる。したがって，たとえ
ば，このバラは赤い，というような判断が真理をもつかもたないか
は，その内容に依存しているのではない。真理は，〔そもそも〕こ
のような感覚内容の中に求めることはできず，このような判断の形
式は，形式からして，真理を把握することができない。――哲学的
真理は，まさにそれゆえに，個別の判断では表現されない。精神，
生命，概念一般は，ただ自分の中での運動であるが，それこそ，判
断で押し殺されているものである。【77】だから，このような内容

が真理をもたないのは，すでに判断という形式だけで言えることである。

　3）であるという繋辞（Copula）は，その外化において自分と同一であるという概念の本性に，まだしも由来している。個別的なものと普遍的なものは，概念の契機として，孤立させることのできない規定性である。——以前の反省諸規定も，相互関係の中でやはりお互いに対する関係を設定したが，しかしその連関は，たんにもつであって，あるではなく，そのものとして設定された同一性ないし普遍性ではない。判断は，まさにそれゆえに，概念の真実の特殊性である。というのは，特殊性とは，概念の規定性ないし区別であるが，しかし普遍性にとどまる規定性ないし区別だからである。 |
（85）

第115節　判断の客観的意味——すべての物は判断である（第167節）

判断は，通常，主観的な意味に解され，たんに自己意識的な思考の中にだけ登場する操作および形式と考えられている。しかし，論理的なものにあっては，このような区別は，まだまったく前面にない。したがって，判断は，しごく普遍的にみられるものである。そして，すべての物は，それぞれ或る一つの判断である。——すなわち，すべての物は，自分のうちに或る普遍性ないしは内的本性をもつ個別的なものどもであり，あるいは個別化されている普遍的なものである。そして，普遍性と個別性は，これらの物の中で区別されるが，しかし同時に同一でもある。

　　主観的な判断であっても，命題とは区別される。命題にあっては，主語について，何かそれと普遍性として関係しないもの——或る状態とか個別の行為とかそのようなもの——が言明される。このような命題，たとえば，わたしは昨晩よく眠れた，とか，また，さ
さげ銃！というような命題を，判断の形式にすることができると言うのは，何かそれ自体まったく空しいことである。—— 一台の車が通り過ぎていく，というような命題が判断になるとすれば，通り過ぎていくものが果して車なのかどうか，あるいは，対象が動いているのか，それともむしろ対象を観察する観点のほうではないの

か，というようなことが疑わしくありうる，ただそのときだけだということになってしまうであろう。この場面では，主観の中で，命題の主語をなす対象と，主語に帰属するとされる規定が，相互に分離し，各々がさしあたり自立的なものとして，客観は外的な物として，そして規定はなおそれから隔離された，わたしの頭の中の普遍的表象として捉えられている。そして，この規定を最初の客観と結合すると，判断になるのである。│（86）

【78】

第116節　物の有限性の表現としての判断的分離（第168節）

この観点に立てば，物の有限性とは，その定在とその普遍的な本性（その肉体と魂）が，もちろん統一されてはいるが——そうでなかったら物は無であろう——，しかしまた分離されうるものでもあり，お互いに対して本質的な自立性をもつ，という点にある。

第117節　判断的分離からの形式と内容の分離の出現（第169節）

個別的なものは普遍的なものである，という抽象的な判断では，個別的なものとしての主語は，直接的に具体的であり，これに対して述語は抽象的であり，普遍的なものであり，むしろ抽象そのものである。しかし，主語と述語は《である》によってつながっているから，あるいはむしろ，概念の規定性は概念全体を自己の中に含んでいるのだから，述語もその普遍性のうちに主語の規定性を含んでいなければならない。したがって，概念の規定性は特殊性である。さらに，概念の規定性は，主語と述語との設定された同一性であり，したがって，こうした形式の区別に対して無関与なものであるから，その規定性は内容である。

第118節　直接的判断における普遍と特殊との分離（第169節注）

個別性と普遍性とは，主語と述語のお互いに対する普遍的な形式規定をなすものである。だから，判断がそれによって他に対して特殊なものになる判断のさらなる規定性は，さしあたり内容に，すなわち特殊性に属する。しかし，この特殊性も，同時に形式規定として，個別性と普遍性への関係をもつかぎり，やはりこの両者とともにさらに一層規定されるのである。

108 I 論理学

直接的なものであるような判断の内容は，述語の特殊性に属する。このことから，内容面に関する判断の形式主義が出てくる。主語は，述語において初めて，その規定性と内容を得る。したがって，主語は，それだけ切り離されれば，たんなる表象ないし空しい名前である。神は｜（87）もっとも実在的なものである，とか，あるいは，絶対的なものは自分と同一である，とかの諸判断では，神，絶対的なものは，一個のたんなる名前である。神が何であるかは，述語でようやく言い表される。神が具体的なものとしてその他さらに何であるかということに，この判断は関与しない。──しかし，主語が具体的なものであるまさにそのため，もしも述語はただ一つの個別の性質を表現するだけであるとされるなら，述語がその主語に対応していない。【79】ところが，概念規定に従えば，たんに判断の一方の側面，主語のみが，具体的全体性であるわけではなくて，他方の側面，述語も，すなわち特殊性と普遍性の統一として，具体的全体性なのである。判断は，そのかぎり，その主語でも述語でも自分と同一である。直接的判断の形式主義──（肯定判断とか判断一般の形式が不変の鋳型として通用するからには，判断はこのようなものとふつう理解されているのである）──は，述語の内容が或る直接的なものであり，かつ，特殊性が普遍性にとってどうでもよい規定であるという点に成り立っている。たとえば，赤は色である，と言うときの述語の普遍のように。だが，色は，また同様に青，黄等々でもあるのである。

第119節　直接的判断は定在の判断である（第172節）

1）直接的判断は，定在の判断である。主語が，その述語としての一つの普遍性において設定されるが，この述語は，或る直接的な質である。したがって，主語の具体的な本性に対応せず，同様に直接的な特殊性としては，述語の普遍性に対応せず，そもそも，その諸規定における概念の統一に対応しないのである。

バラは赤い，とか，赤くない，といった質的な判断が真理を含みうるというのが，もっとも根深い論理的先入観の一つである。｜

（88）

第3部 概念論 109

第120節 分裂的な定在の判断はそれ自身同一判断と無限判断に分裂し揚棄される（第173節）

この非真なる判断は、それゆえ、二重化された関係へと分解する。この直接的な判断では、述語の特殊性とその普遍性という両規定は異なっているのだが、そのどちらも、具体的な主語に対応しない。したがって、1）両者とも捨象され、本来空無な同一的関係、すなわち、個別的なもの A は個別的なもの A である、が設定されなければならない。——これが、同一判断になる。2）もう一つの関係は、前面に出てきた主語と述語の完全な不適合性であり、これがいわゆる無限判断になる。

　無限判断の例は、精神は《象でないもの》である、ライオンは《机でないもの》である、等々である。これらの命題は、ばかばかしいが、正しい（richtig）。それは、ライオンはライオンである、精神は精神である、という同一命題がそうであるのとちょうど同じである。——確かに【80】こういった同一命題は、直接的な、いわゆる質的判断の真理である。しかし、それは、そもそもいかなる判断でもなく、非真なる抽象をも固持することができる主観的思考においてのみ登場しうるものである。客観に即してこれをみるならば、これらの命題は、存在するものないし感性的諸物の本性を表現している。つまり、それらは分解して、本来空無な同一性と中身の充実した関係となる。しかも充実した関係といってもそれは、関係づけられたものどもが質的に他在であること、それらのまったくの不適合性なのである。——判断のさまざまな形式は、一般に、概念を経巡る存在と本質の領域である。

第121節 反省の判断

2）揚棄された直接性の判断は、反省の判断である。この判断の主語が伴う述語は、直接的な現実存在ではなくて、本質的な、或る相互関係を統合するものとして示されるような現実存在である述語である。 |
（89）

第122節 反省の判断の歩み（単称・特称・全称）（第175節）

反省の判断の主語は、最初はまだ直接的なもので、単称ないしこのも

110   Ⅰ　論　理　学

のとしてあるが，こうした関係の中で，その個別性を超えて高められ
る。この拡張は，直接的なものとしての主語に即して，或る外面的な拡
張，主観的な反省であり，始めは無規定な特殊性であり，特称としてあ
る。しかし，この無規定な特称性は，主語の個別性のもとにあるので
あってその主語の個別性によって規定され，全称になる。

第 123 節　必然性の判断の出現（第 176 節）

　主語も同じく普遍的なものとして規定されることによって，主語と述
語との同一性が設定される。さらにこれによって，〔主語と述語という〕
判断規定そのものも，どちらでもよいものとして設定される。設定され
た単純な概念としての内容の単一性は，その形式諸規定が区別されてい
る判断上の関係づけを，或る必然的なものにする。

【81】
第 124 節　必然性の判断の進展（定言・仮言・選言）（第 177 節）

　3）必然性の判断は，一方では，述語のうちに，主語の実体または本
性，普遍としての，したがって類としての具体的なものを含む（定言判
断）。だが他方では，主語と述語の両項が自立した現実性という形態を
とり，両者の同一性を内的なものとして，そして一方の現実性を，それ
の現実性としてではなく，他方の現実性として含む（仮言判断）。こう
していまや，概念の外化である判断にそくして，こうした外化とその同
一性，すなわち実在的な概念そのものが登場してきている。――これ
は，その排他的な個別性のなかにありながらも自分と同一である普遍的
なものである。あるいは，同じ普遍的なものをその両項にもつ判断であ
る。この判断は一方では，この普遍的なものをそのものとして，他方で
は，この普遍的なものを相互に排除しあう特殊化の総体性として，ある
いは普遍的になった個別性としてもつ。――これが選言判断である。｜
（90）

第 125 節　概念の判断（第 178 節）

　4）概念の判断は，必然性の判断を通して現れてきたものとしての概
念，つまりその規定性をそなえた普遍を内容とする。そしてそれは，判

第3部 概念論　　　　　　　111

断として，やはりその対立でもある。それゆえ，概念は，主語としては
個別的なもの，それも直接に或る普遍的なものであり，外面的な定在で
あるような個別的なものである。また述語としては，特殊な定在の普遍
的なものへの反省，——すなわちこれら両規定の一致ないし不一致を表
す，良い，真である，正しい，等々である。

第126節　普遍・特殊統一の主体性として真理の判断（第179節）

この判断は，したがって，真理の判断である（必当然〔apodiktisch〕判
断）。すべての物は，特殊な性状をもった個別的な現実性ということで
の類であり目的である。物の真実の存在とは，特殊と普遍を自分のうち
に含むこうした主体性一般である。しかし，物はまだ有限であるため，
その中では，特殊が普遍に適合することもあるが，適合しないこともあ
りうる。

第127節　普遍・特殊，主語・述語の概念的媒介としての推理（第180節）

主語と述語は，このような仕方で，各々それ自身がまるごとの判断で
ある。と同時に，主語の特殊性，主語の直接的な性状は，【82】現実的
なものの個別性とその普遍性とを媒介する根拠，つまり現実的なものに
ついての判断〔本源的分割〕を媒介する根拠である。こうして，本来空
無な繋辞（Copula）のであるが充実され，主語と述語の関係が設定され
る。この関係はもはや直接的なものではなく，媒介された関係なのであ
る。しかし，媒介するものは，根拠そのものではなく，媒介は概念の規
定の中にあり，判断の形式上の諸区別は，この概念の統一に還元されて
しまっている。——この媒介が，推理である。｜（91）

c）推　　理

第128節　概念的同一性と判断的区別との理性的統一としての推理（第181節）

推理は，概念と判断との統一である。——推理は，その諸規定の単純

112 Ⅰ 論 理 学

な同一性としては概念である。かつまた同時に推理は，その実在性のう
ちでは，すなわちその諸規定の区別のうちで設定されているかぎりで
は，判断である。それゆえ，推理は理性的なものであり，すべての理性
的なものである。

　確かに，推理は，通常理性的なものの形式として述べられるのが
常である。しかしそれは主観的な形式としてであり，この形式とそ
の他の理性的な内容，たとえば理性的原則，理性的行為，理念等々
との間の連関が示されるということもない⁴⁾。実際，〔通常では〕形
式的な推理さえも理性的なものであり，それは，理性的な実質とは
何の関わりもないような没理性的な仕方でのことである，という
うですらある。しかし，このような実質が理性的でありうるのは，
ただ，それによって思考が理性であるという規定性によってのみで
ある。したがってこの実質は，形式によってのみ理性的でありえ，
この形式が推理なのである。――この推理というものは，設定さ
れた（さしあたりは形式的な）実在的概念に他ならない。それゆえ，
推理は，すべての真なるものの本質的根拠である。そして，今や絶
対的なものの定義は，それは推理である，となり，この規定を命題
として言い表せば，すべてのものは一つの推理である，となる。す

――――――――

　4）（訳注）ヘーゲルは直接言及していないが，理性的なものの形式としての推理という
その推理の概念の出発点はカントである。すなわちここでのヘーゲルと同様やはりカントも，
なるほど昔から論理学者たちは理性を媒概念によって間接的に推理する論理的能力としてき
たがその意味は必ずしも洞察されていなかったとし，この論理的能力を理性のもう一方の能
力である超越論的能力，すなわち無制約的な全体についての理性概念（理念）を産出する能
力と統一する理性の「より高い概念」（『純粋理性概念』B356）を求めたのだった。そしてカ
ントは，媒概念によって条件つきの個別的なものを無条件的全体の理念へと媒介しうるよう
になった間接的推理を理性推理と呼び，こうした理念への梯子としての媒概念をもたない直
接的推理を悟性推理と呼んで区別した（同 B360）。ヘーゲルの推理の概念がカントの理性推理
を土台にし，その理念への梯子としての媒概念という思想に規定されていることは，たと
え形式的には媒概念があっても個別と普遍が分離してしまった非理念的な定在の推理をヘー
ゲルが学校教科書に反して直接的推理と呼ぶ点に読み取れる。また，そうした直接的な定在
の推理から反省の推理を介して必然性の推理へ至る展開をヘーゲルが悟性推理から理性推理
への展開として描写する（次節参照，ただし「悟性推理」に対して「理性推理」の語がはっ
きり補われたのは第二版以降）のもそのためであろう。しかし，条件つきの個別的なものを
無制約的全体の理性概念へと媒介して根拠づけようとする理性推理が目指しているものは明
らかにライプニッツ的な充足理由律の客観化であって，カントがこれを主観的な格率として
より以外に認めないのは言うまでもない。

べてのものは概念であり，かつ，その定在は概念の諸契機の区別である。したがって，概念の普遍的な本性は，特殊性を通じて自分に外面的な実在性を与えるのであり，こうして自分を個別的なものにする。——逆に言えば，現実的なものは，特殊性を通じて自分を普遍性へと高める個別的なものである。現実的なものは，一であるが，同様に【83】その概念諸契機の分離でもある。そして，│（92）推理は，その諸契機を媒介する循環であり，これによって，現実的なものは，自分を一として設定する。

第129節　直接的推理（第182節）

　直接的な推理は，その概念諸規定の形式からみれば，それらの諸規定がお互いに対して抽象的なものとして関係するのである。詳しく言うと，両項は個別性と普遍性であるが，しかし両者を結合する中項としての概念も，同じくたんに抽象的で，単純な特殊性であるにすぎない。つまり概念は，同時にその特殊性において設定された普遍的なものとしてあるにすぎないのである。こうして両項は，お互いに対しても，また同様に中項に対しても，無関与にそれだけで存立するとして設定されている。したがって，この推理は，没概念的なものとしての理性的なものであり，——形式的な悟性推理である。——それゆえ，客観に即してみるならば，この推理は，外面的な定在の本性である。このような外面的定在では，〔推理の主語として立つ〕主体性（Subjectivität）は，物性としてあるので，その諸性質，その特殊性から分離されえ，そして同様にその普遍性からも分離されうる。これは，その普遍性が物の類である場合でも，他の諸物との外面的な連関である場合でも，同様である。

第130節　直接的な推理は定在の推理である（第183節）

　1）最初の推理は，前節で述べたように，定在の推理，あるいは質的な推理である。それは，個別—特殊—普遍である。すなわち，個別的なものとしての主語が，一つの質を通じて，或る普遍性とつなぎ合わされるのである。

114　　　　　　　　Ⅰ　論　理　学

第131節　定在の推理の内容面における偶然性（第184節）

この推理は，まったく偶然的である。というのは，中項は，抽象的な特殊性であるので，主語のたんにどれか一つの規定性であるにすぎないが，主語はこうした規定性をいくつももっており，だからその分，いろいろ他の普遍性ともつなぎ合わされうるからである。そのうえまた，個々の特殊性といっても，それ自身のうちに再びさまざまな規定性をもっているから，主語は，同じ媒概念（medius terminus）｜（93）によって，異なった普遍に関係づけられうるからである。

　　したがって，このような推理によれば，まったく別のことを証明——と一応呼ばれてはいるが——することもできる。ただその求められた規定への移行を可能にする媒概念（medius terminus）が採用されさえすればよいのである。【84】しかし，また別の媒概念をもってすれば，何か別のものが証明される。——対象が具体的になればなるほど，対象はそれだけ多くの，対象に帰属し媒概念として使用しうる側面をもつ。これらの側面のうち，どれが他の側面より重要かという点は，またしてもこの種の推理に基づくだろうが，この推理は，個別の規定をよりどころにしており，したがって，この規定を重要で必然的だとして通用させる側面や観点を，同じようにやすやすと見出すことができるのである。

第132節　定在の推理の形式面における偶然性（第185節）

この推理は，その中にある関係の形式によっても，同様に偶然的である。推理の概念にしたがえば，真なるものは，区別されたものどうしが，その統一である中項を通じて関係することである。ところが，両項の中項に対する関係（いわゆる両前提，大前提〔特殊—普遍〕と小前提〔個別—特殊〕）は，〔関係と言い媒介と言いながら〕むしろ直接的な関係である。

　　推理のこの矛盾は，またしても一つの無限な累進によって表れる。それは，両前提が，同様にそれぞれ推理によって証明されるように，という要求である。しかしこの推理も，同じように直接的な両前提をもっているのだから，このような要求，しかも常に二倍になって行く要求は，無限に繰り返される。

第3部　概念論　　　　　　　　　　　　　　　115

第133節　個別・特殊・普遍の媒介統一

　この矛盾は，推理そのものに即して，その固有の弁証法としてある。推理の諸概念〔termini すなわち結論の主語になる小概念，結論の述語になる大概念，両前提にのみ現れて，これらの両項を結論の主語・述語として媒介する媒概念〕は，一方では，｜（94）それらの規定性において，媒介されない直接的なものとして相互に分離してしまっている。それゆえ諸名辞は，反省諸規定が互いに関係し合うように関係するというだけではないのであって，概念の諸規定なのであるから，同一的なものとして設定されているのである。個別的なものは特殊的なものである，そして特殊的なものは普遍的なものである。直接的な推理，個別—特殊—普遍により，個別的なものは普遍的なものと媒介されたのであるから，個別的なものは，この推理で，普遍的なものとして設定されているのである。〔結論の〕主語としての個別的なものは，自らのうちに普遍性を含み，こうしてそれ自身が両項の統一であり，媒介するものである。

第134節　個別・特殊・普遍の媒介統一の進展としての第二格・第三格（第187節）

　推理の第二格，普遍—個別—特殊は，第一格の真相を表現している。すなわち，媒介は個別性の中で生じていたのであり，したがって或る偶然的なものであるということである。この格は，普遍的なものを（主語として，というのは，普遍的なものは前の格の結論【85】で個別性の規定性を得たからである），特殊的なものとつなぎ合わせる。こうして，普遍的なものは，この結論によって特殊的なものとして設定されており，したがって，その位置を今や他の二つが占めることになる両項を媒介するものとして設定されている。——これが推理の第三格，特殊—普遍—個別である。

　　いわゆる推理の格（アリストテレスはそれを正当にも三つしか認めていない[5]。第四格は，後世によるまったく余計な，それどころか馬鹿げてさえいる付けたしである）は，その通常の取り扱いでは，ただ並べ

――――――――――
　5)　（原注）アリストテレス『分析論前書』A 巻 1 章-7 章，第 1 巻 23-28 頁を見よ，『アリストテレス全集』24a-29b を参照。

て置かれるだけで，その必然性を示すこと，ましてやその意義と価値を示すことは，少しも考えられていない。その必然性は，明らかになったように，各々の契機が概念の規定であり，それによってそれ自身が全体であり，媒介する根拠である，という点にある。しかし，或る正しい結論を引き出すために，これら推理の諸命題はその他どのような諸規定であればよいのか，全称等々であればよいか，あるいは否定であればよいか，｜ (95) こういったことは，たんに機械的な研究である。それに対してはかつて確固たる規則が立てられたけれども，その没概念的なメカニズムと内的な無意味さのために，軽蔑されるようになる他なかった。このような研究や悟性推理一般の重要性を示すために，アリストテレスを証人にすることはおよそできない。アリストテレスはなるほど，このような，ほとんど無数と言ってよいほどいろいろな精神と自然の諸形式を記述したし，それらの規定性を捜して拾いあげては述べた。しかし，悟性推理は，かれでは，個別ないし特殊の，普遍のもとへの包摂としてより以外には現れていない。かれは，絶対的な思考を，そこで肯定や否定が生じる，真あるいは偽でありうるものについての思考からはっきり区別しているだけでない――かれによれば命題というものは一般に後者の領域に属する――[6]。かれは，その純粋な形而上学的諸概念でも，自然的なものと精神的なものの諸概念においても，推理の形式をそれらの土台や基準にしようとすることはさらさらなかった。だから，もしかれが悟性推理に従わされねばならなかったとしたら，ただの一つの概念も生じえなかったか，そのままではありえなかったろうと言うことができる。このような形式に与するにしては，アリストテレスはどうしようもなく思弁的すぎるのである。とはいえ，かれが行った多くの記述や報告を見ても，かれにおいて支配的なのは概念である。それならば，どのようにしてかれは悟性推理と折り合いをつけることができたろうか？

---

6) （原注）ヘーゲルは，アリストテレスの〈第一哲学〉についての論述およびその命題論に関連づけている。アリストテレス『形而上学』E 巻第 1 章と第 3 章，第 2 巻 363 頁 Δ–Z と 364 頁 M–365 頁 A，『命題論』第 1 巻，18 頁 H–Θ．『アリストテレス全集』1026a10–32 と 1027b25–1028a6，17a8–24 を参照。

第3部 概念論　　117

【86】

第135節　数学的推理（第188節）

こうして，各契機のそれぞれが中項と両項の位置を経巡ったのであるから，諸契機相互の規定された区別は揚棄されてしまっている。そこで，推理はまず，その諸契機の｜（96）無区別性というこの形式において，外面的な悟性的同一性——同等性——を，その関係としてもつ。——これが量的ないし数学的推理である。

第136節　反省の推理（全称・帰納・類比）（第189節）

2）だが，規定性に関して判明したのは，規定性は，その抽象において推理の本質をなすのではないということである。規定性は，踏み越えられている。そして特殊性は，今ではそれが展開され，個別性が普遍性として規定されるに及んで，媒介するものをなしている。——これが反省の推理である。この推理は，全称推理，帰納推理，そして類比推理であるが，そこでは，中項は，これまでと同様，概念の三つの規定を経巡るのである。

第137節　実体的統一の生産回復

反省の推理では，仮象を映しだす概念が中項なのであるが，しかし二つの項，すなわち概念一般の規定も，それ自身，この概念の仮象に他ならない。今や，この中項が概念のすべての規定を同じように経巡り，あるいは逆に両項も，両者を一つにする中項の規定をとった。これによって，仮象は仮象に即して自己を揚棄し，こうして，概念の実体的統一が，言い換えれば真の普遍性が，生産回復（herstellen）されているのである。

第138節　必然性の推理における概念的統一の三契機の明示化（定言的・仮言的・選言的）（第191節）

3）必然性の推理は，媒介する諸規定として，特殊的なものを，規定された類という意味ではっきりと立て（定言的推理で），次に個別的なものを，直接的な存在という意味ではっきりと立てる（仮言的推理で）。こうして今や，媒介する普遍的なものは，その特殊化の総体性として，か

118　　　　　　　　　　Ⅰ　論　理　学

つ一つの個別の特殊的なものとして，排斥的な個別性である（選言的推理で）。｜（97）

【87】

第139節　悟性的自己外存在の自己揚棄による概念的統一の現実化

悟性推理は，こうした経過をたどって，その規定性と，そこでは概念が無媒介にある自己外存在を揚棄した。それは，まず第一に，諸規定のそれぞれが残る二つの機能を果たすからである。第二に，それによって無媒介な関係が同じく媒介された関係になるからである。第三に，最初はその諸規定が両項としてその外にあった統一が，最初はたんにそれ自体としてもっていただけの諸規定を，反省された関係ということで設定し，さらに自分を，それらの実体的統一として同時にその発展ということで，設定したからである。

第140節　客観—神の存在論的証明について（第193節）

こうして，次の三点が成立した。1）それぞれの媒介された関係は，それが含んでいる二つの無媒介の関係のために，その残る二つを前提し，その結果相互に前提し合う。結局，いかなる設定も，前提である。2）概念は，その個々の区別項で，それ自身総体性として，推理全体として設定されている。3）概念の区別は，両項へと疎外された自分に対立する統一として，消え去る。これによって概念は，完全に現実化され，その区別と自分とのこうした統一として，客観である。

　　存在に対する概念，あるいは客観に対する主観の関係は，現代に至るまで，哲学のもっとも興味深い点の一つ，あるいはむしろ興味深い点そのもの，したがって，またもっとも困難な点を形づくっていて，その解明はなお得られていなかった。この点が最大の重要性をもつのは，神の概念からその定在を証明するという課題がそこに含まれるためである。これは，その本来の意味で，概念が自分自身から客観性へと移る移行を叙述するということに他ならない。

　　アンセルムスは，｜（98）この証明のもっとも注目すべき思想を最初に述べた人であるが，短く次のように述べている。Certe id, quo majus cogitari nequit, non potest esse in intellectu solo. Si enim vel in solo intellectu est, potest cogitari esse *et in re*: quod majus est. Si

第3部 概念論 119

ergo id, quo majus cogitari non potest, est in solo intellectu; id ipsum, quo majus cogitari non potest, est, quo majus cogitari potest. Sed certe hoc esse non potest. [7]〔《それより大きなものが考えられないもの》が，知性の中にだけ存在することは確かにできない。なぜなら，もしも知性の中にだけ存在するならば，それがまた物の中に存在すると考えることもでき，そしてこのことのほうがより大きいからである。それゆえ，もしも《それより大きなものが考えられないもの》が，知性の中にだけ存在するとしたならば，《それより大きなものが考えられないもの》それ自身が，それより大きなものが考えられるものである。しかし，これがありえないことは確かである。〕——この議論は，とりあえず外面的なものではある。しかし，この点を認めるとしても，主観的なものとしてのたんなる概念，すなわちたんに考えられたにすぎない最高存在者というようなものは，その思考が存在に対して対立【88】をもっているかぎりで，たんに有限的なものにすぎず，真実なものではない。したがって，このような主観性はむしろ揚棄されなければならないということを，この議論は含んでいるのである[8]。しかし，この議論の，非の打ちどこ

---

7)　（原注）アンセルムス『プロスロギオン』第2章を見よ。『ベック修道院出身カンタベリー大司教聖アンセルムス全集〔…〕第二版』，パリ，1721年，30頁。

8)　（訳注）神の存在論的証明についてのヘーゲルの解釈には，大きな特徴がある。それは，この証明に登場する「あらゆる実在性の総体」は，本来「あらゆる否定性の総体」を意味すべきだとする独自な視点から，この証明の本来あるべき姿として，いわゆる「有限なものの弁証法」を——すなわち「すべての有限なものは自分自身を廃棄するものである」（『エンツュクロペディー』第3版，第81節）という弁証法をみてとり，それによってこの証明が，〈有限者の自己否定としての無限者〉の学的存在証明に本当はなりうるとみる点にある。だから，本文の「揚棄されなければならない」という表現も，たんなる脳内の主観的行為の意味でのみとるべきではない。この「揚棄」は，有限者そのものの運動原理としての客観的な原理の意味をもちうるのであり，たとえばヘーゲルが講義で「われわれの周囲にあるすべてのものは弁証法の実例とみることができる〔…〕われわれは，すべての有限なものは〔…〕変化し過ぎ去りゆくのを知っているが，これこそ有限なものの弁証法である」（SK8,174）と述べているように，過ぎ去ることとしての時間の原理になり，自然必然性の原理になるような客観的な意味を捉えなければならない。そしてヘーゲルが，『論理学』の「矛盾」の注解3で，やはり神の存在論的証明に触れたあとで与えている絶対的なものへの真なる推理の有名な定式化は，このあるべき神の存在論的証明を語っているだろう。すなわち，「真なる推理は，根底に横たわり，横たわり続ける存在としての有限なもの，偶然的なものから出発するのではなくて，〔…〕たんに崩壊的な，それ自体で矛盾的な存在から出発して，絶対に必然的なものへ推理する」（GW11,289）。通常の「推理の命題は，《有限なものの存在が絶対的なものの

120　　　　　　　　　I　論　理　学

ろなく根源的な思想は，それが悟性推理の形式を強制されたこと
によって，或るまったく間違った，つまらない陣地についてしまっ
た。もっとも実在的な存在者という概念は，すべての実在性を，し
たがってまた，現実存在という実在性をも，自身に含むとされる。
この概念によっては，たんに，存在を概念の契機であるとする肯定
的側面が表現されるのみである。しかし，否定的側面，すなわち，
それによって主観的概念の一面性が揚棄されねばならなくなる側面
は，この概念では表現されていない。

　概念と客観性の同一性は，従来の哲学で，この同一性がもちうる
二つの形式のどちらかで現れてきた。すなわち，この同一性が，反
省の相互関係として把握されているか――この場合，それだけであ
る概念とこれまたそれだけである客観性との絶対的な相違性と自立
性とが前提され，つまり同一性が両者のたんなる相対的な関係とし
て把握されている――，それとも，両者の絶対的同一性として把握
されているかである。そして，後者こそ，あらゆる哲学，いかなる
哲学にとっても，その土台にされているものである。――それは，
内的で，表明されることのない思想として，であるか（――｜　(99)
プラトンやアリストテレス，かれらのすべての先行者たち，そして古代
哲学一般の場合がそうである），――あるいはまた，前提された定義，
公理として（たとえば，デカルト，スピノザの場合），直接的確信，
信仰，知的直観として，である。――前に〔第33節〕すでに述べ
たことだが，すべての非哲学と一緒になって批判哲学を際立たせて
いるのは，それが，有限的な認識と主観的な概念そのものをこそ絶
対者として，そのもとにかたくとどまり続けることである。アンセ

――――――――――
存在である》となるが，この〔真なる推理の〕意味では，《有限なものの非存在が，絶対的な
ものの存在である》となる」（GW11,290）。ところでこうした観点からすると，そしてヘーゲ
ルが1829年夏学期に「神の存在証明に関する講義」を特に論理学の「補完」（GW18,228）と
して行い，さらにその出版を死の直前まで出版社と相談していたという事実を考えあわせる
と，この（あるべき）証明がヘーゲル論理学に占める大きさ，つまり，その有限者の自己揚
棄としての無限者の論理によって，「神の存在証明に関する講義」がもともと有限的意識に
とっての「自己喪失」と「絶望の道」として論理学にいたる道であった『精神現象学』に取っ
て代わろうとするような意義がみえてくると思われる。――「あらゆる否定性の総体」につ
いては『論理学』，アカデミー版『ヘーゲル全集』第11巻，76頁，289頁，第21巻100頁
を参照。

第3部　概　念　論　　　121

ルムス[9]は，すでに目前に，現実でないものや，本物でないものも，やはり考えられうるという，こうした矛盾を経験していた[10]。実際，たんに主観的に考えられただけの神の存在というものほど，間違いであるものはない。それゆえその主観的に考えられただけの存在は放棄されなければならず，まったく同様に，その存在は客観的としても把握されなければならない。——しかし，たとえ，主観性と客観性との同一性が哲学の第一の根底であったとしても，1）このような根底，つまり定義，直接的確信，知的直観は，その本性上，しかしその表現された形式からみても，或る媒介されたものなのに，或る無媒介なものだと想定されている。だが，それは本質的に，抽

9）（原注）ヘーゲルのアンセルムスに関する叙述については，その『哲学史講義』，アカデミー版『ヘーゲル全集』，第15巻，168頁を参照。そこでヘーゲルは，この関連で修道士ガウニロとカントを指示している。アンセルムスのそれに対する反論『愚か者に抗して』とともに『プロスロギオン』のすべての版に添えられているガウニロの文書『愚か者になりかわりて』を参照〔アンセルムスと同じベネディクト修道会の年長の修道士でマルムティエ修道院長のガウニロは，この書の第6章で，最高に豊かな島を考えてもそこからこの島が実在するということは出てこないという趣旨の反論を展開しているが，この「島」が「百ターレル」にかわったのがほぼカントの存在論的証明批判だともされるから，この参照が求められている。（訳者）〕。さらにカント『純粋理性批判』B626頁以下を参照。——ヘーゲルは，そこで，ガウニロについての自分の典拠として，ヴィルヘルム・ゴットリープ・テンネマン『哲学史』，第8巻，前編，ライプツィヒ，1810年，139頁を挙げている。ミシュレは，これにヤーコプ・ブルッカーへの指示を補っている。同『哲学の批判的歴史——世界の揺籃期からわれわれの時代までを辿る』，第3巻，『哲学の批判的歴史——キリスト誕生から宗教改革期まで，第2部，第2冊』ライプツィヒ，1743年，665頁。

10）（訳注）わざわざ「矛盾」と言うのは，これによって，本来あらぬものが思考においてある，無があるという矛盾の問題，〈あらぬものがある〉というプラトンの『ソビステス』に連なる矛盾の問題が示されているからである。ヘーゲルがこの前後で展開している洞察と，フィヒテが1812年の『知識学』でスピノザ哲学との対決というかたちで——すなわちヤコービの『スピノザ書簡』（1785年）以来のドイツ観念論的な問題設定のかたちで——「真の哲学」の課題，「哲学の本質」について述べている箇所との注目すべき対応を，ドイツ観念論の根幹をなす問題として考えてみるべきである。フィヒテは言う——「存在の外には何もないと言われるときには，何ものかが，すなわち，まさしくこのように言うことが，存在の外にある。〔…〕スピノザは同じ矛盾を抱えている。これを解決することに，哲学の本質がある。この矛盾を現実に解決する哲学が，真の哲学である」（『フィヒテ全集』第10巻，327頁以降）。すなわち，無は無であると言うとき，その文言として，無はある。しかし無があるとすれば，その無は無ではない。すなわち無は，あるとすればなく，ないとすればある。ヘーゲルはこのように，現実化することによって，かえってなくなる可能性としての無の生成に，弁証法的原動力を見た。その解決の道はフィヒテと異なるが，しかし，ここに，ドイツ観念論の出発点をなす根幹的な問題（シェリング自由論の「神のうちの自然」も含めて）を見るべきであろう。

122 I 論 理 学

象的に単純なものではなく，同一性であるにしても区別されたもの
の同一性を，したがって否定性と弁証法を含む，ただし自分自身の
うちに含むのであるから，媒介されたものなのである。

2）この根底が証明されるようにという要求は，したがって，こ
の根底そのものによって，必然的である。——すなわちそれは，こ
れらの区別されたものに即して，これらがそのように区別されたも
のであればこそ，その同一性がこれらから出てくるものとして示さ
れるように，という要求である。しかし，この点の欲求が，批判哲
学を発生させたが，要求されたことを成し遂げる無力さが，【89】
その結果〔のまずさ〕を招いたのである。——さて，主観的なもの
と客観的なものの分離，そして両者のたんなる相関関係に即して生
じる矛盾を明らかにすることならば，なるほど外的な弁証法でもで
きる。しかし，このような｜（100）弁証法の結果は，当面，たん
に否定的でしかないし，しかもそこから肯定的な理念への移行は，
またしてもたんなる悟性推理でしかない。——しかし，いずれにせ
よ，弁証法は，概念の活動である。そして，目下の課題でも，やは
りそのものとしての概念自身が対象である。主観的なものが，そ
の真理ということで，それと同じだけ客観的なものである，という
点の唯一真なる証明方法は，概念の規定が概念自身によって客観性
へ至るのを示すことである。しかし，この運動は，概念の自己規定
であり，これによって，概念は，自己を，判断へ，推理へ，そして
概念の発展——概念が推理では悟性諸規定とその関係という形式
でもっている——の完全な揚棄へと，規定するのである。この運
動では，概念の諸契機は，自ら全体的な概念として自己を規定する
から，諸契機の区別は，それ自体では，自己を揚棄している。そし
てさらに同様に，諸契機の区別は，前提されたそれらの存在が，一
つの設定（setzen）であり媒介であるというそれらの否定的関係に
よって，各契機それだけでも，揚棄されるのである。このように自
分自身によって現実化された概念は，〔自分を〕さしあたり客観へ
と高める。したがって，客観は，それ自体でもそれだけでもある概
念である。そして客観は，己れからの概念の再登場を通じて，自分
をさらに理念へと，自己を客観と概念とに区別する絶対的統一へ

第3部　概念論　　　　123

と，いっそう規定するのである。

B 客　観

―――――――

第141節　概念はその総体性として自分を非概念的客観にする決意をする（第194節）

　存在が定在に，本質が現実存在にそうするように，概念は，己れを解き開いて客観性に，直接性にする決意をする（sich entschließt）[11]。そして，判断と推理による自分自身との媒介は，この直接性に向けて縮減し，単純な統一へと一体化した。それゆえ，この直接性は，たんに自体的に，概念の総体性――すなわち，それ自体でもそれだけでもある存在――であるにすぎず，それだけでそうあるのではない。｜（101）

　　絶対的なものは客観である，という定義は，確かに，総じて，神が概念に対する外面的な関係をもつようなすべての表象様式，さらに哲学にも見出されるものである。けれども，このような関係性にある場合には，客観は，たんに，主観に対する本当の存在という抽象的な意味を【90】もつにすぎない。そして客観の内的な理性は，或る認識されえないものとされるから，概念ではないことにな

―――――――

11)　（訳注）ここに「決意をする」と訳した entschließen は，言葉の日常的な意味として明らかに意志の活動，価値設定の主観的な活動を予想させるにもかかわらず，「論理学」に現れ，しかも特にその末尾の自然哲学への移行部分に，キリスト教の自然創造神話を思わせる仕方で使用されているのが有名であり，その分，ヘーゲル論理学の学問性に対する不信感をあおってきたと言えよう。しかし，実は，この言葉が論理学に現れるのはなにもそこだけではないし，また今の場合のように，神の存在論的証明が直接，問題にされた場面だけでもない。前に『論理学』の始まり論の用例を述べたが，たとえばその肯定判断の箇所では，「普遍は，己れを解き開いて個別にする決意をする」（GW12,61）と述べられている。これの意味するところを理解することは，ヘーゲル的な〈論理の運動〉というものを，結局，ヘーゲル論理学全体を理解する上で喫緊の要事だろう。ヘーゲル論理学における論理の進展というものは，外部から強制されて起こるものではなく，論理が，この2行下にも出てくる「概念の総体性」をもつことによって，外部の何ものにも強制されることのない自己規定力になることを通じて起こる。

第3部　概念論　　　　125

る。しかしこの定義は，もっとはっきりとライプニッツのモナドに含まれている。モナドは，一つの客観ではあるが，しかし，それ自体としては，表象しつつあり，しかも世界を表象するという総体性であるとされる。モナドには，外から何もやってこない（Es kommt Nichts von aussen〔＝外から無がやってくる〕）。むしろモナドは，それ自身の中で全体としての概念であって，ただそれがどの程度発展しているかの多少の差によって，区別されるにすぎない[12]。

第142節　客観の性格

客観は，それ自体としては概念の総体性である。だから，無規定ではあるけれども，すべての規定性に対して受容的であり，しかしそれと同じようにすべてに対して無関与にとどまるものである。それゆえ，客観は，それ自身で差異のある多でもあれば，差異あるものどもの同一性でもあり，非自立的なものにして自立的なものである。これらの没概念的な諸規定は，客観に対しても相互に対しても外的である。

a）機械的連関

第143節　その客観の性格からの形式的機械的連関の導出（第195節）

客観は，たんにそれ自体としては概念であるというにすぎない。だから，客観は概念をさしあたりその外部にもっており，すべての規定性は，客観では，ある外面的に設定されたものとしてある。したがって，客観は，区別されたものの統一として，或る合成されたものであり，集合体であり，他のものに及ぼすその効果は，圧迫によるものである。──これが，形式的な機械的連関〔機械論〕である。│（102）

---

12)　（原注）ライプニッツ『モナドロジー』21頁以下，27，21，28，30頁（14節，17節，58節以下，7節，11節，64節，86節）を参照，『ライプニッツ哲学著作集』ゲルハルト編，第6巻，608頁以下，616，607頁以下，617，621頁（14節以下，17節，56節以下，7節，11節，62節，83節）を参照。

126   Ｉ 論 理 学

第144節　形式的機械的連関から反省的連関へ

　無規定性は，それが規定性に対立しているというまさにその理由によって，規定性である[13]。それゆえ，規定された区別をもった諸客観が，お互いに反省の相互関係においてあり，この区別は諸客観に即して或る外面的なものとしてある。諸客観が，こうした外的規定に無関与にみえることが明らかになるかぎりで，諸客観は自立的なものとして，そして抵抗するものとして現れる。【91】しかし同時に，諸客観が，こうした自立性ということで外的な規定を被るかぎり，それらは暴力的強制を受ける。

第145節　外的否定という反省の外観は自己を揚棄する（第196節）

　暴力的強制によって，諸客観の非自立性が，すなわち諸客観の本性の固有のものとしての否定性が，顕現する。しかし，これによって，反省の相互関係——それによれば否定的なものとしての規定性が客観に即してたんに外的なものでしかない——が，自己を揚棄するのである。

第146節　客観の内在的自立性から絶対的な機械的連関へ（第197　　　節）

　この内的な否定性は，客観の内在的な自立性である。この客観の内在的自立性は，このようにしてその外面性と同一である。その同一性は，概念として自分を自分自身から突き離しつつ，次の推理を形成する。すなわち，或る一つの客観の中心的な個別性である内在的否定性が，残る他方の項である非自立的な客観に，中項を通じて関係する。この中項

　13）（訳注）すなわち〈無規定という規定性〉であるが，こうした論理の進展は，『精神現象学』緒論の「規定された無」の論理，すなわち「無は，それがそこから由来してくるものの無と解されるならば…〔抽象的な無ではなくて〕規定された無」（GW9,57）であるという論理に関連するものであろう。しかし，やはり前の第141節訳注で述べたのと同じ理由で，こうしたいわゆる〈論理の運動〉も，たんに没意志的，没価値設定的な形式論理とみることはできない。なぜならば，やはりここでも，その外部に〈何の規定性もない〉から〈規定性の無がある，無としてある〉への転換をになう原動力という形で，形式論理を超えた「概念の総体性」が，つまり〈その外部が無である真なる全体性〉が捉えられなければならないからである。そうした全体性は，形式論理的概念の没意志的で没価値設定的な全体性ではないであろう。今後の展開で，なぜ「論理学」に目的論や善の理念が入って来なければならないのかという問題が問われるべきで，そのうえでこの観点は重要であろう。

は，客観の中心性と非自立性とを自分のうちで統一している。——これが，絶対的な機械的連関である。

第147節　絶対的機械的連関における概念の三契機の媒介（第198節）

この推理〔個別—特殊—普遍〕は，三つの推理からなる三重のものである。形式的な機械的連関固有の領域にある非自立的諸客観の悪しき個別性は，非自立性として，同じだけ外面的普遍性でもある。それゆえ，これらの諸客観は，｜（103）絶対的中心と相対的中心との間の中項である（推理形式は普遍—個別—特殊）。というのは，この二つの中心が分離され両項となるとともに相互に関係づけられるのは，この非自立性によるからである。同様に，実体的に普遍的なものである絶対的中心性（——同一であり続ける重力）は，純粋な否定性として個別性をも自分のうちに含むのであって，相対的な中心と非自立的な諸客観との間を媒介するものであり，その推理形式は特殊—普遍—個別である。それも，等しく本質的に，その内在的個別性によれば分離するものとしてあり，普遍性によれば同一にとどまる凝集力と不壊の自己内存在としてあるのである。

【92】

第148節　機械的連関における媒介の不完全性による進展

絶対的な機械的連関における客観の否定性ないし自己性は，なお普遍的な，言い換えれば内的なものである。したがって，その客観の差異は，なお〔差異に〕無関与に見えるあり方のものであって，質的にはたんに，抽象的な単独存在であるか非単独存在であるか，自立性であるか非自立性であるかの差異にすぎない。しかし，概念であるからには差異は自己を規定するのであって，概念の特殊化は，客観にそくした客観的区別を自分に与える。

b）化学的連関

第149節　化学的なものによる差異内在化の傾動（第200節）

　差異のある客観は、化学的なものである。化学的なものには、内在的規定性——化学的なものの本性をなし、その中で化学的なものが現実的である規定性——がある。しかし、化学的なものの本質は概念であるから、化学的なものは、こうした自分の総体性と、その現実存在の規定性との間の矛盾である。したがって、化学的なものは、この矛盾を揚棄し、その定在を概念に等しくしようとする傾動である。

第150節　概念の三契機の媒介（第201節）

　化学的過程は、その過程の相互に引きつけ合う両項が、それらのもともとの自体である中和的なものを｜（104）産物とする。普遍的なものである概念が、特殊化である諸客観の差異を通じて、産物である個別性と連結する。しかしこの過程の中には、やはり同じようにして、他の二つの推理も含まれている。すなわち、個別性も活動として同じく媒介するものであり、また同様に、普遍的なもの——産物ということで定在になり両項をつなぐ本質——も、媒介するものである。

第151節　概念的媒介の不完全性（第202節）

　産物において、両項が相互に対してもっていた規定された諸性質は、揚棄されている。しかし、両項は、たんに自体的には概念であるというにすぎないから、中和的な産物はなるほど概念に適合してはいるが、そこに両項の差異を励起する原理はなく、この産物にとっては外的なものである。客観は、【93】そのものとしての概念の否定的統一になお無関与である。言い換えれば、概念は、客観の中では、いまだ自立的にそれだけであるのではなく、そのため中和的なものは分離可能なものである。

第3部　概念論　　129

第152節　差異化の原理の欠如（第202節）

本源的分割の判断原理は，中和的なものを差異ある両項へ分離し，また無差別な客観一般に他のものに対抗する差異と励起を与える。この原理そしてその分割を張り渡していく過程は，そういうわけで，先の第一の過程に属しておらず，第一の過程のたんに特殊な一側面をなすにすぎない。

第153節　化学的過程の自己揚棄と目的の出現（第203節）

両過程が外面的であるため両過程は，お互いに自立的なものとして現象する。しかし，これら両過程の外面性は，その有限性を，そこで両過程が揚棄されている産物へと移行することで示す。これとともに，概念は，それが両過程の各々のうちにある際の規定性から解放される。それは，それにおいて一方が他方を揚棄する両過程の相違点を通じてであり，さらに産物における両過程の消滅を通じてである。こうして概念が，客観と向かい合って自立的にそれだけで登場する。——目的として。｜（105）

c）目　的　論

第154節　目的は概念の自己規定が現実化しそれだけで現実存在するにいたったもの（第204節）

目的は，それだけで現実にある概念である。この概念は機械連関と化学連関では自体的なものでしかなかった。目的は，それ自体でそれだけでも規定されたもの，具体的普遍である。それは，絶対形式なので，それ自身の中に規定をもつ。しかし，この具体的普遍は，さしあたり先行諸段階——その中では形式の諸規定が或る外的な実在をもつ——をくぐり抜けてきたので，そうした形式の諸規定から自由となり，普遍的なものとなっている。それで目的は，規定性を己れのうちに内容として含んでいる。しかし，形式の区別としては，目的は，主観的なものではあるが，それは，自分自身に即してあるこうした自分の形式規定性の否定性としてのことである。——目的は，自分を客観性へ移そうとする衝動で

130 Ⅰ 論 理 学

ある。

【94】目的概念は，正当にも理性概念と呼ばれ，抽象的普遍とし
ての悟性に，特に因果性の相互関係に対置された。抽象的普遍が特
殊なものに対する関係は，前者が特殊性を自らそれ自身に即しても
たないかぎり，包摂として理解される[14]。しかし特殊性を自らそれ
自身に即してもたないからこそ，抽象的普遍は抽象的なものなので
ある。絶対的なものを純粋存在として，第一原因として，あるいは
根拠として規定し，そしてそれから，これらの相互関係の諸規定に
そってさらにその先の知に進むこともできるかもしれない。その場
合，絶対的なものの本質が目的として把握されないかぎり，それは
理性として規定されていない。

総じて言えば，理性概念ということは，確かに余計である。とい
うのも，概念は理性に他ならず，悟性概念と呼ばれているものは，
まったく概念ではなくて，普遍的なものの抽象的な規定，あるいは
この単純な抽象の形式でうけとられたそのつどの内容なのだからで
ある。だが，理性概念という表現は，概念が｜（106）現実に概念
であり，そのものとして把握されているという，より詳しい意味を
表わしうる。そのときには，悟性概念が意味しているのは，存在，
質等々の，また同一性，力，因果性等々の，その内容においてはい
まだ概念として設定されていないものである。しかし，もちろん，
概念自身や目的，そして理性のように，その内容が概念であるもの
も，その形式によって没概念的でありうる。そしてそれは，通常の
論理学で考察された推理やこの考察そのものが没概念的なもの，非
理性的なもの，たんに悟性的なものであるのと同様である。

目的の考察も同じことである。内容が外から，そして同様に内容
を実現する活動がどこかよそに捜し求められるならば，そうなので
ある。このとき，目的は，ただその有限性の観点から，言い換えれ
ば悟性的に考察されているのであって，その概念によって考察され
ているのではない。すでに注意した点だが，目的は，1）絶対的な
最初としての自分自身から規定された内容をもっている。これが実

14）（原注）カント『判断力批判』340頁以下，XXIV頁を参照，『カント全集』第5巻，
405頁以下，179頁を参照。

第3部　概念論　　　　　　　　　　　　　　　131

在性の面をなす。この面で概念は，目的として，概念の自己へ反省
した同一性としてあり，これとともに，形式規定に無関与に見える
ものとしてある。これにより，目的は，それだけで存在している普
遍であり，特殊性と個別性から区別される。目的は，目的論的推理
全体の中の一項であって，媒介する現実化と，そして実現され，個
別性へと設定されたものとしての目的とに対立している。しかし，
同時にこの普遍は，同一性──推理のすべての概念〔termini すな
わち小概念，大概念，媒概念〕を遍歴し，そこで自分を維持し，そ
れらの実体である同一性──である。2）目的は，選言的推理であ
る。普遍的なものは直接，それによって分離される個別性である。
一方では，ここで，普遍的なものは，内容としては，形式に対し，
【95】特殊としては，他の一つのたんに異なったものとしての特殊
に対し規定されているが，しかし，同時に，特殊主観的なものとし
ては，客観的なものに対して対立的に規定されている。｜（107）
しかし，他方で，この分離（選言）的個別性は，否定的統一として
は，これら両者を媒介するもの，この対立の揚棄，活動，主観的な
ものの客観性への転移でもある。

　概念は，形式的推理の区別された諸形式をくぐりぬけ（第130 –
138 節），それによって自分に最初の直接的な現実化を与えた。その
際，まだ概念自らが動かすもの，ないし弁証法的なものとして設
定されることはなく，それがこうしたものであるのはたんに自体的
にであるにすぎない。しかし，概念は，客観を揚棄することによっ
て自分自身の中に客観性を設定し，自己への否定的関係を自らに与
えてから，それだけで存在する概念になる。──そのとき概念は，
自ら現実化の当為であり，内在的活動性としての弁証法である主観
的なものとしてある。

第155節　外的合目的性（第205節・第204節注）

目的論的関係は，さしあたり，外的な合目的性である。というのは，
概念がまだ直接客観に対立しており，概念は客観をまだ自分から産出し
ていないからである。それゆえ，目的は有限である。それは，その内容
に従ってもそうである。また目的が，その現実化の材料として見出すべ

132   I　論　理　学

き客観に，前提された外的な条件をもつ，という点でもそうである。目
的の自己規定は，そのかぎり形式的なものにすぎず，主観的な目的に閉
じ込められていて，実現された目的も，たんに一つの外的な形式にすぎ
ない。

　　この有限な目的は，外的で有限な理性に，ということは，本来的
には，外的な悟性に属している。——直接的な諸規定としての概
念，すなわち悟性判断と推理も，そのものとしては，現実存在をた
んに主観的な悟性の中にもっているにすぎない。目的についての通
常の表象は，たんにこの種の悟性と目的に帰属するにすぎない。｜
（108）内的合目的性の概念によって，カントは，理念一般と，特
に生命の理念を呼び覚ました[15]。実践理性に関しては，かれはそれ
をたんに外的合目的性から解放したにすぎない。それはカントが，
意志の形式的なものを，すなわち普遍性の形式での自己規定を，絶
対として認識したかぎりでである。しかし，その内容は無規定であ
り，合目的的な行為は材料に制約されており，それゆえ，実際，た
んに形式的な善を成就するにすぎず，あるいは同じことだが，たん
に手段を実現するにすぎない。——すでにアリストテレスの生命概
念は，【96】内的合目的性を含み[16]，したがって，近代の目的論の概

────────────

　15）（訳注）ヘーゲルは『論理学』で，哲学上におけるカントの偉大な功績は外的目的
と内的目的の間に区別を立てたことだとしているが（GW12,157），すでに推理論のところで
ヘーゲルがカントによる悟性推理と理性推理の区別を議論の下敷きにしていることは前に述
べた（第128節訳注）。本節および前節でヘーゲルが外的目的を外的悟性に帰属させ，内的目
的の概念を理性概念と呼び換えていることからも見て取れるように，外的合目的性と内的合
目的性を区別するここでの議論は，悟性推理と理性推理というその区別を，化学的機械的シ
ステムの考察を経由することにより目的に対する手段の思想としてより具体的に発展させた
ものである。すなわち，具体的普遍である理念を捉える理性推理を現実化するためには，か
えって逆に個別と普遍とが相互外在的な仮象を捉える悟性推理が出発点に立てられ，そうし
た仮象の自己廃棄を通じて理性推理の成立が導かれる必要があったように，内的目的の現実
化は，逆に外的目的という仮象の産出とその自己廃棄を手段にしなければならない。

　16）（訳注）アリストテレス『デ・アニマ』B巻第4章，第1巻291頁Δを参照，『ア
リストテレス全集』415b15を参照。ヘーゲルは，『哲学史講義』で，アリストテレス『自
然学』B巻第8章，第1巻152頁Kを引用しながら指示している。『アリストテレス全集』
199b14-17を参照。ベルリン版『ヘーゲル著作集』第14巻，345頁を参照。ヘーゲルによれ
ば，カントは，近代的主観主義の制約のもとにおいてではあるが，内的合目的性を外的合目
的性から区別することによって，近代ではいったん見失われたアリストテレスの生命の理念
を，したがってまたその自然の概念を復活させた。すなわちアリストテレスが『自然学』，第
8巻第1章で語っているように，「運動は生成したのでもなく消滅するのでもなく，これまで

第3部　概念論　　　　　　　　　133

念をはるかに凌駕した無限の高みに立っている。

第156節　活動と手段（第206節）

目的論的関係は，主観的目的が客観性と中項によって連結される推理であるが，この中項は，両者の統一であり，合目的的活動でありかつ，目的のもとに直接設定された客観性として，手段である。

第157節　主観的目的（第207節）

1）主観的目的は，普遍的概念が，特殊性によって，個別性と次のように連結される推理である。すなわち，自己規定である個別性が，普遍的概念を特殊化し，或る規定された内容にする。しかも個別性は同時に自己への還帰である。なぜならば，個別性は，客観性に対立して前提された概念の特殊性を欠陥のあるものとして揚棄し（第154節注解参照），こうして同時に外に向くからである。

も常にあったしこれからも常にある」永遠であり，こうした永遠として「運動は存在するものどもに不死で不休なものとして属しているのであって，いってみればすべての自然的にできているものどもにとっての或る生命のようなものである」（250b12-15）という運動＝永遠＝自然＝生命の理念の復活である。ヘーゲルによれば，アリストテレスはこうした理念の現実化を問題にし，否定性の論理を展開した。ヘーゲルは，哲学史講義で「プラトンでは肯定的原理，理念はたんに抽象的な自己同一として優勢であるが，アリストテレスでは否定性の契機」（『ヘーゲル講義録原稿選集』，Bd. 8, 70）が優勢になると述べている。これは，非理念的な仮象の自己廃棄による理念の現実化という仮象の自己否定性の理論をそこにみるためである。同じく哲学史講義に「動かすが動かされないもの，これは偉大な規定である」（同72）とあるように，アリストテレス的な不動の動者としての目的概念が理性の狡知として，近代の立場から再解釈される。そこには『論理学』の「時計」の歯車，回転軸の例（GW 12, 169）にみえるように，自らの「磨滅」「消耗」をこそ「使命」とする使い捨て交換部品の集積としての近代機械機構のイメージがあるであろう。ただしすでに述べたように，外的目的が直接に内的目的を現実化するのではない。外的目的が直接現実化するのはそれ自身が使い捨てにされる外的目的でしかない。むしろ，外的目的のそうしたあり方そのものが，真の永遠存在ではもともと初めから存在していなかった仮象でしかないという外的目的の自己廃棄を手段として内的目的は現実化する（してしまっている）。そしてそのように，外的目的が仮象でしかないと真相を露呈するのは，素材にとって外的で非自己規定的と思われたそのあり方が実は初めから「概念の根源的な内的外面性」（『論理学』GW12,171）における自己規定であったと明らかになることによってである。しかし，そうした展開もやはり，本質的な外面性の内面性という悟性推理から理性推理への転換の論理（第128節訳注参照）に類比的である。これによっても，カントによる悟性推理と理性推理の区別を出発点とした推理論がヘーゲルの目的論に占める基底的位置を確認できる。

第 158 節　目的の現実化（第 208 節）

2）この外に向かう活動は，主観的目的をもちつつ，そこに外的客観性が閉じ込められている特殊性と同一の個別性として，直接に（unmittelbar）｜（109）客観と関係し，これを手段（Mittel）としてわがものにする。概念は，機械的連関と化学的連関を支配するこのような直接的威力である。それは，概念が，それらの真理であると同時に，自己同一的な否定性だからである。中項（Mitte）全体は，今やこのようなもの——活動としての概念の内的威力——であり，この活動と，手段としての客観が直接統一されているのである。

第 159 節　理性の狡智（第 209 節）

3）手段を伴う合目的的活動は，なお外に向かっている。それは，目的はやはり客観と一致していないし，ようやくこれから【97】客観と媒介されなければならないからである。手段は，客観として，この第二の前提では，推理の他方の項である前提されたものとしての客観性，すなわち素材と，直接に関係する。——この関係は，今や目的に仕えている機械的連関と化学的連関の領域である。主観的目的は，客観が相互に自己を揚棄しあうこうした諸過程の威力である。そして，自らは諸過程の外にいて，諸過程の中で自分を維持するものであるというこのこと，これが，理性の狡智である。

第 160 節　中項も再び手段に転落する（第 210 節・第 211 節）

現実化した目的は，客観的過程で自分を維持する普遍である。この普遍は，まさにこうして自分に客観性を与えたのである。しかし，この客観性は，有限な目的では或る前提されたもの，目の前に見出されうる素材であった。だから，実現された目的も，中項（Mitte）がそうだったように，自分の中で分裂したものである。したがって，たんに素材に即して外的に設定された形式，つまり手段（Mittel）が成立したにすぎない。同様に，達成された目的も，その内容のために同じく或る偶然的な規定であり，したがってまた再び他の目的に対する素材としてある。

第3部　概念論　　135

第161節　目的から理念へ（第212節）

　しかし，概念では，目的は自分を現実化したのであり，目的の前提された｜（110）主観性，および目的に対する客観の自立性という点にある目的の有限性は，揚棄されたのである。目的が現実化するときに起こっているのは，目的の固有の主観性と，客観的なものの自立性というたんなる仮象が，揚棄されるというただそのことである。手段の掌握で，概念は，自分を客観のそれ自体としてある本質として設定する。機械的連関と化学的連関の過程では，客観の自立性は，すでにそれ自体としては消え去っていたが，目的の支配を受けて経過するうちに，その自立性の仮象，概念に刃向かう自立性の否定的なものも，自己を揚棄するのである。しかし，この否定的なものは特殊性であり，外に向かう方向であって，これは概念が自己規定として自らに与えたものである。こうした過程を経て，これによって概念は自分自身へと帰っている。それは，否定的な自己への関係として，あるいはそれだけであるものとしてのことである。このそれだけであるものは，それと同じ程度に客観的で自体的なものであり，そのようなものとしてそれだけであるようになったものである。──この現実化した目的が，理念である。

【98】

C 理 念

第 162 節　概念と客観の自体的統一の現実化としての理念（第 213 節）

理念は，それ自体でもそれだけでも真なるものであり，概念と客観性との絶対的統一である。理念の観念的な内容は，諸々の規定における概念に他ならない。また理念の実在的な内容は，概念が外的定在の形式をとって自分に与える概念の提示である。

　絶対的なものは理念である，という絶対的なものの定義は，今やそれ自身絶対的である。これまでのすべての定義は，この定義に帰着する。

　すべての現実的なものは，それが真なるものであるかぎり，理念であり，その真理を，ただ理念によって，理念に基づいてのみもつのである。個別の存在は，理念の何らか或る一側面であり，したがってそれがあるためには，なおその他に，ほぼ同じように特別自分だけであるかのように現象する諸々の現実｜（111）が必要である。ただそれらの現実が一緒になって，そしてそれらの関係の中でのみ，概念は現実化している。それだけである個別的なものは，その概念に一致しない。個別的なものの定在のこうした制限性が，その有限性，そしてその滅亡のゆえんをなすのである。

　理念はさらに，たんに，何か或るものの理念ととられてはならないが，それは，概念も，たんに規定された概念ととられてはならないのと同様である。理念は定在に歩み入ることによって，その諸契機を離れ離れに放散する。しかし，理念は，それらの契機の根拠と本質であり続けるから，理念はそれらの中にあり，それらの中にあるものとして規定された理念である。しかし，絶対的なものは，こ

第3部　概念論

の普遍的で一なる理念，理念そのものである。これは，理念そのものであるのと同じだけ，規定された諸理念の体系でもあるが，これらの規定された諸理念は，それらの真理としての理念そのものへ帰って行くのである。

　表象の領域に滞留し，なおも諸々の表象と編みあわされたような思想しかもたない意識は，現実存在しているさまざまな物から着手するのに慣れている。こうした意識は，諸理念の思想にまで登ってきたとしても，理念と表象されたものとの関係を，あたかも現実存在するものが実在的なもので，しかしそれの理念は，その内容をかの実在的なものについてもつ，たんなる主観的な抽象であるかのように見なす。さらに，理念そのもの——何ら規定された内容をもたず，或る一つの現実存在をその開始点や支点にもつのではない——は，たんに形式的で論理的なものと受けとめられる。だが，この場面では，もはやこのような状況は問題になりえない。現実存在する物と，それのさらなるすべての諸規定は，自分を非真理として証しし，その最終根拠としての理念へ帰ってしまったのである。これによって理念は，それ自体としてのみならずそれだけでみても【99】真なるもの，実在的なものであると証明されている。そして，さらに理念がもつあらゆる内容は，ただ理念自身によって理念に与えられうる。——理念が｜（112）たんに抽象的なものであるかのような表象も，同様に誤りである。——確かに，理念は，あらゆる非真なるものがそこで自己を消尽するというかぎりでは，そうしたものである。しかし，理念はそれ自身に即して本質的に具体的である。なぜならば，理念は，自分自身を規定し，またそれによって自分を実在へと規定する自由な概念であるからである。理念が形式的な抽象的なものになるのは，その原理である概念が抽象的な統一としてとられ，概念がそれであるような否定的な自己への還帰と個別性としてとられない，ただそのときであろう。

第163節　理念の諸定式（第214節）

理念は，理性としても把握されうるし，あるいは主観ー客観としても，あるいは観念的なものと実在的なものの，有限なものと無限なもの

138　　　　　　　　Ⅰ　論　理　学

の，魂と肉体の統一としても，あるいはその現実性をそれ自身に即して
もつ可能性としても，その本性がただ現実存在するとしてのみ概念把握
されうるもの等々としても，把握されうる。というのは，そもそも理念
の中には，悟性のすべての相互関係が，――その無限の復帰と自己内で
の同一性においてであるが――含まれているからである。

　　理念について言われるすべてが，それ自身で矛盾していると示す
ことは，悟性には楽な仕事である。しかし，このことは，そっくり
そのまま悟性にも返礼されうるし，あるいはむしろすでに，理念で
はこれが成し遂げられている。――これは理性の仕事であり，もち
ろん，悟性の仕事ほど楽ではないが。――悟性は，いろいろ理由を
挙げながら，理念がそれ自身に矛盾することを示す。たとえば，主
観的なものはたんに主観的であり，客観的なものはむしろこれに対
立しているとか，存在は概念とはまったく異なったものであり，そ
れゆえ概念から取り出すことはできないとか[17]，同様にまた有限な
ものはたんに有限であり，無限なもののちょうど反対であり，した
がってそれと同一でないとか，以下同様すべての規定に亘る。こう
して理念がそれ自身に矛盾することを悟性が示すとき，論理学は，
｜（113）かえってそれと逆のことを示すのである。つまり，たん
に主観的とされる主観的なもの，たんに有限とされる有限なもの，
たんに無限とされる無限なもの等には何ら真理はなくて，自己に矛
盾してその反対に移って行くことを示す。こうしてこの移行，つま
りそこにおいて両項が揚棄されたものとして，仮象ないし契機とし
てある統一こそ，両者の真理であることが明らかにされるのであ
る。理念に向かう悟性（Verstand）は，二重の誤解（Missverstand）
をする。第一に，理念の両項は，それらがどのように表現されよう
とも，とにかく両者の統一のうちにあるかぎりのものなのに，悟性
は，それらが，あたかも【100】それらの具体的な統一のうちにな
く，統一の外の抽象であるかのような意味にとる。たとえば，悟性
は，判断の繋辞の本性すら見落とす。判断の繋辞は，主語の個別的
なものについて，個別的なものは同時に個別的なものではなく，普

---

　　17)　（訳注）神の存在論的証明に対するカントの批判への当てこすりである。カント
『純粋理性批判』B626 頁以下を参照。

第 3 部　概念論　　　　　　　　　　　　　　　　139

遍的なものでもあるということを証言している。

　もう一つの誤解は，悟性が，自分の反省を，理念そのものには属
さない外面的な反省と見なすことである。その際，自分の反省と
は，自己同一的な理念がそれ自身の否定なもの，矛盾を含んでいる
ことである。――しかし，実際には，これは，悟性にのみ属す特有
の知恵などではない。むしろ，理念はこの否定性であるから，理念
自身が弁証法である。この弁証法は，自己同一的なものを差異のあ
るものから，主観的なものを客観的なものから，有限なものを無限
なものから，魂を肉体から，永遠に分離し，しかもただそのかぎり
で，永遠の創造，永遠の生動性，永遠の精神なのである。理念は，
このように，自ら抽象的な悟性へ移行することによって，変わらず
永遠に理性である。この弁証法は，こうした悟性的に区別されたも
のに，その本性とその生産物の自立性という誤った仮象を再び悟ら
せ，統一へと連れ戻すのである。｜（114）この二重の運動は，時
間的なものではないし，また何らかの仕方で分離され区別されてい
るのでもない――そうでなかったら，理念もまた抽象的悟性である
ことになってしまう。だからこそ，理念は，他のものにおける自分
自身の永遠の直観である[18]。すなわち理念は，その客観性の中で自

───────────────
　18）（訳注）ここに述べられているのは，理念自身が，抽象的分離の悟性的立場の誕生
からその自己否定に至る一連の過程として現実化するということ，しかもこの理念の現実化
の一連の過程は，悟性にとっては時間的な現象にみえるが，それは本当は存在しない仮象で
あって，理念にとっては時間的ではないということ，すなわち，永遠の理念の非時間的現実
化だということである。ここでは，形式的に言えば，無限なものが有限なものにおいて現実
化する過程そのものは，無限から有限への過程として，有限なもののうちにはないというこ
と，永遠が時間的なものにおいて現実化する過程は，非時間的なものが時間的なものへ至る
道であって，時間内の二地点間の道ではないことが確認されている。そしてこの永遠なも
の非時間的現実化という思想も，非時間・永遠理念の学としての論理学と，時間的自然・
精神の学としての実在哲学との関係として，ヘーゲル哲学講義の根幹をなすものである。し
かしここにも，先に神の存在論的証明に関連して浮上したのと同じドイツ観念論的な問題，
スピノザ的永遠実体の現実化の問題があると思われる。すなわち先に，対立する外のない真
なる全体の現実化は，外部に対立を残したものであってはならないということから，真なる
全体の意志的価値的性格が導かれたが，それと形式的にみて同じ問題が続いているのである。
対立する外のない真なる全体の現実化は，外と対立する時空的相互外在の形式にあてはめら
れない。この形式を生むものは，この形式の内部に局限されないのである。そしてこの非時
間的な形式生産活動の提示が，論理学として構想され，論理的なものの〈非時間的運動〉と
いう，「悟性」にはまさに逆説でしかないものとなる。だが，これも要するに，無限は有限に
おいて現実化しなければならないという必然性を述べている。つまり，本当は外のない無限

140 　　　　　　　Ｉ　論　理　学

分自身を実現してしまっている概念であり，あるいは，内的な合目
的性，本質的な主観性である客観である。
　理念を解釈する種々の様式，観念的なものと実在的なものの統一
とか，有限なものと無限なものの統一とか，同一性と差異との統一
等々は，多かれ少なかれ形式的である。なぜならば，それらは，規
定された概念の何か或る一段階を表示したものだからである。ただ
概念そのものだけが，自由であり，真に普遍的なものである。した
がって，理念にあっては，概念の規定性は，同時に概念それ自身で
あるのみである。それは，普遍的なものである概念が自分自身を継
続し，そこでただ自分自身の規定性を，総体としての規定性をも
つような客観性である。理念は無限判断である。その無限判断は，
まったく同一的なものでありながら，その両側面がおのおの自立的
な総体性であり，しかもまさにそれぞれの側面が総体性として完成
されることによって他方へ移行してしまっている。——概念それ自
身と客観性以外のいかなる規定された概念も，このような，その両
側面で完成された総体性ではない。

【101】
　第164節　理念が過程である（第215節）
　理念は，本質的に過程である。なぜならば，理念の同一性は，理念が
絶対的否定性であり，したがって弁証法的であるそのかぎりでのみ，概
念の絶対的で自由な同一性だからである。理念が辿るのは，次のような
過程である。そこでは，個別性である普遍性としての概念が，自分自身
を客観性へと規定し，概念をその実体とするこの外面性は，その内在的
弁証法によって，自分を主観性へと連れ戻すのである。｜（115）

───────────

な真実在は，しかし現実的であるためには，外のある有限なものを（本当は存在しない）仮
象として生まなければならない。しかし，この有限を生む過程そのものは有限の中にない（時
間を生む過程そのものは時間の中にない，時間は時間的に生まれてこない）ということであ
る。

a）生 命

第 165 節　生命（第 216 節）

　直接的な理念は，生命である。概念は，魂なので，一つの身体の中で実現されている。この身体の外面性に関して，概念は，自己へ関係する直接的な普遍性であるのと同じようにその特殊性でもあるため，身体は概念諸規定より以外の区別をその中に表現しない。最後に個別性は，まず一方では，客観性の弁証法である。すなわち客観性は，その自立的な存続という仮象から主観性へと連れ戻され，その結果，すべての分肢は，概念諸規定として，一時的な目的であるとともに相互に手段でもある。――また他方では，生命は，概念の個別性によって，生けるものなのである。

第 166 節　個体内部の過程

　〔1）〕　生けるものは，その個別性が概念の主体性であることにより，個体性をもつ。個体性は不可分の一であるのに，客観的諸区別には無関与な外面性があるから，生けるものは，本質的に，自分自身における自分の過程であって，その諸部分は，ただ移り変わるものとしてのみある。

　　したがって，全体と部分の相互関係というのは，生けるものにとって何よりもふさわしくない。あるいは，もし生けるものがこの関係に従って考察されるならば，生けるものは死んだものととられているのである。なぜならば，部分とは，それだけ切り離されて自立的な存続をもつとされるような諸区別項だからである。――精神も，同じく，一つの生けるものであるが，それがもつとされるそれだけで作用する諸能力や諸力がそのうちに想定されるならば，やはり精神も死んだものとして考察されている【102】。精神は，そのときには，多くの性質からなる物であり，相互に無関心なまま存続する諸規定の集積ということになる。――同様に，生けるものを，魂と身体から構成されているとするのも，ふさわしいことではな

142 I 論 理 学

い。｜（116）生けるものの有限性は，魂と身体が分離しうる点にある。このことが，その可死性をなす。しかし，生けるものが死んでいるただそのかぎりでのみ，理念の例の二側面は，異なった構成部分なのである。

第167節　非有機的自然における個体の生命維持過程（第219節）
2）この過程は，概念の中に，言い換えれば生けるものの直接性へと，閉じ込められている。しかし，実在的概念の判断になると，客観的なのも，等しく一つの自立的な総体性である。また，生けるものの自分への否定的な関係は，生けるものに対立する非有機的自然という前提を作る。この否定的なものも，同様に生けるものの概念契機であるので，否定的なものは，この同時に普遍的なものである生けるものの中では，一つの欠如としてある。客観的なものが，自己をそれ自体としては無的なものとして揚棄する弁証法は，自分自身を確信する生けるものの活動である。そして，この己れ自身を確信する生けるものは，非有機的自然に対向するこの過程の中でこうして自分自身を維持し，発展させ，客観化するのである。

第168節　類の過程（第220節）
3）その最初の過程では主体そして概念としてある生命ある個体は，二番目の過程を通じてその外面的な客観性を自分に同化した。このことによって今や生命ある個体は，それ自体としては類であり，実体的普遍性である。この概念を本源的に分割する判断は，主体の，異質なもう一つの主体への関係，すなわち性別である。

第169節　個体の自己揚棄により現実化した自由な類としての精神
　　（第221節・第222節）
類の過程は，類をそれ自体でそれだけである対自存在へともたらす。この過程の産物は，生命がまだ直接的な理念であるために，その両面に分解する。一方の面よりすれば，始め直接的なものとして前提された生命ある個体は，今や一つの｜（117）媒介されたもの，生み出されたものとして生じる。しかし，他方の面よりすれば，その最初の【103】直

接性のために普遍性に対して否定的に関係する生命ある個別性は，この普遍性の中で没落するのである。そして，理念は，これによって，自立的にそれだけである自由な類として現実存在に歩み入る。すなわち，個別的な生命の死が，精神の誕生なのである。

b） 認識作用

第170節　精神に外的宇宙を対立させる理念（第223節）

理念は，普遍性をその現実存在の場面とし，あるいは客観性そのものが概念としてあるかぎり，自由にそれだけで現実存在する。理念の中で揚棄されている個別性は，理念内部における純粋な区別のはたらきであり，自分をこうした同一的な普遍性において保つ直観である。しかし理念は，その総体性に属するこうした個別性としては，本源的に分割する判断であって，総体性としての自分を自分から突き離し，自分を外的な宇宙として前提する。

第171節　設定作用（Setzen）＝前提作用（Voraussetzen）（第224節）

それ自体としては，あるいは生命としては，同一である両理念の関係は，さしあたり，相対的関係，あるいは反省の相互関係である。というのは，区別するはたらきが，ようやく最初の分割をする判断であり，前提が，まだはっきり一個の設定としてではなく，したがって主観的理念にとって客観的理念が，目の前に見出された直接的世界であり，あるいは生命としての理念が，個別的な現実存在の現象においてあるからである。

第172節　認識作用

A）主観的理念は，普遍性の規定における理念として，自立的にそれだけで，自分自身であるとともに自分の他者でもある。したがって，それは，自分をこのような統一として実現しようとする衝動をもっている。しかし，主観的理念の中にあるこの他者は，客観的世界の抽象にす

144 Ⅰ 論理学

ぎず，自分の中のこの欠如，存在するものであるこの世界は，この理念に対して｜（118）ある。それゆえ，この最初の衝動が目指すのは，こうした自分の欠如を自分の中で揚棄することであり，自分と客観的なものとの同一性という確信を，存在する世界の自己への摂取によって，真理へ高めることである。この衝動を実現することが，認識作用そのものである。

【104】

第173節　概念と客観の統一の外面性（第226節）

この認識作用は有限である。なぜならば，この作用は，目の前に見出された世界という前提をもち，そのために，自分と世界との同一性が，それ自身に対してはないからである。したがって，それが辿り着くことのできる真理も，同様に有限な真理でしかなく，概念の無限な真理ではない。この無限な真理は，それ自体で存在する目標として，それにとっては彼岸である。それゆえこの認識作用は，悟性であって，理性ではない。すなわち，所与の客観を，客観にとっては外的にとどまる概念形式へ取り入れる摂取である。

第174節　分析（第227節）

有限な認識作用は，1）区別されたものを，何か目の前に見出された，自分に対立して存在しているものとして——外的自然の，あるいは意識の事実として——前提するのである。それゆえ有限な認識作用は，それだけでは，たんなる形式的同一性または抽象しかもたない。したがって，その活動は，与えられた具体的なものを分解し，その諸区別項を個別化し，それらに抽象的な普遍性の形式を付与することで成り立ち，あるいはまた，具体的なものをそのまま根拠としておき，非本質的とみえる諸々の特殊性の捨象によって，或る具体的な普遍を，つまり類とか力，そして法則を取り出すことで成り立つ。——これが，分析的方法である。

第175節　その第二の方法としての総合（第228節）

2）この普遍性は，そもそも同時に或る規定されたものであり，その真理は概念である。概念は，有限な認識作用の中ではその無限性｜

第3部 概念論 145

（119）においてはないので，たんに悟性的な，規定された概念である。
こうした形式への対象の摂取が，総合的方法である。

第176節　定義による総合（第229節）

α）対象が認識により規定された概念の形式にもたらされ，その結果，
その類と普遍的な規定性が設定されたものが，定義である。

【105】

第177節　区分による総合（第230節）

β）概念の第二の契機の記述，特殊化としての普遍の規定性の記述が，
区分である。

第178節　定理と証明による方法—これらの方法の有限性（第231節）

γ）対象は，その具体的な個別性では，区別された諸規定の或る総合
的な関係である。——これが定理である。これらの諸規定の同一性は，
或る媒介を経たものである。その中項をなす素材を持ち出してくること
が，構成であり，先の関係の必然性がそこから認識作用に対して明らか
になる媒介そのものは，証明である。

　　総合的方法と分析的方法の区別について通常述べられているとこ
　ろに従えば，どちらを使用しても，大体人の好きで構わないように
　みえる。総合的方法によれば結果である具体的なものが，今度は前
　提にされるならば，そこから抽象的な諸規定が結果として分析され
　て出てくる。この結果は証明にとっては，その諸前提になり素材に
　なったものである。曲線の代数学的定義は，幾何学の行き方では定
　理である。もしそうなら，直角三角形の定義としてとられたピュタ
　ゴラスの定理でさえ，幾何学でこの定理を証明する｜（120）ため
　にそれより以前に証明されていた諸定理を分析によって生みだすこ
　とになる。選択の任意性は，一方の方法も他方の方法も等しく，あ
　る外的に前提されたものから出発する点に起因する。概念の本性に
　従えば，分析することが最初である。というのは，分析がまず，与
　えられた具体的な材料を普遍的な諸抽象の形式へ高めなければな
　らず，そのようにして初めて，これら抽象物が定義として先頭に立

146 　　　　　　　　Ⅰ　論　理　学

てられうるからである。——これらの方法が，哲学的な認識作用としては使えないものであることは自ずから明らかである。というのは，これらの方法は，或る最初の前提というものをもっていて，認識作用は，これによって悟性に，そして形式的同一性にそっての進行へと引き下げられてしまうからである。——かつて哲学や諸学問で横行したこうした方法の形式主義の濫用に取って代わったのが，現代のいわゆる構成の濫用である。カントによって，数学はその概念を構成するという考えが広められた[19]。これが意味するのは，数学が何ら概念をもたず，感性的直観の抽象的諸規定【106】を叙述するということに他ならなかった。それ以降は，概念を避けた，感性的な，知覚から拾い上げられてきた諸規定の記述が，——そして哲学と学問の諸対象を前提された図式に従って図表上で，またその他の点では恣意と思いつきに従って分類する形式主義が，——概念の構成と呼ばれたのである[20]。その際，理念の，すなわち概念と

---

19)（原注）カント『純粋理性批判』B741 頁以下を参照。さらに同書 B299 頁，B750 頁を参照。

20)（原注）ヘーゲルはおそらく，特にシェリングの哲学的構成の原理と，シェリング学派におけるこの原理の形式主義的浅薄化のことを考えている。シェリング『哲学体系の詳述　追加』3-33 頁，Ⅳ 節，「哲学的構成，あるいはすべての事物を絶対的なものにおいて叙述する仕方について」，特に 5 頁，12 頁，27 頁以下を参照，『シェリング全集』第 4 巻，391 頁以下，特に 393，397 頁以下，408 頁を参照。さらに，Ph. ホフマン『疾病の構成に関する諸考察』，シェリング編『思弁的物理学誌』第 2 巻第 1 分冊，イェーナ／ライプツィヒ，1801 年，69-108 頁に所収，特にその 74 頁，4 節を参照，「[…] さて，いかなる構成も総合的であるから，完成された構成のための図式は，集中性の伸長ないし持続であり〔…〕，内感において直観された活動の外感による制限である」。その 97 頁，「自然という有機体の諸機能は，あるいはダイナミックな構成の諸カテゴリーは，電気であり，化学的過程である。[…]」さらにまた，キリアン『全医学体系草案』3 頁を参照，「第 1 章／自然科学の原理について／1. 自然は構成されなければならない。／説明。構成するとは，何か与えられたものを，或る一つの自立的と見なされる原因から導出することを意味する。これに対して説明するとは，知覚において与えられた何か或るものが他のものによって制限されてあるということより以外の何ものも表現せず，したがって最初の或るものを現象として明らかにするのである」。その 4 頁，「6. しかし，超越論的哲学の原理によれば，存在するすべてのものは精神の構成であるから，存在そのものも構成するはたらきそのものに他ならない。言い換えれば，構成はそもそも活動としてのみ表象可能であるから，最高度の構成する活動に他ならない。この活動は，それ自身はけっして客観ではないけれども，すべての客観的なものの原理なのである」。その 312 頁，「1017. したがって，再生器官の根源的構成に被刺激性が関与する度合いが増すのに応じて，この器官が優位的に無力症の影響を受けているときには，それだけ多くの窒素が与えられなければならない。これに対して，この器官における感受性がより乏しければ，それ

第3部 概念論　　　　　　147

客観性との統一というぼんやりした表象が，根底にありはする。しかし，いわゆる構成というあのような戯れをもってしては，概念そのものに他ならないこの統一を叙述することはとてもできない。ところで，幾何学は，空間という感性的ではあるが抽象的な直観｜（121）と関わるのである。だから，幾向学は何ものにも妨げられずに単純な悟性諸規定を空間中に固定することができる。そのため幾何学だけが，有限な認識作用の総合的方法を，その完全性においてもつのである。けれども，その幾何学でさえも，やはり最後には，通約不可能なもの，非合理的なものにぶつかり，そこでさらに規定して行こうとすると，悟性的原理を超えてその外に連れ出されるのである。（その他の機会にもしばしばみられることだが，ここでもやはりまた，用語の逆転が生じており，合理的と呼ばれるものが悟性的であり，非合理的と呼ばれるものが，かえって理性的であることの始まりであり痕跡なのである。）その他の諸学問は，その悟性的な進行の限界に達すると，安直な方法に頼るものである。すなわち，その進行の帰結を中断し，その必要とするものを，しばしばこれまでの正反対であるものを，外から，表象，意見，知覚その他どこからであろうと，取り入れるのである。――有限な認識作用は盲目であるため，定義や区分その他を通じて進んでいく際に，概念諸規定の必然性によって自分が導かれていることを知らない。またこの有限な認識作用は，自分がどこで限界に直面しているかも知らない。そしてこの限界を超えてしまっているときには，それは自分がもはや悟性的諸規定の通用しない領域にいるのだということも知らない。にもかかわらず有限な認識作用は，粗雑な仕方でなおもそれらの規定をそこで用いる。

第179節　外的必然性と意欲の理念への移行（第232節）

　有限な認識作用が，証明に際して生みだす必然性は，外的な必然性であり，主観的観点に対してのものであるにすぎない。それは，定義における規定性が，一つの目印であり，さらに区分の根拠が，何か外的な観

だけ多くの炭素が与えられなければならない」。

148   I　論　理　学

点であるのと同様である。――それというのも，そもそもこの認識作用
が，事柄の概念に対立する形式的な概念に固執しているからである。し
かし，｜（122）必然【107】性そのものは，それ自体としては概念で
あり，そして形式的で外的な媒介の真理は，概念の自分自身との媒介，
自立的な主観性である。したがって，認識作用である理念は，外部に存
在する規定性から，内的な，主観に内在する規定性に移行する。――こ
れが意欲の理念である。

第 180 節　理念はもとより目的的活動であるということ（第 233 節）
　B）それ自体でそれだけでも規定されたものとしての主観的な理念は，
善である。自己を実現しようとするこの主観的理念の衝動は，真なるも
のの理念と逆転した関係をもっている。この衝動はもはや客観を取り入
れ，それに従って自分を規定するのではない。むしろ目の前に見出され
た世界を自分の目的に従って規定することを目指すのである。

第 181 節　無的仮象の揚棄を目指す主観的意欲は仮象の無を確信し
　　　つつもその無の存在を前提してしまっていること（第 233 節）
　この意欲は，一方では，前提された客観が無であることを確信してい
る。というのは，必然性の中では，直接的な存在なるものの妥当性は，
自己を揚棄したからである。――しかし他方では，認識作用による存在
の揚棄は，その最初の形式的な否定であるし，そして善の目的はまだ主
観的な理念であるから，意欲は，客観の自立性を前提している。

第 182 節　有限的意志の矛盾（第 224 節）
　したがって，この意志の有限性は，矛盾なのである。すなわち，客観
的世界の矛盾しあう規定にあっては，善の目的は，実現されているとと
もに実現されておらず，非本質的であると同じく本質的であり，現実的
なものであると同時にたんに可能的なものとして設定されているのであ
る。この矛盾が消滅するのは，次のときである。すなわち，目的の主観
性は，それ自体として，そしてその内容に従って有限なのではなく――
内容は善だから――，たんにその客観性への対立によって有限なのであ
る。そして，この主観性が活｜（123）動そのものを通じて自己を揚棄

第3部　概念論　　　　　　　　　149

し，こうして認識作用の前提，すなわち直接的に存在するものとしての客観が，回復されもすれば，その善の最終目的に対する対立が消滅しもする。このようにして，矛盾は消滅する[21]。

【108】

第183節　絶対的理念への移行（第235節）

それゆえ，目的である善の真理は，理論的理念と実践的理念の統一であり，こうして善は，自体的には達成されているというだけでなく，それだけでも成就している。――客観的世界は，それ自体でのみならずそれだけでも概念なのである。このように，認識作用の差異と有限性から自分に立ち返り，概念の活動によって概念と同一になった生命が，思弁的あるいは絶対的理念である。

---

21)　（訳注）この節では，有限性が矛盾として表現され，さらにその矛盾の消滅，したがって有限性の消滅，有限性と結びついた主観性の消滅が語られている。しかし，この有限性の消滅は，有限なものが再び有限なものへと消滅していくそれ自身有限的な消滅，つまり時間的な消滅を意味しない点に注意しなければならない。ヘーゲルが，後の版でこの箇所を書き換え，たんに特定の「この主観性」の廃棄ではなく，「主観性一般」の廃棄を強調しているのも，そのためであろう。先の訳注で，スピノザ的な永遠の無限実体の現実化というドイツ観念論の問題に関連して，永遠の理念の非時間的現実化というヘーゲル論理学構想の根幹にかかわる問題に触れた。いま，同じ問題を反対の側，「消滅」の側から見ている。つまり，無限が有限へいたる道そのものは有限のなかになく，時間が時間的に生成してきたのではなかったように，有限が無限において消滅する過程も，有限な時間の中にはない。時間は時間的に消滅するのではない。むしろ，無限においては有限はもともと始めから存在していない仮象にすぎなかったのだという永遠的事態が，その本当は存在していないはずの当の有限者の自己廃棄として現実化するのである。また本節最後にあるように，有限者は，こうした無限者の現実化の場面として，再びその直接性とともに「回復」されるのである。有限者のこの消滅と回復は，――要するに有限な時間的存在者の誕生とその動向は，永遠的無限の時間的有限における非時間的現実化として理解されなければならない一対の事柄である。さらにこれが意味しているのは，直接的な有限者の消滅とその回復は，直接性の消滅と媒介への移行，およびその媒介性の自己廃棄として，弁証法論理の方法の要であろうが，しかしこれを本当に理解するためには，永遠の理念の非時間的現実化という理念の観点を必要とするということである。したがって，次の「絶対的理念」章のテーマは，この方法の理解となるのである。

150 　　　　　　　　　　I　論　理　学

c) 絶対的理念

第184節　自分自身を思考する理念（第236節）

　主観的理念と客観的理念の統一としての理念は，それにとって概念そのものが対象である概念，客観が概念であるところの概念である。それは，すべての規定がそこへと合一した客観である。こうして，この統一は，絶対的にしてすべての真理であり，自分自身を思考する理念である。

第185節　自分を対象化する純粋形式の方法としての絶対的理念（第237節）

　絶対的理念は，それだけで，自分の内容を自分自身として直観する純粋形式である。それはなぜかと言うと，絶対的理念のうちには，いかなる移行もなければ前提作用もなく，そもそも流動的でも透明でもないようないかなる規定性もないからである。絶対的理念は，自分にとって内容である。それは，この理念が，自分から自分自身を観念的に区別するはたらきであり，しかもその区別されたものの一方は，その中に形式の総体性が規定として含まれている自己同一性であるかぎりのことである。こうした内容が，論理的なものである。形式として，絶対的理念に残されているのは，この内容の方法（Methode〔＝行程〕）以外にない[22]。

---

　22)　（訳注）『論理学』序説に明らかなように，ヘーゲルは Methode（方法）が meta（沿って）hodos（道）からなるのに応じて，本来的方法は自己を対象化する「事柄そのものの行程」（GW11,25; GW21,38）でなければならないとみる。理念は，たとえ形式であるとしても，しかし，理念がすべてなのであるから，その取り入れる内容は自分しかなく，自分を内容とする自己対象化的形式である。またこの形式は，内容が自分自身であるから，内容をもつ前というものがないし，内容を失った後というものもない無時間的形式である。したがって，この形式は，通常イメージされる事柄に対して外的で時間的な前や後をもつ形式ではなく，事柄そのものが無時間的に自己を対象化する「行程」という意味をもつ。ヘーゲルはこうした理念の無時間的・自己対象化的形式の「行程」という意味で理念の方法を捉える。この方法によって，事柄や存在の無時間的で自己対象化的な行程の秩序，言い換えれば事柄や存在の永遠的で内在的な行程の秩序が捉えられようとする。その秩序とは，次の第186節から第189節にその骨格が示されている「始まり」「進展（移行と仮象）」「終結」である。理念の無時間的現実化については第163節訳注および第182節訳注を参照。

第3部　概念論　　　　　　　　　　　　151

｜（124）

第186節　思弁的方法の第一の契機：始まり（第238節）

　思弁的方法の諸契機は，まず，a）始まりであるが，これは存在あるいは直接的なものである。それは，始まりが始まりであるというただそれだけの単純な理由によってそうである。しかし，思弁的理念からみれば，存在は今や理念の自己規定である。この理念の自己規定は，概念の絶対的否定性ないし運動として本源的に分割する判断を行い，自分を自分自身の否定的なものとして設定するのである。このようにして始まりそのものに対しては肯【109】定（Position）として現象する存在が，むしろ否定なのである。しかし，存在は概念——他在においてまったく自己と同一であり，自分自身を確信している概念——の否定である。それゆえ，存在は，まだ概念として設定されていない概念であり，言い換えれば，それ自体としては概念である。——この存在は，そのため，まだ無規定な概念としてあり，同様に普遍的なものでもある。

　　　始まりは，直接的な存在というたんに抽象的な意味では，直観と知覚から取られた或る一つの始まりであり，——有限な認識作用の分析的方法の始まりであるが，普遍性という抽象的意味では，その認識作用の総合的方法の始まりである。しかし，論理的なものは，直接普遍的なものであるとともに存在するものでもあり，理念によって理念に対して前提されたものであるとともに直接に理念自身でもある。だから，論理的なものの始まりは，総合的でもあれば分析的でもある始まりである。

第187節　思弁的方法の第二の契機：進展（第239節）

　b）進展は，理念の本源的に分割する判断である。直接的な普遍は，それ自身に即してみれば単純なものではなく，自分の中で区別されたものであり，まさにその直接性と普遍性がその規定性をなす。したがって，これにより，始まりの否定的なもの，あるいはその規定性においてある最初のものが設定されている。それはもう一方のものに対してあり，区別されたものの関係であり，設定された存在である。——要するに反省の契機なのであり，｜（125）しかしこの反省は，外的なもので

152 Ⅰ 論 理 学

はなく，内在的なものとして弁証法的なのである。この進展は，直接的
な概念の中に含まれていたものが内在的な反省によって設定されている
だけであるから，分析的であるが，――この概念のうちにはまだこうし
た区別が設定されていないかぎりでは，同様に総合的でもある。

第188節　進展の諸段階（第240節）

この進展は，存在においては，他のものと他のものへの移行である。
本質においては，対立したものの中に仮象を映すことである。概念にお
いては，個別的なものの普遍性からの区別であるが，この普遍性は，そ
れから区別されたものの中へそのものとして連続し，このものとの同一
性としてある。理念では，この中項はすでに第二の否定であり，否定の
否定，総体性の生きた魂である。

【110】

第189節　思弁的方法の第三の契機―終結（第242節）

c）終結は，差異のあるものが，理念においてあるものとして設定さ
れるということである。終結は，それ自身に即して最初のものの否定的
なものである。しかも，終結はこの最初のものとの同一性としてあるか
ら，終結は自分自身の否定性である。このようにして，終結は，その中
で最初の二つのものが観念的なものおよび契機として，あるいは揚棄さ
れたものとして存在する統一である。――理念においてこの終結がなお
あるのは，ただ，始まりが直接的なものであり終結が結果であるかのよ
うな仮象の消滅としてのみであり，――理念が一なる総体性であるとい
う認識としてのみである。

第190節　理念の形式はこうした行程（方法）として内容の魂であ
る（第243節）

方法は，このようにして，外的な形式ではなく，内容そのものの魂と
概念である。方法が内容から区別されるのは，内容である概念諸規定も
それら自身としては概念の総体性であるが，しかし概念のほうでは自ら
がこのような要素と内容に適合しないことを示し，したがってこの要素
を揚棄する，ただそのかぎりにおいてである。｜（126）

第3部 概念論 153

第191節　理念はこうした行程（方法）として体系的総体性である（第243節）

今や内容は概念によって自らを理念に連れ戻すのであるから，理念は，体系的な総体性として叙述される。この総体性は，ただ一なる理念であるのみであるが，その特殊な諸契機は，一方では自体的には同じものであるが，他方では概念の弁証法を通じて理念の単純なそれだけである存在を生みだす。形式ないし方法と内容との間の区別は，ここに自らを消滅させる。

第192節　無限な現実性である理念は現実化するために自分の他在である無を自然として開放する決意をする（第244節）

このようにそれだけで理念である思弁的理念は，それによって無限な現実性である。この無限な現実性は，こうした絶対的自由においては，たんに生命へ移って行くだけのことでもなければ，また有限な認識として自分のうちに生命の仮象を映ぜしめるだけのことでもない。むしろ，この無限な現実性は，自分自身の絶対的真理において，その特殊性の契機あるいは最初の規定作用および他在の契機を，すなわち直接的理念を，自分の反映として，自然である自己として，自由に自分から解放しようと決意するのである[23]。

23）（訳注）この「決意」については，第141節訳注を参照。

【113】｜（127）

Ⅱ

自然哲学

第 193 節　自然の規定（第 247 節）

　自然は他在の形式をとる理念として生じた。そこでは理念はそれ自身に対する否定的なものである。あるいは，自己にとって外的である。だから，自然はこの理念に対してたんに相対的な意味で外的であるだけでなく，外的であること〔外面性〕こそ理念が自然としてあるまさにその規定となっている[1]。

第 194 節　個別化，必然性と偶然性（第 248 節）

　この外的であることによって諸概念規定は互いに対して無関与に存立する個別化されたものという外観を呈する。このため概念は内的なものとしてある[2]。それゆえ自然はその定在のうちに自由をではなく必然性

---

　1)　（訳注）他在（Andersseyn）および外面性（Aeusserlichkeit）という自然の規定に関しては，1821/22 年の自然哲学講義に見える次の箇所を参照。「こうして自然は理念，永遠な神的理念の鏡である。つまり，この神的理念が自らの他者に自分自身を伝えるということである。しかし，そうであるかぎり自然は自然ではなく，自然の中の理念として，他在の形式をとって設定されたということに他ならない。その先はといえば，他者ないし外面性をたんに相対的な意味でだけ受け取ってはいけない，ということである。理念とは自身の実在と概念との間に成り立つこの一致のことであり，このもっとも高い一体性はただ自由の中にのみ存在する。これに対して自然は精神に対する他者，自由なものに対する他者である。精神に対する他者，理念に対する他者であることにより，自然はこの他者であり，他者〔であること〕がその規定である。自然が理念の他者であることにより，理念の他者〔であること〕がその本来の規定そのものである。自然が形式としてもつもの，それは自然の中の理念がとる形式のことであり，それが他在または外面性というものである」（GW24, 208 f.）。

　2)　（訳注）自然は互いに無関与に存立する個別化されたもの，散り散りに存在するものという外観を呈するが，内からは概念によって一つものへと結び合わされている。前注引用文に続く次の引用を参照。「こうして自然は精神にとって外的であるだけでなく，それ自身にとって外的であることである。重要な規定である。これはたった今述べられたことの普遍的な表現である。諸概念規定がここでは互いに対する無関与な存立と個別化という外観を呈する。自然の中ではすべてが散り散り（außereinander）である。この場では自然についてのわたしたちの表象を自然の概念規定と比較しなければならない。物質的なもの一般は可分割的である，すなわち自己自身にとって外的である。そのような物質的なものまたは空間的なものを観察すると，空間について，そのようなものがあるところではそれを分割できるということが知られる。人は一本の線の中に好きなだけ点を打つことができる。各点の間にさらに点を置くことができるのだから。時間についても同様。わたしが発音する今はもはやなく，他のものである。こうしてこれが自然の現実存在する仕方，自己自身にとって外的であることである。先に述べた物質的な点そのものが自立的に存立し，他のものを自己から閉め出す。だから自然とは無限な多様性，外面性である。それが人間を最初に驚かせる当のもの，この外に向かっても内に向かっても計り知れないものであることである。ところでこの計り知れ

と偶然性を示す。

　このため自然をその特定の現実存在という，それによってこそまさに自然が自然であるものにもとづいて神格化することはできない。また太陽，月，動物，植物等々を人間の成し遂げたことや人間が引き起こしたことをさしおいて神の作品であると考えることもそのようなものとして示して見せることもできない。——自然はそれ自体としては，つまり理念ということでは神的であるが，そこではそれによって理念が自然であることになる自然の特定の様態は揚棄されている。そのあり方からすると自然の存在は自然の概念に合致していない。だから自然が存在しているその現実性は真理ではない。自然の抽象的な本質は否定的なものであり，それは古人たちが質料一般を非存在（non-ens）であると理解した通りである[3]。しかし，自然はそのような契機においてではあっても理念を描き出すものなのだから，人はそこに神の英知を見て驚嘆するかもしれない。だが，ヴァニーニが | （128）神の存在を認識するためには麦わら一本で十分だと言ったことから分かる通り[4]，精神のどのような表象も，きわめてくだらない想像であれ，偶然でしかない気まぐれの戯れであれ，またどのような言葉であってさえ，何か一つの自然対

なさはそもそも外面性に属するが，しかしこの外面性は同時に内的な紐帯，中心をもつのであり，それが概念である。計り知れなさを称揚するのは概念の欠如，思想の欠如である。いまだ反省の立場に立つ人間に感銘を与えるのがこの計り知れなさというものである」（*GW24*, 209 f.）。

　3）（訳注）プラトン『ティマイオス』27d-28a および『プロティノスの哲学的著作全54篇〔…〕マルシリオ・フィチーノのラテン語による翻訳と注解付』バーゼル，1580 年，75c（プロティノス『エネアデス』第 1 論集第 8 論文第 5 章〔1 8. 5. 8-12〕），175d-e, 176a（同書，第 2 論集第 5 論文第 4 章および第 5 章）参照。『哲学史講義』でヘーゲルはこの点に関してプラトン，フィロン，プロティノスの名を挙げている。Vgl. Hegel, *Werke*. Bd. 15, 25, 57 ff. [*SK*19, 424, 454 ff.], *V*8, 28f., 171, 182f.

　4）（訳注）次の箇所を参照，J. ブルッカー『批判的哲学史』（J. Brucker, *Historia critica philosophiae*）第 4 巻，第 2 部，ライプツィヒ，1744 年，675 頁。J. G. ヘルダー『神。スピノザの体系についてのいくつかの対話』（J. G. Herder, *Gott. Einige Gespräche über Spinoza's System*）第 2 版，ゴータ，1800 年。「火刑に処せられた無神論者ヴァニーニ。刑場に臨んでなお一本の麦わらを取り上げこう言った。『たとえわたしがこの麦わら一本の他に神の存在を証明するものをもたないほど不幸だったとしても，わたしにはこれで十分だ』」（99 頁）。Vgl. Herder, *Sämtliche Werke*. Bd. 16, 465. さらにヘーゲルが『哲学史講義』で行っている叙述をも参照。Hegel, *Werke*. Bd. 15, 244. [*SK*20, 40], *V*9, 59.

象よりも神の存在に対する優れた認識根拠なのである。自然の中で
はたんに形式の戯れに放埒で【114】無規律な偶然さがあるだけで
なく，どのような形態も一つ一つがそれ自身の概念を欠いている。
自然が特定の存在〔定在〕として成し遂げる最高のものは生命だ
が，自然としての理念であるにすぎないので生命は外面性の非理性
に引き渡されている。そして，個体としての生命体はその現実存在
のどのような契機にでも自分以外の個別性と関わりをもっている。
これとは反対にどのようなものであれ精神が現れ出ているものには
自己自身への自由な普遍的関係の契機が含まれている。——自然一
般が理念の自己自身からの堕落であると規定されたのは正しい[5]。
なぜならば，自然は外面性という契機によって，それ自身が自己に
相応しくないという規定をもつのだから。——同様の誤解は人間の
手になる芸術作品が素材を外から取ってこなければならないから，
また，生きたものではないからとの理由で自然界の事物よりも軽視
されるときに見られる。——それではまるで精神の形式が自然の形
式よりも高次の生命性を含み，そして精神にいっそうふさわしいも
のであることを否定するようなものである。また，まるで人倫に関
わるすべての事柄で題材と呼べるものもただ精神にのみ属している
ことを否定するようなものである。——自然はその存在がどれほど
偶然的であるにもかかわらず永遠の法則に忠実であり続ける。とは
いうものの，同じことは自己意識の王国にもあてはまる。——すで
に信仰として承認されていることであるが，摂理が人間界の出来事
を導いている。——それともこの摂理の定めるところもこの〔人間
界の出来事という〕領域では偶然的で非理性的であるにすぎないと

　5）（訳注）シェリング『哲学と宗教』（Schelling, *Philosophie und Religion*），テュービン
ゲン，1804年，32頁以下，特に次の箇所を参照。「絶対的なものがただ一つの実在的なもの
であり，これに対して有限な諸事物は実在的ではない。それら諸事物の根拠はそれゆえ実在
性がそれらに，あるいはそれらの基体に分与されることのうちにあるのではない（絶対的な
ものに発するそのような分与があったとしてだが）。根拠はただ絶対的なものから遠ざかるこ
とのうちに，堕落のうちにのみある」（35頁）。Vgl. Schelling, *Werke*. Bd. 6, 37 ff., bes. 38. さ
らにローゼンクランツによるヘーゲルのイェーナ講義についての報告をも参照。その講義で
ヘーゲルはグノーシス派とシェリングの名をこの点に関して挙げている。K. ローゼンクラン
ツ『ヘーゲル伝』（K. Rosenkranz, *G.W.F. Hegels Leben*），ベルリン，1844年，188頁（中埜肇
訳，173頁）。Vgl. *GW*5, 472.

でもいうのだろうか。──しかし，精神の偶然性，つまり｜（129）
恣意というものは悪にまで突き進んでしまうとしても，これは天体
の合法則的な振る舞いよりも，あるいは植物の無垢よりもかぎりな
く次元の高いことである。

第195節　自然の諸段階（第249節）

自然は諸段階からなる一つの体系だと考えられなければならない。あ
る段階は他の段階から必然的に生じ，それはそこからその段階が帰結す
る〔直前の〕段階にとってもっとも近い真理である。とはいうものの，
ある段階が他の段階から自然に〔自然界に〕産出されるということでは
なく，自然の根拠をなす内的な理念のうちでのことである。

　　自然の形態や領域が高次のものへと形成され移行していくのを
　外的な意味で現実的な産出よりもっと高次の産出と見なしながら
　も，その産出をくっきりとさせるためにそれを過去という暗闇の中
　へと戻してしまう。それはかつての自然哲学だけでなく近年の自然
　哲学もとったいかにもまずい見方だった[6]。自然に固有なのはさま
　ざまな区別が散り散りになり，それらが無関心な現実存在として現
　れるに【115】まかせるというまさにこの外面性である。そして諸
　段階の進行を司る弁証法的な概念は内的なものであり，これはただ
　精神の中にのみ現れる。──かつてあれほど人気のあった目的論的
　な考え方は確かに概念一般への関係やそれと同様に精神への関係を
　基礎に置いてはいたが，それが支えとしていたのは外面的な合目的
　性にすぎない──（第155節），そして精神にしてもそれが考えて
　いたのは有限で自然の諸目的にとらわれた精神という意味としてで
　ある。そのような有限な諸目的には自然界の事物が役に立つとそれ
　は示したのだが，その味気なさのせいで，神の英知を示してくれる

---

　　6)　（訳注）ヘーゲルが思い浮かべているのはとりわけ B. ド・マイエと J. ラマルクの
進化理論かもしれない。ド・マイエ『テリアメド，あるいは海洋の低減，地球の形成，人
間の起源等に関するインド人哲学者とフランス人宣教師との対話』（B. de Maillet, *Telliamed,
ou entretiens d'un philosophe indien avec un missionnaire francois sur la diminution de la Mer, la
formation de la Terre, l'origine de l'Homme, etc.*），バーゼル，1749 年，307-407 頁，および，
ラマルク『動物哲学』（J. Lamarck, *Philosophie zoologique*）第 1 巻，54 頁以下，89，269 頁以
下参照。

160　　　　　　　　　Ⅱ　自然哲学

はずだという信用を失ってしまった。──自然界の事物が役立つか
どうかに関する考察はそれ自身のうちに真理を含んでいる。自然界
の事物はそれ自体でそれだけで絶対的な目的ではないという真理を
含んでいる。だが，この否定性は自然界の事物にとって外在的でな
く，｜（130）それらの理念の内在的な契機であり，これのために
それらは移ろいゆき，他の現実存在へ移行することもあれば高次の
概念へ移行することもある。

第196節　自然の理念の推移（第251節）

　自然はそれ自体としては一つの生ける全体である。自然の理念が段階
を踏みながら推移する運動とは詳しく述べれば次の通り。理念がそれ自
体としてあるもの，そうしたものとして自己を設定する。あるいは同じ
ことだが，直接性と外面性という死であるものから，生けるものであろ
うとして自己のうちへと向かう。だがさらにこの規定性では理念は生命
であるにすぎず，これを揚棄して精神という自らの真理になる。

第197節　自然哲学を構成する3つの学問（第252節）

　自然としての理念は1）普遍的で観念的な自己外存在として，〔すな
わち〕空間と時間としてある。2）〔また，〕散り散りに存在する現実的
なもの，特殊な，あるいは物質的な定在としてある──これが非有機的
自然である。3）〔また，〕生ける現実性としてある。これが有機的自然
である。そこで〔これらに対応する〕三つの学問を数学，物理学，生理
学7)と名づけることができる。

---

　7)　（訳注）生理学は，以下の第3部では「有機体物理学」と題されている。

【116】

第 1 部 数 学

第198節　空間（第254節）

1) 自然の第一のあるいは直接的な規定はその自己外存在の抽象的な普遍性であり——その媒介を欠いた無関与性，すなわち空間である。空間は自己外存在なので完全に観念的な並列であり，この自己外存在がなおも完全に抽象的で特定の区別を自己のうちにもたないので端的に連続的である。

　　さまざまなことが空間の本性について以前から述べられている。〔ここでは〕空間は時間と同様に感性的直観の形式だというカントの規定[1]にだけふれておく。｜（131）カントの場合にかぎらず〔今や〕通例となっているのは，空間は表象の中にある何か主観的なものであるとのみ見なされなければならないことを基礎に置くことである。もしカントの概念の中で主観的観念論とその諸規定（第5節注解を見よ）に属するものを度外視するならば，そこには，空間はたんなる形式つまり一つの抽象である，しかも直接的な外面性という抽象である，とする正しい規定が残る。——空間点についてそれらがあたかも空間の積極的な要素になっていたかのように語ることは許されない。なにしろ空間点は区別を欠いているがために可能性であるにすぎず，否定的なものが〔それに対して〕設定された存在ではなく，したがって端的に連続的であるのだから。それゆえ点とはむしろ空間の否定である。——空間の無限性に関する疑問は同じくこれによって決着する。空間は一般に純粋な量である（第51節以下）が，もはや論理的規定と同一であるにすぎないのではなく，直接的かつ外的に存在するものとしてある。——それゆえ，自然は質をではなく量をもって始まる。なぜならば自然の規定は論理的存在のように絶対的に第一の直接的なものではなく，本質的に，媒介されたもの，外にあるもの，他の仕方であるものなのだから。

【117】

第199節　空間の三次元（第255節）

空間は概念一般として，（また，もっとはっきり言うなら無関与な散り散

---

1) （訳注）カント『純粋理性批判』超越論的原理論，第1部，超越論的感性論，B 33以下参照。

りに存在するものとして）概念のもつ区別を身に帯びており，ａ）〔その区別を〕直接その無関与さの中で，たんに異なるだけのまったく規定を欠いた三つの次元としてもつ。

　空間にはちょうど三つの次元がある，ということの必然性を演繹することは幾何学には求められていない。幾何学は｜（132）哲学的な学問ではなく，その対象，すなわち空間を前提してもよいのだから。しかし，たとえそうでなくともこの必然性を示そうと考えられることなどない。この必然性は概念の本性に基づくが，概念の諸規定は離散というこの最初の場面にあっては抽象的な量で現れるのだから，完全にただ表面的であるにすぎず，まったく空虚な区別である。それゆえ高さ，奥行き，横幅が互いにどのように区別されるのかを人は言うことができない。なぜならば，それらは区別されていることになっているというにすぎず，いまだ区別であるのではないのだから。——高さをより詳細に規定するなら，それは地球の中心へ向かう方向である。しかしこの規定は，それだけで考えられた空間の本性には何も関係しない。——この点を捨象するにしても，人が何を高さや深さと呼ぼうと，また何を奥行きや横幅と呼ぼうと（いずれにしても人は奥行きや横幅をしばしば深さと称しているぐらいなのだから），そのようなことはどちらでもよい。

第200節　点，線，面（第256節）

　ｂ）しかし，その〔高さ，奥行き，横幅という〕区別は本質的に特定の質的な区別である。そのようなものとしてこの区別はα）まず空間それ自身の否定である。なぜなら空間それ自身は直接的で，区別を欠いた自己外存在なのだから。〔これが〕点〔である〕。β）しかしその否定は空間の否定である。点が空間に対してもつこの関係が線であり，点の最初の他在である。γ）しかし他在の真理は否定の否定である。したがって線は面に移行する。面は一方で線と点に対する規定性であり，だから，面一般であるが，他方でそれは空間の否定が揚棄されたものであり，したがって，空間の総体性の回復である。しかし，この回復された空間の総体性はこれ以降否定的な契機をその身に帯びる。——〔これが〕包み込む表面であり，個としての全空間を隔離する。

164 　　　　　　　　　Ⅱ　自然哲学

　　線が点から，面が線からできているのではないということはそ
れらの概念から｜（133）分かる。なにしろ線は点ではあるが自己
の外にあり【118】空間に関係し自己を揚棄するものとしての点で
あり，面も同様に自己の外にある線が揚棄されたものなのだから。
――点がこの場合は最初の肯定的なものであると思い描かれ，点か
ら始められている。しかしながら，それとちょうど同じ程度に逆の
こともいえる。つまり，空間が肯定的なものである場合は，面が第
一の否定で線が第二の否定であるが，線はその真実からすると自己
自身に関係する否定として点である。移行の必然性は〔どちらの場
合も〕同一である。――幾何学が考察する空間のさらなる図形形成
は一つの空間抽象，すなわち面や何らかの一つの限定された空間全
体をひき続き質的に限定していくことである。そこには必然性の契
機がわずかに現れている。たとえば，「三角形が最初の直線図形で
あり，他のすべての図形はもし規定されるというのなら三角形また
は四角形に還元されなければならない」等々。――これらの図の原
理は悟性の同一性であり，これが図形形成の際に規則性が志向され
るように規定し，そのことによってさまざまな関係を基礎づけ，そ
して置き入れる。だから，今この関係を認識することが学問の目的
となっている。――ついでに注意してもよいだろうが，直線とは二
点間の最短距離だという定義は総合命題であると主張しようという
カントの思いつきは奇妙なものだった。直線についてのわたしの概
念は大きさについてはなにも含まず，ある質しか含まないのだか
ら，とかれは言う[2]。――この意味でならばどのような定義も総合
命題である。定義されるものすなわち直線は最初，直観または表象
であり，それは二点間の最短距離だという規定によってようやく
概念（つまり，そのような定義に現れているようなもの。第176節を見
よ）が形成される。概念が直観のうちにはまだ現れていないことが
｜（134）両者を区別し，定義を要求することになる。たんなる表

────────────

　　2）　（訳注）カント『純粋理性批判』超越論的原理論，第1部，超越論的感性論，B 16
を見よ。「『二点間の直線が最短の直線である』は総合的命題である。というのも，直線につ
いてのわたしの概念は大きさについては何も含まず，ただ質を含むだけなのだから」。また，
カント『プロレゴーメナ』29頁（第2節）をも参照。Vgl. Kant, *Werke.* Bd. 4, 269.

第1部　数　学　　　165

象には何かが質として現れるとしても，その何かに特有なものは量
的な規定に基づく。このことはまったく単純明白であり，たとえば
直角，直線等々にもあてはまる。

第201節　時間（第257節）

2）しかし，点として空間に関係し空間の中で自らの規定を線と面と
して展開する否定性は，自己外存在の領域では単独にあるものとしても
静止した並列状態に対して無関与なものとしても現れる。こうして単独
にあるものとして設定された否定性が時間である。

【119】

第202節　自己外存在の否定的統一としての時間（第258節）

時間は自己外存在の否定的統一としては同じく端的に抽象的で観念的
な存在である。この存在はあることによってなく，ないことによってあ
る。

　時間は空間のように感性ないし直観の純粋な形式である――が，空
　間にと同様，時間にもこの《客観性とこれに対する主観的な意識》
　という区別は関係ない。これらの規定が空間と時間に適用されるな
　ら，空間は抽象的な客観性だが，時間は抽象的な主観性である。時
　間は純粋な自己意識の自我＝自我と同じ原理である[3]。しかしこの
　原理，あるいは単純な概念はまだ全面的な外面性のうちにあり，直
　観されたたんなる生成であり，端的な《自己の外に出ること》とし
　ての純粋な自己内存在である。――時間は空間とまったく同様に連
　続的である。というのも，時間は自己に関係する抽象的な否定性で
　あり，この抽象ではまだ実在的な区別ではないのだから。――時間
　の中ではあらゆるものが生成し消滅すると人は言う。それは時間が
　｜（135）生成と消滅そのものの抽象に他ならないからである。そ
　のあらゆるもの，すなわち時間を満たすものや同じく空間を満たす
　ものが捨象されるならば，あとには空虚な時間ならびに空虚な空間
　が残される――つまり，こうした外面性の抽象物がこのとき設定さ
　れている。――しかし，時間そのものがこの生成，この存在する抽

3）　（訳注）本書45頁注32参照。

象作用，あらゆるものを産んではその産まれたものを破壊するクロノスである。——しかしながら，実在的なものは時間と同一でもあり異なってもいる。時間的なものはすべてが移ろい行く。すなわち，時間の中にあるというにすぎないもの，つまり概念のようにそれ自身に純粋な否定性を帯びているのではない。否定性をその普遍的本質として自己のうちにもつのだが，この本質に絶対的に適合しているというのでもない。それゆえ否定性に対する関係が自己を脅かす威力に対する関係となっているものは，すべて移ろい行くのである。時間それ自身は永遠である。それは時間，つまり何か或る時間でも今でもなく時間としての時間が，その概念だからである。しかし，概念は自己との同一性，すなわち自我＝自我の状態にあるとき，それ自体でそれだけで絶対的な否定性であり自由である。したがって，時間は概念を脅かす威力ではなく，概念が時間のうちにあるのでも何か時間的なものであるのでもない。むしろ，概念が時間を脅かす威力であり，この威力としてあるときはこうした外面性としての否定性であるに他ならない。——それゆえ自然的なものは有限であるかぎり時間に服従する。それに対して真なるもの，理念，精神は永遠である。したがって，永遠性の概念は揚棄された時間であると理解されてはならないし，そうでなくても，あたかも【120】永遠性が時間の後に来るような意味に理解されてはならない。その場合は永遠性が未来に，つまり時間の契機の一つにされてしまうだろう。また，時間が純粋に否定され，永遠性がたんに時間を捨象したものであるという意味に理解されてもならない。そうではなく，時間がその概念のうちにあるとき，一般に概念それ自身と同じように，永遠なものであり，したがって絶対的な現在でもある。｜（136）

第203節　現在，未来，過去（第259節）

現在，未来，過去という時間の諸次元は生成とその解消，すなわち生成が無への移行としての存在と存在への移行としての無との区別へと解消されることでしかない。これらの諸次元が個別性へと直接的に消え去ることが今としての現在であり，今とはそれ自身がこの存在が無へと消

第 1 部　数　　学　　　　　　167

え去ること，そして無が存在へと消え去ることに他ならない。

　1）有限な現在は，今としてあること，したがってその抽象的な諸契機が，過去と未来として，具体的な統一としての現在から区別されることによって，永遠の現在から区別される。しかし，永遠性は概念としてこれらの諸契機をそれ自身のうちに含む。そしてそれらの具体的な統一は今ではない。なぜならばその統一は静止的な同一性であり普遍的なものとしての具体的な存在であって，無へと消え去る存在，生成としてある存在ではないのだから。——ところで，自然という，時間が今であるところでは上述の諸次元の区別が存在するには至らない。それらは必然的に主観的表象，想起，怖れまたは期待の中にあるというにとどまる。しかし，時間の抽象的な過去と未来は空間であり，このことは揚棄された空間がまずは点であり時間であるのと同様である。

　2）空間の有限な学問，幾何学に直接対応するのと同様な時間の学問はない。なぜならば，時間の諸区別は空間の直接的な規定性をなすこの自己外存在の無関心性をもたず，したがって幾何学のように図形形成することはできないのだから。しかし，これを行う能力を時間の原理は手に入れるのだが，それは，時間の原理が麻痺させられ，時間の否定性が悟性によって一へと引き下げられることによる。直観はここでも他の場合と同様に悟性それだけよりも高度で相対的な｜（137）真理を含む。なぜならば，悟性は抽象的であるにすぎないが直観は具体的だから。——さて，この死んだ一，思想のこれ以上はない外面性は外面的につなぎ合わせることができ，これらのつなぎ合わされたもの，算術の数はさらに等不等による悟性規定，同一化と【121】区別を行うことができる。したがって，幾何学には一を原理とする学問が対応する。——3）ところで，数学という名称は先に[4]空間と時間の哲学的考察にも用いられていた。なぜならば，それがこの考察には少なくとももっとも近いのだから。ただし，数学は大きさの規定をこれらの対象について考察するにすぎず，これらのうちでも，上述した通り，時間そのものではなく図

---

4)　（訳注）「先に」：〔162 頁〕以下（第 198 節以下）を見よ。

形形成し結合する―を考察するにすぎない。――運動論では確かに時間もこの学問の対象ではある。しかし，応用数学はけっして内在的な学問ではない。それは応用数学が純粋数学を所与の素材や経験から取り込まれたその諸規定に適用したものだからだというまさにこの理由による。

4）しかし，さらに進んで哲学的数学というものを考えることもできるだろう。つまり，通常の数学的な悟性的学問が前提された諸規定から悟性の方法に従って概念なしに導き出すものを概念に基づいて認識するというような数学である。しかしながら，数学というものが有限な大きさという規定による学問で，その規定の有限性のうちにしっかりととどまることで妥当性を有し移行することがないということは確かなのだから，それは本質的に悟性の学問である。そして，数学は完全な仕方でこうした悟性の学問であることができるのだから，｜（138）数学がこの種の他の学問に対してもつ長所はむしろ維持されるべきであり，数学にとっては異質なものである概念や経験的な諸目的を混入させることでその純粋性が損なわれてはならない。とはいうものの，概念が算術の演算や幾何学の命題で主導的な役割を果たす悟性原理についても，規則とその必然性についても，これまで示されたよりもいっそう根本的な意識を生み出すかもしれないという可能性は常に残る。――もし空間の，あるいは一の図形形成を哲学的に論じようというのなら，図形形成は上述の理由からその本来の意味を失うことになるだろうし，図形形成を論じるような哲学は概念にどれだけ具体的な意味を与えるかに応じて何か論理的なものになることもあれば，あるいは何か他の具体的な哲学的学問のようなものになることもあるだろう。――しかし，思想の表現に空間図形や数のように扱いづらく不適切な媒体を用いようとし，この目的に合わせてこれらを力任せに取り扱うのは何とも無駄で割に合わない骨折りだろう。いつものことだが，空間図形や数にとって特定の概念というものは外から【122】貼り付けられたものだろうから。最初の単純な図形や数は好きなように象徴として用いることができるが，象徴は思想にとって格の落ちる貧相な表現である。純粋思考の最初の試みはこの応急手段に手を出した。ピュ

タゴラスの数体系はその有名な例である[5]。しかし，もっと豊かな概念の場合，これらの手段はまったく不十分である。何しろその組み合わせ方は外的で結び付け方も偶然的であるためそもそも概念の本性にはそぐわないし，複雑に組み合わされた図形や数についてそれらがとりうる多くの関係のうちどれが｜（139）とどめおかれるべきなのかもあいまいになるのだから。そうでなくても概念の流動性はどのような規定も無関与な離散状態に陥ってしまうそのような外的媒体の中では消えうせてしまう。上述のあいまいさが取り除かれるとすればそれは説明することによってだけだろう。そうすると思想の本質的な表現はその説明であり，先の象徴化は内容のない余計なものである。——無限，その比，無限小，因数，冪などといったその他の数学上の諸規定にはその真の概念が哲学自身のうちにある。だから，これらを哲学のために数学から取り出して借りてこようとするのはやり方として拙い。数学ではこれらは没概念的であると，いやそればかりか無意味であると受け取られることすらしばしばあり，その修正や意義づけはむしろ哲学に期待しなければならない。——数学を大きさの理論〔量論〕として考えるなら，その真に哲学的な学問とは度量の学問だろう。しかし，これはすでに具体的な自然の中で初めて存在する事物の実在的な特殊性を前提している。

第 204 節　運動と物質（第 260 節，第 261 節）

3）空間と時間はそれ自体でそれだけで理念の実質をなす。前者の空間は実在的な，あるいはただちに客観的な側面をなし，後者の時間は純粋に主観的な側面をなす。空間はそれ自身で，無関与な《互いに外在的である状態》と区別のない連続性との矛盾である。したがって，それ自身の純粋な否定性であるとともに時間への移行である——こうして，空間は場所の個別性へと向かう。同様に時間も，一にまとめられたその相互に対立する諸契機は直接的に揚棄し合うのだから，無差異への，区別されない離散状態，あるいは空間への直接的な崩壊である。その結果，

5）（訳注）『哲学史講義』（Hegel, *Werke*. Bd. 13, 237 ff. [*SK*18, 235 ff.]*V*7, 23 ff.）および『論理学』（*GW*11, 128-130; *GW*21, 203-206）でのヘーゲルの叙述を参照。

170　　　　　　　　　　Ⅱ　自然哲学

空間にそなわる場所はまさにその点でただちに，自らの規定性に対して端的に無関与なものとして，他の場所になる。｜（140）このように空間が時間へと，そして時間が空間へと消滅し再生することが【123】運動である。——これは生成である。が，それ自身まったく同じほど，両者の同一的な定在する統一，すなわち物質である。

　観念性から実在性への移行，抽象から具体的な定在への移行，今の場合なら空間と時間から物質として現れる実在性への移行，こうしたものは悟性に理解はできない。それゆえ悟性には常に外的で所与のものであると思わせる。周知の見方によれば，空間と時間は空虚で外から物質によって満たされるのである。一方ではこの仕方により物質的な事物は空間と時間に対して無関与であるが，他方ではそれと同時にその本質からすると空間的でも時間的でもあると見なされる。——物質について通常言われるのは，α）それが合成されているということである。——このことは物質が空間と同一であることと関係している。——物質を論じる場合に時間や一般にあらゆる形式が捨象され，物質は永遠で変化しない，と主張されてきた[6]。このことは実際〔上述のことから〕ただちに帰結する。しかし，そのような物質など真実ではないただの抽象物でもある。β）物質は不加入的であり抵抗し，触れることのできるもの，見ることのできるものである等々。これらの述語〔が意味するの〕は，物質が一部は特定の知覚に対してあるもの，一般的には他のものに対してあるものだが，一部はそれとまさに同じだけ自己に対してある自立的なものだということに他ならない。どちらも物質がまさに空間と時間との同一性として，直接的な離散状態と否定性ないし生成との同一性としてもつ規定である。——しかし，観念性の実在性への移行はより形式的な仕方でも，きわめて有名な力学的現象の中に現れている。すなわち，｜（141）観念性が実在性の代わりとなることもあればその逆の場合もあるというものである。表象や悟性が両者の交換可能性から両者の同一性に思い至ることがないのは

――――――――――

　　6)　（訳注）この物質概念をアリストテレスはメリッソスに帰している。アリストテレス『形而上学』A 巻 5 章 . Bd. 2, 337 Z（Aristoteles, *Opera*. 986b 18-20）参照。さらに『哲学史講義』（Hegel, *Werke*. Bd. 13, 301 [*SK*18, 294], *V*7, 54）でのヘーゲルの叙述を参照。

第1部 数　　学　　　　　171

いつもの無思想性が災いしているからにすぎない。たとえば梃子で
あれば距離の代わりを質量が果たすこともあればその逆の場合もあ
り，観念的な契機の一定量がそれに対応する実在的なものと同じ結
果を生み出すのである。——運動の大きさでは同じく速さ，つまり
空間と時間の量的な関係が質量の代わりとなり，逆に質量が増加さ
れ速さがそれに比例して減少すると〔先の場合と〕同じ実在的な結
果が生み出される。———一個の煉瓦はそれだけで一人の人間を打ち
殺すのではなく，一定の速度に到達するときにのみこの結果を生み
出す。つまり，その人間は空間と時間によって打ち殺されるのであ
る。——力の反省規定とはこの場合，一度悟性にとって固定される
や【124】究極的なものとしてそこに立ち続け，そのため悟性を妨
げ，さらに進んで概念を問うということを余計なことだと考えさせ
るもののことである。とはいえ少なくとも次のことは悟性にも無思
想的に〔であれ〕思い浮かぶ。力の結果〔作用〕は何らかの実在的
ではっきりと感覚できるものであること，力の中には力が外化され
たときに見られるものがあるということ，また，力はまさにこの力
を外化〔に即して〕観念的な諸契機，つまり空間と時間の関係を通
じて手に入れることである。——さらにはまたこの概念を欠いた反
省のすることだが，いわゆる力は物質に植え込まれていると，そし
て，物質にとってはもともと外的であると見なしてしまい，そのた
めまさにこの時間と空間の同一性という，力の反省規定で思い浮か
べられ，真実には物質の本質をなすものが，何か物質にとっては異
質で偶然的なものとして設定されるのである。

【125】

第 2 部　物理学

第 205 節　反発，牽引，重さ（第 262 節）

物質はそれ自身の中でその否定性，区別あるいは抽象的な個別化の契機により自らを互いに外在的なものとする。だから，物質には反発〔斥力〕がある。しかし，これらの区別されたものは同一のものだから，その離散状態は同じく本質的に，この互いに外在的に存在する単独のものの否定的統一でもある——したがって連続的である。それゆえ物質には牽引〔引力〕がある。これらの契機の統一が重さ〔重力〕である。

　カントの功績は他にも数々あるが『自然科学の形而上学的原理』で[1]いわゆる物質の構成により物質の概念に途を開いたというものもそこに含まれる。物質はそれまでただ悟性の〔考える〕死んだものとして基礎に置かれるにすぎず，その規定は性質のさまざまな関係によって理解されていたのだが。——この試みによってカントは自然哲学の概念をよみがえらせた。自然哲学とは自然の概念把握，あるいは同じことだが，自然に潜む概念の認識に他ならないのである。しかし，カントはその際，牽引力〔引力〕と反発力〔斥力〕という反省規定を既成のものとして想定してしまい，さらにこれらを規定して，そこから物質が生じてくると述べる際，物質を既成のものとして前提してしまった。——これは混乱である。が，必然的な帰結である。なぜならば，あの〔牽引力と反発力という〕抽象的な契機は同一性がなければ概念把握されることはできないのだから。あるいはむしろこう言う方がよいだろう，なぜならば，これらの相互に対立する規定の考察はただちに解体されてそれらの同一性へと行き着くのだから，と。このカントによる｜　(143) 解明で支配的となっている混乱についてはわたしの『論理学』の体系第 1 巻第 1 部 119 頁以下[2]でより詳細に述べておいた。

---

1)　（訳注）カント『自然科学の形而上学的原理』第 2 版，リガ，1787 年，34 頁以下，70 頁参照。Vgl. Kant, *Werke*. Bd. 4, 498, 517.

2)　（訳注）『論理学』第 1 巻は存在論と本質論を含み，これらは別個に出版されている。詳細は，イェシュケ『ヘーゲル・ハンドブック』294 頁参照。ヘーゲルが言っているのは第 1 巻第 1 部にあたる存在論のことだが，これは題名の中では「第 1 部（1r. Th.）」ではなく「第 1 書（erstes Buch）」とされている。ヘーゲル『論理学』第 1 巻「客観的論理学」ニュルンベルク，1812 年を見よ。Vgl. *GW* 11, 1 ff., 233 ff., 102 ff.

第 2 部　物理学　　175

【126】

第 206 節　物理学の概要

　物質は重さ〔重力〕としてはまず 1) 自己のうちに存在する物質，あるいは普遍的な物質であるにすぎない。これは力学の対象である。しかし，この概念は自らを 2) 特殊なものとするのでなければならない。こうしてそれは元素的な物質であり，元素的物理学の対象である。3) 特殊な物質が自らを個別性へと集約するとそれは個別化された物質であり，本来の物体界の物理学が対象とするものである。

Ａ　力　学

第 207 節　質量と物体（第 263 節）

物質にはまずたんに普遍的であるにすぎない物質としては量的な区別しかなくて，特殊化してさまざまな定量となる——これが質量であり，一つの全体または一という表面的な規定をされるときには物体である。

第 208 節　空間・時間から区別されたものとしての物体（第 263 節）

物体は 1）重さのある物質としては空間と時間の堅固な同一性であるが，2）最初の否定としてはその身に帯びる空間と時間の観念性，空間と時間がもつ互いから，そして物体から区別された観念性であり，本質上，空間の中，時間の中にある。〔だから〕物体はそれらの，〔空間と時間という〕こうした形式に対して無関与な内容をなしている。

第 209 節　重さの現象である運動としての物体（第 264 節）

3）物体はその中で時間が揚棄されている空間としては持続する。そして 4）その中で空間の無関与な存立が揚棄されている時間としては移ろいゆき，一般にはまったく｜（144）偶然的な一である。5）しかし，物体は両者を対立するままに結合する統一である。こうして物体には本質的に運動，すなわち重さ〔重力〕という現象がある。

　　　さまざまな力が物質にたんに植え込まれていると見なされていたのと同じことがとりわけ運動にもあてはまる。運動は科学的であるはずの物理学においてさえ物体にとって外的な規定【127】であると考えられているのだから。その結果，物体は端的にただ外的な原因によってのみ運動へ，つまりある状態へと移し置かれるというの

第 2 部　物理学　　177

が力学の主要公理となっている[3]。一方で運動と静止を，概念を欠いた規定として別々のままにしているのは悟性であり，このためにそれらが相互に移行することを理解しない。他方で表象に思い浮かぶのは地球の自己を欠いた諸物体しかなく，これらが通常の力学の対象である。このような物体の現象に現れ〔そのかぎりで〕妥当する諸規定が基礎に置かれ，自立的な物体の自然本性はその下に包摂される。これに対して，本当は後者がむしろ普遍的な規定で，前者が端的に包摂される規定である。そして絶対的な力学では概念がその真理ということで，また本来的な仕方で叙述される。

第 210 節　万有引力

運動では時間は空間的に場所として設定されるが，この無関与な空間性はまったく同じほどただちに時間的である。場所は他の場所になるのだから（第 204 節）。〔場所の変化という〕時間・空間上のこの差異は，時間・空間の絶対的な同一性の区別，無関与な内容の区別として諸物体の区別である。これら諸物体は散り散りなままではあるが，それとまったく同じくらいそれらの重さ〔重力〕によって統一を求める。——これが万有引力である。｜（145）

第 211 節　物体の個別性・複数性と運動（第 269 節）

引力は物質的な物体性の真実の，そして規定された概念である。だから物体性はそのこととまったく同じほど本質的に特殊な諸物体へと分割されており，その現象する定在，外的な個別性という契機を運動のうちにもっている。このことによって運動はただちにいくつもの物体の関係として規定されている。

　　万有引力はそれだけでなら深い思想であると認められなければならない。この思想は力学にとっての絶対的な基礎をなしており，さしあたりは反省の領域で理解されたのではあるが，特にそれと結び

---

3)　（訳注）ニュートン『自然哲学の数学的諸原理』（Newton, *Principia mathematica*），「公理，または運動の法則」12 頁参照。「法則 I　すべての物体は，その静止の状態を，あるいは直線上の一様な運動の状態を，外力によってその状態を変えられないかぎり，そのまま続ける」（河辺六男編訳『世界の名著　ニュートン』中央公論社，1979 年，72 頁）。

178　　　　　　　　　　　Ⅱ　自然哲学

つけられた量的な規定を通じて注目と信頼を集め，そしてその証明
となるものは太陽系から始まり，果ては毛細管の現象に至るまで追
跡された経験の中にのみ見出されるとされた[4]。——ところで，引
力は端的に慣性の法則に【128】矛盾している。というのも，引力
があるために物質はそれ自身から発して他の物質を目指し進んでい
くのだから。——重さ〔重力〕の概念にはすでに示したように[5]単
独のものと単独のものを揚棄する連続性という二つの契機さえ含ま
れている。さて，〔重さの〕概念のこれらの契機は特殊な力として，
引力〔牽引力〕と斥力〔反発力〕に対応する形で，いっそう詳しく
規定されて求心力と遠心力として理解されるという巡り合わせを経
験する。この二つの力は重力〔重さ〕が物体にはたらきかけるのと
同じく互いからは独立にかつ偶然的な仕方で第三者，つまり物体の
中でぶつかり合うとされる。これによって重力〔重さ〕の思想に見
てとれる深みは再び台無しにされたのであり，かくも賞賛される力
の発見が｜（146）支配的である間は概念も理性も絶対的な運動の
理論の中に入り込むことはできない。——この両力の法則について
見つけ出された量的な諸規定を注意深く追究してみるとあの区別か
ら生じる混乱がすぐに見つかる。しかし，この混乱がさらに大きく
なるのは重さ〔重力〕との関連でこれに言及されるとき[6]である。
そのとき，引力は牽引とも呼ばれて求心力と同じものとして現れ，
このたった一つの力のための法則は引力の全体の法則として現れ，
そして遠心力はいつかこれも端的に本質的となることがあるにもか
かわらずなにかまったく余計なものとして現れるのである。——上
記の推理は重さ〔重力〕の直接的な理念を含み，それは理念そのも
の，すなわち諸物体の特殊性を通じて運動の外的な実在性へと進ん
でいく概念として含むということなのだが，この推理にはこれら三

　　4）（訳注）毛細管を流れる液体に作用する引力の研究に関しては次のものを参照。
ニュートン『光学』（Newton, *Optice*），第Ⅲ巻，第Ⅰ部，疑問31，395-398頁（島尾永康訳，
332-357頁）。ラプラス『天体力学』（Laplace, *Traité de mécanique céleste*），第4巻，パリ，
1805年，350頁以下，天体力学第2巻への補足「毛細管のはたらきについて」。
　　5）（訳注）本巻174頁（第205節）を見よ。
　　6）（訳注）ニュートン『自然哲学の数学的諸原理』5頁（河辺六男訳，63頁以下），定
義Ⅷを見よ。

第2部　物理学　　179

つの契機が理性的に同一で不可分であることが含まれている。——
また，この推理にはいくつもの物体，しかもさまざまな規定に即し
て互いに関係しあう物体の体系の中でのみ意味がある，そうした運
動の相対性が示されている。そのさまざまな規定というのがどのよ
うなものなのかはすぐに明らかとなる。

第212節　諸天体の関係（第270節）

重さ〔重力〕がそこで実在化している特殊な諸天体には，それぞれの
異なった本性を規定するものとしてそれぞれの概念の契機がそなわる。
そこで，〔そのような特殊な諸天体の〕一つは自己内存在の普遍的な中
心である。この〔一方の〕項には自己外存在し中心を欠いた個別性が
〔他方の項として〕対立する。しかし特殊な諸天体は〔この両項とは〕
別のものであり，自己外存在の規定のうちにありながら，それと同時に
自己内存在するものとして〔それぞれが〕独立する中心でもある。そし
て第一の天体へ自らの本質的な【129】統一へ関係するように関係する。
——それは質量から質量への関係ではなく，質的である[7]。｜（147）

第213節　惑星の運動（第268節，第270節注解）

1）相対的な中心性の諸天体の運動は，抽象的で普遍的な中心性の天
体との関係において見られるとき，絶対的に自由な運動であり，この体
系の推理は《普遍的な中心天体が相対的な中心天体を通じて非自立的な
天体性と結びつけられている》というものである。

絶対的に自由な運動の法則は周知のようにケプラーによって発見
された——これは不滅の名声を博す発見である[8]。この法則を証明

7）（訳注）〈自己内存在する普遍的な中心〉と〈自己外存在するが自己内存在もする独
立な中心〉と〈自己外存在し中心を欠く個別性〉の関係は，たとえば太陽と地球と月の関係
として考えるとよい。第213節の「普遍的な中心天体」と「相対的な中心天体」の関係は，
前二者の関係，つまり恒星と惑星の関係にあたる。

8）（訳注）ケプラーの三法則は次の通り。第一法則：惑星は太陽を焦点の一つとする
楕円を描いて運動する。第二法則：惑星と太陽を結ぶ線は同じ時間に同じ面積を描く。第三
法則：二惑星の公転周期の二乗は軌道の長半径の3乗に比例する。第一法則と第二法則につ
いては，ヨハネス・ケプラー『新天文学』（Johannes Kepler, *Astronomia Nova*），〔ハイデル
ベルク〕，1609年，第40章，第58章，第59章，192頁以下，283頁以下参照。第三法則を
ケプラーが詳しく説明したのは後になってからだった。ヨハネス・ケプラー『宇宙の調和』

180　　　　　　　　　　　Ⅱ　自然哲学

したのはケプラーであり，それはケプラーが経験的なデータにその普遍的な表現を見つけたという意味である（第174節）。その後一般的になっているのは，ニュートンが初めてあの法則の証明を見つけたという言い方である。名声がこれほど不公平に最初の発見者から別の発見者に移ることなどそうそうあることではない。ここでは次の点にだけ注意を喚起しておく。基本的にはすでに数学者たちによって認められていることだが，1）ニュートンの諸定式はケプラーの諸法則から導き出される[9]，2）《万有引力の法則に従う天体は楕円を描きながら中心天体の周りを運動する》という命題のニュートンによる証明は円錐曲線一般を対象にしている。他方，証明されるというその主要命題はそのような天体の軌道が円でも円錐曲線でもなく，ひとえに楕円であるというまさにこのことに存する。天体の軌道をある特定の円錐切断曲線にする諸条件は，ある経験的な状況，すなわちある特定の時点における天体の特殊な位置，そしてその天体が最初に受けたという衝撃の偶然的な強さに帰される[10]。3）同様に，いわゆる重力に関するニュートンの法則は｜

（Johannes Kepler, *Harmonices mundi*）リンツ，1619年，第5巻，第3章，184頁以下参照。

　　9）（訳注）フランクールによるケプラーの三法則からのニュートンの万有引力の法則の導出を参照。L.B. フランクール『力学原論』（L.B. Francœur, *Traité élémentaire de mécanique*），第4版，パリ，1807年，255頁以下。フランクールは自身による導出を次のようにまとめている。「それゆえわたしたちはケプラーの素晴らしい法則によって，太陽の中心が引力という距離の2乗に比例して減少しながらあらゆる方向へ無限に広がる力の源であると見なすことへと導かれる。動径〔ベクトル〕がそれに費やした時間によって描いた空間の比例関係の法則はわたしたちに，惑星をつき動かす主要な力が絶えず太陽の中心に向けられているということを示している。惑星の軌道が楕円であることが，各惑星にとってこの力が太陽への距離の2乗の逆数であることを証明する。つまり，公転にかける時間の2乗が軌道の長半径の3乗に対してもつ比例関係から，この力は太陽から同じ距離に置かれたすべての惑星にとって同じであるということが帰結する。それは，この場合にこれらの天体が太陽へ向かって同じ速度で突き進むことになる，ということである。以上のことから，重力は質量に比例すると結論される」（261頁）。

　　10）（訳注）ニュートン『自然哲学の数学的諸原理』第1篇「物体の運動について」，第2章「向心力を見出すことについて」34頁を見よ。「命題1・定理1　回転する諸物体が，不動の力の中心に〔向けて〕ひかれた動径によって描くそれぞれの面積は，不動の一平面上にあること，また時間に比例すること」（河辺六男訳，97頁）。ニュートンは証明にあたって第1章で説明した極限値法，つまり最初の比および最後の比の方法を前提している。離心円錐曲線上の物体の運動を対象とする第3章では，楕円軌道が論じられる（命題11）。第3篇，命題13では，ケプラーの第1法則と第2法則が説明され，その際にニュートンはとりわけ第1篇，命題1と命題13系1へ立ち戻って参照するよう指示している。ヘーゲルの論述とか

第 2 部　物理学　　　　　　　　　　　　　181

（148）経験に基づく帰納によってしか説明されていない。——より詳しく考察してみると明らかになるのは，ケプラーが単純明快かつ崇高な仕方で，天界の運動の法則という形式をとって語ったものを，ニュートンは重力という概念を欠いた反省形式へと変質させてしまったということである。このいわゆる証明なるもののやり方全体は総じて一つのもつれ合った織物になっている。つまり，たんに幾何学的であるにすぎない作図に用いられる線【130】（自立的な力という物理的な意味が与えられている）や，空虚な悟性概念である加速する力，時間粒子（時間粒子の始まりにおいて，加速する力がそのつど新たに作用する），慣性力（先行する作用を継続する）等々から織りあげられている[11]。——理性的な証明を自由運動の量的な諸規定

かわりのあることが明白なこの系は，次のように述べられている。「いちばん新しい三つの命題〔命題 11, 12, 13〕から，任意の物体 P が場所 P から任意の速度で任意の直線 PR の方向に進み，同時にその場所の中心からの距離の 2 乗に逆比例する向心力によって作用されるとすると，その物体は焦点を力の中心にもつある円錐曲線上を動くであろう。またその逆。なぜなら，焦点，接点，および接線の位置が与えられるならば，与えられた曲率をその点においてもつひとつの円錐曲線を描くことができる。そしてその曲率は与えられた向心力と物体の速度とで与えられ，また同一の向心力と同一の速度とでもって，それぞれ〔与えられた接点において〕接する二つの軌道を描くことはできないからである」（同書 53 頁〔河辺六男訳，116 頁〕）。

11）（訳注）ヘーゲルの論述は明らかに力と力の衝突の総計として捉えられたニュートンの等加速運動理解に関係している。ニュートン『自然哲学の数学的諸原理』12 頁参照。「法則 II　運動の変化は，及ぼされる起動力に比例し，その力が及ぼされる直線の方向に行われる。／ある力がある運動を生ずるものとすると，2 倍の力は 2 倍の運動を，3 倍の力は 3 倍の運動を，全部一時に及ぼされようと，順次にひき続いて及ぼされようと関わりなく生ずるであろう」（河辺六男訳，72 頁以下）。慣性を力として理解するニュートンの解釈については同書 2 頁参照。「定義 III　物質の固有力（vis insita）とは，各物体が，現にある状態にあるかぎり，静止していようと，直線上を一様に動いていようと，その状態を続けようとあらがう内在的能力（potentia）である。／この力は常にその物体〔の物質量〕に比例し，質量の慣性〔不活動性〕（inertia）と何らちがうところはない。言い表わし方がちがうだけである。物体がすべてその静止の状態，あるいは運動の状態からたやすく移されることがないのは，この物質の慣性によるものであろう。このことから固有力は，いちばんよく内容を表す名前として，慣性力（vis inertiae）と呼ぶことができよう」（河辺六男訳，60 頁）。さらに同書 2 頁の次の箇所も参照。「定義 IV　外力（vis impressa）とは，物体の状態を，静止していようと，直線上を一様に動いていようと，変えるために，物体に及ぼされる作用（actio）である。／この力は作用のうちにだけあって，作用が終わればもう物体中には残っていない。なぜなら，物体はあらゆる新しい状態をその固有力だけによって維持するものだからである」（河辺六男訳，61 頁）。——ヘーゲルは他にルサージュによるガリレイの落下の法則の解説のことを考えているのかもしれない。ルサージュは落体の運動を微小な時間粒子から合成される非連続的な運動として解釈する。重力は物体をそのような時間原子の始まりにおいて突き動かす。

182   II 自然哲学

について行おうとするのなら，そのとき依拠できるのは空間と時間
の諸概念規定だけ，つまりそれらの関係が運動である諸契機だけで
ある。

第214節 　衛星の惑星に対する関係（第266節）

2）非自立的な諸天体は重力の自己外存在の一方の端であるにすぎず，
したがって，それ自身の中心性を欠く。そのため，これらの天体の絶対
的な関係とは相対的な諸中心天体への関係であり，それらの重力が中心
天体で静止することである。この静止することは天体が散り散りのあり
方をするせいでたんなる努力にすぎない。したがって，圧力，自らの外
にある中心へ向けられた圧力である。

第215節 　落下（第267節，第270節注解）

そのような天体がその中で静止する直接的なつながりからの分離は偶
然的な状態である。つながりを妨げる外的な障害が取り除かれるとその
ような天体は落下によってこの状態を｜（149）克服する。──これは
相対的に自由な運動である。除去すること自体は非自立的なものとして
の天体に帰属しないが，運動は障害が除去される場合そうした天体に内
在するものであり，それ自身の重力の現れである。この運動はそれ自身
で静止に移行する。

引力には，たとえば太陽の惑星に対するものであれ，地球の自身
に属する自立的な物体に対するものであれ，誤った表象がつきま
とっている。あたかも引力が中心天体に内在する活動性であり，ま
た，引力の圏内にある天体〔物体〕がただ受動的かつ外的にのみそ
れに対して振る舞うかのように思い描かれるのである。──もしそ
うならば，絶対的な運動も通常の力学の諸規定を適用されて，自立

G.-L. ルサージュ『機械論的化学論』（G.-L. Le Sage, *Essai de Chymie méchanique*），1758 年，
25 頁以下，93-96 頁参照。さらに，アブラハム・ゴットヘルフ・ケストナー「ルサージュ氏
によって主張された落体の法則の検証」（Abraham Gotthelf Kästner, Prüfung eines von Herrn
le Sage angegebnen Gesetzes für fallende Körper），J.A. ド・リュク『大気とその測定に役立つ
道具について』（J.A. de Luc, *Untersuchungen über die Atmosphäre und die zu Abmessung ihrer
Veränderungen dienlichen Werkzeuge*），J. S. T. ゲーラー訳，第 2 部，ライプツィヒ，1778 年，
660-668 頁所収参照。

的な接線力と，同じく自立的で，中心点から発する力との死せる衝突であると思い描かれ，この両力によって天体は受動的に押しやられたり引き寄せられたりすることになってしまう。——通過した空間は経過した時間の二乗に比例するというガリレイの落下法則[12]は【131】死せる機械論の抽象的な等速——そこでは空間が時間に比例する——とは異なり，時間と空間の諸概念規定が自由になることを示している。これらのうちで時間には一の否定的な契機ないし原理として乗根の規定がそなわり，これに対して空間には互いに外在的なものとして，しかも乗根の規定以外の規定をもたない《自己の外に出ること》として2乗の規定がそなわる。この法則では両契機はまだこの関係のうちにある。なぜならば，落下における運動の自由は制限されてもいるので形式的であるにすぎないのだから。これに対して絶対的な運動は自己に還帰する運動なのだからそこでは関係は全体的なものである。法則とは本質的に比〔関係〕である。｜(150) それゆえ空間と時間はもとのまま区別されている。したがって，無次元的な時間は自己との形式的な同一性に至るだけだが，これに対して空間は積極的な離散状態として概念の次元に至る。それゆえケプラーの法則は距離の三乗の時間の二乗に対する比〔関係〕である[13]。——この法則はかくも簡明かつ直接に事柄の理性を表現しているためにかくも偉大なのである。これとは対照的にケプラーの法則が重さの力〔重力〕の法則に変貌してしまうニュートンの公式[14]は，途中で立ち止まっていた反省が道をねじ曲げ引き返した様を示している。

---

12) （訳注）ガリレオ・ガリレイ『新科学対話』（Galileo Galiaei, *Discorsi e dimonstaziori matematice intorno a due naore suenze attenerit alla Meccarica*），『ガリレオ・ガリレイ全集』（*Opera di Galileo Galilei*）第3巻，パドヴァ，1744年，99頁を見よ。「ある動体が一様な加速運動によって静止〔状態〕から落下するならば，それが任意の時間で通過する距離相互の比は時間の二倍比，すなわち時間の自速の比となる。」

13) （訳注）第213節注18参照。

14) （訳注）ニュートン『自然哲学の数学的諸原理』第3篇「世界体系について」現象4および諸命題，360頁以下（河辺六男訳，422頁以下）参照。

184 Ⅱ 自然哲学

第216節 衝突，静止，慣性（第264節注解，第266節）

3）非自立的な諸天体という〔一方の〕項では，これらが物質として互いに対してもつ万有引力は，これらが共通の中心天体に対してもつ万有引力の下に従属させられている。したがって，互いに対してのそれらの運動はそれらにとって外的かつ偶然的である。そうした運動の原因になっているのが衝突と圧力である。この通常の意味で機械的な運動にあって，落下に関しては何も意味しない質量の大きさと，質量が特定の性状を通じて行う抵抗とが規定契機となっている。この機械的な運動は非自立的な天体の本質的な関係に，すなわちその中心天体に対する関係に矛盾するので，自己自身を通じて自己を揚棄し静止となる。だが概念のこの必然性はこの外面性の領域では外面的な障害または摩擦として姿を現す。

　　慣性の法則はまず非自立的な諸天体の運動の本性から看取されている。これらの天体にとってこの運動はそれらが重さ〔重力〕の違いをそれら自身に帯びてはいないのだから，｜（151）外在的である。しかし，まさにそれゆえ静止すなわち，それらの外にある【132】中心との一致はそれらにとって内在的である。したがって，それらの運動は本質的に静止へ移行するが，絶対的な静止へではなく，圧力へ，それらの中心を志向することとしての圧力へ移行する。この志向することとは，もしそれが志向する運動と見なされるとするなら，少なくとも，上述の外在的な運動が，天体の本性をなすこの志向することへと変化することである。──一つのものとしての障害または一般的なものとしての障害，摩擦は確かに外在的なものではあるのだが，必然的なものである。それは非自立的な天体の概念を通じて設定されたあの移行の現れである。──これこそ振り子を考慮した場合に起きることである。振り子の運動について言われるのが常となっているのは，もし摩擦をなくすことができるなら止むことなく持続するだろうということなのだから[15]。──そ

15）（訳注）「自然哲学講義」ないしいわゆる〈補遺〉から読み取れる通り（vgl. Hegel, *Werke*. Bd. 7, 83〔*SK*9, 73〕），ヘーゲルの論述はグレン『自然理論概説』（Gren, *Grundriß der Naturlehre*）145頁の次の言葉に関係している。「この空気の抵抗によって生じるのは主に，振動の描く弧がどんどん小さくなり，振り子がついには静止するに至るということで

第2部　物理学　　　　　　　　　　　　　　　　　185

れだけで見れば慣性の法則が表現しているのは悟性が静止と運動の
抽象物にどれだけ固執しているかということだけ，すなわち，静止
は静止でしかなく，運動は運動でしかないということだけである。
これらの抽象物が相互に移行するというまさに概念であることは悟
性にとって何か外的なことである。——この慣性の法則，衝突，引
力〔牽引〕およびその他の諸規定は非合法に通常の力学から絶対的
な力学へと転用された。絶対的な力学にあって運動はむしろその自
由な概念のうちにある。

第217節　重さと非自立的天体（惑星）

中心天体と非自立的な天体との区別は重さ〔重力〕それ自身の自己内
存在にあり，重さの自己同一的な本性が重さの現実存在である。非自
立的な天体は自己と同一的な重さの自己外存在として実在的な区別の
始まりとなる。それは重さの否定的な中心，｜（152）その質量の重心
をもつにすぎない。その運動の規定性はそれ自体でそれだけのものでは
なく，要素の一つに後退するのであり，それに対しては質量がもう一つ
の要素となる。そのため，それらが大きさを取り換えることが可能で，
〔その際も〕運動は同一にとどまる[16]。

―――――――――――――

ある。そうでなければ振動の運動それ自体は終わることなく持続するしかないのだから」。
この考え方はクリスティアン・ホイヘンスにまで遡る。ホイヘンス『振り子時計』(Ch.
Huygens, *Horologium oscillatorium sive de motu pendulorum ad horologia aptato demonstrations
geometricae*)，パリ，1673 年，第 4 部，仮定 II，95 頁以下参照。
　　16)　（訳注）非自立的な天体が重さの自己外存在であるという表現は，非自立的な天体
が重さ〔重力〕を生じさせる「中心 J をそれ自身のうちにではなく中心天体のうちにもつと
いう理解に対応している。「自己外存在」とは，天体にとって天体の天体たるゆえんである
重さを発現させる「中心」が「自己」であり，非自立的な天体はこうした「自己」の「外」
にある「存在 J だということを意味する。また，非自立的な天体が質量の重心をしかもたな
いというのは運動と質量とが別々のものとして現れるということであって，それぞれが相互
に交換可能な要素であり，したがって運動は質量のあり方とは無関係にそれ自身の同一性を
保つものとして現れるということを意味する。しかし概念に即したあり方としては，中心天
体の場合に見られる通り，重さ〔重力〕とそれが引き起こす運動そのものがそのまま天体で
ある。1819/20 年の自然哲学講義には次のようにある。「第216 節〔第217 節〕。この節では
運動が外的であると語られている。つまり，運動は天体〔物体〕が何であるかということの
要素であるということである。〔これは〕運動の死滅〔である〕。つまり，重さ〔重力〕その
ものの概念が殺されているということである。天体〔物体〕が重いというのはただ，それが
中心天体へ向かって落下する，という意味でだけである。契機が重さ〔重力〕の自己内存在
の同一性という契機であるのは，その契機が定在の中で一なるものであるということを通じ

186　　　　　　　　　　Ⅱ　自然哲学

第218節　物質の存在をなすものとしての質（第271節）

　この規定されていることの外面性は物質の本来的な規定性をなす。したがって量的な区別のもとで歩みが止まってしまうことはなく，この量的な区別は本質的には質的な区別であり，その結果，物質の規定性が物質の存在をなすことになる[17]。

　　【133】形式を欠く物質という空虚な抽象が許容するのはそのような物質のたんに量的であるにすぎない区別〔だけ〕であり，それ以上の規定性は自身にとって本質的ではない形式だと見なされる。牽引力〔引力〕と反発力〔斥力〕さえ外面的にそれ〔形式を欠く物質〕にはたらきかけるとされる。〔しかし〕形式を欠く物質は自己外設定する概念なのだから，それは規定された形式と同一であり，

――――――――――

てである。そしてそれゆえ，重さ〔重力〕はここではもはや概念に即してそこにあるのではない。むしろ一つの契機が定在に現れているにすぎず，したがって，重さ〔重力〕は静止の規定を受けている。重さ〔重力〕は自己の外にある。というのも，重さ〔重力〕はその運動の一つという形式をとるにすぎないからで，そのことが概念の死滅を引き起こしている」（*GW*24, 44）。「中心天体と非自立的な天体との区別は重さ〔重力〕そのものの概念のうちにある。しかしその区別と自己同一的な重さがそれらの現実存在である。自立的な天体は質量の重心をもつ。つまり中心というものにそなわる一体性，そこに質量の物体性が取り集められる一体性をもつ。しかし，その中心とは運動の中心である。その運動は外的であり，場である。その場に対しては質量がもう一つの場となる。もっとも重要なのは静止の規定性，運動の死滅の規定性である」（*GW*24, 44, Fußnote）。

　17)　（訳注）本書「第2部　物理学」のうち，天文学を扱う「A　力学」から化学を扱う「B　元素的物理学」への移行に関しては，1821/22年の自然哲学講義に見える次の箇所を参照（なお，この学期の講義では「第1部　力学」の「3　天体の体系」から「第2部　物理学」の「A　元素的物理学」への移行にあたる）。「重さ〔重力〕は太陽系の中に繰り広げられている。太陽系の諸規定は展開された重さ〔重力〕の諸規定である。しかし物質とは重さのあるものに他ならない。太陽系の諸規定をなす重さ〔重力〕の諸規定は物質それ自身の諸規定である。このことをもってわたしたちは質的に規定された物質の概念へ入っていく。物質現象の完成とは太陽系のことであるが，同時にそれは，重さ〔重力〕の全本性がいま設定されているということでもあり，そしてこのことが物質それ自身の本性である。したがって，物質はそれ自身が展開されたもの，規定されたものとして設定されている。これらの諸規定が物質の存在をなしている。規定と存在とは本質的に同一なのである。物質はその規定されたあり方から区別されない。このことが総じて質的なものの本性をなしている。――これが力学から物理学への移行である。諸規定はもはや空間的・時間的なものではなく，感覚的で物質化された諸規定である。――物質をわたしたちは空間的・時間的なものとしてもっていた。というのも，それは抵抗するものとしてあったのだから。今やさらなる規定が付け加わる。それは物質が質的に規定されているというものである」（*GW*24, 286）。

第 2 部　物理学

それゆえ規定された形式がその本来の本性をなす。

B　元素物理学

―――――――

第 219 節　元素（第 281 節）

重さ〔重力〕は物質の自己内に存在する本質として，内的にすぎない同一性として，その概念は本質的な外面性なのだから，本質の顕現へと移行する。そのようなものなので重さは諸反省規定の総体であるが，ばらばらに投げ出され，個々が特別な制限をもつ物質として現れる。この物質が，まだ規定されて個別的なものになるには至っていないものとして，形態のない元素である。

元素を規定するために近年恣意的に，化学的な単純性が想定された[18]。これは｜（153）物理的元素の概念とは何の関係もない。物理的元素はまだ実在的な物質であり，そのような物質の自体的に存在する総体性なのだから。

a）元素物体

第 220 節　光（第 275 節）

1）第一の元素的な物質とはその純粋な同一性のことであり，内的なものとしてではなく，定在するものとしての同一性のことである。つまり，自己自身への関係，それも総体性の他の諸規定に対して自立するものとして規定されたそれである。物質のこの現実存在する自己が光である。

―――――――

18)　（訳注）たとえばトロムスドルフ『全化学の体系的案内書』（Trommsdorf, *Systematisches Handbuch der gesamten Chemie*），第 1 巻，22 頁以下における元素（Grundstoffe）ないし単純物質（einfache Stoffe）の一覧表を参照。

第2部　物理学　　　　　　　　　　　189

【134】

第221節　光の諸規定（第276節）

　物質の抽象的な自己としては，光は絶対的に軽いものであり，物質と
しては無限なものであるが，物質的な観念性としては不可分で単純な自
己外存在である。

　　東洋のように精神的なものと自然的なものとが実体的に一つで
　あると考えるところでは，意識の純粋な自己性，自己同一的な思
　考は，真にして善なるものという抽象として光と同じものである。
　——もし実在論的と呼ばれてきた表象が自然の中に観念性の現存す
　ることを否定するならば，その表象に対してはただ光を，この顕
　現以外の何ものでもない純粋な顕現を見ろと指示がなされるべきで
　ある。——重さのある物質は質量の点で可分的である。なぜなら
　ば，それは具体的な同一性，量なのだから。しかし，光のまったく
　抽象的な観念性にそのような区別はない。無限に広がる光を限定し
　たとしてもその絶対的な連関はなくならない。非連続的な単純光線
　と粒子および｜（154）それらの束があり，これらから広がりの点
　で限定された光が成り立っているという表象は，これも物理学でと
　りわけニュートン以来支配的となった諸概念による蛮行の一つであ
　る[19]。——無限に広がる光が不可分的であること，現実のものとし
　ての離散が自己同一を保ち続けることが，悟性によって理解できな
　いと言われることはまずない。悟性固有の原理はむしろこの抽象的
　な同一性なのだから。——天文学者たちは，われわれに知覚される
　ときにはすでに500年かそれ以上前に生じてしまっている天界の
　現象について語るようになっている。そこではまず光の伝播とい
　うある領域では妥当する経験的な現象が，〔それが〕何の意味もも
　たない他の領域に転用されていると考えることができる[20]。しかし，

---

　19)　（訳注）ニュートン『光学』第I篇第I部2頁「定義I　光の射線とは，光の最小粒
子であって，異なる直線上で同時に存在するばかりでなく，同一の直線上で相継いで存在す
るものとする」（島尾永康訳，27頁）参照。また，同書，第III篇第I部疑問29，374頁以下
（島尾永康訳，327頁以下）参照。

　20)　（訳注）大気中での光の伝播に関する知見が大気のない星間空間に転用されている
ということ。1821/22年の自然哲学講義に見える次の箇所を参照。「星と星との関係に関して
はそもそもこの光の時間的な限定は適用されえない。さて，もし誰かがわたしたちの大気の

190　　　　　　　　　　　　　Ⅱ　自然哲学

　その一方で過去が想起という観念的な仕方で現在になるのを目撃で
きる[21]。——目に見える面のどの点からもあらゆる方向へ光線が発
している。つまり，どの点からも，無限の広がりをもつ物質的な半
球が形成されるという表象にしたがうならば，数かぎりない半球の
すべてが互いに貫通し合っている[22]。しかし，そうだとすると眼と
対象との間に圧縮され混乱した集塊が発生し，何かが見えるという
ことが説明されるべきであるにもかかわらず，この説明のために
むしろ何も見えないということになってしまうだろう。だが，むし
ろこの表象のすべてがそれ自身で無に帰することになる。それは，
【135】具体的な物体は多くの物質からなり，したがって一方のも
のの孔(あな)の中に他方のものが見出され，他方のものそれ自身の中には
逆にもう一方のものがはまり込んでおり，〔こうして互いに〕循環
している，とする表象と同様である[23]。——このあらゆる方面にわ

────────────

中での光の屈折を算定し，光の伝播に関する法則を発見するとする〔…〕——それでもその
法則に基づいて，わたしたちの大気を必要としない領域内での光の伝播に関するどのような
推理も行うことはできないのである」(*GW*24, 297)。

　21)　（訳注）J.E. ボーデと F.Th. シューベルトは W. ハーシェルによって観察された，
光が地球に到達するのに何千年もかかるいわゆる星雲（星団）について語っている。J.E.
ボーデ『天文学入門』(Johann Elert Bode, *Anleitung zur Kenntniß des gestirnten Himmels*)，
改訂第 6 版，ベルリン，1792 年，598 頁以下。シューベルト『理論的天文学』(Schubert,
Theoretische Astronomie)，第 2 部，57 頁以下。また，想起と現在については前注の引用に続
く次の箇所を参照。「したがってハーシェルはとりわけ天体現象が，星々が消えてしまったと
いうことを，変化してしまったということを示したことになる。というのも，これらの変化
はもともとすでに 500 年前に起こったことなのだから。——それは常に驚くべき表象である。
それは何か幽霊のようなもので，ある作用が現にあるのに，それはとうの昔になくなってい
る何かなのである。それは感覚に及ぼされる作用だが，それと同時に，想起でしかないので
ある」(*GW*24, 298)。

　22)　（訳注）ヘーゲルがここで念頭に置いているのは明らかにニュートン『光学』第 I
篇第 I 部公理 VI および VII，8-14 頁（島尾永康訳，34-40 頁）である。

　23)　（訳注）ヘーゲルは J. ドルトンの気体理論のことを考えているのかもしれない。こ
れをかれは他の箇所で引き合いに出している (vgl. *GW*8, 65)。J. ドルトン「混合気体種の性
質に関する新理論のさらなる探求」(John Dalton, Weitere Erörterung einer neuen Theorie über
die Beschaffenheit gemischter Gasarten)，『物理学年報』(*Annalen der Physik*)，L.W. ギルバー
ト編，第 13 巻，ハレ，1803 年，所収，442 頁参照。「これまでのことから明らかなように，
わたしはどのような気体もいわば大量の固体から成る一つの部分からできており，これは何
千あるいはそれ以上の部分，隙間，あるいは（そう呼んでかまわないのなら）孔へと細分さ
れる，しかも，多量の他の気体種がこの隙間にあっても最初の気体を本質的に壊すことがな
い，と考える〔…〕。」

第2部 物理学 191

たる相互貫通によって，諸成分が非連続的な物質であると想定することができなくなり，むしろ｜（155）まったく観念的な関係に根拠を与えることになる。——光の自己的な本性は，自然の事物が光によって生命を与えられ，個体化され，その成長を強められるとともに束ねられるのである以上，まずは物質の個体化として姿を現す。その一方で，さしあたり抽象的な同一性は特殊性の還帰と揚棄としてのみ，個別性の否定的な単一性としてある。

第222節　色彩（第277節，第278節，第320節）

光は普遍的な同一性としては，さしあたり総体性の諸契機に関してこの区別の規定，あるいは悟性の規定のうちにあり，〔そのようなものとしてあるかぎりで〕具体的な物質に対して関係する。それは，外的で他なるものとしての光が，暗いものとしての具体的物質に対する関係である。この一方の他方による接触と外的な混濁が色彩である。

　有名なニュートンの理論に従えば白色の，すなわち無色の光は五つないし七つの色から成り立っている[24]。——〔五つないし七つの色からと言ったが〕それは，正確にはこの点をその理論自身が分かっていないからである。——まず，表象の蛮行について。光の場合も最悪の反省形式である合成なるものに即して捉えられており，これによれば，澄んだ水を七つの土類から成り立たせることができるのと同じように，明るいものは七つもの暗いものから成り立つという。こうした表象の蛮行についてどれだけ強い言葉で述べても強すぎることはない。それはニュートンの観察と実験の手際のまずさ，退屈さ，それどころか不誠実さについてさえも同様である。——次にはあの不純な経験的データに基づく推理，演繹，証明のやはり粗悪な質について。——さらに，始まってから今やほぼ一世紀半となる受け売りの盲目性や，あの単純素朴な｜（156）表象をかばう受け売り屋たちの無知ぶり，終わりにとりわけあの理論から直接的に推理される数多くのこと（たとえば色収差のない望遠鏡の不可

---

24)　（訳注）ニュートン『光学』第II篇第I部観測14，204頁（島尾永康訳，196頁以下）参照。ニュートンはまず五つの主色，赤，黄，緑，青，菫を挙げ，次に七つの色，赤，橙，黄，緑，青，藍，菫を挙げている。

能性）が放棄されたのにその理論そのものは無思慮にも主張される
ことについて[25]。——最後に，その理論が何か数学的なものに基づ
いていると先入観で考えることや，部分的には誤ってさえいるし一
面的でもある測定値や【136】推理に取り込まれた量的な諸規定が
あたかも理論の何らかの根拠や事柄そのものの本性であるかのよう
に先入観で盲目的に考えることについて。——この光の中の暗闇に
ついてのゲーテによる明快であるとともに根本的かつ学識豊かなも
のでもある解明がなぜ受容されて影響力をもつに至らなかったの
か，その主な理由が次のものであることに疑いはない。すなわち，
人は認めるかもしれないが，無思慮さと単純素朴さとがあまりにも
大きすぎるのである。——これらの辻褄の合わない表象は減るどこ
ろか，最近ではマリュスによる発見に基づいて，光の偏光〔分極
化〕[26]，太陽光線の四角形性[27]，赤色光線の左への回転運動と青色光

---

25)　（訳注）ニュートン『光学』第 I 篇第 I 部命題 VII 定理 VI, 76-104 頁（島尾永康訳,
92-112 頁）参照。「命題 VII 定理 VI　望遠鏡があらゆる点で完全なものとして製作されるこ
とを光の各射線の異なった屈折性が妨げる」。ヘーゲルはまたゲーテの叙述をも念頭に置いて
いるのかもしれない。ゲーテ『色彩論』（Goethe, *Zur Farbenlehre*），第 2 巻，テュービンゲン,
1810 年, 581-88 頁（収色性 Achromasie について）参照。

26)　（訳注）次のものを参照。フランス学士院会員マリュス中佐著「新たな光学的現
象，光線の偏光に関して」（Eine neue optische Erscheinung, die Polarisirung der Lichtstrahlen
betreffend, von dem Obrist-Lieutenant Malus），1811 年 3 月 11 日フランス学士院での講演，ギ
ルバートによる意訳，『物理学年報』L.W. ギルバート編，第 38 巻，ライプツィヒ，1811 年,
237-48 頁所収。「これらの観察はわたしたちを次のような推理に導く。これらの状況下にあ
る光はある特質を帯びるが，この特質は反射する表面に対する光の方向には左右されず，た
だ垂直の射線の側面にのみ関係するのであり，北と南の側面との関係では同一だが，これに
対して東と西の側面との関係では異なるということである。これらの側面を極（Pole）とい
う名前で表すことができるのなら，わたしは光にこれらの極に関係する特質を与える変容を
分極化〔偏光（Polarisierung）〕と呼んでよいと考える。わたしは今までここで問題になって
いる物理学的現象を記述するに際してこの呼称を容認することには抵抗してきたし，あえて
これをわたしの最初の実験を公表した諸論文に取り入れることはしなかった。だが，この新
種の諸現象が示すさまざまな変種と，これらを記述することの困難さがこの新しい術語を容
認するようわたしに強いる。しかし，この術語は光が新しい特質を獲得することで被る変容
以上のことを言い表すものではない。その特質は射線の諸側面が互いに対して直角に立ち,
射線の方向を垂直に切断する一つの平面上にあると考えられるかぎり，射線の方向にではな
く，ただその側面にだけ関係する」（240 頁以下）。

27)　（訳注）C. L. ミシュレ版『エンツュクロペディー』自然哲学の脚注から分かる通り,
ヘーゲルが太陽光線の四角性にふれるときかれが考えているのは J. T. マイアーである。次の
箇所を参照。「2 枚の鏡を鋭角となる何らかの角度に置き，そのうちの 1 枚は弱い鏡で透明な
ガラスであるとする。そして下の方の鏡を回転させると，一度は光の像が得られるが，その

第 2 部 物理学 193

線の右への回転運動[28]，といった具合にそれが増幅されてしまった。
そのような単純素朴さは物理学がいわゆる仮説に関してもつ特権に
よって正当化はされる。しかし，人は冗談でも自分の単純素朴さを
認めることはない。冗談どころではない仮説についてそのようなこ
とを漏らすなどもっとありそうにない。

第 223 節　光体
光は抽象的な中心性の天体の定在または物理的な意味をなしており，
この天体は光体として実在する。｜　(157)

第 224 節　月と彗星（第 279 節）
〔(2)〕この抽象的な同一性はその実在的な対立を自分の外にもつ。反
省の元素的契機としてこの対立は自己崩壊し，両面二重性としてある。

後直角になると消えてしまう。さらにつづけて 90 度回転させると光は 2 つの側面に見られ
るが他の 2 つの側面には見られない。こうしてマイアー教授はゲッティンゲン〔ニュートン
の影響が強い都市〕の知性をもってここから太陽光線の四角性を取り出してみせた」(Hegel,
Werke. Bd. 7. Abt. 1. 306；ただし *SK* 9. 248 にその脚注はない)。J. T. マイアー「光の極性につ
いて」(J. T. Mayer, Commentatio de polaritate luminis)，『ゲッティンゲン王立学問協会最新論
文集』(*Commentationes Societatis Regiae Scientiarum Gottingensis Recentiores*) 第 II 巻，1811-
13 年，数学クラス 1812 年，18，20 頁以下，28 頁以下参照。
　　28)　（訳注）ヘーゲルが引き合いに出しているのはビオの論述である。J. B. ビオ『実験
的・数学的物理学概論』(J. B. Biot, *Traité de physique expérimentale et mathématique*)，第 4
巻，パリ，1816 年，499-542 頁，特に 520 頁以下参照。また，C. L. ミシュレによる注を参照
(Hegel, *Werke*. Bd. 7, Abt. 1, 306)。「わたしたちが説明したばかりの理論に従えば次のことが
理解される。わたしたちのプレート〔水晶板〕で，もし異常光線が最初は第一次の青で，他
方，長斜方形が 0 度の角度に置かれるなら，長斜方形を右から左へ回転させると，続いて藍，
紫，紫がかつて黒に近い赤，黄色がかった赤，黄等々が生じるのでなければならない。〔…〕
／このアプローチに従えば，〔光の〕粒子の回転の方向と色の円環状の移り変わりとは相互に
関連する二つの事柄であり，前者が後者の原理であるという関係になっている。それゆえ一
方について他方によって判断することができる。そうすると，水晶板に向かって円環状に色
を置き，長斜方形を左から右へ回転させるなら，これらの水晶板が同じように光を左から右
へ回転させる，つまり以前とは反対の方向に回転させる，と結論しなければならないだろう。
そして実際これがわたしに起こったことなのである。わたしが入手したのは以前のものとまっ
たく同じほど透明な結晶から削り出された同様な板である。そして，それらの板を透過した
光を分析するに際して，粒子が回転する方向が，角度の異なりに応じて色が変化するその順
序に従っていることを認めた。／わたしが入手したこの種の最初の板は非常に幅広で厚さは
6mm だった。それを正しく直角に偏光射線に当て，正面の切断面が 0 度の角度に置かれている
氷州石の長斜方形のプリズムによって伝えられた光を分析すると，それは強い赤の正常光線
ととてもきれいな緑の異常光線を出す」。

194 Ⅱ 自然哲学

すなわち，α）物体的な差異，物質的な自立存在，剛性と，β）対置そのもの，ただし自由で，個体性によって維持されるものではなく，ただ自己崩壊するだけのもの，つまり解体であり中性であるものとの両面二重性としてある。前者が月という天体，後者が彗星という天体である。

　この二つの天体には重力〔重さ〕の体系の中でも，相対的な中心天体として，同一の概念に基づく，物理学上さらに明確な意味がある。それについてここで述べておく。——それらの月と彗星とは自身の軸を中心に回転はしない。剛性つまり形式的な自立存在は対立の中に含まれる自立性であり，したがって個体性ではない。こうした剛性の天体は，それゆえ仕えるもの，他の天体の衛星【137】であり，この他の天体のうちに自身の軸をもつ。解体の天体，剛性の反対物はその振る舞いの点で逸脱するものである。そしてその離心的な軌道においてはその物理学的な定在におけるのと同じように偶然性を示している。そのためこれらの天体については，大きな惑星が近づけばそれらの軌道が変わることもあるだろうと推測された[29]。——それらは表面的な具体化として姿を現すのであり，したがって，いずれまた偶然的に霧散してしまうかもしれない。——月には大気圏がなく，それゆえ気象学的な過程がない。月が見せるのはただ高山とクレーター，それにこの剛性のそれ自身の中での発火しかない。それはハイム（数少ない才気に富む地質学者の一人）がたんに剛性をもつだけの土の原始的な形態であるとした結晶の形態である[30]。——彗星は｜（158）形式的な過程，不安定な靄の塊として現れる。彗星がなにか剛性をもつもの，核を見せたことはない。彗星とはただの流星であるという古人たちの考え[31]に対して最近の天

　29）（訳注）ヘーゲルが考えているのはおそらく1770年に出現した彗星をめぐる論議のことだろう。F.Th. シューベルトは彗星軌道が木星への接近によって変化させられたという考えを主張していた。シューベルト『理論的天文学』第2部，357頁参照。この想定の正しさをラプラスが証明した。ラプラス『天体力学』第4巻，パリ，1805年，223頁以下参照。

　30）（訳注）〔ヨーハン・ルートヴィヒ〕ハイム「かつての地球の表面と現在の月の表面との類似性について」[Johann Ludwig] Heim, Ueber die Aehnlichkeit der ehemahligen Erd-Oberfläche mit der gegenwärtigen des Mondes），『地理学・天文学振興月報』フォン・ツァハ男爵編（Monatliche Correspondenz zur Beförderung der Erd- Himmels-Kunde, herausgegeben vom Freyherrn von Zach），第6巻，ゴータ，1802年，528-542頁参照。

　31）（訳注）ヘーゲルが示唆するのはおそらくアリストテレスの彗星理論だろう。アリ

第2部　物理学　195

文学者たちはもはや以前ほど冷淡でも高慢でもない。これまでのところたった一つの彗星の回帰がやっと観察されたにすぎない。他の彗星は計算に従って待たれていたもののやっては来なかった[32]。——天文学者たちによって行われた〔計算通りに彗星が回帰するだろうという〕推測も次のことを指し示している。すなわち，かれらが体系の全体に対して偶然的な，でたらめに出現する彗星という現象についての従来の形式的な見解を時間がたてば放棄することもあるだろうし，体系内の他の天体が彗星に対して抵抗する，つまり必然的な有機的契機として振る舞うという考えをとることもあるだろう。そして，このことによって彗星について恐れられていた危険に対してこれまでよりもましな慰めの理由を持ちだすこともできるようになるだろう，ということを[33]。

第225節　惑星（第280節）

3）この対立が自己へと立ち戻るとそれが地球ないし惑星一般であり，個体的な総体性の天体である。この総体性の中では剛性が実在的な諸区

ストテレス『気象論』第1巻第7章244 M-245 A（Aristoteles, *Opera.* 344a9-33）参照。

32）（訳注）ヘーゲルの考えているのがハレー彗星の回帰である可能性はきわめて高い。ハレー彗星は1682年に出現したあと，エドモンド・ハレーの予言どおり1759年に再び観測された。シューベルト『理論的天文学』第2部，351頁以下参照。「1774年までに現れてそのことが予測されたすべての彗星の一覧表から見てとれるのは，1456年，1531年，1607年，1682年，1759年の彗星，さらに1264年，1556年の彗星，1532年，1661年の彗星それぞれの構成要素，とりわけ傾向がほぼ同じだということである。ハレーは周期がおよそ75年以上にも達する最初の彗星の同一性に初めて気づいた。〔…〕ハレーが予言していた通り，やや遅れてではあったものの，同じ彗星が1759年に再び現れた。その遅れは大きな惑星による妨害を受けたことの結果だった。二つ目の彗星は292年の周期をもつことになり，そうすると1848年に出現するのでなければならないことになる。周期が129年になるだろう三つ目の彗星は1790年に再び期待できるとされていたところ，その年には実際に三つの彗星が観測されたのだが，それらのうちどれも先のものとは一致しないようである」。

33）（訳注）ヘーゲルはW. ホイストン（W. Whiston），P. L. モロー・ド・モーペルテュイ（P. L. Moreau de Maupertuis），J. J. ルフランセ・ド・ラランド（J. J. Lefrançais de Lalande）などの理論のことを考えているのかもしれない。それらの理論では彗星が地球と衝突することはありうるしすでに起きてもいるとされる。W. オルバースはこれらのカタストロフィー理論に確率計算で対処する。オルバース「彗星が地球と衝突する可能性について」（Olbers, Ueber die Möglichkeit, daß ein Comet mit der Erde zusammen stoßen könne），『地理学・天文学振興月報』フォン・ツァハ男爵編，第22号，ゴータ，1810年，46番，412頁以下，420頁以下参照。

196　　　　　　　　　Ⅱ　自然哲学

別への分離へと解き開かれており，この解体が自己的な統一点によって
とりまとめられている。

　人々は太陽と星が惑星よりも卓越した本性のものであると見なす
ことに慣れているが，それは反省が初めて感性的な知覚を超える
と，まだ概念把握されていない個物ではなく抽象的なものを最高の
ものと考えるからである。——惑星という名前は個体性の天体のも
のとしてそれらの運動に関する直接的な見解から生まれた。【138】
しかし，｜（159）この運動がもっとも具体的であり，生命性の表
現である。この運動は，それ自身でそれだけで見ると，自身をめぐ
る軸回転であると同時に中心天体をめぐる。それゆえまた体系の中
心点の静止や，天体のうちで月の従属的な運動や彗星の逸脱的な運
動よりも卓越している。同様に，中心天体にそなわる光としての本
性は抽象的な同一性である。この同一性の真理は，思考の真理が具
体的な理念のうちにあるように，個体性のうちにある。——惑星の
系列に関していうならば，天文学は諸惑星のもっとも手近な規定性
である距離についてまだ本当の法則を発見しておらず，ましてやな
にか理性的なものを発見することなどまるでできていない。——わ
たしがこの点に関する以前の論考で試みたことは満足のゆくものと
見なすことがもはやできない[34]。——同じように，その系列の理性
性を物理的な性質の中に示してみせようという自然哲学上の試み[35]
は，これまでのところ手始めとして，重要な視点を見出すにとど
まっていると考えられる。——非理性的なものとは偶然性の思想を
このような場合に基礎とすることであり，たとえば太陽系の配列を
音楽上の和音の法則にしたがって理解するというケプラーの思想の
うちに想像力の混乱をしか見ず，理性がこの体系の中にあるという

---

　34)　（訳注）ヘーゲルは自身の大学教授資格取得論文のことを示唆している。G.W.F.
ヘーゲル「惑星の軌道に関する哲学的論考」イェーナ，1801 年，31 頁以下。Vgl. *GW*5, 252
f. この一節は後の版で削除される。
　35)　（訳注）ヘーゲルが触れているのはシェリングによる惑星の系列と金属の系列との
並置である。シェリング『哲学体系の詳述』（Schelling, *Fernere Darstellungen*），91-180 頁，
第 Ⅷ 節「わたしたちの惑星体系の特殊な形成と内的な関係についての考察」，特に 98 頁以
下，119 頁以下参照。Vgl. Schelling, *Werke*. Bd. 4, 450-508, bes. 455 ff., 469 ff.

第 2 部　物理学　　　197

深い信仰を高く評価しないことである[36]。——この信仰がケプラー
の輝かしい諸発見のたった一つの根拠だった。——これに対して，
ニュートンが音の数比を色に適用したまったく手際の悪い間違った
やり方の方は賞賛と信用を保っている[37]。

b）元　　素

第 226 節　物理学的元素（第 281 節）

個体性の物体は元素的な総体性の諸規定を従属的な契機としてその身
に帯びる。これらの諸規定はそのまま制約されず｜（160）自立的に存
立する物体である。このようにしてこれらが個体性の物体の普遍的な物
理学的元素〔構成要素〕となっている。

第 227 節　空気（第 282 節）

1）区別を欠いた単純性の元素はもはや自己との肯定的な同一性，つ
まり，光それ自身がそうである自己顕現ではない。【139】（これ〔自己
顕現〕が個体的な物体の独自の内的な自己をなす。）むしろ，何らかの他の
ものの，自己を欠いた契機としてある否定的な普遍性でしかない。そ
れゆえ，この同一性は怪しまれることなくそっと忍び寄って食い尽くす
個体的かつ有機的な過程の威力である。それはすべてを受け入れる透明
な，しかしまた柔軟ですべてに入り込む流体，つまり空気である。

36）（訳注）ピエール・シモン・ラプラス『世界体系解説』（Pierre-Simon Laplace,
Exposition du system du monde），第 2 巻，パリ，1796 年，262 頁以下参照。「ケプラーが楕
円運動の普遍的法則を彗星に適用しなかったことには驚かざるをえない。しかし，燃えるよ
うな想像力に迷わされてしまい，ケプラーは自らをこの偉大な発見に導いた類比の糸を手
放してしまったのである。〔…〕一連の推理を通じて特殊な現象からより包括的な別の現象
へと，そしてこれらの現象から自然の普遍的法則へと苦労して上昇するかわりに，すべての
現象を想像力が気ままに作り出し手を加えた都合や和音の下に整理する方が容易であり快適
でもあった。このようなわけでケプラーは太陽系の配列を音楽上の和音の法則によって説明
したのである」。また，J.K.F. ハウフによる同書のドイツ語訳（Johann Karl Friedrich Hauff,
Darstellung des Weltsystems），第 2 巻，フランクフルト・アム・マイン，1797 年，285 頁以下
参照。
37）（訳注）ニュートン『光学』第 I 篇第 II 部，命題 III 実験 7，120 頁以下，命題 VI,
147 頁，第 II 篇第 I 部，観測 14，204 頁参照。

第228節　火（第283節）

2）対立を構成する元素は，〔まず〕α）それだけで存在するものである。ただし剛性のそれのように無関与なものではなく，個体性の中に契機として設定されたもの，したがって物質的な自己性，熱と同一のものとしての光，すなわち火である。それは物質化された時間，端的に落ち着きのないもの，食い尽くすものであり，存続する物体が自分を食い尽くしてそのような時間が生じることもあるし，反対に，そのような時間が外から存続する物体へとやって来てそれを食い尽くすこともある。──それは自己自身をも食い尽くす食い尽くしである。

第229節　水（第284節）

β）もう一方の元素は中性的なもの，対立がそれ自身の中で一つになったものである。しかしこの対立項はそれ自身のうちに個別性を，したがって，剛性と規定を欠き，全体としての均衡〔を保つことで成り立つもの〕である。そのため機械的に自身の中に設定された規定性すべてを解体する。また，形態の制限を外から受け取り，過程の不安定をそれ自身に帯びることなく，端的に過程の可能性であり，解体可能性である。これが水である。│（161）

第230節　地性（第285節）

3）しかし，展開された区別とその区別の個体的な規定との元素はさしあたりまだ無規定な地性一般である。

【140】　　　　　　　　c）元素過程

第231節　気象学的な過程（第286節）

個体的な同一性へと異なった元素が，そしてそれらの互いに対する差異が，またそれらの一体性に対する差異が結びつけられていく。この個体的な同一性は地球の物理学的な生命，気象学的な過程をなす弁証法である。それらの元素は，非自立的な契機としてはこの過程のうちでのみ存続するとともにその中でのみ産出される。

第 2 部　物理学　　　　　　　　　　　　199

　通常の力学と自立的な[38]物体〔天体〕とが有する諸規定が絶対的な力学と自由な中心天体とに適用されるのとちょうど同じように，個別化された個体的な物体の有限な物理学は地球過程の自由な自立的物理学と同一のものだと見なされる[39]。地球の普遍的な過程のうちに，個別化された物理的物体性による外的かつ非自立的な過程に見られるのと同じ諸規定を再認識し証明することは，まさに科学の勝利だとされる。こうした等しさを示してみせることは，諸規定が固有の差異や制約を捨象されて，牽引力〔引力〕のように表面的な普遍性にされることによってなされている。——そのような力や法則は特殊なもの，具体的な概念，制約を欠いている。だから，一部では外的な素材として付け加わっていると見なされ，一部では類比に従い創作して付け加えられたのである。｜（162）——主要な差異をつくり出すのは諸元素の実体的で不変的な違いについての固定観念である。そして，そのような違いを悟性は個別化された素材の諸過程に基づいて呆気なく固定してしまった。この諸過程に高次の移行が現れるとき，たとえば結晶の中で水が固体になり，光，熱が消える等といったとき，形式的思考の頑固さは概念に対抗して雲を掴むような規定を用いて，また部分的には解体，結合されること，潜在性になること[40]といった類の無意味としか言いようのない表現を用いて助けを自分に用意する。本質上このことに関連するのは，諸現象に見られるあらゆる関係が素材や物質，それも部分的には計量のできないそれらへと変貌してしまうことである[41]。この変貌に

---

　38)　（訳注）第 2 版，第 3 版では「非自立的な」。

　39)　（訳注）第 216 節注解最後の部分を参照。

　40)　（訳注）トロムスドルフ『全化学の体系的案内書』第 1 巻 49 頁以下（解体），90 頁（結合された，感知されない）参照。潜在性の概念は J. ブラック（J. Black）にまで遡る。J. Ch. P. エルクスレーベン『自然論の基礎』(Johann Christian Polykarp Erxleben, *Anfangsgründe der Naturlehre*) 第 5 版，G. C. リヒテンベルクによる補足付き，ウィーン，1793 年，429 頁参照。「今やこの熱は液体のために用いられたところで温度計に作用することはもはやないのだから，ブラック博士はそれに潜在性の（隠れた）熱という名前を与えた。それを液体熱，気化熱，気体状の熱と呼んでもよいだろう。」

　41)　（訳注）素材と物質については当時の化学でさまざまに論じられている。次の箇所を参照。トロムスドルフ『全化学の体系的案内書』第 1 巻，22 頁以下，73 頁以下，77 頁（計量のできない実体）。グレン『自然理論概説』(Gren, *Grunriß der Naturlehre*)，324, 378, 520, 688 頁以下，774 頁以下，318 頁（計量のできない実体）。

200   Ⅱ 自然哲学

よってどの物理学的な【141】存在も上述した物質のカオスにされてしまい，物質が一方から他方へと，仮構された〈孔〉を出たり入ったりすることにされてしまう[42]。そしてすべての概念だけでなく表象までもが失われてしまうのである。

第232節 地球の過程の一契機としての分裂と緊張（第287節）

地球の過程はその普遍的な自己，光の活動性，太陽との根源的な関係によって持続的に駆動される。この過程の一つの契機が地球の実体的な同一性の分裂，〔すなわち〕自立的な対立を構成する諸契機間の緊張関係，剛性と自己を欠いた中立性との緊張関係である。これによって地球はといえば解体に近づき，それは一方では結晶，月になることであり，他方では水の天体，彗星になることである。そして，これら諸契機はといえば自分たちの自立的な根とのつながりを現実のものにしようとする。

第233節 地球の過程のもう一つの契機としての自己揚棄（第288節）

もう一つの契機は，対立を構成する諸契機が近づき自立存在するものが｜（163）頂点まで高められた否定性として自身を揚棄するということである。——これは別々の存続を得ようとしていた諸契機が自ら発火して焼尽することであり，このことを通じてそれらの実体的な同一性が確立され，地球は実り豊かな個体性になった。

雷雨はこの過程の完璧な現象であり，その他の気象現象は雷雨の始まりないし契機であり未熟な遂行である。しかし，雷雨について物理学は，なにしろその見解を外面的な過程の諸条件に限定するのだから，雨の形成も（ド・リュクが観察を行いそこから引き出した結論が，ドイツ人の中では才気に満ちたリヒテンベルクにより溶解理論に対抗して主張され，少なくとも記憶にとどめられているにもかかわら

---

42)（訳注）第221節注解参照。

第 2 部　物理学　　　　　　　　　　　　201

ず[43]）稲光も雷鳴もうまく扱うことができない[44]。まったく同じよう
に他の気象現象，とりわけ隕石[45]もうまく扱うことができない。こ

43）（訳注）J. A. ド・リュク『気象学に関する新考案』(Neue Ideen über die
Meteorologie) フランス語からのドイツ語訳，2 部，ベルリン・シュテッティーン，1787-88
年。「物理学者たちがしばらく前から納得しているように見える蒸気に関する仕組みとは，こ
の現象が水の空気による真なる間接的または直接的分解だというものである。わたしはこの
考え方を採ったことがない。なぜならば，この考え方はその根拠とされた美しいアナロジー
にもかかわらずわたしには事実に反していると思えたからである」（第 1 部 9 頁）。「何人かの
物理学者が考えたところによると，空気は希薄化することによって，分解されたままそれが
持ち続けるとかれらのいう水の一部分を走らせる〔つまり，雨を引き起こす〕。しかしヴィル
ケ氏とフォン・ソシュール氏は実験によって，空気の希薄化が正反対の結果を引き起こすこ
とを証明した。すなわちそれは乾燥性の増加を引き起こすのである」（第 2 部 31 頁）。また，
第 1 部 64 頁，第 2 部 72 頁，111 頁参照。さらに，「ド・リュク氏のフルクロア氏に宛てた
書簡　現代の化学について」(Schreiben des Herrn de Luc an Herrn Fourcroy über die moderne
Chemie)，『物理学ジャーナル』(Journal der Physik) D.F.A. C. グレン編，第 7 巻，ライプツィ
ヒ，1793 年，135 頁参照。「わたしはそのように現代化学の失墜は時代に問題があるためで，
つまり人々がかなりな広い関心をもって気象学の研究に注力しているであろう時代に問題が
あるためだとするのだが，そのときわたしが最初に置くのは次のような命題である。『雨を空
気の乾燥性から説明することは不可能である。したがって，この気象現象を生み出す水は大
気中の空気が分解することに由来するのでなければならない。』」――リヒテンベルクに関し
ては，『ゲオルク・クリストフ・リヒテンベルクによる湿度計およびド・リュクの雨理論の擁
護』L.Ch. リヒテンベルク，F. クリース編，ゲッティンゲン，1800 年，40 頁以下参照。「空
気中での蒸気の分解をわたしが否定する場合，わたしが意味する分解とは，たとえ分解され
ても蒸気がなお湿度計に作用するような場合の分解のことである。したがって，わたしがい
うのは次のことに他ならない。完全に透明な空気の中で多数の実体を湿らせるもの，あるい
は，湿度計に作用するものは，人々によってこれまで信じられてきたような，空気中にある
分解した水でも分解した蒸気でもなく，空気と機械的に混合された自由な蒸気だということ
である。火と水から合成されたものであり，わたしたちの大気の中を上昇してあちらこちら
飛び回り，それでいながら大気と分解しつつ結合することは一切ない。そしてある種の空気
が別の大気の中をあちらこちらと漂うが，これと結合することはない。それは常に変わるこ
となく，あのよく知られた蒸発の産物である」。

44）（訳注）稲光と雷鳴の説明については，グレン『自然理論概説』834-837 頁参照。
グレンは次の文献の参照を指示している。「ド・リュク氏のド・ラ・メトリ氏に宛てた 7 通
目の書簡　気象学の諸難問とそれらの地理学との関係について」(Siebenter Brief des Hrn. de
Luc an Hrn. de la Metherie über die Schwierigkeiten in der Meteorologie und ihre Beziehungen auf
die Geologie)，『物理学ジャーナル』(Jounal der Physik) D. F. A. C. グレン編，第 4 巻，ライ
プツィヒ，1791 年，279-288 頁。

45）（訳注）ヘーゲルが示唆するのは E.F.F. クラドニによって火をつけられた論争であ
る。クラドニは 1794 年に公刊された論文で，頻繁に石や鉄の塊が空から落ちていること，そ
してこれらが火球であり宇宙に起源をもつことを主張する。クラドニは J. A. ド・リュクに
よって激しく攻撃された。クラドニは後に事実と論争とについて詳細な論述を行う。E. F. F.
クラドニ『火をなす流星およびそれらとともに落下した塊について』(Ernst Florens Friedrich
Chladni, Ueber Feuer-Meteore, und über die mit denselben herabgefallenen Massen)，ウィーン，
1819 年，6, 9, 419 頁以下参照。

の隕石の中で過程は地球の核の始まりにまで進むのだが。

【142】

第234節　諸元素の否定的な統一としての地球（第289節）

物質の概念，重力は元素的な自然の中でその諸契機を広げてみせるのであり，さしあたりそれらは自立的な実在物の形態をとる。地球は，さしあたり個体性の抽象的な根拠である。そして，その過程の中で自身を，散り散りになっていく抽象的な諸元素の否定的な統一として，したがって個体化の実在的な根拠にして現実性であるものとして設定する。個体化が進むと今や諸元素は具体的な統一点で合一しているものとして現れる。｜（164）

C　個体物理学

第235節　個体的物理学の区分

　個体的な物体とは重力の普遍性から諸元素の特殊性を通じて個別性へと統合された物質のことである。だから，それは今やそれ自体でそれだけで規定されており，個別性によって特有の形式，つまり物体が特殊化される際の統一性をなす形式をもつ。——この個体性はａ）直接的な，あるいは静止する形態，ｂ）諸性質の差異への，そして諸区別間の緊張関係へのその特殊化，ｃ）形態が解体されるとともにそのそれ自体でもそれだけでも対自的にも規定されてあることのうちで発生してくる過程である。

ａ）形　　態

第236節〔形態とは〕

　直接的に定在する物質の個体性は内在的な形式であり，この形式によって，まず表面的な一でしかないが次に一つの特殊な規定性をその本質とする物体の物質に，それ自身に属する特定の区別が与えられる。——これが形態，物質の内的なまとまりの固有のあり方であり，物質の空間内での外的な限定である——〔すなわち〕機械的連関の個体性〔である〕。

　　【143】物質は固有化されて元素になるが，それはまだ形態を欠いている。なぜならば，そのような物質はやっと特殊性でしかないのだから。——形態の形式の場合，そして個体性一般の形式の場合，とりわけ外的に機械的なやり方という表象と合成という表象と

204　Ⅱ　自然哲学

が遠ざけられなければならない。外的な分割や，諸部分を外的な仕方で隣り合わせに置くことを利用して｜（165）形態の規定性の理解に役立てようとしても無駄である。本質的なのは常に特有の区別なのであり，これがこれら諸部分に現れ，それらの関係の特定の自己的な統一性をなしている。

第237節　比重または密度（第293節）

抽象的な固有化とは物質の比重〔固有の重さ〕または密度，質量がもつ重量の容積に対する比のことである。これによって物質的な自己性は中心物体に対する抽象的な一般的関係から身を引き離し，空間の一様な充足であることを止め，そして自身の抽象的な離散状態に固有の自己内存在を対置する。

　　物質のさまざまな密度は孔を想定することによって説明されることがよく知られている[46]。——説明するとは一般にある現象を仮定された馴染みのある悟性規定に帰着させるということであり，悟性にとっては組成，部分とその小ささ，空虚以上に馴染みのあるものはなく，したがって物質の濃密化を理解するには孔という創作物を利用すること以上に明確なことはない。——〔孔とは〕諸々の空虚な隙間のことであり，これらについて物理学は目の前に存在するものとして語ってはいるものの，明示することはしていない。経験と観察にのみ依拠すると称しているにもかかわらずである。これらを超えたところにあるもの，ただ仮定されるだけのものは思考が主題とする事柄である。それなのに物理学は自分に思想があるなどとは思いもつかない。〔物理学に思想があるというこの〕二重の意味で正しいことが，ここでは三つ目の意味で正しい。すなわち，孔などただの創作物であるにすぎないという意味で。——重力の特有な固

46）（訳注）チャールズ・ハットン『数学・哲学辞典』（Charles Hutton, *A mathematical and philosophical dictionary*〔…〕），第2巻，ロンドン，1795年，260頁参照。「アイザック・ニュートン卿が示した通り物体は通常信じられているよりも希薄で孔が多い。たとえば水は金よりも19倍軽く希薄である。そして金そのものもきわめて希薄であり，そのためきわめて容易にいささかの抵抗もなく磁気の発散気（effluvia）を伝え，水銀がその孔の中に入ることを簡単に許し，水を通り抜けさせる〔…〕」。また，ニュートン『自然哲学の数学的諸原理』1頁，定義Ⅰ，同『光学』第Ⅲ篇第Ⅰ部，疑問31，382，395頁以下，407頁以下参照。

第2部　物理学　　　　　　　　　　205

有化の直接的な一例は，その支点で｜（166）均衡を保ちつつゆら
ゆらと動く鉄の棒が磁気を帯びると均衡を失い，一方の極が他方の
極よりも重くなるという現象である。——物理学による密度の表象
の仕方には次の諸命題が前提されている。1)【144】等しい大きさ
の物質的部分を等しい数集めると等しい重さである。——こうして
重さの形式的な同一性のもとに立ちとどまることになる。2) 部分
の数の総量が重さである。しかし，3) 空間〔について〕も同様で
あり，その結果，等しい重さのものは等しい空間を占める。した
がって，もし4) 等しい重さのものでありながら異なる容積として
現れるなら，孔を想定することによって，満たされる空間の等し
さが維持される。——カントはすでに数の量規定に内包量〔強度〕
を対置し，《等しい空間により多くの部分がある》とする代わりに
《等しい数ではあるが空間を満たす度合いがより強い》としたので
あり，このことによっていわゆる動力学的な物理学の端緒を開い
た[47]。——少なくとも内包量の規定は外延量の規定とおなじくらい
正当なもののはずである。しかしこの区別（第55節）は空虚であ
り，それ自体として無効である。しかし，内包的な大きさの規定が
ここで優っているのは，それが度量〔尺度〕を指し示しているとい
う点である。そして，さしあたりは自己内存在を，つまりその概念
規定として，定量一般として現に存在する内的な形式規定性である
自己内存在を示唆しているという点である。しかし，それを外延的
なものと内包的なものとに分ける区別は——そして動力学的な物理
学はそこから先へは進まない——なんの実在性も表現していない。

第238節　脆弱性（第294節）

密度はようやく単純な規定性であるにすぎない。しかし，その単純な
規定性は本質的に物体であることがもつ一としてあるが，ここでは端的
に，内的な｜（167）形式規定性としてある。こうしてそれは脆弱性の

---

　47)（訳注）カント『純粋理性批判』B 215 以下，I. カント『自然科学の形而上学的原
理』第2版，リガ，1787 年，82，86，103 頁参照。Vgl. Kant, *Werke*. Bd. 4, 523 f., 525 f., 533
f. カントの意味での動力学的な物理学が形をなしていく過程については，グレン『自然理論
概説』21 頁以下，特に 28 頁参照。

原理，つまり，点であることの中で自己を維持する形態化の原理となっている。

先に述べた物質の小さな粒子，分子は外的な反省規定である。一という規定の実在的な意味は，それが形態化の内的な形式であるということである。

第239節　磁力（第312節）

しかし，脆弱なものが自立して存在する主体的なものとして見られる場合は，概念の区別へと開かれなければならず，点は線へと移行し，自己を線の両項で対立させなければならない。この両項は中項，つまりそれらの無差別点によって【145】支えられている。この推理が，展開された規定性での形態化の原理となっており，この固さ（Strenge）〔という状態〕[48]にあるときそれは磁力である。

磁力は，思想が特定の自然の中に自分がいるのではないかと推測したとき，そして自然哲学の理念をつかんだとき，特に提示されなければならなかった規定の一つである[49]。というのも，磁石は単純素朴な仕方で概念の本性を具現しているのだから。両極は何ら特定の事物ではない。それらにそなわるのは感覚される機械的な実在性ではなく理念的な実在性である。両極の実体がそこにある無差別点とは，両極がその中では概念の規定としてあるだけの統一性であり，極性とはそのようなものでしかない諸契機が対立する一つのあり方である。磁力は何か特殊なものでしかないという見方をさせることになる諸現象とはいつも繰り返し現れる同一の諸規定に他ならず，さまざまに異なった性質ではない。もしそのようなものであったならば〔磁力を特定の事物として〕描写できるようなデータが〔それらから〕得られるだろう。——一本の磁針が北を指し，それ

48）（訳注）Strenge. 通常の用法なら die Strenge は厳しさ，厳格さ，きつさ，厳密さを意味するにすぎない。ヘーゲルの意味することは，プラチナのような難溶性の金属が strengflüssig（溶けにくい）と言われたことを想い起こすと明瞭になる。Cf. M. J. Petry, *Hegel's Philosophy of Nature*. Vol. II, London, 1970, p.310.

49）（訳注）ヘーゲルは磁力がシェリングの自然哲学の中で占める中心的な位置のことを仄めかしている。シェリング『わが哲学体系の叙述』（Schelling, *Darstellung meines Systems der Philosophie*），29頁以下，49頁以下参照。Vgl. Schelling, *Werke*. Bd. 4, 137 ff., 153 ff.

と同時に南を指すというのは普遍的な地磁気の現象である。同じ現象として，｜（168）二つのそのような経験的な磁石のうちで同名の極は反発し合い，同名でない極は引き合う，というものがある。これが他ならぬ磁力そのものである。すなわち，同じもの，無差別なものが分裂して両端となり相互に対立し，同じでないもの，差別のあるものはその無差別を設定する，ということである。〔だから〕同名でない極は友好的な極と呼ばれたが，同名の極は敵対的な極と呼ばれた。——しかし，すべての物体が磁気を帯びているということには厄介な両面の意味がある。正しい意味は，すべての実在的な形態は，脆弱なそれにかぎらず，この概念を含む，というもの。だが正しくない意味は，すべての物体はこの原理を，それが磁力としてあるときのように厳格に抽象されている状態でそれ自身にそなわる，というもの。ある概念形式が自然の中に存在していることを，それが一つの抽象としてあるときの規定性のまま普遍的に存在するはずだとすることによって示そうとするのは，非哲学的な思想だろう。自然とはむしろ離散状態という場面にある理念であり，そのために，悟性とまったく同じように概念の諸契機を散り散りにして固定し，そして実在性として描き出すのだが，より高次の有機的な事物では，区別された概念の諸形式のもっとも高い具体化を一つのものとして結び合わせるのである。

第240節　磁力に対立するものとしての球

磁力は両極の直線的な空間性および観念的な対立としては形態の抽象的な概念なのだが，この磁力には形態の抽象的な総体性，【146】球が対立する。つまり，実在的な無形態性という形態，流動的な無規定性という形態，そして諸部分が無関与に位置を変えうることという形態が対立する。

第241節　凝集力

形態を欠く二つの本来的な両端の間に，すなわち点的な脆弱性と球体をなす流動性との間に実在的な形態があり，それは｜（169）その両項の合一，総体的な物体性へと移行した磁力，凝集力という形をとる。

第242節　結晶化

通常の凝集力は一つの物体の諸部分がつながる量的な強さの個々の契機にのみ関わる。具体的な凝集力はこのつながりの内的な形式と規定性であり，それに含まれるのは外的な結晶化と断片の形態または核の形態，残る隈なく自己を示し続ける内的な結晶化である。

第243節　個体的な物体と機械的な過程

外的な結晶化によって個体的な物体は個別的なものとして他のものどもに対して閉じられたのであり，機械的な過程を他のものとともに営むことができるようになる。内的に形づくられたものとしては，個体的な物体はこの過程を自らの振る舞いに対してたんなる一般的な質量として特殊化する。弾力性，硬さ，柔らかさ，粘性，伸縮性，砕けやすさ，こうしたあり方をとって個体的な物体はその個体的な規定性を外的な力に対して抵抗しながら獲得する。

第244節　音

しかし，密度が単純な規定性であるのはようやく体積の質量に対する比としてだけであるのと同じように，凝集力がこの単純性であるのは個体性の自己的なものとしてである。したがって，機械的な強制力による振動の中で物体が行う自己維持は，その個体的な純粋観念性の出現であり，全凝集力を通じて自己のうちへと向かう本来的な運動の出現である。自己的な時間を通じた自己のうちでの観念的な離散状態の固有な規定である。この振動，すなわち物体が自らの観念性として，【147】しかも固有化された観念性として実在的な力や外的な変化に抗って現象させる振動，これが音である。｜（170）

　　凝集力を欠くもの，脆弱で流動的なものは音を欠き，その抵抗は外的な振動でしかないので，そこに生じるのは騒音でしかない。

第245節　摩擦と熱容量

この個体性はここではようやく直接的なものでしかないのだから機械的な強制力によって揚棄されることもありうる。摩擦という，凝集力によって散り散りのまま保たれている物体性の区別を一なる時間契機の否

第2部　物理学　209

定性へと集めるものが，物体の自己焼尽の開始または完遂を引き起こす。この物体はその固有の本性を，凝集力の内的な変化と揚棄との比の中で，〔すなわち〕熱容量によって表現するのである。

b）諸区別の特殊化

第246節　本項b）の概略（第316節）

形態化，機械的構造または重力の個体化は元素的な特殊化へ移行する。個体的な物体は諸元素の総体をその身に帯びており，特殊化の主体としてそれを第一に性質ないし述語として含んでいる。しかし，第二にはようやく直接的な個体性のうちに保持されるにすぎないのでそれら〔の性質ないし述語〕は互いに無関与な物質としてもある。第三にそれらは個別的な物体が含む結合されていない元素とそれを伴う過程への関係である。

　古い一般的な思想があり，どのような物体も四元素からできているという。あるいはもっと新しいパラケルススの思想があり，メルクリウスあるいは流動性，硫黄あるいは油，そして塩からできているという[50]。他にもこの種のものは数多い。第一に，こうした思想に対する反論は容易だった。人々は｜（171）それらの名前のもとに，さしあたりそのような名前で示される個々の経験的な素材を理解しようとしたのである。しかし，見誤られてはならないのは，はるかに本質的な次元ではこれらの名前が概念規定を含んでいたしそれを表現するようにされていたということであり，したがって，感嘆されるべきなのはむしろ，【148】思想がそのような感性的な事物の中に自分に固有な規定と普遍的な意味だけを認識し固くつかんで離さなかった，その力技である。第二に，そのように捉え規定する

50）（訳注）アリストテレスはエンペドクレスの四元素論（火，水，空気，土）について『形而上学』A巻第6章と第7章，（第2巻339AとΔ）で報告している。Vgl. Aristoteles, *Opera*. 988a27-28, 989a20-21. パラケルススについては，「生じるものがそれらから構成される三つの原質について」（De tribus primis essentiis, ex quibus generatum componitur），Paracelsus, *Opera omnia*. Bd. 1. 354-358 所収参照。

ことの源は理性にあるのだから，理性が現象の感性的な戯れやその
混乱によって惑わされることも，けっして自分自身を忘れることも
ない以上，物体の性質を無思想的に拾い集めることやこれらについ
て混沌とした物語を滔々と語って聞かせることを，それははるかに
凌駕している。こちら〔そのような収集と無駄話〕の功績や栄誉と
されているのは飽きもせず何か新奇なものを探し出したということ
であり[51]，それを普遍的なものや概念に帰着させることや概念をそ
の中に認識するということではない。

第247節　光と色，空気と匂い，水と味

物体は，ａ）光の外的な自己をその暗さに即して個体化し，光の固有
な濁り，色にする。ｂ）抽象的で自己を欠いた普遍性としての空気を個
体化し，自身の固有な過程の単純性にする。あるいは，匂いの中にはむ
しろ物体の固有な個体性がその単純性としてあり，過程に過ぎないもの
としてあるとさえ言える。ｃ）水，抽象的な中性を物体は個体化し，塩
辛さ，酸っぱさという特定の中性にし，そして直ちに味にする。

第248節　個別的な物体が元素および他の個別的な物体との間にも
　　　　　つ関係

物体はこの自身がもつ普遍的な地球上の総体性によって，さしあたり
は諸元素に抗う表面的な過程の中にある。というのも，物体の個体的な
本性は，｜（172）諸元素に対して閉じられているということにあるの
だから。しかし，個別的なものとして物体は互いに関係もし合い，しか
も機械的な振る舞いの外部では特殊な個体として関係し合う。

51）（訳注）「探し出し」は ausgegangen の訳だが，これは aussuchen, ausmachen,
finden を意味する古びた用法。『ヤーコプ・グリムとヴィルヘルム・グリムのドイツ語辞典』
(*Deutsches Wörterbuch von Jacob Grimm und Wilhelm Grimm*)，第１巻，ミュンヘン，1984 年
（ライプツィヒ，1854 年版の写真復刻），第 872 欄参照。ヘーゲルの故郷シュヴァーベンの
方言では beobachten, in Erfahrung bringen の代わりに用いられる。H. フィッシャー編『シュ
ヴァーベン語辞典』(*Schwäbisches Wörterbuch*)，第１巻，テュービンゲン，1904 年，第 472
欄参照。

第2部　物理学　　　　　　　　　　　　　　　211

第249節　電気的な諸関係（第323節）

　さしあたり互いに対して自立的なものとして物体は自己を保存するが，物体は機械的な諸関係の中では観念的な運動を行い，その自己をそれ自身の中での響きとして，音として知らしめるように，物体は今や実在的な自己性，互いに対する電気的な諸関係のうちに登場する。

【149】

第250節　接触を通じた光の産出（第324節）

　物体が接触を通じて明示する自立存在は他のものとの差異を通じて各々のうちに設定されており，それゆえ自由ではなく，対立状態にある緊張である。しかし，その中では物体の本性がその完全な規定性としては現れず，その抽象的な自己の実在性，すなわち光が，しかも対立状態にある光が産出される。分裂の揚棄——すなわちこの過程のもう一つの契機——には無差別な光がその産出物としてある。この光は物体を欠くものとしてただちに消え去り，したがって，この抽象的な物理的現象の外側ではとりわけ振動の機械的な作用しかもたない。

　　周知のように，特定の感性的な存在に結びつけられたガラス電気と樹脂電気とのかつての区別は経験的知識が完全になるにともない理念化されて陽電気と陰電気との思想的区別になった[52]。——これはさしあたり普遍的なものを感性的な形式で捉え固くつかんでいようとする経験的知識がいかにして自分自身を揚棄するかを示す注目すべき例である。——近年，光の偏光について多々論じられたが[53]，|（173）この表現はマリュスの現象のためによりも電気のためにとっておかれるほうがはるかによかった。マリュスの現象には透明な媒体，きらきら輝く表面とそれらの互いに対するさまざまな位置取り，ならびに光の特定の入射角，かくも多くの異なった手続

---

　52)　（訳注）ヘーゲルが示唆するのは B. フランクリンによる古い電気理論の克服である。フランクリンはもはやデュフェ（Dufay）のようにガラス電気と樹脂電気とを区別するのではなく，きわめて一般的に陽電気と陰電気とを区別する。そうすると同一の物体が陽電気を帯びることも陰電気を帯びることもあることになる。J.C. ヴィルケ訳・注『ベンジャミン・フランクリン氏の電気に関する書簡』（*Des Herrn Benjamin Franklins Esq. Briefe von der Elektricität. Aus dem Engländischen übersetzt, nebst Anmerkungen von J.C. Wilcke*），ライプツィヒ，1758 年，翻訳者による序文および注（特に 41 節）参照。また，グレン『自然理論概説』710-712 頁（1297-1300 節）参照。

　53)　（訳注）第 222 節注 3 参照。

きが他にもあるが，これらは光それ自身のではなく光の輝きの違い
を示しているにすぎない。——陽電気と陰電気が現れる諸条件，た
とえば表面につやがあるかないか，息によるくもりなどは電気的な
過程の皮相さと，いかにその中に物体の具体的な物理的本性の入っ
てくることが少ないかを証明している。まったく同じように，二つ
の電気の発する光の微弱な色合い，匂い，味は物体性の始まりを光
の抽象的な自己という，その過程がその中で維持されているものに
即して示しているにすぎない。対立状態にある緊張の揚棄である否
定性は主として衝撃である。——自らを自己同一的なものとして設
定する自己はそのようなものとしても空間と時間と機械的構造の観
念的な領域に依然立ち止まる。光は自身を熱へと物質化する緒につ
いたとすら言い難い。いわゆる放電から発生しうる発火は【150】
(C.L. Berthollet, *Statique Chimique* Ière Partie, Sect. III. not. XI.) 光
が現実化して火になった結果というよりも，振動の直接的な結果で
ある[54]。——ガルヴァーニ電気〔直流電気〕はより持続的にされた
電気的な過程である。それがより持続的であるというのは，二つの
異なるが脆弱ではない物体の接触だからである。この二つの物体は
それらの流動的な本性（金属のいわゆる電気伝導能力）のゆえに，そ
れらの〔間にある〕差異全体に，互いに対立し合う定在を直接与
え，それらの堅牢性とこの関係の｜（174）表面性とのゆえに，自
身と，互いに対立し合う緊張状態とを獲得する。ガルヴァーニ〔直
流電気〕の過程はより具体的でより物体的な本性の諸物体のこの特
殊な特有性によってのみ生成し，化学的過程へと移行する。

---

54)（訳注）C.L. ベルトレ『化学的静力学』(C.L. Berthollet, *Essai de statique chimique*)
第1部，パリ，1803 年，260-264 頁「第 III 節　熱素について　注 XI」。ベルトレは電気の効
果と熱素の効果との違いを示して見せようとする。ベルトルがもち出すさまざまな実験は電
気が圧力と衝撃によって物体を変化させることを明らかにするというもの。「もし電気が諸金
属を融解し，それが引き起こす熱によってそれらを燃焼させるとすれば，白金の電線はその
分散と燃焼を生み出すのとあまり異ならない振動の後，その融解を起こしうる温度に近づく
のでなければならないだろう〔…〕」（260 頁）。「これらの実験は電気が物質やその結合物に
作用するのは温度の上昇によってではないということを証明しているようにわたしには思わ
れる。むしろそれは物体の粒子同士を遠ざける膨張によるのである。白金の電線に観察され
た微弱な熱は，もっともよく電気の作用をこうむる粒子によって，あるいは電気の作用をこ
うむる程度がかなり高い粒子によって生み出された圧縮の結果に他ならない。その熱を衝撃
や圧縮によって引き起こされる熱と比較する必要がある」（261 頁）。

第2部　物理学　　213

第251節　化学的な過程への移行（第325節）

物体の個体性は概念の否定的統一であり，これはけっして直接的なもの，不動の普遍的なものなどではない。むしろ過程の媒介を通じてのみ設定されるものである。したがって，物体とは産出物であり，その形態は前提なのだが，それが移行していく目的がむしろそれによって前提される。——しかし，特殊化はたんに惰性的な相違性のもとに，そして対立状態のもとに，純粋な自己性の緊張と差異として立ち止まることはない。むしろ，特殊な性質はこの単純な概念の実在性，自身の魂である光の肉体にすぎないのである。だから，物体性の全体が緊張と，過程の中へ入っていく。この過程が個体的な物体の形成，つまり個別化である。——〔これが〕化学的な過程〔である〕。

c）個別化の過程

第252節　金属性

化学的な過程はその生成物を前提としている。したがって，1）生成物の直接性から始まる。特殊な物体が概念に直接従っているといえるのは，そのさまざまな性質ないし物質が【151】単純な規定へとまとめられて一つになり，比重〔固有化された重さ〕の単純性，すなわち密度と等しくなっているかぎりでのことである。金属性とはこの堅固さのことである。すなわち，それによって特殊性が流動的になり，自身を未分の全体へと置き入れ，そして普遍性を他の普遍性に対する｜（175）特定の差異へと置き入れることのできる堅固さのことである。

第253節　抽象的な中性としての水の元素

中項とは，それを通じて概念がこの純粋な諸差異を（概念それ自身が二つのものの統一であり，各々がそれ自体にもつ本質である）自身の実在性と結び合わせるもの——あるいは，二つのものの各々の差異を他方の差異と一つにし，そのことを通じてその概念の総体性として実在的になるもののことである。その中項はさしあたり両項の直接的な堅牢さに対立する抽象的な中性，水という元素である。その過程そのものは両項がも

214 　　　　　　　　Ⅱ　自然哲学

つ前提された差異によって，対置された契機へと水が分裂することである。そして両項はここで自身の抽象を揚棄し，自身の概念の統一性という完全なものになる。

第254節　酸素と水素

　水がそこへと分裂していく契機，同じことだが，そのもとで水が設定される形式は抽象的である。なぜならば，水それ自身が物理的元素であるにすぎず，個体的な物理的物体ではないのだから。——〔この契機・元素が〕対立の化学的元素，酸素と水素である。しかし，これらを通じて統合された金属も同様に先の抽象的な中項からは抽象的な統合をしか得てはいない。ようやくこれらが身に帯びる，差異の設定されたものという実在性。〔それが〕酸化物〔である〕。

　　金属性には石灰という酸化物でしかない段階が直前にあり，これはその純粋な本性の内的な無差別によるものである。しかし，特定の概念を固く保持できない自然の無力は個々の金属を対立へと移行もさせ，それらに含まれる酸化物がただちに酸の側につくようになる。——周知の通り化学はまたカリウム｜（175）とナトロン，そればかりかアンモニウムにだけでなく，ストロンチアン，重晶石にも，いや土類にさえ金属の基礎を提示するところにまで到達した。アマルガムには言うまでもない。そしてこのことによって，これらの物体が酸化物であると認識するところにまで来た[55]。——ところ

---

　　55)　（訳注）ヘーゲルの論述が関係しているのはとりわけ H. デーヴィーの実験である可能性がある。ハンフリー・デーヴィー「ベーカー講義，電気によって引き起こされる化学変化のいくつかの新しい現象，とりわけ固定態アルカリの分解について，そしてその基礎を構成する新たな物質の提示〔…〕」(Humphry Davy, The Bakerian Lecture, on some new Phenomena of chemical Changes produced by Electricity, particularly the Decomposition of the fixed Alkalies, and the Exhibition of the new substances which constitute their bases〔…〕),『ロンドン王立協会哲学紀要』(Philosophical Transactions of the Royal Society of London), ロンドン，1808 年，第 1 部，1-44 頁，特に 41 頁参照。「アナロジーからだけでも次のように考えることには合理性がある。すなわち，アルカリ土類は固定態アルカリという，酸素と結合してきわめて高い可燃性をもつ金属の基礎と似た本性の化合物なのではないかと。わたしは重晶石とストロンチアンでいくつかの実験を試みた。実験は成功し，まさにそうでなければならないことが証明された」。デーヴィーはまたアンモニウム（かれは揮発性アルカリと呼んでいる）が窒素，水素，酸素から合成されていることを示せるとも考える。したがって酸素はすべての真なるアルカリに含まれる元素であることが明らかになる（40 頁以下参照）。

第 2 部　物理学　　　　　　　　　　　　　　　　215

で，化学的元素は抽象物であり，【152】それらがそれだけで現れ
る気体形式で互いに光のように貫通し合い，それらの物質性や不可
入性は，可量的であるにもかかわらず，ここでは非物質性へと明ら
かに高まっている。さらに，酸素と水素の規定作用は物体の個体性
に依存せずに生じることが少ない。それゆえ酸素が塩基を規定して
酸化物やカリウムの側面一般になるように規定することも，それに
対置された側面である酸になるように規定することもある。それは
反対に硫化水素酸では，酸になるようにするその規定が水素添加と
して現れるのと同様である。

第 255 節　窒素

特殊な物体性の純粋な無差別には物理学的な脆弱性が対立する。つま
り，特殊なものにそなわる自己的な統一性へとひとまとめにされている
という状態が（鉱石は硫黄と金属を一つにしたものとして総体性を表してい
る）。この脆弱性は発火の実在的な可能性であり，これにとって自己自
身を焼尽する自立存在の現実性，火はまだ外的なものである。火は可燃
的な物体の内的な差異を，抽象的な否定性の物理学的元素，空気を通じ
て，設定されたものないし実在性と媒介し，可燃的物体を精神化して酸
にする。しかし，空気はこれによってこの自身にとって否定的な原理，
酸素になり，そして死せる積極的な残渣，窒素へと分裂させられる。

第 256 節　炭素（第 328 節）

化学的諸元素，無差別性の抽象である窒素，そして｜（177）対立し
合う二つのもので，〔その一方の〕自立して存在する差異である酸素す
なわち燃やすものと，〔もう一方の〕対立項に属する，あるいは自立し
て存在する無差別である水素すなわち可燃的なもの，これらはその個体
的な元素の抽象を炭素にもつ。

第 257 節　塩（第 332 節）

2）抽象的な過程の生成物である二つのもの，酸と石灰を含むものな
いしカリウムを含むものとは，もはやたんに異なるというのではなく，
本来的に異なるのであり，（濃縮された酸と苛性へと精神化されたカリウム

216 Ⅱ 自然哲学

〔として〕）したがって自立して【153】存続することができず，自身を揚棄し自身を自身と対立するものと同一なものとして設定するという不安定でしかない。それらの概念がそこで実現されているこの統一性が中性的なもの，塩である。

第258節 塩基（第333節，第334節）

3）塩には形態化されて具体的な物体がその過程の生成物としてある。さまざまなそのようなものの互いに対する振る舞いは，一部では，いわゆる選択的親和力[56]がそこから生じてくる，諸物体のいっそう詳細な特殊化に関係する。しかし，一般的にこれらの諸過程は，そこに入ってくる両項が抽象的な物体ではないのだから，それ自身だけでより実在的である。〔それら自身の〕固有なものという面からすればそれらは中性的なものを抽象物へと分裂させることであり，その抽象物の過程からそれらが産出されたのである。〔それが〕酸化物と酸への後退である。また，それだけでなく直接的にはそしてより抽象的な形式では，無差別な塩基への後退でもある。こうして塩基とは生成物であることが明らかになる。

　経験的な化学では主として生成物の個別性が問題になり，次に生成物が表面的な抽象的規定にしたがって分類される。この分類では金属，酸素，水素などと，土類，硫黄，燐が単純な｜（178）化学的物体として並列的に現れる[57]。それにまた混沌とした仕方で，より抽象的でより実在的な諸過程が同じ段階に置かれる。もしこの混合物に学問的な形式が入るべきだというのなら，各々の生成物を，それがそこから本質的に生じてきた過程の段階，そしてそれに固有の意味を与えている段階にしたがって規定しなければならない。そ

56）（訳注）ヘーゲルが触れているのは T. ベリマンによって立てられていた化学的引力の理論である。最初 1775 年に公刊された論文「選択的引力について」（De attractionibus electis）は，トルビョルン・ベルクマン『物理学・化学小論集〔…〕』（Torbern Bergman, *Opuscula physica et chemica*〔…〕），第 3 巻，ウプサラ，1783 年，291-334 頁の中で出版された。また，同書のドイツ語訳である次の文献を参照。Torbern Bergmann, *Kleine Physische und Chymische Werke*. Aus dem Lateinischen übersetzt von Heinrich Tabor. Bd. 3, Frankfurt am Main 1785, 360-416.

57）（訳注）219 節注 1 参照。

第 2 部　物理学　　　　　　　　　　　　　　　　217

してまったく同様に本質的なのは過程の抽象ないし実在性の段階を
区別することである。いずれにしても動物的な実体と植物的な実体
はまったく別の分類に属するのであり，それらの本性が化学的な過
程から理解される可能性はほとんどない。むしろ理解しようとされ
るとだめにされてしまい，そこでつかみ取られるのはその死の道で
しかない。しかしながら，これらの実体は化学でも物理学でと同様
に支配的な形而上学，──素材は不変である，〔あるものがいくつ
かの〕素材から合成されている，そして〔いくつかの〕素材から成
り立っているという思想，いや，雑な表象[58]──を食い止めること
に大いに役立つはずだった。ところがわたしたちが一般に目にする
のは次のことが通用しているありさまである。それは，化学的な素
材が分離していたときは示していた性質を，結合したときは失うと
いうことが認められていながら，それなのに，化学的な素材がそう
した性質をもたなくても，それらをもつときと同じ物であると考え
ることや，【154】化学的な素材がこれらの性質をもつ物であると
きも過程の生成物としてこそ初めて存在するとは考えないことがで
ある。──選択的親和力の特徴に関わる細部を簡素化する方向へと
重要な一歩が踏み出されたのは，リヒターとギトン・モルヴォーに
よって見出された法則によってだった。すなわち，中性的な結合物
は，もしそれらが分解によって混合され酸どもが自分たちの塩基を
互いに取り換えるなら，中和状態の点で変化を被らない[59]というも
のである。このことと関連するのは｜（179）酸とアルカリの量の
度合いであり，この度合いにしたがって個々の酸は自身が中和する
ために必要な特殊な比を各々のアルカリ性のものに対してもつ。そ

────────────

58）（訳注）たとえば，トロムスドルフ『全化学の体系的案内書』第 1 巻 22 頁以下，グ
レン『自然理論概説』513 頁以下，548 頁以下参照。

59）（訳注）J.B. リヒター『化学量論あるいは化学元素の計量術の諸原理，第 1 部，純
粋な化学量論を含む』（J.B. Richter, *Anfangsgründe der Stöchyometrie oder Meßkunst chemischer
Elemente. Erster Theil welcher die reine Stöchyometrie enthält*），ブレスラウ・ヒルシュベルク，
1792 年，124 頁参照。「二つの中性的な分解物が互いに混合された結果そこに一つの分解物
が生じるとき〔…〕，新たに生じたものは〔…〕ほぼ例外なく同じように中性的である〔…〕」。
ギトン・ド・モルヴォーはリヒターとは関わりなく同じ結果に至った。『化学年報』（*Annales
de Chimie*）第 25 巻，パリ，1798 年，292-298 頁参照。これに関して，ベルトレ『親和力の
法則』（C.L. Berthollet, *Gesetze der Verwandschaft*）228 頁以下参照。

218   Ⅱ　自然哲学

うして他の個々の酸（その量の単位はそれ以外のさまざまな酸のそれ
と異なるにすぎない）にとって，今やアルカリはそれらが中和する
のに必要な相互の比を，それ以外の酸に対するのと同一のものとし
てもつようになり，こうして酸も自分たちの間に個々のさまざま
なカリウムに対して恒常的な比を示すようになる[60]。──ところで，
化学的な過程はその規定を概念のうちにもつのだから，その特殊な
形式の経験的な諸条件は，電気の場合のように，人々がたとえば親
和力の場合に考えるほど堅固な感性的規定でもないし抽象的な契機
でもない。ベルトレはその有名な著作『化学的静力学』で，化学的
な作用の結果に変化をもたらす諸事情をまとめ上げ試験した。恒常
的で確定された法則であると人々が見なす親和力の諸条件からのみ
流れ出るはずの結果に，である。学問が〔親和力による〕これらの
説明を通じて獲得する皮相性を人々はとりわけ学問の進歩と見なし
ているとベルトレは言う[61]。

---

　　60)　（訳注）ヘーゲルが『論理学』で述べていること（GW11, 213）から分かる通り，
ここでの論述に関係しているのは E.G. フィッシャーが自身の訳，ベルトレ『親和力の法則』
で原典の叙述を簡略化して述べている箇所 229 頁 -235 頁である。フィッシャーはリヒター
の一覧表を体系化するに際して次の文献に依拠している。B. リヒター『化学の近年の対象に
ついて』第 8 分冊，ブレスラウ・ヒルシュベルク・リッサ，1797 年，22 頁以下，53 頁以下，
第 10 分冊，同地，1800 年，211 頁以下。ところで，リヒターは第 11 分冊でフィッシャーに
よる一覧表に理解を示しつつ，フィッシャーによって企てられた表現の可能性を著作の中で
見過ごすことはなかったと主張する（第 11 分冊，同地，1802 年，XVI 頁以下）。──フィッ
シャーは 2 列の欄を一覧表に作成する。その一つには酸素（特定の数字が与えられている）
が，もう一つにはそれに対応して基盤ないし塩基──ヘーゲルはアルカリと呼ぶ──が挙げ
られる。二つの列の一方から一つの物質を選ぶと，他方の列の諸物質に添えられた数字が提
示される。それは最初の列の物質を中和するために他方の列に挙げられているそれぞれの物
質がどれだけ必要かを示している。どの物質を一方の列から選び出すかは任意である。他方
の列の数字は一定して変化はない。
　　61)　（訳注）クロード・ルイ・ベルトレ『化学的静力学』第 1 部，パリ，1803 年，序文，
1-22 頁，特に 16 頁以下参照。ヘーゲルが最後の一文で触れているのは次の箇所に見出され
るベルトレの説明である。「人々は化学的作用のあらゆる効果がそこへと帰着する一般的性質
を認めるやいなや，急いでどのような説明も行えると思える親和力の諸条件を，疑う余地の
ない確固とした法則として立てた。また，これとは逆に人々はこれらの法則からあらゆる説
明を引き出しもしたのであり，人々が自分たちの進歩がとりわけそこにあるとしたのは学問
が以上のことによって手に入れた表面である」（9 頁）。

第2部　物理学　219

第259節　概念の有限な現象としての化学的な過程（第335節）

化学的な過程は確かに一般的には，それを通じて個体的な物体が直接性ということでは揚棄されては生み出される生命である。したがって概念はもはや内的な必然性であることにとどまらず，現象へと進む。しかし，現象へ進むだけであり，客観性へは進まないということでもある。——この過程は有限で一時的なものである。なぜならば個別的な物体には直接的な個体性があり，そして制限された特殊性があるのであり，そして過程にはこのことによって直接的で偶然的な諸条件があるからである。中性的なものでは｜（180）差異と火は消え，火は自己を自己自身の中で分裂へと駆動することはない。それは差異のあるものがさしあたりは無関与な自立性という形で存在し，それだけで相互に関係することも自己自身を精神化することもないのと同じことである。

【155】化学的な現象，たとえば過程の進行中に一つの酸化物が低い酸化段階へ引き下げられて，作用を及ぼす酸と結合することができるようになり，一部分がその代わりにいっそう強く酸化するという現象は，化学者たちにとって合目的性の規定を説明に応用するきっかけとなる。——こうして，そこでは概念の自己規定が実現されている。

第260節　有機体への移行（第336節）

過程が進行することで物体は生成に際しても消滅に際してもその直接的な個体性が明らかに一時的なものであり，普遍的な〔個体性〕の契機であることが分かる。この個体性の中で概念には自身に応じた実在性，つまり特殊化から生じた具体的な普遍性がそなわり，したがって，この具体的な普遍性は化学的連関の直接的な過程の中で散り散りになった全体的な推理の諸条件と諸契機を自身に含んでいる。——〔これが〕有機体〔である〕。

【156】

第 3 部　有機体物理学

222 　　　　　　　　　Ⅱ　自然哲学

第261節　第3部の概要（第337節）

　個体的な物体の実在的な総体性はその特殊性を生成物にするととも
にそれを揚棄することによって自然の最初の観念性の中へと高まった，
その結果，最初の観念性は満たされて本質的に自己的で主体的なもの
になった[1]。こうして理念は現実的な存在に到達した。〔すなわち〕さし
あたりは直接的なそれ，生命に。生命とは a）｜（181）形態としては，
生命の普遍的な像である。〔すなわち〕地質学的有機体〔である〕。b）
特殊なあるいは形式的主体性としては，植物的自然であり，c）個別的
な具体的主体性としては，動物的自然である。

　1）　1821/22 年の自然哲学講義の次の箇所を参照。「有機的なものを第3のものと考える
場合，第1のものとはわたしたちが空間と時間にもっていたこの純粋な観念性のことだった。
生命，魂とはこの純粋な空間のことであり，この純粋な時間のことである。つまり，それ自
身不安定でありながら自己自身のもとにとどまる不安定さのことである。そこで第2のもの
とは重さ〔重力〕の特殊化，本来の物理学のことだった。これらの特殊化が今や最初の観念
性の中に取り入れられ，かくしてわたしたちは第3のものを手にしている。——したがって，
特殊なものは今や観念的に設定され，その現象は化学的なものの中に含まれている。——生
けるものは完全に客観的な時間である。それはまた純粋な不安定であるが，それは時間の線
が同時に自己へと曲がり戻っていることである」（GW24, 418）。「最初の純粋な観念性は今や
満たされた観念性であり，時間のように自己的で，そして主体的である。これが生けるもの
であり，いわば客観的な時間である。というのも，それは純粋な不安定であるが，同時に満
たされ，それ自身で規定されてもいるのだから」（GW24, 418, Fußnote）。

A　地質学的自然

第262節　有機体の形態としての地球（第338節）

　個体的な物体の普遍的な体系は地球であり，地球は化学的な過程でさしあたりその抽象的な個体性が特殊化されているが，それ〔特殊化の過程〕の全体性としては自己への無限な関係，自己自身を駆動する普遍的な過程——その直接的な主体であるとともに産出物——である。しかし，主体的な全体性によって自己自身に前提された直接的な全体性としては，地球という天体は有機体の形態であるに他ならない。

第263節　特殊な個体から構築された過去の体系（第339節）

　したがって，この有機体の諸部分は過程の普遍性を自己自身には含まず，特殊な個体であり，それらが【157】一つの体系をなし，この構築された姿は根底にある理念の展開の諸部分として現れる。こうした体系が構築される過程は過ぎ去った過去のものである。

第264節　地球の地質学的特徴（第339節）

　地球を超える自然が自立的なものとしてあとにとどめるこの過程の諸力とは，太陽系内での地球の連関と位置，その〔地球が有する〕太陽的，月的，彗星的な生命[2]，地軸の軌道と磁気軸への傾きである。これらの軸とその分極化に対していっそう緊密に関係しているのは以下のことである。海と陸が分かれること，｜（182）北では陸がまとまりを保ちつつ拡張すること，南に向かっては部分に分かたれその部分が先に行くほど狭まっていくこと，さらに旧世界と新世界とへ分離すること，そ

---

　2)　（訳注）これらの表現については *GW* 24, 135 ff. 参照。

224　　　　　　　　　Ⅱ　自然哲学

して，旧世界がその物理学的性格，有機体的性格，人類学的性格によっ
て互いに，そして新世界に対しても分かれてさまざまな大陸になること
である。これらの大陸にはさらに若く未熟な大陸が接続する。──山脈
など〔がこれである〕。

第265節　岩石核（第340節）

物理学的な有機化は諸規定の三一性を自己の中で描き出す，花崗岩の
岩石核から始まる段階的推移であることを告げている。ある部分では他
の構築物はその過渡的な姿や変容した姿であり，それらの中で岩石核の
全体性は実在する基盤としてあり続けるが，それ自身いくらか不等で不
格好なものでしかない。また他の部分では岩石核の諸契機はばらばらに
現れ，より限定された差異やより抽象的な鉱物的諸契機，すなわち金属
や岩石学の対象一般になり，機械的な鉱脈層と，内的な形態化を欠く沖
積層へ消えてなくなってしまう。

第266節　植物的な自然への移行（第341節）

この生命の結晶，地球の死して横たわる有機体，──その概念を星々
の連関のうちにもつがその過程は前提された過去としてもつ──は，気
象学的な過程の直接的な主体であり，これはこの有機化された全体とし
て完全に規定されている。この客観的な主体の中で，かつては元素的
だった過程が今は【158】客観的かつ個体的な過程となっている[3]──
〔これは〕先の直接性の揚棄であり，これによって普遍的な個体性が今
は単独のものになり，生命が生けるもの，すなわち現実的なものにな
る。実り豊かな地球が産み出す最初の現実的な生命体，それが植物的な
自然である。｜（183）

---

3)　（訳注）第231節以下参照。

B　植物的自然

第267節　いくつもの個体への分化（第343節）

　生命の普遍性とその個別性は直接的な生命性では直接的に同一である。したがって，植物的な主体が行う分節化と自己保存の過程は自己の外に出ることであり，いくつもの個体に分かれることである。これらの個体にとって一なる全体をなす個体はそれらの主体的な統一性というよりも基礎でしかない。さらには，それゆえ有機的な諸部分の差異は表面的なメタモルフォーゼにすぎず，一つの部分が他の部分の機能へ移行することは容易い。

第268節　植物の栄養摂取（第344節）

　個別的な個体の形態化と再生産の過程はこの仕方で類過程と一致する。そして，自己的な普遍性，個体性の主体的な一は実在的な特殊化から分離されずその中にただ沈潜しているだけである。それゆえ，植物は場所の運動を行わず，栄養摂取をしたりしなかったりということもない。むしろ，植物は，連続的に流れる栄養摂取を行うのであり，個体化された非有機的なものではなく普遍的な四元素と関係する。また，植物には感情に関する能力も動物的な熱に関する能力もない。

第269節　植物の内的な形態化過程（第346節）

　しかし，本質的に生命が自己分裂と再合一とによってのみ現実のものとなる概念であるかぎり，植物の諸過程は散り散りに進行するものでもある。1）しかし植物の内的な形態化過程は，一部では積極的なものとして，【159】流れ込んだ栄養が植物種の固有な本性へと直接的に変化することにすぎない。またもう一部ではこの過程は媒介ではあり，その

226 　　　　　　　Ⅱ　自然哲学

｜（184）本質的な単純性のゆえに分裂である。一方はそれ自身不可分な個体性の抽象的な普遍性へ向かう。それは生命性にとって否定的なものへ向かうということであり，〔これが〕木化〔である〕。しかしもう一方は個別性および生命性の側面として，ただちに，外へ向かって自己を固有化する過程である。

第270節　植物の外的な自己固有化の過程（第347節）

2）これ〔植物が外へ向かって自己を固有化する過程〕は分節をそれぞれ異なった四元素関係の器官として展開することである。〔それは〕一部は土との関係に，〔一部は〕土を媒介する関係に分かれるという分裂，すなわち空気過程と水過程とに分かれる分裂〔である〕。植物はその自己を内的な主体的普遍性の中に，外的な個別性に抗いながら留め置くということはしないのだから，光というそこで自己を固有の仕方で強くし個体化するものによってまったく同じように外へ向かって引きはがされ，結び目を作り枝分かれし，数多くの個体的な存在となる。

第271節　花（第348節）

しかし，植物の個体が個別的なものとして再生産されるのは自己への主体的な還帰，自己感情ではない。むしろ，うちへ向かっての木化なのだから，植物の自己が生産されるのは外へ向かってのことである[4]。植

───────────────

　　4）（原注）植物の個体形成は生物素や枝や花などを形成するという木化（Verholzung）の過程を通じて，生命そのものとも他の個体とも区別された一つの個体を形成するという意味では「内」へ向かった過程（第269節の形態化過程）である。それは動物のように自己感情という主観的なものによって自己に目覚めて一つの個体を確立するというものではない。植物が自己を産み出すのは光を取り入れることを通じてであり，その意味では「外」に向かった過程である。1823/24年自然哲学講義の次の箇所を参照。「外へ向かう過程には自己感情を，自己自身の満足を生み出すという目的がある。それは自己を自己として捉えるということ，自己に到達するということであり，自己を自己自身と媒介するということである。──このようにして生けるものは充足を得る。〔しかし〕植物の場合，自己が自己の対象になるというこの感情は生じず，概念に即して関係しなければならない他の自己とはそれの外に向かって〔求められるもの〕，すなわち光である。〔…〕この過程は植物が一つの自己として生み出されることだと理解されなければならない。しかし，この自己は植物にとってのものではなく，植物は光の中でこの自己になるというにすぎない。植物が光になるというのは植物が自己自身を照らすということではなく，ただ光の中にいるというにすぎない。この過程は花やつばみの展開へと向かって進んでいく。〔…〕」（GW24, 713, Fußnote）。また，第3版の第347節〈補遺〉（GW24, 1496ff.）も参照。

第3部　有機体物理学　　227

物は自らの光を花として産み出し，そこでは中性的で緑色をした色彩が
固有の濁りを帯びるよう規定される。あるいは，光が純粋に闇によって
白色の色彩として生産される。

第272節　性別（第348節）

植物がこのようにその自己を犠牲に捧げることで，この外化放棄は同
時に過程を通じて実現された概念，すなわち，自己自身を全体として産
み出したがその中で自身に対立したものとして現れた植物である。した
がって，この最高点が性別の始まりであり類過程を告げるものである。
|　（185）

【160】

第273節　類過程（第348節，第349節）

3）類過程は，個体の形態化過程および再生産過程から区別されるも
のとしては，植物的な自然の現実過剰である。なぜならば，上に述べた
二つの過程がただちに数多くの個体への分裂でもあるのだから。しか
し，概念という点で見ると類過程は自己自身と一致した主体性，普遍性
としてあり，この普遍性で植物はその有機的な生命の直接的な個別性を
揚棄し，そしてそのことによって高次の有機体へ移行する基礎を築く。

C　動物有機体

第274節　主体性の芽生え（第350節）

　有機的な個体性は次のとき初めて主体性となる。それは，その個別性が直接的な現実性であるだけでなく揚棄されてもいるとき，普遍性の具体的な契機としてあるとき，また，有機体が外へ向かう過程の中で自己的な太陽を内部に保持するときである。これが動物的自然であり，個別性の現実性と外面性にあっても，同じくそれに対抗してただちに自己へと反省した個別性，自己のうちに存在する主体的な普遍性でもあるもののことである。

第275節　自己運動や声など動物の諸特徴（第351節）

　動物には偶然的な自己運動がある。なぜならば，その主体性は，光と火のように，重力〔重さ〕から引きはがされた観念性——自由な時間であるから。すなわち，同時に実在的な外面性から逃れ出たものとして，内的な偶然にしたがってそれ自身が場所へと規定される自由な時間であるから。このことと結びついているのが，動物が声をもつことであり，それは動物の主体性がそれ自体でそれだけでも存在する主体性として，時間と空間の抽象的な観念性の支配であり，また，動物の｜（186）自己運動を自己自身の中の自由な振動の観念的で内的な個体性として表現するからである。——動物的な熱，〔これは〕形態を持続的に維持しながら凝集が持続的に解体していく過程として〔現れるものである〕。——中断された栄養摂取——しかし，とりわけ【161】感情，〔これは〕規定性で自己をただちに普遍的な個体性として，そして現実的なものとしての規定性から自己を区別する個体性として〔現れる〕。

第3部　有機体物理学　　　　　　　　　　229

第276節　再生産されるものとしての動物（第352節）

　動物の有機体は生ける普遍性として，三つの規定を経過する概念である。それら規定のうちどれもが実体的な統一性の同じ総体的な同一性であり，同時に，それだけで形式規定として他の規定への移行である。こうしてこの移行から総体性が帰結する。ただこの再生産されるものであって存在するものでないものとしてのみ，生けるものはある。

第277節　感受性，興奮性，再生産（第353節）

　したがって動物の有機体は，α）外面性の状態にあるその単純で普遍的な自己内存在であり，これを通じて現実的な規定性が直接的に特殊性として普遍的なものに受け容れられ，この普遍的なものがこれにより主体の自己自身との緊密な同一性として現実的な規定性をもって存在することになる。──〔これが〕感受性〔である〕。──〔動物の有機体は〕β）特殊性，つまり外からの刺激を敏感に感じ，そして受け容れる主体からそれに対する反応が外へ向かって起こることである──〔これが〕刺戟反応性〔である〕。──〔動物の有機体は〕γ）これら諸契機の統一，外面性の関係を通じた自己への否定的な還帰，そのことにより自身を個別的なものとして産み出し設定すること──再生産である。〔この再生産は〕うちに向かっては最初の二契機の実在性と基礎をなし，外に向かっては分肢形成と武装化を行う。

第278節　神経組織，血液組織，消化組織（第354節，第355節）

　概念のこれら三つの契機はその実在性を三つの組織，神経組織，血液｜（187）組織，消化組織の中にもち，その一つめのものは骨格と感覚器官の組織という形で，二つめのものは肺と筋肉という形で二つの面に即して外へ向く。しかし消化組織は皮膜と細胞組織とを伴う腺組織として直接的で植物的な再生産であるが，内臓の本来的な組織という形は媒介を行う再生産である。こうして動物は自立したものとして三つの組織の中枢，頭部，胸部，下腹部へと区切られる（昆虫 insectum〔切れ目の入ったもの〕）。これに対して機械的に【162】動いたりものをつかんだりするためにある手足は外に向かって区別されたものとして自己を設定する個別性の契機をなす。

230　Ⅱ　自然哲学

第279節　過程としての生けるもの

生けるものの理念は上述のように概念とその実在性との一致である。しかし，それは先の主体性と客体性との対立として本質的に過程としてのみある——生けるものが自己へと抽象的に関係する運動としてである。この運動は特殊性へと自己を分裂させ，そして自己自身への還帰として主体性と総体性との否定的統一である。しかし，これらの契機の各々が生命性の具体的な契機として過程であり，そして，全体は〔以下に述べる〕三つの過程の統一である[5]。

第280節　生ける個別性の形態化過程と自己感情（第356節）

1）生ける個別性の抽象的な過程は個別性それ自身の内側での形態化過程であり，その過程の中で有機体は自分自身の分肢を自身の非有機的な自然，道具にし，自ら身を養い，そして自己を，すなわちまさにこの分肢形成そのものの総体性を生産し，そして，各々の分肢が交互に目的となり手段となり，自分以外のものから自己を手に入れ，そしてそれらに対抗して自己を維持する。——この過程，それは単純な自己感情を結果とするものである。｜　（188）

第281節　多様な感覚の形成（第357節）

2）個別性の自己感情は自己への否定的な還帰のうちにあり，直接的に排外的で，非有機的な自然に対して実在的かつ外的な自然に対するように緊張関係にある。α）動物の器質形成はこの外的な関係では直接自己へと反省しており，そのことによってこの観念的な振る舞いは観想的な過程であり，しかも特定の感情である——それは非有機的な自然の多様な感覚の中へと自己を区別していく。

第282節　諸感覚と過程との関係（第358節）

したがって，感覚と過程は1）機械的な領域の感覚——つまり，重力〔重さ〕，凝集力およびその変化，【163】熱の感覚，触感そのもの，2）特殊化された空気感と同じく現実化された中性である水との対立の感

5）（訳注）「三つの過程」とは，形態化過程（第280節），感覚の形成から性別とそれによる衝動の発生に至る過程（第281節以下），類過程（第291節以下）のこと。

覚，そしてそれらの解体で生じる諸対立の感覚。——臭いと味。3) 純粋で本質的ではあるが外的な同一性の感覚，火の重さのある物質に属さない側面の，すなわち光と色彩の感覚。——4) 対立する物体の主体的な実在性ないし自立的な内的観念性を表すものに対する感覚，聴力の感覚。

　それゆえ概念の契機の三つ組みはここで数の上では五つ組に移行する[6]。なぜならば，特殊性ないし対立の契機はその全体がそれ自身三一性だからである。そして，動物の有機体は散り散りになっている非有機的自然が主体性の無限な統一性へと還元されることであるが，この統一性では同時にその展開された総体性でもあるのだから。この総体性の諸契機はいまだ自然的主体性であるので特殊なものとして存在している。したがって，普遍性はいまだ内的な具体化，個体化された｜（189）諸規定を伴う重力〔重さ〕として，触知されたものにその特殊な感覚を，つまり基礎にある普遍的な感覚をもつのであり，この感覚はそれゆえまた触感一般とも称される。特殊性は対立であり，これは同一性と対立それ自身〔との対立〕である。したがって，特殊性に属するのは光の感覚，つまり抽象的ではあるもののそれゆえにこそそれ自身規定された，対立の一側面をなす同一性である。さらには対立それ自身，空気と水とのそれのような対立の二つの感覚〔もそれに属する〕。この両者はその他のものと同様に物体化された固有化および個体化のうちにある。個別性の感覚に属するのは自己のうちに存在する純粋な主体性として現れる主体性，音である。

第283節　感情（第359節）

　β) 非有機的な自然を伴う実在的な過程は感情と同時に始まる。すなわち，実在的な外面性の感情，したがって主体の否定の感情と同時に始まる。主体は自己自身への積極的な関係であると同時に，その関係をこ

---

　6)　（訳注）「五つ組」とされるのは，以下の叙述に語られている通り，普遍性，特殊性，個別性という概念の契機の三つ組のうち，特殊性自身にも同一性と（二つのものの）対立という二つの契機が区別されるためである。そして普遍性には触感，特殊性のうち同一性には光の感覚，対立には水と空気の感覚，個別性には音の感覚が対応させられている。

232　　　　　　　　Ⅱ　自然哲学

の〔実在的な外面性という〕自身を否定するものに抗って確信することである。──〔つまり〕欠乏とそれを揚棄しようとする衝動の感情と同時に〔始まるということである〕。──この欠乏が，外から刺激を受けることの条件である。

　　ただ生けるものだけが欠乏を感じる。というのも，それだけが自然の中では概念，つまりそれ自身とそれに対置された特定のものとの一致だからである。このことによってそれは主体である。制限のあるところでは，制限は【164】第三者にとってだけの否定，外的な反省である。しかし，制限が欠乏であるのは，一つのものの中にそれを越えるものがまったく同じくらい存在しているかぎりでのこと，すなわち矛盾そのものが設定されているかぎりでのことである。そのようなもの，つまりそれ自身の矛盾を自己のうちにもちそれを耐えることのできるもの，それが主体である。このことが主体の無限性をなしている。｜（190）──有限な理性について語られているとき〔であっても〕，有限な理性は自身を有限なものとして規定するというまさにそのことによって，自身が無限であることを証明する。というのも，否定が有限性，欠乏であるのは，ただ否定を揚棄したもの，自己自身への無限な関係であるものにとってのみなのだから。──しかし，無思想性は制限の抽象で立ち止まり，生命という概念自身が存在へと姿を現すところでも概念を理解せず，衝動，本能，欲求などといった表象の諸規定にすがりついている。──有機体にとって《外的なポテンツによって刺激を受ける》という規定が《外的な原因が作用する》にとって代わることは，有機体の正しい考え方という点で重要な一歩である[7]。──次

───────────

　　7)　（訳注）ヘーゲルの叙述に関連があるのはJ. ブラウンの「刺激する力〔興奮力〕（excitng powers または potestates incitantes）」である。ジョン・ブラウン『医学原論』（John Brown, *Elementa medicinae*），改訂第2版，エディンバラ，1784年，4頁他参照。また，同書英語版のドイツ語訳『ジョン・ブラウンの医学体系 C.H. プファフが著者により大幅に加筆され注が補われた最新の英語版『医学原論』を翻訳し，ブラウンの諸原則に関する批判的論考を付す』（*John Brown's System der Heilkunde. Nach der letztern vom Verfasser sehr vermehrten und mit Anmerkungen bereicherten englischen Ausgabe seiner Elements of Medicine übersetzt, und mit einer kritischen Abhandlungen über die Brownischen Grundsätze begleitet von C.H. Pfaff*），コペンハーゲン，1798年，XI頁参照。独訳者プファフは「力」（powers）を「ポテンツ」（Potenzen）と訳している。

第 3 部 有機体物理学 233

のように考えるところに観念論は始まる。すなわち，何かが生ける
ものへと積極的に関係しようとしても，その関係の可能性がそれ
自体でそれだけで生けるもの〔それ自身〕ではないようなもので
あるとき，すなわち，その関係が概念によっては規定されておら
ず，したがって，主体に端的に内在しているのではないようなも
のであるとき，そのような関係はけっして成り立たない，と。しか
し，学問風を装った反省規定の混ぜ合わせと同じくらい非哲学的な
のは，刺激理論に，ながらく哲学的であると見なされてきた形式的
かつ物質的な諸関係が導入されていることである。たとえば受容性
と能動力とのまったく抽象的な対立がそれであり，これらは要素と
して大きさに関しては互いに反比例の関係にあるとされる。これに
より有機体のうちに捉えられるべきあらゆる区別が上昇，低下，強
化，弱化というたんに量的であるにすぎない違いの形式主義に[8]，

---

8) （訳注）F.W.J. シェリング『自然哲学体系の第一草案──講義用』(F.W.J. Schelling,
Erster Entwurf eines Systems der Naturphilosophie. Zum Behuf seiner Vorlesungen)，イェーナ
およびライプツィヒ，1799 年，265 頁以下参照。「a）わたしたちの学の全行程を通じて証
明されたこととして，刺激性の総合的な概念では感受性と興奮性の両要素が合わせて考えら
れている，ということがある。──繰り返し注意されなければならないことだが，感受性と
いうことで理解されているのは，媒介するという有機体の活動であるかぎりの，有機体の受
容性に他ならない。しかし興奮性ということでいま考えられているのはこの著作全体と同じ
く，刺激される（これはもちろん言葉の本来の意味である）という単純な能力ではなく，古
びた語法でならば許容されるように，受容性によって媒介されたかぎりでの有機体の活動そ
のもの（有機体の反応能力）である。b）これらの両要素はそれ自身互いに対立している。
──有機体の本性の力学的な段階的推移から行われる一般的な帰納によって証明されたこと
だが，これらの要素の一つが低下するともう一つが上昇するし，またその逆でもある。」Vgl.
Schelling, *Werke*. Bd. 3, 230 f.「上昇，低下，強化，弱化」については，同書 267 頁以下参照。
『わたしの哲学体系の叙述』(1801 年)でもシェリングは刺激の均衡の量的な規定から始める。
とはいえシェリングは量的な関係以外にも，有機体のメタモルフォーゼが経過するさまざま
な段階を表現するような関係のあることを知っている。シェリング『わたしの哲学体系の叙
述』125 頁（Schelling, *Werke*. Bd. 4, 211 f.）参照。後年シェリングは初期に行った生命状態
の形式的な構成から離れる。シェリング「自然哲学の諸原則に則った，医学の立場の暫定的
な特徴解説」(Schelling, Vorläufige Bezeichnung des Standpunktes der Medicin nach Grundsätzen
der Naturphilosophie)，『科学としての医学年報』(*Jahrbücher der Medicin als Wissenschaft*)，
学識者による執筆，A.F. マルクスおよび F.W.J. シェリングによる編集，第 1 巻，第 1 分冊，
テュービンゲン，1805 年，189 頁参照。Vgl. Schelling, *Werke*. Bd. 7, 276. シェリングによる J.
ブラウンの刺激理論の受容はとりわけキリアンによって引き継がれ，さらに先へと進められ
た。キリアン『全医学体系草案』(Kilian, *Entwurf eines Systems der Gesammten Medizin*) 第 1
部，76 頁以下参照。

234 Ⅱ　自然哲学

すなわちこれ以上はないという没概念性に陥ってしまった。これら
の干からびた悟性規定のうえに構築されたある医学理論は半ダース
の｜（191）命題で完成されており，これがまたたくまに広まり多
くの支持者を見出したことに不思議はない。自然がなじみ始めたば
かりだった哲学がこのように道を踏み外していくきっかけは，絶対
者が主観的なものと客観的なものとの絶対的な無差別と規定された
後，あらゆる規定はだから量的な区別にすぎないとした根本的な誤
りにあった⁹⁾。絶対的な形式，【165】概念，そして生命性はむしろ
ただ質的な，自己自身に即して自己を食い尽くす差異をだけその魂
とする。この真なる無限な否定性が認識されなかったので，生命の
絶対的な同一性を，スピノザの場合に属性と様態が外面的な悟性に
現れるように，区別というものを反省によるたんに外面的でしかな
い区別にすることなしには，しっかりと保持しておくことはできな
いと考えられるようになった¹⁰⁾。これによって生命には自己性の躍
動点〔肝心な点〕¹¹⁾，〔すなわち〕自己運動の原理，それ自身の分裂
の原理，個別性一般の原理が欠けることになる。──さらに，まっ
たく非哲学的で粗雑にも感覚そのままと見なされるべきなのは，形
式的な諸規定に実在的な意味を与えようとし，概念規定に代えて何
と炭素と窒素，酸素と水素のようなものを置き，以前は内包的な
区別だったものを今度はあれやこれやといった素材の多い少ない
にしてしまい，外的な刺激が効力を及ぼす積極的な関係を，欠落す
る素材の補給と規定した，そのやり方である。──たとえば無力
症，──神経熱の場合，有機体では窒素が優勢である，なぜなら

---

9)　（訳注）〔44 頁 28-30 行への注〕参照。量的ではない関係をシェリングは知らないの
ではない。このことについては前注参照。

10)　（訳注）ヘーゲルがスピノザについて述べていることに関しては『哲学史講義』
（V9, 110f.; Werke. Bd. 15. 392 f.〔SK20, 180〕）参照。ヘーゲルはそこで，スピノザ『エティ
カ』（Spinoza, Ethica）第 II 部定理 XI 証明および系に触れている。Vgl. Spinoza, Opera (ed. v.
Gebhardt). Bd. 2. 94 f.

11)　（訳注）der springende Punkt アリストテレス『動物誌』第 6 巻第 3 章に由来する言
葉。ラテン語で punctum saliens とも言われる。W.　ハーヴィ（W. Havey）がこの言い回し
を『動物の発生に関する研究』(Exercitationes de generatione animalium)，ロンドン，1651
年で一般化した。R. ウィリス（R. Willis）によるこの著作の英訳の中でハーヴィのラテン
語がヘーゲルの言い回しによく似た a leaping point で訳されている。Cf. M. J. Petry, Hegel's
philosophy of Nature. Vol. III, London, 1970, p. 315.

第 3 部　有機体物理学　　　235

ば，化学的な分析が窒素をこの有機的な形成物の主要成分であると
示しているからには，脳と神経は一般にポテンツ化された窒素だか
らだ，という。だから，炭素の補給が｜（192）これらの素材の均
衡，すなわち健康状態を回復するためには必要であることが示され
ている，というのである。神経熱に対して経験的な仕方で有効であ
ることが分かった薬剤はまさにこの理由から炭素の側に属すると見
なされ，そのような上面の組み合わせと思いなしが構成と証明であ
ると称されている[12]。──それが粗雑だというのは，外的な蒸留滓
（caput mortuum），化学が死せる生命をその中でもう一度殺したこ
の死せる素材が生ける器官の本質である，いやその概念であるとさ

---

[12]　（訳注）ヘーゲルの論述が関係しているのは明らかにシェリング学派 C.J. キリアン
の振る舞いである。キリアンは最初に水素，酸素，炭素，窒素は分解不可能な元素であり，
それらが混合されることで有機体の中に差異が産み出されるとする。キリアン『全医学体系
草案』第 2 部，12 頁以下参照。それらの物質が分解不可能な元素であるとされる当時の理
解については，トロムスドルフ『全化学の体系的案内書』第 1 巻，122 頁，130 頁，139 頁，
159 頁参照。キリアンの理解によると酸素は生命過程の否定的な原理であり，窒素，炭素，
水素は反対に肯定的な原理で，有機体の活動を高めるはたらきをもつとされる。キリアン『全
化学の体系的案内書』第 1 部，207 頁以下参照。酸素が付け加わることで窒素，炭素，水素
はポテンツが低められうる（270 頁以下参照）。対照的に窒素，炭素，とりわけ水素が付け加
わることで有機体は強化される（325 頁以下参照）。炭素は筋肉組織ないし興奮性を，窒素は
神経組織ないし感受性を表す。このように論じるときキリアンは最新の化学の成果に依拠し
ている（71 頁参照，また，トロムスドルフ『全化学の体系的案内書』第 3 巻，3 頁参照）。キ
リアンの病気理論では感受性と興奮性が互いに正反対の関係にあることが前提となっている
（76 頁以下参照）。そこから無力性の病気で興奮性が減少する場合は炭素を付け加えることが
提案されることになる（310 頁以下参照）。「したがって，虚弱性の病気の場合，感受性が優
勢なものとして活性化され，これによって初めて従属的なものとして興奮性が同時にポテン
ツを低められるなら，後者は感受性が先行して活性化されたことの結果なのだから，その原
因，すなわち感受性の虚弱性による活性化を除去すること以上に早くまた確実に高められる
ことはない。さてしかし感受性が減少するのは対立する要素すなわち興奮性を強化すること
による以外にはありえず，興奮性の要素はその差異性を高めることによってのみもっともよ
く強化される。これに対してこの差異性が高められるのはただ興奮性を表すもの，つまり炭
素の量を増加することによるしかない。したがって，炭素をどれだけの分量，どれだけの期
間有機体に与えるかという点に関する指示はこの場合，両要素の平衡が有機体の通常状態に
再び確立されたところまでというものになる」（310 頁以下）。有機体内の窒素の量がポテン
ツ化または非ポテンツ化で変化することについては 283 頁以下参照。炭素を含む薬品につい
ては 364 頁以下参照。「構成」と「証明」はキリアンによって何度も話題にされる。特に 111
頁以下，126 頁以下参照。ヘーゲルが引き合いに出す脳はポテンツ化された炭素であるとい
う理解については，シェリング『わが哲学体系の叙述』123 頁（Schelling, *Werke.* Bd. 4, 209
f.）参照。

236   Ⅱ　自然哲学

えされるからである。それからこの後者[13]がかくもこのうえなく安
易な形式主義の土台になる。すなわち，化学的素材のような感性的
諸物質，さらに磁力がみせる南北の極性のような，非有機的自然に
属する諸関係，あるいは磁力それ自身と電気的な契機との諸区別が
概念規定の代わりに用いられ，また自然世界を理解し展開するに際
して，これが表す諸領域・諸区別に，東西南北の極性や他の何であ
れ，そのような出来合いの図式を外面的に張り付けるという仕方が
とられるのである[14]。この点に関しては甚だしく多様な形式が【166】
ありうる。というのも，総体性の諸規定，たとえば化学の領域に見
られる酸素，水素などのようなものを図式のために想定し，それら
を磁力，機械的連関，植物化，動物性などに転用するか，あるいは
逆に，磁力，電気，男性的なものと女性的なもの，収縮と拡張など
を取り上げ，一般的な仕方で他の各領域の諸対立を掴んできて，そ
れらを残る諸領域で利用するか，このどちらにするかは気ままにし
か選ばれていないのだから[15]。　｜　（193）

　13）　（訳注）「この後者」は第3版では「概念に関する無知と軽蔑」とされている。
　14）　（訳注）ヘーゲルが触れているのはシェリングおよびシェリング学派の用語法であ
る。以下の箇所を参照。シェリング『わたしの哲学体系の叙述』49頁以下（磁力），69頁以
下（窒素，炭素，酸素，水素，磁力，電気，東西の極性，南北の極性），91頁（化学的過程，
四つの世界地域），『哲学体系の詳述』117頁以下（東西南北）．Vgl. Schelling, *Werke*. Bd. 4,
153, 171 f., 187, 468. また，ヘーゲル『哲学史講義』670頁以下（Hegel, *Werke*. Bd. 15, 670 ff.
〔*SK*20, 442 ff.〕）参照．Vgl. *V*9, 186 ff. シェリング学派の人々によるこの用語法の受容につい
ては，次注およびヨーハン・ヤーコプ・ヴァーグナー『事物の本性について　3分冊』（Johann
Jacob Wagner, *Von der Natur der Dinge. In drey Büchern*），ライプツィヒ，1803年，166, 224
頁（東西南北）参照。
　15）　（訳注）ヘーゲルが触れているのはシェリングおよびシェリング学派の人々の自
然哲学で用いられる諸概念である。シェリングについては前注および次の箇所を参照。シェ
リング『わが哲学体系の叙述』119頁（男性的，女性的），43頁（牽引力，拡張力）．F.W.J.
シェリング『自然哲学体系の第一草案――講義用』イェーナ／ライプツィヒ，1799年，182
頁（拡張，収縮）．Vgl. Schelling, *Werke*. Bd. 4. 207, 148; Bd. 3. 168. さらに，ヘンリク・シュ
テフェンス『地球の内的自然誌についての論文集』（Henrich Steffens, *Beyträge zur inner
Naturgeschichte der Erde*），第1部，フライベルク，1801年，209頁以下，226, 256頁（磁
力），196頁（磁力を表すものとしての窒素と炭素），269頁（電気を表すものとしての酸素
と水素），190頁（植物化，動物化），16, 185, 193, 248頁（収縮，拡張）．その他，ヨーハ
ン・ヤーコプ・ヴァーグナー『事物の本性について　3分冊』ライプツィヒ，1803年，148
頁以下（磁力），166頁以下，172頁以下（水素，酸素，窒素，炭素），300頁（女性的なもの，
男性的なもの），XXXVII頁，32, 239頁（拡張，収縮）参照。

第 3 部　有機体物理学　　　　237

第 284 節　欲求と刺激（第 361 節，第 362 節）

　欲求と刺激は普遍的な機械的連関と特殊的な機械的連関との関係（睡眠と覚醒），空気に関わる過程（呼吸と主要過程），水に関わる過程（渇き），個体化された土，すなわち土の特殊な形成物に関わる過程（飢え，第 276 節）[16] に向けられる。生命，すなわち総体性をなすこれら諸契機の主体は概念としての自己と外的な実在性としての諸契機とへ分かれ緊張状態にあり，そして，これらの外面性をその中で克服していく持続的な相克である。動物は本質的に個別的なものとして個別的にしかこのことができないので，この自らの客体化は自身の概念に適合しておらず，それゆえ満足から欲求の状態へと絶えず戻っていく。

第 285 節　同化（第 363 節）

　外的な客体を機械的に勢力下におくことは外的な客体と動物として生きるものとが一つになることの始まりでしかない。動物として生きるものは主体であり，したがって点的な一の単純な否定性なので，同化は機械的な本性のものでもないし，同じく化学的な本性のものでもない。これらの過程では素材も条件と活動も外面的に対立するにとどまり，生ける絶対的統一性を欠くのだから。

第 286 節　消化（第 364 節）

　生けるものとは自身に対置された外的な自然に対する普遍的な力なのだから，それ〔同化〕は第一に，内部に受け容れられたものと動物性との直接的な合致である。【167】〔つまり〕動物性による感染および単純な転化（第 279 節）〔である〕[17]。第二に，生けるものの力が媒介による自己自身への関係であることからすると，同化とは消化である──〔す

---

　16)　（訳注）「飢え　第 276 節」というヘーゲルの参照指示（新しい節番号の数え方による。初版は「第 275 節」）は完全には理解できるものでない。第 276 節に「飢え」への言及はないのだから。むしろ第 275 節（修正後の節番号）を考えるべきなのかもしれない。そこでは「栄養摂取」が話題になっている。

　17)　（訳注）第 286 節の「第 279 節」と第 287 節の「第 278 節」というヘーゲルによる参照指示は新しい節番号の数え方に従って修正されている（初版は「第 278 節」）。事柄からするとこれらは指示された節に関係するとみるしかなく，別の節ではないのだろう。ただし，第 286 節の第 279 節への参照指示は第 287 節の第 278 節への参照指示ほど説得力があるとはいえない。第 278 節では消化組織に言及されているのだから。

なわち〕主体が自らの行う｜（194）直接的な同化と[18]対立することであり，したがって，生けるものが否定的なものとしてそれ〔直接的な同化〕と対立して刺激され，そして対立の過程として，すなわち動物的な水（胃液および膵液，動物のリンパ液一般）と動物的な火（胆汁，つまりその中で脾臓での濃縮された状態から自己へと還帰した有機体が自立した存在になるように，そして活発な食尽を起こすように規定されているもの）との過程として現れることである。

第287節　道具としての刺激（第365節）

　この動物的な刺激はさしあたり外的なポテンツに向けられていたが，この外的なポテンツは感染（第278節）[19]を通じてただちに有機体の側に置かれている。しかし，上述の刺激は対立項として，また，過程の自立存在として，普遍性すなわち生けるものの自己への単純な関係に対しては同時に外面性の規定ももつ。この二つは一緒になってさしあたり主体の側で道具として現れる。したがって，本来は客体と，有機体に対して否定的なものとを形づくるが，有機体はこの否定的なものを克服し消化しなければならない。

第288節　外へ向けられた活動性から自己の再生産への反転（第365節）

　この見方の反転は有機体が行う自己への反省還帰，有機体自身の否定性の否定ないし外へ向けられた活動性の否定である。自然の存在として，有機体がここで到達した個別性は，有機体の普遍性と分離しつつも一つになるが，それは有機体が最初の否定，客体の外面性，有機体自身の活動性を一面では自ら排出し，他面ではこの自らの否定と直接的に同一なものとしてこの手段で自己を再生産したことによる。つまり，そのようにして，外へ向かう過程が再生産の最初の形式的な過程へと自分自身から転化し移行したことによる。｜（195）
　　　消化の主要契機は生命の直接的な作用，つまり，生命が自己に対

　18）（訳注）「自らの行う直接的な同化と」は『エンツュクロペディー』第2版と第3版では「外的なものと」とされている。
　19）（訳注）前注参照。

第3部　有機体物理学　　239

立させる非有機的な客体に対する力としてもつ直接的な作用であ
り，【168】そして生命と自体的に同一であるかぎりでのみその客
体を，生命を興奮状態にする刺激として前提する。この作用とは
感染であり，直接的な転化である。スパランツァーニやその他の
人々の実験，そして近年の生理学はこの直接性を，つまり生けるも
のが普遍的なものとして特に媒介もなく食物とたんに接触しそれを
自身の熱と領域一般とに受け容れることにより，自身を食物へと連
続させる際にみせるこの直接性を，経験的な仕方もとりつつ証明
し，概念に適合する形で示してみせた。〔それはこの直接性が〕す
でに同質的で利用可能な状態になっている諸部分の（仮構物にすぎ
ない）機械的な分離・選別という媒介であるとか化学的な過程とい
う媒介であるとかと思い描く表象に反対してのことである[20]。これ
に対して媒介作用の諸研究はこの転化のさらに規定された契機（た
とえば植物的な素材の場合に一連の発酵が発生するように）を明らか
にしていない[21]。反対に〔この諸研究によって〕示されたのはたとえ
ば，胃からは多くのものが出て諸体液の塊の中へと移行していくだ

---

　20)　（訳注）ヘーゲルはスパランツァーニの立場を完全に正確には再現していな
い。スパランツァーニが実験で示そうとするのは消化がとりわけ胃液のもつ分解するは
たらきによって成り立つということである。したがって，スパランツァーニは消化過程の
化学的な説明を拒否はしない。次の箇所を参照。スパランツァーニ神父『人間およびさ
まざまな動物種の消化に関する諸実験　ジャン・セネビエによる諸考察を付す』(L'Abbé
Spallanzani, *Expériences sur la digestion de l'homme et de différentes espèces d'animaux. Avec des
considerations par Jean Senebier*)，ジュネーブ，1783年，35頁，45頁。同書ドイツ語訳『ス
パランツァーニ神父の人間およびさまざまな動物種の消化のはたらきに関する諸実験，な
らびにセネビエ氏のいくつかの注解』(*Herrn Abt Spallanzini's Versuche über das Verdauungs-
Geschäfte des Menschen, und verschiedener Thier-Arten; nebst einigen Bemerkungen des Herrn
Senebier*)，Ch.F. ミヒャエリスによる翻訳・索引，ライプツィヒ，1785年，31頁，40頁。
──それよりもアウテンリートの言葉に依拠する方がヘーゲルにとっては筋が通っている。
アウテンリート『生理学案内』(Autenrieth, *Handbuch der Physiologie*)，第2部，50頁以下参
照。「肉の小片が布の小さな袋に封入され，生きている猫の腹腔の中に入れられると，胃の中
でと同様の仕方で小さな骨片にまで分解され粥状になったことを人々は見た。まさにこのこ
とが生じたのは，そのような肉が生きている動物の皮膚下のむきだしの筋肉に乗せられ，し
ばらくの間そこに放置されたときのことである」。同様のことをトレヴィラーヌスが報告して
いる。トレヴィラーヌス『生物学』(Treviranus, *Biologie*)，第4巻，348頁以下参照。
　21)　（訳注）消化過程が発酵と結びついていることをスパランツァーニ，アウテンリー
ト，トレヴィラーヌスは否定する。スパランツァーニ神父『人間およびさまざまな動物種の
消化に関する諸実験』280頁，同書ドイツ語訳，263頁以下，アウテンリート『生理学案内』
第2部，49頁，トレヴィラーヌス『生物学』第4巻，349頁参照。

240 Ⅱ　自然哲学

けで，それ以外に媒介の段階を経ていく必要はないということ，膵
液が唾液以上のものではなく，膵臓がなくとも十分やっていけるだ
ろうということなどである[22]。最後の生産物である乳糜という，胸
管が受け容れ血管の中へと放出するものは，リンパ液という個々の
内臓と器官がそれぞれ排出するもの，皮膚とリンパ組織が転化の直
接的な過程の中で至るところで獲得し，至るところで準備されてい
るものと同じである。下位の動物組織はいずれにしても凝固して皮
膜のある点ないし管——単純な腸管——になったリンパ液に他なら
ず，｜（196）この直接的な転化以上のことは行わない。上位の動
物組織における媒介された消化過程は，その固有の生産物を考える
と，植物の場合にいわゆる性別による媒介で種子が作り出される
が，それとちょうど同じような過剰である。——とりわけ子ども
たちの場合は物質の増加がやはりもっとも顕著なので，そうなのだ
が，排泄物が示すのはしばしば食物の大部分が変化していないとい
うこと，特に動物的な素材である胆汁，燐およびそれと同類のもの
と混ざっているということ，そして有機体の主要な作用として自己
自身の生産物を克服し取り除くこと〔が行われるということ〕であ
る。——有機体の推理はそれゆえ外的な合目的性の推理ではない。
なぜならば，それは有機体の活動性と形式を外的な対象に向けると
いうところに立ち止まらず，外面性のため，【169】まさに機械的
かつ化学的になろうとしているこの過程を自ら客体にするからであ
り，また，それは自然なので，自己自身と合致しながらもそれが分
離的な活動性だからである。つまり，この過程を自分から取り除
き，客体に対する有機体の怒りを，この一面的な主体性を捨象し，
そのことによって有機体が自体的にそれであるものに対自的になる
——そして，有機体の活動性の終わりと生産物とを有機体が最初か
らもともとそれであるものとして見出す，そのような活動性だから
である。これによって満足は理性的である。外的な差異へ入ってい
く過程が有機体の自己自身との過程へと転換し，そして，その結
果はたんに道具を作り出すことではなく，目的を作り出すことであ

---

22)　（訳注）トレヴィラーヌス『生物学』第 4 巻，349 頁参照。

第3部　有機体物理学　　　241

る。｜（197）

第289節　再生産，類，性別（第366節）

外的な自然との過程を通じて動物は自己自身の確信に，その主体的な概念に，真理，客体性を個別的な個体として与える。そして〔それは〕自身の生産でもあり，自己保存あるいはその最初の概念の生産としての再生産でもある。これをもって概念は自己自身と合致し，具体的な普遍，類としてある。自己自身を見出す個別性が類で行う分離が性別，すなわち主体がそれ自身同じような主体である客体に対してもつ関係である。

第290節　衝動（第369節）

この関係は衝動である。個別的なものは個別的なものであるかぎりその類に適合していない。また，この適合性は外的な反省に属するのでもない。個体は類の限定の中にあって，同時に，類が一つの統一性の中で自己に対してもつ自己同一的な関係でもある。こうして個体はこの欠乏の感情をもち，性の自然的な差異の中にある。

第291節　類過程（第369節）

3）類過程は，非有機的なものにおける化学的連関と同じように，普遍的な概念を諸個体の本質として普遍的な両項とする。諸個体の個別的な現実性の不適合性に対する類過程の緊張状態が諸個体を駆る。そのことによって各々が同じ類に属する他者の中にのみ自己感情をもち，【170】それとの一体化を通じて自分を完全なものにするようにさせる。この媒介を通じて具体的普遍は自己と結び合わされ，自己に個別的な現実性を与える。

第292節　新しい生命（第370節）

この生産物は否定的な同一性であり，それは生成した類である。つまり性のない｜（198）生命である。しかし，自然の側面からするとただ自体的にのみこの類であり，それ〔生産物〕の中に没している個別的なものに対して互いに外在的になっており，それゆえそれ自身が一つの個

242 II 自然哲学

別的なものであり，同じ差異と過ぎ去り行くものであるという性格とを
その中にもっている。しかし，それと同時にこの新しい生命という，個
別性が揚棄されたものの中では同一の主体性が積極的に維持されてお
り，この主体性が自己へと帰るこの還帰の中では類そのものが自立して
実在の中に姿を現したのであり，自然よりも高次のものが生成したので
ある。

第293節　動物の型（第368節）
　動物たちの異なった形成物と構造は概念によって規定された普遍的
な，動物の型を基礎にしている。この型を自然は表現する。つまり，あ
る部分ではもっとも単純な組織から自然が精神の道具であるもっとも完
成された組織に至るまでのさまざまな発展段階で表現する。またある部
分では四元素的な自然の異なった事情や条件の下で表現する。
　　動物の概念には概念それ自身が本質としてある。なぜならば，動
　物は生命の理念の現実性なのだから。概念の普遍性という本性に
　よって可能になるのは，概念がより単純に定在することもより展開
　されて定在することもあれば，自身に多かれ少なかれ対応して定在
　することもあるということである。それゆえ定在それ自身から，規
　定された状態にある概念を理解することはできない。概念が展開さ
　れその諸契機という形をとって十全に描き出されて姿を現す部類で
　あってもそれ以外の部類と対立する特殊な定在として現れるし，ま
　た，前者の部類でも概念は劣悪に定在することがある。しかし，そ
　の定在が劣悪かどうかというこの判断には概念がすでに前提され
　ている。よくあることではあるが，〔まず〕定在が前提され，〔次
　に〕それに基づいて動物の本性と本質的な諸規定を，あるいはある
　部類の本質的な諸器官を認識しようということがなされたならば，
　｜ （199）この経験的な方途では確固とした規定にはたどりつけな
　いし，特殊な性質は【171】明らかにすべてなくてもかまわないこ
　とになる。たとえば頭のないものたちが人間も脳なしで生きられる
　ことを証明する決め手として引き合いに出された[23]。——主観的な

───────────
　23）（訳注）ヘーゲルはX. ビシャの論述のことを考えているのかもしれない。次の箇所
を参照。X. ビシャ『生死に関する生理学的研究』（Xav. Bichat, *Recherchs physiologiques sur*

第 3 部　有機体物理学　　243

認識のためにいっそう確実で単純な徴表を見つけ出すことがより大
事にされていたのは動物学においてであったし，それは自然科学一
般と変わるところはない。いわゆる人為的な体系がもつこの目的が
動物たちを認識するにあたって視野の外に置かれるようになって初
めて広大な眺めが開けてきた[24]。経験的な諸科学のうちで，近頃は
なはだしく拡大するに至り，それも主として観察がどれだけ多いか
という点ではなく（というのも，これを欠くことは科学であればない
のだから），その素材が理性性を目指して練り上げられていったと
いう面において拡大したということにかけては，比較解剖学という
補助学問の助力を得た動物学以上のものはめったにないだろう。あ
る部分では，個々の形成物について習性が，全部分の構成を規定
するつながりとして主要な事柄とされた。その結果，この科学の偉
大な創始者であるキュヴィエは自らを誇って，一本の骨からその動
物全体の本質的な本性を認識することができると言うことができ
た[25]。またある部分では，動物の普遍的な型がさまざまな形成物の

---

la vie et la mort）パリ，1800 年，407 頁以下，特に 411 頁。同書のドイツ語訳，X. ビシャ
『生死に関する生理学的研究』（Xaverius Bichat, *Physiologische Untersuchungen über Leben und
Tod*），フランス語からの意訳，テュービンゲン，1802 年，373 頁以下，特に 375 頁以下の次
の箇所。「脳をもたずに世界へやってきた胎児たちは母胎の中で，良好に形成された子どもた
ちとまったく同じほど活発で完全な有機的生命を享受する」。

24)（訳注）ヘーゲルはとりわけ J. F. ブルーメンバッハと J. ラマルクが当時流布してい
た人為的な動物分類を乗り越えようとした試みのことを考えていると言ってよいだろう。次
の箇所を参照。J. F. ブルーメンバッハ『自然誌案内』（Joh. Friedr. Blumenbach, *Handbuch der
Naturgeschichte*），大幅に改定された第 4 版，ゲッティンゲン，1791 年，48 頁以下。ラマル
ク『動物哲学』（Lamarck, *Philosophie zoologique*），第 1 巻，20 頁以下。ブルーメンバッハは
人為的体系のうちアリストテレスのもの（足指と爪の違いによる分類）とリンネのもの（歯
が分類根拠）を挙げ，次のように続ける。「それゆえにわたしはこれらの欠点を取り除き哺乳
類の自然な体系の草案を作成しようとした。その際，細目を度外視することなく，あらゆる
外面的な特徴にも動物たちの習性全体にも同時に目を配った」（49 頁）。

25)（訳注）キュヴィエは一体の有機的存在のさまざまな部分が相互に関係していると
いうことを大前提にする。M. キュヴィエ『四足獣の白骨化した骸骨についての研究』（M.
Cuvier, *Recherches sur les ossemens fossils de quadrupeds*），第 1 巻，パリ，1812 年，58 頁参
照。この原則がキュヴィエをヘーゲルが引き合いに出す主張にまで導いていく。同書，65 頁
参照。「骨のもっとも小さな小面（facette）にも，もっとも小さな突起にも特定の特徴があり，
それはそれが属する綱（classe），目（ordre），属（genre），種（espèce）に関係しており，そ
のため，良好に保存された骨の先端だけでもあればいつでも，専心し，少し巧みにアナロジー
と有効な比較とを用いることで，これらすべてのものを動物全体があるときと同じほど確実
に究明することができる」（65 頁）。

中に（たとえそれらがどれだけ不完全で〔互いに〕異質なものとして現れていても）追い求められた。ほんの兆候が見え始めたばかりのときに（ちょうど器官や機能が入り混じっているときにもそれらの意義が認識されるように）その型が認識されたのであり，そしてまさにこのことを通じてそれは特殊性から出て特殊性を超えその普遍性へと高められた[26]。この考察の主要な面は，どのようにして自然がこの有機体を，自然が有機体をその中へ投げ込んだ特殊な環境場面に，気候に，栄養のある範囲に，一般に有機体が生じた世界｜（200）（それは一つの植物の類でも他の動物の類でもよい）に適合するように育み整えるのかに関する認識である[27]。――生命の理念の直接性とは，概念が，たとえそれだけがそれ自体でそれだけで規定されたものであるとしても，そのようなものとしては生命の中に存在せず，したがって，その定在は外的な自然の多様な条件や事情に服しており，そして，きわめてみじめな形式で現れることがあるということである。そして，地球の豊かさがあらゆるところで生命を生長させる。それゆえ動物界は他の自然領域よりもそれ自身で独立した理性的な体系を組織が提示することも，概念によって規定されている諸形式から離れないでいることも，それらを諸条件の不完全性や混乱に抗いつつ混迷，衰弱，移行から守ることも少ないといえる。――動物の中で確固とした自立的な自由のもとに存在していない概念の

---

26)（訳注）ヘーゲルは明らかにゲーテの原型概念のことをいっている。この相互に絡み合った一連の主題群への取り組みはすでに初期のゲーテに見いだされるが，後年になってようやく公刊された。ヘーゲルはイェーナで講師として活動しているときにゲーテの理論を知ることができたはずで，それはかれがゲーテと身近に接したときのことである。「骨学から出発する比較解剖学総序論の第一草案」(Erster Entwurf einer allgemeinen Einleitung in die vergleichende Anatomie, ausgehend von der Osteologie)，イェーナ，1795 年 1 月，ゲーテ『自然科学一般，特に形態学に関して』(Goethe, *Zur Naturwissenschaft überhaupt, besonders zur Morphologie*)，第 1 巻，第 2 分冊，シュトゥットガルト・テュービンゲン，1820 年，145-195 頁所収参照。また，「骨学から出発する比較解剖学総序論第一草案最初の三章にかんする論述」(Vorträge, über die drey ersten Capitel des Entwurfs einer allgemeinen Einleitung in die vergleichende Anatomie, ausgehend von der Osteologie) 1796 年，同書，第 1 巻，第 3 分冊，257-284 頁所収参照。

27)（訳注）トレヴィラーヌス『生物学』第 2 巻，「自然的生命の歴史」参照。トレヴィラーヌスはこの巻で動物と植物が自然的および地理学的にどのような分布をみせているかという問題に立ち入っている。ヘーゲルはこの問題とのつながりで他の箇所でもトレヴィラーヌスを引き合いに出している（本書〔185,30〕頁参照）。

第3部　有機体物理学　　245

帯びるこの弱さのために，現に存在する類も【172】外的な普遍的
自然生命の転変に完全に服することになる。この自然生命の変転と
ともに動物は生き，自然生命が個別的な存在形態をとるときは個別
的な動物に対する持続的な暴力性としてある。したがって，動物の
生命は明らかに一般に病んだものであることになる。また，その感
情も落ち着きがなく不安に満ちた不幸なものであることになる。

第294節　病気（第371節）

　個別的な有機体はその定在のもつ外面性のために自身の規定に適合し
なくなることもある。それが病気の状態にあるのは，その組織ないし器
官の一つが非有機的なポテンツと衝突して刺激され，自立したものとし
て固定化し，全体の活動性に対抗して自身の特殊な活動性を遂行しつづ
け，全体の流動性とあらゆる契機を貫通する過程とがこれによって妨げ
られている場合のことである。｜（201）

第295節　病気固有の現象としての熱（第372節）

　したがって，病気の固有の現象とは，有機的な概念全体の同一性がそ
の〔それぞれ〕異なる契機である《感受性》，《興奮性》，《再生産》を経
て推移する生命運動の連続的な営みとして，すなわち熱として現れるこ
とである。この熱は個別化された活動性に対抗する総体性の営みとし
て，またそれと同様に，治癒の試みと始まりとして機能している。

第296節　薬剤（第373節）

　薬剤は有機体を刺激して非有機的なポテンツを取り除かせる。個々の
器官ないし個々の組織の活動性はこの非有機的なポテンツと絡まり合っ
ており，このことによって個別化されている——しかし，本質的には，
〔薬剤は有機体を刺激して〕全体の形式的な活動性がその中に固定され
ている刺激を消し〔揚棄し〕，流動性を全体の中に生み出させるのであ
る。このことを薬剤が引き起こすのはそれが刺激であることによって，
ただし同化し克服するのがはるかに困難で，それに対して有機体が自分
の力のすべてを傾注するよう強いられている刺激であることによってで
ある。有機体はこのようにして外面的なものと向き合うことにより，自

246   Ⅱ　自然哲学

身と同一のものになりその中にとらわれていた制約性から脱け出している。

【173】医薬剤は一般に消化しづらいものと見なされなければならない。しかし，消化しづらいという規定は相対的なものにすぎないとはいえ，通常そう受けとられているような漠然とした意味においてではない。この意味でいうなら消化しやすいのは虚弱な体質でも耐えうるもののことである。そのような消化しやすいものは強壮な個体にとってはむしろ消化しづらい。真なる相対性，すなわち概念のそれは，生命のうちでそれは真理であり，ここで有効である量的な観点から表現すると，対立がいよいよ嵩じ自立的になればなるほど高度になる同質性のうちに存する。それが生けるものの中でとる最高の｜（202）質的な形式は性関係であることが分かったのであり，そこでは自立的な諸個体が同一のものとしてある。——それ自身の中の差異をもつに至っていない低次の動物的形成物にとって，個体性を欠く中性的なものである水は，植物にとってと同様，消化のよいものである。——子どもたちにとって消化のよいものとは，一つには，完全に同質的な動物的リンパ液，〔つまり〕母乳であり，〔これは〕すでに消化されたもの，あるいはむしろ動物性へと直接的かつ一般的に変質したにすぎないもの，そしてそれ自身の中ではもうそれ以上差異が生じないものである。——また一つには，異なる諸実体のうち，まだ個体性に成熟する度合いがもっとも低いものがそれである。対照的にこの種の実体は力の強まったものにとっては消化しづらい。これに対してこれらのものには個別化されたものとしての動物的な諸実体，あるいは光から強壮な自己へと成熟し，それゆえアルコールを含むものと言われる植物的な諸液体の方が，たとえばまだ中性的なだけの色彩を帯び，本来の化学的連関に近い植物的な生産物よりも消化によいものである。自己性の強度を高めるに応じて前者の諸実体はそれだけいっそう強まった対立を形成する。しかし，まさにこのことによってそれらは同質性の増した刺激となる。——医薬剤は総じて否定的な刺激，毒物，刺激するものであると同時に消化しづらいものであるが，それは病気の中で自分にとって異質なものになった有機体が自分にとって外的で

第3部　有機体物理学　　　　　　　　　　　247

ある異質なものと向き合い，そのことによって自分の個体性の自己
感情をもう一度もつようになりたいという衝動をもつということが
あるからである。──ブラウン主義は空虚な形式主義であった。そ
れは医学の体系のすべてであるとされ，病気と薬剤の効能とに関す
る諸規定のうち，病気は強壮と虚弱に，さらには直接的な虚弱と間
接的な虚弱に限定し，薬剤の効能は強さと弱さに──さらにまた
｜（203）この両者を炭素と窒素，ならびに酸素と水素に，あるい
は磁気，電気，化学の各契機に限定し，そしてその他のブラウン
主義を自然哲学的に【174】みせる同様な諸定式に限定するのであ
る[28]。とはいうものの，ブラウン主義は二つの重要な結果を生んだ
のであり，一つめは，ブラウン主義によって病気についても薬剤に
ついてもたんに部分的で特殊的にすぎないものに関する見方が拡張
され，その中ではむしろ普遍的なものが本質的なものとして認識さ
れたということである。二つめは，ブラウン主義が，全体的に虚弱
なものや虚弱化を引き起こすものを用いることの多い以前の手法と
の間にみせた対立によっても，また，後にそれ自身に生じた諸々の
変更によっても，次のことを示してみせたということである。すな
わち，有機体は〔強壮化を目的として虚弱化薬剤を投与するという
ような〕正反対の取扱い方に対して，同じように反対の仕方ででは
なく，〔虚弱化薬剤が投与されれば虚弱化するというような〕少な

28）（訳注）ヘーゲルが言及しているのはきわめて多様な仕方で受容されたJ. ブラウン
の刺激理論のことである。強壮，虚弱，間接的な虚弱，強さ，弱さという概念については，
『ジョン・ブラウン全集』（*John Brown's sämtliche Werke*），第1巻『ジョン・ブラウンの医学
原論』A. レシュラウプ博士編（*John Brown's Anfangsgründe der Medizin.* Herausgegeben von
Dr. Andr. Röschlaub），フランクフルト・アム・マイン，1806年，XXV頁，10頁以下，20頁
以下など参照。──「炭素と窒素，ならびに酸素と水素に，あるいは磁気，電気，化学の各
契機に限定し」という箇所でヘーゲルが考えているのは明らかにシェリング学派C.J. キリア
ンがブラウンの刺激理論をさらに先へと推し進め作り変えて行った議論である。炭素，窒素，
酸素，水素がこの脈絡でもつ意味については本書第283節，注5参照。磁力，電気，化学と
いう契機については，キリアン『全医学体系の草案』第1部，31頁以下，50，207頁以下，
211頁参照。さらに，Ph. ホフマン博士「病気の構成に関する考案」（Dr. Ph. Hoffmann, *Ideen
zur Konstrukzion der Krankheit*），『思弁的物理学雑誌』（*Zeitschrift für speculative Physik*）シェ
リング編，第2巻，第1分冊，イェーナ／ライプツィヒ，1801年，90-97頁参照。また，ト
ロックスラー『疾病分類学および治療の基礎に関する考案』（Troxler, *Ideen zur Grundlage der
Nosologie und Therapie*），イェーナ，1803年，54頁以下，148頁以下参照。

くとも最終的な結果では等しい仕方で，したがって普遍的な仕方で
反応することがしばしばあるということ，また，個々の組織が固有
の刺激の中にとらわれているのとは対照的に，自己との間に成り立
つ単純な同一性こそがその真なる本質であることを有機体が証明し
ているということである。

第297節　動物的な個体が自身の概念に対してもつ普遍的な不適合性（第374節）

　しかし，動物的な個体が自身の概念に対してもつ個々の不適合性が克
服され通り過ぎて行ったとしても，普遍的な不適合性が揚棄されたこと
にはならない。この普遍的な不適合性を動物的な個体がもつのは，動物
的な個体の理念が直接的なものであるということ，あるいは，動物が自
然の内側におり，その主体性がそれ自体としては概念であってもそれ自
体でそれだけのものとして〔そうなの〕ではないということ，そして，
ただ直接的な個別性として存在するにすぎないということによる。した
がって，先の内的な普遍性はこの現実性に対しては否定的な力であり，
この力によって動物は強制力を被り没落していく。なぜならば，動物の
生存はそれ自身がこの力を自己のうちにもつのではないのだから。　|
（204）

第298節　死（第375節）

　抽象的なものとしてのこの否定的な普遍は，動物に対して機械的な強
制力をふるい破壊する外的な現実性である。動物自身の具体的な普遍性
としてのそれは類であり，その過程，すなわち交尾で生けるものはある
部分では自身のもつ〔他とは〕異なる個別性を埋没させる。しかし，ま
たある部分では直接的に類との不適合性，つまり自身にそなわる根源的
な病，生来の死の芽を，類に自身の個別性を作り入れることによって揚
棄するが，その個別性〔自体〕は直接的なので抽象的な客観性にしか到
達できず，〔やがて〕活動は鈍り硬直化し，こうして自分自身から死ん
でいく。

【175】

第299節　精神への移行（第376節）

　しかし，生けるものの主体性はまったく同じくらい本質的にそれ自体として具体的普遍，すなわち類と同一である。したがって，主体性と類との同一性は形式的な対立の，つまり個体性の直接性と普遍性との対立を揚棄するものでしかない。この主体性はさらに生命の理念において概念であることによって，それ自体としては現実性の絶対的な自己内存在であることになり，上述の通り直接性が揚棄されることにより自己自身と絶対的に合致しており自然の最後の自己外存在を揚棄している。こうして自然はその真理へ，概念の主体性へと移行したのである。この主体性の客観性はそれ自身が個別性の直接性が揚棄されたもの，具体的な普遍性であり，それは概念をその定在とする概念である。──〔自然は〕精神へと〔移行したのである〕。

Ⅲ

精神哲学

第 300 節[1]　自然の真理としての精神（第 381 節）

われわれにとっては，精神には，精神自身の前提として自然がある。この自然の真理が精神なのである。この真理すなわち精神の概念の中では自然は消えてしまっている。そして，精神は理念，しかもその客観も主観も概念であるような理念であることが明らかになった。この同一性は絶対的否定性でもある。というのは，概念には自然の中に自分の完全に外的な客観性があり，この客観性は自分の外化を揚棄し，概念はこうした外化によって自らと同一になったからである。したがって，自然からの還帰としてのみ，概念はこの同一性なのである。

第 301 節[2]　精神の本質としての自由（第 382 節）

それゆえ精神の本質は自由である。すなわち精神の本質は概念の絶対的否定性による自己自身との同一性である。精神は一切の外的なものや自分自身の外在性，つまり自分の存在を捨象することができる。また精神は，自分の個体的直接性の否定，無限な苦しみに耐えることもできる。つまり，精神はこうした否定性の中でそれだけで同一であることができる。この可能性は精神の利己的な自体存在，つまり精神の単一な概念ないしは絶対的普遍性そのものである。

第 302 節[3]　啓示作用としての精神（第 383 節）

しかし，この普遍性は精神の定在でもある。この概念は自己を特殊化するものとして，かつ，こうして規定されながらも｜（206）自らと同一であるものとして，普遍的なものでもある。それゆえ精神の本性は顕現である。精神は，自らの外在性に対する自己内の規定性ではないので，〔なにか自分とは違う〕或るものを啓示するというわけではない。むしろ精神の規定性と内容はこの啓示作用そのものなのである。それゆえ精神の可能性はそのまま無限で絶対的な現実性である。

---

1)　O_1: §.299. vgl. O_2O_3: §.381.

2)　O_1: §.300. vgl. O_2O_3: §.382.

3)　O_1: §.301. vgl. O_2O_3: §.383.

【180】

第303節[4]　精神の世界としての自然の設定（第384節）

啓示作用は精神による客観性の設定である。この設定は，抽象的な理念では，直接的な移行として，自然の生成である。しかし，自由なものである精神としての啓示作用は，精神の世界として自然を設定することである。つまりそれは，反省として同時に世界を自立的な自然として前提することであるような設定である。しかし，真の啓示作用，すなわち概念における啓示作用は，世界を精神の存在として創造することである。この精神の存在の中で精神には己れの自由の実定性と真理がある。

　　絶対者は精神である。これは絶対者の最高の定義である。——いわば，この定義を発見し，この定義の内容を概念把握することが，あらゆる形成陶冶や哲学が絶対的に目指そうとしていたものだったのである。そして，あらゆる宗教や学はこの点を目指して急き立てられてきたと言ってよいだろう。世界史が概念把握されうるのも，この点からのみである。——しかし，精神の本質は概念である。精神という言葉やその表象は早くから発見されており，キリスト教という宗教は，神を精神〔霊〕として啓示することを内容としている。〔しかし〕宗教では，このことは表象に与えられている〔にすぎない〕。〔そのため〕それ自体で本質であるものをそれ自身の場面で，すなわち概念で把握するのが，哲学の課題である。概念と自由が哲学の対象かつ哲学の魂とならないかぎりは，この課題が真にそして内在的に果たされることはない。｜（207）

第304節[5]　精神の始まりとしての精神

上記の見地は精神の概念である。言い換えれば，精神はそれ自体では概念であり，つまり普遍的なものとして概念である。しかし，概念が端的に精神となるのは，概念がそれだけであるいは個別性として概念であるかぎりでだけである。そして，精神が自立するのは，本質的にはただ，精神が自らを特殊化し，自らの概念を前提とし，直接性としての概念に関係するかぎりでだけである。この直接性が，精神の存在としての

---

4)　O₁: §.302. vgl. O₂O₃: §.384.

5)　O₁: §.303.

254　　　Ⅲ　精神哲学

自然である。したがって，この存在〔である自然〕が精神の始まりである。

第305節[6]　精神の分類（第385節）

この始まりが精神の具体的な概念の第一の契機である。精神の具体的な概念は，その総体性ということでは a) 主観的精神を自分の中にもち，b) 客観的精神としてはこの概念を実在化させ，そして c) 絶対的精神としては自らにとって自分の概念とその客観性との統一となる。

【181】

第306節[7]　有限な精神の有限性（第386節）

精神論の第1部〔「主観的精神」と第2部「客観的精神」〕は，有限な精神を取り扱う。精神は無限な理念であるのだが，ここで有限性とは，概念と実在性が，実在性とは概念の内部における映現〔仮象〕であるという規定と適合しないことを意味する。つまりそれは仮象である。この仮象を概念は制約として自分自身に設定するのだが，それは〔結局は〕この制約を揚棄することによってそれだけで自由を自分の本質としてもち，自由を知るようになるためである。精神の活動のさまざまな段階は，精神の解放の段階である。この解放による絶対的な真理ということで，前提されたものとしての世界を目前に見出すことと，精神によって設定されたものとして世界を生み出すことと，そして世界から解放されることとがまったく同一のこととなるのである。

　　有限性という規定は，とりわけ悟性によって，精神および理性との関係で固定化されている。この場合，こうした慎ましさという立場を承認し，一つの究極の立場としてそれに固執することは，悟性の事柄であるだけでなく｜（208）道徳的あるいは宗教的案件ともみなされている。これと反対に，この立場を超え出ようとすることは，思考の不遜さ，いや思考の錯乱であるとすらみなされているのである。──しかし，おそらくはむしろ，有限なものを絶対的なものとなすそうした思考の慎ましさはあらゆる徳のうちでももっとも悪しき徳であり，真ならざるもののうちにとどまるということはあ

---

6)　O_1: §.304. vgl. O_2O_3: §.385.

7)　O_1: §.305. vgl. O_2O_3: §.386.

らゆる認識のうちでももっとも徹底さを欠いたものである。有限性
という規定はここかしこで（〔本書〕第15節，第34節，第44節以下
等々を見よ）解明され論じられてきたばかりでない。むしろ，論理
学は，有限性の単純な思考形式にとっては，有限なものは存在せず
端的にたんに移行であるにすぎないということを示すものに他なら
ない。これはそれ以外の哲学が有限性の具体的な形式にとってそう
であるのと同じである。それゆえ，理性と精神については，それら
が有限である〔有限的に存在する〕と言うことはすこしもできな
い。諸々の有限な精神が存在する，とは表象による表現であって，
その表象は，直接的な現象つまり思い込まれたもの〔私念されたも
の〕が真理ではないことに停滞し続ける。——つまり表象は，抽象
的な悟性が抽象的な普遍性ないし同一性という形式によって固定す
る存在に停滞し続ける。しかし，何らかの他の有限者や存在そのも
のが存在しないのと同じように，有限な精神は存在しないし，その
存在の度合いはそれらより無限に小さい。というのも，他の有限な
ものは，或る他者を通じて消滅するものであるのに対して，精神，
つまり概念と永遠なものは，それ自身が，空無的なものを無にする
ということだからであり，空しいもの〔虚栄心〕を空しくするとい
うことを成し遂げるものなのだからである。——これに対して先述
の慎ましさはたんにこうした虚栄心そのものであるというばかりで
ない。むしろ，この慎しさはより高次な虚栄心であり，真なるもの
に反する虚栄心に固執することである。【182】こうした虚栄心が，
精神の最高の自己内深化および最内奥の転回点，つまり悪であるこ
とは，展開する精神そのものから明らかになるだろう[8]。

---

8) 本訳書315頁以下（第427節以下）を見よ。

【183】
第 1 部　主観的精神

第307節　主観的精神の分類（第387節）

精神は，その概念の中にとどまっているかぎりでは，主観的と呼ばれてもかまわない。今や概念は，その普遍性による自身の特殊化からの自己内への反省還帰であるので，主観的な精神はa）直接的な精神，すなわち自然精神，──ふつう世に言われるところの人間学の対象あるいは魂であり，b）自身と他のもののうちへの同一的な反省還帰としての精神，相関あるいは特殊化としての精神，──意識，すなわち精神現象学の対象であり，c）それだけで存在している精神あるいは主観としての精神──ふつう世に言われるところの心理学の対象である。──魂で意識は目覚め，次に意識は理性として自己を設定し，そして主観的な理性は自身による活動によって自己を客観性へと解放する。

A　魂

第308節　魂としての精神（第388節）

精神は自然の真理として生成した。自然は精神で自身を引き渡し，自身を揚棄したのである。しかし概念で生成は，自己内反省還帰であるところの他のものへの反省還帰｜（210）であるだけではなく，自由な判断である。したがって，生成した精神が意味するのは，自然が自然自身のもとで自己を真ならざるものとして揚棄しており，そして精神が自己を次のような直接性として前提していることである。つまりこの直接性は，もはや身体的個別性において自己外存在するのではなく，普遍的で，自分が具体化されても単一なままの直接性である。そしてこの直接性によって精神は魂である。

【184】

第309節　実体としての魂──精神の眠り（第389節）

魂はそれだけで非物質的であるだけでなく，自然の普遍的な非物質性であり，その単一で観念的な生命である。つまりそれは，自己のうちで存在する主観性と，それから身体性との直接的な同一性としての，絶対的な実体である。この同一性は，普遍的な本質なので，この本質の特殊化と個別化の絶対的な基盤のままであり続けているが，この抽象的な規定ということではただ精神の眠りであるにすぎない。

　　魂の非物質性をめぐる問いがなおも関心事でありうるのは，一方で物質が真なるものとして，他方で精神が物として表象されるときだけである。しかし，最近では物理学者でさえ，熱や光などの計量できない物質に行き当たったのであり，かれらは安易に空間と時間もまたそうした物質に属すると考えかねない。しかしながら，これらの不可量物はまだそれ以外に感性的に定在していて，すなわち自

己外に存在している。しかし，同様に不可量物に属するとみなされうる生命物質には，重さが欠けているだけでなく，それによって生命物質がなおも物質的なものとみなされうるような各々の他の定在もまた欠けている。実際，生命の理念ではすでにそれ自体に，自然の自己外存在は揚棄されており，概念が生命の実体となっている。しかし精神——つまりその存在が直接的なものとしての個別性ではなくて，絶対的な否定性として自由である概念——では，この自己外存在は完全に概念の主観的な観念性に，すなわち｜(211) 普遍性に気化されている。——これと連関するもう一つの問いは，魂と身体の結びつきに関するものである。この結びつきは事実として受け取られ，それゆえただ問題となったのは，いかにしてこの結びつきが概念把握されるべきなのかということだけであった。その結びつきは概念把握できない秘密だというのが，一般的な答えとみなされうる。というのも，実際，魂と身体の両者が互いに対して絶対的に自立したものとして前提されるならば，それらは，物質同士が不可入的であるように，相互に不可入的だということになるからである。そうした相互に不可入な物質は，ただそれらが相互に不在であるところ，つまりそれらの孔の中にあるとしか考えられないのである。しかし，この関係が問われるようになって以来すべての哲学者たちが与えてきた解答を，この答えと同義のものとみなすことはできない。デカルト，マールブランシュ，スピノザ，ライプニッツは皆，神がこの関係であると述べた。しかも，そう述べたのは，有限の魂と物質とにはいかなる真理もなくて，したがって，神は，先の概念把握不可能なものを指すもう一つの言葉であるというだけではなく，むしろ魂と物質との真なる同一性であるという意味なのである。——しかしここではまだ，この同一性を直接的に神として把握することはできない。それというのも，この同一性にはまだこの規定がないし，【185】ただようやく自然精神という規定，普遍的な魂としての魂そのものという規定があるにすぎないからである。そして，この魂では，物質がその真理によって単純な思想ないし普遍的なものとしてあるからである。——しかしながら，この魂はたとえば世界霊魂として再び固定される必要もない。なぜならば，この

魂は，個別性として現実的に真理にすぎず，普遍的な実体に他ならないからである。

第 310 節　魂の分類（第 390 節）

精神はまず，このように自然の中に直接的に埋没した存在であり，a）自然規定性における魂である。b）しかし魂は特殊なものとしてこの魂の没意識性とは｜（212）反対のものに踏み入る。そして c）魂は自分の身体性としてのこの没意識性の中で現実的となる。

a）魂の自然規定性

第 311 節　星辰的かつ地球的生命

抽象的な自然魂としての精神は，単一で，星辰的かつ地球的生命である。——古代人たちのヌース，すなわち単一な没意識的思想，——この思想は，α）この普遍的な本質として内的な理念であり，そして自己の背後にある自然の外在性のもとに自分の現実性をもつということになる。しかし，思想が魂として直接的な実体であるのと同様に，思想の定在は魂の自然な存在の特殊化である。すなわち直接的自然規定性であり，それは，自身の前提された現実性を個体としての地球でもつ。

第 312 節　地理的な諸部分の本性——人種の差異（第 393 節）

自然精神の普遍的な惑星的生命は，直接的な差異なので地球の区別を自身のもとにもっている。したがって，この自然精神は諸々の特殊的な自然精神に分かれる。これらの自然精神は，全体として世界の地理的な諸部分（大陸）の本性を表現し，人種の差異を形成している。

　　地球の極性の対立は，〔南より〕北に向けて陸地を密集させ，陸を海に対して優位にしているが，しかし南半球に向けては，陸をばらばらにし，その先端が離れるようにしている。この対立によって，トレヴィラヌス（『生物学』第 2 部）[1]が植物と動物に関して示し

　1）　ゴットフリート・ラインホルト・トレヴィラヌス（Gottfried Reinhold Treviranus）『生物学，あるいは自然科学者と医者のための生きた自然の哲学』，第 2 部。

262 Ⅲ　精神哲学

た変容が大陸間の区別にも現れている。

【186】

第313節　地方精神（第394節）

この区別は，自然の偶然性と地域性〔特殊性（Particularitäten）〕という帰結となる。この地域性は，｜（213）地方精神と呼ぶことができるものであり，外面的な生活様式，生業，身体的形態と体質の中にも示されているが，それ以上に知的および人倫的な性格という内面的な傾向と能力の中に示されている。

第314節　魂の自然的規定性の個別化（第395節）

およそそれ自体では概念である魂は個人的主観へと個別化する。しかし，この主観性はここではただ自然規定性の個別化としてしか考察されない。したがって，〔ここでは〕主観性は，家族や個々の個人のもつさまざまな気質，性格，容貌，その他の性向の様態（Modus）としてある。

第315節　魂の目覚め

β）直接的な判断は個別的な魂が目覚めることである。この目覚めは，さしあたりは自然規定性と状態として（魂の没意識的自然生命）に対して，睡眠状態に対して生じる。個人のこの移行は，個人の普遍的な身体〔物体〕に，すなわち大地に連関している。

第316節　目覚めにおける精神の活動

目覚めは，われわれにとって，つまり外的に，眠りから区別されている〔だけで〕なく，目覚めはそれだけで個人の魂の判断でもあり，したがって，魂自身をその区別されざる普遍性から区別することである。およそすべての自己意識的で理性的な精神の活動は目覚めていることに属している。——眠りがこの活動を強化するのは，この活動の休息としてではなく（生命の活動は，力とみなされるなら，むしろ力の外化がない場合に弛緩するのである），諸規定性の世界，分散の世界からの，そして諸個別性に固められることからの，主観性の普遍的な本質への還帰としてなのである。この主観性は絶対的威力なのである。｜（214）

第1部　主観的精神　　　263

【187】

第317節　年齢の自然な経過
　しかし個人の全存在が目覚めていること〔目覚めた存在〕であるかぎ
りで，個人の特殊化は年齢の自然な経過である。

第318節　魂の対自存在としての自己感情・感覚
　γ）魂の自己内反省としての現実的な個別性は，完結した有機的な身
体性ということで，目覚めている魂の対自存在である。すなわちそれ自
体でそれだけで規定された，身体性とまだ同一的な自己感情，外的かつ
内的な感覚である。

　　普遍的な魂の，いまだ直接的な個別性への進行はそもそも，観念
　的な普遍性から生命体への自然的理念の進行であり，この生命体は
　有機的な個体性である。この個体性が意味するのはせいぜい，それ
　が精神をそれ自体で自身に内在化させており，この精神の個別的で
　自然的な定在である。しかし，そうであるがゆえに精神はここでは
　やっと外的な表象の中にあるにすぎないということだけである。先
　ほどのように，目覚めているということについて，それが精神に特
　有の目覚めていることであると言われていたことについて，そして
　精神の発展という固有の意味での年齢の経過についてもっと詳しく
　述べることはできる。しかし，それは，先取りされたもの，あるい
　は表象からとられたものとみなされなければならない。──個別的
　な精神が自分の身体性にこのように内在しているということの自然
　的側面に属するのは，およそ精神の身体性との精神の健康的で共感
　的な共生である。そこには，上で（第282節）考察された諸感官の
　外的な感情だけでなく，より詳しく言えば，より規定された無媒介
　に象徴化する諸感覚が属している。すなわち色，匂い，音が，直接
　的に快か不快である，あるいはより普遍的な仕方かより特異な仕方
　をしているということが属している。内的な共感覚には，再生産系
　での｜（215）欲望一般，刺激反応系の座である胸における怒りと
　勇気，そして感覚系の座である頭における熟考ないし精神的なはた
　らきが感覚されるということが属している。

【188】　b）自らの実体性に対する主観的魂の対立

第319節　魂の主観性の分化

　さしあたり魂は，自分の実体的な同一性の中では直接的に生きている。しかし，この魂は，個体性としては，自己への否定的な関係であり，魂の実体的な生命に対する，魂の主観性の分化である。この実体的生命は魂の概念にはふさわしくないものである。この第一の自己内反省還帰は同時に他のものへの反省還帰である。したがって自己内反省還帰はまずは自身の自然規定性との相関のうちにのみある。

第320節　予感と夢

　主観は α）自分の自然生命と抽象的で普遍的に相関している。魂は確かにこの判断の主語〔主観〕である。しかし，この普遍的な関係における魂の述語はまだその実体なのである。魂は威力がなく，たんに形式的であるにすぎない対自存在であり，魂のもっと普遍的な自然生命を予感しその夢を見ること，自然精神を感じることである。

　　この相関は魂としての自身からの精神の分かれ道である。精神そのものが自らの対象とするのは，普遍的なものを思考されたものとして，すなわち精神の抽象的な主観性つまり自我性と純粋に同一のものとしてである。そして，精神のこの主観性への関係がそれ自体この思考なのである。このより高次の実体性は自由であり，すべての直接性の純粋な否定性である。しかし，普遍的な魂の実体性は，直接的でただ肯定的なだけの同一性である。それは｜（216）すでに自己意識がもっており，現実的な精神に純粋にあることになる自由な同一性ではない。したがって，目下の自由ではない段階は自由な自己意識の減退——つまり病気である。プラトンに言わせれば，こうした病気状態の魂は予言するものとして，肝臓へ，あるいはもっとはっきり言えば，下腹部の脳としての神経節へと再び沈み込んでいるのであり，そして精神一般は自然精神へと再び沈み込んでいる。——この魔術的な相関は個別的な諸個人の病気状態として現

第 1 部　主観的精神　　　　　　　　265

れうるものであるが，この相関は歴史の中では実体的な精神性から
自己意識的精神性や悟性的精神性への移行の一段階をなしている。
──予感，予言，夢や他のことに見られる多くの不思議なこと，夢
遊症そして動物磁気は多かれ少なかれ，この夢一般の領域に属す
る。そして，その領域では，精神が自身の自然精神と理性的な現実
性の間で揺れ動き，自己について理解している理性的な意識よりも
大きな自然の広がりの中にある精神のより普遍的な連関を表象にも
たらす。【189】──しかし本来的な普遍性，すなわち思考の普遍
性が属するのは後者の理性的意識だけなので，表象されることにな
る例の共感的な生命の広がりはまったく局所的な領域に制限されて
いる。この魂が見たり予感したりするものは，ただ自身の特殊な内
面性であり，普遍的な本質の内面性ではない。同様に，魂は自身の
自由な普遍性から特殊性へと減退しているので，この魔術的な領域
は拘束性，依存性，魅了である。それゆえこうした原始的状態の表
象──人間の原始的な状態では，自然と精神が，外的な直接性とし
てではなく，それらの諸法則と諸理念として人間の内的な直観に直
面していたといわれているが，｜（217）──は空虚な想定である。
それと同様にそうした原始的状態を示唆していると解釈されうる伝
統の数少ない事例状況も，日々ますます乏しいものとなり，ひとま
とめに消え去ろうとしている。この空虚な想定では，理念の普遍的
な自然〔本性〕が，自由な主観性での精神のみに属する理性的な思
想であるということに注意が払われていない。

第 321 節　主観的な魂の矛盾としての混乱状態

β）しかし主観的な魂はこのような魂としては，自身の特殊で自然な
存在との関係が直接的で実体的な同一性であることを打ち破る。それら
が対立し合いながら，しかし同時に同一性としてあるということは，矛
盾という相関──すなわち，混乱状態である。この状態では，区別され
ているものの両方がこの相関の中で現実的なものとして対立しあってい
るので，肉体的な現実性が魂の現実性となり，あるいは逆に魂が自分自
身の現実性を肉体的な現実性となす。
　　この相関は錯乱状態一般である。ここでは 1）以下のことが注意

されなければならない。つまり，魔術的な関係が単なる観念的な諸契機，すなわち真ならざる相関〔である〕ように，それゆえこの〔魔術的〕関係は精神の状態，つまり精神の諸々の病気としてのみ定在することである。それとまさしく同列に，すべての有限なもの一般や，より詳しく言えばたとえば形式的な判断と形式的な推理は真理を欠いており，客観的な概念にとってもともと存在する抽象的な諸契機であるにすぎない。したがって，それらは，破壊——悟性が具体的なものを抽象へと変え，そして抽象こそが現実的であるにすぎないがゆえに，ここで悟性が引き起こす破壊——に基礎づけられていて暴力的にしか定在しない。【190】これと同様にいま生じてきた相関は，存在の中で自由な精神の，観念的な諸契機であるにすぎない。この精神だけが諸契機の相関の真理なのである。これらの相関は個体的魂であるが，それはこの魂が，定言判断と仮言判断｜（218）の相関では，さらにまた自己を区別する魂の主観性では実体的にその実体に関係づけられている。そのかぎり，同様に魂が本質的にこの関係では矛盾であり，その存在がむしろその存在ではなく，それらの他のものという存在であるかぎりでのことである。2）精神は相関のこの段階では物として規定されており，より詳しく言えば魂の名のもとで理解されるものとして規定されている。思考と存在の対立がまだ現実性のこの規定に到達していなかった古代人たちのもとでは，魂は霊性という，より不明確な意味で理解されていた。それに対して，最近の表象と形而上学では，魂一般としての精神は多くの諸性質と諸力をもつ物となり，この物は，幽霊，あるいは天使という形でより詳しく〔具体的に〕定められ，そして感性的なものとして，しかも色までも与えられることとなった。形而上学は物を抽象的な規定に固定し，したがって魂を，質と量という存在の諸規定，個別的な実体，原因などといった反省諸規定にそれ自体でそれだけでしたがわせた。ここで，魂の座についての問い，この物の，他の物すなわち身体との結びつきについての問いが興味を引くこととなった。——物としての精神，したがって魂から形而上学を解放し，そして同じことであるが，精神をこの形而上学から，表象から解放したこと，そして代わりに自我を置いたこ

第1部　主観的精神　　　267

とは，カントの功績とみなされなければならない。物としての精神
について語られうるのは，ただこの相関の中でのみ，つまり反省の
段階においてのみである。その反省の段階で精神は，確かに，自分
の直接的な実体性や存在する普遍性を分割し，自分をこの実体性・
普遍性から区別されたものとして，そして主体として規定する。し
かし，精神はまだこの存在に捕らわれており，したがって自身の
｜（219）真なる現実性をまだ獲得していなかった。3）錯乱がも
つ諸々の違い——つまり狂気，気違い，半狂乱，白痴といったもの
——はニュアンス〔の違い〕であり，このニュアンスは，それらが
互いに対してもつ規定性のもとでも多くの無規定的なものをとどめ
ている。しかし，それは健全な悟性〔常識〕の状況として通用させ
られている状況に対してもつ規定性の場合でもそうである。錯乱の
区別がこれらの病気の治療にとって重要であるのと同じくらい，そ
れらの精神錯乱からとりわけ人間の知識を手に入れようとすること
自体，犯罪やそれ以外の不埒な行為から，そして人間の腐敗からそ
うしようとするのと同様に，倒錯である。上記の逸脱を認識すると
いうことは，むしろ概念，すなわち人間は何であるべきなのかとい
うことをすでに前提している。——ところで，【191】上記の諸形
式すべてで病気は，悟性の喪失として考察されるべきではない。む
しろ錯乱が意味するところのもの，つまり矛盾の絶対的な不幸とし
て本来，考察されるべきなのである。この矛盾の絶対的不幸とは，
つまり主観的なものと客観的なものの自由な同一性である精神が，
自身の自我性の中に絶対的な観念性としてではなく，現実的な物と
して存在するということである。そして，まさにそうして客観的な
ものが精神に対して存在しており，それでいて同時に精神が観念性
の純粋な同一性であるということなのである。この矛盾はこのよう
に，必然性あるいは有限な相互作用，直接的な交替と反転という相
関である。したがって，運命を純粋に盲目的な運命として，つまり
概念に対する絶対的な疎遠さとして捉えながら，そのものとして運
命をやはり自身と同一的なものとして捉えるということ，一つであり
ながらそれに属するものとしても，それに属するのではないもの
としても知るということが，この錯乱である。——散漫は錯乱の始

まりとみなすことができる。──散漫では，精神は自身のうちにあり，自分の肉体性の中にはまったく現在しない。そしてこの散漫はやはり精神のうちにあるので，精神はこの散漫を自身の特殊な現実に反転させ，またその逆に特殊な現実性を反転させる。最高の段階は悪意であるのだが，それは自我性の特異性｜（220）つまり恣意が，客観的な理念に対するその純粋な抽象で，自身を非流動的な現実性に固定し，そして自身を純粋な意志と取り違えるからである。──心理的な治療は次のような洞察にもとづいている。つまり，精神錯乱は知性の側面に関しても意志の側面に関しても理性の喪失ではなく，精神錯乱はただ精神錯乱であるにすぎないという洞察である。また，したがって治療は患者を理性的なものとして前提し，ここに，そのもとで治療が病人を把握できるような確固とした支えをもつのだ，という洞察である。

第322節　魂の形式の揚棄と設定

γ）しかし，魂は，それだけで普遍的な概念として，実体性，つまり支配的な威力であり，そして本質的に魂自身の直接性であるところの他の現実性の運命である。したがって判断での魂の相関は，魂の形式を揚棄すること，かつその形式を魂のものとして設定することである。

第323節　魂と肉体性との根源的同一性

魂はこの肉体性との根源的な同一性であり，そしてこの同一性の中で実在性をもつので，魂の活動は，外的な客観に対するように敵対的にその肉体性に向けられているのではない。有機的な生命を傷つけ，肉体性を敵対的にして破壊的に扱うことは肉体性をむしろ【192】主観に対して否定的な客観性に変えて，またそれによって威力と運命に変え，精神の立場を狂わせることになるだろう。

第324節　肉体に対する魂の活動

肉体に対する魂の活動はむしろ，魂の自分の肉体性との，もともと存在する同一性を設定することである。また，この統一の直接性という形式だけを揚棄するということ，そして自分の肉体の中で〔肉体に〕浸透

する普遍的な魂として自立しており，述語としての肉体で主語〔主観〕
であるということである。｜（221）

第325節　想起と熟練

　したがって魂は，魂が生まれつきもつ（第318節）ところの身体の中
に，自分を形成〔構想〕する。魂はこの〔肉体という〕直接的な存在の
中で，魂の目的により規定された行為の反復によって，すなわち帰納に
よって自身の普遍性を生み出す。このようにして，一方で魂はその身体
で想起〔内化〕する。そうすることで，肉体とのこの魂の同一性が魂に
よって規定され，魂の自分自身との主観的な統一となる。他方では，魂
は肉体で存在を持っている。この存在は，魂の存在つまり普遍的な存在
としての習慣であり，規定的な習慣，すなわち熟練である。熟練によっ
て徹底して形成されたこの道具として，魂は肉体を意のままにする。

c）魂の現実性

第326節　魂の記号としての肉体性

　魂は徹底して形成された自分の肉体性にあって個別的な主語としてあ
る。そしてこの肉体性はこの主語の述語としての外在性であるが，この
述語はこの肉体性の中でただ自分自身とだけ関係する。この外在性が表
すのは，自己ではなく魂であり，魂の記号である。魂は内的なものと外
的なものとのこの同一性として現実的であり，そして，ただ自分の肉体
性でのみ自由な形態を，そして人間的，表情学的，骨相学的な表現をも
つ。

　　第一の人間的な表現に属するのは，たとえば直立姿勢一般，とり
　わけ，絶対的道具としての手や口の形成，笑うことや泣くこと，そ
　して全体にわたって注ぎかけられる精神的な声である。この声は肉
　体が，より高次の自然の外在性であることを直接的に知らせてい
　る。【193】この音声は，非常に容易で無規定的で言葉にできない
　変容である。というのは，精神は自分の外在性と同一で普遍的なも
　のであり，したがってそこで自由でもあるが，しかしこの普遍的な

ものには同時に，直接的で自然的なものであるという不完全さが
|（222）あり，したがって記号であるからであり，これによって
なるほど精神を表すが，同時に他のものとして，自覚的には普遍的
なもののようではないように精神を表すからである。したがって，
動物にとって人間の形態は，精神が動物にとって現象する最高のも
のである。あるいは，人間の形態は第一の現実性，つまりまだ直接
性の領域の中に埋没している現実性であるので，それは精神にとっ
て精神の第一の現象である。──したがって精神は，この自身の記
号の中では，端的により有限でより個別的なものになっている。確
かに，記号は精神の存在であるのだが，しかしこの存在は同時に骨
相学的で人相学的な規定性の中では，精神にとって偶然的なものと
なってしまう。しかし，頭蓋骨観察法を完全に学問へと高めようと
する骨相学は，あり得た中でもっとも空虚な思いつきの一つであ
り，もし植物の形態からその治癒力が見分けられるとするならば，
物のしるし〔シグナトゥラ・レルム〕よりも空虚なものである。

第327節　自我

　それ自体でそれだけでは物質は，普遍的な魂としての精神中にはいか
なる真理をももたない。したがって，さしあたり直接性の形式に他なら
ない肉体性は，肉体性の中に精神を形成するはたらきに，まったく抵抗
することができない。このように自身の中への存在の第一の形成が行わ
れることによって精神は魂という意味を失ってしまった。それは，精神
が存在を自身に対置してこの存在を揚棄し，自分自身のものとして規定
したのだからである。そして精神は今や自我となる。

第328節　魂から意識へ

　自身の直接性の中での精神自身の自分との関係としての精神のこの無
限性は，精神のより高次の目覚めである。ここで生じてきたこの直接性
の揚棄が，ここで生じており，第一のものとなっている。したがってこ
の直接性は，なお契機であるが，この無限性に対して，そして無限性の
中で他のものとして規定されている。【194】精神は他在の中で自分自
身と|（223）結びついているがゆえに，個別性として規定されている。

第 1 部　主観的精神　　　　271

この個別性は主体それだけのもの（für sich）であって，自身をこの否
定性として決心〔開示〕しているのである。〔これは判断であるが〕こ
の判断では主観〔主語〕が自我であり，すなわち主観にとって外的な世
界としての客観に向けられているが，しかし，結果として主観が世界の
中で直接的に自己内に反省還帰している。こうした判断は意識である。

B 意　識

———————

第329節　自我における精神の自分自身への無限の関係──光
　意識は，反省還帰あるいは，精神の相関の段階を，つまり現象としての精神の相関の段階をなす。自我は精神の自身への無限の関係であるが，しかし主観的なものとして，すなわち自分自身の確信としてそうなのである。この絶対的な否定性として，この無限の自己関係は自身の他在における同一性である。自我は他在そのものであり，客観を覆い尽くしている。つまりそれは相関の一側面でありかつ関係全体でもある。──それは，自分およびいまだ他なるものを顕現させる光である。

第330節　魂における精神の実体的普遍性──闇
　しかし，同一性はただ形式的な同一性であるにすぎない。魂として実体的な普遍性の形式で，つまり自身のうちに存在している重さという形式で存在する精神は，主観的な自己内反省として，闇と関係づけられている。そして意識は，相関一般がそうであるように，諸側面の自立性と，この諸側面が揚棄されているそれらの同一性との矛盾である。

第331節　存在する所与のものとしての客観
　客観は，精神の判断では精神の無限の自己内反省から解放されたものとして，この無限の自己関係を自分の本質としてもっている。そして，客観は自我という対自存在に対して存在する所与のものとして規定されている。｜（224）

第332節　意識の弁証法的な運動
　自我は概念としてあるのではなく，形式的な同一性としてあるので，

意識の弁証法的な運動は自我にとっては自身の活動としてあるのではない。【195】この意識の運動はそれ自体である。すなわち意識にとっては客観の変化である。したがって意識は与えられる対象の差異に応じてさまざまに現れ，意識の形成の進行は客観の形成の進行として現れる。しかし，意識の必然的な変化の観察，すなわち概念は，まだそのものとして内的であるので，われわれに属する。

　カント哲学は精神を意識として把握したのであり，精神哲学ではなく，せいぜい精神現象学の諸規定しか含んでいないと考えることで，カント哲学をもっともはっきりと考察することができる。カント哲学は，自我を彼岸にある物自体への関係とみなしており，知性も意志もそのようにみなしている。カント哲学は確かに反省的判断力の概念では，精神の理念，主観—客観性，直観する悟性など，そしてまた自然の理念についても言及することになる。しかし，その場合もこの理念自体は再び現象へと，すなわち主観的な格率へと引き下げられるのである。したがって，カント哲学がラインホルトにより，表象能力という名のもとで意識の理論として把握されたということは，この哲学の正しい理解であったとみなされるべきである。フィヒテの哲学も同じ立場をとっており，非我は自我の対象としてのみ，すなわち意識でのみ規定されている。非我は無限の衝撃として，つまり物自体としてあるにとどまるのである。したがって，この二人の哲学者たちが明らかにしているのは，かれらが，完璧に（それ自体でそれだけで）あるような概念や精神ではなく，ただ他のものとの関係の中にあるような概念や精神に到達したにすぎないということである。｜（225）

第333節　意識の目的——確信を真理へと高めること

　意識としての精神の目的は，この意識の現象をその本質と同一にすることであり，意識自身の確信を真理へと高めることである。精神が意識の中にもつ存在は，形式的あるいは普遍的な存在そのものである。客観は，ただ抽象的にしか精神自身のものとして規定されていない。あるいは精神は客観の中でただ抽象的な自我としての自身のうちへと反省還帰しているにすぎない。それゆえ，この存在にはまだ，精神の内容ではな

いような内容しかない。

【196】

第334節　確信から真理への諸段階――意識，自己意識，理性

　確信が真理へと高まる諸段階は，精神がa）対象をそのものとしてもつ意識一般であり，b）自我がその対象である自己意識となり，c）精神が対象の内容を自己自身とみなし，そして自己自身をそれ自体でそれだけで規定的されたものとみなすという，意識と自己意識の統一――すなわち理性，精神の概念となるという諸段階である。

a）意識そのもの

第335節　感性的な意識

　意識は1）まず直接的な意識であり，それゆえその対象への関係は意識の単一で媒介されざる確信である。それに対し対象そのものは，存在している対象として規定されているが，しかし自己内に反省還帰した対象，さらに直接的に個別的な対象として規定されている。――これは感性的な意識である。

　　確かに感性には，内容としては，外的なものであれ内的なものであれ，感情諸規定が属しており，形式としては空間的なものと時間的なものが属している。しかしこのどちらも具体的な形式としては精神に，つまり精神の感情と直観に属している。相関としての意識はただ，｜（226）抽象的な自我そのものとの相関の中に登場する客観の規定しか含んでおらず，したがってただ存在する規定であるにすぎない第一のつまり直接的規定しか含んでいない。つまりそれ自体でそれだけで規定されたものとしての直接性，すなわち或るもの，存在する物，個別的なものしか含んでいない。通常客観が具体化されているものは，精神に関わっている。具体的なものとしての自我は，精神である。感情諸規定もまた直接性の形式によってのみ感性的な規定となる。感情諸規定の内容は，まったく他なるものという本性をもつものでありうる。自我は，意識ではまだ抽象的な思考であり，したがって自身の対象ではさしあたり例の抽象的な思

考諸規定しか持っていない。空間的・時間的な個別性は、わたしが『精神現象学』（バンベルク 1807 年）25 頁以下で感性的意識の対象を規定したように、ここと今である。感性的意識の対象は、より本質的には、ただ相関の同一性、——この同一性によってその対象には自身の規定がある——にしたがってのみ受け取られる。【197】この同一性によって対象が外在的なものとしてあるのは意識にとってだけであり、自立的で外在的なもの、あるいは自己外存在でさえあるわけではない。他なるものはこの自由を精神の自由によって初めて受け取るのである。

第 336 節　知覚への移行

或るものとしての感性的なものは他のものとなる。或るものの自己内反省、すなわち物は多くの性質をもち、個別的なものは、自身の直接性において多様な述語をもつ。したがって感性の多くの個別的なものは、幅をもったもの——すなわち多様な関係、反省規定、普遍性となる。対象はこのように変容させられているので、感性的な意識は知覚（Wahrnehmen）になったのである。

第 337 節　確信から知へ

2）感性を超え出た意識は、対象をその真のあり方で｜（227）受け取ろうと（in seiner Wahrheit nehmen）する。つまり、たんに直接的な対象としてではなく、自身で媒介され、自己内に反省還帰した対象として受け取ろうとする。したがってこの対象は感性的規定と思想規定の結合である。同様にここでは意識も同時に自身の感性的な振る舞いの中で、自己内反省なのである。したがって、意識の対象との同一性はもはや確信という抽象的な同一性ではなく、規定された同一性、すなわち知である。

　　カント哲学は精神を意識の比較的身近な段階で把握するこの意識の段階が知覚である。これは一般にわれわれの通常の意識の立場であり、多かれ少なかれ学の立場である。知覚は個別的な統覚あるいは観察の感性的な確信から始められる。そして、確信がこの関係の中で考察され、この関係について反省されることによって、この諸

確信は真実へと高められるはずである。それはつまりそもそも、確信が悟性諸規定にしたがって同時に普遍的な或るものに、つまり経験になることである。

第338節　個別性と普遍性との矛盾

個別的なものは根底にある存在であるが、しかしそれに対して普遍的なものは自己のうちに反省還帰しているので、個別的なものと普遍的なものの結合は混合である。【198】したがってこの結合は多面的な矛盾である、——すなわちおよそ、普遍的な経験の根拠をなすはずの感性的な統覚の個別的な物と、むしろ本質と根拠であるはずの普遍性との矛盾である。——そして、その諸物の自立性をなす諸物の個別性と、むしろこの否定的な絆とお互いから自由で自立的な普遍的な物質である多様な諸性質との矛盾である。

第339節　知覚の真理としての悟性

知覚は、個別的な客観と意識の普遍性との同一性ではなく、あるいは客観の個別性そのものとその普遍性の同一性においてではなくむしろ矛盾である。したがって、この知覚の真理は、対象がむしろ現象であるということ、そして対象の自己内反省は、現象に対してそれだけで存在している内的なものであるということである。知覚の客観がそこへと移行したところの、この対象を受け取る意識は悟性である。｜（228）

第340節　現象の法則の国

3）悟性にとって知覚の物は現象とみなされる。つまり、悟性が対象としてもつ知覚の内的なものは、一方では知覚の揚棄された多様性であり、このような仕方で抽象的となった同一性である。しかし、それゆえに他方では知覚の内的なものは、多様性を含んでおり、しかも、現象の交代の中で自己と同一的にとどまる内的で単純な区別としてこの多様性を含んでいる。この単純な区別はさしあたり現象の法則の国であり、現象の静的で普遍的な模像である。

第1部　主観的精神　　　277

第341節　法則の内的区別の必然性

法則は，さしあたりは普遍的で持続的な諸規定の関係である。この法則は，法則の区別が内的な区別であるかぎり，自分自身において必然性をもつ。つまり，これらの諸規定の一方は，外的に他方の規定から区別されていないものとして，それ自身直接的に他方の規定のうちにある。しかし内的な区別はこのような仕方で，それが真理においてそうであるところのもの，すなわち自分自身のもとでの区別，あるいは，いかなる区別でもないところの区別である。

【199】

第342節　対象における概念としての生けるもの

意識は，悟性としては，まず抽象的で内的なものだけをもち，次に｜(229) 法則としての普遍的な区別を対象としてもつ。この意識は，今や概念をそのような対象としてもつ。しかし，意識がまだ意識であり，意識にとって対象は所与の対象であるかぎりで，意識は対象を生けるものとみなすつまりそれは，それ自体でそれだけで規定された普遍性すなわち真理であるところの内在性である。

第343節　生命の意識で自己意識が燃え立つ

しかし，生命の意識では，自己意識が燃え立つ。というのも自己意識は意識として対象をもつが，自分から区別されたものとしてもつのだからである。しかし，区別がいかなる区別でもないというまさにこのことは生命の中にある。直接性の中に意識の生ける客観があるのだが，この直接性は，まさしくこの現象あるいは否定に引き下げられた契機である。この直接性は，今や内的な区別あるいは概念として，意識に対する自分自身の否定である。

b）自己意識

第344節　意識の真理としての自己意識──自我＝自我

意識の真理は自己意識であり，そして自己意識は意識の根拠であるので，他の対象についての意識もすべて同時に自己意識である。自己意識

278 Ⅲ 精神哲学

の表現は,《自我＝自我》というものである。

第345節 実在性を欠いた自己意識——衝動
しかし,そうだとすると自己意識はまだ実在化していない。というのも,この自己意識にはいかなる区別もないので,自己意識の対象である自己意識そのものは,そのような対象ではないからである。しかし,自我,すなわち概念そのものは,判断の絶対的な分離である。したがって,自己意識はそれ自体で衝動,自身の主観性を揚棄し,自身を実在化しようとする衝動である。

【200】

第346節 抽象的な自己意識
抽象的な自己意識は,直接的なものであり,意識の第一の否定であるので, | （230）その抽象的な自己意識は自分自身のもとで存在しているもの,感性的で具体的なものである。したがって,自己規定は一方では,自己意識によって自分のうちに設定された自己意識の契機としての否定であり,他方では外的な客観としての否定である。あるいは,自己意識の対象であるもの全体は,先行する段階,意識であり,それ自体まだ意識なのである。

第347節 意識を自己意識と等しいものにしようとする衝動
したがって,自己意識の衝動は,およそ自身が主観的であることを揚棄しようとする衝動である。より詳しく言えば,自身についての抽象的な知に内容と客観性を与えながら,逆に自身をその感性から解放しようとする衝動であり,所与としての客観性を揚棄しながら,自身と同一なものとして設定しようとする衝動である。つまりはその意識を自己意識と等しいものにしようとする衝動である。——〔意識と自己意識の〕両者は同じ一つのものなのである。

第348節 欲望
1）直接的なあり方をしている自己意識は,個別的なものかつ欲望である。つまり客観的であるはずの自己意識という抽象の,あるいは主観的であるはずの直接性の,《自我＝自我》すなわち概念に対する矛盾で

ある。この概念は，それ自体で理念，つまり自分自身と実在性の統一なのである。——揚棄されるべきものとして規定されている自己意識の直接性は，同時に外的な客観の形態をもっており，その形態ゆえに自己意識は意識なのである。しかし，客観は，意識の揚棄から生じてきた自分自身の確信にとっては，それ自体で空無的なものとして規定されている。したがって，自己意識は自身にとって，こうした仕方で衝動に適している対象のうちにそれ自体である。そして自我自身の活動としての否定性の中で，この同一性が自己意識にとって生じる。

第349節　対象の本性としての弁証法

対象はそれ自体でも自己意識にとっても｜（231）自己を欠いたものであるので，対象はこの活動に抵抗することができない。つまり自己を揚棄するという，対象の本性であるところの弁証法は，ここでは，〔自我の〕活動としてある。自我はこの活動をこれによって同時に外的な活動とみなす。主観性が自分を外化し，自身にとって客観的になるのとまったく同様に，所与の客観はここで主観的になる。

【201】

第350節　破壊するもの，利己的なものとしての欲望

この過程の産物は，自我がこの実在性の中で自分を自分自身と結合させることである。しかし，自我は否定的にしか自己を欠いた客観に関係せず，この客観はただ食い尽くされるだけである。したがって，自我はこの還帰の中でただ個別的なものとしてのみ自身を定在させる。それゆえ欲望は，それが満足させられるときには，一般に破壊するものであり，利己的なものである。

第351節　満足の中で生じる自己感情

しかし，自己意識は自体的にはすでに直接的な対象で，自己を確信している。したがって，満足の中で自己意識に生じる自己感情は，自己意識の対自存在やその個別性でしかない抽象的な自己感情ではなく，客観的なものである。満足は自己意識自身が直接的であることを否定して，したがって自由な客観についての意識へと直接性を分離することである。この客観ということで自我は自我として自分について知ることにな

280　Ⅲ　精神哲学

る。

第352節　承認の過程の生成

2)　一つの自己意識が一つの自己意識に対して存在している。まずは直接的に，一つの他のものに対する一つの他のものとして存在している。自我は自我の中にわたし自身を直観するが，しかしその場合も直接的に定在している他の客体，自我として絶対的に自立している他の客体を直観するのである。自我が直接的な定在にとっての否定性としての自我でしかないというこの矛盾が承認の過程を引き起こす。｜（232）

第353節　争いとしての承認

承認の過程は争いである。というのも，自我が他のものにおいて自我を自我そのものとしてではなく知るのは，他のものが自我にとって直接的なもう一つの定在であるかぎりにおいてだからである。したがって，自我はこの直接性の揚棄へと方向づけられている。しかし，この直接性は同時に，自己意識〔自身〕の定在である。この定在において自己意識は，自分の記号と道具においてそうであるように，自分自身の自己感情とその対他存在をもち，そしてそれら〔自己感情と対他存在〕とこの〔自分の〕定在を媒介する普遍性をもつ。同様に自我は直接性としては【202】承認されえず，ただ自我が自我そのものでは直接的なものを揚棄し，それによって自分の自由を定在にするかぎりでのみ承認されうるのである。

第354節　生死をかけた承認の争い

したがって，承認の争いは生か死かに向かっている。二つの自己意識の各々は他のものの生命を危険にさらし，その闘争の中に──しかもただ危険でしかないその中に──赴いていく。というのも同様に各々の意識は，本質的な契機としての自身の生命の維持にも方向づけられているからである。したがって，直接性の抽象的でそれゆえ粗野な否定による一方の意識の死は，一方の側面にしたがって矛盾を解消しはするが，本質的な側面，すなわち承認の定在にしたがえば，より大きな矛盾である。

第1部 主観的精神　　　　　281

第355節　支配と隷属

　生命は自由と同様に本質的であるので，争いはさしあたり不等性に終わる。それはこの領域では，両方の自己意識の直接的な個別性が次のような不等性とともに前提されているからである。この不等性は次のようなものである。まず戦っているものの一方が生命を優先させ，自身を抽象的あるいは個別的な自己意識として維持するのだが，〔その代わりに〕この者は自分が承認されることを放棄する。しかし〔それにたいし〕他方の者はこの普遍性を守り抜き，隷属させられたものである最初の者によって承認されることになる。──つまりこれが支配と隷属の関係である。｜（233）

　　承認の争いと主人のもとへの隷属は，国家の始まりとしての人間の共生が生じた現象である。したがって，この現象において根拠であるところの暴力は，法権利（Recht）の根拠ではない。欲望と個別性に埋没させられた自己意識の状態が，普遍的な自己意識の状態へ移行するにあたっての，必然的で正当化された（berechtigt）契機であるのにもかかわらず，そうなのである。

第356節　自立性と非自立性の結合

　この相関は第一に，その同一性に関していえば，欲望という欲求と，欲望の充足への配慮とが共通しているということである。そして，直接的な客観の素朴な破壊にかわって，媒介者としてのその直接的な客観の獲得，維持，形成が登場する。この媒介者としての客観で，自立性と非自立性という二つの項が結合しあうのである。

【203】

第357節　奴隷の奉仕を通じた個別的意志から普遍的な自己意識への移行

　第二に，相関の区別に関していえば，主人は奴隷とその奉仕のうちに自分自身の自立存在の客観性を直観するが，しかし，自立存在が他のものに属するかぎりで，自立存在の揚棄のうちにある。──しかし奴隷は主人のための奉仕で自身の個別意志あるいは我意を，労働を通じてぬぐい去り，自身の内的な直接性を揚棄する。そしてこの外化と主人への恐怖を通じて知恵の始まり──すなわち普遍的な自己意識への移行をなす

282　　　Ⅲ　精神哲学

のである。

第 358 節　普遍的な自己意識の相互承認

3）普遍的な自己意識は他の自己における自分自身についての肯定的な知であり，自己意識と他の自己の各々は自由な個別性として絶対的に自立している。しかし，その各々は，自身の直接性を否定することによって｜（234）自分を他方から区別するのではない。普遍的なものであるとともに客観的であり，次のような仕方で実在的に普遍的である。つまり，自己意識が，自由な他者において自身が承認されていることを知るという仕方で普遍的である。そして，このことを知っているのは，当の自己意識が他方の自己意識を承認し，この他方の自己意識が自由であることを知るかぎりでなのである。

　　自己意識のこの普遍的な反省還帰，すなわち概念——その客観性において自身を，自身と同一の主観性として知り，したがって普遍的なものとして知る概念——は，すべての本質的な精神性の実体である。つまり，家族，祖国，国家の実体であり，またすべての徳——愛，友情，勇敢さ，名誉，名声といった徳の実体である。

第 359 節　意識と自己意識の真理としての理性

　意識と自己意識の統一は，さしあたり互いに対してそれだけで，存在するものとしての個別的なものを耐え抜いた。しかし，意識と自己意識の区別は，この同一性ということで，まったく無規定的な差異，あるいはむしろいかなる区別でもない区別である。したがって，意識と自己意識の真理は，自己意識の，それ自体でそれだけで存在し，媒介されざる普遍性と客観性——すなわち理性である。

【204】　　　　　　　　c）理　　性

第 360 節　理性の普遍性——意識における客観と自己意識における
　　　　自我

理性であるところのそれ自体でそれだけで存在する真理は，概念の主

観性と，概念の客観性ならびに普遍性との単一な同一性である。したがって，理性の普遍性は，意識において与えられた客観を意味し，そしてそれと同様に自己意識における自我を意味する。

第361節　主観性の純粋な個別性としての理性

したがって，理性は，主観性が純粋に個別的であるとしてそれ自体でそれだけで規定されている。したがって，理性は，｜（235）自己意識の諸規定が自己意識自身の思想であるのと同様に対象的なもの，つまり諸物の本質の諸規定でもあるという確信である。

第362節　真理である絶対的な実体としての精神

理性はこうした同一性なので，真理である絶対的な実体である。ここで理性は，自我に対して前提された客観，ならびに客観に対して利己的な自我が，自身の一面性を揚棄してしまったあとで，特有に規定されるに至る。この規定性が実体的な真理である。この真理の規定性は，自分自身に対して〔自立して〕存在している純粋な概念，自我——無限な普遍性としての自分自身だという確信である。この知る真理が精神である。

C 精　　神

第363節　魂と意識との統一としての精神

　精神は，自分が魂と意識との統一であることを明らかにした。——すなわち前者〔魂〕の単純で直接的な総体性と，いかなる対象によっても制約されない後者〔意識〕の知との統一である。【205】後者〔意識〕の知は，もはや相関の中にはなく，主観的でも客観的でもない単一な総体性の知である。したがって，精神はただ自身の自前の存在から始まり，そしてただその自前の諸規定に関わっている。

第364節　精神の有限性と無限性

　魂は直接的であるかぎり，つまり生まれつき規定されているかぎりで，有限であり，意識は対象をもつかぎりで有限である。精神は，直接的に規定性を自身のうちにもつかぎりで，あるいは規定性が精神によって設定されたものであるかぎりで有限である。それ自体でそれだけでは，精神は端的に無限で客観的な理性であり，この理性は精神の｜(236)概念であり，この理性の実在性は知，あるいは知性である。したがって，より詳しくいえば，精神の有限性とは，知が理性のそれ自体でそれだけでの存在を把握しなかったということである。しかし，この理性が無限な理性であるのはただ次のかぎりでのみである。すなわち理性が，絶対的な自由であるかぎりで，それゆえに直接的に規定された存在として自分を自分の知の前に設定し，そのことによって自分を有限化するかぎりにおいてである。そして，この直接性を揚棄し，自分自身を概念把握する永遠の運動であるかぎりにおいてのみである。

第1部　主観的精神　　　　285

第365節　精神の発展とその目的

　精神の進行は発展である。それは，精神の存在は知，それ自体でそれ
だけで規定された存在，目的あるいは理性的なものであるからであり，
〔精神以前のものを精神の中に〕置き換えるとしてもそれは純粋に，顕
現へのこの形式的な移行であるにすぎないからである。知が無限な否定
性であるかぎりで，概念におけるこの置き換えは創造一般である。知が
ようやく抽象的なものあるいは形式的なものであるにすぎないかぎりで
は，この知では精神はその概念にふさわしいものではない。そして，精
神の目的は，精神の知を絶対的に充足させることと絶対的な自由を生み
出すことなのである。

【206】

第366節　理論的精神と実践的精神

　精神の道は a）理論的であることであり，精神の直接的な規定性に取
り組み，この規定性を自分のものとして設定することである——あるい
は知をこの前提から，そしてそれとともに知の抽象から解放し，規定性
を主観的にすることである。知は自己内でそれ自体でそれだけで規定さ
れており，つまりは自由な知性である。そのことによって，知は直接的
に b）意志，つまり実践的精神である。実践的精神は，まずは直接的に
意欲するのであり，その意志規定を自身の主観性から解放する。その
結果精神は自由意志，そして客観的な精神としてあることになる。｜
（237）

第367節　精神の産物は形式的である

　理論的精神も実践的精神もまだ主観的精神一般の領域に属している。
というのも，この知と意欲はまだ形式的だからである。しかし，精神で
あるかぎりで，主観的精神は一般に主観性と客観性の統一である。した
がって主観的精神として精神は同様に産出的でもある。しかし，精神の
産物は形式的である。理論的精神の産物は，その世界の観念的基盤であ
り，実践的精神の産物は，その世界の形式的な素材と内容である。

　　精神の学説は通常，経験的心理学として扱われ，そして精神は，
　　偶然的な仕方で互いに並びあっている諸力と諸能力の集合としてみ
　　なされる。しかし，そうだとしたら，その能力のどれをとっても，

それ以外のものを害することがないが，それと同様にそこになくてもよいということにもなるだろう。それは物理学〔では〕，たとえば磁気がそう表象されるように，そうした付け足しが自然の中に見出されなくても，自然にそれなりのものが欠けていることになるとは考えられないのと同様である。──諸能力の相互の関係はその他の点では，外的な必然性あるいは合目的性としてみなされ，したがって諸能力のこの有用性はしばしば非常に遠回しの，いやそれどころかときおり悪趣味でもある有用性として現れる。心理学は，論理学同様，近年精神の普遍的な形成陶冶と理性概念の深化から利益を得ることがもっとも少なかった学問の一つであり，この上なく劣悪な状態に置かれている。確かに心理学には他の側面からは，カント哲学の転換によって非常に大きな重要性が認められることになり，それどころか，心理学が，しかもその経験的な状態における心理学が，形而上学の基礎をなすはずだとされることになった。〔しかし〕この基礎は｜（238）人間的意識の事実，しかも与えられるがままの事実を，経験的に把握し，これを分析すること以外のものではないとされるのである。【207】心理学の立場は，同時に意識の立場および人間学と混同されており，この立場は，心理学そのものの状況を変えるようなものではなく，ただ次のことを付け加えただけだった。つまりそれは，精神そのものにとってだけでなく，形而上学と哲学一般にとっても，それ自体でそれだけであるところのものを必然だと認識することが，すなわち概念と真理が断念されたということを付け加えたにすぎないのである。

a) 理論的精神

第368節　知性

知性は規定されたものとして自らを見出す。しかし，知性は知としては，次のようなものである。すなわち見出されたものを自分固有のものとしてもつということである。なぜならば，知性は，それ自体では理性であるからである。また，それはそれだけで知性であるということであ

第1部　主観的精神　　　287

り，そして知性のそれ自体でそれだけで存在している客観性を主観的な
ものにすることである。したがって，知性は受容的なのではなく，本質
的に活動的であり，空虚な形式，知性の理性を見出して揚棄することで
ある。あるいは純粋に形式的な知を，知性自体の規定的な知に高めるこ
とである。知性は，理性が自身を見出すこととしては，そうした純粋に
形式的な知であるにとどまっている。このように高まっていくあり方こ
そが理性であるので，このあり方はまさに理性的である。そして，この
あり方は，知性の活動の一つの規定から他の規定へと必然的に移行する
ことであり，この移行は概念によって規定されている。

　　1）知性を意志から区別するということは，両者〔知性と意志〕
が互いから分離した固定的存在として受け取られ，そのために，意
志は知性なしにありえ，知性の活動は意志を欠いたものでありうる
という正しくない意味をしばしばもたされている。しかし，自由な
自己規定だけが意志であるがゆえに，知性は｜（239）意志にとっ
て以上のように本質的である。それは意志が知性であるのと同様で
ある。というのは自由は直接的でそれ自体で存在する規定では，わ
たし自身の確信としてのみあるからである。したがって，知性の真
理として意志は自らを示す，あるいはむしろ知性は意志そのものを
自分の真理として示すことになるだろう。知性としてあろうとす
る精神の意志は，精神によって設定された精神の目的，関心を捨象
し，意志としては振る舞わないようにするという精神の自己規定な
のである。――上記の誤った分離のもっとも通俗的な形式は，【208】
いわゆる，悟性は心情なしで，そして心情は悟性なして形成されう
るという，思い込みにすぎない〔構想された eingebildet〕可能性で
ある。そうした思いこみは，考察している悟性の抽象であり，悟性
はそのような区別に固執するのである。同様に個人の現実的悟性
も，このようにして知性と意志を分け，これを精神的定在の非真理
にもたらし，そこに固定する，つまりそれは同様に意志でもある悟
性なのである。しかし，哲学は定在と表象のそうした非真理を真理
とみなすようなものではない。――知性によって用いられる他の多
くの諸形式，つまり，知性が外部から諸々の印象を受け取るとか，
知性が受容的なものであるとか，表象が原因としての外的な諸物の

作用により生じるとかいったことは，知覚の立場，つまり感性的諸規定と悟性的諸規定の混合（第336節）に属している。すなわちそれは，精神にふさわしくない立場に，そしてそれ以上に哲学することにふさわしくない立場に属しているのである。——知性が無限に多様で偶然的な仕方で規定されているように現れるということは，同様にまったく有限な個別性の立場，個別的な魂の経験的な自然生命のもっとも外的な非真理の立場である。2）特に｜（240）好まれている反省形式は魂，知性，あるいは精神の諸力と諸能力という反省形式である。——能力に関していえば，デュナミスにはアリストテレスのもとでは，まったく違った意味がある。——つまりデュナミスは自体存在を示しており，活動，対自存在，現実性としてのエンテレケイアから区別される。しかし能力は力のように，内容の固定された規定性であり，自己内反省として表象されている。確かに力（第84節）は，形式の無限性，内的なものと外的なものの無限性である。しかし，力の本質的な有限性は形式に対する内容の無関心性をなす（第84節注解）。ここにあるのは没理性的なものであり，この没理性的なものが，この反省形式と，精神を諸力の集合とみなすことによって，自然の中と同様に精神の中へともたらされているのである。精神の活動のもとで区別されうるものは，自立的な規定性として固く保持され，そして，精神はこのような仕方で，骨化された機械的な集合にされる。精神の力がそれ自体でそれだけで，つまり力の内容が，そして，力が含んでいる特殊的な規定性が考察されるならば，力は規定性であること，つまり弁証法的で移行的なものであることが明らかになるのであり，自立的なものであることが明らかになるのではない。したがって，まさに用いられてきた力という形式はむしろ規定性の自己内反省であるはずであり，自己内反省を自立性に固定してしまうのだが，このまさに用いられてきた力という形式は自身を揚棄する。【209】したがって，概念が登場し，この概念では諸力は消えるのである。——この概念と弁証法が，知性そのものであり，自我の純粋な主観性である。この主観性では，諸規定性が流動的な諸契機としてあり，この主観性は，絶対的に具体的なもの，すなわち自己の夜である。この自己の夜で

第1部　主観的精神　　289

は，すべての｜（241）知性であるところの表象の無限の世界，および力とみなされていた知性の活動の固有の諸規定が，揚棄されている。この多様性の単純な同一性として，知性は，規定性のこの単一性へと，すなわち悟性へと，あるいは力という，つまり孤立させられた活動の形式へと自身を規定する。そして知性は，直観，表象力，悟性能力などとして自身を把握することになる。しかし，活動を孤立させ抽象化すること，およびこうした諸活動についてのこの諸々の思いこみは知性自身の概念でもその理性的真理でもないのである。

第369節　感情

知性は魂としては直接的に規定されており，意識としては，外的な客観としてのこの規定性と相関している。それにたいし知性は知性として，自分が次のように規定されているのを見出す。こうして，知性は1）感情，つまり精神の自分自身におけるぼんやりとした営み（Weben）である。そこでは精神は自身にとって素材のようなあり方をしており，そして精神の知の素材全体をもつ。精神は感じるものとしてあるいは感覚するものとしては直接的な状態にあるのだが，この直接状態のために，精神はそこでは端的に個別的で主観的な精神でしかない。

第370節　感覚の形式──触発

感覚の形式とは，感覚が確かに〔特定の〕触発であるが，しかしこの規定性が単純である──そして，この規定性では，その規定性の内容が，他の内容と区別されていることも，この内容の外在性が，主観性と区別されていることもまだ設定されていない──ということである。

　　精神にはその表象の素材をその感覚としてあるということは，非常に一般的な前提である。しかし，この命題がここでもっているのとは反対の意味で理解されることが多い。というのも，判断一般，そして主観や客観との意識の区別は，単純な感覚よりもあとで来るものであるにもかかわらず，判断はやはり〔感覚に〕｜（242）先行するものとみなされるからである。また，感覚の規定性は外面的なあるいは内面的な自立的対象から導き出されるからである。こ

こ，精神の領域では，観念論に対置させられた意識の立場は没落してしまっている。感情あるいは感覚は，直接的でまだ自身のうちで区別されていないぼんやりとしたこの精神の知であるので，それらの形式によって素材のようなものとなる。【210】——アリストテレスは，この感覚する主観と感覚された客観——意識は感覚をこれらに分けるのだが——とを，潜勢態として感覚することとしてのみ認識した。しかし感覚については，感覚しているものと感覚されたものとのエンテレケイア〔現実態〕が同じ一つのものであると述べたのである。そのことによってかれもまた感覚の規定を〔正しく〕認識していたのである。さらに，〈思考においては感覚の中になかったものはなにもない〉という命題が，——しかも上で言及された通常の意味で——アリストテレスに帰属させられることは確かにこの上なく歪曲されている先入見である。かれの哲学全体はむしろその正反対のものである。——この並べ立てられる先入見と同様によく見られる先入見は，感情の中には思考の中よりもより多くのものがありさえする，というものである。このことは，特に道徳的・宗教的感情に関して定着している。——自らにとって感じるものとしての精神である素材が，理性のそれ自体でそれだけで規定された存在であるということが明らかとなった。しかし，精神の単一性というこの形式はもっとも下位のもっとも悪しき形式である。この形式では，精神は，精神として存在しえない。すなわち，精神の本質であるところの自由なもの，無限の普遍性としては存在しえないのである。むしろ精神は端的に自分の存在のこのもっとも真ならざるあり方を超え出ていかなければならない。というのも，精神がその中で規定されている（ist 存在している）ところのこの直接性の中では，精神は，偶然的なもの，主観的なもの，特異的（particulär）なものであり，理性的なものとしては現実的ではないからである。——｜（243）したがって，人間が或るものについて，事柄の本性と概念，あるいは少なくとも根拠，悟性の普遍性に依拠するのではなく，人間の感情に依拠しているとしても，〔その場合には〕人間を放置することしか問題となっていない。それというのも，人間はそのことによって理性性の共同性に身を任せることを拒み，精神の

第1部　主観的精神　　291

孤立化された主観性，すなわち特異性（Particukarität）に閉じこもるからである。

第371節　注意

感覚における，そして精神のあらゆる他の一層の諸規定では，精神の抽象的で同一的な方向性は，注意である。それは知性の形式的自己規定の契機である。

第372節　表象

しかし，この自己規定は本質的にはこうした抽象的な規定ではない。すなわち自己規定は無限なものとして，自身の規定された存在の単一性を分離し，そしてそれによってその直接性を揚棄する。【211】このようにして，自己規定はこの規定された存在を，否定的なもの，感じられたものとして，自己内に反省還帰したものとしての知性から，つまり主観から区別されたものとして設定する。この主観では感情が揚棄されたものとなっている。反省のこの段階は表象である。

第373節　想起

2）知性の表象活動は α）想起〔内化〕である。知性の単純な感覚を分離し，そしてそれを知性の自己内反省に対する否定的な項として規定しながら，知性は感覚の内容を自己外に存在しているものとして設定する。こうして知性は感覚の内容を空間と時間の中へと投げ出すのであり，直観するものとなる。直観が抽象的な外化であり，知性が自己内反省や，この外在性に対する主観として設定されてはいないかぎりで，この直観は直接的である。｜（244）

第374節　心像，表象

しかしこの設定作用が，分離のもう一つの項である。つまり知性は，この分離で感情の内容を同様に知性の内在性へと，すなわち知性固有の空間と知性固有の時間の中にも同様に設定する。そのため，内容は心像と表象一般であり，他のものに対する，内容の第一の直接性と抽象的な個別性から解放されている。——そしてそれにともなって，自我の普遍

性の形式，つまりさしあたりこの抽象的で観念的な普遍性の形式の中に
取り上げられている。

第375節　個別的な直観の普遍的な直観への包摂

想起〔内化〕は両者の関係であり，直接的で個別的な直観を，形式に
関して普遍的なこの直観のもとへ——同じ内容であるところの表象のも
とへ——包摂することである。したがって，知性は特定の〔規定され
た〕感覚とその直観において自身にとって内在的であり，その中で自分
自身を認識しており，もはや直観を必要とせず，今は直観を自前のもの
として所有している。

第376節　再生産的構想力

β）今やこの直観の所有で活動的となっている知性は，再生産的構想
力，すなわち自我自身の内在性から諸々の心像を呼び起こすことであ
る。具体的な諸々の心像の関係は，さしあたり，ともに保存された外面
的で直接的な空間と時間の心像の関係である。——しかし心像は，【212】
その中に心像が保存されている主観では否定的な統一だけをもつ。この
否定的な統一の中で心像が担われ，その具体化が維持されている。それ
に対して心像の直接的な統一——，その中で心像は感覚作用と直観作
用の，あるいはむしろ意識の一なるものとして規定されている——，は
解消されている。再生産された内容は，知性の自身と同一的な統一に属
し，そしてその内的なものから表象へと歩み出る。こうしたものとして
再生産された内容は普遍的な表象である。この普遍的表象は，具体的な
諸表象を連合させる関係である｜（245）。

いわゆる観念連合の諸法則は，特に哲学の没落と同時に生じた経
験的心理学の隆盛では，大きな関心を引くものであった。第一に，
連合されているのはいかなる観念でもない。第二に，これらの諸々
の関係の仕方はいかなる法則でもない。それはまさしくすでに，同
一の事柄についてそれだけ多くの法則があり，それよって恣意と偶
然性，つまりは法則の逆のものがむしろ生じてしまうということか
らすでに言える。連合する構想にしたがって諸々の心像と表象の上
を先へと辿っていくということは，そもそも思想を欠いた表象作用

第1部　主観的精神　　293

の戯れである。そこでは知性の規定はまだまったく形式的な普遍性であり，内容は諸々の心像において与えられた内容であるにとどまっている。——さらに，心像と表象が区別されているのは，ただ像がより具体的なものであるということによってでしかない。表象の内容は，心像としての〔形象的な（bildlich）〕ものであるかもしれないし，概念と理念であるかもしれない。しかし，一般には，表象は知性に属するにもかかわらず，やはり，その内容に関しては知性に対して与えられた直接的なものであるという性格を持っているのである。その他に明らかであるのは，直観は直接的な関係であるので，自我は観念的で，それゆえ自我の自己内反省にとっては外的な普遍性としてあるということで，この普遍性は，まだ内容の規定性としてあるのではないが，表象とその再生産は規定的な普遍性であることである。そして，それゆえ，直観すること，表象すること，構想力はまだ解放された思考ではないし，その内容は思想でないにもかかわらず，それら〔直観すること，表象すること，構想力〕は本質的には思考であるということである。——表象する活動の中にある抽象化によって，普遍的な諸表象が産出されるが，この抽象化は，通常は多くの似通った諸々の心像の積み重なりとして表現され，このような仕方で理解できるようになるとされる。この積み重なりが完全に偶然，すなわち没概念的なものとならないためには，似通った諸々の心像などを引き寄せる｜（246）牽引力が仮定されなければならないだろう。そしてこの牽引力は同時にそれらの像の相互に等しくないところを取り除く否定的な支配力であることになるだろう。【213】実際には，この支配力は知性そのものであり，すなわち想起によって諸々の像に直接的に普遍性を与える普遍的なものとしての自我なのである。

第377節　想像力／構想力

したがって，諸表象の連合は諸々の個別的な表象を一つの普遍的な表象のもとに包摂することである。この普遍性はまず知性の形式である。しかしこの普遍性は同様に自身で規定された具体的な主観性でもあり，そして普遍性自身の内容は，思想や概念，理念であることができ

る。諸々の心像を特有の内容のもとに包摂することとして，知性は前者の心像で，自己内に規定的に〔はっきりと〕内化〔想起〕されており，知性は，この知性の内容に，それらの心像を刻み込む〔構想するeinbilden〕。こうして知性は想像力であり，象徴化し，アレゴリー化し，あるいは詩作する構想力である。

第378節　記憶

知性自身から受け取られた知性の内容が心像としての存在をもつという意味では，知性は想像力の規定的な想起で完成されている。しかし心像的なものの素材は与えられており，その産物は存在の直接性をもってはいない。知性は心像的なものにこの直接性を与えなければならない。なぜなら，知性は心像的なもので表象作用の総体性であるからであり，知性が〔知性の二つの部分への特殊化あるいは分割，つまり〕²⁾主観的表象と外的直観への特殊化から，自己との自由で同一的な関係へと還帰したからである。直観のこの想起〔内化〕は記憶である。

第379節　記号

γ）記憶（ムネモシュネ，ムーサ）は自立的な表象と直観との統一であり，前者の表象が自由な想像力として後者の直観へと自己を｜（247）表明〔外化〕する。──知性はまだ実践的でないので，この直接性は，【214】直接的なつまり所与の知性である。しかし直観はこの同一性では積極的なものとも自分自身としてもみなされず，他の或るものを表象する〔表す〕ものとみなされる。つまり，この直観は，知性の自立的な表象を自身における魂として，すなわち心像の意味として受けとった像である。この直観は記号である。

　　記号は，何らかの直接的な直観であるが，この直観は表象それ自体がもつのとは，まったく別の内容をもった表象を表象する〔表す〕。──つまりそれは，その中に疎遠な魂が安置され，保存されているピラミッドである。この記号は象徴，すなわちその固有の規定性が，その本質と概念によれば多かれ少なかれ思想であるような

---

　　2)　（訳注）この箇所の〔　〕内はヘーゲル自身の加筆による。

第1部　主観的精神　　295

直観とは異なる。直観がこの思想を表現するのは象徴としてなのである。したがって知性は，〔記号によって〕指し示すものとしては，直観の使用で，象徴するものとしてよりも，より自由な恣意と支配力を発揮する。通常，記号と言語は心理学か，はたまた論理学のどこかに補論として押し込まれているが，その場合には知性の活動の体系における記号の必然性と連関が顧慮されていないことになろう。記号の真の位置は上記の位置である。つまり，直観的なものとして時間と空間を生み出す知性が，今や自分の自立的な諸表象を規定的に定在させ，満たされた空間と時間を，つまり知性が感覚の素材についてもっている規定性における直観を，知性自身のものとして用い，感覚の直接的で特有の表象を抹消し，この表象に意味および魂としてもう一つの表象を与えるところである。この記号を作る活動が記憶，しかも産出的な記憶と呼ばれるのはもっともである。なぜならば記憶は，確かに日常生活では，しばしば想起，そして｜（248）また表象と構想力ともまた混同され，同じ意味で用いられているが，記憶はそもそも記号とのみ関係するものだからである。しかし，記憶がこの自身のより詳しい規定で考えられているときにも，ふつう再生産的な記憶についてしか考えられていない。しかし知性は本質的に，自分が再生産するものを産出〔生産〕するのである。

第380節　言語

記号のために用いられる直観は直接的なものとして，まずは所与の空間的な直観である。しかし，直観はただ揚棄されたものとしてのみあり，そして知性はこの直観の否定性であるので，記号の定在の真の形式は時間——つまり，記号は存在することによって消滅する，ということである。そして音声は【215】自己を知らせる内在性にとっての満たされた表明〔外化〕である（第280節）。規定された諸表象にとって自己をさらに分節化する音，すなわち語りと語りの体系，つまり言語は，感覚と直観に，その直接的なものよりも高次の第二の定在を与え，表象一般を，表象作用の国で通用するように定在させる。

第381節　暗唱

記号とその意味での直観の同一性は，まずは個別的な産出である。しかし，知性の統一として，この同一性は同様に本質的に普遍的なものでもある。この同一性を思い出させ〔内化し〕，そしてそれにより普遍的にし，再生産しもする活動は，そらんじて覚えられている再生産的な記憶である。

第382節　機械的記憶

諸々の記号は，一般に多数のものであり，そのものとしては互いに対して端的に偶然的なものである。このような系列を固定し，そしてこの固定的な秩序｜（249）を保持する空虚な紐帯は，主観性のまったく抽象的で純粋な威力であり——すなわち記憶である。この記憶は，そのような系列の項が相互に対してもっている完全な外面性のために機械的と呼ばれる。

第383節　名前

名前は，表象の国の中に現存し，妥当性をもつ事柄である。しかし名前は知性によりもたらされた外在性をもち，それだけのものとしては非本質的で，知性に使用され，主観的にされた直観である。したがって名前は，直観により知性に与えられた意味によってのみ価値をもつ。この意味は，それ自体でそれだけで規定された表象，および事柄あるいは客観的なものである。機械的な記憶は，先の主観性の形式的揚棄であり，その揚棄によって記号の矛盾は消え去り，知性は習慣において，自己をそれだけで直接的な客観性としての事柄となる。知性はこのような仕方で記憶を通じて思考への移行をなす。

【216】

第384節　思想

3）知性の直接的に規定された存在の想起〔内化〕と，知性の主観的な規定作用の外化とによって，知性の統一と真理，つまり思想が生じた。思想は事柄，すなわち主観的なものと客観的なものとの単一な同一性である。思考されているものは存在し，存在するものはただそれが思想であるかぎりにおいてのみ存在する。

第1部　主観的精神　　　　　297

第 385 節　思考

思·考·はまず形·式·的·であり，すなわち普遍性としての普遍性3)，存在も
同様に知性の単純な主観性である。このようにして，思考はそれ自体で
それだけで規定されているのではない。思考へと内化〔想起〕された諸
表象はそのかぎりでまだ内容｜　(250)——つまり自·体·的·にただ理性の
それ自体でそれだけで規定された存在であるにすぎない内·容·である。

第 386 節　悟性，判断，概念と理性

しかし，思考は，こうした自由な普遍性であるが，そうはいっても純
粋な否定性としてあるにすぎないような自由な普遍性である。したがっ
て，この自由な普遍性としての思考は，α) 形式的に同一的な悟·性·であ
るだけではなく，β) 本質的に分離と規定，——つまり判·断·でもあり，
そして γ) この特殊化から自分自身を見出す同一性，すなわち概·念·と理·
性·である。知性は概念把握するものとして，規定された存在を有する。
——この規定された存在は，知性の感覚〔の段階〕ではまず直接的な素
材としてあったが，自分自身では端的に知性固有のものとして，そして
それゆえ，規定された存在としてではなく，規定する作用としてあるこ
とになる。

　　論理学では思考は，まずそれがそ·れ·自·体·であるように，次にそ·れ·
　だ·け·であるように，そしてそ·れ·自·体·でそ·れ·だ·け·であるように，——
　つまり存在，反省，概念，それから理念とみなされていた。魂で
　は，思考は目覚めた思慮深さであり，意識でも思考は同様に一つの
　段階として現れる。【217】それゆえ思考は学のこうしたさまざま
　な部分で何度も登場する。それは，この諸部分が，ただ場面と対立
　の形式によってのみ異なるからであり，それに対し思考は，学の真
　理として諸対立が還帰して行く，この同一の中心であるからであ
　る。

第 387 節　自由な意志

思考は自由な概·念·であるので，思考は内容に関しても自由である。し

---

　3)　ヘーゲルの書き込みによる修正「(普遍性を削除)存在の単一な直接性および存在な
ど」。

たがって，理性の規定性は主観的な知性の固有の規定性であり，そして
規定されたものとして，理性の規定性は知性の内容でありかつ定在であ
る。したがって，思考する主観性は現実的である。主観性の規定は目的
である。すなわち主観性は自由な意志である。 ｜（251）

b）実践的精神

第388節　満たされた精神としての意志

しかし，知性としての精神はまずは抽象的に自立的である〔にすぎな
い〕。つまり，自由な意志としての精神は，概念としては，自身を規定
するものとしてあるので，満たされている。この満たされた対自的存在
あるいは個別性は，精神の理念にとっての存在あるいは実在性の側面を
なす。この精神の概念は理性である。

第389節　実践的感情

精神の自己規定のこの存在はまず直接的な存在である。つまり，精神
が自己を，自分自身における内面的なものとしてか，あるいは自然に
よってか自己を規定する個別性として見出すのである。したがって精神
は1）実践的な感情である。

第390節　実践的感情における直接的な個別性

自由な意志は，自己自身を規定する対自存在の，個別性あるいは純粋
な否定性である。それは理性と単純に同一的でそれによってまさに普遍
的な主観性としてであり，つまり知性としての意志である。したがっ
て，実践的感情としての意志の直接的な個別性は，【218】確かに上記
の内容をそなえているが，しかしそれは直接的に個別的な内容，それゆ
え偶然的で主観的な内容としてである。

　　人間が自分の中にもつ法権利と道徳性の感情に訴えかけられると
　きがある。つまり人間の好意的な諸傾向などといったものに，人間
　の心情一般に，そして，主体ではさまざまな実践的感情がすべて統
　合されているかぎりでの主体そのものに訴えかけられるときがあ

第 1 部　主観的精神　　　　299

る。そのとき，このことは 1）この諸規定が人間固有の内在的な諸
規定であるという正しい意味をもち，2）それから，感情が悟性に
｜（252）対置されるかぎりでは，感情はその一面的な抽象に対し
て総体性であることができるという正しい意味をもつ。しかし，同
様に感情は一方的で非本質的で悪いものでもありうる。直接性の形
式によって感情は本質的に偶然的なもの，主観的なものである。理
性的であるという形態での理性的なものは，それに対して思考され
たものとしてあるが，この理性的なものは実践的感情がもつ内容と
は同一である。しかし理性的なものにはこの内容は，その普遍性と
必然性，その客観性と真理の中にある。それゆえ一方では，感情か
らたとえば法権利と義務へ移行する際にあたかも内容と卓越性が失
われるかのように考えることは，愚かである。――この移行が初め
て感情をその真理へともたらすのである――同様に，知性を感情，
心情，意志にとって余分と，それどころか有害とみなすのも愚かで
ある。真理，そして同じことであるが心情と意志の理性性は，ただ
知性の普遍性でのみ成り立ちうるのであって，感情の個別性におい
てではない。――しかし他方では，思考された理性に反して，感情
と心情に固執することは，疑わしく，そしておそらく疑わしい以上
のものである。なぜならば，感情と心情が理性性以上にもっている
ものとは，ただ特殊な主観性，虚しさと恣意でしかないからであ
る。――同じ理由から，感情について考察する際にその形式をこえ
てかかずらわること，そしてその内容について考察することは，ま
ずいやり方である。なぜならば，思考されたものとしての内容はむ
しろ，普遍性と必然性における精神の自己規定，つまり法権利と義
務であるからである。

第 391 節　実践的感情の当為と快・不快

　思考する主体一般の自己規定としての実践的感情は，当為を含んでい
る。この当為は，自体的に存在しているものとしての具体的で自由な普
遍性である。しかし｜（253）それは同時に存在する個別性に関係づけ
られたものとしてあり，この個別性は自体的には空無であり，そして普
遍性との同一性で初めて自立して存在する真のものとして規定されてい

300　　　　　　　　　　Ⅲ　精神哲学

るのである。【219】直接的な個別性での実践的感情は，当為によって，ただ存在するにすぎない規定性に関係づけられており，個別性にはこの直接性ではまだ必然的な同一性がないので，快あるいは不快の感情を与える。

　　1）楽しみ，喜び，痛みなど，そして羞恥，後悔，満足などは，一方では形式的な実践的感情の変容にすぎないが，他方ではそれらは，当為の規定性をなす内容によって異なっている。2）しかし世界における悪の根源についての有名な問いは，その普遍性において，より詳しく言えば悪（Uebel）のもとでまずただ不快と痛みだけが理解されるかぎりで，ここで解答を受け取る。悪とは存在の当為に対する不適切さに他ならない。しかし，この当為には多くの意味がある。しかも，偶然的な諸目的にも同様に当為の形式があるので，この当為には，無限に多くの意味がある。そうした偶然的な諸目的についていえば，悪は，それらの目的の構想の空虚さと取るに足らなさに及ぼされる法に他ならない。構想の空虚さと取るに足らなさそれ自体がすでに悪なのである。そして，理念にふさわしくないそうした個別性や他の理念にふさわしくない個別性がそもそも存在するのは，概念が直接的な存在一般に対して必然的に無関与であるからである。この直接的な存在一般は，概念が自由な現実性であるかぎりで，概念に対峙しており，そして概念によって同様に自由な現実性へと解放されてもいる。しかし，この直接的な存在一般は，同様に概念に関係づけられてもおり，自体的に取るに足らない〔空無な〕ものとして規定されている。——これが，悪と呼ばれている矛盾である。死者ではいかなる悪も痛みもないが，それは，概念は死者の中には存在しないから，あるいは概念は｜　（254）非有機的な自然では概念の定在の前に進み出はしないからである。この区別は生命ではすでに現存しているが，精神ではそれ以上に現存している。そしてこの否定性，活動，自我，自由は，悪と痛みの諸原理である。——ヤコプ・ベーメは自我性を苦痛と苦悩（Qual）として，そして自然と精神の源泉（Quelle）として捉えた。

第1部　主観的精神　　　301

第392節　情熱

実践的な当為は，2）実在的な判断である。感情の直接性は，意志の自己規定にとって，否定である。したがって，感情の直接性は意志の主観性をなしているが，この主観性は意志が自立して同一的にあるためには，揚棄されるはずのものである。【220】この活動は形式からまだ解放されておらず，それゆえ形式的であるので，意志はまだ自然的な意志，衝動，傾向である。そして，実践的精神の総体性が制約された諸規定の個別的な一規定に自身を据えているという，より詳細な規定性を伴うとき，その意志は情熱である。

第393節　傾向性

諸々の傾向性と情熱は，実践的感情と同じ自己諸規定をその内容としてもっている。どちらにも，理性性の形式がまだない直接的な自己諸規定であるので，それらは多様で特殊的なものである。一方では，傾向性と情熱には精神の理性的な本性が，基盤としてあるのだが，他方では，まだ主観的で個別的な意志に属しているものとして同様に本質的に偶然性にとりつかれてもいる。そして傾向性と情熱は，外的で不自由な必然性にしたがって個人に，そして互いに関わっている。

　　感情について当てはまることと同じことが，傾向性についても完全に当てはまる。傾向性は自体的に自由な意志の自己規定であるが，その意志はまだ自分の自己規定の内容については知性として｜（255）対自的に自由ではなく，まだ普遍的でも客観的でもない。情熱はその規定ではすでに，意志が意欲するところの，情熱の内容がそれ以外何であろうとも，情熱が意志規定の特殊性と主観的個別性へと制約されているということを含んでいる。しかし，傾向性については，それ以上に次のような問いがなされる。つまり，どの傾向性が善く，どの傾向性が悪いのかとか，あるいはまた，どの程度まで善は善いものであり続けるのか，とかいう問いである。さらに，どのようにして諸々の傾向性が，少なくとも互いに制約しあわなければならないのかということも問われる。そして，その場合，傾向性は互いに対して特殊なものであり多くの諸傾向があり，それは，さらにそれらの傾向性が，やはり一つの主体の中にあり，

経験によればなるほどすべてが満足させられるわけではないから少なくとも相互に制限し合わなければならないのと同じようにである。——すなわちそれは，多くの衝動の分だけより増えているのである。衝動と傾向性の形式的な理性性はただその普遍的な衝動のうちに，つまり主観的なものとしてあることではなくて，実在化されることのうちに存する。しかし，衝動と傾向性の真の理性性は，外的反省の考察では明らかになりえない。それは一方では，衝動と傾向性が自立的な自然規定と直接的衝動として受け取られ，定められているという前提のもとでは明らかにならない。他方では，【221】衝動と傾向性の特殊性が直接的であることを超え出ていくこと，そして，衝動と傾向性に理性性と客観性の形式を与えることは，むしろ精神そのものの内在的な反省である。この理性性と客観性の形式では，衝動と傾向性は必然的な相関，そして法権利および義務として存在することになる。この客観化は，そのときそれ自体，衝動と傾向性の内容およびそれら相互の相関，そしてそもそもそれらの真理を示す様な客観化である。それは，プラトンが，精神の｜（256）法権利のもとで精神の本性全体を理解していたかぎりでも正義それ自体でそれだけでどのようなものであるのかを，ただ正義の客観的な形態としてだけ提示することができることを明らかにしたのと同様である。すなわち正義の客観的形態とは，人倫的な生活としての国家の国家体制である。——したがって，どれが良い理性的な諸傾向でありその下位区分であるのかということは，精神が自身の主観性を揚棄し，自己を実在化することで，精神がどのような諸関係をもたらすのかを叙述することに変化する。——つまりこの諸関係は，そこでまさに精神の自己規定一般が傾向性という形式を失い，そしてその内容が主観性や偶然性，恣意を失うような客観性である。

第394節　関心

これらの衝動では普遍的なものは，個別的な主体，それらの衝動満足のあるいは形式的な理性性の活動，つまり主観性から客観性への橋渡しという活動である。この客観性で，主観性は自身へと還帰している。成

第1部　主観的精神　　　303

立している事柄が主体的な個別性の契機であるということが，関心である。この活動は，例の弁証法的運動での個別的主体性であるので，関心なしには何も成就しない。

第 395 節　幸福という目的

しかし，関心はここではまだ，形式的であるにすぎない活動や純粋な主体性としてあるのではなく，衝動あるいは傾向性として，直接的な意志によって規定された内容をもつ。しかし，この多様で特殊な内容の弁証法は，意志自体の単一な主体性である。この意志はまず反省還帰する意志として，諸々の衝動の矛盾を【222】形式的な普遍性へと高め，そして自身に対して 3）幸福（Glückseligkeit）を目的となる。｜（257）

第 396 節　諸衝動の相互制約

幸福はすべての衝動の満足という混乱した表象であるが，しかし，その一方の衝動は他方の衝動に完全にあるいは部分的に犠牲にされ，それよりも優先され，それに供されるべきである。一方で，存在しているものとしての諸衝動が互いに制約しあっているということは，質的規定と量的規定の混合である。他方で傾向性は主観的で直接的な規定根拠であるので，決着をつけなければならないのは主観的な感情と好みであることになる。

第 397 節　恣意としての意志

情熱として抽象的な悟性であり，自身を悟性の諸規定性の一つに閉じこめてしまう意志は，幸福という普遍的な目的ではこの個別化から解放されている。しかし，多くの特殊的な傾向性はまだ直接的で自立的な諸規定とみなされてはいるが，同時に目的，つまり幸福という統一の中で揚棄されており，非自立的なものとしてある。意志はこの無規定的な普遍性として自己に反省し，個別的な傾向性を超えたところにいる。意志が傾向性と結びつき，それによって規定された個別性と現実性を自己に与えることによって初めて，傾向性は意志のものとなる。——意志はこのように，諸々の傾向性の間で選択しなければならない立場にあるので，この意志は恣意である。

304 Ⅲ 精神哲学

第398節 意志の矛盾

意志はこのような仕方で，自分が直接的に規定されていることの否定性なので自己内に反省還帰していることによって，それだけで自由である。しかし，その中で意志がこの個別性と現実性として決定する内容が，まだ特殊性であるかぎりで，意志はただ主観的で偶然的な意志なので現実的ではない。意志は，自己を特殊性で現実化しながら，この特殊性が同時に意志にとっては空無的なものであるという矛盾であり，そして特殊性の中で｜（258）満足をもちながらも，意志は同時にその満足を逃れているという矛盾である。こうした意志はまず一つの傾向性を他の傾向性によって逸らしたり，揚棄したりする過程であり，同様に満足ではないような満足を別の満足によって逸らしたり揚棄したりするという，無限に続いていく過程である。

【223】

第399節 主観的な精神から客観的な精神へ

意志の特殊な目的すなわち特殊性は規定性であると同様に揚棄されてもいる。それにたいし，抽象的な個別性，すなわち恣意はそのような目標で自らに内容を与えもすれば与えないこともある。この意志の特殊な目的と抽象的個別性との真理は，この〔特殊な目標と抽象的個別性という〕両者がただ契機にすぎないところの統一である。——つまり意志の絶対的な個別性，自分自身にとって自身をそれ自体でそれだけで規定する意志の純粋な自由である。したがって，純粋な自己内反省として自身にとって目的である自己規定というこの真理では精神は，普遍的で客観的な意志，すなわち客観的な精神一般である。｜（258）

【224】
第 2 部　客観的精神

第400節　自由な意志としての客観的精神

　客観的精神は理論的精神と実践的精神との統一である。客観的精神は，その実践的な活動の形式主義，偶然性，主観性が揚棄されたことによってそれだけで自由な意志としてある自由な意志である。こうした媒介を揚棄することによって，客観的精神は自らを通じて設定された直接的な個別性である。この個別性は同様に普遍的な個別性であり，自由そのものである。意志は，自己を思考し，自由な知性としての意志であることによってのみ自立している。

第401節　客観的精神の分類

　精神は，このような仕方で，それ自体でそれだけで存在する理性の理念であり，それは自立してそのようなものとしてある。この精神が絶対精神の概念である。主観的精神の定在の側面は絶対的精神のこの概念についての知としての個別的な意志である。この概念が個別的な意志の内容と目的をなしており，個別的な意志は概念の形式的にすぎない活動である。——この同一性は 1) 単一で直接的な概念としては法権利であり，2) 反省還帰あるいは判断としては道徳性であり，3) この同一性の概念に適合した |（260）実在性として，つまり推理の総体性としては人倫である。

A 法 権 利

第402節 人格

その絶対的自由の直接性での精神は個別的なものである。しかしこの個別的なものは自らの個別性を絶対的に自由な意志として知っている。この個別的なものは1）人格，つまりこの自由の抽象的な，そのかぎりで主観的な自己知である。

【225】

第403節 物件と占有

2）人格性は主観的であり，それゆえに直接的な人格として存在するものである。それゆえ，この人格性にとっては，その抽象における否定あるいは実在性は，人格によって眼前に見出される外的な定在である。しかしこうした実在性は，直接的なものである以上意志を欠いたものである。そして，物件は知性や恣意の主観性に対しては客観的なものであり，主観性が人格であるかぎり，主観性に対して，それ自体でそれだけで無的なものである。このそれ自体でそれだけで無的なものを，人格は偶有性，つまり人格の自由の外的な領域とする。——これが占有である。

第404節 占有から所有へ

占有の判断，さしあたりは外的な占取の判断によって物件は，わたしのものという述語を受け取る。この述語は，ここでは，自我が，絶対的なものである自我の人格的意志を込めることを意味している。この意味によって占有は所有となる。この占有は占有としては手段であるが，人格性の定在としては目的である。

第405節　他の人格の必要性

それゆえわたしの意志はさしあたり外的であり，他の意志に対している。わたしが人格，すなわち｜（261）わたし自身とのわたしの無限な関係であることによって，わたしは，わたしのわたし自身からの絶対的な反発である。そしてわたしは自分の実在化を他の人格という存在においてのみもつ。そこでようやくわたしは自立して現実的な人格となるのである。

第406節　人格間の中項としての物件

物件は中項であり，この中項によって，人格が他の諸人格と自分との同一性を知りながら同時に自立した両人格という両項が統合される。わたしの意志は，他の諸人格に対して，物件で規定された認識しうる定在をもっている。こうして定在をもつのは，占有の直接的な身体的獲得，あるいは物件の形成によって，ないしは物件にたんに印をつけることによってもなされる。

第407節　形式的なものとしての法権利

3）所有の主観的で偶然的な側面は，概して外的で直接的である物件であり，自我がこの物件に自分の意志を込めるということである。自我が物件に与えたわたしのものという標章〔述語〕のこの側面は利害関心であり，【226】自我の意志は同じ恣意に従っている。それゆえ，自我は自分の意志を自分の物件の中に込めることも，込めないこともできるし，そしてそこから自分の意志を引き出すことも引き出さないこともできる。——法権利は，その絶対性でも，そして同時に実在性の側から見ても，形式的な法権利である。

第408節　契約

しかし，自我の意志がある物件の中にあるかぎり，この意志を〔物件から〕引き出すことができるのは自我だけである。物件が他者に譲渡されうるのも，それにわたしの意志が伴っているときだけであり，その物件がこの他者の所有になるのもやはりこの他者の意志を伴う場合のみである。——これが契約である。

第 2 部　客観的精神

第 409 節　契約の履行と有効性

契約の中にある二つの意志は，内的なものとしては，契約の実在化，すなわち履行とは異なっている。それは，個別的意志が占有取得と異なっていた（第 406 節）のと同様である。観念的な｜（262）外化つまり協定という形式をとった契約は確かに，一方の意志による所有の放棄つまり譲渡と，他方の意志への受領をすでに含んではいる。したがって契約はそれ自体でそれだけで有効であり，どちらかの意志による現実的な履行によってようやく発効するわけではない。もしそうだとしたら，無限背進，あるいは物件，労働そして時間の無限な分割を含み込んでしまうことになるだろう。しかし，こうした領域で意志は同時にまだなお形式的であるとともに恣意である（第 407 節）。それゆえ意志はその概念に一致することもあればしないこともありうる。

第 410 節　人格としてのわたしの侵害

わたしが侵害されたり強制されたりしうるのは，ただ占有が外的なものであるからでしかない。しかし，人格としてのわたしに対しては，占有はそれ自体本質的に外的なものとして存在する。そのため，それ自体でそれだけではわたしの人格性のいかなる侵害も強制も起こりえないし，起こるべきではない（第 391 節）。

第 411 節　所有と人格性の承認

多くの人の所有は，一方では，承認における諸人格の端的に同一な関係である。——それは他方では，【227】この物件を，他者を退けて自らの所有にしようとするそれぞれの個人の恣意的な判断によって媒介されている。承認とは他者の抽象的な人格性の承認ではなく他者の実在的な人格性の承認，すなわち他者がなすこの判断の承認なのである。そして，自我の所有が何でありまた何でありうるかは，他者の所有に依存するとともに，自分のものについての他者の判断にも依存しているのである。

第 412 節　否定判断としての民事係争

この判断のうちにある外的な関係のゆえに，この判断は偶然性をもつ

ことになる。その結果，第一に，確かにこの〔何某のものであるという〕標章〔述語〕の普遍的実体すなわち人格性の自由な意志は承認されるにしても，｜（263）この物件がこの人格特殊な意志のうちに包摂されると，普遍的実体ははぎ取られてしまう。——これが単一な否定判断である。この判断は民事係争を表すものであり，この係争を調停するためには，物件に利害関心を持たない第三の判断が必要とされる。

第413節　無限判断としての犯罪

しかし第二に，法の推理では，人格自身が自己内に反省した直接的な項としてお互いに対して関わり合う。そして，これらの人格の現実的な承認は，各々が，自分の自由な自己規定によって自分の直接性を揚棄するおかげでだけ成立するのであって，強制によるものではない。個人が自分の主観的直接性の中へと反省還帰することと，その個人のものであるという標章〔述語〕がもつ普遍的な側面の否定，つまり他の個人の自由な人格性の否定は，無限判断である。これは行為としては犯罪にあたる。

第414節　第三の判断としての刑罰による対立の揚棄

この行為では，人格のそれだけで設定された抽象的な個人性が実現されるが，この行為はそれ自体でそれだけで空しいものである。しかし，この行為では，行為者は理性的なものとして，実に形式的で自分によってしか承認されていない法則を打ち立て，この行為を通じてこの法則の下に自分自身を包摂する。こうして示されたこの行為の空しさ，そして，そうした空しさのうちで主観的個別的意志を通じてこの形式的法則を履行することは復讐である。復讐は直接的で主観的な人格性の利害関心から出発するものであるから，同時に新たな侵害でしかなく，【228】無限に続くことになる。こうした〔無限〕進行も，同様に何らの利害関心をも持たない第三の判断，つまり刑罰によって揚棄される。｜（264）

第415節　道徳性へ

人格的意志が直接的な仕方で自らに与える法権利の実在性は，概して偶然性として発展してきた。法のこの実在性は，それ自身が主観的な恣

第 2 部　客観的精神　　　　　　　　　　　　311

意に媒介されていること，そしてこの恣意が本質的な契機であることを
示す。この主観的な恣意は，一方では法権利を支配する威力であるが，
他方ではその抽象性ではそれだけでは空しいものであり，本質的には普
遍的意志との同一性でしか真理と実在性をもたないものである。これが
道徳性である。

　これまで哲学的法論にとって一般的であった自然法という表現
は，二義性をはらむものである。つまりそれは，法権利が，直接的
な自然によってあたかも植え付けられたものと考えられているか，
あるいは事柄の本性つまり概念によって規定されると思われてい
るか，という二義性である。しかし，前者の意味が，かつて一般的
に考えられていたものである。その場合には，同時に自然状態がい
わばでっち上げられ，そこでは自然法が妥当するとされるのに対し
て，社会状態・国家状態はむしろ自由の制限ないし自然的法権利の
犠牲を要求するものであるとされる。しかし，実際のところは法権
利とそのあらゆる規定は，自由な人格性つまり自己規定のみに基づ
いている。これはむしろ自然規定とは反対のものである。それゆえ
自然状態とは暴力状態ないし不法状態なのであって，これらの状態
について，真なることとして言いうるのは，そこから脱すべきであ
るということでしかない。これに対して社会は，法権利が唯一そこ
で現実性をもっている状態である。制限され犠牲にされるべきもの
は，まさに自然状態の恣意と暴力性に他ならないのである。——法権
利の形式主義とは，法権利が，自由な人格性の抽象的で，そして
まさに｜（265）それゆえに直接的な規定であるということである。
したがって，特殊な存在を法のもとに包摂するということは，何か
偶然的なものであることになる。どの対象がわたしの所有であるか
ということは，恣意と偶然の事柄なのである。——したがって，法
権利の道徳性への移行をなすのは，主観性の必然性であるが，同時
に主観性のもつ偶然性の揚棄の必然性でもある。この揚棄によっ
て，主観性は普遍的なものとして，それ自体でそれだけで規定され
たものとなるのである。

B 道 徳 性

第416節　道徳性の契機としての利害関心と心構え

　人格の特殊性は，自由な人格性の判断によって本質的な契機となる。一方では，主観的な利害関心と特殊な福祉は，この判断を通じて目的となる。他方では，普遍的でそれ自体でそれだけで存在する意志は，この主観性を通じてそれが現実化されることになる。それは主観性がその直接性を断念することを通じて，心構え，つまり善についての洞察と意図をもつかぎりでのことである。

第417節　自由の反省的判断としての道徳的観点

　それゆえ道徳的な観点とは自由の反省的判断，ないしは次のような相関である。つまり，その中で人格的主体性が自らを絶対的に自立的に設定し，意志の両契機を自立的な両項——普遍的な理性的意志と外的な自立的世界——へと突き放すような相関である。主体性はこの両項の中項であり，〔一方では〕直接的に両項と同一であるが，〔他方では〕両項が自立的である以上，同様に主体性自身を両項との，そして両項を相互との相対的でしかない関係のうちに設定する。｜　（266）

第418節　道徳的行為による矛盾の克服

　この普遍的推理は，次のようなものである。つまり，道徳的主体は，両項において同様に自立的である対立の自立して存在する統一であるがゆえに，こうした内的矛盾である。そしてまた，この道徳主体は，同一性でもあるが，この矛盾を揚棄しようとする次のような活動であり衝動であるという推理である。つまり行為し，一方の項において目的を実現し，外的世界を目的にかなったものにしようとする活動であり衝動であ

る。

第 419 節　罪の範囲の限定性

　行為とは確かに，自由な主体に対して存在する自己を欠いた客観性
を，主体の目的を通じて絶対的に規定することである。しかし，この客
観性は自立的でもあるから，この客観性が個人の行為を逆転させて，行
為のうちにあったのとは別のものをもたらすこともありうる。あらゆる
変容は，主体の活動によって設定されたようなものとしてはこの主体
の所行（Tat）であるにもかかわらず，主体はこうした所為を自分の行
為としては承認しない。主体は実際には，自分の知と意志のうちにあっ
たものだけを自分のものとして──自分の罪として──承認する。──
【230】なぜならば，主体は自分を絶対的に主観的で自立している意志
としてしかみなさないからである。

第 420 節　究極目的としての道徳法則

　ところが，行為一般であるところのこうした普遍的移行は，さらに多
様な他の相対的な同一性をも含んでいる。α）普遍的でそれ自体でそれ
だけで存在する意志は，法律ならびに実体である。そこでは主体の直接
的な個別性と外的実在性一般が揚棄されている。それゆえ，法律は絶対
的な最終目的，つまりそれ自体でそれだけで善なるものである。法律は
主体にとっては義務であるが，世界の究極の目的でもある。｜（267）

第 421 節　主体は善を意図とするべきである

　しかしβ）善は意志の普遍として，その概念において実在性の契機を
含んでいる。しかしその実在性は，この普遍性とは異なる個別性のうち
に，自我の自己内に反省還帰した主体性ならびに自我の自分自身を規定
する活動のうちにある。──主体は善への洞察をもち，善を意図とする
べきであり，そして主体の活動によって善を生み出すべきである。

第 422 節　義務の数多性とその衝突

　γ）さしあたって善は抽象的で普遍的なものとしてある。しかし，意
志の本質的なものとしての善は自分自身で否定的なものであり，それゆ

え特殊的なものでもある。それゆえさまざまな善と多くの義務が存在することになる。これらの差異は相互に弁証法的であり，それらを衝突へと陥らせる。

第423節　善と義務の一致の要請

とはいえ，これらの善と義務は一致しているべきである。なぜならば，そのそれぞれが，普遍的意志を本質としている以上，義務ならびに善としては絶対的であるからである。同様に，個人は，行為が主体の活動であり個別性を原理としてもつものである以上，これらの善と義務をその異なっている状態で知っているべきである。またそれゆえに個人は，主体によって個別的なものとして前提された客観性の多くの諸側面，つまり具体的で自己内で多様なものであるところの事例の諸側面を知っているべきである。同様に個人は，こうしたさまざまな諸側面に関わるさまざまな義務を知っているべきなのである。さらに，個人は，これらの善と義務相互の従属関係を知っている真の弁証法であるべきだし，これらの善ないし義務のうち，他の善や義務，あるいはそれらの絶対的妥当を排除し，唯一の善ないし義務，あるいはその諸々の善や義務の結合を決断するべきである。

【231】

第424節　普遍的意志と特殊的利害関心との調和の偶然性

δ）自らの特殊性において絶対的に自立して存在するものとしての主体にとっては，その利害関心や福祉が｜（268）本質的な目的となるべきであり，それゆえ義務となるべきである。しかし同時に，特殊的ではなく普遍でしかない意志である善という目的では，特殊な利害関心はいかなる契機にもなるべきではない。こうした自立性のゆえに，普遍的意志と特殊な利害関心が調和するかどうかは偶然である。しかし，両者は調和すべきである。なぜならば，主観は個別的かつ普遍的なものとして，それ自体で一つの同一性であるからである。

第425節　幸不幸と善悪との（無）関係

ε）こうした内的な側面は一般に行為によって，つまり主体の活動によって客観性と統合されるべきである。しかし，客観性は他方の自立的

な項としてはそれだけで固有の世界を構成している以上，客観性が主観的な目的と一致するかどうかは偶然である。そして，善がこの客観性において実現されるのか，悪つまりそれ自体でそれだけで空しい目的はこの客観性において空しいものであるのか，──さらには主観がこの客観性のうちで自らの福祉を見出すかどうか，そしてより詳しく言えば，善なる主体が客観性において幸せになり，悪が不幸になるのか，といったことは偶然なのである。──しかし，世界は自分のうちで善なる行為を遂行させるべきであり，同じく善き主体にはその特殊な利害関心の充足を保証するべきである。しかし，世界は，悪しき主体にはその充足を与えず，同様に悪そのものを無にしてしまうべきなのである。

第426節　主体性の無限性としての当為の矛盾

　こうした幾重にもおよぶ当為が表現している全面的矛盾は，精神のもっとも抽象的な分析，つまり精神のもっとも深い自己内への進行である。相互に矛盾する諸規定の純粋な関係は，抽象的な自己自身の確信すなわち主体性の無限性である。この主体性にとって普遍的意志，善，法権利，義務といったものは存在しかつ存在しない。そして主体性は自分を選択するものとして，ならびに決定するものとして知っているのである。｜（269）

第427節　良心と悪の差異

　こうした選択する自己確信は，自分の直接的な個別性において無限な抽象意志の反省である。それゆえこの確信は，直接的に互いの中に移行しあう二つの形式，つまり良心と悪という形式を与える。良心は善の意志であるが，これはこうした純粋な主観性のうちにあるものとしては客観的でなく，普遍的でないもの，言い表しえないものである。そして善について主体は自身の個別性において，自己を，決定するものとして知っている。そして，そうすることで自分の特殊な卓越性を【232】見ては悦に入っている（genießen）。しかし，悪もやはり，〔良心と〕同じく自分の個別性が決定するものであることを知ることである。それは，この個別性がこの抽象にとどまらず，善に抗してある主観的な利害関心という内容をもつかぎりでのことである。

第428節 純粋な自己確信の空虚さ

こうした絶対的な空虚さにまで——客観的ではなく純粋に自己自身を確信するにすぎない善さにまで，そして普遍性の空しさにおける自己確信にまで——揮発してしまっている，意志の現象（Phänomen）のこうした最高の頂点は，すぐに自壊することとなる。客観的なもの・普遍的なものに背を向ける主体性の純粋な自己内反省としての悪は，まったく抽象的な仮象，つまり自己自身の直接的逆転であり無化である。なぜなら，こうした主体性は，むしろ直接的に自分との純粋な同一性だからである。——悪の行為つまり犯罪（第414節）は，こうした逆転を示すものであり，そこでは概念の諸契機は相互に外面的な現実という形態をもっている。

第429節 反省と媒介の揚棄による人倫への移行

純粋に抽象的で善なる心構えは，それ自身の内部で，｜（270）善の単一な普遍性における——無なるものの無的なあり方における——こうした反省と選択という媒介の揚棄である。こうした普遍的なものは，その概念ならびにその意識において同時に言い表しえないもの，ないし端的に直接的な善という意味——したがって客観的なものという意味を持っている。したがって，客観的なものとのその固有の同一性における主体性は，相関という観点を揚棄してしまい，人倫へと移行している。

C 人　倫

第430節　自由としての人倫

　人倫は客観的精神の完成である。そして人倫は法権利と道徳性の統一としての両者の真理であるというばかりでなく，主観的精神と客観的精神そのものの真理でもある。つまり，人倫は普遍的な理性的意志としての自由である。【233】この意志は，その対立が解消しているところの個別的な主体性という純粋な思想において，自分についてのその知や心構えを，そしてその活動（Betätigung）と直接的で普遍的な現実性を同時に習俗としてもっている。自己意識的な自由が自然となったのである。

第431節　自由な実体において当為は存在である

　自由な実体では絶対的な当為は同様に存在でもあるのだが，この実体は民族として現実性となっている。実体の否定性が存在へ分離するのが，諸人格への個別化である。この諸人格の直接的な自立性の内的実体は内的な威力ならびに必然性となっている。しかし，人格は，思考する知性として，実体を自分自身の本質として認識し，こうした心構えにおいて，実体の偶有性であることをやめる。人格は現実性に自分の絶対的な最終目的をすでに達せられた此岸として直観するとともに，この目的を｜（271）自分の活動によって産出しもする。しかし，産出するといってもあくまで存在する何かあるものとしてである。それゆえ，人格は選択を行う反省なしに自分の義務を自分のものとして，そして存在するものとして遂行する。こうした必然性という仕方で人格には自分自身があり，自分の自由がある。

318　　　Ⅲ　精神哲学

第432節　実体的統一における諸個人相互の信頼

実体は，自由の個別性と普遍性との絶対的な統一である。それゆえ，それぞれの個別者の現実性と，自立的であろうとし自分に配慮しようとするひとりひとりの個別者の活動は，前提された全体および普遍的な産物への移行によって制約されており，この前提された全体の連関においてのみ〔個別者の現実性と活動が〕存在する。──同じく実体と普遍的な所業（Werk）もまた，そうした移行によって生み出される諸個人の自立性である。──諸個人の心構えは，自分のあらゆる利害関心の全体との同一性についての知である。または，他の諸個人相互がこの同一性においてのみ互いを知りまた現実的であるということの知でもある。──これが信頼であり──本当の実体的な心構え──である。

【234】

第433節　身分と家族

実体そのものである普遍的所業は，自分と自分の労働を諸々の区別へと特殊化する。この区別が諸身分である。普遍的身分は実体そのものの活動であり，特殊な身分はその作品が特殊的定在の欲求であり，その直近の目的が特殊な主観性ではある。しかし，この目的の達成はあらゆる他の主観性の労働を前提としており，それらに深く関わっている。個別性の身分は個人性である。しかし，この個人性はそれだけで総体性であり，自然的であるにしても精神性を通じて同時に人倫へと高められた全体であるかぎりでの個人性であり，この全体が家族である。|　（272）

第434節　人倫的義務と形成陶冶

実体に対する相関における個別者のこうした諸関係が人倫的義務を構成している。一方で個別者としての個別者にとって家族の全体との同一性は，自然的実体性である。しかし，他方で個別者は実体全体における身分や働き口をもつ可能性へ向かうべきである。個別者は自分をそもそも形成陶冶すべきであり，普遍的所業における特殊な共同作業者として承認されている。個別者は，そこで現実的に労働するかぎりでのみ現実的にひとかどのものになる。

第2部　客観的精神　　319

第435節　実体的生における徳

人倫的な人格性，つまりその特殊性全体がその実体的生によって浸透されている主観性は徳である。外的直接性つまり運命との関連で言えば，徳は，存在つまり否定的なものでないものに対するものとしての振る舞いであり，それゆえ自分自身のうちで穏やかに安らうことである。——実体的な客観性つまり人倫的現実性の全体との関連で言えば——徳は，こうした現実性にとっての信頼と意図的なはたらきかけ，そしてこの現実性のために自分を犠牲にする能力である。——他者との関わりの偶然性との関連で言えば——徳はまずは正義であり次には好意的な傾向性である。こうした領域では，主観性は自分の特殊な性格，気質等々を諸々の徳として表現するのである。

【235】

第436節　労働における個別性と普遍性の二側面

実体の普遍的な所業（Werk）は，個別性という項との関係で言えば，分裂した労働のうちに存する。つまりこの労働は，第一には，人格としての個別性を維持することで法権利を必然的な現実性となし，人格の無限な侵害の復讐を刑罰へとなす。そして，そのうえこの個別性はさしあたっては各々が自分のためにそれを手に入れるにしても，端的に普遍的な側面をもつ福祉を｜（273）促進する。しかしこの労働は第二には，法権利と福祉の両方と，それだけで中心であろうとする個別者の心構えと活動の全体とを普遍的実体の生へと連れ戻す。この意味で自由な威力としてかの最初の諸領域を解体しもするのである。

第437節　法律の二側面

諸々の法律は，普遍的実体の本性と諸規定を表現する。それらの法律は，第一に直接的なものとして存在するため，法律は自立的な恣意や特殊な利害関心の制約である。しかし，それらの法律は第二には絶対的な最終目的ならびに普遍的所業である。したがってそれらの法律は，実体の普遍的特殊化（第433節）からさらに自らを個別化する諸身分の機能を通じて，そして個別者たちのすべての活動と私的な配慮を通じて産出され，妥当する習俗として示される。

第438節 統治と君主

法律の抽象的な本質はそれ自体でそれだけで存在する普遍的な意志であり，法律の現実性は生ける習俗である。しかし，個別性の項は，一方では意志の直接的な自然性，つまり衝動や傾向性であり，他方では恣意一般としての自己内に還帰している。この項はそればかりか純粋な主体性ならびにそれだけで存在する空虚さという道徳的抽象としての自己内へと還帰している。このかぎりで，これに対するもう一つの項，つまりそれ自体でそれだけで存在する意志もまた同様に，普遍的なものの個人的現実性および活動的主体性として規定されている。——これが統治であり，統治の，決定・決断を下す人格的頂点が君主である。

【236】

第439節　憲法＝国制の諸規定

憲法〔国制〕は次のような諸規定を含んでいる。理性的な意志がただそれ自体でのみ諸個人の普遍的な意志である場合に，それはどのような仕方で理解されまた発見されるのか，またこの理性的な意志は，統治やその特殊な諸部門のはたらきによっていかなる仕方で現実のうちで維持されるのか，また，いかなる仕方でこの理性的な意志が統治やその特殊部門の偶然な個体性ならびに諸々の個別者の個体性から守られるか，といったことである。

第440節　社会契約論批判

普遍的なものとしての統治は個人的現実性としては個別性の項に対立している。それにたいし後者の個別性の項は，抽象的な規定において多数者の寄せ集めというたんに集合的な形式しかもたず——だからしばしば民族という誤った名称を導入するのだが——こうした〔統治の個別性に対する〕外的な契機は，あたかも憲法〔国制〕が契約であるかのような，誤った規定を与える。つまりその場合憲法〔国制〕は恣意的で偶然的な事柄についての区別された人格どうしの恣意的な同意であることになってしまう。むしろ〔これらの人格どうしの〕連関は実体的で絶対的な連関である。この連関から初めてあらゆる法権利とその現実性が生じてくる。そして，憲法〔国制〕とはむしろ，この実体の自己自身の概念把握と活動が恣意を免れている，というこのことなのである。

第2部　客観的精神　　　321

第441節　人倫における普遍的身分の使命

ここで実体としてある人倫的精神が自らを概念把握し，自分の普遍的本質とその分肢化を把握し（erfassen）成文化する〔憲法化するverfassen〕ということは，知恵ならびに学，つまり普遍的身分の役目である。つまり一般にこの身分は，人倫的精神の実体的存在の領域よりも高次の領域なのであり，そこでは，諸個人の心構えは人倫となっている。またそこで諸個人の個別性や反省から区別されたものとしての実体の現実性に対する諸個人の関係は信頼（第432節）となっているのである。しかし，この諸個人は抽象的な道徳的人格としては，自分の明白な個別的意志（第435節）を普遍的意志のうちで認識するべきである。そのかぎりでは，こうした参加は，それが一方では仮象であり他方では現実的で〔正しさを〕保証するものである以上，｜（275）規制される必要がある。そして，普遍的意志についての認識，その確定，そしてその実行が，とりわけその個別者自身の特殊性や，私的利害への方向づけに抗して保護されなければならない。

【237】

第442節　民族における精神の自然性の回復

人倫的精神はそれ自身 1) 特に特定の民族に自分の現実性をもつ個別的な精神である。この精神の総体性はこうした定在として，直接的な自然性——つまり地理的なそして気候的な規定——を回復する。とりわけこの人倫的精神は，自分の精神的生の特殊な発展段階でも存在している。こうした発展段階でのみ，この精神は自らを概念把握し，把握し（erfassen），国制となす〔憲法化する（verfassen）〕のである。

第443節　個体としての諸国家間における普遍性の不在

2) 人倫的精神はこうした個別的個体としては，他の同じような諸個体に対して排他的である。こうした諸個体相互の相関では，恣意と偶然性が生ずる。というのは，普遍的なものは存在すべきであるにすぎず，現実的ではないからである。これは諸人格が，自己のうちで実在的総体性であるため，それ以上欲求を持たず，自立的かつ自律的であることによる。

第444節　戦争状態と普遍的身分

　こうした諸個体間の独立性が，それらの間の争いを暴力の関係すなわち戦争状態へと至らせる。この状態に際しては，普遍的身分は，他の国家に対して自国の自立性を維持するという特殊な目的のために，勇敢の身分として自らを規定する。

第445節　戦争における特殊な定在の犠牲

　こうした戦争状態は，絶対的否定性へと進む個体性の必然的な契機の中に実体を示す。｜（276）個別者に対する威力としてのこうした否定性のもとでは，個別者の特殊な自立性や，個別者が占有という外的生存や自然的生の中に埋没している状態は空しいものとして感じられる。普遍的実体の維持は，こうした自然的で特殊な生存の犠牲を通じて，つまり自由という心構え，空虚なものを空虚にするという心構えのうちで自己自身と媒介されることになる。

第446節　国家間の相互承認と平和

　ところが，戦争状態を通じて自由な民族個体の相互承認がもたらされる。あるいは，【238】自由と勇敢という無限の栄誉よりも特殊な生存の有限な存続を好むような個体は，服従と自分の自立性の消失を受け取ることになる。それが，この個体の望んだものなのである。しかし，相互承認の場合には，和議を通じて永続するべき平和〔和平〕がおとずれる。

第447節　対外的国法

　したがって，対外的国法は，一方では，諸民族相互の権能を確定する実定的な条約に基づいているが，これは真の現実性を欠いた法である（第443節）。対外的国法は他方でいわゆる国際法に基づいている。国際法の普遍的原理は，一方では諸国家が承認されていることが前提されているということである。それゆえこの原理は，通常は拘束されていない諸行為を相互に制限し合い，平和の可能性が存続するようにする。——他方でこの原理は，私的人格としての諸個人を国家から区別する。こうして対外的国法は，概して習俗に基づくことになるのである。

第448節　普遍的世界史と世界審判

3）規定された民族精神は現実的であり，その自由は自然として存在している。そのため，結局は時代のうちにも存在することになり，自らの特殊な原理によって規定された｜（277）自分の現実性の展開を時代の中にもつ。——つまり歴史をもつのである。しかし，民族精神は制限された精神としては普遍的世界史へと移行する。普遍的世界史の出来事を示すのが特殊な民族精神の弁証法，つまり世界審判である。

第449節　各民族精神の歴史における役割

人倫的実体は特殊性においては個別的民族のうちにある。こうした〔歴史の〕運動は，特殊性からの人倫的実体の解放——つまり精神が普遍的精神つまり世界精神となる所業である。この運動は時代における精神の自己意識の展開であるため，この運動の個別的な諸契機ならびに諸段階は民族精神である。しかしこの民族精神の各々は個別的なものないし自然的なものである。それゆえ，各々はただ一つの段階しか果たすことができず，全所業のうちの一つの仕事を遂行できるだけである。

第450節　絶対的法権利としての自由

こうした自由と自由の仕事が最高で絶対的な法権利である。特殊な民族の自己意識は定在している普遍的精神のそのときの発展段階の担い手であるとともに，客観的な現実性である。普遍的精神はこの現実性の中に自らの意志を据える。この絶対的な意志に対して他の特殊的な諸民族精神の意志は法権利を欠いている。しかし，この絶対的意志は，【239】自らのそのつどの固有性〔所有〕や自らの特殊な段階を超出し，この固有性を偶然や審判に委ねる。

第451節　道具としての個人とその報酬としての名声

しかし，こうした仕事は行為として，決定として存在し，したがって諸々の個別者の所業として現れる。それゆえ，こうした諸個人はかれらの労働の実体的なものに関して言えば道具であって，かれらの主体性は活動の空虚な形式である。それゆえ，かれらが実体的な仕事として引き受けた，｜（278）個体的な〔仕事の〕分担を通じて自分のために獲得

したものは名声である。この名声がかれらの報酬なのである。

第452節　精神的実体の無限性

　精神的実体は，自分の内容ならびに個別的現実あるいは自分の自己意識を死の恐れにおける制限から解放する。この精神的実体は，〔このことによって〕自己意識を無限性へと高めたのであり，そうする中で，普遍的精神として自分にとって対象となっている。自己意識はこの対象を自分の実体として知り，これによって恐れからも解放され，この実体の概念に適合した現実性となっている。

【240】
第3部　絶対的精神

第453節　精神における概念の実在性

　精神の概念には自らの実在性が精神のうちにある。この実在性が，概念との完成した同一性ということで絶対的理念の知として存在するということには，次のような必然的な側面がある。それは，それ自体で自由であった知性が，自らにふさわしい形態をとるべく自らをその概念へと解放するということである。したがって，主観的精神と客観的精神は，実在性あるいは存在のこの側面が自らを形成する道とみなされうる（第305節）。反対に，この道には次のような意味がある。つまり，それは，主観的精神が，直接的なあり方をしているときには概念を欠いているような最初のものとみなされるという意味である。この最初のものが，自らの本質を把握するとともに作り上げている。そのことを通じてこの最初のものは自らに概念との自由な同一性を，そしてそれにともなって自分の絶対的な実在性を与えるのである。

第454節　絶対的威力としての人倫的実体

　主観的個別性は，自分を自由に外化放棄することで，つまり人倫的実体の存立を媒介する個別的｜（280）直接的生の否定で，存在をもつ最高の強度を自らに与える。そして，そうすることで世界のあらゆる定在を空しいものあるいは犠牲に供されるべきものとみなすこととなった。このことによって，人倫的実体は，絶対的威力かつ絶対的魂という意味を，そして自然の本質でも精神の本質でもあるという意味を受け取ったのである。

第455節　精神の自分自身と知への根源分割

　それゆえ，精神のこうした普遍的で純粋な実体の分化は，自分自身と知への根源分割〔判断〕である。この知に対して，この実体はそのものとして存在するのである。

第 3 部　絶対的精神　　　327

【241】　　　　　　　a）芸術宗教

第 456 節　直観・表象としての絶対的精神
この知の直接的な形態は，絶対的精神を理想として直観し表象するという形態である。

第 457 節　理想の意味
理想ということがもつ意味は，自然と精神の同一的で具体的な本質としての実体性であり，この具体的本質は神と呼ばれる。この意味が絶対的な真理であるということの証明は，次のような媒介である。つまり，この媒介を通じて，自然が自分を精神へと揚棄し，精神はその主観性を自分の活動を経由して絶対的な精神へと揚棄した。そして，精神は，さらにそのことによって絶対的精神を自らの究極の根拠として知るのである。そして，この媒介はそれ自身では媒介の揚棄つまり対立の揚棄である。それゆえ，この媒介によって精神は絶対的精神を自分の絶対的に最初のものとして知るのである（第 71 節，第 73 節，第 104 節等々）。

第 458 節　神の抽象的形態
この知はさしあたりそれ自体直接的な知であるため，そしてこの知は｜（281）直接性という規定性にとどまるものであるかぎり，この知にとっては，神の特定の形態もやはりまずは抽象的な形態である。つまりそれは，原始的ないし具体的な自然存在という抽象的な形態であるか，あるいは反対のものつまり純粋な思考という抽象的形態であるかのどちらかである。

第 459 節　美における自然的直接性の揚棄
ところが，前者の直接的な形態や後者の形態を欠いた否定性との，つまり此岸と彼岸との真理は，精神から生まれた具体的な形態である。この形態によって自然的な直接性は，思想の記号としてのみ自然的直接性のもつ偶然性から解放される。そしてこの直接性は，精神そのものに

328 Ⅲ　精神哲学

よって精神の表現へと美化される。その結果その形態は，自身でさらに
何か他のものを示すことはなくなる。これが美の形態である。

【242】

第460節　美の形式性

　美はそもそも，思想によって像（Bild）あるいは直観が浸透される
ということであり，模範的（vorbildlich）思想である。そのかぎりで，
美は何か形式的なものであり，思想の内容ならびに思想が構想〔像化
Einbildung〕のために必要とする素材は，さしあたってきわめて多様な
種類をもちうる。

第461節　美の形態の有限性

　しかし，この形式にはその真の内容，すなわち上記の浸透そのもの，
その絶対的意味での精神的実体（第457節）を自分のうちにある。その
かぎりでは，〔美の〕形態は，この知が直観あるいは造形的（bildlich）
表象であるがゆえにもっている直接性のために，有限である。それは，
一方では，存在が直接的なものであり，したがって外的な素材であるか
ぎりで有限なのであり，他方では内容がたんに特殊な民族精神でしかな
いがゆえに有限なのである。｜（282）

第462節　芸術作品における産みの苦しみ

　この存在が，理念を把握しそれを外的な表現へともたらす主体の産物
であるということは，この存在の有限性に帰せられるものではない。な
ぜならば，主体は活動の純粋に形式的なものであるにすぎないからであ
る。また，芸術作品が神の提示であるのは，主体の特殊性のいかなる兆
しもそこに存在せず，民族に内在する精神がそうした混ざりものなし
に，混ざりものの偶然性に汚されずに，受け取られ生み出されたときだ
けだからである。――主体の苦しみと活動を通りぬけてこの形態へと達
したという媒介は直接的に揚棄されている。作品は主観の実体を表現す
るのであり，その産みの苦しみとは主観的特殊性のまさにこの絶対的な
外化ならびに否定性なのである。

第3部　絶対的精神

第463節　主観性の放棄による実体との同一性：祭式

しかし，今や神の像が直接的に現存している像としてある。そのかぎり，他のものたちの関係とは，それらのそれ自体で存在する本質に駆り立てられ，祈りによる祭式，つまり思想へ沈潜し，自分自身の主体性を外化放棄することである。また，その特殊な現実を象徴的に犠牲にし，熱狂と悦びの中で自分たちの実体との同一性を意識するようになることである。この実体は，以上のことを通じてその外的な形態を失うとともに，実体性の中に内的にあるにすぎない主体性と普遍的な知とを脱却して〔その主体性と知を〕定在のうちへと移すのである。

【243】

第464節　啓示への移行

しかし世界史では，絶対的精神が自分の知る現実性のこうした有限性や，その理念のもつ制限された定在を揚棄する。こうした制限された定在は，それ自体でそれだけで｜（283）普遍性へと移行する。またそれとともに，直観，直接知，定在という形式は，自分を媒介する知へ，つまりそれ自体で知である定在へと，すなわち啓示へと移行する。

b）啓示宗教

第465節　反省還帰としての絶対的精神と表象

絶対的精神はその形態およびその知の，揚棄された直接性というこの段階，つまり反省の段階にある。この絶対的精神は一方では，自然および精神のそれ自体でそれだけで存在する普遍的精神であるが，他方では，表象に対して存在している。知の主観性は反省還帰であるので，精神の生の諸契機に自立性を与える。この諸契機の総体性が本質的に普遍的精神なのである。そしてこの主観性は，有限な反省諸規定に従って，この生の諸契機を，相互に対する前提，継起的現象，生起の連関にしてしまう。

第466節　反省還帰による内容と形式の分離

反省還帰はその分割作用においては内容から形式を分離させる。そし

て形式の中では，概念の区別された諸契機を，特殊な領域ないしは場面として分離させる。この領域のそれぞれにおいて絶対的な内容が示されるのである。

第467節　普遍性：父—子—聖霊

1）それゆえ，普遍性という契機，つまり純粋な思想の領域ないし本質の抽象的な場面では，絶対的精神は，まずは因果性という反省規定における実体的な威力として前提されたもの，つまり天と地の創造主である。しかし，絶対的精神は，こうした｜（284）永遠な領域にあってはむしろ自分自身を自分の息子としてのみ生み出す。【244】とはいえ，この息子が生み出されるということつまり設定されるということは端的に揚棄されており，概念という永遠なる存在となっている。それと同様に，この息子のもつ，普遍的な本質から区別されたものであるという規定もまた永遠に揚棄されている。自己を揚棄する媒介のこの媒介を通じて，絶対的精神は，ただ具体的な個別性としての第一の実体——精霊〔精神〕となっている。

第468節　特殊性：悪としての子

2）個別性一般は判断〔根源分割〕へと決断する。しかしこの判断としての特殊性の契機において，あるいはまたもや反省還帰の契機においても，この具体的で永遠なる本質は前提されたものである。そしてその運動は，現実的な創造である。すなわち，媒介の永遠の契機つまり唯一の子が，自立的な対立，つまり一方では天と地の，つまり原始的自然と具体的自然の対立へと崩壊することである。また他方では，この唯一の子が自然との相関のうちにあるものとしての精神，すなわち有限な精神という対立へと崩壊することである。この有限な精神は，自己内に存在する否定性という項であるかぎりで自らを悪として自立化させる。そして，相対立する自然とそれによって設定される精神に固有の自然性との関係を通じて，直接的にそうした項となるのである。

第469節　個別性：生き生きとした現実的な精神

3）自らの同一の根拠に還帰した普遍性と特殊性という対立としての，

第3部　絶対的精神　　331

主観性と概念そのものという契機はこの個別性そのものの契機である。したがってこの契機では，α）前提が，普遍的実体として，抽象から個別的な自己意識へと現実化されているのが示される。また，同様に個別的自己意識が本質と直接的に同一的なものとして，そしてそれゆえ悪がそれ自体でそれだけで揚棄されたものとして示されるのである。この直接的｜（285）具体化は否定性という絶対的な苦しみの中へと死に絶えていくものである。それでもこの具体化は，この否定性で自分自身と同一なものとして，それゆえに否定性から出て，絶対的な還帰ならびに普遍的本質性と個別的本質性との普遍的統一として自立的になったことが示される。——これが，永遠なものとしてありながらも，生き生きとしており，現実的な精神の理念である。

第470節　それ自体での総体性と現実的な普遍精神

β）この総体性は，それ自身まだ反省還帰の領域にある以上，それ自体で存在する総体性つまり前提である。そして，この総体性に対して個別的主観性の分離と有限な直接性が存在している。個別的主観性にとっては，【245】上記の最初の前提とその運動は，さしあたって他の直観されたものであるとはいえ，それ自体で存在する真理の直観である。この真理によって，この有限な主観は，その直接的な本性のゆえに，それだけでは空しく悪しきものとして規定されるのである。したがって，個別的主観とは，その真理の例に即して見てみると，次のような運動である。つまり，自らの直接的な自然規定性や固有の意志を放棄〔外化〕し，否定性の苦しみつまり普遍的抽象のうちで空しく悪しきものと合一し，自分が本質と同一的であることを認識する運動である。そしてこの本質こそ，γ）こうした媒介を通じて自己意識に内在するものとして自分を生じさせるもの，現実的な普遍的精神である。

第471節　哲学の対象としての真理

絶対者の啓示は絶対者の生を諸々の具体的な表象形態の円環において示す。この啓示は，こうした表象形態が相互に外在的に現れる自立性から，そして真なるものないし現実的なものとしてのその諸形態のこうした最終的な結果における時間的で外的な継起から，こうした表象形態を

332　　　　　　　Ⅲ　精神哲学

普遍的で単純で永遠な精神の中にまとめあげる。真理のこうした形式で
は，真理は哲学の対象である。｜（286）

c）哲　　学

第472節　芸術と宗教の統一としての哲学

　哲学は，芸術の単純な直観と実体的産出が，宗教による分離と媒介を
経て自己意識的思考へと高められているかぎりで，芸術と宗教の統一で
ある。この場面で自己意識的な理念は，自分の第一の〔芸術の〕直接性
をぬぐい去っている。また，それは，同様に，理念の内容が宗教におい
てもっている仮象，つまり生起や偶然性や，相互に〔空間的に〕外在的
であったり，〔時間的に〕前後したりするという仮象をぬぐい去ってい
る。したがって，この知は芸術と宗教の概念である。そこでは，芸術の
内容では異なっていたものが必然的なものとして認識されているととも
に，この必然的なものと直接的なものが自由なものとして認識されてい
るのである。

第473節　哲学による回顧

　絶対的表象の内容の必然性，そして両形式——一方で直接的な直観と
その詩情という形式，他方では前提する【246】表象や客観的で外的な
啓示という，そしてまた主体的な〔外に向けられた〕運動と，信仰のこ
の〔外に向けられた〕運動との内的な同一化という形式という，〔芸術
と宗教という〕両形式——の必然性についての認識，そしてこの内容と
形式の承認，それからこうした諸形式からの解放，こうしたことは，哲
学が最後にその固有の概念を把握すること，つまり自らの知だけを回顧
することによって，すでに完遂されているのが見出される。

第474節　学の始源への還帰

　こうした哲学の概念は自己を思考する理念，知る真理（第184節），
ないし具体的な内容のうちで確証されたものであるという｜（287）意
味をもつ論理的なものである。こうして学はその始まりへと還帰してお

り，論理的なものは学の結果である。学の概念の前提ないし学の始まり
の直接性，そして，学が始まりにおいて自分自身においてもっていた現
象の側面は揚棄されている。

第 475 節　第一の推理：論理的なもの─自然─精神

　第一に，この現象を構成するのは次の推理である。つまり，論理的な
ものを第一の出発点としての根拠として，自然を中項とする。そしてこ
の自然が，精神を論理的なものと結合するのである。論理的なものは
自然になり，自然は精神になる。精神と精神の本質〔である論理的なも
の〕の間に存する自然は，確かに，両者を有限な抽象の両項へと分割し
てはいない。なぜならば，推理は理念のうちに存在し，自然は本質的に
ただ通過点ならびに否定的な契機にすぎないものとして規定されている
からである。しかし，概念による媒介は，移行の形式という外的な現象
をもち，学は存在という外的な現象をもつのである。

第 476 節　第二の推理：自然─精神─論理的なもの

　この現象は第二の推理において揚棄されている。この推理において
は，精神が媒介者である。つまりそれは，すでに精神そのものの立場と
なっている推理であり，精神が自然を前提し，自然を論理的なものと結
合している。それは理念における反省還帰の推理であり，学は主観的認
識として現れる。

【247】

第 477 節　第三の推理：精神─普遍的なもの─自然

　この現象は哲学の理念において揚棄されている。哲学の理念は自分を
知る理性であり，絶対に普遍的なものを自分の中項としている。この中
項は，自らを精神と自然とに分化して，精神を前提とし，自然を普遍的
な項とする。自然はそういうものとしては直接的に，設定されたもの
でしかなく，〔それに対し〕精神は自分自身においてまさに次のような
もの，つまり前提ではなく自己自身へと還帰した総体性であることであ
る。こうして，中項つまり知る概念は，概念の契機として存在するもの
を端的に自らの実在性としてする。そして知る概念は，普遍的で自分の
規定性において直接的に自分のもとにとどまる知として存在する。　|

Ⅲ　精神哲学

（288）

補　遺

（A）　『エンツュクロペディー』
　C.　精神哲学についてのメモ

338　　　　　　　　　　　　　補　遺

【251（紙片1枚目表頁[1]）】

汝自身を知れ──アポロン[2]

自己認識─人間知〔には〕─二つの意味〔がある〕──（a）偶然的側面から見た〔意味と,〕（b）本質的側面から見た〔意味である〕

a）前者は経験的な目的のための〔ものであり〕─また有限な側面〔から見た〕─目的〔であり〕，表現の仕方〔である〕─もっとも大いに人間知に通じている者〔は〕─しばしば人間の中で最悪の者〔である〕

狂人にあっては──民族のくず──ロマン人──情熱へと──己れの現実存在

1）（クロノロギー注）ハインリヒ・グスタフ・ホトーおよびカール・グスタフ・ユリウス・フォン・グリースハイムによる1822年，1825年の「人間学」および「心理学」講義の筆記録が証明している通り，ヘーゲルは講義を始めるにあたって詳細な導入をつけていた。この導入は，第300節～第306節に加え，『エンツュクロペディー』「自然哲学」最終節にも依拠している[a]。この導入の中でヘーゲルはまたデルポイの神託「汝自身を知れ」，および自己知・人間知の概念についてもコメントを加え解説している[b]。綴じ込みメモ用紙片の表側には，これに対する前置きとなるメモ（I）がある[c]。神託へのコメント，および変則的ないし異常な人間の生活の境遇から人間知を得ることへの否定というのは，ヘーゲルにあって何度も繰り返されるモチーフである。後者の人間知についてはすでに〔初版の〕第321節の注解にも含まれている[d]。1820年の「哲学史」講義導入部の原稿には，神託へのコメントがある[e]。「主観的精神の哲学断片」で初めて，この二つのモチーフが結合した形で現れるようになる[f]。このメモの年代を1820/22年の時期とする。したがって，このメモを1820年夏学期または1822年夏学期のいずれかに当てはめるならば，十中八九そうだと推定されうることである。このメモがもっと古いということも排除されないが，とはいえこれまでのところ，より初期の年代であることを裏づけるものは伝わっていない。デルポイの神託への参照は，ヘーゲルによって後に『エンツュクロペディー』の第2版でも引き継がれている[g]。

a　「精神哲学　ヘーゲル教授の講義に基づく　1822年夏学期，ベルリン，H．ホトー』ベルリン・プロイセン文化財国立図書館，Ms. German Quarto 1298，2頁表-16頁，および「精神哲学　ヘーゲル教授の講義に基づく　1825年夏学期グリースハイム筆記」，ベルリン・プロイセン文化財国立図書館，Ms. German Quarto 544，3頁表側～59頁。当該箇所にはまた「自然哲学」43-48頁への指示がある。

b　ホトーの筆記録（2頁表側以下）およびフォン・グリースハイムの筆記録（3頁以下，9頁以下）を参照。

c　上記251頁3-14行目を見よ。

d　上記190頁32-36行目を見よ。

e　ヘーゲル『全集』第18巻52頁13-15行目を参照。

f　ヘーゲル『全集』第15巻207頁18行目-208頁12行目，および編集後記における年代特定の説明（301-303頁）を参照。

g　ヘーゲル『全集』第19巻287頁（377節）を参照。

2）（原注）ヘーゲルが示唆しているのはデルポイのアポロン神殿にある周知の碑文である。プラトン『カルミデス』164dを参照。ディオゲネス・ラエルティオスによれば，この言葉はタレースに由来するとのよしである（『ギリシア哲学者列伝』ライプツィヒ，1759年，27頁（第1巻第40節））。

（A）『エンツュクロペディー』C．精神哲学についてのメモ　　339

の非真理へとただ沈潜しているだけの存在——人類の汚点〔にあっては〕——書物通が——装幀——文字——紙——〔を知っているのに〕内容についてだけは何も知らないように——

　あるいは，ただ〔額縁の〕前縁のニスとか，虫食いのある木材とかだけ〔を知っていて〕筆運び〔については何も知らないように〕——|

【252（209[3)]）】　　〔第 1 部　主観的精神〕

[第 307 節をめぐって]

精神〔は〕（直接的な）身体性において——表象されたものではなく，観念的に設定されたものとして〔でもなく〕——己れの空間と時間において〔ある〕

[1]a)〔人間学では〕肉体〔Leib〕——魂，精神以前——魂としての精神〔が問題となる〕。精神の諸規定はそれ自身に即して存在し生成する。直接性の第一の揚棄——自己内反省は——他なるもの，客体の世界の排除による，精神の抽象的な対自存在である——精神の抽象的な概念とは，現に身体が己れの記号である〔ということである〕

それだけで〔存在する〕ようになること——世界に対して——

[2]b)〔精神現象学では〕意識　自我——本質——物質〔の〕，反省還帰の立場〔が問題となる〕。混合——二重化される＝仮象——世界という前提を揚棄する

c)〔心理学では〕精神は己れの自由な概念として存在する。精神の実在性は，精神自身の規定であり——自己自身へと関係している——ただし，この精神の実在性はたんに普遍的であるにすぎない。あるいは，精神は主観的な精神なのである——目標〔は〕この精神自身の概念を捉えること——精神の定在が精神の概念であるということ〔である〕。精神の自由な概念を精神の内容にもつこと——自己自身を規定すること——諸規定が精神自身のものとして——設定されてある

---

3)　（クロノロギー注）209 頁のメモは，行の間にあるいくつかの追加，頁左側の欄外〔のメモ〕（II）[a]，薄めのインクで書かれたメモ（III）[b]を除いて，一つのテキスト層（I）[c]に属する。この頁の欄外にある追加（「自然の観念性」のメモ書き[d]）は，フォン・グリースハイムの筆記録と一致するから[e]，第 II 層のこのメモは，遅くとも 1825 年夏学期に書かれたと推測されてよいであろう。

　　a　　上記 253 頁 1-2 行目，253 頁 4 行目，およびそれに対する校訂注，253 頁 8 行目，253 頁 18-19 行目（脚注 1 および 2）を見よ。

　　b　　上記 253 頁 17 行目を見よ。

　　c　　上記 253 頁 3-7 行目，および 253 頁 9-16 行目を見よ。

　　d　　上記 253 頁 18 行目（脚注 1）を見よ。

　　e　　フォン・グリースハイムの筆記録 64 頁を参照。

(A) 『エンツュクロペディー』C. 精神哲学についてのメモ　　　341

〔ということ〕──意志〔である〕。〔諸規定が〕直接的に意志のうちに〔あるということ〕ではない

〔A　魂〕

［第308節をめぐって］
魂〔は〕──概念＝概念〔である〕。ゆえに，客体は他なるものではない |

1　欄外左にそれと並んで：自然による観念性──空間と時間
2　欄外左にそれと並んで：世界が初めて現れ出てくる

【255（210[4)]）】
〔客体は〕移行ではなく──客体は精神である──〔精神は〕設定する〔ものである〕
　古い形而上学について──すでに言われていることだが──〔魂の〕単一性

　4）　（クロノロギー注）頁上側の欄外（I）[a]の鉛筆書きのメモを除いて，210頁が含むのはテキスト層（II）[b]に由来するメモだけである。筆運びの一致の多さにかんがみるに，209頁の第I層と210頁の第II層とが執筆された時期は共通しているものと推定されてよいであろう。どういう時期的関係で鉛筆書きのメモが書かれたかについては，確かなことはまったく判明していない。しかし，ヘーゲルは書き込むさい，当初インクで書かれていたテキストの行[c]の上にある追加のことを，すでに考慮していたのではないであろうかと思われる。「古い形而上学について──すでに言われていることだが──〔魂の〕単一性〔は〕悟性の抽象〔である〕」[d]というメモは，より詳細な形で「主観的精神の哲学断片[e]」の原稿の中に見られるものであるが，この両者にどういう時期的関係が認められるか，あるいは両者はおおよそ同じ時期に書かれたのかどうかということについては，決定できない。ホトーの筆記録が210頁のテキストの冒頭との一致を見ているということからして（「古い形而上学」のメモ書き），第II層のメモは1822年夏学期またはそれより早い年代のものと特定されてよいであろう[f]。
　　　a　　上記255頁1行目を見よ。
　　　b　　上記255頁2-14行目を見よ。
　　　c　　上記255頁2行目，およびそれに対する校訂注を見よ。
　　　d　　上記255頁2-3行目を見よ。
　　　e　　アカデミー版『ヘーゲル全集』第15巻，212頁9行目-213頁2行目を参照。
　　　f　　ホトーにもフォン・グリースハイムにも，第309節へのメモ（上記255頁9-14行目を見よ）の反映は認められない。また，一方の『エンツュクロペディー』の節・注解のテキストと，他方のフォン・グリースハイムの筆記録における第309節への詳説との間は隔たりが大きいが，これに関しては，ヘーゲルが追加の，現在は失われた原稿にしたがって講義をしていた可能性は十分にある。

〔は〕悟性の抽象〔である〕

　同様に〔魂の〕非物質性〔も〕――それが物質性と対立させられているはずのものであるかぎりで〔そうである〕

　精神が前提としているのは〔以下のことである〕,

　　　a）形式：自体的に〔あるいは〕われわれに対して生成してきた〔ということ〕

　　　b）設定, 精神の活動の立場

　〔第309節をめぐって〕

　こういう思弁的な把握が,〔あらゆる問題に対する〕回答――あるいはあらゆる問題に対する否定である――

　実体〔は〕――すでに対立のうちにはない――魂と物質,〔の対立は〕たんに外面性〔であり〕――あるいはそれ自身の非存在としての存在〔であり〕――ゆえに実体の概念から見たかぎりでの〔存在である〕――すでに生命は自体的にはこの非物質性である――生命の過程は己れを――直接的な自己外存在〔から〕完全に自由にする｜

【257（211[5)]）】

　〔第309節注解をめぐって〕

　有限な魂という可能態〔は〕――魂の定在に即して把握されなければならない法が所有に即して〔把握されなければならないのと同様に〕

　自然および衝突の内部で

　〔第310節をめぐって〕

　a）魂における自然的変化――〔ここから〕魂の規定性が現れ出てくることになるであろう

　〔ここでは〕魂は自然によって規定されている――〔魂は〕感覚する個体性――個別の身体性において感覚しているもの〔である〕

　[1]b）衝突――〔魂は〕特殊的なものとして〔あるが〕, 一方まだ自由に把握す

　　5）（クロノロギー注）211頁の中で最初の, またおそらく最古のテキスト[a]から認められるのは, 最初の（一つの頁に関連する）一つの層（Ⅰ）に属する,〔頁の〕上側に書かれている筆運びである。この頁の残りの部分のテキスト[b]の基礎層（Ⅱ）の筆運びは, 次の頁で主要となるそれと一致する。

　a　　上記257頁1-2行目を見よ。

　b　　上記257頁3-12行目を見よ。

（A）『エンツュクロペディー』C．精神哲学についてのメモ　　343

るものとしてあるのではない

　没意識性，予知，夢，魔術的な生活に対する対立——狂気，磁気的状態による夢遊病

　c）形成——記号　物質　身体性がもはやこういう直接性のうちにはない〔段階〕。観念的 |

1　欄外左にそれと並んで：自然的必然性

【259（212[6)]）】

〔a　魂の自然規定性〕

　［第311節をめぐって］

　a）魂は〔以下の通り〕規定されている

　　α）〔魂には〕特殊性がある

　　β）変化——自然的交互作用，——普遍的なもの　自然的な生が，——或る状態へと引き下げられる——〔すなわち〕現実存在という様式として〔の状態へと引き下げられる〕。

　どのような変化か——〔それを〕さらに規定するならば——〔それは〕牽引と反撥として〔である〕

　質と量を規定すること——〔両者を〕根拠づけ〔は〕——活動——力——原因〔である〕。

　人間学，現象学，心理学〔の〕観念的な契機〔は〕，空間におけるような——

　6）　（クロノロジー注）第310節へのメモを含めて，211頁の下側からは「a　魂の自然的規定性」章への——つまり第311-318節に対置される——すべてのメモの内で最古のテキスト層（I）があるが，これらはいずれも筆運びに関して同じ特徴をもつ[a]。212頁から認められるのは，複数のテキストが折り重なっているということであり，これらを確定した形で互いに分別することは不可能である。最古のテキスト層（I）[b]には後からの追加が混在しているが，この追加をめぐる——一部は直接的な，また一部は間接的な——ヘルダーの『人類の歴史の哲学の諸理念〔イデーン〕』への参照は，それが（おそらく目指されていたであろう）ヘルダーとの対決に由来するという点で，また同時代との密接な関連のもとに書かれていたであろうという点で，重要である。同様に，はっきりとした筆運びの一致も当該箇所には認められる。この箇所でのメモは頁のスペースの余裕が厳しくなってゆく中でうまく書き込まれている[c]。

　　a　　上記255頁3行目-275頁17行目を見よ。
　　b　　この層は上記259頁18行目-263頁20行目のテキストに対する基礎層を形成している。
　　c　　上記263頁7-8行目，263頁13行目，263頁14行目，263頁18-19行目，および263頁19行目を見よ。

太陽系〔におけるような〕，それだけで特殊的な現実存在であるわけではない

〔その現実存在は〕もっぱら具体的なものに即してある契機として——互いに併存〔している〕

したがって，自然的な規定性〔は〕——また意識も——諸形式——具体的な精神の内容〔である〕

こういう気質はそれだけでは——あるいは民族の性格〔はそれだけでは〕——直観　人倫，宗教——知ではなく——むしろ或る調子　具体的な全体性を通じての傾向として〔ある〕

自然の自体〔は〕——〔これは〕まだ精神として〔ある〕わけではないが——思考〔である〕。〔それは〕またしばしば神とも呼ばれる——〔すなわち〕一にしてあまねく浸透する理念としての〔神〕——神の内なる自然——本質——全を通じて拍動する一〔である〕

世界霊魂〔は〕——純粋な実体的な思想——対立なき，自己意識なき思想〔である〕

眠れる理性

普遍的法則のうちにある生——

α）この思想——表象——汎神論〔は〕なお多神論ではない——占星術〔すなわち〕太陽，月〔についての，〕外的・物質的客体という意味においてではなく，それ自身の実体性　神性〔という意味においての占星術〕——

【261（212）】

しかしこれ〔普遍的法則のうちにある生〕〔は〕確かに一個の神的な現実存在の形式〔であるが〕——しかし〔それは〕たんなる或る直接的な自然性の領野〔にすぎない〕

精神の歴史　自然史　自然の諸発展

b）個別の精神——ここでは，精神に対して自然的生命として現象する生命が生きている——〔それは〕占星術による——またいくらかの部分は予知〔による〕——外的なものの一なる同一性〔ある〕

以前の場合には星々の影響——共生〔があった〕——動物〔は〕いっそう〔それがあったそうであった〕。〔それは〕光線のような——外的な分離

自然的生活〔は〕その特定の諸現象にあっては，ただのイメージにすぎない——しかし，こういう把握は，個別の状態にとっては〔前者のイメージの〕対をなすイメージ〔となる〕べき〔である〕

しかし〔それは〕たんに理念について対をなすイメージにすぎない

自然との共感のうちにある自然的民族——〔そこではたとえば〕フン族の顔

（A）『エンツュクロペディー』C. 精神哲学についてのメモ　　345

──内臓──自然の性向──また人間の──あるいは鳥〔の〕──恣意，自己決
定──くじ引きのように

c）人間は自然との間で周期的にめぐる生活を生きている──動物〔は〕いっ
そう〔そうである〕

年ごとの移り変わり〔は〕たんに外的な影響であるだけではなく直接的な共感
〔である〕──

日ごとの〔移り変わり〕──朝，昼間，夕方，夜中〔ごとに〕違う性向　月狂
──熱病，午前の虫，喜劇

食事の観点から

恣意的に昼〔を〕夜，また夜〔を〕昼としているわけではない──

病気〔の場合〕──真夜中〔ではなく〕──たいていの人間は朝方に死ぬ

【263（212）】

自然的民族であればあるほど，それだけ密接にこの連関〔がある〕

必然性が自然に即して把握されるべきであるという場合，この自然の外面性に
おいて必然性が表出される。

〔第 312 節をめぐって〕

312。世界区分──判明な生理学的・精神的な性格〔についての〕──独自の
歴史〔についての〕

皮膚の色──髪──形姿

性格に関して　絵画〔に関して〕

ヘルダーの「土」に基づいて[7]

α）コーカサス人種　ヨーロッパ人，西アジア人，ペルシャ人，北アフリカ人

β）モンゴル人種　その他のアジア人，最北に住むアメリカ人およびヨーロッ
パ人，フィンランド人，ラップ人，エスキモー

γ）アフリカのエチオピア人種，黒色人種

δ）アメリカ人種，赤色人種。〔この人種は〕真っ直ぐで黒い髪〔をしている〕[8]

7）（訳注）原注（Anmerkung）によれば，典拠はヘルダー『イデーン〔人類の歴史の哲
学のための諸理念〕』第 2 巻 101 頁とのことである。「古代の聖書の伝承によれば，四つの大
陸すべての土よりアダムは造られ，広大な大地の力と霊が彼に息吹を与えたという」（Herder,
Sämmtliche Werke. Bd. 13, 261）。また，ヘーゲルのメモにある「皮膚の色」「髪」「形姿」「性
格」「絵画」は，ヘルダーのテキストにも繰り返し見られるものであるとのことである。

8）（原注）ヘルダーを示唆している。ヘルダー『イデーン』第 2 巻，63 頁。「クック
〔James Cook, 1728-1779〕がアメリカで目撃した民族は，〔…〕中背から 6 フィート〔約 1.82
メートル〕までであった。かれらの色は赤銅であり，顔形は角張っていて，頬骨がかなり突

346 補 遺

　　　女性は早くから子供を産むのをやめる[9]

　ε）マライ人種　南太平洋の島々の人

　δ）アメリカ人種　コーカサス人種とモンゴル人種との中間

　δ）マライ人種　コーカサス人種とモンゴル人種との中間

　アンティル諸島に住む現地生まれの高齢のヨーロッパ人〔は〕クレオール〔と呼ばれる〕──同様に海岸地方に住むポルトガル人も〔そうである〕

　コーカサス人種の完成可能性においてはすべて〔が〕低劣なもの〔である〕｜

【265（213[10]）】

　〔第 313 節以下〕（a）コーカサス人種〔は〕完成可能性〔をもつ〕（b）モンゴル人種──思想なき無関心さでもってカルムーク人はじっと坐って，その永遠に晴れたる空を眺め，果てなき荒野に耳をそばだてている[11]──〔かれらは〕微細なことにも細やかさ〔を発揮する〕。龍と怪物，粗放なる巨大さ〔と〕緻密なる微小さ──〔それは〕歪んでいて，見るからに不自然〔である〕

　c）エチオピア人種〔は〕孤立している。〔かれらは〕芸術と発明を通じても──戦争〔を通じても〕外へと向かって努力することがない。〔それは〕ヨーロッパ人との接触においてもたらされた。

　d）アメリカ人種　（e）マライ人種──ジャワ島の王国，寺院

　インド人──〔かれらは〕あらゆる内外の革命を通じて同じ〔である〕

　地方精神──アラブ人──アラブ人は──馬〔を求めて〕さすらい，客人をよくもてなすとともに，略奪者〔ともなる〕[12]＝〔かれらは〕無関心さ──飽くなき

き出ていて，髭は少なかった。髪は長くまた黒かった〔…〕」（Herder, *Sämmtliche Werke*. Bd. 13, 240）。

　9）（原注）ヘルダーを示唆している。ヘルダー『イデーン』第 2 巻，144 頁。「カルム〔Pehr Kalm, 1716-1779〕が述べているところによれば，北米では，〔…〕ヨーロッパ人はヨーロッパにいるよりも早く成熟を迎えるが，老いるのも死ぬのも早い。〔…〕女性は早くから子供を産むのをやめる。一部は早くも 30 歳でやめる〔…〕」（Herder, *Sämmtliche Werke*. Bd. 13, 286）。

　10）（クロノロギー注）くだんのヘルダーとの対決は次の行間余白付きの頁まで続いている。そこではヘーゲルはヘルダーを原文どおりに引用している[a]。ここ（213 頁）では，この引用が配置されている仕方から，最古のテキスト層の直後の執筆時期が推定されるであろう。

　a　上記 265 頁 1-3 行目，および 265 頁 15 行目を見よ。

　11）（原注）ヘーゲルはヘルダー『イデーン』第 2 巻，96 頁から引用している。「思想なき無関心さでもって，カルムーク人は何もせずじっと坐って，その永遠に晴れたる空を眺め，果てなき荒野に耳をそばだてている」（Herder, *Sämmtliche Werke*. Bd. 13, 259）。

　12）（原注）ヘーゲルは再びヘルダー『イデーン』を示唆している（テキストは大幅に省略されているが）。同書 96 頁を参照。「砂漠のアラブ人〔…〕──アラブ人というのは，優

(A) 『エンツュクロペディー』C. 精神哲学についてのメモ　　　347

疑り深さ，信頼の固さ——宗教の単純さ〔を持っている〕——フランスの——スペインの——ドイツの——宗教，歴史〔は〕，気候的な多様性——その多様性における〔独自の〕性格〔を〕千年も前から〔持っている〕

　かれらからかれらの土地を奪う〔ならば〕，〔かれらから〕すべてのもの〔が〕奪われる〔ことになる〕，[13]

　特殊性のうちに普遍的な区別を固定する〔ということ〕。形成陶冶されればされるほど，より普遍的な人間〔になる〕——中世の混乱した時代〔には〕——〔人間は〕特殊性のうちに固定され，その特殊性の内でのみ己れを知っていた

　精神〔には〕魂がそのうちに閉じ込められるこの四つの宿〔がある。すなわち〕胆汁質の火，多血質の空気，——粘液質の水，黒胆汁質の土——

　表象および一方〔の表象〕から他方〔の表象〕への移り行きの軽やかさ，ならびに，一つのことに入り込み，固執し，そこに関心をもつことに関する軽やかさ——またこの関心でもってそのもとに留まったり，はたまたその関心と意志をすばやく超えたりすること——

【267（213）】

同様に，人間との関係で——抜け出ること——同一化すること——あるいは自制すること——自身のうちにとどまること——自身に敵対的に接すること，あるいは〔自身が〕傷つけられていると感じること

　気質ではなく意志を伴う性格という観点から見るならば〔以上のものは〕特性〔である〕。——〔それは〕一つの決定にとって——同じまま〔であり〕——その意志の行為様式における帰結〔である〕

　白痴〔Idiosynkrasie〕[14]——

秀な馬と辛抱強く丈夫なラクダとともに，砂漠にはつきものである。［…］〔かれらは〕自由を好み，富と享楽を軽蔑し，走りは軽やかに馬をよく乗りこなす。［…］。かれらの顔は痩けている。［…］〔かれらは〕疲れを知らず苦労にもよく耐え，砂漠のおかげで団結し，みなが一つに与し，勇敢で進取的であり，約束に誠実であり，客人をよくもてなし，そして高潔である」（Herder, *Sämmtliche Werke*. Bd. 13, 259）。

　　13）（原注）ヘルダー『イデーン』第2巻，101頁を示唆している。「第一に判明するのは，その地に合うように形成された民族が，どうしてみなそれほどまでにその土地に忠実にありまた分かちがたく感じるのか，ということである［…］。かれらから土地を奪うならば，それはかれらからすべてを奪うことになるのである」（Herder, *Sämmtliche Werke*. Bd. 13, 262）。

　　14）（訳注）原注によれば，「ジェイコブ1世〔ジェームズ1世〕」については，アンナウス・カール・ローリー『憂鬱症と憂鬱症に関わる病気について。M. C. A. W. によるラテン語からの翻訳，梗概および D. カール・クリスティアン・クラウゼによる序言付き』第1巻，フランクフルトおよびライプツィヒ，1770年，233頁，128頁，ならびにルートヴィヒ・アントン・マウラトーリ『人間の想像力について。多数の補遺付き。ゲオルグ・ヘルマン・リ

猫〔を〕かぎつける——イングランドのジェイコブ王〔ジェームズ1世〕は,剣のことを話題にすると失神した——ベーコ——満月のときに

計算の天才——イングランドには,二,三歳になるよりも以前から,11 という数字の数〔が〕素数であるかどうか〔を計算することができる計算の天才がいる〕——左手での作業——共感と反感

［第 315 節をめぐって］

315。 β)15) 対自存在に対する変化——どのように覚醒と睡眠と夢とが区別されるかについては,語ることができない　なぜならば人は夢の中では,己れと外部の物・人について一貫した区別をせず,またその物・人が現前しているあり方について覚醒しているときのように一貫した表象をもつこともないからである。覚醒しているときの表象,直観も,夢と同様に,或る主観的な思い込みとなることであろう——人はもっぱら反省によって二つの状態を区別しているのである

睡眠のうちにも〔ある〕感覚,夢についての説明

［第 316 節をめぐって］

覚醒は,これに対し,己れ自身を睡眠から区別することである——〔それは〕普遍的な状態として〔ある〕。〔それは〕睡眠を自己内にあっても区別する,

この現実〔が〕最後の規定性〔である〕——人は夢を見るが,〔その場合には〕人は或る〔その現実とは〕異なる場所にあることであろう。

覚醒〔は〕規定をもつ存在および〔その存在の〕連関からなる理性的・悟性的な全体性〔である〕。いかなる契機,いかなる個別性〔も〕,普遍性という意識によってその連関の客観性〔にあずかる〕

【269（213）】

思考〔は〕覚醒において〔なされる〕

他者が,わたしが眠っているということについて判断する　そしてわたし自身はこの他者の眠りの中にはいない

ヒェルツ編』第 2 巻,ライプツィヒ,1785 年,292-294 頁の脚注を参照とのことである。また,「猫」については,マウタトーリ,前掲書,第 2 巻,253 頁；クルーゲ『動物磁気についての叙述の試み』243 頁を参照とのことである。

　　15)　（訳注）原注によれば,どの著者をヘーゲルが正確に典拠としているかは確定できないが,この脈絡に関しては,イグナッツ・ウィタル・トロックスラー（トロックスラー『人間の本質についての洞察』アーラウ,1812 年,132 頁,136 頁,137 頁）を参照とのことである。

（A）『エンツュクロペディー』C. 精神哲学についてのメモ　　349

夢の中では一切が融解する。｜

【271（214[16])】

---

16)　（クロノロギー注）原稿 214 頁では一貫してメモ（I）[a]において同じ筆運びが認められる（少数の後からの追加だけはこれと相違する）。第 318 節の冒頭の向かい側に 1818 年 8 月 11 日と記載された日付のメモがある[b]。頁中の他のテキストに対する日付の記入の位置から推理されうるのは、メモの最古のテキスト層はこの確定した日よりも前に書かれたということである。とはいえまた、日付のメモは書いている途中のものであるということも考えられうる。その場合ヘーゲルは第 317 節に対置されるメモの基礎層を執筆し、日付を書き加え、そのあとで〔残りの〕メモを続けたということになる。ヘーゲルは「ただ自然に基づいているにすぎない〔が〕、精神は己れが何であるかを摑みとる[c]」の行の直後に、「自己感情の、我意の喚起、主観的意志の恣意[d]」というテキストへの追加を、それまでに書かれたテキストの下、頁の右半分の、狭い行間に書き入れていると見られる。左側の空欄のところに日付があるが、三番目の行間の高さからヘーゲルはまた書き込みを続けている。筆運びの類似しているところから、原稿 215 頁に至るまでの関連するメモの層（III）[e]を辿ることができる。このメモの最後の行のすぐ下、および「 b　主観的な魂とその実体性の対立」の冒頭とそれに引き続く第 319 節の向かい側に、ヘーゲルは 1822 年 6 月 19 日という日付を記録している[f]（この日付が記載されているのが、上記の章の講義の始まりなのかその前の章の講義の終わりなのかは、定かではない）。同じ行には「ノートを見よ[g]」との指示もある。この指示は最古のものではないが、とはいえまた非常に新しいメモのテキスト層に属するものでもなく、確実にその横にある日付よりも前になされたものである。ホトーの筆記録では第 317 節と第 318 節に長い説明があるが、この説明〔長さ〕はヘーゲルのメモに示されているのをゆうに超えている[h]。フォン・グリースハイムの筆記録から推量されるのは、ヘーゲルがこの講義のこの箇所に関する資料の準備を変更したということであり、第 317 節へのメモの詳述、「自然的変化」のメモ書きを第 315 節の講義に先立って準備したということである[i]。ホトーとフォン・グリースハイムの間の多くの一致（たとえば特定の器官における二重性[j]についての解説、ジャン・パウルへの言及[k]における）は、メモとは対応していない。したがってありうる推測は、ヘーゲルは少なくとも 1822 年と 1825 年（1820 年の講義については筆記録が存在しない）については原稿に基づいて講義をしたというものである。その原稿がここでノートとして参照されているのであり、そしてこれは失われたと考えざるをえない。これはまた、バウマンが言及している「講義ノート[l]」のことであるという可能性がある。主要とされる筆運びはしたがって、確実に 1822 年よりも前、可能性としては 1818 年夏学期、あるいは（あまり確からしくはないが）それどころかそれよりもさらに前、1817/18 年冬学期に書かれたメモの特徴を示すのであろう。

　　a　上記 271 頁 1 行目 -273 頁 22 行目を見よ。
　　b　上記 271 頁 23 行目（脚注 1）を見よ。
　　c　上記 271 頁 14 行目を見よ。
　　d　上記 271 頁 10-11 行目を見よ。
　　e　上記 275 頁 1-14 行目を見よ。ただしもちろん、275 頁 11-14 行目に関しては、何らかより後からのテキスト層に属しているというのがより確からしいところである。
　　f　上記 275 頁 24 行目（脚注 1）を見よ。
　　g　同じ箇所を見よ。
　　h　ホトーの筆記録 36 頁裏側 -44 頁裏側を参照。

350 　　　　　　　　補　遺

［第316節続きをめぐって］

　眠りと覚醒〔は〕——魂〔の〕再生産および呼吸——植物的な，生命〔の〕再
生産〔である〕

　外部へと向かう魂の自己区別であるかぎり——感受性と興奮性〔は〕——覚醒
においては抽象的な区別〔である〕。精神〔は〕もっぱら，それが己れ自身にとっ
て生み出すところのものに対して〔ある〕

［第317節をめぐって］

　年齢——変化，個体におけるものとしての自然的発展〔は〕——時間，理念，
精神的な過程における区別〔である〕——a）睡眠——母胎に包み込まれた植物
的な生命〔は〕——飛躍〔をする〕——産まれてくる〔ときに〕助けが要らない

　b）それに続く動物的な生命〔は〕これに対し，精神のこの覚醒のうちに〔あ
る〕——〔それは〕したがって意識の覚醒——自我——自己感情の，我意の喚起
〔であり〕，主観的意志の恣意〔であり〕，——また自然との統一〔は〕——愛
感情〔である〕

　精神が何であるかが，外的なものとして差し出されている——自然的発展〔は〕
ただ自然に基づいているにすぎない〔が〕，精神は己れが何であるかをつかみと
る

　¹ 少年期，〔そこでは〕普通，学校の教育，規律訓練〔がなされるが，そこでは〕
——恣意，我意を遠ざけること——一般に，普遍的秩序，〔および〕従順——〔す
なわち〕他者の意志に対する〔従順〕——普遍的な秩序〔に対する従順を学ぶ〕
——〔それは〕主観的動機〔が〕——好む〔かどうか〕には関わらない——〔普
遍的なものが〕賞賛に値するぶんだけ，〔また〕個別的なものに対して普遍的な
もの〔が〕尊敬を受ける〔ぶんだけ〕——法は，〔より〕良くなる。——〔個人
は〕個人的な関心を示す——が，にもかかわらず〔それは〕普遍的なもの〔であ
る〕

［第318節をめぐって］

　ここから思考は反省を開始する

　普遍的なものによる思想〔は〕無規定的〔である〕

---

　i　　フォン・グリースハイムの筆記録97頁および115頁を参照。
　j　　ホトーの筆記録32頁表側，フォン・グリースハイムの筆記録118頁以下を参照。
　k　　ホトーの筆記録31頁裏側，フォン・グリースハイムの筆記録129頁を参照。
　l　　上記脚注89頁および713頁以下を参照。

（A）『エンツュクロペディー』C．精神哲学についてのメモ　　　351

1　頁の左側の欄外に：1818 年 8 月 11 日

【273（214）】
――外へと向かう憧憬――大きくなること〔への憧憬〕――この憧憬は衝動で
あり，――不適意〔であり〕――それ自身の同一性についての昏い意識〔であり〕
――そして分裂――世界への特有の関心，その世界の生命を自己内に感じること
〔である〕
　青年期――a）一面では，〔青年は〕自己自身を大きなものと感じている――け
れども，〔青年には〕主観的に想像された普遍的な善〔があり〕――普遍的な善
に対する熱狂――理想〔がある〕――〔青年の〕目的は〔その理想を〕実現する
ことである　（b）現実〔は〕――その主観性において無限に情熱のうちに〔あり〕
願い〔も〕それゆえに無限〔である〕――〔たとえば〕アレクサンダーのような
英雄
　成年期における転覆――〔すなわち〕善――目的が現にあり――個人を当てに
するようなものではないということ――むしろすでにとうにできあがっている
〔ということ〕――或る客観的なものであって主観的なものではない〔というこ
と〕。個人はただ〔それを〕維持・継続してゆくだけであって――目的を創造す
ることはしない――この目的のもとでの個人の営みは，人間が利己的なものとし
て，己れのことを気にかけるもの〔として〕現れるかぎりは，ただの主観的なも
の〔となる〕かれがそのために利己的となっている目的の区別――〔その人間は〕
己れの主観性を自身の内で倦み疲れさせる
　老年期は，生の習慣である――その活動は倦み疲れている――〔すなわち〕こ
こに――客観性に〔倦み疲れている〕，そして子供のようなものに到達している
――〔すなわち〕統一に〔到達している〕――〔そこには〕現前するものへの関
心はなく――それゆえ記憶もない――新しいもの〔は〕何もなく――およそ一切
〔が〕あらかじめ見知られている――あるいは〔一切が〕取るに足らないものと
して経験される――〔そこでは〕子供〔のような〕直接的な現前に接しての朗ら
かさ〔が〕かぎりなく点在〔している〕
　目的〔は〕成就されている――また目的自身も客観的〔である〕――したがっ
て〔老年期は〕こういう同一性――死という〔同一性〕――結晶化，主観性と客
観性との中性のうちに〔ある〕｜

【275（215^17)）】

――――――――――
　17）（クロノロギー注）原稿 215 頁につながるメモ，216 頁のメモ，および日付のない
217 頁のメモには，主要には二つの筆運びが認められるが（I^p および II^p），この筆運びが最古

352 補　遺

［第318節続きをめぐって］

感覚，覚醒した存在——この契機：己れを他なるものと区別すること——この区別において自己内へと反省してあること——身体的な現実性，この直接的な自然的規定性が，それ（魂）に即して持たれること。

外的／内的な感覚は理論的および実践的な仕方においてある——〔すなわち〕その規定性について〔理論的および実践的な仕方においてある〕——〔これは〕後からの区別またはわれわれの反省による区別〔である〕——外的〔感覚〕，そこでは直接的な規定された存在，身体性〔が〕——第一のものである，——内的〔感覚〕そこでは，精神から＝自身から規定が出てくる

〔このことは〕精神の本性に基づいてはなお認識されない——ここではただ，こういう規定が身体的に，また〔身体的なもの〕として感覚されるかぎりで——そして感覚が身体的な定在をもつかぎりで〔認識される〕——

外的感覚　α）純粋に理論的〔にある外的感覚〕——〔これには〕比較が伴わない——あるいは適意または不適意——β）また，こういう適意または不適意——直接的な象徴——規定性の或る内的状態

¹a）放心〔Zerstreutheit〕，特殊な感覚——しかしその〔放心における〕魂としての個体的な存在の全体性〔は〕一なる連関のうちに〔ある〕——個体的なものとしては，予感する魂は或る具体的な全体性である

量——α）定量　β）度——自己内で単一な仕方で規定された存在——〔それは〕端的に自己外に〔ある〕

己れ自身によってその自然的な生命——同一性を克服すること，そして己れを形成陶冶し，己れの同一性を己れによって設定すること——〔すなわち〕対自存在，自我〔を己れによって設定すること〕——〔ここでは〕対象は自然的な生命である

——魔術的な直接的連関

の折り重なって続くテキスト層を際立たせるものとなっている。いずれの筆運びも遅くとも日付の記録（1822 年 9 月 9 日ᶜ）までのものと考えられる。〔この記録は〕1822 年夏学期よりも前に書かれた第 321 節（ヘーゲルは間違って第 331 節と書いているがᵈ）への短いメモ（III）ᵉの中にある。

　　a　上記 275 頁 23 行目 -277 頁 2 行目，277 頁 7-16 行目，281 頁 1-16 行目，285 頁 6行目，285 頁 15-16 行目，および 285 頁 21 行目を見よ。

　　b　上記 277 頁 17-24 行目，281 頁 17 行目 -283 頁 15 行目，および 287 頁 2-18 行目を見よ。

　　c　上記 287 頁 25 行目を見よ。

　　d　上記 287 頁 21 行目，およびこの位置に関する校訂注を見よ。

　　e　上記 287 頁 21-26 行目を見よ。

（A）『エンツュクロペディー』C．精神哲学についてのメモ 353

1 先行する行の下の左側に：ノートを見よ 〔その上の，行の中間に〕1822
年6月19日

【277（215）】
 わたしの自然的な生命〔は〕普遍的なものから，またわたし自身の個体的なも
のとしての状態から切り離されている
 覚醒した存在はたんに或る変化の状態にすぎない——〔すなわち〕睡眠への移
行〔にすぎない〕
 第318節の前に——個別性〔は〕——それ自身がその〔魂の〕身体性〔である〕
——その身体性における実体性は自己内に反省している——〔それは〕もはや普
遍性への移行ではなく，覚醒した存在へと含み込まれている——〔それと〕同時
に身体的〔である〕
 α）睡眠は普遍的な実体，魂への還帰である——この段階はなお魂のあり方を
している——とはいえこの魂のあり方の内部で，目覚めていること〔が区別され
てくる〕——現象が——根拠の内部で——その根拠から区別されてくるように。
 人間学的な同一性

〔b 魂の実体性に対する対立〕
 ［第319節以下］ 第318節の中で。感情，感じるもの，その感じるものが感じ
ているところの当のもの——その感じるものの感情の対象〔は〕なお意識 知性
ではなく——なお真に個別のものではない，それゆえその感じるものは己れの自
然を，外的な個別化されたものとして己れから排除しているというわけでもない。
 感じるものの普遍的な魂のうちにあるこういう感覚作用〔は〕，普遍的同一性
 自体的にそれだけで存在する連関〔である〕——個別化されたものを感じるこ
と〔は〕，普遍的同一性を超えて高まっていくこと——普遍的同一性から反省へ
と〔高まっていくこと〕，および思考という普遍性の実現〔である〕——とはい
え，この段階〔においては〕まだこういう個別化には〔至らない〕。
 その〔感じるものの〕自然的な生命における直接的な予見，感覚すること——
ちょうど動物の本能〔において〕——こういう直接的感覚——嗅覚，栄養摂取の
手段〔が〕動物のもつ備え〔であるように〕
 共生，共感，および適意または不適意に対する或る特定の反感または好意——

【279（215）】
 感性的注視——（α）規定されたもの （β）反省的な，教練を経た知 〔たと
えば〕植物学者〔にとっての〕花のように——十分に外見上の病気〔であるのは〕

354 補 遺

——自身の身体〔の状態〕について予見するような場合〔である〕

a）空間と時間とによる媒介——媒介された外的悟性〔は〕——解剖学を利用する必要がある——自然の秘密——〔たとえば〕足の指先で感覚すること——魂〔は〕頭にあっては相互並在的な諸物からなる個別のもの〔である〕——〔そこでは魂は〕特殊的に留まっている——精神的な高揚〔は〕——天上の無限な浄福のごとき状態 死のごとき〔状態〕——死滅〔のごとき状態である〕——〔そこでは〕恍惚としていて——何事も判明でない

b）その〔魂の〕圏域についての個別の知——〔たとえば〕外的病気 自然の事象および自然の共感，または磁気療法師のイメージする損傷〔は〕——磁気療法師の魂との同一性〔を〕——高める｜

【281（216）】

［第320節をめぐって］

β）こういう予見は——確かに自由な自己意識よりも多くのものを予見するなぜならば，この自己意識にとっては個別化——および分裂は，外的だからである——とはいえ，〔この予見は〕自体的に高次の現実存在であるわけではない。——以下のこと〔は〕古代の人々〔の〕先入見〔である〕——〔すなわち〕神〔の才能〕が人間の才能よりも高次〔であり〕，人間の理性〔は〕〔神の理性〕より低次〔であるということである〕，こういう予言，予見〔については〕——プラトンの『ティマイオス』〔も〕——やはりそれゆえに非理性的部分〔であるとしている〕——思慮深い人間はけっして予言をしない

感情 予見〔は〕——人間の肉体に関わる，人間の病気〔である〕——〔それは〕他のものとの関係のうちに〔ある〕

歴史上の魔術の時代——予言，病気の治療にとって個別化は消失している。〔そこでは〕魂は或る生命の感情へと入り込む——〔すなわち〕魂の病気についての，また魂の表象についての予見〔である〕。思考

——この段階では，身体と魂とはまだ区別されていない，——この第二の死では，精神は身体性から区別されているわけでは，まだない——

この連関には限界がない——なぜなら魂は実体であるから——感覚するもの，個別性——類縁的なもの，一なる生命，予感，関心。〔ここでは〕それ自身の部分が失われている

γ）この段階は個別化の意識の向こう側に赴き，立っている——〔すなわち〕普遍的同一性〔であるが〕——それは，さもなければ，個別化されたものとして妥当する。——この段階は概念把握しえないものである——〔それは〕原因の連関 反省の立場を超え出ている——思弁的なもの——実体的な連関——は，ここ

（A）『エンツュクロペディー』C．精神哲学についてのメモ　　　355

で現象してくる——この段階は概念把握しえないものである——なぜなら何もの
も，——普遍的な連関——〔すなわち〕理性的な直観としての〔普遍的な連関〕
には属さないからである——反省の脱落〔が〕ここでの諸前提〔にはある〕

——ゆえに，把握される〔べきは〕ただ二通りだけ〔である〕。——（α）思弁
的なものを　それゆえ恣意的に哲学によって概念把握すること。ただし哲学の外
部〔…〕

【283（216）】

　または哲学を超え出ているような関係は何らなく——まさにその哲学に内在し
ている　（β）さて把握しえない〔のは〕たんに予見すること〔であり〕，〔これ
は〕解決しがたい——諸表象のために，〔すなわち〕その予見〔を〕それ以前の
諸表象とむなしくも合一させるために，何がどれほど骨折りしたか

　不毛な悟性〔は〕——まるきり反抗的な態度をとる——不毛な悟性よりも狂っ
ているものはない——〔それは〕欺瞞をはたらき——公的な権威に逃げ場を求め
る

　その悟性はいかなる声も持たないし，それどころか関係ない〔人々に〕けっし
て聴かれることはありえず，——あるいは見られること〔はありえない〕——そ
れゆえ真面目に〔見られることはありえない〕

　ばかげている〔のは〕——スティグリッツ〔Sietiglig〕[18]〔のように〕いやまし
に不偏不党な仕方で口真似をしておしゃべりすること〔である〕

　かれは士官にも軍隊にも遠征にも参加しなかった　まして不偏不党な戦争〔に
は参加しない〕——党派について盲目〔である〕——かれは不偏不党で，それど
ころか党派的であるということがない

　不毛な人間は不偏不党性の後ろ〔にいる〕——党派〔とは〕ののしりの言葉
〔である〕——〔その人間の〕判断，決定〔は〕不偏不党〔である〕——あたか
もかれがそのとき〔己れが〕だれ〔であるか〕を知らないかのように

　γ）磁気療法士がその患者に対ししていること〔は〕——磁気的睡眠を治癒す
る〔こと〕，すなわち，〔それは〕病気〔を〕治療すること〔である〕｜

　18）（訳注）原注によれば，Stieglig は Stieglitz（ヨハン・シュティグリッツ〔Johann
Stieglitz〕『動物磁気』（ハノーファー，1814 年））の書き間違いであろうとのことである。こ
れに関して原注は以下の著作への参照を求めている。C. W. フーフェラント『医師ヨハン・
シュティグリッツ氏の動物磁気に関する著作の抜粋と広告　補遺付き』ベルリン，1816 年。
『動物磁気論叢　多数の自然研究者との関連で　C. A. フォン・エッシェンマイヤー博士／D.
G. キーザー博士／Fr. ナッセ博士編』第 1 巻，第 1 篇，ライプツィヒ，1817 年，167-182 頁）。
ネース・フォン・エーゼンベックによって『動物磁気論叢』第 2 巻，第 3 篇，ハレ，1818 年，
72-89 頁。

356　　　　　　　　　　　補　遺

【285（217）】

［第321節をめぐって］

それだけで存在する魂の有限性

狂気および夢遊病をめぐる混乱——予見およびその自然的魂のうちにある存在

仮言的判断

定言的，普遍的〔判断〕

狂気　α）それだけで存在する魂——否定的自己関係，自己自身の分割——β）他のものへの関係としての自己関係——〔これは〕しかし主観的な魂〔であり〕，自由ではなく——主観的で個別的で規定されたもの〔である〕——〔そこでは〕魂の直接性，身体性，固定したあり方〔が〕克服されていない——固定したいわゆる理念〔は〕，自我ではない——〔すなわち自我が〕意識において抽象であり，何物もわたしのうちには固定されていないというようには〔自我ではない〕——あらゆる衝動——放心，（散漫〔Faseley〕。）愚鈍〔は〕自己内へと沈潜してあること〔である〕[19]——〔たとえば〕己れを死んでいるものと見なした〔こと〕。——〔たとえば〕他人が，相手のことを全部真似しながら向かい側に坐っている〔こと〕

魔術的で実体的な関係——肯定的な関係〔は〕——ここでは同時に否定的〔な関係である〕

b）病気——固定した理念——狂気（Verrücktheit）のことをイメージしようとするならば，ずれた仕方で（verrückt）思考せざるをえない——〔すなわち〕矛盾〔を思考せざるをえない〕——すべて有限な物はずれている——〔これは〕解消しがたい矛盾〔である〕。——自我の形式的な無限性〔とは〕——〔物が〕わたしにとって——特殊的な物として〔——〕外的であるということである。〔自我は〕そう頻繁に直接的に感覚するわけではない　α）それだけで自由〔であるのは〕諸物の現実性〔ではない〕——〔それは〕外的・悟性的〔である〕——β）だが諸物の有限性。

関係，有限な必然性

悟性がとらわれること——〔これは〕しばしば狂気と区別するのが難しい——形成陶冶されていない人々は，己れの制限性のうちにすっかりはまり込んでしまうので，その制限性がかれらの精神的な生活になるほどである。不幸，富，希望

【287（217）】

19）（訳注）原注によれば，J. C. ライル『精神錯乱者に対する心理学的治療法の応用に関するラプソディ』ハレ，1803年，362頁を見よ，とのことである。

（A） 『エンツュクロペディー』C. 精神哲学についてのメモ　　357

　違い〔は〕もっぱら，魂の存在がより多く個人的　個別的で固定した理念であるかどうか〔ということである〕

　具体的〔な〕魂——和解なき分割——主観的表象は，他のものの存在である——ゆえに意識においては表象，主観的規定は，わたしにとって対象である——〔これは〕わたしから自由なものではなく——またたんなる契機としての規定〔であり〕——意識における全体性の〔たんなる契機としての規定である〕

　さてこの全体性がたんに自然的なものであるならば——

　身体的な現実性，病的状態〔に〕——魂の全体性〔が〕なる

　〔魂の全体性は〕その病的状態に対して自由ではない，——自由〔なのは〕——自我——自我における全体性，規定性の客観性〔である〕——ただわたしが身体的であることをやめるかぎりでのみ，わたしとしてのわたしは自己意識である

　わたしの今の瞬間の具体的な規定性——は，わたしにとってその規定性の客観的な連関のうちにあり——またわたしにとって外的にある　なぜならわたしはわたし自身に対して存在するからである——（〔規定性は〕わたしにとって外的な現実である，〔たとえば〕財産を得るか失うか，くじ引きでの運〔は〕自我〔にとって〕完全に外的〔である〕——）——あるいはそれ〔は〕わたしにとって，この連関との比較で主観的なものとして規定される。——わたしは一個の物である——なぜなら〔わたしは〕有限性の内に〔ある〕から——それでも〔わたしは〕表象するもの〔であるが〕——〔わたしは〕完全にその有限性のうちに一個の物として沈潜している

　わたしの表象はわたしにとって現実である——また反対に　すなわち〔わたしの表象は〕表象としてはたんに主観的なものとして〔あり〕観念的〔なものとしてある〕のではない

　第321節——狂気——あらゆる情熱，主観的感情，過去の不快の解放——閉じ込められている一切——〔を〕逃れて——

　同じ立場〔は〕，自然的な，抑制されていない意志として〔もある〕

　違い〔は〕ただ人倫の生からの逆戻りにすぎない——また〔それは〕理論的な狂乱（Toben）〔であって〕実践的な〔狂乱〕ではない——（1822年8月9日記入）

　（病的な，過敏な魂の自然的な始まり——増大——）　|

【289（220[20]）】

――――――――――――――――――――――――
　20）　（クロノロギー注）原稿220頁には多数のはっきりと目立つテキスト層が見られる。最古の層（I）には，頁の真ん中部分にあるもっとも多量のメモの前半および最後の行が含

358 補　遺

［第 321 節続きをめぐって］
否定的判断
魂の共感関係——子供〔における〕言葉〔の察知〕——およびあらゆる行為

まれている ᵃ。（量は多くないが）これより新しい層が，真ん中部分のメモの内第 323 節の残り半分（II）ということになるであろう ᵇ。また，二番目のテキスト層に属するメモが第 I 層に対して筆運びの点で若干の違いを含むのは，書き込みの際に微妙に時期のずれた新規の追加によるものであって，ゆえにそもそも一つの特有のテキスト層をなしているわけではない——ということも排除はできない。鉛筆書きのメモ（III）ᶜ，鉛筆書きのメモ（IV）ᵈ，ならびにそのすぐ後の行（V）ᵉ の上にあるテキストの行は，それでも独自の層とみなされるべきである。もちろん，これらの層に関しても以下のことは完全には排除されない。つまり，これらがより若い起源のものなのではないか，またもしそう前提するとすれば避けがたく，頁の最後のメモがもっとも若いものとなるのではないか，ということである ᶠ。どういう時期的関係で薄めのインクで書かれた行（VI）ᵍ がこれらの層に加わったのかは，一義的には定められない。この行は確実に，後続の明らかにより新し層（VII）ʰ に先行するものであり，また——232 頁の分析から帰結されることであるが ⁱ——第 I 層および II よりも新しい。この行とその上に薄めのインクで書かれたテキストとの間に，ヘーゲルは節への指示と日付の記入（第 322 節　1820 年 7 月 3 日）ʲ を行っており，なおかつ二つとも同じ時期に属している。これは層からはっきりと示される通りである。この二つの記述から推量されるのは，それらが確実に薄めのインクで書かれたメモより後に，ならびに，十分に確からしくもっとも最新のテキスト層よりも後に書かれたということである。それらがそのもっとも最新のテキスト層との直接の時期的つながりのもとでできあがったものであるという可能性もあるが，ただしその場合には，ヘーゲルはそれらの指示を別のやりかたで配置したと推定されうる ᵏ。

a　上記 289 頁 18 行目 -291 頁 3 行目，291 頁 19 行目を見よ。
b　上記 291 頁 5-15 行目を見よ。
c　上記 291 頁 19-20 行目を見よ。
d　上記 291 頁 21 行目を見よ。
e　上記 291 頁 21-24 行目を見よ。
f　脚注 175 を参照。
g　上記 289 頁 2-3 行目を見よ。
h　上記 289 頁 4-17 行目，および 291 頁 25 行目 -293 頁 6 行目を見よ。最後のメモ（これは第 III 層から V までのクロノロギー分類とは独立している）に関しては，固有の層があてはめられるという可能性もあり，〔その場合〕それができあがった日付は 1820 年以降と想定されるであろう。
i　656 頁以下を見よ。
j　上記 289 頁 27 行目（脚注 1）を見よ。
k　思うに，ヘーゲルは節番号と日付を確定しただけで，テキストの中でつながっているメモはそれよりも後，おそらくはその後の「人間学」「心理学」講義の途中でできあがったものであって，その場合，ヘーゲルは両者を確実に別のやり方で配置したということになるのではないであろうか。思うに，ヘーゲルはさらにテキストの直後に続くメモを書き込んだのであって，その場合，ヘーゲルは指示およびメモのためにそこにあるスペースを別のやり方で役立てたということになるであろう（加えて言えば，ヘーゲルはそれを，講義における節の取り扱いにしたがって行ったのであろう）。

（A）『エンツュクロペディー』C. 精神哲学についてのメモ　　359

〔の〕察知——は，精神的な磁気である

¹あらゆる視野狭窄，ユダヤ人は豚肉を食べない——金曜日に肉を食べない

　あらゆる盲信——ただし精神的なものについての——理念についての〔盲信〕が帰せられるのは——権威〔である〕——本来の狂気——わたしの存在，現実存在の直接的現実——〔すなわち〕ここ　この場所　今　ここ　この時間，この状態，この熟練，この環境，個別性の充実

　〔そこでは〕わたしは悟性を持たない——〔わたしは〕この現実であり，わたしのわたしについての表象に関して，またわたしの行動に関して合致していない——〔わたしは〕真ではなく，矛盾である——というのも，わたしは，このものとして，この現実なのであるから，この現実はもっぱらこういう充実〔であり〕，この現実はわたしの直接的個体性の存在である——わたしは完全に形式的に，この現実に合致するものとして（なお本来の理性的な諸目的なしに）存在している

　この諸目的は常にかの現実を前提している〔が〕——わたしが現前していないかぎり——〔それは〕放心，愚鈍〔である〕——またさらに規定するならば，〔わたしは〕件の有限性へのこういう関係である——

　a）固定化——情熱，喪失，不正，否定性——必然性の関係，——〔これらは〕観念論でもなく，否定的なものとして〔ある〕のではなく——自由な自我の抽象へと関わるものでもない

　b）主観的——個体的な魂。〔魂は〕確かに分け隔てられていて——個別的なもの〔であり〕——それゆえ動物的な魂として〔ある〕——なぜならその魂は意識〔であるが〕——動揺〔しているからである〕

　α）磁気においては〔魂は〕実体的・同一的な魂として己れを直観する——β）必然性との関係においてのみ——〔魂は〕それだけで存在するが——ただし有限なもの〔であり〕——狂っている。魂は直接的にまたこの直接性において個別的にあり，すなわち制限されている

　1　行のうえの左に：322 節　1820 年 7 月 3 日

【291（220）】

　c）この有限性に伴う混乱〔は〕自体的に存在する自然〔である〕のではない——この混乱は否定性であり，それゆえ観念化すること——活動——直接的な存在の，またそれゆえ有限なものとしての〔存在の〕否定〔である〕

　物質性ではない

　〔第 323 節をめぐって〕

360　　　　　　　　　　　　　補　遺

第 323 節。〔身体は〕敵対的ではない——なぜなら，身体の理念はたんに自然的な直接性であるから，——身体の前提　契機，実体的存在の i 形式——は直接性に属している〔が〕——〔これは〕同じ理念であり——また身体の直接的な定在である——魂と身体の関係〔について〕——精神は抽象可能である——〔精神は〕自ら生命を絶つことができる——〔それに対し身体は〕偶有的なものである——しかし精神は本質的に具体的である——精神は己れを区別し，己れ自身で規定することによって——精神は魂と身体とを分離するが，ただし〔それは〕恒星と惑星と彗星とがおりなす世界のようなもの〔であり〕——主語と述語〔のようなものである〕——述語が傷つけば，主語も〔傷つく〕——〔またそれは〕普遍的なものにおける特殊的なもののようなもの〔である〕——特殊性の圏域が傷つけば，同様に普遍的なものも〔傷つく〕——偶有的なものなき実体は無〔である〕——〔それは〕概念という仕方にしたがって〔分離するのであって〕——二つの物〔という仕方で〕ではない——狂気〔においては魂は〕——物〔である〕——〔そこでは〕身体の本質〔が〕実体的形式〔であり〕——述語〔の〕定在として同一であり——内的な定在として同一〔である〕——恣意〔による〕損傷〔は〕——それゆえ，理念にしたがってではない——以下のことによって依存性は揚棄される——〔すなわち〕主語〔が〕放棄されるということによって〔である〕。

　1　行の間に：根拠と基盤を尊重すること——そのうえに立つこと——〔それを〕軽蔑すること

［第 324 節をめぐって］
　活動——器具としての身体——意志の目的のための手段——意志自身のものとしての直観——〔それというのも〕有用であるからではなく，意志の定在であるから〔そうである〕——〔それは〕生ける理念，直接性の前提〔である〕——〔それは〕己れに〔すなわち〕魂に至ること〔であり〕——存在の直接性を観念化すること〔である〕。——〔すなわち〕契機〔が〕——魂においてそれだけで存在する——〔すなわち〕魂自身のものとして〔あるようになるということである〕——〔すなわち〕身体——身体性を占有取得すること〔である〕
　放心——あるいは狂気〔について〕——粗野な人間——〔たとえば〕トルコ人〔は〕——狂っているものとして現れる——〔すなわち〕狂信的なもの〔として現れる〕——〔これは〕普遍的法則の観点からのもの〔であるが〕——本来の，〔…〕

（A）『エンツュクロペディー』C．精神哲学についてのメモ　　　361

【293（220）】

個別の表象の観点からの狂気——あるいは共通の現実についての表象〔の観点からの狂気については〕——〔たとえば〕ユダヤ人は豚肉を食べない。——多くの宗教的風習——意味のない祈祷——盲信〔は〕——疎遠な指示対象〔を持ち〕，現実，連関のうちには〔ない〕。（〔たとえば〕ユダヤの風習）。そこでは己れの自由な意識がない——したがって己れの悟性〔がない〕——|

【295（221[21)]）】

［第325節をめぐって］

a）この形成陶冶〔身体性の〕占有取得はその可能性を自然的・直接的な精神と身体との同一性のうちに持っている——あるいは魂のうちに，すなわち物質および身体性の絶対的観念性〔のうちに〕持っている——b）身体〔は〕占有取得の活動によって初めて個体的な魂の器具〔となる〕c）魂の活動〔は以下のような〕活動として——〔すなわち〕或る個体の——個別の〔活動としてあるが〕，形成陶冶によってこの活動は或る普遍的かつ単一な魂に合致するようになる。——個別の規定されたものとして，活動は，さまざまな身体の動きと相互並在的な空間・時間における物質的媒介という諸条件において現れ出てくるが，〔それは〕具体的〔行為〕ではある〔が〕なお抽象的行為ではない——具体的行為〔は〕必要なものとして〔あるが〕，多く〔は以下の場合には〕目的のための役には立たない動きである——〔すなわち〕もし不器用〔である〕場合には，熟練していない〔場合には〕。d）慣熟は〔身体を〕特定の目的に即して，固定したものにし——抽象化し，簡略化し，否定し，省略する。〔それは〕具体的行為をこの目的へと制限し，（分割）——こういう抽象化を固定する。この流動性，観念性が設定され——判明な内容〔となる〕。産出された魂あるあり方，産出された直接的外化〔とは〕——特定の諸目的において——精神が魂として振る舞い——直接的に，己れの欲するところを成就するようになること〔である〕——〔たとえば〕書くこと——音楽——精神は（α）想起する——（β）定在，外面性——この産

21）（クロノロギー注）後続の綴じ込みメモ用頁である221頁のメモ[a]には，確かに多数の文体の使用が認められるけれども[b]，おそらく講義の準備段階の短い期間にできあがったものであり，したがって一つのテキスト層（I）と見られてよいであろう。筆運びには先行する頁（220頁）の層（II）との類似点が多くあり[c]，ゆえにできあがった共通の時期は，十中八九1820年と見られる。

a　　上記295頁1行目-297頁4行目を見よ。

b　　295頁1行目，295頁13行目（「こういう抽象化を固定する」），および295頁22行目（326節「たんなる」）において。

c　　脚注169を参照。

出された魂あるあり方は，もう一つの自然――習慣――生の習慣――精神の行い
が自然となったもの〔である〕――〔それは〕いかなる関心も，いかなる活動も
〔なく〕ただ存在するだけ〔である〕――〔すなわち〕死〔である〕

怒りではない（生理学的に）

〔c　魂の現実態〕

［第326節をめぐって］

第326節。感覚する動物の魂としてのたんなる自然的個体性は――自らにとっ
て特有〔のものとなり〕，形成陶冶を通じて，――その定在する直接性が観念的
契機として設定された存在〔を通じて〕浸透している――〔それは〕占有〔であ
り〕――自己自身に関係しており――現実態――内面と――偶有性としての――
外面の設定された統一〔である〕――〔その偶有性の〕直接性はそれだけでは存
在しておらず――概念の仮象――精神の〔仮象である〕

人間と動物の器官〔が〕何によって区別されるかということは，すでに問題に
した――個別の契機はそれ〔区別〕ではない――声さえも――鳥が〔…〕

【297（221）】

真似ることができる――〔その区別は〕むしろ人間的な表現〔にある〕――α）
直立の姿勢。――（一）絶対的な身ぶり――〔すなわち〕直線――植物のように
――己れを重力から取り出すこと――〔これは〕意志の習慣である――人間が己
れの意志で立たなくなるやいなや，人間は倒れてしまう。｜

【299（222[22)]）】

22）（クロノロギー注）四つのテキスト層（うち一つには加筆がされている）を，原稿
222頁の中ではっきりと互いに取り出すことができる。最初のテキスト層（I）は短く書かれ
た一片のメモからなる[a]。これの後に（頁のうえでも，またおそらくは時期的にも）一つの層
（II）が続いているが，その書き方には他のメモとの類似点は認められない[b]。第327節の向
かい側のメモ（III）[c]は，その基礎層の筆運びから見るに，220頁の第V層とつながってお
り，また，後続の頁のテキストにある追加と執筆時期を同じくすると見積もられる追加を含
んでいる。残りのメモ（IV）は薄めのインクで書かれたものである[d]。これは220頁の第VI
層に関係していると推測されうる。かりにこの推測が正しいとすれば，この層および先行す
るテキスト層（III）は1820年よりも前に置かれたものということになるであろう。後続の頁
とははっきりしたつながりがある。

a　　上記GW13,299頁1-2行目を見よ。
b　　上記299頁3-8行目を見よ。
c　　上記299頁9-22行目を見よ。
d　　上記299頁23-26行目を見よ。

（A）『エンツュクロペディー』C. 精神哲学についてのメモ　　363

［第 326 節注解をめぐって］

人間学的に

　本能，──最初の自然的・直接的な判断

　[23]記号（signatura）

　ミスミソウ（Anemone hepatica）──

　象徴的な身ぶり──うなずき〔は〕肯定の〔象徴である〕──かぶりを振ること──

　鼻にしわを寄せること，額にしわを寄せること，おじぎをすること，頭の上で手を打ち合わせること──拳を握ること〔は〕──行為の始まり〔を示す〕

　ガルの頭蓋論

［第 327 節をめぐって］

　a）ここまでの人間学　（α）魂──魂一般　（β）有限なものとしての物としての魂　（γ）現実的なものとしての〔魂〕

　内的なものと外的なものとの統一──したがって，直接性が観念的な，揚棄された──他なるものを代理するもの〔となる〕ということ

　b）個体的な自体的にある魂として〔の魂〕──この，それだけで存在するであろうものが直接的に精神〔である〕ということ──〔すなわち〕魂〔が〕精神の概念に対して──対立の契機，活動〔となる〕──〔これは〕自己内反省〔であり〕──もはや直接的な同一性ではなく──自己関係的な普遍性〔である〕。

　c）自己内への高次の覚醒〔は〕たんに自然的なものではなく──わたし〔は〕──精神の──根本──生命一般──自由が己れ自身を把握すること──抽象的な無限性〔である〕

　観念性──ただし最初の抽象的な──それゆえ規定された──

［第 328 節をめぐって］

　a）自然的直接性が対象である──否定が第一のものである──〔これは〕否定的なものとして　他なるものとして規定されている

　われわれにとってかつて対象であった〔のは〕──直接性〔であるが，これが今や〕自我にとって存在する

　23）（訳注）原注は，『パラケルスス全集』（*Opera omnia*），第 2 巻，6，「物の本性についての 9 巻」，「9　自然の物の記号（Signatura）について」，114 頁を指示している。「さらに，多くの草と根が，その生得の力と機能からだけでなく，姿，形，およびイメージ（figura, forma, & imagine）からも名づけられている。たとえば〔…〕ミスミソウ〔"肝臓" Hepatica〕」。

364 補 遺

自己内〔にある〕個体性の観念性は，対立するものの排除，反撥である｜

【301（223[24)]）】
［第328節続きをめぐって］
個別性は否定性である

〔B 意 識〕

［第329節をめぐって］
[1]自我とは媒介であり——直接的確信〔である〕——しかしこの知——は直接
性の揚棄を通じての自己関係である——人間学〔は〕意識の彼岸〔にある〕——
意識についてそれが自体的になんであるか〔を〕概念把握すること
　知——確信——自我——フィヒテはここから出発した——
　a）自立した自我——観念性　光——〔が〕広がってゆく〔が〕——しかしさ
しあたってはまったく規定されていない——〔それは〕たんなるそれ自身のもの
〔にすぎないが〕だからといって観念性が一般にそれ自身のもの〔であるという
わけ〕ではない
　〔意識は〕確信として〔あるが〕———一般に自己自身についての確信ではない。

---

24)　（クロノロギー注）原稿223頁の最古のテキスト層（I）[a]は筆運びの点で222頁の
第III層と一致している[b]。これに続くメモ（II）[c]は前の頁にある短い追加テキストとつなが
りがあるであろう[d]。薄めのインクで書かれたメモ（III）[e]は222頁のテキスト第IV層に続
くものであり[f]，また第329節の印刷部分のテキストに対するローマ文字で書かれた異文より
も古いものであるが，ヘーゲルは他の箇所と同様，それに綴じ込み記号で目印をつけたり印
刷部分のテキストに下線を引いたりといったことはしていない。先に222頁のテキスト第IV
層について述べたことからみると，最古のテキスト層（I）および薄めのインクで書かれたメ
モ（III）は1820年7月よりも前の時期のものと特定することができる。この頁にある日付[g]
は，1818年夏学期の「エンツュクロペディー」講義，ならびに1820，1822，および1825年
夏学期の「人間学」「心理学」講義のものであり，ヘーゲルが主観的精神の哲学の第一部で終
えた時期を確定するものである。
　a　上記 GW13,301頁1-6行目，301頁13-17行目を見よ。
　b　脚注184を参照。
　c　上記301頁18-23行目を見よ。
　d　上記299頁22行目を見よ。
　e　上記301頁6-8行目，および301頁15行目，鉛筆書きのメモ「たんに抽象的な存
　　　在」とそれに対する校訂注を見よ。
　f　脚注185を参照。
　g　上記301頁24-25行目（脚注1）を見よ。

（A）『エンツュクロペディー』C. 精神哲学についてのメモ　　365

確信は自由と，すなわち恣意としての〔自由と〕一致する——確信と真理——恣意と自由，〔それぞれの〕一方は主観的であり他方は客観的である。——とはいえ確信と真理はよりはっきり区別されるものである。

客観はそれ〔自我〕自身のものである——自我はそれ自身の観念性を保持する

〔第330節をめぐって〕
b）〔自我〕は他のものにおける抽象的反省〔である〕——わたしは以下のように確信する，〔すなわち〕他の諸物は——たんに抽象的な存在であり——わたしの外部〔にあるにすぎない〕。——わたしは，その諸物の定在に関して，わたし自身のものにおけるのと同じ程度にまず疑うことがない——〔これは〕排他的判断〔である〕——しかし観念性〔である〕

意識においてて初めて対象——物質性——媒介——物——反省の圏域全体〔がある〕——

〔第331節をめぐって〕
c）客観にとっての規定——（時間的・空間的でない）自我は抽象的な対自存在である——客観は自己意識との関係においてのみ意味をもつ
客観〔は〕開陳された具体的全体性〔である〕｜

1　「B　意識」のある段落の冒頭の反対側に：エンチュクロペディー　さらにその下の行に：1818 年 8 月 17 日，1820 年 7 月 7 日，1820 年 7 月 22 日，1825年 7 月 28 日

【303（224²⁵⁾）】
〔第332節をめぐって〕
自我は抽象的にそれだけで存在する——それゆえ自我の規定は，それの有限性は——自我自身のものとしてではなく直接的なもの〔として〕与えられている——

自体的——人が世界を直観するように——そのように世界も或る〔自体的なものとして〕直観される

25）（クロノロギー注）原稿 224 頁の最初のメモ（I）の筆運び ᵃ は，前の行間余白付き頁のテキスト層（I）と同じである。この層と残りの部分のメモの字形には違いがあるものの，これは書き込みの際にいい加減であったか，または急いでいたということに帰せられるものであろう。
　a　　上記 303 頁 1-3 行目を見よ。

366　　　　　　　　　　　補　遺

移行は考察するものとしてのわれわれに属している

26) フィヒテ〔によれば〕人間は自分の上着を，それを身につけているというそのことによって自分自身に対しかたちづくっている——｜

【305（225²⁷⁾）】

［第333節をめぐって］

　自我の自己同一性は形式的で内容がない——自己自身の確信のうちに現に存在する規定性——それは或る他なる外的なものである——〔これは〕無限の矛盾〔であるが〕——狂っているわけではない——なぜなら自我は形式的な，無限な自己関係であるから

　意識はもっとも普遍的な段階である。なぜなら〔意識は〕もっとも抽象的な〔もの〕——形式的な精神〔であるからである〕——｜ ¹魂と精神との中間にあって——以下のことは自明である。(α) 自我〔が〕わたしにとって精神の原理〔で

　　26)　（原注）ヘーゲルがフィヒテのどのテキストを引き合いに出しているかは，確定できない。別の箇所でヘーゲルはフィヒテのこの格言に言及しているが，典拠は判明していない。『論理学・形而上学　ヘーゲル教授の講義に基づく　1823年夏学期，ベルリン，H. ホトー』ベルリン・プロイセン文化財国立図書館，Ms. German Quarto 1299a，37頁——「そのさいフィヒテが言っているように，われわれが初めて上着を着るものとしてかたちづくった」。また，ベルリン版『ヘーゲル著作集』第14巻，381頁——「感覚に媚びを売って，われわれにとって外界に由来するものはないという観念論を捧げることはない。自分は自分の着ている上着を，まさにその着ているということにおいて，あるいは〔その上着を〕観察しているというだけのことにおいても一部かたちづくっているのであると，フィヒテが解していたようにである」。

　　27)　（クロノロジー注）原稿225頁の，第333節と第335節に対置されるメモ ᵃ には，その最古のテキスト層（I）の中で一致する筆運びが認められる。メモの下，第333節の終わりの向かい側に，ヘーゲルは「グスタフ王子　1818年2月8日 ᵇ」とメモしている。この記入の仕方にはそのすぐ前後のメモ（II）のそれとの一致が認められる ᶜ。したがって推測されるであろうことは，日付の記入も二つのテキスト層（I）と（II）のいずれも，ひとつながりの短い期間の中で書き込まれたのであろうということである。薄めのインクで ᵈ 書かれた追加は一つの特有のテキスト層（III）を形づくっているが，その執筆時期は，その前の，同じく薄めのインクで書かれたメモ（222頁のIVおよび223頁のIII）と一致するであろう。第335節の注解の隣にあるメモには二つのテキスト層（IVおよびV）ᵉ が付け足されている。もっともこの内後者（V）は〔層〕Iの特徴を示していて，ゆえにまた固有の層は必ずしも認められないが，これに対しもう一方の〔テキスト層の〕筆運びは先行するメモとの間にいかなる一致も示していない。

　　a　　上記 GW13, 305頁1-7行目，および305頁16-22行目を見よ。
　　b　　上記305頁25行目（脚注1）を見よ。
　　c　　上記305頁8-15行目を見よ（このテキスト層には薄めのインクで書かれた後からの追加は含まれない（次の脚注を参照））。
　　d　　上記305頁10-11行目，305頁12-14行目，およびそれに属する校訂注を見よ。
　　e　　上記305頁23-24行目，および307頁1-5行目を見よ。

（A）『エンツュクロペディー』C．精神哲学についてのメモ　　367

ある〕，（β）〔それは〕しかし直接的に〔そうなのである〕──契機，精神〔は〕
一切〔を〕一度に〔契機とする〕

a）意識〔は〕それ自身の確信〔と〕他の存在するものの確信〔との間の〕矛
盾〔である〕

b）〔両者の〕形式的調停──真理──内容がない〔真理〕──自我〔と〕対
象──とはいえ〔この調停は〕目的として〔あり〕，すなわち充実し，充足され，
客観化されている

c）実在的調停──わたしについての確信──他のものにおける〔確信〕──
今やわたし〔は〕わたしにとって主観と客観との統一として生成すべきもの〔で
ある〕。わたしが自体的に客観的なものである

〔これが〕自我にとって論理的対象である

〔a　意識そのもの〕

［第335節をめぐって］

個別的な意識は──その内容にしたがって〔──〕無限に規定されていて──
経験的に規定されている──〔この意識とは〕このものである──とはいえ充実
〔は〕なお直接的なもの〔であり〕──まだ精神に基づいて自身にとって精神の
世界を産出したというわけではない──この充実は意識に対しては──定在〔で
ある〕──同様に直接的な精神も規定されてはいる〔が〕──とはいえそれは形
式的に精神自身の規定性である〔にすぎない〕

自我〔は〕抽象的・普遍的な対自存在するもの〔である〕──客観〔は〕同じ
直接的個別性〔であり〕──自己内で運動してはいない

感性的なものは直接的な個別，相互並在的なものであり──もっぱら直接性で
あるゆえに感情〔である〕──〔それに対し〕精神の確固とした内容〔は〕すべ
て理性的〔である〕。

1　同じ行の左側の余白に：グスタフ王子　1818年2月8日。

【307（225）】

──〔感性的なものは〕完全に抽象的である──〔だがそこでは〕意識がもっ
とも具体的にあると思われている──すなわち内容が具体的である〔と思われて
いる〕

感性〔の〕形式──色は感性的なものである──〔それは〕直観されたものと
して──抽象的・単純な規定として〔あるが〕，とはいえ概念として〔あるので

368 補 遺

はない〕
　今・こことしての個別性 |

【309（226[28)]）】
　［第336節をめぐって］
　対象に関する内的反省〔は〕——その対象の最初の直接性の内にはない——感性的確信の弁証法——感性的確信が過ぎ去るのは——客観の変化のゆえにである
　命題「今は昼である」——これと同様に，別のときには〔命題〕「今は夜である」〔が成り立つ〕
　質的および量的〔な命題〕
　カント的〔な命題〕「これはわたしの行いである」——〔この行いは〕どうでもよい——〔この行いは〕自体的には内的〔であり〕，したがってわたしにとっては外的〔である〕

　［第337節をめぐって］
　形式——（自我）はこの形式によって客観のほうへ向かってゆく，——そして内容は主観の内へとやって〔くる〕 |

【311（227[29)]）】
────────────────
　28)　（クロノロギー注）とはいえ〔上記の〕この筆運びは綴じ込みメモ用頁である原稿226頁の最後のメモにも繰り返し認められる[a]。この頁のそれ以外のメモには少なくとも二つ，おそらくはむしろ三つの層が組み込まれている。一つ目（I）[b]は223頁および224頁の最古のテキスト層に引き続くものであるが，これがその後のもの（II）[c]と区別されるのはもっぱら文字サイズの小ささによってである。三つ目（III）[d]は薄めのインクで書かれており，そしてまた十中八九そうらしいことであるが，222頁のIV，223頁のIII，225頁のIIIと同じ層のものである。
　a　　　上記309頁8-9行目を見よ。
　b　　　上記309頁1-3行目を見よ。
　c　　　上記309頁4-5行目を見よ。
　d　　　上記309頁6-7行目を見よ。
　29)　（クロノロギー注）やはり第337節の隣に置かれている原稿227頁のメモのテキスト層（I）[a]は，223頁，224頁の最古のテキスト層および226頁の第I層のテキスト層とおそらくは同じ執筆時期に数えられる。書き方に関してはよく似ているものの，独立の層（II）であると見られるのが，頁右側の欄外のメモを拡張した追加である b。薄めのインクで書かれた行間〔のメモ〕（III）[c]は，いずれもひょっとすると先ほどのこの薄目のインクの色が際立つ層に属するものかもしれない。この頁に記載されている日付は，ほぼ確かに『エンツュクロペディー』第一版における最古の書き込みのものである[d]。〔日付の〕記載の下のほうに続くメモ（IV）[e]は，行間のスペースから考えるに，後から書き込まれたものである。
　a　　　上記GW13,311頁1-6行目，および311頁11-12行目を見よ。

（A）『エンツュクロペディー』C. 精神哲学についてのメモ　　369

［第337節続きをめぐって］

真——自己内に反省した普遍的なもの，個別的なもの〔が〕直接的に内的な思想　規定として〔あること〕——実体的な統一　一致〔を〕——基礎に置いていること——また感性的関係〔は〕——客観性の始まり〔である〕

直接性は対象に即して揚棄される——〔それは〕したがって直接性，〔すなわち〕そこで対象が他のものとして自我に対して存在することになる〔のことである〕——否定された意識はその対自存在において規定されている。——〔その意識は〕内容をそれ自身のものとしてもち，自身にとって対象においてもつ——普遍性はこの意識にあっては連続している——主観的確信の同一性，自己関係——は対象的であり——総じて諸関係〔は〕本質の概念〔である〕

あるいは主観的意識はそれ自身が関係である

自己内反省〔は〕，意識自身の規定〔である〕

区別された規定における自己関係

［第338節をめぐって］

客観は反省　本質[1]である

α）個別にある物〔について〕，人はその物の直接的存在を引き合いに出す，——〔そういう〕観察——（帰納）〔は〕直接的存在〔を〕（真理の）根拠〔とする〕——反対に力〔については〕——普遍的命題〔が〕根拠〔となる〕｜

1　この行の左側の余白に（二行にわたって）：1817年7月10日から　授業時間あたり二と二分の一分の節を取り扱う

【313（228[30)]）】

---

b　　上記311頁6-10行目を見よ。

c　　上記311頁13行目を見よ。

d　　上記311頁18-19行目（脚注1）および上記637頁以下を見よ。

e　　上記311頁15-17行目を見よ。

30）（クロノロジー注）228頁のメモにはおおよそ四つの筆運びを互いに識別することができる。最古のテキスト層（I）は第340節の向かい側のメモであろう[a]。第339節の向かい側のメモが（一つのテキスト層にまとまっているものの下にあるものを除いて）全部で一つの層（II）[b]を形づくっているかどうかということは，確かな仕方では定かになっていない。もっとも多量のテキスト層（III）[c]には，227頁の第IV層との筆運びの類似が認められる。少数のいくつかのメモが，この頁の最後の層（IV）[d]を形づくっている。

a　　上記313頁9-10行目を見よ。

b　　上記313頁1-3行目，および313頁5-8行目を見よ。

c　　上記313頁11-12行目，および313頁14-24行目を見よ。

370　　　　　　　　　　補　　遺

　〔第339節をめぐって〕
　一なるものは他なるものにおいて揚棄される
　内的なもの〔は〕関係としてそれ自身の内で規定された実在的なもの〔である〕
——その規定性，実在性〔は〕もはや直接的なものにおいて持っているようなも
のではない
　悟性〔は〕——普遍的な意味においては——ヌース〔である〕——

　〔第340節をめぐって〕
　思考　普遍的な——反省の関係——規定された内的なもの〔は〕——たんに物
〔ではなく〕本質〔である〕
　力——原因
　たとえば地球を回る太陽の運行〔は〕——内的に規定された統一〔である〕
　規定された対立〔は〕たんに多様性なのではなく，直接的に存在者，現実存在
者〔であり〕，またその根拠〔は以下の通りである〕
　α）同一性
　β）その存在者が規定性〔を〕含んでいる〔こと〕
　法則〔は〕，悟性的〔であり〕，——単純な規定として〔ある〕

　〔第341節をめぐって〕
　a）直接的・感性的なものから抜け出た普遍的なもの，たとえば電気，ガラス，
ヤニ，——磁気〔の〕極，最近では光〔も〕，色〔も〕ならびにその他の一切に
とって純粋な普遍であるようなものにおいて〔も〕
　〔惑星と太陽との〕距離一般の立方〔は〕—— 一方の場所に〔ある〕のではな
く——または他方の〔場所にあるのでもない〕
　楕円〔が〕普遍的な形〔である〕。この惑星〔は，そう〕ではない。
　b）内的区別の必然性，一なる同一性
　ここではもっぱら普遍的概念〔がある〕——人倫の法則〔は〕自我において直
接的にその普遍性をもつ
　時間と空間は一つのもの〔であり〕否定的統一〔である〕——こういうその
〔時間と空間の〕相互並在的存在，その純粋な産出——その中での自己関係〔は〕
——平方〔である〕

　〔第342節をめぐって〕

————————————

　d　　　上記313頁4行目，313頁13行目，および313頁25-27行目を見よ。

(A)『エンツュクロペディー』C. 精神哲学についてのメモ　　　371

(a) 知覚する意識は感性的なものを己れの客観とする――関係
(b) 悟性　知覚するもの

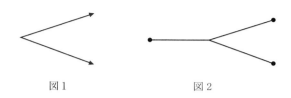

図1　　　　　図2

【315（229[31]）】
［第342節続きをめぐって］
必然性から概念への移行
法則と概念は互いに関わりあっている
　a）法則とはたんにすべての個別事例における普遍的なもののことではなく，その表現がもっぱら思想規定であるというような仕方で，自体的に普遍的なのである――根と平方〔は〕――経験的な数ではない――プラス〔と〕マイナスの電気
　b）それ自身の内で必然的であること（必然性〔からの〕概念への移行〔の〕認識のもっとも難しいところ）――〔たとえば〕〔――〕緑は赤を求める――犯罪のあとには取り締まりが来る――かの普遍性によって――一方における概念の契機〔は〕他方の〔契機である〕――現象の背後の概念＝自我〔について〕

　31）229頁の最古のテキスト層（I）はもっぱら少数の短いメモだけからなる[a]。テキスト層（II）[b]には多くのメモが認められるが，その筆運びは225頁の第II層を強く想起させるものである[c]。二つとも同じ執筆時期に属するはずであるが，そうであるとすれば，このメモの層の時期は1817/18年冬学期と特定できる（というのも，このいちじるしい加筆を経た頁のテキスト層は互いに分別困難な形で入り組んで作られてはいるが，ともかくも，テキスト第II層は明らかに似た筆運びをもつ二つの層よりも早期のものであると見ることが可能だからである）。筆運びからしてはっきりと際立っているテキスト層（III）は，頁の冒頭および頁左側の欄外の追加および行の間のメモから形づくられている[d]。この層の位置（ないし複数の位置）から，この層がこの頁で最新のものであるということがきっと確実に明らかになる。ただし，メモがさらに新しいものを含んでいるということも排除されない。とはいえそれを確認可能な追加は含まれていない。

　　a　上記315頁26-27行目，および317頁10-12行目の第一段を見よ。
　　b　上記315頁15-19行目，317頁4-11行目，および317頁13-21行目を見よ。
　　c　脚注196を見よ。
　　d　上記315頁1-11行目，315頁13-14行目，315頁20-25行目，315頁27行目-317頁3行目，および317頁10-12行目の第三段における追加を見よ。

372 補 遺

——人はしばしば以下のように言う。〔すなわち〕現象の領域——その背後にあるもの＝ X^32)，未知の彼岸〔である，と〕——人間 世界の劇場——舞台裏〔は〕——未知のもの〔である，と〕

［第 343 節をめぐって］
生命は自身を客観となし，自身の外面性を揚棄する——生命は概念のうちに消失してゆくものを，〔すなわち〕観念的に設定されている外面性を直観する——
生命はこの客観としての自身を，すなわち主観性に対してどうでもいいような定在それ自身〔を〕揚棄すべきである。生命において自己意識は覚醒する
上述〔の通り〕身体とは記号であり，〔身体は〕それ自身を表示しない。ここでもまさにそれと同様〔である〕——そこ〔人間学〕では直接的自然性または身体性において〔そうであった〕。ここでは対立している客観において〔そうである〕。
生命は自体的なもの——意識の理念——認識一般の〔理念〕である——生命に欠けているのは己れ自身を純粋な法則として直観することである。〔すなわち〕揚棄された感性または直接性として，否定的なものとして〔己れ自身を直観することである〕。——客観を生命は自体的に超え出てわたしへと赴く——生命は自体的に己れを，また自我の客観に対する区別を揚棄する——わたしは生きている
α）現象している〔のは〕：自己意識ではない
己れの外部〔にあること〕——感嘆——（我を忘れていること——）直観にふけって自失していること——思考において——純粋な意欲〔において〕——本質的に自失していること——客観性に我を忘れていること——（b）すべて意識は自体的に自己意識である〔が，それは〕たんに抽象的なものではなく，規定された〔…〕

【317（229）】
自己内反省である——対象はわれわれにとってはわたし自身のものである。（精神において初めて，〔すなわち〕表象においてこのことが際立ってくる）——知覚——反省されたもの——にあって始まるのは普遍的な規定〔である〕

〔b 自己意識〕
［第 344 節をめぐって］

───────────
32）（訳注）原注によれば，カント『純粋理性批判』A104 における超越論的対象の理論を示唆している。

（A）『エンツュクロペディー』C. 精神哲学についてのメモ　　373

a）わたし＝わたし，わたし自身のものの形式。〔これは〕今やもはやたんなる形式──純粋な形式──それだけで，内容〔から〕──解放されているものとして〔ある〕のではない──〔それは〕むしろ内容そのもの〔である〕──生ける客観もそれと同様に，形式と内容とを区別してもつということなのではない──（法則，内容は形式であり〔また〕その逆〔もしかり〕である）。内容はとはいえ同一であり──自己関係──揚棄されたたんなる差異〔である〕──

［第 345 節をめぐって］

a）わたし＝わたし　b）〔これには〕抽象的または直接的には，二重の側面〔がある〕

自由の絶対的・抽象的な理念は──まさにそのために，以下のことにもかかわらず区別があるという矛盾〔である〕。〔すなわちそれは〕何ら〔区別〕ではない〔ということにもかかわらず，ということである〕。〔それは〕区別がないということではない──自我＝自我──〔すなわち，自我が〕もっぱら自己自身とのみ同等〔であるということである〕

b）〔この矛盾は〕抽象的には衝動〔であり〕主観性と客観性の対立に関係している。自己意識の自身に基づく衝動，──意識へと還帰すること──この意識を自己内に生み出すこと〔への衝動〕，この意識はとはいえそれゆえに契機である

自己意識とはこの判断そのものである。

c）直接的・抽象的自己意識は感性的自己意識である──反省的思考にとっては〔直接的・抽象的自己意識と感性的自己意識の〕両者は対立しているように見えるが，とはいえ〔これは〕抽象的には，単純な──具体的ならざる統一〔である〕──したがって感性的意識は意識自身の単純な概念である──自我はもっぱら自己関係である〔が³³⁾〕──まだ一切の規定〔が〕自己内に〔ある〕｜

【319（230）】

［第 346 節をめぐって］

欠如，制限〔は〕二重化されたもの〔である〕──〔それは〕それ自身の内で

33）（クロノロギー注）230 頁には（少数の後からの追加を除いて）四つのテキスト層が確認できる。この内の一つ目（I）には少数の行しか含まれていない ᵃ。二つ目（II）ᵇ も同様である。三番目（III）ᶜ と一番目（I）を区別するのは文字サイズだけである。この頁の最後のメモ（IV）ᵈ は，たぶん，225 頁の第 II 層および 229 頁の第 II 層とつながりがある。

a　上記 319 頁 3-6 行目，319 頁 21-22 行目，および 319 頁 23 行目を見よ。

b　上記 319 頁 10-11 行目，および 319 頁 24-25 行目を見よ。

c　上記 319 頁 1-2 行目，319 頁 6-9 行目，および 319 頁 11-20 行目を見よ。

d　上記 319 頁 26 行目を見よ。

374 補　遺

分裂している——〔分裂の〕両項についての規定

　b）自己意識は自己規定である——〔それは〕己れを客観的なものとして——区別されたもの〔として〕，それゆえ規定されたものとして設定する——そして直接的自己意識〔は〕ここから〔以下の通りになる〕，α）区別されていないものとしてその〔自我の〕区別〔は〕観念的に自我＝自我〔である〕。〔それは〕抽象的なものとしては普遍性〔である〕——β）内容——直接的・感性的規定性——〔これは〕抽象の一つの意味〔である〕——述語の〔内容〕　γ）〔内容は〕直接的否定としては——或る外的対象〔である〕，だがc）くだんの統一〔は〕絶対的当為として〔ある〕

　　［第347節をめぐって］

　意識を生み出す——ただし自己意識において〔生み出すこと〕——直接的には両者〔は〕——客観性〔を〕その内容として〔もつ〕——〔内容は〕たんに設定されたものではなく——もっぱら自己内への映現〔であるが〕——所与のものとしての客観性〔は〕——設定されたものではなく——その内に自己を持たないもの〔である〕

　三つの過程——有機体のように——また意識〔のように〕——a）欲望——個別的自己意識　b）自己意識の定在——〔すなわち〕それ自身の境遇にあって特殊的なものであるような〔自己意識の定在〕——精神の定在一般の真なる意味〔は〕——他者への関係において——一つの自我自身であるところのものによって〔ある〕——実在性——他者〔が〕自立的〔であること〕——法，承認された存在〔があること〕——c）普遍的自己意識〔は〕——他者の直接性によらないで——自体的にそれそのものだけで存在する。

　直接的にそれ自身の内で規定された自己意識——利己心——は，己れを個別的にあるものと直観する

　　［第348節をめぐって］

　自我＝自我はそれ自身がこの矛盾，〔すなわち〕抽象的であるという〔矛盾〕である

　自我＝自我。——自我は客観の自体的なものである。自我の行為〔は〕——もっぱら設定された存在にのみ関わる——〔それは〕活動〔である〕——

　〔客観は，自我のこの〕活動によって或る観念的なもの，揚棄されたもの〔である〕｜

（A）『エンツュクロペディー』C. 精神哲学についてのメモ　　375

【321（231[34]）】

［第349節をめぐって］

弁証法は内的な概念である。とはいえここでは，この概念は自我として現実に存在している。なぜならこの自我〔は〕自我＝自我〔という〕自己意識として〔あるからであり〕，自我とその定在　現実存在〔は〕他者，区別〔であるが〕同様の仕方で自我〔である〕──これは自己意識的な観念論であり──現存するものに対する絶対的威力〔である〕

なぜ自己意識的人間は石を産み出すことができないのか──その自己意識的人間の限度を捉えること──意識なき直観作用──直接性を設定すること〔ができないのか〕──

［第350節をめぐって］

欲望の直接性──は，α）自己規定──己れからの区別にとっての〔自己規定〕──〔すなわち〕自我自身〔からの区別にとっての自己規定である〕　β）〔この自己規定は〕直接的には──感性的内容〔である〕──γ）外的客観〔は〕直接的規定性または存在する質的なもののゆえに，他在〔である〕

抽象的・直接的にもっぱら消失するものとしての客観

a）充足させられた欲望〔は〕──〔それが〕個別性というその根源的規定として〔あるかぎり〕──欲望に逆戻りする

自己意識の観念論

自我＝自我は区別を持たない。〔そこへ〕活動によって或る区別が[1]持ち込まれる──この区別はしかし何ら〔区別〕ではない。──〔ここでは〕かの直接的同一性が揚棄されている

α）自己意識は欲望する。欲望の充足は，概念において，あるいは普遍的なものにおいて──欲望を揚棄することである。欲望の客観は直接的個別性にしたがってたんに直接的に外的な──意識の対象〔──〕であるのだが，その直接的

34）（クロノロギー注）231頁のおそらく最古のメモ〔の量〕はごくわずかである[a]。どのメモが総じて後続の層（Ⅱ）に数え入れられるかについては，定めるのには疑問の余地が残る。いくつかのつながりのあるメモ[b]には，推測するに，第Ⅰ層に対する追加の系列が含まれる[c]。頁の残りの部分のテキストに層をあてはめるにあたって説得力をもって根拠づけることはできないが，それというのも独立した筆運びが認められないからである。すでに第Ⅱ層からして，はっきりとした筆運びが少ししかないために，正確に限定することができていない。

a　　上記321頁1-3行目，321頁7行目，および321頁15-16行目を見よ。

b　　上記321頁18行目-323頁4行目，および323頁7-11行目を見よ。

c　　上記321頁3-4行目，および321頁7-14行目を見よ。

個別性は，或る他のものであり——また同時に自己内反省している——（知覚と同様に）。〔ここでは〕客観はそれが自体的にある通りのもの〔として〕設定されている。

β）あるいは，純粋な自己意識　自我＝自我において，一つの規定性が設定される——〔すなわち〕真なる判断——己れからの分離——〔規定性が〕自己意識の活動によって自己意識にとって設定される〔こと〕——定在一般が与えられる〔こと〕——活動が初めて〔……〕

1　ここの横，左側の余白に（二行にわたって）：己れを客観的なものにする

【323（231）】

規定性を与え，——主観性を揚棄する——〔それは〕己れを——他者のうちに〔——〕産出した——〔すなわち〕自己内に他在を設定した——〔これは〕不可入の物質〔である〕——媒介された観念論——〔ここでは〕自我　活動〔が〕，弁証法なのではなく——他在そのものがこの弁証法なのである——〔これは〕意識の側面からの社会の起源〔である〕

他者としての自己——〔ここでは〕存在する客観と自我の差異〔が〕揚棄されている

〔第 352 節をめぐって〕
a）第一の否定
b）矛盾

フランス人とドイツ人の性格の違い——フランス人が人間を尊敬するのは，人間が自分たちを証し立てられた——設定されたもの——としてもつかぎりでのことではない。ドイツ人は人間の内なる抽象的な人間を尊敬するようである。

【325（232[35)]）】

―――――――――

35）（クロノロギー注）232 頁のメモは，筆運びから考えられる通り，いくつかの例外も含めてひとつながりの形で書き込まれている。最初のメモはおそらく二つのテキスト層（Iおよび II）にあるのとは異なるものであるが，これは第 355 節に関係している[a]。第 I 層は筆運びからして 220 頁の第 I 層に並ぶものである。もっとも多量のテキスト層（III）[b]には書き込みのさいのいくつかの新規の追加が認められる[c]。この頁の新規の追加の内もっとも目立つものは，筆運びの変化を伴っていて，さらに文字サイズがずいぶん小さくなっているが，〔理由は〕ヘーゲルが書き込みにあたって早くから，長大なメモのまとまりに対してスペースが足りないであろうことに気付いていたということに帰せられる（そして実際，このまとまりを次の挿入メモ用頁に続けているが，そこでもスペースの余裕は少なく見積もられていた[d]）。

(A) 『エンツュクロペディー』C. 精神哲学についてのメモ　　377

［第 353-355 節をめぐって］

その法と人倫性とによってではなくその直接性において承認された存在。

〔承認された存在は〕互いに身体を持っている

a）自然状態，無限に自己内に〔ある〕自己意識〔は〕——直接的にはたがいにたいして——自然である　b）かれはわたしを自然的に存在するもの——自然的事物——感性的存在一般としては承認することができない——〔これは〕自由ではない——〔自己意識どうしには〕たがいにどうでもよい状態にあり〔たがいに〕並在的なままでいるようなことはできない——なぜなら自己意識の分割〔は〕——現に存在すること〔であり〕——たがいに自身と同等なものとして直観すること——自己意識の他者として〔直観することであるから〕——　c）自体的には両者は——直接的同一性〔あるいは〕連続性〔であるが〕——〔これは〕とはいえたんに直接的・外的な比較ではない——〔他者が〕わたしと同じように——〔また〕わたし〔は〕他者と同じように〔ある〕——このことは実在的な定在ではない——〔すなわち〕二つの自己意識として〔あるかぎりでの〕同一性ではない——それというのも，両者〔はたがいを〕同様に等しくない仕方で軽視〔しているからである〕。わたしはその〔他者の〕自己意識それ自身によってその自己意識と同一でありうる——その自己意識によって——同様にわたしによって——非同一性が揚棄されなければならない——非同一性は，一方，直接的または自然的な〔ものである〕　d）自然的に揚棄することは定在の直接性を一般に揚棄することである——規定された矛盾〔すなわち〕〔二つの〕自己意識がたがいを相互的に承認すべきである〔ということ〕——わたしはわたしの自由な自己意識をもつのは以下のようにしてである，〔すなわち〕わたしがその自己意識にとってそ

とはいえ次の頁のメモとの間の書き方の類似から，より早くにいくつかのテキスト層（IV）c が付け足されたことが裏づけられる。このテキスト第 IV 層の特徴をなす筆運びには，220 頁の第 II 層および 221 頁のメモのそれとの多くの一致が認められる。232 頁の上側の欄外に薄いインクで書かれたメモ（V）f には，220 頁の第 VI 層と同じ筆運びが認められる。このメモの，頁の残りの部分のテキストに対する位置から明らかになることであるが，このメモは比較的若い日付のものである。先に 220 頁のテキスト層の時期を特定する際に詳しく述べられていたところから，この頁のメモの書き込みの時期は，1817/18 年冬学期から 1820 年夏学期の間と設定されるであろう。

a　　上記 327 頁 16-18 行目（I を表す），および 327 頁 18-20 行目（第 II 層）を見よ。

b　　上記 325 頁 3 行目 -327 頁 15 行目を見よ。

c　　325 頁 26 行目の上の「だが〔…〕直接的定在」と 327 頁 21 行目「一方の死」にははっきりと認められる。さらなる新規追加部分も推測されうるが，確実な裏づけはない。

d　　脚注 229 参照。

e　　上記 327 頁 25 行目 -329 頁 12 行目を見よ。

f　　上記 325 頁 1-2 行目を見よ。

れの表象において〔自身を〕自由な自己意識とみなすようにしてである——だが
〔このことは〕この二つの自己意識には不可能である，なぜならそれらは直接的
に存在しているからである——それらは自身を自由なものとして示し，他者にた
いして存在するのでなければならないのであるが，ところが〔それらは〕直接的
に自然的であるようなものとして現れているのである——直接性が分裂している
——それゆえ，相互的な無意欲が〔それらの〕同一性にたいしてある　e）この
矛盾は新たなものへ移行する——〔すなわち〕相互的な強制〔である〕——この
ことが無意欲を揚棄し，それによって統一〔を〕もたらす。——今，矛盾〔は〕，
承認が意志によるわたしの自由な設定となるべきである〔ということである〕
——〔意志は〕この自己意識を——自由なものとして〔——〕攻撃することがで
きる

　だが自己意識の自由の直接的定在〔は〕自己意識の身体のうちに〔ある〕。こ
のうちにわたしはまた，自己意識の——無意欲としての〔——〕意志をも捉えて
いる——〔わたしは〕この定在を攻撃する〔……〕

【327（232）】

　〔わたしはそれに対し〕わたしの暴力をくわえる，——かくして自己意識の無
意欲としての意欲（〔精神現象学の〕この圏域においては〔問題は〕——身体性
という意味での無意欲を通じての〔——〕承認の媒介〔である〕——〔心理学
の〕意志の圏域においては〔問題は〕——意志の利己的衝動としての自然性〔の〕
〔——〕形成陶冶〔である〕）〔は〕，対立するものとして直接的に他者を否定する
——f）しかし，相互性によってこのことは反転する——他者はその無意欲，そ
の直接性　その身体を意欲している，——なぜならこれは〔また〕その他者のも
のであるからである。〔他者は〕その同じものを防衛する——そしてその同じも
のにおいてわたしを攻撃する——他者の防衛は対立した意味をもつ　〔すなわち〕
α）他者の生命を維持しようとすること　β）その生命を防衛によって危険に晒
すこと——

　直接性への攻撃は一方の自己意識にとってはもっぱら他者の生命への攻撃とし
て現れる（このことがその自己意識の一方の目的である）ところが〔これは〕反
転して二重の攻撃——ならびに危険〔となる〕——同様に，その自己意識が承認
されることも，他者への攻撃を通じてのその自己意識の目的であるが，とはいえ
α）〔それは〕他者への攻撃によってではなく——その他者自身が晒されている当
の危険によって〔である〕　β）〔それは〕また己れを防衛する他者の承認〔であ
る〕——

　両者はまた再び離れ離れになるかもしれない，なぜなら両者は互いを諸国家の

（A）『エンツュクロペディー』C. 精神哲学についてのメモ　　　379

ように試しあってきており，両者いずれも他者の威力を試しており，そしていずれも他者に対して優れているものとなることはできなかったからである。だが同時になお他者を手段とするという欲望〔はある〕。人は普通，この動機——この側面しか考えない——

　一方の死。——α）〔そこでは〕もっぱら勝者〔が〕自己自身について承認される〔が〕他者については〔承認されないので〕，承認は定在を持たない　β）死んだものは自由な〔ものとして〕死ぬ——承認されるが，〔これは〕しかしもはや——二＝二ではない　〔それはここでは〕——形式的な形態あるいはむしろ取るに足らない形式〔である〕

　決闘——〔これは〕とりわけ封建制における粗野・野蛮〔である〕，そしてこのあとに共同的・法的な生活への移行〔がある〕——なぜなら，封建状態においてはなお自体的にそれだけで普遍的な生活のうちにある名誉はないからである。それゆえ，ばらばらにある個人的なものの一切——もしこの一切が傷つけられるならば——そのときにはかれにはもはや他には——それ以上〔——〕何物も持たないことになる——かれの名誉の全体〔は〕，したがって，個別者によって個別者として承認される〔ということである〕——　一方，

【329（232）】

　ポリスにおける共同的生活，祖国愛，人倫，こういうものにおいては，名誉が存するのはけっして個別者の承認のうちにではなく，より高次の義務〔である〕——侮辱を行う者が表すのはかれ自身の粗野・卑賤に他ならない，〔かれはこの粗野・卑賤〕以外のものには触れない。なぜならそれ〔は〕個別者の思い込みおよびおしゃべりにおけるのとは異なり——同様にその他の思い込みにおける〔のとも異なるからであるが〕，〔このことは〕この思い込みが劣悪であるゆえに本質的なものがより高次なものへと設定されないほどである場合に限られる。このありさまは古代の人々のもとでも存続している。——士官にあっては以下のこと，〔すなわち〕1 バッツェンのために兵士が勇敢さ〔をもつこと〕はなお意味を有していた。国家が一般に高次〔になると，兵士が〕1 バッツェンのための勇敢さ，〔を〕もつこと〔は〕ほとんどない〔が〕——しかるにその場合にも士官〔は〕，「自分たちには——1 グルデンまたは 45 クロイツェルより〔——〕高次の動機〔が〕ある」〔と示し〕——矮小なる暴君の側近として〔あるの〕ではなく，それゆえ生命をも何かそれ以外のもののために危険に晒すということを示すのである
　｜

380　　　　　　　　　　　　　補　遺

【331（233[36)]）】

［第355節続きをめぐって］

——〔そこでは〕もちろん何物も特殊のものではなく，思い込み〔ではない〕。
〔それは〕とはいえ——他の身分の中でもとりわけ貴族にまつわる〔——〕表象
に属するものではない——その貴族が，無であること〔より〕以上〔のことには〕
至らないとすれば，〔すなわち〕たんに個人的なものが存在しない〔とすれば〕
——またその外的定在がたんなる空虚な思い込みであり，実体的なものではない
〔とすれば〕，その場合は貴族は決闘の慣習に留まらざるをえないことになる——
さもなければ〔貴族は〕義務，使命，——勇敢さを示すこと〔ができない〕——
1 バッツェンを得るために〔決闘を行う〕ような人，思い込みの奴隷——勇敢さ
を得る努力のため，〔また〕国家のため〔に決闘を行うような人〕。フランス軍に
あっては，普通，将校より下で——いさかい，侮辱，横柄〔が起こる〕——共和
国軍にあっては〔それは〕普通の兵士より下で起こる——祖国愛的なドイツ軍に
あっては〔それは起こるのと〕ともに消え去る——そこへ劣悪な精神が再び導き

36）（クロノロジー注）232 頁の最後のメモ（V）（テキスト第 IV 層）の続きが，233 頁
の [a]，〔頁〕上側の欄外，およびこの頁の最古のテキスト層（I）[b] の行の間に書かれている。
このテキスト層（I）には，358 節に対置されているやはり下線を引かれたテキストが含まれ
る [c]。最古の層にメモ（II）[d] が続くが，このメモは直後の 356 節に対するメモよりも早くに
書かれたものと推測される。ただしテキスト層の終わりのほうでは文字サイズが小さくなっ
ている。この頁の残りの部分のテキストには，はっきりした多数の書き込みの新規の追加が
認められるが [e]，ただし二つのテキスト層からは切り離してのみ意味が通るものと推測され
る。一方（III）には，第 356 節にあてはまるメモおよび第 357 節に対するメモの冒頭 [f] が属
し，他方（IV）には残りのメモが属する [g]。357 節のための最初のメモへの追加 [h] は，第 IV
層の冒頭よりも新しいが，とはいえ独立した層とは見なされえない。というのもこの追加は
IV に関する書き込みが途切れているのになされているからであり，いずれにせよこれについ
ては，それが書いている途中でなされたものなのかどうかということは確かな仕方では決定
されえない。この頁の第 II 層の筆運びと 232 頁の第 I 層，ならびにこの頁での第 III 層・IV
と当該頁の第 III 層との間のそれに関する類似からは，これらが同じ期間中にできあがったも
のであり，またおそらくではあるが 1820 年夏学期にできあがったものであるということが喚
起される。

　　a　　上記 331 頁 1-11 行目を見よ。
　　b　　上記 331 頁 12-17 行目を見よ。
　　c　　上記 335 頁 5-6 行目に対する校訂注を見よ。
　　d　　上記 331 頁 19-22 行目を見よ。
　　e　　上記 331 頁 26 行目「欲望の欲求」，第 357 節の隣の 333 頁 5 行目「その〔主人
　　　　　の〕，つまり関係の，区別にしたがって」，333 頁 11 行目「移行」を見よ。また推
　　　　　測するに 333 頁 21-22 行目「形成する労働」もそうである。
　　f　　上記 331 頁 26-333 頁 4 行目，および 333 頁 5-6 行目を見よ。
　　g　　上記 331 頁 11-16 行目を見よ。
　　h　　上記 331 頁 6-10 行目を見よ。

（A）『エンツュクロペディー』C. 精神哲学についてのメモ　　381

入れられている場合には——

[第355節注解をめぐって]
　国家にあっては各人は承認されたもの・承認するものとして妥当しており，〔また〕各人がたんなる欲望，不法，激情の直接性を退け，〔国家に〕服従するようになっているということ〔が妥当している〕——教育された人間〔は〕，定在の直接性から自由〔である〕。
　——家長制の始まりも——或る自然的全体の延長〔である〕——〔家父長制の始まりは〕しかし暴力の外的関係への移行〔である〕。〔それは〕粗野な自然状態における自然的関係，婦人の征服〔である〕。
　暴力は法の根拠ではない——法が暴力の根拠なのである——法はここでは——己れに定在を与える——自由な自己意識——〔すなわち〕他者から承認された存在〔である〕——承認された存在——は，国家一般における人格性の定在である——広い連続性——自己意識の普遍性の形式〔は〕意識における双方の非本質的なものの契機〔であり，その契機とはすなわち〕α）この個別的・個人的なものとして承認された恣意〔であり〕　β）また承認された存在〔である〕。

[第356節をめぐって]
　第356節。欲望の欲求が——或る共通のもの一般として生成する——欲望の客観はしたがって或る普遍的なものとなり，たんにそれだけで存在する個別者に対して〔ある〕のではない——（契機をそのうちに含む他者の自己意識は〔……〕

【333（233）】
　もっぱら手段としても〔あるが〕，——その場合でもこの自己意識は同時にまた目的である——或る段階——より大きい圏域への〔目的である〕——古代の意味での家族〔は〕——欲望充足の媒介の帰結〔である〕——〔かれが〕国家において承認される〔のは〕，かれがこうして形成陶冶されたものとなるからである。

[第357節をめぐって]
　第357節。その，つまり関係の，区別にしたがって
　主人は己れの対自存在を客観的に直観する——対自存在が客観的であるのはただ，それが或る非対自存在として己れを設定するかぎりでのことである——この設定——個別的対自存在の揚棄は，奴隷にふさわしい——〔それは以下の場合には〕本来の揚棄，主人の本来の普遍性ではない。〔すなわち〕この設定〔が〕——より優れてそれ，すなわち客観性または揚棄〔である〕場合には。

普遍的自己意識への*移行*　a）欲望，充足，定在の直接的な実在化——自然的に規定された自己意識　b）隷属——自然的規定，欲望〔が〕疎遠な暴力へ至る。〔これは〕その欲望自身の〔ものではない〕——この欲望の充足はα）否定的に設定される　b）その充足の維持——生命の維持——肯定的〔な設定〕——〔これは〕我意の除去によって制約されている——〔そこでは〕自己意識〔が〕自己内に抑え込まれている——第一の否定〔は〕——自然的欲望の〔——〕内的・直接的な規定性〔を〕取り除く。〔そこでは〕自己意識の自然的意志は破壊されている——〔すなわち〕自己意識がその生命を意欲する〔という〕〔——〕欲望の抑制〔である〕。——自己意識がそれ自身でその自然的我欲への無意欲を意欲する——この媒介が普遍性，実体性への高まりであり——自己意識の自由〔である〕——形成する労働——a）客観は共通のもの，持続するもの，不可入性である。b）労働，形式化，一つには抽象的目的〔を〕，普遍的なものを固定すること——〔すなわち〕想像，思いつき，利那的なあり方，変化するあり方に対して〔固定すること〕。想像力の進行に対して〔あるいは〕表象〔の〕戯れ——気まぐれ〔に対して固定すること〕——〔すなわち〕労働における耐久〔である〕——そして〔それは〕そのあとで客観の自然に従う。c）〔…〕

【335（233）】

この恐怖〔によって〕以下のものが*取り除かれる*——〔すなわち〕欲望への沈潜，自然的自己意識〔が取り除かれる〕——この自己意識が恐怖の根拠である（——この根拠〔は〕取り除かれるべき〔であるが〕），〔すなわち〕非自立性の，従属の，そして隷属〔の根拠である〕——労働を通じてこの欲望を意欲することからの解放へ

或る他の意志への奉仕において理性的なものへの〔奉仕〕ではなく恣意への〔奉仕において〕

形式的なものとしての存在者——〔すなわち〕法則〔と〕結合した〔存在者〕それはこのものではない |

【337（234[37]）】

37）（クロノロギー注）234頁の最古のテキスト層（I）は第360節冒頭に対置されるメモから形づくられている[a]。より若くまた拡張されたテキスト層（II）が含むメモにあってまず十八九そうなのは，その執筆に関する時期的連続が頁上の配置と符合しないということである[b]。二つのより広い層（III[c]およびIV[d]）はごく少数のメモからなる。最後の層（V）[e]がもっとも若いものと推測されるけれども，これは第IV層についても想定されうることである。

a　　上記339頁10-11行目を見よ。

（A）『エンツュクロペディー』C. 精神哲学についてのメモ　　383

［第 358 節をめぐって］

生成

普遍性——a）無限の反撥，自立性　自己内の無限性——脆弱さと絶対的な柔軟さ，流動性——そして〔自己意識は〕この普遍性において——この定在において——自己内に還帰している——b）以前の，自己意識の概念とその定在〔との間の〕不等性——対象〔と〕自由なもの〔が〕同一〔である〕——α）〔そこでは〕自体的に〔自己意識の〕両者ともに自由〔である〕——β）〔両者が〕互いにとってまたそれだけで承認された存在のうちに〔ある〕

反射　α）それ自身によって設定された存在——β）自体存在〔は〕，自由な他者によって設定された存在〔である〕——〔それは〕本質の仮象のうちにあるのと同じではない——〔すなわち〕反省〔のうちにあるのと同じではない〕

実体——ただしここでは意識の立場からであるが——生み出されたものは——実体としてわれわれにとっては対象である——ここでは直観作用——があるのはもっぱら——精神の立場において——意志〔の立場においてである〕——実体は対象であり，そして精神に対する実体であるが——ここ精神の現象の領域にあっては——この立場にあっては——〔実体は〕国家における個別者から出発している——あたかもその〔実体の〕恣意が第一のものであったかのように——

［第 359 節をめぐって］

なぜなら欲望は，直接的自然的自己は——実体の区別のうちに〔ある〕からである——対自存在するものとしては実体は区別ではない

その活動における精神　α）魂，β）意識　γ）その規定性において自身のもとにある精神——表象，は精神自身のものである

α）理論的・形式的には，精神自身のものとしての充実が，精神の変化〔するもの〕のうちに設定されている　β）精神の内容，精神の意志の規定性を自身に基づいて設定すること。

——α）魂〔は〕同一性〔である〕——β）意識〔は〕具体的なもの〔あるいは〕区別の契機〔である〕

普遍的実体は自体的に理性である

一切の客観

論理的なものはより単純には理性である

---

b　　上記 337 頁 1-18 行目，および 339 頁 12-14 行目を見よ。

c　　上記 337 頁 25 行目 -339 頁 4 行目を見よ。

d　　上記 339 頁 15-19 行目を見よ。

e　　上記 337 頁 19-24 行目，および 339 頁 4-9 行目を見よ。

384　　　　　　　　　　　　補　　遺

【339（234）】
自然は自体的理性である

〔c　理　性〕
［第 360 節をめぐって］
〔その理性は〕ここでは対自存在する理性である——なぜなら魂（自体的理性）〔は〕実体という意味のうちに〔あり〕——〔一方〕意識と自己意識においてはこの実体〔は〕観念性〔である〕——理性の現象は，普遍的自己意識である　すなわち〔それは〕普通の意識を普遍的自己意識のうちに　愛等々のうちに持っている　〔それは〕絶対的主観性の対象の意識ならびに客観的存立〔である〕——自我は或る他者ではなくまた絶対的に他者〔なのでもない〕——対象がもっぱら自我〔であるという〕現象〔は〕ただこの場合だけ〔に成り立つが〕——理性においては〔このことは〕普遍的にあてはまる。われわれにとってはとはいえ，ここでは主観性〔は〕意識の主観性〔である〕
　この観点からは外的対象はもはや存在しない——〔それは〕洞察に一歩及ばない
　われわれにとっての，われわれの反省における意味

［第 361 節をめぐって］
純粋な個別性，確信——知，自己規定〔が〕自我によって自体的にそれだけで規定されている　〔このことが〕絶対的な形式〔である〕
　a）わたしが理性を持っているのではない，理性が〔わたしを〕持っているのである　b.）わたしが〔理性〕を持っている　〔すなわち〕わたしが理性を意識するようになる
　理性　さもなければ概念と客観——今は自我と客観性——自己意識〔は〕一切の形式〔であり〕——概念の存在〔である〕——一切の区別は自我の区別と規定自身のもの〔である〕　|

【341（235³⁸⁾）】

────────────
　38）（クロノロギー注）原稿 235 頁の上部左側にある日付の記載から確実に日付が確定できるが，これはヘーゲルが 1825 年夏学期に主観的精神の哲学の第 1 部第 2 篇を終えた日付である。同じ時期のまたおそらくは最古のテキスト層（I）は頁の冒頭にあるメモから形づくられている ᵃ。第 3 篇「C　精神」の冒頭へのメモ（II）ᵇ は一気に書き込まれたものではない。ヘーゲルは書いている合間にその構想を変え，またすでに書かれたテキストの間にさ

（A）『エンツュクロペディー』C. 精神哲学についてのメモ　　　385

[第 362 節をめぐって]

¹ わたしの精神の理念に適合した，理性的世界〔は〕——理性によって洞察される

理性は信仰と対立する。信仰の真理は直接的・外的に与えられている——そこでは自己意識は信仰のうちに〔ある〕——〔これは〕世界の新たな原理〔である〕——それだけで存在する理性は直接的に精神である——

精神は——〔理性を〕対象としてそれだけで〔——〕知る理性であり——理性についての意識〔である〕

〔C　精　神〕

[第 363 節をめぐって]

第 363 節。普遍的魂と意識はともに精神的理性である——しかし両者〔が〕理性〔であるのは〕その自由な形態においてではなく，——魂の場合は自然的に，意識の場合は関係の形態において〔である〕。理性の概念は直接的に精神〔である〕——なぜなら理性はその自由な形態にあって抽象的普遍性ではなく——無限な自己関係としてのその形式（あるいは本質的規定性）は確信であるから——²あるいは〔それは〕，理性から区別されるものを己れ自身のものとしてもつような，そういう自我であるから（わたしの感情　諸表象〔は〕わたしにおいて〔ある〕）——あるいは理性の内容における自己関係としての確信であるから

らに挿入していたのである。このときヘーゲルは最初に書かれた二つのテキストのブロックに沿っており ᶜ，そのためその筆運びは，書き込みの終わりのほうになって込み合ってきて小さな文字サイズとなっている。この筆運びは 232 頁の第 IV 層，および 233 頁のそれの続き，前の頁（234 頁）の第 V 層，そして「1825 年から　20 節の 2 と 4 分の 1 に ᵈ」という日付のメモとの一致を示しているが，その短さは（もちろん条件付きでだが）〔これらが〕同じ執筆時期のものであると考えさせるに足るものである。日付の記載は「1817 年 7 月 10 日」に対するそれとそっくりの素材の性質であり，〔これは〕後者の性質をかんがみるとき注目すべきこととして帰結されることではあるが，講義のテンポは速まっているわけではない ᵉ。より新しいテキスト層（III）は明確に第 363 節と第 364 節にあてはまるメモに表されているが ᶠ，ここにもやはり第 363 節への短い注意書きが，235 頁の印刷頁の左側欄外に結びつけられている ᵍ。この頁の最後のテキスト層（IV）は，見ての通り，一つのメモの中にしか確認できない ʰ。

a　　上記 *GW* 13,341 頁 1-5 行目，および 341 頁 6-7 行目を見よ。
b　　上記 341 頁 17 行目，および 343 頁 13 行目を見よ。
c　　上記 341 頁 20-23 行目，および 343 頁 11-13 行目を見よ。
d　　上記 341 頁 27-28 行目（脚注 2）を見よ。
e　　642 頁の表を参照。
f　　上記 341 頁 8-16 行目，および 343 頁 14-23 行目を見よ。
g　　上記 205 頁の脚注 2 を参照。
h　　上記 343 頁 24-25 行目を参照。

386 補 遺

自己自身を知る魂。真理の領域——理性はこの領域の実在性である。精神にとってその意識は外的なものとしての客観なき対象である

a) 精神にはもはや何ら自然的変化はなく，自然によってその必然性にしたがって混乱させられることがなく——自由の法則のうちに〔ある〕。——〔それは〕もはや魂ではない——外的作用〔を受けない〕

b)〔精神には〕いかなる対象とも関わっていない，

むしろ c)〔精神は〕もっぱらそれ自身の規定と〔関わっており，もっぱら〕自己自身と関係している。

1 欄外左上に：1825 年 8 月 12 日
2 欄外左にそれと並んで（本文の印字部分の「C. 精神」と同じ高さで,）1825 年 7 月から 20 節の 2 と 4 分の 1 に。

【343（235）】
人間の精神，精神一般。——自然性，および依存性の彼岸〔では〕，——何物も身体的なものではない。——ただし身体的なものが精神に対してなお真理を持っているかのようであるというのでもない——精神は身体的なものをも貫通しているのである——経験的諸条件は精神にとって真理を持たない。——魂は理性であり，——同様に意識〔もそうである〕——とはいえ〔それは〕理性としての〔理性〕なのではない。感覚は感覚自体のうちに〔ある〕——人間は意識の考察に立ち止まり続けている——意識における，またそれ自身における精神の活動とは何か〔ということが〕——ここで考察される——〔意識においては〕意識と並在してまた意識の外側に世界が対立して〔あるが〕,〔このことは〕思弁的ではない。——このこと〔が〕一切の真理〔である〕——心理学に対して〔ある〕——混同——精神は意識へと前進する。

理性は本質的に精神である。すなわち〔それは〕現実的な，活動的な知である。たとえば，理性的法則，現実的なもの［対象］なしの理性的意欲，あるいは意志——法則等々

［第 364 節をめぐって］
第 364 節。知は意識の立場にあっては主観的側面である
a) 精神——魂〔としての精神は〕直接的な規定された存在〔であり〕——己れにとって対象であることがない——その規定された存在を知るということがない
b) 意識〔としての精神〕——〔知の対象は〕他者として〔ある〕——

（A）『エンツュクロペディー』C．精神哲学についてのメモ　　　387

c）精神の規定としての精神——および魂の同一性 [1]

〔魂は〕直接的に現実的な精神において一つのものである——α）〔それは〕直接的に規定されて——個別性の条件づけられた関係において——必然性——全体との連関において〔ある〕——わたしは，この全体がわたしにとってどこに由来しているかを知る　β）自我〔においては〕その全体はわたしにとっては他者である　γ）わたしの規定〔は〕，主観的〔である〕

制限〔が〕a.）および b.）〔にはあるのに対し〕理性は制限を持たない——神的な理性と人間的な〔理性〕とに違いはない—— |

1　頁の右の欄外に，三つの区切り点で囲まれた曲がった括弧で：否定の諸形式

【345（236[39)]）】
〔第 364 節続きをめぐって〕

精神は己れ自身に——内容を与える——（α）〔それは〕魂〔の場合の〕ような内容ではない——（β）意識〔の場合の〕ように内容が精神に与えられるというわけでもない——〔言い換えれば〕有限性，〔すなわち〕意識の確信は——真理としてあるのではないということ〔であり〕，すなわち対象的な仕方，意識という仕方で〔ある〕のではない〔ということである〕。

精神とはわれわれにとってはこういうものである

自己を知る理性。精神はもっぱら己れのみをとらえる。理性はその定在を知ということで，自己意識ということでもつ——なぜならこの理性において区別が起

39）（クロノロジー注）原稿 236 頁の最古のテキスト層（I）[a] は確かにやや異質の筆運びを示しているが，一致を見ている複数のメモの中で二つの層を確実に互いに分別するほどではない。このテキスト層は頁のすべての節へのメモを含み，またその字形は 235 頁の第 I層のそれと似ている。より新しい〔時期の〕追加が（II）[b] これに続いているが，この箇所に関しては，それがひょっとすると二つのテキスト層の一部でないかもしれないということは排除できない。より広く，II に対してさらに新しい層（III）[c] には，235 頁の第 II 層，およびそれとともに書かれた〔その〕前の頁の諸層との多くの一致が認められる。頁末尾の二つのメモには，二つの異なるテキスト層〔IV[d] および V[e]〕に属するものと推測される。そのいずれも，235 頁——第 IV 層あるいはむしろ III との対応——が存在する。
　　a　上記 GW13,345 頁 6-7 行目，345 頁 9-10 行目，345 頁 15-20 行目，354 頁 23-24行目，347 頁 1-6 行目，および 347 頁 10-11 行目を見よ。
　　b　上記 345 頁 1-4 行目，345 頁 5 行目，345 頁 8 行目，345 頁 12-13 行目，345 頁20-21 行目，345 頁 22 行目，および 347 頁 11 行目を見よ。
　　c　上記 345 頁 24-27 行目，および 347 頁 6-9 行目を見よ。
　　d　上記 347 頁 12-13 行目を見よ。
　　e　上記 347 頁 14-16 行目を見よ。

388 補 遺

こるからである——反対に意識においては——主観的意志〔が〕——定在〔をもつ〕

神は己れを人間に対して——自我に対して——自己意識に対して抽象的・純粋な概念とした——神は自我の形式という形式〔の〕自己意識とは異なるような自己意識を持たない

顕現は α）定在〔すなわち〕対他存在〔である〕—— 一方β）だれがこの他者なのか？〔それは〕精神，知自身，〔すなわち〕対自存在〔である〕。

諸活動

[第365節をめぐって]
α）発展〔は〕疎遠なものに基づくのではなく——精神自身の本質を知に対してより高次な現実存在に対してもたらすこと〔である〕 β）この，精神自身の本質は理性的なものである——概念 知〔は〕，さしあたっては自己内で無規定的・純粋な形式〔である〕。——純粋・形式的な移行の置き換え——〔すなわち〕精神の自己内での純粋な活動，——〔これは〕疎遠なものによって発生するのではない——

知〔は〕——自己内に一切の形式を含むところの〔——〕無限な否定性〔である〕——〔それは〕純粋な精神のうちに〔あるものであり〕——あるいは〔それは〕知の活動の概念〔である〕——

形態
欲求〔とは〕いわば，——理性の衝動——理性が知られるということ〔への衝動である〕——知の欲求〔とは〕知が己れを充実させること〔である〕——神は己れを知のうちに顕現した——神とはこの顕現である

抽象的知，理性の純粋な確信が己れを充実させる〔こと〕——己れを〔己れの〕所有にする〔こと〕——直接性の形式を揚棄すること

【347（236）】
[第366節をめぐって]
意識においてあるのは対象であり，この対象は——さまざまな段階〔を通じて〕——己れを変化させる。精神のうちにあるのは精神自身の活動であり，これはそれ自身の直接的な規定された存在に関わっている 〔すなわち〕α）知性にとって所与の内容がある〔が，知性は〕この内容をそれ自身のものとする。〔すなわち知性は〕同じその内容を自己内に産出する。〔すなわち〕同化——意識のうちにあるのは内的概念——あるいは活動的であるかぎりでのわれわれの概念〔であるが〕，——ここではこの概念は精神自身の活動である。（意識における悟性のよう

（A）『エンツュクロペディー』C.　精神哲学についてのメモ　　　389

に）思考へ至る知〔は〕とはいえ固有の活動〔であり〕——それだけである，自由なものとしての，知の自己規定としての意志〔である〕。——〔それは〕自己に基づく規定——知性自身の内容としての〔——〕諸々の概念規定〔である〕

知または知性がこの，われわれの認識している実体として生成するということ——（〔これは〕客観的精神〔において取り扱う〕）

意志〔は〕この主観的自己規定を客観化すること——現実的な，理性的な世界を創造することである——

世界の創造

　α）理論的な〔世界の創造〕——語

　β）実践的な〔世界の創造〕——法的意志。——現実性 |

【349（237[40)]）】

〔第367節をめぐって〕

理論的〔精神〕と実践的〔精神〕との対立—— 一方は受動的——他方は能動的〔と言われているが〕——前者も同様に能動的，活動的〔であり〕，ただその活動が自己規定の形式をまだ得ていないというだけのことである——所与のものとしての直接的なものを離れて，それ自身のものを作ることへと〔至るという〕——このことはわれわれにとっての規定であり——〔精神はこのことについて〕自覚的ではない——〔このことを自覚するのが〕まさに理論的な道筋〔である〕。〔すなわちそこでは〕この産出〔が〕自覚的〔となる〕

自己内で——感覚における，所与のものを加工すること，——始まり〔は〕素材〔である加工すること〕

形式的な（原稿を見よ）——観念的な基盤，語——〔語の〕形式的な素材——精神の，精神自身から生み出された世界——外的現実〔が〕，一方では同時に精

　40）（クロノロジー注）原稿237頁では二つのテキスト層（IおよびII）が分別されうるが[a]，それらの相対的なクロノロジーは確定できない。とはいえほぼ間違いなくそうであるのは，最初のメモが最古のメモでもあると見なされるであろうということである。「形式的」（第367節の本文中に下線が引かれている[b]）の後の指示「原稿を見よ[c]」については，一義的な関連づけをこれ以上復元することはできない[d]。ホトーおよびフォン・グリースハイムの筆記録の第367節へのコメントの中には，ヘーゲルが1822年ないし1825年夏学期の講義を行う際にもう一つ原稿を援用したということを示すものはない。

　　a　　最初の層（I）については上記 *GW*13,349頁1-5行目，二番目の層（II）については上記349頁6-14行目を見よ。349頁15行目のテキストが早期のものか後からのものかは確かな仕方では分類できない。

　　b　　上記206頁（脚注1）を見よ。

　　c　　上記349頁8行目を見よ。

　　d　　失われた資料に関する報告（599頁）を見よ。脚注89および714頁以下も参照。

390 　　　　　　　　　　補　遺

神自身のものとして〔ある〕

　　［第 367 節注解をめぐって］
　われわれはそうしたものを，またそうした力を持っている——〔われわれは〕
そうしたものと力がすることを記述する——われわれにはそうしたものと力があ
るのであるから，われわれはそれらを陶冶すべきである。〔それらは〕われわれ
にとって，われわれの使命を成就するのに役立つ。この使命は——われわれの力
が完成され形成陶冶されたものであること〔——〕のうちに存する——
　〔以上は〕想像力において，記憶において取り上げる——｜

【351 （238⁴¹⁾）】

　〔a〕 理論的精神〕
　　［第 368 節をめぐって］
　汝自身を知れ
　直接的なものとしての理性は，知に対する確固とした同一性〔であるが，問題
は〕その理性を打ち開くこと——〔すなわち〕知の活動によって〔うち開くこと〕
——知の諸規定を——その理性へ持ち込むこと〔である〕

【353 （239⁴²⁾）】

---

　41) （クロノロギー注）238 頁にあるテキスト層（I）はただ一つである ᵃ。このテキス
ト層の筆運びには前の頁の冒頭のそれと類似が認められる。
　　a　上記 351 頁 1-4 行目を見よ。
　42) （クロノロギー注）原稿 239 頁の最初のメモが同時に最古のテキスト層（I）ᵃ を表
すものでもあるのかどうかについては，開いたままにしておかざるをえない。その直後に引
き続く短いメモ（II）はより新しい日付のものである ᵇ。テキスト第 III 層 ᶜ には 238 頁のメモ
の特徴が示されており，後者と同じ時期にできあがったものであろう。それに続くメモ（IV）
には，前半部分 ᵈ の後に書き込みの新規の追加が認められるが ᵉ，そこにさらにもう一つのテ
キスト層をあてがう必要のあるほどに強い目立ちかたはしていない。頁の最後のメモ（V）ᶠ
は第 I 層と多くの類似を示しており，当該層よりも決定的に新しいということはまずありえ
ないであろう。このメモへの追加 ᵍ はテキスト第 IV 層よりも新しい可能性がある。それを示
すのが，〔テキスト第 IV 層〕に属するメモの内最後の行の小さめの文字サイズである。
　　a　上記 GW13,353 頁 1 行目を見よ。
　　b　上記 353 頁 2-4 行目を見よ。
　　c　上記 353 頁 5-6 行目を見よ。
　　d　上記 353 頁 7-11 行目を見よ。
　　e　上記 353 頁 11-16 行目を見よ。
　　f　上記 353 頁 19-22 行目を見よ。

（A）『エンツュクロペディー』C. 精神哲学についてのメモ　　　391

［第368節注解をめぐって］

知性〔が〕己れを内容として知っている〔かぎりでの〕諸意志

内的な自己規定として——知性〔は〕直接的に規定された感覚ではなく——純粋〔である〕。——義務，法則が普遍的なものであるのはもっぱら思考による——

α）普遍的原則〔について〕，わたしは特殊的〔なもの〕としてわたしの特殊的目的を，かの普遍的意志に反して追い求めようとする。

茶目っ気，抜け目のなさ，狡智。たとえば，泥棒にあっては〔これらは〕悟性とはみなされるがけっして理性とはみなされない。〔それは〕むしろ最悪の仕方に形成陶冶された理性〔であり〕，また悟性〔である〕，なぜなら〔それは〕それ自身有限な目的にしたがって計算をしているからである，〔われわれは〕かれらをもっとも愚かなものと，目的に反するものとみなすことであろう——愚かであるような者は悪意に満ちている，そして悪意に満ちていること〔は〕愚か〔である〕。——理性が形成陶冶されればされるほど，〔理性は〕いよいよ素直な，真実の，高貴な性格〔となる〕——きわめて重要なのは，人が何を誠実な性格のイメージとして基礎に置いているかである——上流階級の人々は悟性に関して形成陶冶されているが，魂に関しては劣悪であるとみなされている，——〔これは〕一つには嫉妬への慰め〔である〕——とはいえごく頻繁に見られる最悪の判断〔である〕——受け入れられない，耐えられない〔のは〕，道徳的なおしゃべりにまつわる，一千にも及ぶ下劣な作法〔である〕

善〔とは〕——知性——確信——普遍性〔によって〕思考されている〔こと〕——純粋な目的〔である〕。

内容，〔あるいは〕表象，状態，事情，境遇の圏域から見た，自然的・直接的な個別性の偶然性。〔これは〕精神の真理〔である〕ものではなく——それが発生するのかどうかへの問いではない——とはいえ〔それは〕なるほど一方ではより貧弱で劣悪ではある〔にしても〕多かれ少なかれ概念に適合〔している〕。|

【355（241[43]）】

---

　g　　上記 353 頁 17 行目，および 353 頁 19-20 行目をそれに関する校訂注とともに見よ。

　43）　（クロノロギー注）原稿 241 頁の内いちじるしい加筆を経たメモには，筆運びに関してはっきりと識別可能な特徴の少ないことが認められる。そのためにこの後に続く三つのテキスト層〔があるということ〕以上のさらなる分別には，いちじるしい不確実性を伴うことになるであろう。基礎層（II）[a]，ならびに第369節および第370節の本文に対置されるメモに関する追加（III）[b] は，先行する頁のテキスト層との筆運びの特徴が共通している。すなわち II については 237 頁の I との類似，および 238 頁のテキスト，239 頁の III との一致が認

［第369節をめぐって］

α）感情，外的客観によって触発された存在──〔これは〕意識と反省に属する──〔すなわち〕反省を意識した意識〔のことである〕──〔これは〕自己を見出すことに対して──抽象的直接性──否定的なものの，存在するもの〔の〕，現実存在等々〔の〕この諸規定を与える

β）表象　知性が自己内へ赴くこと〔興奮性〕──〔すなわち〕直接的なものを自己内に設定すること──〔これは〕知覚と同様〔である〕──総合〔は〕諸表象の内容〔の〕区別〔の総合であり〕また〔その語の表象の〕形式〔は〕この総合が表象であるということ〔である〕

γ）思考〔は〕この直接性〔である〕。〔それは〕形式と主観との統一を感覚として──ただし知性を通じたものとして，また知性自身によって生み出されたものとして〔もつ〕，〔そこでは〕思考規定〔が〕知性の内容〔である〕──〔たとえば〕関係──原因等々

a）感情──この知はもっぱら知性の感覚に由来〔している〕──〔たとえば〕硬さの感情──〔は〕，硬くなること〔であるというわけ〕ではない，意識〔である〕

b）諸々の感情の様式がどうあるか〔は〕自然哲学で〔取り扱う〕──知性の規定性はそれだけで自由なものとして〔あるが〕──感覚においては知性の自然性〔が問題となる〕──まさに感情が何であるか〔は〕概念〔による〕──

知性はそれ自身，己れの素材のうちにもある──〔この素材は〕形成陶冶されていない，〔それは〕知性の精神的活動なしには設定されない，──直接性　有限性──時間，空間　拡張の全体，一切の関係　宇宙が己れを開示するということ──〔こうしたことは〕感覚の無限な規定性を捉えるために，すなわちその規

められ，IIIについては232頁のIV，および233頁のそれの続き，234頁のV，235頁のII，および236頁のIIIと関連づけることができる。ここから多かれ少なかれ際立っているのが，或る行のテキスト°，或る抹消部分のテキストᵈ，および頁の下側の，メモの（370節の注解に後からあてがわれた）基礎テキストᵉ（第I層）である。これらの筆運びには総じて239頁の第IV層に特有の特徴があり，他のメモに対する位置関係からして，この頁の最古のテキスト層を形づくっている。

a　上記GW13,355頁1-3行目，355頁5行目，355頁16-17行目，355頁21行目を見よ。

b　上記355頁1行目-357頁11行目を見よ。ただしその手前の脚注中に引用されているテキストの箇所を除く。

c　上記355頁16行目を見よ。

d　上記357頁6行目の校訂注を見よ。

e　上記357頁12-13行目を見よ。この基礎テキストは（文字サイズが常に小さく書かれるようになる場所を起点に）抹消部分（357頁23行目の校訂注を見よ）まで達している。

（A）『エンツュクロペディー』C．精神哲学についてのメモ　　393

定性を——外的・悟性的な連関の——全体性として〔捉えるためにある〕。
　感情と感覚——〔に〕区別はない——
　c）もちろん，素材〔が〕知性の内で発展してくる知という形式であるのか，
——もしくは外的な感覚および内的な〔感覚であるのかは〕まだ区別されていな
い，実践的感情〔については〕後述する〔が〕——この感情はもはや素材ではな
いということ——感情の何であるか〔は〕——知性の全体によってのみこの起源
を保つ。

【357（241）】
　d）感情において個別的〔であること〕——精神〔が〕直接的〔であること〕
——これによって一切の直接性と有限性の諸規定が出てくる。この諸規定は反
省に属している。時間と空間にしたがって個別的に制限されてあること——内
容〔は〕——規定された，制限された感覚〔であり〕また無限に制限されてい
る。〔それは〕この制限されてあるあり方にしたがって——外的因果連関のうち
に——必然性のうちに〔ある〕

　［第370節をめぐって］
　第370節。知性の他の内容に対する区別〔は〕，想起に〔関わり〕外面性〔は〕
直観に〔関わる〕
　わたしが何か硬いものを感覚する
　感覚の直接的・単純な規定

　［第370節注解をめぐって］
　注解
　感覚における実在的なものとしての素材。思想〔も〕この素材のうちにそれの
真理として〔ある〕——感覚　その感覚の否定性〔は〕変化として〔ある〕——
知性のその他の活動
　たんに外的な形式〔とは〕何〔であるか〕——またわたしの目的のためという
意味での外的な形式〔とは何であるか〕——感覚においては実際，a）自然，理
性——外的自然と精神性を包み込んでいる（eingehüllt）が，しかし b）〔それは〕
まさに直接的な規定された存在の〔——〕個別性の，偶然性のうちに　すなわ
ち外面性〔のうちにある〕　c）知性の活動はむしろそれが自己内にあって真なる
もの〔として〕持っているものをあらわにすること（Einhüllung）である——α）
この外面性から抜け出ること——〔すなわち〕空虚な連関の多様性〔から〕——
もう一つの連関　もう一つの必然性〔へと抜け出ること〕——β）感覚はそれだ

394 補 遺

けで単純な規定性〔であるが〕真の規定性とは概念である——〔たとえば〕青
〔などの〕，色，——あるいは自尊心——あわれみ——客観的義務〔など〕｜

【359（242[44)]）】

[第 370 節続きをめぐって]

そのあとで思想が内容となる——〔この内容というのは〕二通りに解される
——〔すなわち〕概念における内容〔と〕——直観における〔内容である〕——
両者いずれもそれだけで存在する。——客観は感覚されること〔の〕可能態で
あり，主観あるいは感官〔は〕，感覚すること〔の〕可能態〔である〕。——すな
わち，抽象的なもの〔は〕——外的なものと，内的なものの内で分裂させられて
いる——完成態（Entelechie）が現実態である——〔それは〕そのものとして捉
えられ——反省からみて分裂させられてはいない——〔すなわち〕両者の統一
〔である〕

感情において——魂に訴えかけてくること——〔すなわち〕或る全体性として
——悟性に対して〔魂に訴えかけてくること〕——こういうものとしては精神は
一面的でありうる——以下のことがありうる——感情は己れの所在を知るが——
しかしそれはまた欺瞞的でもあって，なぜならそれは——感情のうちに含まれて
いる個別のものが，直接性に属する偶然的なものなのか——それとも普遍的なも
のなのか〔について〕規定されていないからである——

に対して，抽象的に｜

【361（243）】

[第 370 節注解の続きをめぐって]

注意 （α）〔一方では〕わたしが直接的に感覚の内に制限されている （b）〔他
方では〕わたしがわたしを制限することを意欲している——〔そこでは〕制限が
わたし自身のものである——この制限はまた思考のうちにも，表象〔のうちにも
ある〕——〔それは〕内容の制限へ赴く

純粋な思考，概念はもはや制限ではない——〔それは〕享受である。

感情〔は〕——精神の個別性への還帰〔であるが〕——諸根拠，悟性——理性
的思考一般は普遍的な基盤である——わたしはその基盤において普遍的なものと

44）（クロノロギー注）原稿 242 頁のすべてのメモ（I）[a] は同じ筆運びを持っており一
つのメモ層を形づくっているが，これは，たぶん 237 頁の最初の層に，〔また〕完全に確実な
こととしては 238 頁のメモに始まるものであり，また 239 頁の第 III 層および 241 頁の第 II
層に続くものである。

a 上記 359 頁 1-12 行目を見よ。

(A) 『エンツュクロペディー』C. 精神哲学についてのメモ　　　395

してある。

[第372節をめぐって]
　第372節について。感覚の衝動は知性がこの直接的なもの——個別的なもの，直接的な知ではないということである。〔それは〕この衝動において初めて一つの主観的なものとして規定される。言語感覚そのものがこの主観性にしたがって区別される——主観的なものとしての感情——身体的なもの〔としての感情〕，器官による感覚。主観的な直接性　上述の感情一般〔については以下の通り〕[a)〕実在的な感官〔すなわち〕嗅覚，味覚，——解消——β）観念的な視覚，聴覚——〔これは〕空間的，時間的なもの〔の視覚，聴覚である〕——〔視覚，聴覚は〕直接的な直観作用であり——さしあたっては直観の抽象的契機〔である〕——感覚が強すぎる場合——〔たとえば〕爆音　鋭い光，器官における感覚

[第371節をめぐって]
　第371節。注意は抽象的知を——形式的には思考を——方向を——自由の抽象を表現している——わたしの感覚　わたしはその感覚の内で現前している——他の一切の——感情——現象等々を取り除くこと〔は〕——精神の強化——形成陶冶——己れを制限すること現在の一点に結びあわさっていること〔である〕——放心，不注意〔は〕——自己を同一的に設定しない。純粋な本来の思想と意欲に先立っては，自己は固定されない——意欲——意欲することではなく，

【363（243）】
　受動的に関わろうと意欲すること——こういう受動的なものはそれ自身が活動である——〔すなわち〕この個別性への集中〔である〕——こういう個別的なものが意欲しているのは，直接的に——この現在に対してある〔ことである〕。知のこの決断がなければ感覚はたんに身体的・人間学的なもの——放心または狂気——感覚の倒錯にすぎない。狂人たちにはこの抽象化のはたらきがない——〔かれらは〕己れのもとにいないのである。
　狂人たちは感覚を持っているが——注意〔は持っていない〕——かれらの精神は感覚のうちにあると同時にどこか他のところにあり，この感覚の内で——別の表象を持っている——それに加えて——〔その感覚と表象を〕区別もしない——形成陶冶されていない人間は散漫な状態にある。
　表象〔は〕内的意識の段階，すなわち（外的客観ではなく）知性自身のものに関わる段階である——それゆえ知性自身の活動は，この表象〔であり〕，——〔それは〕意識の二つの側面を生み出す——しかし〔それは〕自己内にある意識〔に

396 補 遺

関わり〕——また（γ）関係〔である〕

素材と形式

知性的精神の建築術

己れにとって直接的諸規定を己れの所有にする，すなわち主観的〔にする〕，またまさにそれによってその主観性を客観的〔にするという〕段階

a）形式——想起——感情の所有——これ〔については以下の通り〕，α）外的直観——意識の客観的側面——β）主観的表象——γ）想起——普遍的なわたし自身のもの　γ　わたしの個別的なもの

b）想像力　α）ここから〔出てくるのは〕再生産〔であり〕　β）主観性〔との〕関連づけ〔であり〕　γ）わたしの内容〔を〕像に，または像〔を〕一つの内容に〔関連づけることである〕——〔ここでは〕内容もわたし自身のもの〔である〕

【365（243）】[45)]γ）記憶〔は〕α）直観から出て記号【に関わり】β）記号を主観

45）（クロノロギー注）原稿243頁は241頁と同じくしっかりと仕上げられている。とはいえ，すべてのメモが明確なテキスト層に組み込まれているわけではない。初期の，おそらくは最古の層（Ⅰ）[a]は，筆運びから見ると242頁の層につながっている。たぶん初期と見なすべきであろう次の層（Ⅱ）は，第373節後半部に対するメモ群を提示している[b]。当該頁冒頭のメモはほぼ第373節後半部に数えられてよい[c]。第371節をめぐる最古のメモ[d]にそのまま続くメモ群（Ⅲ）[e]は，確かに精確には確定されない基本成分ということでは，第371節内に位置を占めながら次の層に属するメモ群よりも古い。さらに新しいテキスト層（Ⅳ）[f]は，第372節に対するメモ群の中に認めることができるが，おそらくは当該頁冒頭メモ[g]の続きにも認めることができる。それらの筆運びには，241頁の第Ⅲ層の徴表が繰り返されている。最新のテキスト層（Ⅴ）は（日付が分からない補遺を度外視すると）綴じ込みメモと結びついている[h]。第373節に対して，原稿243頁右側に接してごく切り詰めてグスタフ皇太子1818年2月18日[i]とヘーゲルは注記した。この書き込みの形は，1817年冬学期の残りの日付注記とははっきり区別される。残りの日付注記は，すべてそのつど頁のもっと多くの頁余白を使い，皇太子の名前を全部完全に含んでいる（一度は誤記なのだが[j]）。その注記と並んで左の同じ行の高さに記されているテキストは，もっと後に記されたと認識できる[k]。それに対して，その上部に位置を占める行[l]が属しているもっと密接なテキストのまとまりについては，その下書きがもっと早期なのかもっと後なのかは，無造作には決定されえない。そうであるならば，もっと後の起草時期に関して無論語られることは，両行の内で後者[m]の行使用が残りの行使用からそれていて少し右上方向へ，したがって日付書き込みの上部を指していることである。それは，もっと後のテキスト下書きでヘーゲルがもっと古い書き込みと衝突するのを避けようとしたかのようである。無論，無視してはならないのは，日付注記の文字と行状態とが当該行使用に一致することである。それは，ヘーゲルが書き込みの短縮や整列をも，記述にさらに使える余白が不足していることに合わせたかのようであった。したがって，第Ⅰ層から第Ⅳ層までは，1818年2月16日よりせいぜい少し以前の時期に下書きされたことを前提して想定されなければならないことは，1817/1818年冬以前か冬中に『エ

（A）『エンツュクロペディー』C．精神哲学についてのメモ　　　397

上で保持しε）自我の無限の支配力〔である〕――〔これは〕機械連関〔である〕

　a）知性は感覚から区別される――そして自己のものとしての直接的直観〔となり〕，想起〔である〕

　b）直観の表象と自己との区別，そして自己のものの対像――〔これらは〕想起と同じ同一性〔である〕

　c）直観と表象との関係〔は〕外面性としての自前の異なる表象へと直観を恣意的にする――〔これは〕記号[1]〔である〕

　〔記号は〕内的外面性〔であり〕――機械連関〔であり〕つまり自己自身を物にすること〔である〕――

　空間と時間〔は〕自由〔であり〕，対象ではない――〔記号は〕空間と時間を産出する――

　〔記号が〕普遍において〔ありながら〕――有限な空間と時間との実在性〔であるのは〕――自我の個別性だからであり――完全に規定されたもの〔だからである〕。――一切に対して同時に普遍的〔である〕。普遍的関連は理性的に完璧に規定されている――わたしの特殊性はわたしに属し――空虚な時間，退屈な〔時間である〕――

　わたしを主観的に〔規定するのでは〕ない

　退屈なのは，空虚な時間の直観〔であり〕，仕事への欲求〔であり〕，主観的には忘却されるべきこの形式的時間である――時間に先立って多数の――過ぎ去らない持続的なものとして知る――しかし，忙しく事象についてわたしは知っている――わたしを事象の中で忘れる――ない――反対に表象の中で忘れる――空虚な時間はたたまれる――区別しない

ンツュクロペディー』第1版にすでに注解を包括的に施していることである。

a	上記 361,6-8 u. 361,18-19 を見よ。
b	上記 365,21-25 を見よ。
c	上記 361,1-2 を見よ。
d	上記 361,18-19 を見よ。
e	上記 361,19-363,6 および 363,11-14 を見よ。
f	上記 361,9-17,363,16-365,14 および 365,16-20 を付属校訂注とともにを見よ。
g	上記 361,2-4 を見よ。
h	上記 363,7-10 を見よ。
i	上記 365,26（脚注1）および付随校訂注を見よ。
j	上記 517,22（脚注1）および校訂注を見よ。
k	上記 365,10-12 を見よ。
l	上記 363,17-365,8 を見よ。
m	上記 365,5-8 を見よ。

398 補 遺

［第 373 節をめぐって］
² 直観の中でわたしは感覚の多重な面も集約して一つの物にする。つまり，わたしは，物である触れられたものを視覚と結びつける。この統一が自我である。つまり，自我は直観するときに存在するのであり，しかも表象している。——（自我が感覚するだけであれば，たとえば，生き生きとした赤い色の目はわたしを痛がらせる——）｜

 1 右側欄外頁行末下に：グスタフ皇太子　1818 年 2 月 16 日
 2 行の上に：表象作用に属する，

【367（244）】[46]［第 374 節をめぐって］
　374. α）知性は，自らが外面状態にあることで表象する〔のであり〕——自己との統一〔であり〕——主観的同一性〔ではなくて〕直観の多様の関係〔であり〕——多様な諸感覚の関係〔であり〕——触れられたものや味覚対象など〔の〕一点への集合〔であり〕——（思考〔では〕）——両眼で一つの対象だけを〔である〕——〔その対象は〕同じ規定なので——ぼんやりとした視覚〔であり〕——（多様な諸規定の区別たとえば諸距離を考慮して——）——触れられたものと視覚対象とを結合〔する〕——生来の盲人〔ではない〕——〔つまり〕すべて

　46）（クロノロギー注）おそらく下書きの新しい挿入文——それだからといってその筆運びは目立っては変更されていない——を含む ª244 頁 ᵇ で，たぶん最古のテキスト層（Ⅰ）は，第 376 節でのメモ群となっている。その層は，筆運びから見て，243 頁の第Ⅰ層と等しいメモ層に属する。頁下欄のメモ（Ⅱ）ᶜ で明らかなのは 243 頁の第Ⅱ層と一致する筆運びである。244 頁の残りのメモ群（Ⅲ）ᵈ は，後続補遺の例外とともにまったくほぼこの関連期間に下書きされている。とはいえ，244 頁のメモ系列は，その下書きの系列と一致しない。おそらくヘーゲルは，第 375 節に直接係わるメモで書き始め ᵉ，その後，第 376 節のメモを完成させ ᶠ，最後に第 374 節のメモを書いたのであろう ᵍ。その際，ヘーゲルは，最初に区分点 β）ʰ を書いたか，メモ前半の後に新挿入文が生じたかである。筆運びからすると，このテキスト層は，243 頁のテキスト層Ⅳに位置づけられるべきである。
　　a　　ひょっとすると 371,5 でのキーワード「紐帯」と 371,9 でのキーワード「多様な関係」
　　b　　上記 369,15-371,14 を見よ。
　　c　　上記 371,15-19 を見よ。
　　d　　上記 367,1-369,14 を見よ。
　　e　　上記 367,22-369,7 を見よ。
　　f　　上記 369,11-14 を見よ。
　　g　　上記 367,1-18 を見よ。
　　h　　上記 367,9-18 を見よ。

（A）『エンツュクロペディー』C．精神哲学についてのメモ　　399

を見えるがままに表面で受け取り——個別性一般〔を受け取る〕

　β）——直観されたものはこの時間とこの空間のうちにあり——それは完璧に
直接に規定されているものであり——時間と空間の主観性へ置くこと〔である
が〕，〔想起によって〕解放することは，この置くことの関連から断ち切ることで
ある——〔つまり直観されたものを〕外的世界の統体性から〔断ち切り〕抽象的
個別と普遍としての，関連の必然性から〔断ち切ることである〕——時間と空
間〔は〕各時間と各空間〔であり〕——普遍的形式〔であり〕——普遍的なもの
としての主観的なもの〔であり〕——過去性から取り出されて保存され保持され
る——ここには過去性がある——〔過去性は〕持続と非消失性〔であり〕——
一つの普遍的なもの〔であり〕——知性は保存する場である内面空間〔であり〕
——知性を現出させる時間〔である〕

　わたしの普遍において——置き移す

　［第375節をめぐって］

　想起を構想力と取り違えることはない——〔想起は〕一つの形象，表象を別の
何かで喚起する。想起については現前化する直観〔がある〕——わたしは，もっ
ていた一つの表象を想起するのではない

　すべてものは，想起する際には思想のおかげで思想と結びついた区別化がある
——各々の規定された感覚つまりわたしに対して規定された感覚が想起である：
想起は区別されているものとしての規定されたもの他ならず，別のものがわたし
に現前している——臭い，味，色など——見ることを習う：家の大きさ　光の強
度　距離

　【369（244）】a）包摂——α）判断——現前する直観は，すでにわたしのもの
である——わたしは，現前する直観でわたしについて知る——β）〔想起では〕主
観的表象は，確証されている，〔つまり〕主観的直観と直接的表象との同一性〔で
ある〕——陶冶形成されている人間にはわずかな純粋直観しかなく，想起がある
——

　こうしてわたしのものとして——本来形象と表象〔がある〕——主観と客観つ
まり内容とともに——わたしの主観的表象，それは真である，つまり，わたしの
主観的表象の内容はわたしのものである

　構想力〔では〕内容は所与であり；形式は普遍的である。第一の普遍——形象
における自我——わたしのもの

　α）再生的構想力 β）連合的で主観的構想力——解体する γ）象徴的構想力

　［第376節をめぐって］

400   補　遺

〔再生的構想力では〕自己自身を分裂させる——そして自己内で分裂させる；
——さしあたって感覚が無媒介に規定された存在であるように感覚の形象は構想
力の内で，——構想力によって設定されて喚起される。——知性は，形象が現存
するための根拠である。

　知性は，知性の時間と同様に今や知性の形象の空間でさえある。知性の時間は，
形象を自己の内で発生させたり——以前はそのまま——消失させたりする。個人
〔は〕諸形象の世界〔であり〕——再生的自我〔であり〕——この竪坑〔である〕。
直観の直接性はもはや感覚を必要としない——直観そのものは，空間にして時間
であり，発生〔し〕，存続〔し〕そして消失〔する〕——知性の内面——は今や
素材を含む——〔素材は〕外からはやって来ない——

　普遍を通して結合する，抽象的同一性〔は〕——すでに同じ空間でさまざま
な時間に〔ある〕；あるいは同一の時間にさまざまな空間で〔ある〕——等時性
——さしあたって再生産〔であり〕——形象として〔あり〕——直接的で多様な
具体形象の解体〔である〕——しかし，【371（244）】直観では諸形象が具体的で
あるように，β）〔再生的構想力では〕諸形象の紐帯が存在する；ところで，直観
では同様に個別規定のすべては自己に反省還帰している——〔再生的構想力では〕
それらの個別規定は普遍性であり——領有〔であり〕——それらの規定は普遍表
象になる——個別性〔であり〕，物は自我である

　離す——連合する紐帯は直接には解体されていて——主観性〔であり〕——紐
帯は普遍である——知性は威力である——〔連合では〕普遍規定を通して包摂し
区別する——〔その際〕現にある類似性と同等性をつてに〔する〕——しかし，
これこそは，際立たせられた多様な関係であり——個別内容としての区別は自余
の具体内容であり——多様な関係〔であり〕——言い換えれば，普遍的関係〔で
ある〕——時間と空間〔は〕——等しい場所で等しい時間に〔ということであり〕
——思いつくこと〔であり〕，そうでなければ生彩〔によったり〕——場合〔に
よったりし〕——悟性的で本質的な普遍性〔であり〕——類似性〔であり〕——
対象は原因と結果〔による〕——情熱は連合的〔であり〕——どこでも諸関係を
それだけで見出し——悲哀と歓喜を対照させながら——機知があり遠く——隔
たった——

　知性は根拠にすぎないからこそ連合〔であり〕——目的によってではない——
すなわち統一，概念〔は〕——前提されていない；統一は統一に他ならないので
ある——したがって根拠は形式的であり——自己の内では具体的であるわけでは
なくて——思考におけるように知性に対して〔連合〕ではない——相互関係が対
象であり——象徴においてすでにそのようになっている

　このように形象が支配しない——｜

（A）『エンツュクロペディー』C．精神哲学についてのメモ　　　401

【373（245）】[47)][第376節注をめぐって]
会話 |

【375（246）】連合の多様な様式のために諸形象の内容についての反省が存在する——〔連合では〕なお特殊が現象する際の普遍性〔がある〕——内容における普遍性はそれだけでは内面化である——この内容にとってわたしのものという形式は普遍として〔ある〕——普遍表象（は直観においてわたしへと進行する当のものである——表象一般としてはさらに具体的に直観へと沈む）はそのようにしてここではわたしの内で進行し，形象へ進行する——あるいは形象の形式から普遍表象へ進行する

[第377節をめぐって]
まさにそのおかげで，表象はちょうど知性自身の表象であり，普遍的に抽象的である——そのようにして，以上のように分離したり結合したりするのは直観においてではない——自我は，直観では或るもの，物，主体である：——自我は普遍的空間であり，物の多数の性質を物素として根づかせ，各性質をそれだけで己れのうちにあるものとして根づかせる——物の以上の統一は解体されている：自我〔つまり〕わたしの総合——は具体的なものである

γ）知性特有の普遍表象〔は〕——関係する〔ことであり〕——想起のよう〔であり〕——〔その場合には〕諸形象は外面的提示〔であり〕——創造する〔ことであり〕——包み込んで普遍表象の諸形象に〔する〕——〔それは〕本質的なもの，内的普遍を一つの形象から取り出す〔ことであり〕——〔その事例は〕道徳的説話，寓話，比喩〔である〕——〔そこでは〕人が動物や植物に変身する——

自然をその精神において摑む〔とは〕——そのようにして語ることは想像を考え物語ることである

象徴における本質的側面〔は〕——色彩，鷲，獅子——建築術——詩，音楽，降神術，自然現象——〔以上を〕を神的諸現象として説明する〔ことである〕。
すべての行為〔は〕——それ以外のホメロス的〔行為は〕——寓喩〔であり〕——魂〔であり〕——抽象体，〔事例としては〕凍りつくように寒い天気〔である〕

---

47)　（クロノロギー注）そこには，ほぼ確実に原稿245頁のメモ（I）[a]も属する。
a　　上記373,1を見よ。

402 補 遺

【377（246）】[48)]a）形象の空虚な形式〔は〕——何ら個体性ではなく——統体性〔であり〕——〔たとえば〕憎悪，妬み，形象　人物，神々のような個人ではない b）憎悪し妬む個人に属する諸属性〔であり〕——青ざめた顔など〔である〕

意味〔は〕——象徴において形象内容と一致する

悟性関係——たんなる記述——多くのトランペットの鳴動——悟性

多くのトランペットの叫び——何ら象徴ではない

［第378節をめぐって］

内容から想起する。象徴はその内容を直観に置く——想起は，普遍表象と直観との統一でもある。それは，象徴されるものが直観であるかぎりであるが。記憶への移行は，存続して直接性そのものや直観となるのではなくて，別の内容の直観を記号とする恣意となる——個別についての自由，その特殊内容上。

378.3）内容を伴う内的恣意〔に〕——自己関係が存在する——直接性——自己関係の分裂〔は〕，外化放棄〔であり〕直接性の形式〔である〕——

自己にもとづいてはっきりと見たり聞いたりすること

外面化〔は〕存在〔であり〕，精神的なもの〔である〕

同一的関係〔は〕——a）形象〔と〕b）内容〔との関係であり〕——知性を自己にとって外面的にする〔ことである〕；知性　理念——知性のものを以上の同一性に——したがって，知性の表象を感覚にとって外から同一的——以上の同一性としての自己にはたらきかける——自己に対して以上の同一性を思考する

［第379節をめぐって］

───────────

48）（クロノロギー注）ことによると原稿246頁の最古のメモは，印刷テキストの異稿[a]かもしれない。第376節への注の結論部に対するいくつかのメモ（内容上は第377節に結びつけられるべきである）[b]，第377節冒頭[c]へのメモ，第378節冒頭[d]へのメモ，ならびに第379節に対する注の最後のメモ[e]は，246頁の最初期の手記に属し，二つの（それほど違いがない）テキスト層（ⅠとⅡ）[f]に属させられる。はっきりとした特徴のあるもっと新しいテキスト層（Ⅲ）[g]に続くのは少なくともさらに新しい層であり，その境界は確実ではない（Ⅳ）[h]。層Ⅳの筆運びは，244頁の第Ⅲ層にある筆運びと類似している。

a　上記 GW13,213 脚注2を見よ。

b　上記 375,8-9 を見よ。

c　上記 375,14-18 u. 375,21-22 を見よ。

d　上記 377,8-10 を見よ。

e　上記 377,23-379,6 を見よ。

f　最後のメモ（377,23-379,6）は第Ⅱ層に属し，残りのメモ（375,8-9,375,14-18 u. 375,21-22,377,8）は第Ⅰ層に属する。

g　上記 375,1-7,375,10-13,377,10-16 を見よ。

h　上記 375,19-20 u. 375,24-377,7 を見よ。

（A）『エンツュクロペディー』C. 精神哲学についてのメモ　　　403

　表象の冪乗ということでの最初の直観——1）直接所与の直観を理論的だとして使う。しかし，その直観は【379（246）】内容上も偶然のものとして妥当する，〔たとえば〕盾，料理店兼用旅館（ヴィルトハウス），名前，ラグランジュ〔は〕内容と一致しない——帽章〔もそうである〕

　第一の想起

　第二段階〔は〕構想力〔であり〕，自己内に〔存在する〕——〔つまり〕表象そのものの内での主観内で〔存在する〕——第三段階〔では〕——主観を客観的にする。いつも二重になっている活動性〔である〕。——｜

　【381（247）】[49] 反対に知性には a）直接的直観があり，b）内容上も知性のものとしての知性固有の普遍表象がある——〔それは〕揚棄された内容とされた所与の内容（表象は揚棄された直観に他ならない）〔であり〕——自立して存在する直観〔であり〕——存在する直接性〔である〕；知性の表象はもはや主観的ではない，つまり，a）わたしのものという形式であるだけではなくて，b.）紐帯であり包摂するものとしての主観的普遍であるだけではなくて，むしろ，c.）揚棄された内容としての形象内容でもあり，それに即して確証されている——したがって——知性が再生産しながら自己の前に自由に立てる：——知性の前に立てられたものは自己自身の外に存在することによって：感性的に空間的にそして時間的にそして直接内容を支配する主人〔である〕

　無限で抽象的な普遍性〔では〕——定在は対他存在〔であり〕——直観に対する強制力〔であり〕——内容に満ちたものとしての自己〔であり〕——自然の記号においてではなく——自前の内的内容〔である〕——記号は，自己の内で事象へ関係する必要はない。

　a）記号の生産〔は〕α）そもそも直接に直観され見ることも聞くこともできて観念的で〔あり〕，知性は直接に自己のうちに取り戻される——

　b）外面的なもの〔記号〕は純粋に否定的なもの〔であり〕，

　c）最終の消失する外面性を保存し——自己の内で固定化し——自己にとって

　49）（クロノロギー注）原稿247[a] の第Ⅰ層で明らかなことは，最初の下書きのすべての特徴である。当該メモ群のテキスト補遺には明確なテキスト層（Ⅱ）[b] が提示されていて，そこで下書きの新挿入文がはっきりと認識できる[c]。当該頁の残りのメモ群はテキスト層（Ⅲ）[d] に属している。第Ⅲ層と第Ⅰ層あるいは第Ⅲ層と第Ⅱ層との時間的関連をもはや突き止めることはできない。第Ⅱ層はⅠよりも一義的に新しいのに対して，第Ⅲ層が第Ⅰ層よりも古くないかどうか，第Ⅲ層が第Ⅱ層よりももっぱら古いのかどうか，あるいはもっとも新しい層なのかどうかを決定することはできない。

　　a　　上記 *GW*13,381,11-20 を見よ。
　　b　　上記 381,1-10,381,16-17 u. 付随する校訂注群を見よ。
　　c　　上記 381,5-10 u. その部位への校訂注を見よ。
　　d　　上記 381,21-396,6 を見よ。

は外面性に対する最終対立項〔であり〕——機械的記憶はさしあたっては総合的である——〔次に〕思考は単純に絶対的なものとして存在する。

[第379節注をめぐって]

直観には感覚の内で知性に与えられている一定の内容があるにもかかわらず，——その一定内容は知性にとってもはや無であり；知性は，内容に対してむしろ知性自前の内容を代わりに用いる——内容はもはや存在しない；内容が所与であることによって内容にある価値なしに〔存在することはない〕。

【383（247）】記憶〔は〕——思考による；——わたしは君のことを思いだそうとする；——〔それは〕回想〔であり〕；——思考の様態として（物のように）〔である〕

語る〔ことは〕——直接に行うこと〔であり〕；語られた〔ことは〕；それについての反省還帰〔であり〕——記憶〔であり〕，わたしが考えること，を考えられたことに，表現すると，わたしの対象に〔なり〕；考えられたこととして，わたしは，それを知る。わたしは思考である；——普遍表象はすでに思想である。|

【385（248）】[50)][第380節をめぐって]

〔知性は記号で〕見えて聞こえるようにする

〔記号は〕観念的で消え去る音声言語〔であり〕そして——見えるように〔すると〕——書字言語〔であり〕——〔それは〕象形書字言語とアルファベット書字言語〔である〕——アルファベット的言語〔は〕もっとも忠実な言語〔であり〕——具体的音声を解体して抽象的記号にする

一定の音声記号〔は〕——音声発話者の表象のためにあり，——音声発話の模倣〔である〕——それから音声における象徴的なもの〔とは〕，〔たとえば〕稲光が速い〔とか〕——大いなる崇高さ〔とか〕，崇高な音声〔とかである〕

50）（クロノロギー注）第380節に対するいくつかの短いメモは，原稿248頁の最古のテキスト層（I）となっている[a]。次のテキスト層（II）[b]が含んでいるのは，関連補遺（III）[c]であり，それらには，行間補遺層（IV）[d]が接続している。以上の補遺の筆運びは，246頁の第IV層に似ていなくはないが，簡潔さと小ささで一致する字のサイズは，執筆時期の共通性よりはむしろヘーゲルが書くために使った余白の少なさに帰せられるべきであるといってよい。

a　上記 GW13,385,1 u. 385,2-3 第一段階を見よ。

b　上記 385,5-12 , 385,16 u. 387,1-6 を見よ。

c　上記 385,4 , 385,13-14 u. 387,6-8 を見よ。

d　上記 385,17-21 を見よ。

（A）『エンツュクロペディー』C. 精神哲学についてのメモ　　405

それ以外では〔記号は〕恣意的で偶然的である——

抽象概念の記号化のためには。感性的諸表現を象徴化する

理解する〔ためには〕——〔たとえば〕印，記号，境界，規定性を注記する

把握する——習慣づける（Angewöhnen）（住居［Wohnung］）

［第 381 節をめぐって］

さらなる自己形成〔の〕——原動力〔は〕普遍の力〔である〕

知性を直観のように扱う〔と〕——またしても同一の諸段階〔がある〕

a）想起〔とは〕——意味を記号で固定する〔ことである〕——

表象にする〔とは〕：——だが，意味（Bedeutung）と記号の同一性としてのわたしのものへ　形象のように〔することである〕——一つの意味（Sinn）を通して表象に結合する　意味（Sinn）と記号は，〔表象の〕契機にすぎない——普遍的にする〔とは〕——記号と意味の直接的同一性〔であり〕——意味（Bedeutung）を通して両者の関係を委託する〔ことであり〕——記号と意味は自身意味しなければならない

【387（248）】b）再生産そして関連し合う連合〔は〕——意味の全体〔に関わっている〕

b）記憶の記憶〔は〕——言語における思考〔であり〕——内的関連がないのに暗記する〔ことであり〕——記号ではもはや記号と意味を区別しない〔ことであり〕——知性は事象におけるものとして記号においてあり——名前だけを必要とする。そうなれば，名前では表象もなければならないだろう；——しかし，〔名前と〕違う表象ではない——α）それ以外では音声のたんなる空虚な形象，あるいは書かれたもの　β）｜

【389（249）】[51)][第 383 節・第 384 節をめぐって]

51）（クロノロギー注）原稿 249 頁の最古の書き込みとなるのは，テキスト修正[a]と指示（第 385 節をめぐって，原稿に従って）[b]とである。この最初のメモ群が一つのメモ群に，あるいはもしかすると二つのメモ群に組み入れられているのか，あるいは下書き新挿入文が，当該テキスト内部での判別できる筆運びを別々にすることを困難にしているのかは確実には決めがたい。ことによるとヘーゲルは，上述の諸節に関係するいくつかのキーワード[c]をまずメモして，それに直接接続し敷衍するメモを付記したのかもしれない。その結果，テキスト層（Ⅰ）[d]を置いたことが正当になったのかもしれない。その筆運びは，248 頁の第Ⅱ層の筆運びにはっきりと似ている。わずかなメモは，（必ずしも一義的であるわけではないが）いっそう新しい層（Ⅱ）[e]に帰属し，その層には補遺の層（Ⅲ）[f]がつながっている。自前のテキスト層（Ⅳ）は筆運びから見て急いでかぞんざいにか書かれたメモ群を頁下欄[g]で形づくっている。ありうることは，当該頁[h]の最後のメモは第Ⅱ層のテキスト要素に属している

406 補 遺

教育学〔では〕かつては記憶〔が重要であった〕——
〔記憶は〕形象を欠いた記号〔であり〕
存在〔であり〕
直観〔であり〕——そして主観的自立表象〔である〕
記憶を一つにする——したがって存在はなお直観の形式——外的直接性〔である〕

想起によって記号は知性の所有となる〔ときは〕——機械的記憶〔である〕——いま知性には自らの記号だけが自己の前にある，——〔記号は〕直観や形象ではない，——記号の内容は内的意味である。——自然〔や〕，感覚は直接的内容を含んでいる——知性は自己内ではこの自然である ——わたしが読むとき，記号以外について知らない。——〔記号とは〕諸単語〔であり〕——α）感覚のような単純体〔と〕β）観念性〔であり〕，知性は自己のもとにある（思考は己れ自前の内容である——）——記号における，つまり表象領域における定在

記憶は，表象の主観的自立性を揚棄し，表象を直接的存在にする。——

わたしは，〔記憶では〕事象をそらんじている。；その点で，わたしは，外面的存在なので直接的なものである——機械のように ——存在〔であり〕——〔知

ことである。メモ群の相対的執筆時期について判明することは，ⅣはⅠとⅡに間に組み込まれるべきことである。第 384 節をめぐるメモ冒頭の横に，頁左欄に密接して 1824 年 8 月 24 日という日付が注記されているのが見つかる。インクの色合いからわかることは，その日付と並んでいたりその上にあるテキスト下書きでは，この書き込みは生じなかったことである。その書き込みの位置によって推測されることは，この書き込みはあとで挿入されたのであり，そのことと当該所見は合致し，次にⅠ，Ⅱ，Ⅳの起草時期はおそくとも 1818 年夏として差し支えないということである。原稿への冒頭で引用した指示は，日付に関して確かに有益ではないのは，その際にどの原稿が問題か決定されえないからである。

a 上記 *GW* 13,216（脚注 2）を見よ。
b 上記 391,14（脚注 1）を見よ。
c 上記 389（教育学〔では〕かつて記憶〔では〕——），389,15（記憶は表象の主観的自立性を揚棄する），389,22（思考の概念），u. 389,8-9（形式的思考，感覚そして表象——それどころか魂と意識）
d 上記 389,1-2,389,4-6,389,15-16,389,11-13 u. それらをめぐる校訂注，389,22,391,1-2 u. 391,8-9 を見よ。
e 上記 389,7-11,13-14,389,17-19 u. 20-21 を見よ。
f 上記 389,19,389,22-24 u. 391,2-7 を見よ。
g 上記 391,9-12 を見よ。
h 上記 391,13 を見よ。
i 上記 389,25（脚注 1）を見よ。
j 上記 599 頁と 714 頁の亡失報告を見よ。

（A）『エンツュクロペディー』C. 精神哲学についてのメモ　　　407

性〕は自体的にそのように存在する——いま知性に対してそして知性によって〔そうであり〕——一切の想起なくしてそこへ向かえ。

　知性自体〔は〕——理性の知〔であり〕——対自的には感覚の運動〔や〕直観など〔である〕

　¹思考の概念〔とは〕——知性としての思考が，記号ということで内的に実在し定在する〔ことであり〕：〔もし〕わたしたちが，形象を目の前にもつということであれば，沢山のことをやることになるであろう。

　1　欄外左にそれと並んで：1818 年 8 月 24 日

【391（249）】——〔それは〕言い換えれば形式的思考〔である〕——知性の能動性のおかげで思考が産出されている。想像すること，想起すること等は，能動性であり，その能動性には，知性体系で暗示された意味がある——それらの能動性が，能力，才能として現象するのは，それらが働く際に個人が成立し続けるかぎりではある：自我は，この内なるもの，この才能である。——〔それは〕無関与に現存するものとしての自然におけるように〔である〕，——特殊な諸形態では能動的であり，それらの能動性は孤立している——しかし，〔それらの能動性は〕自立していない，一方はこちらへ，他方はあちらへ〔である〕

〔第 385 節をめぐって〕
　¹形式的思考，感覚，そして表象——それどころか魂と意識——だが，自己のもとでなおいっそうの規定性において——思考は自由であり，思想自前の思想規定を問題としなければならないのであって，その因果性を通して思考の表象を規定する——所与としての全体と部分を眼前にもつ
　思考は諸表象についての形而上学である |

　1　三行上に：385 をめぐって　原稿に従って

【393（250）】⁵²⁾〔第 386 節をめぐって〕

────────

　52)　（クロノロギー注）原稿 250 頁のメモ群ではテキスト（Ⅰ）^aが優勢であり，より新しいテキスト層（Ⅱ）^bが補足として続く。第 3 のテキスト層（Ⅲ）^cは第 387 節に対するメモ群を仕上げた層であり，基礎層（Ⅰ）に対する第 3 のテキスト層の時間上の隔たりを確定することはできない。
　　a　　上記 GW13,393,1,393,6-14, 393,21-26 u. 395,3-5 を見よ。
　　b　　上記 393,2-5, 393,15-20 を見よ。
　　c　　上記 393,25-395,3 u. 395,5-6 を見よ。

408　　　　　　　　　　　　補　遺

　具体的で自由な知性〔では〕

　α）思考規定〔を〕——抽象的普遍性ということで——孤立したものとして
——反省が固定する——β）判断〔を〕——ここで——相互関係性において〔捉
える〕；仮象〔であり〕弁証法〔であり〕——γ）同一性〔とは〕——そもそも
自己を自己内で規定する〔ことであり〕——自己を自己内で規定するものとして
——能動性〔であり〕——前もって直接に〔ある〕

　〔思想は〕はわたしに対してはわたしのものである。——自己内表象の生成
〔と〕変化——は能動性となる。

　（わたしは，わたしに思想を立てる——反省がなされて思想がわたしのもので
あるとだけされるかぎりで，——内容なしに，内容はわたしによって設定される
ことを注意すること。）——

　わたしのものという思想における内容——形式——直接にまた主観的に離れ落
ちる

　精神は存在するもの以外に何も認識しない——すなわち自体的に——精神に対
して。

　ただし，存在する当のものは概念である

　覚醒存在〔は〕——意識〔であり〕——自我〔であり〕——外的客観の観念性
としての主観性——そして主観性

　顕現

　ここ——思考——規定性の観念性として——内容の——そしてわたしによって
設定されている内容の定在——所与の内容の——

［第387節をめぐって］

　概念の区別項は，概念のまったく自前の区別項である，——排他的ではなくて
それは知性の本性である——（そして，本性にとっての一切の本性）知性は自ら
の形式を自らの内容にする——α）〔知性〕は能動的である——そして，自己内で
自己活動している　つまり己れ自身を否定的として設定する——つまり知性の単
純性を（内容として現象しているもの）知性は判断する，——β）これは知性の
規定であり，つまり概念の契機である——形式と内容とは，表象と【395（250）】
形式的思考とにおけるように違っているわけではない——〔形式的思考では内容
は〕直接的存在の感覚に基づく内容〔であり〕：——むしろ，形式的でない思考
は概念である——〔形式的思考では〕形式的同一性〔が基準である〕——〔形式
的でない思考の〕内容は概念規定である——しかし主観的に——単純な目的——
γ）〔形式的でない思考では〕内なるものと外なるものとの現実的絶対的同一性
〔があり〕〕，存在——意志は現実である。——理性としてα.）自己内具体的概念

(A)　『エンツュクロペディー』C.　精神哲学についてのメモ　　　409

〔であり〕——β.）媒介の揚棄が存在の契機である |

〔b）実践的精神〕

【397（251）】[53)][第388節以降をめぐって]

　自立して存在するという自由意志の目的〔は〕——自由意志自身は自己を対象とし，自己を得て，もつということ〔である〕：——自由意志は存在する——自由意志〔は〕——したがって，主観的意志〔であり〕——自己にとって直接的にすぎない内容〔であり〕——自由意志の目的は意志にとって自由意志そのものである——これが客観性である——

　自立存在という契機だけを設定すること〔は〕——そのまま個別的〔であり〕——形式的能動性の意識〔であり〕α）感情　β）諸傾向——そしてγ）幸福〔とから成る〕——意志は，形式的なものとしては存在しない，つまり個別的ではないものとして直接的目的であるわけではない。

　（実践的精神——は推理の前進運動〔であり〕

　直接的で規定されたもの〔は〕定在の推理〔であり〕

　傾向としての衝動〔は〕——反省の推理〔であり〕

　幸福〔は〕——普遍性の推理〔であり〕一切の傾向〔である〕

　a）観念的側面は自我である：〔つまり〕自体存在するのは理性である。意志には目的がある（〔それに対して〕動物〔には〕本能〔があり〕個別的〔である〕）〔意志は〕α）自前の規定作用〔であり〕β）主観的なので実在的で客観的になるべきでありγ）普遍的だと知られて自由な自我に含まれている思考されているもの〔である〕——

　意志は自由意志である：〔つまり〕理性は能動性であり，己れの規定が己れのものだと知っている：——形式上己れの感情〔であり〕，己れの傾向〔であり〕，己れの欲求〔である〕

---

　53)　（クロノロギー注）原稿251頁の最古メモ群（Ⅰ）[a]は，第389節に対する頁中央に分類できるが，第388節から第390節までにも関連している。次のテキスト層（Ⅱ）[b]のいくつかのメモ群は，筆運びからは第Ⅰ層とはあまり違っていない。頁右欄と頁冒頭の行間に書き込まれた補遺，補足は，次の層（Ⅳ）[c]となっていて，筆運びからは，ごくわずかな異文を指示しているが，その異文は独自の諸層に数えることができるかどうかは十分確実ではない。当該頁終わりのメモ群はテキスト層（Ⅲ）[d]に属し，その筆運びは247頁の第Ⅲ層の筆運びと一致する。これらのメモ群は，第Ⅳ層のテキストより古い。

　a　　上記 *GW*13,397, 13, 397,17-22, u. 399,7-9 を見よ。

　b　　上記 397,1-2, 399,3-6, u. 399,10-18 を見よ。

　c　　上記 397, 2-12, 397, 14-15, 397, 23-399,2 u. 399, 16-18 を見よ。

　d　　上記 399,19-24 を見よ。

410　　　　　　　　　　　補　遺

　これらの形式には自由の形式がない，あるいは，自由には，己れが観念的であ
りながら己れを対象にしているところがまだない。──したがって，己れの自己
規定を目的にして対象にすることが最高のものである
　a）物質のようなあり方をしている意志は感情である　β）感情は主観的で満た
されないものに降下し　それを揚棄するはたらき〔であり〕γ）形式的普遍性〔で
あり〕，【399（251）】自然衝動の多重な内容を統一へ還元すること〔である〕
　ものを知る精神
　意欲する精神──
　自然として客観的〔である〕
　精神の世界として客観的〔であり〕──国家〔である〕
　理性は欲望ではない──理性は実践感情の内容，傾向である──理性が理論精
神と直観の内容でもあるように──しかし，主観的精神としては直接的〔である〕
──
　法的道徳感情〔は〕──同情，名誉感情，愛情〔であり〕──社交的諸傾向
〔でもあり〕──社交性衝動〔でもあり〕──審美的衝動〔でもあり〕──宗教
感情〔でもあり〕──喜び，歓喜，──社交性のように〔でもあり〕──そのか
ぎりたんに外面的に喜ばし付き合う偶然さのほうに個々のことへの歓喜〔を求め
る〕──
　知性の基礎は客観的なものである──それは，理性的なもの〔でもあり〕──
ここでは諸形式の理性的なものとしてだけ──〔その形式とは〕──悪しき感情，
傾向，情熱〔でもあり〕──そうなれば，知性の内容からは，妬み，客嗇などこ
そが考察されるべきであろう。なぜならば，それらは，本質的に主観的にすぎな
いからである。
　どんな実践感情か：──〔それと〕同じ問い〔は〕理論感情にはどんな内容が
あるのか──答えは（直接的）自然：それは，外的客観世界であり，意識には外
的世界として現象する，──精神の客観世界はどんなほんとうの実践感情か──
知性の組織化での精神の客観世界〔でもあり〕──たとえば，法，子供らしい，
感情，愛，憎悪，復讐，妬み，悔恨〔などである〕。│

【401（252）】[54)][第 390 節注をめぐって]

───────────
　54）（クロノロギー注）原稿 252 頁のメモ群はテキスト層（Ⅰ）[a]をなし，補遺（Ⅱ）[b]
で補足され，強調とやや皮肉な注[c]が付加されている。その注は青インクで書かれていて，
おそらく青インク色の特徴をもつメモ群に組み込まれている[d]。
　a　　　上記 GW13,401,1-10 を見よ。
　b　　　上記 401,8-9 u. それをめぐる校訂注を見よ。

（A）『エンツュクロペディー』C. 精神哲学についてのメモ　　　411

法律，形成陶冶，諸市民制度とかは，それらの心情や感情に沿わなくてよくないものゆえにだけ存在すると思われている。そうなれば，たとえば，貴族たちや騎士たちは，己れの自然な心情や自然な感情に沿っているとすれば，──それ以上の一切は余計なのである。反対に

実践感情は単純ではなくて，それ自身のもとにそれの対立項をすでに設定している

［第391節をめぐって］
──己れの自己規定としての直接内容──そして直接性の矛盾。理論感覚は直接に存在する

──さらにあそこから意識が──そうして，例の感覚は当為として──統一と非統一とは，比較することすなわち判断である｜

【403（253）】[55)]［なお第391節をめぐって］
快適と不快適〔は〕──個々の諸感覚に関わっていて──しかし，そもそも感覚，直接性の形式は不適合であり──不快適〔である〕

主観的〔とは〕──より物足りない〔ことであり〕──何らより深くない──表現〔であり〕──快適〔とは〕──芸術から──諸行為〔の〕──もっぱら外面様式に関してであって事象の本質的規定に関してではない

自体的には所与は無効と見なされ，所与は，当為との同一だということでだけ本当のもの，妥当するものである：所与は，そうあるべきように存在する──

［第391節注をめぐって］

---

c　　上記401,4-5 u. それをめぐる校訂注を見よ。

d　　脚注424の表を参照。

55)　（クロノロギー注）原稿253頁のテキスト修正[a]は，最古層メモ群（Ⅰ）[b]よりもややあとで書かれているといって差し支えない。メモ（Ⅱ）[c]は，メモ（Ⅰ）の直上に非常に時間的に接近して書かれているといって差し支えない。残りのメモ群（Ⅲ）[d]は，メモ群（Ⅳ）[e]を除けば，より新しい。メモ群（Ⅳ）の筆運びは251頁の第Ⅲ層や247頁の第Ⅲ層に似ている。

a　　上記 GW13,219脚注1を見よ。

b　　上記403,7-8, 補遺なしの403,9-11を見よ。校訂注と403を参照。

c　　上記403,16-18を見よ。

d　　上記403,1-6, 403,9の補遺（当該箇所校訂注参照）u. 403,12-14を見よ。

e　　上記403,15を見よ。

悲劇，富，名誉，正義のもとでの喜び，歓喜，快活は程度である

快活である　快活さ

――神は，以上の諸感覚を人間の魂に植え付けた――

α）正しい，自然〔は〕β）理性的には植え付けられない――〔たとえば〕植物はそこにあり，理由も目的も知らない――偶然〔である〕

苦しみ――はすでに生命体に関わっている

生きている自然だけに苦しみがある――自我〔には〕もっと高い苦しみ〔がある〕――道徳的悪には後から良心がある[56]――〔それは〕否定的なものを統一の中で摑む〔ことである〕――

つまらない反省〔には〕――禍は存在すべきではない〔というのがある〕――〔それは〕関心や活動の何たるかを知らない；

確かに，禍は存在すべきではない；――だが，存在すべきではないようなものが存在すべきなのである。――〔それは〕否定性〔であり〕――苦しみながら苦悩を甘受するのも同様につまらない――〔それは〕無能力であり――〔なぜならば〕能力は外面化〔だから〕である――存在すべきでないものに立ち止まり――荒涼として情けないことを甘受する〔こと〕――は主観性であり，以上の苦しみを自己内に隠す――〔それに対して苦しみの〕顕在化とは，まさに主観性を撤廃して，かくて苦しみが消えるようにする当のことである―― |

【405（254）】[57]〔第392節をめぐって〕

56）（訳注）当該の第457節を見よ。

57）（クロノロギー注）原稿254頁の鉛筆メモ（Ⅰ）[a]に関しては，それらが，インクで書かれたテキストより以前に生じたのか，あとで生じたのかは決定できない。より後に生じたという想定を支持するのは，ヘーゲルが形式つまり直接性[b]についての諸行を精確に印刷テキスト中の関連行に対して置いたということでありうる。したがって，ヘーゲルは，インクで書かれた先行メモの間隔を鉛筆メモのゆえに維持しなければならなかったわけではなくて，関連を知らしめるために維持しようとした。ヘーゲルが，〔先行メモの〕間隔を鉛筆メモのゆえに維持しなければならず，同時に関連を知らしめることができた可能性も排除できない。引用された行に属するテキスト層（Ⅱ）[c]に直接つながっているのは，次のテキスト層（Ⅲ）[d]であり，そこでは，新挿入文が下書きの内部で認識されうるのであり[e]，他方，残りのメモ群[f]に関して，その筆運びは，より簡潔で小さい文字サイズの特徴があることによって，新たなテキスト層（Ⅳ）を暗示しているか，新挿入文すらも暗示しているかは，確証されえない。第Ⅲ層の筆運びが明らかにするのは，253頁の第Ⅳ層の筆運びとその第Ⅳ層と一緒に作成された他の層とが一致することである。

a　上記 GW13,405,3-4 を見よ。

b　上記 405,6 を見よ。

c　上記 405,1-2,405,6-13 u. 405,22-23 を見よ。

d　上記 405,14-17 を見よ。

（A）『エンツュクロペディー』C. 精神哲学についてのメモ　　　413

　感情が快適であることが満足〔であるが，それは〕――偶然に一致する〔のであり〕――意志が設定した客観性ではない
　自己を外に出す〔とき〕，〔それは〕理論的に別の相手の内容ではなくて，己れのものとしての内容である
　欲望ではない――
　〔欲望は〕形式によって，つまり直接性によって〔ある〕――本来そういう方がよい。というのは，欲望はなお直接的であって，形式的だからである：形式的には，そもそも自前の内容は自己規定である――意志は喜びなどを目的にしている。

［第 393 節をめぐって〕
　意志の自然さのもとでの特殊性はa）意志の自己規定に対して特殊性が対立することである――しかし，この対立にもかかわらず，内容は自己と同一なものであるがゆえに，この同一的なものは意志のもとで数多性として現象する。
　実践感情としての上記諸自己規定〔では〕：――快適なものは不快適なものを繰り返し，そこにある否定を揚棄する〔のであり，〕：――傾向は感情として，主観的なものとして立ち現れる〔ので〕――そのままでは非理性的形式〔であり〕，偶然〔である〕：――これらのもまた，以下のものである：所有の喜び，勇気ある所為，正義のもとにある，人倫――あれやこれや――自我は恣意〔であり〕，恣意への衝動〔である〕――〔この衝動では〕それらがわたしのものであることを，やっとわたしの能動性が設定している：――わたしがわたしの身体を所有しなければならないように，わたしの理性は衝動を所有しなければならない，

［第 393 節注をめぐって〕
　衝動，諸傾向がその人の目的である：――〔それらは〕抽象的自己規定〔であり〕――その人の自己規定そのもの〔が〕――（まだ）内容（ではない）｜

【407（255）】[58]過度の，――情熱，傾向，関心の過度――とりわけ熱狂の過度；――〔それらは〕各人にある度合いのイメージに過度に依存している当のもの

---

　e　　　上記 405,14-15 「快い」で繰り返す。
　f　　　上記 405,17-21 u. 405,5 この短いメモは第Ⅲ層にも属すかもしれない。
　58）（クロノロギー注）この筆運びも 255 頁上部のメモ群（Ⅰ）[a]の特徴である。続くメモと頁下半分のメモ群は，テキスト層（Ⅱ）[b]に属し，その筆運びは，253 頁の第Ⅰ層の筆運びと一致する。
　a　　　上記 GW13,407,1-4 を見よ。
　b　　　上記 407,5-18 を見よ。

414   補　遺

〔である〕；——過度ということですべてが庶民にまったく共有されるわけではな
い；——〔度合いについては〕同様に高貴な，もっとよい　各々のまじめさ，滑
稽さとしての〔度合い〕

　　情熱としては主観的関心〔であり〕——それに対してパトス〔は〕——客観
的関心〔である〕

　　衝動の理性性〔は〕α）比較による外的反省に対してではない——それは，よ
い〔のであり〕，多かれ少なかれよいのである——

　　a）客観的に〔とは〕つまり理性性〔であり〕，まさに傾向〔が〕，主観的で恣
意的自然的規定としてではなくて——むしろ，諸傾向としてではなくて——精神
の客観世界の諸契機〔であり〕——傾向〔は〕偶然性はよくあったり，またよく
ありえなかったりする。諸義務は理性形式である。

　　β）〔衝動の理性性は〕内面的反省つまり外的比較ではない；内面的反省では，
自然的統一として放置される，むしろ，〔衝動の理性性は〕精神と己れ自身との
自前の統一〔であり〕；己れを探究し，そこでの精神の統一を探究する——くだ
らない質問——どの衝動や傾向をわれわれは欲するのか，また，満たしたりすべ
きなのか，また，どの程度まで？——わたしがそれらを目前にして，それらはわ
たしを保持している。——わたしは，まさに｜【409（256）】[59)]わたしがそれらに
ついての権利を放棄するため自然的であるべきとそれらに認めてあげる〔のは〕
——滑稽な立場〔であり〕——わたしの好みの事案やきわめて慎重に熟慮し意図
する事案にすることは，まさにそれらに依存していることを表明することによっ
てである。

　　〔第 394 節をめぐって〕

　　人間にとってその人の意志は天の領域であり——その人の格別の関心〔であ
り〕，その人の目的は神であり，己れをそこでもつこと〔である〕

　　関心〔については〕——机の下のはさみの逸話〔があり〕——わたしは我が家

──────────
　　59)　（クロノロギー注）原稿 256 頁冒頭のメモ群（Ⅰ）[a] は文体上先行綴じ込みメモ用頁
のメモ群（第Ⅱ層）を連続して前へ進めている。それと筆運びから見て第 394 節 [b] 横のメモ
群は一致する。その節の下書きをヘーゲルは，当該節に対してそのまま始めており，挿入文
を経て続けている。独自のテキスト層（Ⅱ）[c] が構成するのは，第 395 節に対するメモ群であ
る。当該頁の最新層はメモ群（Ⅲ）にあり，第 394 群でのメモの前進を経て第Ⅰ層に続く
[d]。
　　a　　上記 GW13,409,1-3 を見よ。
　　b　　上記 409,9-14 u. 409,6-8 を見よ。
　　c　　上記 409,16-24 を見よ。
　　d　　上記 409,4-5 u.409,14-15 を見よ。

（A）『エンツュクロペディー』C．精神哲学についてのメモ　　　415

（わたしの妻）の主人である——

　平手で打たれて刺激をあたえられるとき，ごろつきたちは満足を得る。

　主体には目的がある——主体は目的のうちに存在する——〔それは〕わたしの関心〔であり〕，またそのかぎりで目的を実現するのはその人の関心である——関心ということでいつもその内容からいって主観的なもの，利益，虚栄などがイメージされる。しかし，普遍は，いつも，普遍がわたしの目的であることである。わたしは，能動性ではありえないところで能動性であり，何ら関心ではない。無気力で死んでいて退屈な関心を抱くことであり，それでは何もなしえない

　——自己自身——理性——関心は政治的審美的事情を受け入れる——

〔第 395 節をめぐって〕

　自己を，その主観性を，個別性を自己自身と客観性ということで連結する——つまり，普遍性と〔連結する〕——（特殊性〔は〕定在〔である〕）

　というのは，満足は普遍性であり，特殊性，特称性でありながら己れと同一〔であり〕定在〔である〕——意志には，満足に己れの客観性があるが，自己自身があるわけではない——衝動内容から見れば衝動の特殊性についての意志の反省還帰〔である〕

　衝動，傾向，情熱の枯渇は話題にならない |

【411（257）】[60]〔第 396-398 節をめぐって〕

　幸福〔とは〕，特殊性のもとでの普遍性の仮象〔であり〕；反省の立場〔である〕〔たとえば〕ソロン——

　諸衝動の満足は相互に矛盾し合う。衝動の否定，制限はこういう仕方で諸衝動のもとで現れてきて——現実に歩みいる——意志は，己れから設定する意識であ

　60）（クロノロギー注）原稿 257 頁の二つの最古層（Ⅰ[a]とⅡ[b]）の補足が，より新しい層（Ⅲ）[c]であり，その層は，当該頁冒頭のメモや，その行間継続メモやいくつかの次の行間テキスト補足や削除された行メモに見つかる。次のテキスト層（Ⅳ）[d]が形成するのは，当該頁下部のメモ群である。その頁の筆運びは，一方では，第Ⅰ層の筆運びとの類似が認められ，他方では，第Ⅲ層との類似が認められるとはいえ一方が他方に算入されないことは疑いの余地がない。行間のいくつかの後のメモ群は最新層（Ⅴ）[e]をなす。
　a　　上記 GW13,411,1-3,411,16-18,411,22-24 u. 413,3-4 を見よ。
　b　　上記 411,13-15,411,25-413,2 u. 413,5 を見よ。
　c　　上記 411,1-10,411,1,411,19-21 u. 411,13 校訂注参照
　d　　上記 413,6-12 を見よ。
　e　　上記 411,11-12 を見よ。

り——自己規定は自立して存在することである——同様に自立存在する客観としての他者〔があり〕——理論的知性が直観だけを産出するように——そのようにしてここに物素〔がある〕。現実，有限性〔は〕——個別性〔であり〕，精神が行為し外面化しながらも個別的で直接的である状態〔である〕。

すべてが満たさ〔れる〕べきである——というのは，以上の現実，有限性は本性的にすべてであるから——本性は，衝動の弁証法——　ここには　　　への何らもっと高い根拠は現存しない

わたしは限界を設ける者である。わたしは，一方の衝動に他方の衝動を通して限界を設ける——そこにわたしは自らの幸福を設定する。したがって，幸福は，現実には特殊で個別的である——それで特殊なものとしてのわたし〔がいる〕——

それによってわたしがわたしをわたしの衝動とするわたしの自己規定は，わたし自身とのわたしの同一性であり，規定されている存在の直接性に相対し，諸傾向の特殊性に相対する普遍性であり——空虚で量的な規定〔であり〕——節度〔とは〕，過度でない〔ことである〕；——何ら内面的でない自己内限界——節度のなさは衝動の無効化であるが，ただし本質的契機の無効化である

冷酷な利己主義——というのは主体の特殊で偶然的個別性〔であり〕——感傷主義の薄情さ〔である〕

観念論——しかし，特殊的個別性の原理における普遍性〔である〕。抽象的直接的個別性が原理である——

【413（257）】

a）当為，憧れ，（感傷と卓越性についての）不幸〔である〕

自然的なものそのものは直接的なもの〔である〕——〔自然的なもの〕は意志にとっての直接的なものである——

衝動は普遍に還元される

幸福においては個別衝動が本質的であるわけではない

幸福は達成されることができない。というのは，われわれの本性はあまりにも制限され有限であるから——われわれの本性は，実際には制限されている。われわれが，幸福のような偽りの目的を設定する場合〔には〕。というのは，普遍は偽りの目的だからである——というのは，偽りの目的は当為としてのこの普遍だからである——〔当為は〕普遍的で有限で制限された目的〔である〕——衝動そのもの〔であり〕——外面的〔である〕——〔それに対して〕神は浄福である。
|

（A）『エンツュクロペディー』C. 精神哲学についてのメモ　　417

【415（258）】[61]あれこれのうちに[1]幸福を求める——ロマンがそのように駆り立てられる——満たされるのではない——静かな知者は大地へ引き戻る——少年〔は〕幸運の時代〔であり〕——青年〔は〕——錯誤の時代〔である〕

［第399節をめぐって］
　一方の制限された目的から他方への移行；——自己自身への無限の還帰——内容は否定性そのもの——自我＝自我[62]。——一方あるいは第一のものの他者だけではなくて——むしろ他者の他者；第一のものはそれ自体否定的なもの；第二の否定
　内容をもつ，直接的存在
　a）意志の目的は自己規定を伴った内容であり，意志は質的に規定されていることである——意志における特殊性は撤廃されている——自然的直接内容は否定である——したがって，他方の面，内容としての目的は意志の純粋否定性である——意志の自己規定にとっての質的なものは消える；——意志の諸衝動と諸傾向が存在する——自己規定のこの存在は，浄化される。
　同様に b）恣意を自己内に設定する，内容を与えられる反省，今：
　両者
　さしあたり自然内容を伴う意志の自己規定，目的——次にこの内容は撤廃される——したがって，意志の目的は幸福では普遍的目的〔であり〕——特殊目的で意志を満たす——現実——意志は，特殊目的ということで現実的であるわけではない——この恣意自体は非力なものである——他者の他の目的——一方は否定

　61）（クロノロギー注）原稿258頁上部（第398節の終わりにおける）のメモ（I）[a]は青インクで書かれていて，その特徴ということでは209頁の第III層と一致する。第399節の隣のメモ群は，三つのテキスト層を指示している。II[b]とIII[c]は筆運びと Zweck（III）に対する Zwek（II）という綴りの点でごくわずかながら違いがある（ヘーゲルは第V層でもこの書字法を好んでいる）。IVは，第III層をめぐる行間補遺群から成る。第III層[d]にはもしかすると第II層[e]における一補遺が属するかもしれない。続くメモ群（V）[f]は運びの点では257頁の第IV層と一致し，残りのメモ群に対するその位置から判明するように第I層と第II層のメモより後に下書きされている。当該頁左欄上の日付記事は，1820年，1822年そして1825年の夏学期の人間学・心理学講義の後者の講義時間の日付を記載している[g]。
　a　　上記 GW13,415,1-3 を見よ。
　b　　上記 415,4-7 u. 415,9 を見よ。
　c　　上記 415,8, 415, 10-12, u. 415,15-17 を見よ。
　d　　上記 415, 9-10 u. 415,12-14 を見よ。
　e　　上記 415,8 を見よ。
　f　　上記 415,18-24 を見よ。
　g　　上記 415,25（脚注1）を見よ。
　62）（訳注）本書36頁20行の注参照。

418 補 遺

し，他方は一方の否定を同様に否定する：――したがって，意志の絶対的否定性
は真の内容であり――自由〔である〕。 |

　1　上部左欄外：1820 年 8 月 11 日　　終了　1822 年 8 月 13 日　1825 年 8 月
30 日

〔第2部　客観的精神〕

【417（259）】[63]「客観的精神」という見出しをめぐって

¹客観的精神〔は〕——まだ絶対的精神ではない——

精神〔の〕——実在性〔は〕，人倫世界〔であり〕；—— この人倫世界についての知〔は〕——真なる現実〔である〕——

客観的精神は自己にとって存在し——現実精神〔であり〕——それは精神の自由を α）何かに置き——β）他方の現実的な自由なものへ関係し——γ）否定，論争——抽象的普遍性——

〔第400節をめぐって〕

自己規定〔は〕——理論的で思考された純粋反省としては——純粋概念〔であり〕——同様に理論的なのは知である——

63）（クロノロジー注）1812年3月19日という日付事項ªは，いかなる終了日付を確定するものでもなく1818/19年の第1回ベルリン冬学期講義でのヘーゲルのエンツュクロペディー講義の過程で客観的精神の講義を開始した時点の印である。当該頁の最古層（Ⅰ）ᵇは，筆運び上は，原稿257頁の第Ⅳ層と258頁の第Ⅴ層に位置を占めるべきであり，下書きの筆致ということではいくつかの新挿入文をたぶん含むのであろう。その下書きの特徴は，そのつどのやや小さめの文字サイズであるᶜ。いくつかの短いメモ群（Ⅱ）ᵈは，それ固有のいっそう（Ⅲ）ᵉとなる補遺群を伴っていて，当該頁の最古層（Ⅰ）より新しい。当該頁下部のメモ群（Ⅳ）ᶠ——その筆運びは，当該頁下部へと文字サイズが次第に小さくなることを示している——は，たぶん第Ⅲ層のメモ群よりも古いであろうし，当該頁左欄の当該頁のおそらく最新層（Ⅴ）ᵍよりも古いであろう。

a　上記 *GW*13, 417, 24（脚注1）を見よ。

b　上記 417,7-19 を見よ。

c　上記 417,13-15 u. 419,1;417,11-12;417,16, 417,17 u. 417,19（付属校訂注とともに）を見よ。

d　上記 417,1 u. 417,4 を見よ。

e　上記 417,2-3 u. 417,5-6 を見よ。

f　上記 419,2-6 を見よ。

g　上記 417,20-23 を見よ。

420 補　遺

　主観的実践精神において意識が生じているのと同様に自己意識が再びここで生じている――つまり，精神は自己自身で規定されている存在〔であり〕――自然規定性〔である〕――衝動（知を通して本能と区別されている。）〔は〕自然規定性〔であり〕――目的〔は〕――思考され知られた目的〔である〕

　a）対象――つまり，対象の主観性を否定として規定する――しかし観念的で非力な否定――衝動においてはなお幸運と手段に依存している

　客観的精神〔が欲しているのは〕――何ら別の目的ではない――〔それは〕自由であること以外欲しない――この精神の自由を世界とする――直接的定在〔を〕；α）設定する　β）この設定を揚棄する〔のは〕；――道徳性　自体　善――道徳性は必然性の形態での自由――展開された理性性として

　α）法は直接的定在〔であり〕β）道徳性は，意志の自由ということで法に含まれている契機の反省〔であり〕――思考された普遍的目的として――善〔を目指す〕――主観的で人格的な意志〔であり〕――意図そして意志の定在から見れば気構え〔であり〕――福祉〔への〕当為〔である〕

　1　左上欄外に：1819 年 3 月 12 日

【419（259）】一切は衝動として表明されうる。
　自然法――自然状態――実定的なもの a）それが妥当するかぎりのものであるのは理性的であるがゆえにではない。むしろ，それは，権威が法律として制定するがゆえにである。b）それは理性的でありうるし，そうあるべきである。c）現実的正義は，その内容から言えば実定的でもなければならない――その果てになる。
　個々の規定――最終決定 |

〔A　法権利〕

【421（260）】[64)]〔第 402・403 節をめぐって〕

――――――――――
　64)　（クロノロギー注）原稿 260 頁のメモ群は中心事から見て運筆上の特徴がある。その結果，9 割方想定してかまわないのは，それらのメモ群は，ごく短時間での仕上げ段階の筆致で生じていることである。当該頁冒頭[a]のおそらく最古のメモは，なお第 402 節にたいするメモであろうし，このメモは，当該頁末尾[b]のいくつかのメモ群とことによると当該頁上欄[c]メモを一つのテキスト層（Ⅰ）にまとめているのかもしれない。メモ群の大きなグルー

（A）『エンツュクロペディー』C. 精神哲学についてのメモ　　　421

意識への還帰〔は〕——意志において〔は〕：——魂〔である〕

直接的意識——しかし自我も一定程度で己れの客観である——欲望の対象〔を〕——自我が欲望する——

法——直接意志におけるかぎり——自由で自立して：——したがって否定——他方は，ここでは質料，手段，幸運：客観的精神〔は〕何ら幸運ではない——偶然性——客観それ自体——理論的にはもっぱら空間と時間と言語——

a）形式的法——抽象的自由〔は〕——家族〔においてあり〕　具体的で実体的自由〔は〕　国家〔においてあり〕——〔国家は〕歴史における普遍的精神〔であり〕，なおもっと高い法——法の定在〔である〕

3）人倫性〔は〕，主観的自由における善の理念〔であり〕——そして定在が実現する，したがって，自由は，それと同様に必然性にして現実性として現実に存在する，——当為一般の代わりに人倫——〔人倫は〕内面的心構えとしてではなくて——良心〔ではない〕——正しいこと〔は〕——自分で取り決めるのではなくて，それは存在する，妥当する：——それは現実的法，慣習として存在する——現にある——

〔人倫では〕起こるべきことが起こる。

法はたいへん単純な概念〔である〕　三つ——a）自由そのものの概念　b）外面化，直接的定在　所有　c）それがそのままで偶然的〔である〕——a）否定——もっぱらほんとうの実在性はもっぱら外面的意志によって契約〔となる〕

法はもっぱら禁止〔する〕——許す〔のは〕——積極的義務ではない——時代による形成陶冶における——世界の反転の新しい概念〔であり〕——キリスト教の時代に〔対応し〕——ストア主義，エピクロス主義，懐疑主義——キリスト教において哲学概念であった当のもの，——普遍的見え，俗な意識——そのように

プがテキスト層（Ⅱ）^dをなし，その範囲は，確実に決められるわけではなく，たぶんいくつかの新挿入文とともに下書きされたのだろう。その文のすべてが識別できるわけではない。いくつかの行間補遺群（Ⅲ）^eは，筆運びでは第Ⅱ層から少し逸れている。明白で確実に最新の層（Ⅳ）となっているのは，より古いテキスト^fの補足群として形成された補遺群^gであり，それは，字体では 259 頁の第Ⅲ層と一致する。

a　　上記 GW13, 8-10 を見よ。

b　　上記 423,1-2 を見よ。

c　　上記 423,23-14,425,3-4 u. 425,9 を見よ。

d　　上記 421,1 を見よ。

e　　上記 421,11-16,423,14-16,423,3-13 u. 423,16-22. 引用箇所の系列が下書きの推測された順序を模写している。

f　　上記 421,17-26 を見よ。

g　　脚注 370 参照。

422 補　遺

してプラトン的三一性[65]——普遍的民衆の表象，それによってまたしても概念から遠く〔なる〕

【423（260）】最高の人格性〔という〕——（キリスト教の理念は）個々の自己意識そのものは無限であること〔であり〕——自己関係〔であり〕——わたしは，わたしの命を放棄できる〔ことでもある〕——抽象的思考は，己れについての普遍性を自己内で捉える，——このようにして端的に一切の自然依存性〔や〕——（恣意は）撤廃される——人格性〔については〕——人格性，人間の性格は偶然なものではないし——古代の人々には確かに権利があった——〔それは〕いわば特殊な所有として〔であり〕——〔その所有物は〕空虚で自己のない物質〔である〕——積極的権利〔は〕自由な市民〔にある〕；——同様に奴隷〔にもある〕——〔その際〕人格は軽蔑の表現でもある

人は一切を所有してさしつかえない——人ができること——自然には，人に対する権利は何もない——

——必然的生存——ここで矛盾に関わる；—— 一切を自由に矛盾から断念しうる——或る人を殴らせることは，不死の霊をだいなしにする

わたしには，生来，身体がある——a）わたしは，身体を占有しなければならない——陶冶形成，熟練などによって——b）わたしは，もっぱらわたしの意志のゆえにだけ身体をもつ——〔だから〕自殺することができる——c）大地の物を占有する偶然性——無意味な表象　土地の平等分配——他者にもそれに対する権利がある——つまり，それが占有されないかぎり——〔それは〕優先占有（primus occupans）〔であり〕——時間的条件〔に依存している〕

所有は，取り出しである——人格性の側面の——わたしはわたしの意志を投入するということ——

A）法

a）所有

b）契約：わたしのものは他方の意志に媒介されている，内面的理論的に承認されているだけではなくて，現実的意志〔である〕——わたしは，他方の意志によって所有者である——それで完全に，ここで同一意志の権利も；【425（260）】こうして，この人格的意志は，同一意志に比して特殊で己れの個別的ではない意志そのものとしては規定されている；——拘束力をもって束ねられている

c）法は，普遍的なものとして，自立してそれだけであり，特殊法から自己を解放する。c）普遍と特殊との対立そして外的媒介は直接的なものにおいて——

65）（訳注）プラトン『ティマイオス』31c-32a, 35a.『ヘーゲル著作集』第14巻,257-258頁も参照。

（A）『エンツュクロペディー』C. 精神哲学についてのメモ　　423

復讐を通して——法は普遍〔であり〕——意志の直接特殊性に対する法の抽象的
意志〔は〕——概念を提示する——自己内へ進み，主観的に自立するようになる
法を提示する——対立によって，そして対立の揚棄

B）道徳性——主観的なものとしての普遍

現実性においてではない——契約によって，犯罪によって

個人は道徳的である。道徳性は個人において立ち上る，道徳性の思想　公共的
自己意識におけるより高いものが現にあるとき，形成陶冶，教理，授業，習慣づ
けによって，

精神は，定在にその契機を設定しなければならない　はっきりとその契機は顕
現化である |

【427（261）】[66][第405節をめぐって]

――――――――――
66)　（クロノロギー注）筆運びのごくわずかな変化を手掛りにして，261 頁での三つの
層（Ⅰ[a]，Ⅱ[b]，Ⅲ[c]）が定められる。とはいえ，当該頁のテキストで同様に問題なのは，関連
し合う仕上げ時間幅からなるいくつかの新挿入文を伴った下書きである。メモ群は，語音に
至るまで P. ヴァンネンマンによって作り上げられた筆記録のテキストとの注目すべき一致を
指示する。その筆記録は，1817/18 年冬[d]の自然法と国家学についてのヘーゲルの最初のハイ
デルベルク講義である。1 頁前の 260 頁に関してもより制限された程度であれ当該下書きと
の類似点が表示される[e]。ヘーゲルがここで自然法講義の根柢とした資料でのように並行して
等しい思想進行を展開したことは完全には排除されえないにもかかわらず，このことはほぼ
確実のことではまったくない。というのは，なお先の箇所でメモと P. ヴァンネンマン[f]の筆
記録の一致が存在する。例の講義に関してセメスター当初の仕上げられた原稿があるか，ヘー
ゲルがなおセメスター期間中にその原稿を書き終えたかどちらかであるのは確実である。と
ころで，確実に思い描くことができるのは，ヘーゲルが当該原稿から出発しながらメモ群を
『エンツュクロペディー』のヘーゲル手沢本に転記して，エンツュクロペディー講義のための
資料を適的的に形成したことである。1817/18 年冬学期の日付記事によれば，2 月第 4 週あた
りで第 406 節から第 409 節までの論述に達したとして差し支えないと予測しうる。他方，
ヘーゲルは，自然法・国家学講義で第 18 節から第 37 節の講義をとうの昔に終わらせなけれ
ばならなかった。ヘーゲルは自分の私講義の聴講者にも概念展開についての法哲学講義のた
めに得られた状況を講義しようとしたことから出発するならば，ヘーゲルの考慮に値したの
は，そのために自然法講義原稿を直接に利用するのか，あるいは原稿を手掛りにして抜粋を
作成するかである。ヘーゲルは，最初講義原稿を『エンツュクロペディー』でなお援用して
おり，メモ群は 1818 年夏あるいは 1818/19 年冬に生じたことは確かに排除されえない。

　　a　　上記 GW13,427,1-2,427,3-6,427,9-10, 427,21-24 u. 427,25-429,1 を見よ。
　　b　　上記 427,7-8,427,10-14,427,15-20 u. 429,2-6 を見よ。
　　c　　上記 429,7-24 を見よ。
　　d　　参照：『ヘーゲル講義録原稿選集』第 1 巻『自然法と国家学講義 ハイデルベルク
　　　　　1817/18 年 1818/19 年講義からの追記　P. ヴァンネンマン筆。C. ベッカー，W.
　　　　　ボンジーペン，A. ゲートマン=ジーフェルト，F. ホーゲマン，W. イェシュケ，
　　　　　Ch. ヤメ，H.-Ch. ルーカス，K. R. マイスト，H. シュナイダー，付録：O. ペゲラー
　　　　　緒論』ハンブルク，1983 年。参照：対応箇所 427,3-4 と同書 21,191-192（見出し

424　　　　　　　　　補　遺

やっとこのことはわたしの意志にとってほんとうの対象である——わたしには，客観としてのわたしに対してわたし自身がある

［第406節をめぐって］
　占有物件——それは十分にはわたしの内的意志ではない——その点でわたしの意志を認識できる〔ようにする〕——
　a）掌握〔の事例〕——わたしが立っている土地，わたしが手中にしているもの——狩猟——わたしのものとの関連，他人の紙片に書かれていること——他人の画布に描かれたもの——他人の添エ物（accessio）——そして等々
　b）形成加工〔の事例〕農耕もまた，動物を飼い慣らす——えさをあたえる，狩猟で土地を使い古す——遊牧民，海の沿岸——不完全な占有掌握——意志を含み，現実的利用はこの意志の説明〔である〕——形成陶冶された民〔は〕よりまし——農耕業への利用　それが許可されていると思う——衝突——例のことを法的占有からは見ない
　国家で規定されている——草地　耕地——文明化された民　まったく文明化されていない民——民衆権——自然状態を自己内に含む——
　わたしの身体的および精神的熟練の形成陶冶；わたしが支配者になる——ほんとうにわたしのものになる——身体〔は〕，精神——わたしの無限的で客観的諸目的に服する——
　c）形成は標識づけでもある
　d）占有を行使しなければならない——利用は本質的に外面性である——わたしの意志を持続して認識できる〔ようにする〕——時効，取得時効——紛争を断ち切るためだけではなくて，積極的立法に属する——むしろ理性的

　　　　　語：「意志は認識できる」），427,5;9 と同書 21,198-199（見出し語：「掌握」，「形成化」），427,6 と同書 23,273（見出し語：「紙片」），427,8 と同書 22,233（見出し語：accessio），427,9-14 と同書 24,288-24,333（注付属第21節），（見出し語：「形成化」，「基盤利用」，そして農耕民と遊牧民との関係をめぐるメモ群），427,10 と同書 22,234（見出し語：「狩猟」），427,10 と同書 23,260（見出し語：「海の沿岸」，「海難法規」），427,13 と同書 23,247（見出し語：「衝突」），と同書 23,273（見出し語：「紙片」），427,17-19 と同書 25,335-341（見出し語：「形成陶冶」），427,20 と同書 26,356-367（見出し語：「特徴づける」），427,26 と同書 33,580-34,616（第30節）（見出し語：「わたしの能力の外化放棄——一時の間」），429,5-6 と同書 35,663-665（見出し語：「契約　もはや自己がなくてわたしにとって不可入物件の相続」），429,7-10 と同書 40,799-800（見出し語：「諸契約の種類」），429,11-24 と同書 41,835-918（見出し語：「交換契約」）。
　e　　423,5-6 u. 同書 15,25（見出し語：「性格」），421,21 u. 同書 16,16（見出し語：「法と禁止のみ」），423,18 u. 同書 20,167（見出し語：primus occupans）を参照。
　f　　上記 671 頁下部を見よ。

（A）『エンツュクロペディー』C. 精神哲学についてのメモ　　　425

［第407節をめぐって］

407. a）わたしは，わたしの財産を譲渡することができる

b）わたしの諸能力の譲渡——ある時間に——個々の表示

【429（261）】生産〔では〕——すべての表示が，能力自体をなし，奴隷制〔であり〕，——補償がなければもっと高い権利が存在する——合法的に表示されれば，国家が補償しなければならないだろう——国家ができないとすれば——だが，国家に強制力があるとき，国家はそれに及ばない。というのは，国家にはそれに対する完璧な権利があるからである——それを気遣う必要は奴隷自身にはない。——契約〔では〕もはや自己がなくてわたしに対して浸透しない物件の取得〔がある〕

［第409節］

契約の種類（2 同意）a）贈答契約　α）物件一般の——β）奉仕の，受託物の保存　γ）物件を利用のために貸すこと，制限する——部分の——貨幣を利子なく立て替える——

b）交換契約　α）そもそも質的に特別で規定された物件——等価の前提，——贈与ではない

β）この〔交換契約の〕等価——それは，かれらの特殊な性状の捨象である，価値は特別の規定によって規定されるが，もっぱら量的規定として登場してくる。もっぱら価値として妥当するような物件——使用に関わる自余の特殊な質〔として妥当するの〕ではない——〔つまり〕貨幣〔で〕——交換〔し〕，売ってはまた売る。

γ）物件の賃貸し〔は〕——使用についての交換〔であり〕：占有——わたしは質的物件を所有する者であり続ける——〔物件の賃貸し〕は本来一時的であるにすぎない——価値を占有しながらも——担保〔をとる〕

δ）借り入れ　同一，借り入れする人はまさに価値を所有する者であり続ける——貨幣

ε）賃金契約：——奉仕の委託——同じ種類ではない——精神的あるいは身体的｜

【431（262）】[67)[なお第409節をめぐって]

────────

67）（クロノロギー注）筆運びからは，原稿262頁で三つのテキスト層が想定されなければならず，その一つの層（Ⅲ）[a]（行上，行下，行間）の補足によって形成される。第1の層（Ⅰ）[b]は短いメモ群からだけ成立する。その直接の増補は，第409節の構文論に関わる

426 補 遺

すべての人のすべての人との契約

諸侯，君主たち，家臣たちとの間にはない契約

契約，それは，恣意から個々に偶然の物件をめぐって出発する

——逆に，民衆は第一のもの〔であり〕——一般意志〔であり〕——実体〔であり〕——意志は第一のもの——〔それは〕恣意ではなくて義務〔であり〕，偶然の物件ではなくて——むしろ絶対的〔であり〕——誰かとの比較〔ではなく〕——君主は誕生によって必然に君主なのである。

［第410節をめぐって］

不正——わたしの自由をわたしが置いた場としての定在に固執する：わたしが外面性の形式で捉えられている——わたしの意志は，その定在で規定されるものとして扱われる。

α）強制一般 α）わたしは強制されるべきではない——自由な人格性つまり自由な全体性——奴隷制はキリスト教のおかげで法にまったく反して廃れた

β）わたしを強制することはできない—— 一切を捨象する——そのかぎり，だれも強制のことで苦情を訴えない——

γ）わたしを強制することができる——というのは，わたしはわたしを外面的なものとして設定するからであり，わたしの意志を定在に置くからである——

δ）強制は，その概念自体に従って自己を拒否する——意志がある外面的なものに固執する—— そこでは，意志は同じく知られたものとして存在しない——したがって法的に——自己から媒介を揚棄する。

つまり，定在は，恣意の側面であり，概念に従えば，本質的承認

当該頁[c]冒頭メモと同様に第Ⅱ層[d]に属する。当該頁下部の補遺群は固有の層をなしている[e]。第Ⅱ層は字体では，261頁の第Ⅰ層と似ている。そして，この頁に関しても想定すべきは，テキスト層群が相互にたいへん大きな時間間隔で生じるはずはないということである。第Ⅰ層の文字は，第Ⅱ層の文字が少し大きく書かれた異稿にすぎない。メモ群から同様にヴァンネンマン筆記録への関係も明らかにされるのであって，その関係によって，ヘーゲルが講義用[f]と等しい素材をメモ用に置いていたことが推量できる。

a 　　上記 GW13,431,9-10,431,14-15（「すべて」から）そして431,18-20を見よ。

b 　　上記431,2,431,8（「不当」という言葉だけ）431,11-13,431,21（「恣意」まで）u. 431,24-433,2（後の挿入なしに）を見よ。

c 　　上記226脚注1を見よ。

d 　　上記431,3-7, 431,8（脚注383を参照）,431,14,431,16-17 u. 431,21-22を見よ。

e 　　上記431,24-433,2をめぐる校訂注群を見よ。

f 　　上記431,1-7上の君主と臣下間の契約をめぐるメモ群は次のヘーゲル著述と一致する。『ヘーゲル講義録原稿選集』第1巻，36,695-37,717. また，強制の著述は，図形上は，同書47,41-50,157を再び登場する。

(A) 『エンツュクロペディー』C. 精神哲学についてのメモ　　　427

［第 411 節―第 412 節］
　契約において

【433（262）】諸個人〔について〕──諸個人は今や特殊で多様な個人として
相互存在する──特殊性〔は〕，外面性〔であり〕──外面性へと展開する〔の
は〕──否定的なものとして〔であり〕──かぎりなく自覚的〔であり〕──反
省〔であるが〕──意志の特殊性の　自己内欲求一般〔による反省であり〕──
意志の中で受容されている｜

【435（263）】[68]［まだ第 412 節］
　各人はここで権利のみを欲する──したがって権利〔とは〕──相手の自由を
尊重し，物件の包摂としての特殊性だけが拒否される〔ことである〕

［第 413 節をめぐって］
　承認〔について〕──たとえ自体的であるとしても──承認は，自己意識の個
別性，直接性を通してしか存在しない──己れが，普遍的なものとして自己意識
の個別性に対してなお偶然的と確信されているかどうか
　個別性の内的で無限的な自己関係としての普遍性が──主観性である
　わたしは，普遍に適合し市民法における普遍を欲する──だが，個別者つまり
否定的反省としてのわたし〔は〕──主観性〔であり〕──そのわたしは，わた
しの内でわたしであると同様にわたしから区別されている

［第 414 節をめぐって］
　a）刑罰──行為が内面的に無効であるという提示──犯罪は自己内で無効で
ある──意志内では普遍の否定〔であり〕，まさに意志の自由をなす当のもの〔で
ある〕

─────────
　68）（クロノロギー注）原稿 263 頁では，二つのより古いテキスト層（Ⅰ[a]とⅡ[b]）とよ
り新しいテキスト層（Ⅲ）[c]とが相互に区別される。第Ⅰ層ははっきりと 262 頁の第Ⅰ層に似
ているし，第Ⅱ層は 262 頁の第Ⅱ層に似ている。ヴァンネンマン筆記録との直接一致と思想
上の一致は当該頁のメモにも現存している[d]。
　a　　上記 GW13,435,1-5,435,11-437,1,437,3-6 を見よ。
　b　　上記 435,6-10 を見よ。
　c　　上記 437,1-2,435,23-25（脚注 1 と 2）および 437,7-14 を見よ。
　d　　参照：435,1-2 および『ヘーゲル講義録原稿選集』第 1 巻，45,5-46,9,435,18-
　　　　437,6 および同書 52,215-246,437,7 および同書 52,246-53,250,437,9 および同書
　　　　54,313,437,10 および同書 55,331,437,13-14 および同書 56,378-57,403

428 補 遺

b）詳細に媒介された形態でのこの提示〔は〕——必然性一般の形式〔をとる〕
　その行為が最初は肯定的である犯罪者に対する外面性——否定性は，己れに即
して外面的——
　侵害は再び侵害されなければならない——〔それが〕揚棄される〔ことである〕
——

　^{1}αα）侵害は〕生産物としてだけではなくて揚棄されなければならない——
〔たとえば〕窃盗を元に戻す——殺人はどっちみち——犯罪は自由に出発してい
る

　^{2}ββ）肯定的なもの，普遍，所為の無限的なものはたんに肯定的なもの〔にあ
り〕，普遍の意志にある——悪は，意志の自己内存在する特殊性である——【437
（263）】この〔悪の〕特殊性は，α. 妥当を含んでおり，肯定的なものは揚棄され
る——犯罪者のもとでの侵害そのものは，β.）妥当する内容である

　1　左欄外に：犯罪者は，自分自身を侵害する：
　2　左欄外に：行為はそれだけでは——つまり外的所為としては犯罪ではない

　γγ）或る人が行う行為はその人が承認する法である——犯罪を自分の方から
容認し承認する　δδ）その人は，〔犯罪で〕自体的には自己自身を侵害している：
——自己自身を自己のもとで侵害することは〔刑罰で〕実現され揚棄される
　ベッカリア$^{69)}$：いかなる人も他者に自分で同意することはできない——命を落

　69）　（訳注）チェーザレ・ベッカリーア『犯罪と刑罰』を参照。ライプツィッヒ大学正
教授ホッフラート・ホメルスの全注付きでイタリア語からドイツ語に訳された。ブレスラウ，
1778 年，第 28 節「死刑について」131-132 頁「人々が，自分たちと同様な人々を絞首刑にす
るために行使する権利は何に立脚しているのか。最高権限と法律が生まれる権利に立脚する
のではないのは確実である。法律は，自由の最小の分け前の額である。かくして，個々人す
べてが他の人々に犠牲にされる。法律は一般意志を表わし，すべての個々の構成員の全特殊
意志の中心点である。だが，遠慮なく生きる権利を他人に認容する唯一の人間がおそらく考
えられなければならないのか。自由にとって犠牲となる最小部分，それは，各人が静かに生
きるために献げた最小部分ということで最大善の至高の犠牲が，つまり一体，生がともに理
解されるのか。いや，わたしはそれを思い浮かべることはできない。だが，人間にとって
ことがこのようであるとすれば，当該原則は，次のように堅く信じられている別の原則と一
体どのようにして折り合いがつくのか。それは，人間には自殺する権利がないとか，人間が，
死刑の権利を他者に，社会全体に譲るべきだという場合，他者が死刑の権利を実行すること
を為すということである。したがって，死刑はいずれにせよ暴力であり正義ではなくて，証
示したように何ら正義ではありえない。むしろ，死刑は，争いであって，その抹殺を全民衆
が有用ないし必要と見なす個々の市民と全民衆が争うのである。見せしめとしての刑罰の目
的との関連では，それは，次のことを意味する。このようにして犯罪者にあてがうことがで
きる最強の拘束は，死という恐ろしくも移ろう光景ではなくて，人間の自由を末永く奪うこ

（A）『エンツュクロペディー』C．精神哲学についてのメモ　　429

とそうとすることを思い，申し出た。刑罰の目的　α）見せしめ——遮断すること——〔刑罰では〕犯罪者〔は〕手段〔であるが〕本質的に目的としてだけ〔存在する〕——つまり，自立しているものとして，目的のうちにある当のもの〔であり〕，——その人のものは。β）犯罪者の更生，道徳目的は，犯罪者が，己れの内で己れ自身に対して己れの格率を変えるということ

報復——外面的同等化ではなく——脅迫〔であり〕——目には目を，歯には歯を〔であり〕——むしろ価値｜

【439（264）】[70][第415節をめぐって]
普遍意志
法の承認，妥当
a）法としての自由意志の定在，は偶然である——それは，直接的定在であるがゆえにである——この偶然的なものは（その現実に対して存在し），それには，主観的意志を通してのみその現実性がある——定在はこの意志を通してのみ，そしてこの意志において。
b）外的定在，そこに意志が置かれる，欲求——欲求は，意志の本質的契機である——それ以外で意志には定在はない——福祉
c）普遍的な目的〔は〕善〔である〕
移行α）法において偶然なものはそもそも定在によって〔である〕　β）この偶然性のさらなる規定〔とは〕——偶然性は自立存在する意志である〔ことである〕γ）法自体に反して——普遍δ）この偶然性におけるそもそも区別するはたらき，

とである。人間は，いわば運搬用役畜に変わり，己れの骨の折れる仕事のおかげで，己れが侵害した社会の埋め合わせをし，己れの同胞の難儀の末長い事例を譲渡する」（135-136頁）。「このような刑罰だけが正当であり，人々を犯罪から遠ざけるのに十分な厳しさの程度をそなえている。ところで，わたしが主張するのは，多少考えてから己れの全自由を失おうとするのか，それによってその人が大きく相当な利益を希望しうる犯罪を犯そうとするのかという疑いに陥ることができる人はいないことである。次に絶え間ない隷属が死の代わりになる刑罰にも，あつかましくも決然とした気持ちをも悪行から遠ざけるのに十分な厳しさがある。いな，わたしは，これによってこの意図がいっそう確実に達成されることを主張する」（137頁）。
　　70）（クロノロジー注）原稿264頁は，二つのテキスト（Ⅰ[a]とⅡ[b]）を指示している。二番目の層は，263頁の第Ⅲ層と筆運びの類似性が明らかであり，それに対して，一番目の層は，262頁の第Ⅰ層を想起させる。二つの層のテキストは，ヴァンネンマン筆記録の論述と合致する[c]。
　　a　　上記GW13,439,1-7を見よ。
　　b　　上記439,8-17を見よ。
　　c　　参照：435,1-2 および『ヘーゲル講義録原稿選集』第1巻58,450-59,462ならびに439,8-17および同書59,463-488

430　　　　　　　　　　　　補　　遺

特殊性　判断——反省——この区別するはたらきは必然的である——直接で特殊
な意志それだけで〔あるもの〕として——特殊意志としてだけ個別的

〔普遍・特殊・個別という〕三つすべては法の概念に含まれている——〔その
三つが〕今や展開する，——各々それだけで

自立存在する主観性｜

〔B　道徳性〕

【441（265）】[71]〔第416節への移行と本節をめぐって〕

α）法，人格　そもそも β）道徳性　特殊人格の立場——わたしは普遍をわた
しから区別し，その普遍が同時にわたしである。

1　特殊性への直接の普遍的関係　2. 人格の目的の特殊的なものとしての特殊
内容——福祉

αα）形式的特殊性——直接的人格としての自我　直接的外的没法的定在とし
ての世界に相対して——取得　所有——だが特殊者としてはわたしはわたしにお
いて普遍——特殊性は自己の内で一般に自前の法則，自前の目的——わたしには，
目的，内的具体的使命がある——（普遍的で）わたしが意欲した目的（として）
——外的目的に反して——自我は，そもそも意識の立場に現れ出てくる——特殊
なものとして——わたしの直接性ときみの外面的企図における区別，所定の目的
を顧慮した意図——だが，最初の抽象的意識の〔目的・外面性〕ではなくてわた
し自身にとって規定的なものとして意欲された目的・外面性は自己自身において
規定されている——形式的同一性　この外面性の揚棄，わたしに対して存在する

---

71)　（クロノロギー注）原稿265頁の基本層（Ⅰ）[a]は最新テキスト層（Ⅳ）[b]由来の補
遺群付きのわずかなメモ群しか包括しない。同様にわずかなメモ群によってしか代表されな
い層（Ⅱ）[c]が完結している。その層は，第一の層の新挿入文としても妥当する場合もあるか
もしれないし，より新しいテキスト層（Ⅲ）[d]としても妥当するかもしれない。最新メモ群
に関しては，筆運びが不統一なので，二つの層を置くことが得策であるように思われる。そ
の二つの層とは最新の第二層（Ⅴ）に対するちょっと前の層（Ⅳ）である。基礎層の字面は，
264頁の第Ⅰ層の字面と一致する。そして，第Ⅴ層の字面は，259頁の第Ⅲ層の字面との類
似を指示する。

a　　上記 GW13,443,6-10 を見よ。

b　　上記 443,9 およびそれをめぐる校訂注 ,443,1-2 と 445,4-7 を見よ。

c　　上記 443,15-16 と 445,1-3 を見よ。

d　　上記 443,17-22 を見よ。

（A）『エンツュクロペディー』C．精神哲学についてのメモ　　431

──わたしの目的を実現する

α）状況の洞察──知る，同時にわたしの内で，β）意欲する，わたしの目的はわたしのものであるにすぎない──

道徳性〔は〕意欲された普遍〔である〕──意欲されて外面的であるのではない──個別物件

わたしの内でのこのものにとして──相対的総体性──かぎりのない前進

わたしの特殊性におけるわたし──また普遍──

a）道徳的立場で行為がなされるべきである──

【443（265）】A）わたしは，外的状況に相対しているべきである──形式的立場──

B）法則は，わたしと外的状況に相対しているべきである──世界──内容に満ちていて，わたしの目的であるべきである

法則であるものはわたしにとっても法則であるべきであり，わたしが承認するべきである。

実体は現実においては第一のもの──家族，愛国主義的生活　国家　最初は──そこから現実においてやっと現出した，法と道徳性の観念的契機──この自覚的に自由に歩み出た──人倫的生活の解体の時代に　人倫的生活の場面で──ソクラテス的　ストア的　道徳性──芸術，学問のように──極，主観性における生活

世界は精神に忠実ではない──ドイツやフランスにおける道徳性──理性は現在に満足しない──理性の純粋な欲求は満たされない──

善の理念──目的──特殊から分離されている──内的で二重化されているα）主観的意志 β）意欲──外的なもの

立場の道徳性一般，──それに従って個人が己れを配慮する当のもの a）個人の福祉──福祉自体はその際に存在すべきである b）個人の心構えの善──個人の義務を知り，認識し，義務を格率にする。

善それだけでは，──もはや法そのものではない　もはや恣意でもなく，特殊なものの偶然性でもない──むしろ自己自身の内で規定されているべきである──

【445（265）】［第417節をめぐって］

人格的──主観的自立性──まさにそれによって有限性と意識──

当為

道徳性──α）直接的特殊性，──意識の立場──自己と世界への分離──わたしはその点で行為　β）目的の内容 αα）もっと特殊──世界に対して ββ.）

432 補 遺

もっと普遍的——αα ββ) 相互に |

【447（266）】[72)][第418節をめぐって]

同一的なものとしての自我に対して——自体的にも対自的にも——無として——主観性の無を自我が否定する

形式的矛盾——主観性と客観性との

目的——A) わたしはわたしを外的状況に相対して主張する B.) 展開する——自我，内容——わたしのものの理性法則，特殊的欲求の自我；自然——世界は個人と正当に関係しながら法則と同一であるべきである——

[第419節をめぐって]

行為者は分離の立場に立つ——〔つまり〕知と意欲との

行為は本来人間に相対しているだけである——人間的諸目的 関心；諸目的に即して世界

死なせること

行為〔は〕形式的なもの〔である。〕

だが内容——主観性の区別——心構え，特殊性——福祉，

死なせること——および殺人

状況の知〔は〕外的現実を隠し——わたしに対して自体とは別様に現れる——〔たとえば〕オイディプス，——英雄たち——自らの罪責のための英雄の所為

罪責——帰責——罪の法的転嫁

心構えにおいてかどうか——法律の知見——酌量減軽事由——瞬時の思いつきか意地悪か——前もって犯された犯罪から

---

72) （クロノロギー注）四つの層が，原稿266頁では別々になっている。基礎（Ⅰ）[a]つまり基礎層の増補群で，それらは，必ずしも基礎層との区画がきっちりしているわけではないが，ことによるとなお自己内で変容された固有の層（Ⅱ）[b]を形成する。およびそのつどいくつかのわずかなメモ群が付いている二つの層（Ⅲ[c]とⅣ[d]）。筆運びのいくつかの類似点が基礎層（Ⅰ）と265頁の第Ⅲ層の間にあり，他方，第Ⅲ層は264頁の第Ⅳ層と一致する。当該頁メモ群とヴァンネンマン筆記録の解説との間にも一致があるとはいえ，261頁から264頁までのメモ群の場合ほどのようにはっきりと刻まれているわけではない[e]。

a 上記 GW13,447,1-3,447,16,447,20-21,447,26-449,1,449,8-10 および 449,16-17 を見よ。

b 上記 447,17-19,447,3-6,447,9-14 および 449,11-15 を見よ。

c 上記 447,4-7,447,8-9 および 447,13-15 を見よ。

d 上記 447,10-12 および 449,18-20 を見よ。

e 参照：447,3-9 および『ヘーゲル講義録原稿選集』第1巻，64, 131-139,447,17-19 および同書 64,152-65,161;447,20-25 および同書 65,163-177,447,26-27 および同書 67,244-250

(A) 『エンツュクロペディー』C. 精神哲学についてのメモ　　433

道徳性　契機一般　主観性　自前の心構え　信念　思いつき　自前の意志：自我自体——疎遠なものでない

行為〔は〕——目的内容に従って——α）より一般に特殊な福祉と幸福　β）善一般

【449（266）】〔第420節をめぐって〕

α）絶対義務〔とは〕——わたしの思考によって形式的に規定されているものとしての善〔であり〕，特殊内容そのものが規定根拠であるべきというわけではない——というのは，〔それは〕主観性と客観性との統一だからである——たんにわたしに対しての存在であるだけではない

α）わたしは行為しなければならない——β）内容〔は〕——本質的な〔内容であるが〕——まず主観的〔内容である。〕

善は，理性にとって意志に絶対的に適合している当のものである。普遍性〔は〕：特殊性ではない。わたしの内でわたしの本質性に従って〔いる〕

実践的——理性〔とは〕——自己内で——理性自前の普遍と本質性〔であり〕——理念を自己内に見出す，究極の拘束力〔であり〕——自由についての純粋思考〔である。〕——

（最終の）究極目的〔とは〕：理性の無制限な無制約状態にありながら自己を知り自己規定する理性〔であり〕，——だが，同時に主観的〔であり〕——実現されるべきである——〔それは〕カントの実践理性の偉大さが自己内で絶対に自立しているという意識に達すること〔である〕。

善にはまだ詳しい内容がない

本当の内容には客観的分肢〔がある〕——自己自身を忘れる——義務にはその位置がある——

〔第420節。——三つの契機は自立している，——また〔三つの契機には〕本質的同一性〔がある〕——〔それは〕概念において〔である〕｜

〔α）〕〔善は〕絶対的なものとしてわたしに対して存在すべきである

自我は善に適合すべきである

【451（267）】[73]〔第421節をめぐって〕

────────────

73）（クロノロギー注）原稿267頁の基礎層（Ⅰ）[a]は，266頁の基礎層と字面では一致しており，基礎層とそれへの補足（Ⅱ）[b]は266頁の第Ⅱ層とそれに対応する第Ⅰ層との関係と等しい関係にある。当該頁の最終メモ（Ⅲ）[c]は筆運びでは265頁の第Ⅲ層と一致する。

a　　上記 *GW*13,451,1-8 および451,11-17を見よ。

b　　上記451,4-5 および当該行校訂注，451,8-10（「洞察」から始まるとともに）およ

434 補 遺

β）善はそのように目的である，——主観的抽象体——〔善は〕意志によって
絶対的に現実である——〔その現実とは〕知性としてのまた恣意としての主観に
おいて同じ主観を目的にすること〔である〕——あるいは目的にしない〔ことで
ある〕——主観はこのような恣意であり，恣意によって，世界の究極目的は達成
される——〔それは〕衝動にそのまま与えられた目的に相対するように〔であり〕
——考えられたもの 普遍，法則に相対する〔ようにである〕——善悪の認識

善はこの主観自前のものであるべきである——〔その自前のものとは〕洞察，
理論知〔である〕——自体存在するものとして——しかもわたしの自体存在する
ものをわたしの理性と同一として認識し，それに包摂する——そもそも——

自己を善へ規定する意図——自己のものとして

［第 422 節をめぐって］

γ）意志におけるものとしての善〔とは〕——具体的なもの〔であり〕，自己規
定〔であり〕——実体的〔であり〕——内容〔である〕——〔そこでは〕普遍が
己れを特殊にする——

［第 423 節をめぐって］

諸義務はさまざまである——各々が善〔であり〕——義務や絶対当為という述
語による抽象的普遍〔である〕——しかし，ここではそれらの内容は有機体制を
まだ欠いている——諸衝動のように——自然に善〔であり〕，それらは存在する；
ここでは，存在は考えられていて普遍的なもの〔である〕。

［第 424 節をめぐって］

それの関心と福祉は，この主観としての特殊性〔においてある〕——主観の実
在性〔つまり〕現実性は本質的契機〔ではない〕—— |

【453（268）】[74]［第 425 節をめぐって］

善良な人のゆえに報いる〔ことは〕——幸運〔であり〕——功績〔である〕
——悪人からするとうまくない〔ことは〕——正義〔であり〕——それが

　　　　　び 451,11（たぶん「かれのものとして」だけ）を見よ。

　c　　上記 451,18-19 を見よ。

　74）（クロノロギー注）原稿 268 頁の第 I 層 [a] は，266 頁と 267 頁の両基礎層と一致し，
当該頁の第 II 層 [b] は，266 頁と 267 頁の両第 III 層と一致する。

　a　　上記 GW13,453,1-2 を見よ。

　b　　上記 453,3-5 を見よ。

（A）『エンツュクロペディー』C.　精神哲学についてのメモ　　　435

ということで満足するかどうか

［第 426 節をめぐって］
　この矛盾が解消される場は，否定的無限性としての，威力としての形式的主観
である，──〔その主観は〕もっぱら自己と同一である──〔しかし〕具体的で
ない，というのは，諸契機はさらに自立している〔からである〕｜

【455（269）】[75)]［第 427 節をめぐって］
　道徳性〔は〕──わたしが特殊だという意識〔であり〕，──卓越性を選択す
ることなので──功績〔であるが〕──道徳的虚栄〔でもあり〕──わたしは法
則を支配する支配者である〔ので〕──悪〔でもありうるのであるから〕──人
間のための法則〔であって〕，法則のための人間ではない。
　善悪の認識〔は〕──この〔善悪の〕分離〔でありながら〕──自体的に普遍
的知〔であり〕──積極的〔である〕──あるいは，わたしが特殊でありながら
わたし〔は〕──否定性〔である〕
　自我の最高の収縮〔は〕──まったく抽象的でまったく純粋な判断〔であり〕
──善悪の認識〔である〕。モーゼ流の神話[76)]──意識への人間の覚醒
　目的と目的の揚棄〔であるから〕──悪が必然である──〔悪とは〕存在すべ
きではない〔ことである〕──だが，否定性は存在すべきである

───────────
　75)　（クロノロギー注）原稿 269 頁のメモ群のごくわずかな部分だけが基礎層（Ⅰ）[a]
に属する。当該頁の残りのテキスト層にあってはより確実な切り分けが可能ではない。なぜ
ならば，小さめの文字サイズにあっては筆運びを決定する徴表確定はますます困難になるか
らである。少なくとも四つの層がなお決定される。層（Ⅱ）[b]──その下書きの際にヘーゲル
は，当該頁での記述のために比較的多くの場所を利用した──次の層（Ⅲ）[c]そこでヘーゲル
は同様にほとんど圧迫されることなく残りの場所を自由に処理している──次の層（Ⅳ）[d]そ
れは，メモにおいてだけ把握できるように見える──そして層（Ⅴ）[e]それの簡潔な運びは，
なお残っている空白を次々に書き込んで生じた。第Ⅴ層にまとめられているメモ群がすべて
等しい生成局面（新挿入文によって中断されているかもしれない）に属しているかどうかは，
決定できない。というのは，筆運びで認識できる違いは，区別されるテキスト層を暗示する
場合があるからであるが，とりわけ余白の不足にも起因するかもしれないからである。
　　a　　上記 GW13,455,5-11, 455,20-21 および 457,1-2 を見よ。
　　b　　上記 455,12-16, 457,5-15 および 457,19 を見よ。
　　c　　上記 457,20-22 および 459,2-7。457,22-25 の位置はたぶんこの層にあるべきであ
　　　　る。なぜならば，ヘーゲルは，次の層の行を方向づける際に当該メモ群を考慮し
　　　　たからである。
　　d　　上記 453,12 を見よ。
　　e　　上記 453,2-4, 455,17-25, 459,1 および 459,8-22 を見よ。
　76)　（原注）『出エジプト記』第 2 章，第 9 節以降を見よ。

436 補 遺

外面的必然性は決定ではない──個々のあれこれの人は，その人の特殊事象であるかどうか──人間が事象を現実化するかどうか〔は〕──人間の恣意〔であり〕──本性的には悪〔であり〕──外面上の遺伝的疾患ではない

苦悶は感覚する自然の特権であるのと同様に──知る自然の悪〔である〕

現今人間は悪ではなくて，むしろ偽善者であり，災難時にもかかわらず下劣なことをする良心をわきまえている。理由は人間の意志ではなくて，非難されるべき意図である。

善〔は〕──存在のように抽象〔であり〕純粋否定性である──かぎりない確信〔である〕

極が自由になること〔は〕純粋主観性〔であり〕，自己内で無限的〔であり〕──個別性〔である〕──悪は自然では自己外に存在する理念である──最高の自己内反省としての個別性〔であり〕，知および排除する仕方でも意欲〔であり〕──自然の最高の尖端〔である〕

【457（269）】〔第 428 節をめぐって〕

正義の人にはいかなる法律も与えられない[77]──良心〔が与えられる〕──〔良心では〕本当に真理は存在する

善悪〔は〕相互抽象〔であり〕──悪〔は〕個体性の原理〔であり〕──知〔である〕

禍の根源〔は〕，──歴史記述的仕方では存在しない──そうなれば，禍の根源は偶然ではないであろう──禍の根源についての神話が禍を偶然のように表象するが，むしろ，〔禍は，〕永遠の仕方で存在する──概念によって〔であり〕──必然的ではないが──自然で外面的な必然性〔である〕──〔禍は〕他者によって決定されている──個々の悪〔は〕──存在せざるをえない：決心，正当化──むしろ，悪は，自由のうちにある──悪は行為であり，各人の罪責である──あれかこれかということを問うな──あるいは，あれこれの行為は，その特殊性に従って存在する──むしろ理念において〔問え〕──（そのようにして戦争は存在せざるをえないが，〔それは〕あれこれの戦争の正当化ではない）──かくして精神は分裂〔であり〕──自己をつかみ，自己を規定する──知性は自己意識一般〔である〕──自己意識一般の分裂は，知性の最高の主観性において〔ある〕

悪の自己内解体〔は〕──自然のもとで──意志を固持するが──しかし自己内同一〔であり〕──最高の同一性〔である〕

77）（原注）『テモテへの第一の手紙』第 1 章第 9 節を見よ。

（A）『エンツュクロペディー』C. 精神哲学についてのメモ　　437

理念つまり自体存在は必然である

自体存在は理念でありながら――しかしさらに次の二重化されたもの〔である〕

α）精神〔は〕――普遍の知〔であり〕意欲〔である〕）β）個別性の自然〔は〕――自然によっては善〔であるが〕精神に対しては悪〔であり，つまり〕自己を，精神が存在すべきであるようには存在しないものとして考えることになる――精神が悪である。〔つまり〕別の形式：有限な精神〔である〕――精神なるものは契機である：この点を固持し，克服しないと〔精神〕は有限なもの自身の事柄に他ならない――それは精神は自由だからである――そうであれば，有限性一般の形式は不可解事ということになるであろう

【459（269）】無垢〔は〕：悪を克服した魂の純粋さ〔である〕，――

魂〔は〕身体〔に関わる〕――意識〔は〕客観〔に関わる〕――知性〔は〕意志〔に関わる〕――意志は――α）普遍性〔であり〕自由である――普遍性の知は普遍性の意欲〔である〕――〔普遍性の意欲は〕普遍性を己れのものとして規定する――最高の反省は恣意〔である〕β）否定的な自己関係〔が〕――個別性〔である〕――己れの個別性の知〔は〕――己れの決意の〔知であり〕――純粋確信〔であり〕――己れの個別性を目的とする――個別性は個別性と同一〔である〕――〔そのような個別性〕は，必然性としての存在である

a）悪一般が悪の原理でなければならない――〔悪は〕自由において〔ある〕――悪の起源〔は〕――神のうちに悪魔を概念把握する〔ことである〕――理性的洞察〔は〕――そもそも知〔であり〕――啓示は疎遠なものではないb）悪が現実に存在せざるをえないのは，定在だからである――道徳性によって定在は悪になった――〔悪は〕発生する――〔悪は〕意志の直接的個別性つまり自然〔である〕――人間は自然の中に存在する，それは悪である――悪が不正であると知りながら，やはり悪を為し，悪を欲するならば，悪は率直で自由である――二様の悪〔がある〕1）自然素質から〔ということと〕2）意欲を持続させる〔ことである〕――したがって，必然的に悪から出発する：自然素質からくるすべては悪〔である〕：〔それは〕すべてにおける衝動〔である〕c.）しかし，この個別的人間は悪でなければならない，つまり，自然素質ということで持続する――α）〔自然素質は〕むしろ悪であるべきではなくて，むしろたんなる自然意欲（復讐）などを超えて高まる　β）〔それは高まら〕なければならない――個別者として，〔個別者は〕外的規定，粗悪な教育，誘惑，刺激などを意味するが，その意志において自由〔である〕γ）人間が反省から自然素質，善，恣意を理解するならば，――人間が悪かいなかは人間の意志にすぎない――神の意志が適切かいなか〔は〕――自由〔と〕主観〔との〕――絶対分裂〔である〕｜

438　　　　　　　　　　　　　補　遺

【461（270）】[78)][第 429 節をめぐって]
それは，自己を揚棄する形式主義である——
普遍性〔は〕α）自体的〔である〕；主観的で個別的なものとしてわたしによって設定されているだけではない——β）むしろ存在としての普遍〔である〕
形式的善行はそれ自身のもとでの存在である，つまり，自立性〔である〕——それ自身のもとでだけそれから区別されている自立性〔であり〕——無限な自己媒介〔である〕
善には内容がない——というのは，内容〔が〕形式と自己との同一性〔だからである〕——ここでは，自己内存在する意志の実在性に対する対立〔であり〕——善についての話達者〔だと〕——道徳的人間は思っている，——世界は，絶対的究極目的が完遂されているということで道徳的人間を待望している——〔それは〕絶対的究極目的が完遂されているという経験〔であり〕——それは，一般的にあるように善であるということ〔であり〕——というのも，その経験はその対立において揚棄されているからである——〔それは〕純粋に自己内存在する特殊性〔である〕——善は実現されている——〔善は〕認識させる——活動してその人が創出するのは，その人の主体性，その人の目的の否定である——〔その人は〕知性へ戻る——絶対的なものとしての究極目的は現にある——〔その人は〕自らの位置だけをその点で規定する形成陶冶や教育を善に還元する——〔その教育は〕服従〔である〕
理念〔は〕——（悪と同様に）良心〔であり〕意識のもとでの媒介の揚棄〔である〕。
善には，ここでα）内容がある——〔善は〕分岐していて，自己内で規定され

――――――――――――
78）（クロノロギー注）当該 270 頁のメモ群は，当該頁の字面が規定する四つの層の一つにまったく組み込まれるというわけではない。当該頁の半分以上弱が相互に入り組んでいる二つのテキスト層（Ⅰ[a]とⅡ[b]）によって占められている。当該頁の短めの下半分は，同様に重なり合っている二つのテキスト層（Ⅲ[c]とⅣ[d]）のメモ群を含んでいる。筆運びから推測されることは，当該頁上半分の行間補遺群の位置は第Ⅳ層ではないか，ということである。第Ⅰ層は，以上の層の内最古の層として見なされてよい。それに対して，第Ⅱ層と第Ⅲ層相互の時間的関係は，269 頁のテキスト層との現存する類似性を振り返っても一義的に決定されえない。当該頁の第Ⅱ層は，筆運びから見て第Ⅱ層との一致を示している。また，第Ⅲ層は 269 頁の第Ⅳ層との，第Ⅴ層は 269 頁の第Ⅳ層との類似性を示している。それに対して，第Ⅰ層と 269 頁の第Ⅰ層も関連している。
　a　　上記 *GW*13,461,7-8, 461,11-15, 461,19 および 461,19-22- 463,2 を見よ。
　b　　上記 461,1, 461,4-6, 461,9-11,461,19-22 および 463,2-7 を見よ。
　c　　上記 463,13-14（「人倫」まで）および 463,22-465,5（「反省されたもの」まで ;）を見よ。
　d　　上記 463,13-21,465,5-11 および 463,8-11 を見よ。
　e　　上記 461,2-3 および 461,17-18 を見よ。

（A）『エンツュクロペディー』C．精神哲学についてのメモ　　　439

区別された全体〔である〕──〔善〕は実体として内容たりうるのであり──主観性と客観性との統一〔であり〕──〔善は〕確固とした実体的基盤であり，そこでは概念がその契機を分離しながら，存続させる場〔である〕──

〔C　人　倫〕

［第430節をめぐって］
　自己意識は自体的に理性になる──ここで，自由なるものは，自己を対象としながら，自己を自己から規定する──理性の知は主観的確信ではないし，知性でもない──〔理性の知は〕むしろ，意志ということで自らの主観性を揚棄するのであって──したがって，客観的に自らの主観性から純化された意志〔である〕──したがって，意志は，その点で意識の対立項として自己自身と同一である──自然本性〔は〕α）知性と自己規定に対しては【463（270）】意志の所業〔であり〕──意志の法則を満たすもの〔であり〕──自由の媒介〔であり〕──あるいは有限性〔であり〕──法と道徳によって：揚棄されており──無媒介の定在〔であり〕──そして純粋な自立存在〔である〕
　普遍的魂〔は〕──実体〔であり〕単純な本質〔である〕──しかし，普遍精神として。
　もっと高次の満たされた法〔であり〕──抽象的善ではない──その主観性が捨象されているので
　ここでは，法は現実である──同様に道徳性〔もそうであり〕──自由の概念〔である〕──所有　人格性ということで普遍意志〔であり〕現実的権力をもつ意志〔であり，つまり〕権力が，その意志に支配されている──諸義務はここでは客観的である
　法と道徳は観念的両契機〔であり〕──〔それらが〕現実に存在するのは人倫の手前でではない──むしろ，現実に存在するのは，最初は，具体的全体つまり実体〔であり〕；その実体において，その実体からやっと展開されるのであり──ばらばらになる〔のは〕──成人としての子供，下僕，奴隷〔である〕──国家は，家族ないし種族から始まるのであり──共有財産つまり何ら私有財産ではない──同様に道徳性それだけでもない；この良心，服従，親しみ
　だが，その点でも──悪くも行為したり，善く行為したりする，──男性，家族，財産各々には何か自前のものがあるが，いわば特殊なものとしては，私有財産の普遍原理ではない

440 補 遺

　主観的精神の〔原理は〕——〔また〕自然に欲する者の〔原理は〕——諸衝動と諸傾向〔であり〕：——今や特殊性〔である〕——しかし悪としてではなくて，存在，自然性，は善自体の普遍性〔である〕：だが，むしろ，精神から現出するが，自立していない

　【465（270）】意欲の世界——習俗は意欲された世界〔である〕——〔その世界は，〕個別者のものではなくて，すべての人々にとっての普遍精神の所産である——問い：カリブ人が食人種かどうか——人間一人一人が今日もっと善良かどうか——〔それは〕習俗にすぎない——特殊に意欲しているときの個々人——

　外国人の名前の道徳性〔は〕——たいてい反省されたこと〔である〕：習俗は形式的〔であり〕，〔習俗の〕外的普遍妥当性は思い込みや習慣ということで通用するものである——しかし，たんにこれ〔は〕，人倫的なものであるというだけではなくて：完璧に理性的〔であり〕——自由〔であり〕——人倫的なものの発展〔である〕思弁的なものはここでは意識ということで現実に存在する——

　道徳は反省〔であり〕——法と概念は無媒介ではなくて——むしろ無媒介性の揚棄によって〔存在する〕｜

　【467（271）】[79)]〔なお第 431 節をめぐって〕

————————————
　79）（クロノロギー注）原稿 271 頁の最初の三つのメモ群に一致するのは，まったく九割方同数の異なるテキスト層（Ⅰ[a]，Ⅱ[b]およびⅢ[c]）である。第Ⅰ層は，268 頁の第Ⅱ層と一致し，したがって，266 頁と 267 頁の第Ⅲ層と一致する。青インクをこすったかぬぐい取ったメモ（Ⅲ）は，比較できるインクで書かれたメモ群に属しているかもしれない[d]。第 433 節に組み込まれたメモ群では，三つのテキスト層（Ⅳ[e]，Ⅴ[f]およびⅥ[g]）を区別できる。たぶんそれらは，それらの層の特徴の順序で下書きされている。これらのテキスト層と 270 頁のテキスト層との対応は，はっきりとしている。第Ⅳ層，第Ⅴ層，第Ⅵ層は筆運びではそれぞれ 270 頁の第Ⅱ層，第Ⅲ層，第Ⅳ層や 269 頁の第Ⅱ層，第Ⅳ層，第Ⅴ層と一致し，それ以上に 261 頁のテキスト層群との類似やそれに続く諸一致[h]が明らかである。ヘーゲルは，第 433 節のメモ下書きを，第 432 節の中間部と向かい合わせに始めていることから，ある程度確実に結論となるのは，ヘーゲルが多少長いメモの複合体を書くことを計画していたことであり，その場合，確かに関連し合っているわけではなくて，わずか二つの新挿入文を付けて行われている。ヘーゲルは，このメモ群で始めながら，『エンツュクロペディー』へ人倫的実体の区分と叙述を引き受ける。それらも，ヘーゲルは，自然法と国家学に関するヘーゲルの最初のハイデルベルク講義でヴァンネンマン筆記録の証明から講義した。第 73 節から第 88 節までの家族に関わる対応筆記録[i]節と第 89 節から第 101 節までの市民社会とりわけ欲求の体系を論じる最初の筆記録節とのはっきりとした内容上の一致によって，次のように推測できる。ヘーゲルは，等しい原稿を手掛りにしてメモを片付けたし，その原稿にヘーゲルは講義の間依拠していた。（ヘーゲルは，この概念展開を最初は第 433 節メモに起草して，次に自分の講義原稿でさらに詳述したことはあいまいにされえないのである。そこで想定されることは，ヘーゲルは精神哲学のメモ用紙を綴じ込ませた私家本で初めて，どこにも計画された確証にないエンツュクロペディー講義の準備をし，最後に自然法講義の準備をしたことで

（A）『エンツュクロペディー』C. 精神哲学についてのメモ　　　441

わたしが決定者であるのは反省によってではない，——むしろ，正義である当のものである，——それは存在し，永遠に存在する。

［第432節をめぐって］

無媒介の個別者としての自然個別者——というのは，一切の契機は展開された全体存在としての自然個別者に起こるからである

欲求，法的，

法——形式においてではない

ある。あるいは，ヘーゲルは両方の講義については並行してかあるいは少しずらして仕事をしたことである。）1817/18 年冬の日付記事から算定されることは，ヘーゲルは 3 月上旬あたりには第 433 節を論じるに至ったとして差し支えないし，他方，自然法・国家学講義では第 73 節から第 101 節までに至る講義を当該冬学期中頃前には開始したであろうことである。当該講義原稿が該当冬学期始めにはまだ仕上がっていなかったときでさえも，1818 年 2 月下旬には該当節下書きはできていたであろう。上記で暗に推測されたことが当たっていれば，261 頁メモ群をめぐって上記にすでに詳論されたように[j]当該メモ群の執筆時期は早ければ 1817/18 年冬であるが，無論 1818 年夏あるいは 1818/19 年冬にまず生じたこともありうるともほぼ確実に想定される。

a　上記 *GW*13,467, 1-2 を見よ。

b　上記 467,3-5 を見よ。

c　上記 467,6 および当該箇所校訂注を見よ。

d　これは，青インクで書かれメモ用紙を綴じ込ませた私家本に現れるメモ群の最後のメモである。次の表では，そのようなメモ群のすべてがまとめられている。その際に以下の表の上部と下部は，筆運びからは密接に関連し合っている層群を含んでいる。

綴じ込みメモ用頁	テキスト層	挿入メモ用頁	テキスト層
209	Ⅲ	222	Ⅵ
232	Ⅴ	223	Ⅲ
252	Ⅲ	225	Ⅲ
258	Ⅰ	226	Ⅲ
271	Ⅲ	227	Ⅲ
220	Ⅳ		

e　上記 467,7-469,3（「相互に」まで）を見よ。

f　上記 469,11（「商業」から）を見よ。

g　上記 469,3-9（「踏み出してゆく」まで）および 469,12-15 を見よ。

h　上記 666f. を見よ。

i　『ヘーゲル講義録原稿選集』第 1 巻，90, 277-112,8 および 112,10-128,526 参照

j　上記 666f. を見よ。

　　　　　　　　　　　　　　　　補　遺

　　〔第433節をめぐって〕
　　〔第433節。a）無媒介で自然な実体は家族である——したがって〔家族員は〕
感覚形式ということで一つの人格〔であり〕——愛，信頼〔は〕——個別人格が
その実体性を全体においてもつという心構え〔である〕——ラレス〔古代ロー
マの家・道・畑・四つ辻などの守護神たち〕　ペナーテン〔古代ギリシアの家神〕
——精神〔は〕一つの同一性〔である〕——配慮，善，資産〔が〕——関心〔で
あり〕——法的人格性は揚棄される——法は法形式つまり人格対人格においてで
はない——婚姻——愛と信頼において人格を確認すること——これは結びつきに
とっての人倫的なもの〔である〕——〔婚姻には〕情念や特殊な好みが偶然であ
ることおよび顕著な結びつきについての理性的統一〔がある〕——婚姻は純粋な
自然ではなくて市民契約である——〔婚姻は〕なるほど両人格の特殊的同意から
出発する——というのも，好みという個々の問題ではなくて——義務としての本
質的結びつき〔だからである〕——〔婚姻は〕むしろ法人格であることを揚棄し
——両人格が財産を特殊財産と考えようとするかぎり契約の側面は特殊財産に関
わる——主要には家財保持をめぐっている——人には性向がある——しかし義
務，家族，財産〔もある〕——特殊傾向——人倫的なもの——〔婚姻では〕普遍
的な両性〔が問題である〕
　　——それゆえ婚姻は宗教的〔である〕——家財の共有性〔は〕相続〔である〕
——両性の区別の人倫的意味〔については〕α）妻〔は〕家における家族責任者
〔である〕——家において夫がもつ人格性の側面——敬愛——〔竈の神〕ウェス
タの祭司——β）外面なこと一般に介入するには夫〔がいる〕
　　子供の教育〔については〕——家族の解体〔は〕——子供を自立させる〔こと
であり〕——特殊〔であり〕——実体的統一の解体〔である〕
　　【469（271）】b）欲求の体系〔は〕——市民社会〔にある〕——α）農耕身分
——β）商業〔では〕——相互作用〔がはたらき〕，万人の欲求相互の絡み合い
〔である〕：〔市民社会では〕個々人すべての実体は，万人の労働と欲求に立脚し
て〔おり〕——必要と必然性の領域〔である〕——各人が各自で享受する当のも
のを取得する〔のであり〕，配慮〔は〕それだけでは，利己心の諸目的〔である
が〕——自体的には万人への配慮に転換させられる——β）普遍性という見せか
けは分業であり——〔それは〕産業の偉大な原理〔であり〕——具体的な手段に
関する抽象〔である〕——作業が同型であること——人間が結局もどってきて，
機械は脇へ置かれる。——商業
　　γ）欲求を考慮してまとめられた普遍体系〔は〕——法的領域〔であり〕——
司法制度〔であり〕——役所（Polizei）〔であり〕——外面国家の危急〔である〕

（A）　『エンツュクロペディー』C.　精神哲学についてのメモ　　　443

政府の強制力，普遍に関与することなく私的なことへ還元する——立憲政治
〔は〕市民社会が発展したとき唯一可能な体制〔である〕
小民族では愛国主義的民主主義〔がある〕 |

【471（272）】[80)]〔第 434-435 節をめぐって〕
衝動
形成陶冶〔は〕，——形式的普遍の熟練〔である〕——どの内容・目的をめぐっ
てか——真に人倫的な目的——〔その目的は〕なぜ，ここでは確固として反省に
よって解体されない目的なのか——わたしが，別の側面に対置できるのは，何ら
かの一方の側面でしかない——ここでは，それらの側面は実在的に区別された
人倫的実体〔であり〕——わたしが，別の側面を対置するのではなく，α）〔実
在的区別は〕理念に規定された区別〔であり〕β）自己内で全体性は実体的〔で
ある〕——道徳性〔については〕——わたしの使命・良心が肝心であるかのよう
に，わたしは，対立しながら絶対的である——道徳の先入見はもっぱら争いにお
いて〔あり〕——到達しえないものにおいて〔あるいは〕——個別において〔あ
る〕——〔それに対して〕人倫的人間は争いなしに存在する——

〔ここでは〕存在〔は〕——無媒介性・偶然性〔であり〕——幸運と不運〔で
あり〕——自己内に理性はない〔が〕——それは存在する

〔道徳的人間は〕目的を自己から立てるだけではないし——理屈をいうことで
〔道徳的〕人間ができる——存在すべきである〔が〕——不幸あるいは不満足で
あるべきでもない。——それは存在すべきだったという歎きや反省もない——存
在するわけではなくて——むしろ何が為されるべきか？　そうでなければ関心は
ない

---

　80)　（クロノロギー注）四つのテキスト層が原稿 272 頁では区別できる。層（Ⅰ）[a] は
字面では正確に 271 頁の第Ⅱ層[b] に一致する。大きな類似にもかかわらず，以上の最初の層
（Ⅰ）からは，次の層（Ⅱ）が取り去らなければならない。第Ⅲ層[c] と第Ⅳ層[d] は 271 頁の
第Ⅳ層，第Ⅴ層そして第Ⅵ層に一致する。とはいえ，第Ⅳ層と第Ⅵ層の間のような差異は当
該頁の第Ⅲ層にははっきりとは認識できない。第 436 節に対する 1817 年 3 月 19 日[e] という
日付事項の位置からすると当該日付事項が当該頁の残りのテキストよりも早く書かれたか，
遅く書かれたかは確実には決定できない。テキスト層考察からの所見からと，ヘーゲルが
1826/27 年冬にはもはや補遺をメモしていない[f] ことが大いにありそうだという前提からする
と，当該日付記事は当該頁メモよりも新しいとして差し支えない。
　a　　　上記 *GW*13,447,13-16 を見よ。
　b　　　上記 473,4-6 を見よ。
　c　　　上記 471,1-12 および 471,18-473,3 を見よ。
　d　　　上記 473,7 を見よ。
　e　　　上記 473,8（脚注 1）を見よ。
　f　　　上記 640 参照。

444 補　遺

善は普遍目的である――

その目的へ自己を高める〔とは〕――従順にしながら――主観性を自己内で抹消する〔のであり〕――その人の魂を魂の墓にすること〔であり〕，――魂を自己内に閉じ込める〔であり〕――わたしの主観性に打ち勝つ――つまりわたし自身に対する強さ，わたしの感情，反省に対する強さ〔である〕――起こるかどうか――関心を引く仕方で受苦によって嘆き悲しむに値するようにはならない

――わたしはわたしである誰かであり続ける――最悪〔なのは〕憐憫サルベキ人物（persona miserabilis）である場合――

稲妻が轟いたり――種子が腐ったりするのは――神の何ら罰ではない――正当なのか不正なのかではないのである――船の沈没――死を愛する人間

【473（272）】――〔非理性的運命では〕有用の代わりとなるいかなる慰めもない〔が〕，わたしが向上するためには有用である――ここに理不尽な運命〔があるし〕――英雄たちが存在する〔し〕：単一の向き〔がある〕――わたしはぐらつかない〔し〕，自尊心をもって自己を大事にする――つまり，そうでなければわたしは分裂する

自然契機〔としては〕――徳における――特殊な個体性〔があるし〕――個々の人倫的側面での卓越性――正義，節度，おおらかさ，気前のよさ，勇気，穏和など

道徳的義務〔としては〕：人倫的側面〔や〕，諸徳[1]〔がある〕　|

1　左側欄外下に 1819 年 3 月 17 日

【475（273）】[81)]〔第 437-439 節をめぐって〕

81）（クロノロギー注）原稿 273 頁に関しては，テキスト第Ⅰ層とテキスト第Ⅱ層相互の区分けは確実にはなされえない。なぜならば，ヘーゲルは，下書きの際には明らかにそのつど非常に使い古されたペンを使っていたからである。筆運びの認識可能な変更も，作業局面内部でのさまざまな新挿入文に遡るかもしれないが，これらの挿入文もまた確実には決定されえない。この不確実性を考慮すると想定すべきは，第Ⅰ層に属するのは，立憲君主制[a]メモと憲法[b]メモ冒頭であり，第Ⅱ層に属するのは，主要には直接に接続するメモだということである[c]。両層には，ヴァンネンマン筆記録では両者がかろうじて関連し合うテキスト対応[d]がある。また，第Ⅱ層の筆運びは前の 272 頁の第Ⅱ層との類似を指示している。いくつかのわずかなメモ群には，少なくとも二つの次層（Ⅲ[e]とⅣ[f]）を置くことができる。

a　　上記 *GW*13,475,19-23 を見よ。

b　　上記 475,1-5（「自治」まで）を見よ。

c　　上記 475,5-18,477,1-2 および 477,3 を見よ。

d　　参照：475, 22（キーワード：「小国における民主主義」）および『ヘーゲル講義録

（A）『エンツュクロペディー』C. 精神哲学についてのメモ　　445

37. 38. 39. 憲法体制〔は〕──所与ではなくて，自体かつそれだけで存在〔し〕
──成長〔する〕──α）決定する意志〔は〕──君主の強制力〔であり〕　β)
政府の強制力〔では〕──反省は一般的に特殊へ　γ）立法的強制力〔は〕──
普遍〔である〕

自治体〔は〕──下層に〔あり〕──陪審裁判所のようで〔あり〕──また裁
判の公共性〔のようであり〕──〔自治体の〕長たち〔は〕，多少教養があり，
知見豊かな人々，制限された見方から自由な人々〔である〕──

α）身分は政府に比して自立していない──長の圏域は身分の中項に〔ある〕
──国家の忠告──君主の強制力はなるほど自体的にはよりましなものである
──しかし，それだけでは，個々の人々の知〔にすぎない〕；能動的関与〔であ
る〕──関心のみが，その人があることを知り行うことのできる場〔である〕
──普遍に対して能動的でありうる場合に──そのようにしていたずらに愛国主
義を要求しながら──私人ということで存在すること──制限する──諸身分
〔には〕二重となる意味〔がある〕α）かつては税を引き下げその人たちの不平
に耳を傾けるため〔であったり〕β）一般的忠告として〔であったりする〕──
省庁の本領は以下の点で優位にある──〔つまり〕投票が，政治家　男性たちが
公的意味を伴うように施行される──かれらにとっては国家維持が第一である
──万人の知　臣民，畏怖，公的なものに対する服従としての全体が〔存続する〕
かぎり，万人は存続する

立憲君主制が唯一の理性的体制である　α）大国においても　β）市民社会制
度がすでに発展している場合にも

小国における民主主義
全体の関連〔は〕──習俗〔であり〕形成陶冶段階〔である〕
諸身分──特殊を考慮して〔おり〕──政治的なものへ──普遍的なものにお
ける関連〔であり〕特殊活動〔である〕

【477（273）】本性に従って必然である当のもの〔は〕──諸身分〔であり〕
──人倫的場面へ受容され──人倫的意味を普遍的に維持する──
そのようにして〔諸身分〕について相互に〔は〕；抽象として〔あり〕── 一

　　　　　原稿選集』第 1 巻 ,197,817-818, 475,19-21（キーワード：「立憲君主制」）および
　　　　　同書 199,857-864,475,8-18 ならびに 475,24-477,4 および同書 200,899-209,222 を見
　　　　　よ。
　e　　　上記 475,24-25 および 477,4 を見よ。
　f　　　上記上記 477,5-6 を見よ。

446 補 遺

つの統一ではない

維持――疎遠な関係―――なるものにおいて有機的ではない

哲学でも同様に憲法でも各人は思い込む，その点について語らなければならない――[1] |

1　印刷原本の左欄外に：憲法　わたしのノート

【479（274）】[82]

［第439節をめぐって］

形成陶冶に従って――諸身分とその仕事を配分する――

自由な組織制度の原理は，各領分がなしうる当のことを自身で為すことである。

いつも，命令する中心点にまとめられる〔ことは〕――人間は統治されなければならない〔ことであり〕――〔それは〕また普遍的意志に従っても〔いる〕

同業組合〔は〕――諸都市や郡〔を〕――管轄区域〔とする〕――共同体制〔である〕――各領分〔は〕――α）自己内で閉じられた圏域それだけ〔を〕――制限〔とする〕β）生活〔は〕全体への移行〔であり〕――全体の分有〔であり〕――すべての諸個人は，共同を分有する――政治生活――そうでなければ死――産業，技芸，学問――〔それらは〕自由精神がなければ無

各個人はすべて〔以下の〕三つの制度に所属し，この三つの制度は，すべて三つの特殊身分でもある――

α）法，陪審員，法廷――法廷の公開性　β）自治体組織制度　γ）自由な領邦等族――一方が他方と同じように必然；成人ではなく自治体案件についてではなく私権についてではない場合――前者のもとでのそれらの保証――国民精神ではない――そうでなければ，α）何ら精神ではない　β）精神は秩序づけられて現実に存在するわけではない――契約は粗悪な保証，――仲介者とはだれか？法務官？

君主が第一の行政官かどうか――概念――純粋主観性〔は〕個体性〔である〕――諸意志〔は〕――かつては占い〔であったり〕――鳥の飛翔〔であったりし

――――――――――――――――――――

82）（クロノロギー注）原稿274頁のメモの配置によって推測されるのは，三層（Ⅰ[a]，Ⅱ[b]，Ⅲ[c]）にテキストが分類されており，第Ⅱ層と第Ⅲ層はそのたびごとに多くなっているが，もはや見分けることができない層を，つまり新しい挿入文を含んでいることである。字面では，第Ⅰ層と第Ⅲ層は，〔前の273頁の〕第Ⅰ層もしくは第Ⅱ層と一致しており，第Ⅱ層は〔前の〕273頁の第Ⅳ層と明らかに類似している。

a　　上述のGW13,479, 2-3，および479, 19-20を見よ。

b　　上述の479, 4-12，および479, 21-481, 7を見よ。

c　　上述の479, 1，および479, 13-18を見よ。

（A）『エンツュクロペディー』C．精神哲学についてのメモ　　447

た〕──

［第 440 節をめぐって］
　組織制度は作為ではないし──制定されているのでもなく──むしろもともと
存在する──人倫的なものということで──それは永遠である──それは現実に
は自然強制力として現にある
　革命〔は〕，──体制変化〔であり〕──国民一般に許されるだけではない，
それは何ら問題ではありえない──もっと高次の自然権〔である〕──成功 α)
判明するときは，反乱，一揆，国家，不敬罪──【481（274）】その個々の意志。
──〔不敬罪は〕もっとも神聖なものでの犯罪〔である〕β) 国民全体が変化を
欲する〔場合は〕──革命にとりかかる──歴史ではいつも〔そうである〕γ)
革命〔は〕──習俗と硬直化した体制との矛盾〔であり〕──暴力として現れる
──内的〔革命と〕──外的〔革命があるが〕──それ〔革命〕が欲する当のこ
とを〔各人は〕知らないが──時が熟したことを知る
　個々のものとの関連では──〔革命は〕幾百万の小さい個々のはたらき〔であ
り〕抽象〔である〕

【483（275）】[83)［第 442 節 - 第 443 節をめぐって］
　各々の民族にはその気候に依拠した原理〔がある〕──民族の運命は民族の発
展〔である〕
　A）国家は国内，市民生活，国家の権威に応じる──平穏な存続，および特殊
的領域と私的な享受などの拡大，安定した財産，所得──国内の普遍的および特
殊的な一つの関心に従っている──普遍のうちにわたしの特殊〔がある〕──特
殊のうちにわたしはわたしの普遍性を直観する〔ことが〕──わたしの義務〔で
ある〕──そのかぎりで正義である
　B）国家は国外にも対応する──個人として〔は〕──所有物の揚棄，犠牲
〔がある〕──産業の苦境〔に陥ったり〕，全体が危機に見舞われた場合には，全

───────────

　83)　（クロノロギー注）原稿 275 頁の最初のメモは，特有のテキスト層（Ⅰ）[a]を形成
しており，その筆運びは 274 頁の第Ⅰ層の筆運びとよく似ている。他のメモの字面（特有の
層（Ⅳ）とみなされる例外まで[b]）は，ヘーゲルがいちばん始めにそのつど，最初の見出しを
配列の字体，もしくは最初の行（第Ⅱ層）[c]にならって書き留めており，また直接に補足部分
と拡張（Ⅲ）を書き込んだ。これらは筆運びの上で先行する頁の第Ⅲ層と一致しており，先
行する頁の第Ⅱ層はこの頁の第Ⅳ層のうちに一致が見られる。
　a　　上述の GW13,483, 1-2 を見よ。
　b　　上述の 483, 16-17 を見よ。
　c　　上述の 483, 3-5（「獲得」），483, 8，および，483, 18-19（「恣意まで」─）を見よ。

448 補 遺

体のための犠牲〔となる〕——〔しかし〕この危機は全体それ自体によるものではない——国外からこちらへ持ち込まれた必然性のみによるものと思われる——国家で〔は〕——宗教においてとは異なり——学の側に立って〔いる〕

エジプトのピラミッドの巨大な建造物に関して〔は〕——〔それは〕永続しており——不朽の賞賛に値する——〔また〕中世の教会〔に関しては〕——国家はこれらによる労力を要求することはできない

学問的機関，アカデミー——大学——特殊的個人は諸目的を目指しており，自分たちの特殊性は形成陶冶〔普遍化〕されている——

〔第444節をめぐって〕

国家の中で，形成陶冶はこの〔個人に対する〕否定性である——〔個人の〕そのままの気ままさを取り去ること〔である〕——形成陶冶された人は名誉があり，普遍的な成員である。全体の内としてのあるもの〔である〕

戦争の際に国家は支配力のある個体性として，戦中ではあらゆる人の直接で肉体的な力である，——個人〔は〕手段〔であるけれども〕——〔国家は〕消耗にさらされるような道具を退ける

【485（276）】[84]
〔第447節をめぐって〕

国際法〔は〕 α）国民が独立していることの承認〔であり〕——前者〔国際法〕は戦争で前提されている——表面的な普遍性〔であり〕——実際（defacto）論文〔『永遠平和のために』〕ではフランス共和制の承認〔がされている〕

永遠平和〔は〕[85]——教会の墓地の安息〔であり〕——十分に道徳的な思想〔である〕——特殊性の諸目的〔ということでは〕——〔具体的には〕幸福という本質的な諸目的〔であり〕——〔および〕善，個人〔があるが〕——もっとも人倫的な要求はなく，非人倫的な要求もない——〔各人が〕最高度に一致することもない

84）（クロノロギー注）二つのテキスト層（Ⅰ ª とⅡ ᵇ）が276頁メモ群となっており，これらのテキスト層の内，最初のテキスト層は，明らかに274頁と275頁のテキスト第Ⅰ層と同じである。

a 　上述の485, 1-3（「普遍性」まで）および485, 5-8を見よ。

b 　上述の485, 3-4および485, 9-24を見よ。

85）（訳注）ヘーゲルはカントの著作『永遠平和のために』をほのめかしており，この著作でカントは永遠平和の理念を墓地のイメージと関連づけている。イマヌエル・カント『永遠平和のために　哲学的構想』新増補版，ケーニヒスベルク，1796年，3頁，13頁を見よ。『カント全集』第8巻，343頁，347頁を見よ。487,6も見よ。

（A）『エンツュクロペディー』C.　精神哲学についてのメモ　　449

平和を目的とする国際連盟——この連盟に加入するかどうかはまさしく偶然〔である〕——〔それに対して〕他の諸国はこの平和を支配力で手に入れる手はずになっている——だが他の諸国のもとでは，ちょうど同じ程度に独立的〔である〕——

国際法の第一原則：この論文〔『永遠平和のために』〕ではもりこまれていなければならない——だが第一原則は，国家の独立存在，独立性〔である〕——この論文に違反する者は，普遍的な敵として扱われることになる——論文は実定的で合法的〔である〕——違反者の名誉と無限性を侵犯することができる。——しかしまだ他に多くの諸状況や諸関係〔がある〕——〔たとえば〕商売などは，私人間あるいは一般業務内〔である〕——諸国間で法の侵犯の結果として生じかねないのは，その際に，法の侵犯が戦争の動機と見なされると主張するか否かにかかっている——権力が諸国家の独立性の原理を本質的に攻撃するときに，主要な動機〔となるのは〕——諸国家と平和の交渉に入ることができない態度を表明する〔場合である〕——しかし程度〔があり〕——〔たとえば〕未開の諸民族〔は〕——諸国家として成り立っていない——

〔第 448 節をめぐって〕
3）諸国家の自覚的な目的としての，より高次の必然性

【487（276）】
〔さらに第 448 節と第 449 節をめぐって〕
a）どのように動物が相互に離れて〔いるか〕
b）相並んで止まっていることはない——自然の単調な運行
〔c）〕恣意
この第三のもの〔c）〕
どのように個別に対する有機的な類の過程[86]の中で——そのもっと高次の普遍的な本質——摂理〔がはたらいているのか〕——
　形式——世界史　絶対的正義——類が現れるという，個別に対する類の正義
　自然と世界史は，世界史のその最大の形態の中で，二つの言葉に表われる提示と理念の啓示である
　しかし諸民族の裁き〔に関しては〕——正義の別の基準が，国外法として定められている。個人の正義と不正，および諸民族はその内で消滅する——自立¹〔は〕——個人の特殊性に基づき——制限の体系——国法における最高の法〔で

86）　本巻の 169 頁以降を見よ（289 節以降）。

450 補　遺

あり〕——もっとも勇敢な豪勇果敢なもの以上〔である〕——（国家の最初の栄誉〔は〕この自立を維持すること〔である〕）これは最後の審判を無視する。没落の原因と国家の大きさについて多くが反映される——外的な特殊の諸原因〔である〕

パンテオン——個々の民族精神——ラレスとペナーテース。個々の民族の精神，さらに普遍的精神。

——インド流の受肉の人類の発生

世界史の中でこの契機〔となる〕民族の一つの段階——

1　左頁の欄外の隣に：449

【489（277）】[87)]

〔人倫的実体の〕特殊性は民族の個体性を形成する。——無規定ではない——そうではなく必然である。

経過——目標——把握されること——

それはこの，たとえば家長の生活の家族精神〔である〕——対象についての反省のように——個人の自立存在はこのより高次の段階である——

〔第450節をめぐって〕

最高の法権利——法権利の遂行の諸段階——したがって精神の諸段階〔である〕——自由な自己知の〔精神の諸段階〕

---

87)　（クロノロギー注）原稿 277 頁の最古のテキスト層（Ⅰ）[a]はきっとほぼ間違いなく鉛筆によって書かれたメモによって構成されている。その他の点では，綴じ込みメモ用頁はすっかりメモ書きで埋められており，三つの層（Ⅱ[b]，Ⅲ[c]，Ⅳ[d]）で構成されているが，テキストの中では第Ⅲ層と第Ⅳ層は必ずしも十分に確かではないが相互に際立たせうる。

a　　上記 *GW*13,487, 1-4 を見よ。間紙が入っている本の中ということで鉛筆によるメモ書きで最後に登場するものである。鉛筆によるメモ書きすべての構成外観は以下のようである。

綴じ込みメモ用頁：	テキスト層：
210	Ⅰ
220	Ⅳ
254	Ⅰ
277	Ⅰ

b　　上記 487, 5-8（「正義」まで），487, 10-14（「その中」まで），487, 23-489, 8（行間に書き込まれた補遺 489, 1 の例外を含む。校訂注を参照せよ）489, 16 および削除箇所（校訂注の 491, 8　見出し語の「人倫」—）。

c　　上記 487, 8-9，487, 14-22，489, 9-14，489, 19-491, 6 を見よ。

d　　上記 489, 14-15，491, 6-20 を見よ。

（A）『エンツュクロペディー』C. 精神哲学についてのメモ 451

α）形式的自由——空虚な個体性——β）道徳性 特殊性——そして普遍性——善なるもの γ）人倫 善なる目的，〔それは〕抽象ではない，——その民族，全体の代表は民族の内で民族に基づいて行動する〔のではない〕——むしろ，代表を民族のもとにある特殊として知っており，そして実際にその通りである——γ）ここで類〔は〕あらゆる制限から自由な精神〔である〕 a）存在 b）反省 c）概念——制約のない——ここで哲学的な自己意識と個人的な自己意識に分かれる

世界史〔は〕——理念によってア・プリオリ（à priori）に規定される。

具体——4人の君主——自然国家 道徳的理念——光と善

A）オリエントの世界観〔は〕，実体性〔である〕——個人，人格の消滅，自由——固有の反省 道徳——革命——父権制——君主は神的に崇拝される——〔これは〕聖職者である——あるいは神性そのもの，受肉——自然のあらゆる壮麗が君主の周りに積み重ねられる——〔君主は〕普遍的な所有者である——個人——国家の諸所業——寺院，万物を知らん顔する——私人ではないこの実体性【491（277）】〔は〕現実，個別に対立する——個別の純化の中での極度の罰の悪さ，運命への道理を欠いた降伏と道徳の儀礼的な定め——荒廃は何も形成しない。カースト〔は〕巨大で不格好なもの〔である〕——B ギリシアの世界〔は〕——精神からの，この実体性の形態化〔であり〕——精神からの実体性の発生〔であり〕——言い換えると実体の把握〔であり〕——精神的なものとして——個体性〔であり〕，芸術作品として（この無限な人格ではない）——道徳——不滅の美しい人倫〔であり〕—— 一者の中での自然と精神の宥和〔であり〕——意志の主体性が自ずから決されないわけではない——ソクラテスの守護神の神託[88]

実体的な自然の統一が自らのもとにもたらされた精神——古い神々，荒廃した実在——たんなる自然の実在——精神的な諸形態に関する場面——アポロン，類似点——アテナイの諸芸術 知——諸芸術の中で自然の場面はしかし，精神的なものであり本質的〔である〕——コロセウム，程度を突き抜けた極端——そして自由な境界設定がしずめられる——

そこから組織，法〔が生まれる〕——しかし法は，まだ偶然〔である〕——特別な利点〔ではあるが〕，奴隷制を持たない主体の道徳はまだ展開していない——プラトンの国家[89]は特殊性が崩壊して倒れ込む原理を感じた——プラトンの

88）ヘーゲルは，ソクラテスのダイモーン〔神霊〕を引き合いに出して関連づけている。プラトン『弁明』31c-d を見よ。ヘーゲルの哲学史講義での叙述もを見よ。『ヘーゲル著作集』第14巻，94頁以降，99頁以降。

89）プラトン『国家』第Ⅲ巻，416c-417b，第Ⅴ巻，415b-460d を見よ。故人の友人の会

452   補　遺

国家でプラトンは原理を α）国家　β）所有物として扱っている
　徳　卓越した技量——そうではない

【493（278）】[90)]
　［第 451 節から第 452 節をめぐって］
　具体的なものの揚棄

　〔4〕51　宗教的な徳——犠牲の撤回，あらゆる特殊的で生き生きした関心が消
失させられる——しかし自らを知っている精神は現実的でもある。政治的な徳，
特殊性。時代に属するもの，その旗の周りに諸民族は集まる。道徳的なものとの
相違

　〔4〕52　世界史——特殊性の現実的な純化——ローマ世界から初めて純粋知が
普遍的精神として，歩み出てきた——宗教一般は主観性の知〔であり〕抽象的あ
るいは具体的〔である〕。α）精神の宗教にすぎないものとしての宗教一般——そ
してそのように自然と対立する——哲学と彼岸，宥和，自然への還帰——同じ程
度にはなはだしく

　オリエントの直接的な同一性，実体と善——自然と精神——ギリシアの自然，
精神の記号表現——キリスト教の愛——精神的な統一——

　個体性と美へと変容した実体的な世界観——神々への崩壊

　C.　対自存在，抽象の隔離——この統一から現れ出る反省——もっとも近い段
階〔は〕——ローマ世界〔であり〕——あらゆる自然の破壊（子どもに対する
父親の支配）〔は〕自然の原理に由来する——家族——聖職者——国家＝宗教

版『ヘーゲル著作集』第 14 巻，290-293 頁をも見よ。
　　90）　（クロノロジー注）原稿 278 頁の終わりまで原稿には明らかにおおざっぱでぞんざ
いな兆しが認められるとしても，当該メモ群もそこでこの頁の第Ⅰ層[a]に属しているという
たしかな見込みが推測されることができる。残りのメモのテキストによって特有に囲まれた
メモ位置は，おそらく 451 と 452 段落の説明がつくので，ヘーゲルは散文の原則で——以下
の構成点を相互に，そのためにまた別のテキストの引き続くわずかの行の，左の頁余白の約
4 センチメートルが塗り込まれて書き記されており，後にこれらのメモは，さらに空いてい
る場所と欄外に挿入された[b]。若干の行間の補遺とともに，これらのメモはこの頁のテキスト
層（Ⅱ）[c]を形成している。二つの短い補遺だけの中で，第Ⅲテキスト層[d]は明白になる。こ
のテキスト層から次の補遺が由来するかどうかは，判定できない。筆運びにおいてこの頁の
第Ⅰ層と 277 頁第Ⅱ層には一致がある。
　　a　　上記 13,493, 16-495, 14（「宗教」まで），495, 16-17（「精神—それ自体—」），495,
　　　　19-497, 5（「形成する」まで），497, 6-10（「同時に還帰」…「権力」）を見よ。
　　b　　上記 493, 20-495, 10 を見よ。
　　c　　上記 493, 1-15，495, 14-15，495, 18 と（おそらく）497, 11 を見よ。
　　d　　上記 497, 3（「理性のうちにのみ現存する」）と 497, 12（「理性的な精神性」）を見
　　　　よ。

（A）『エンツュクロペディー』C. 精神哲学についてのメモ　　453

予言，鳥の餌——熱狂——迷信——無味乾燥な原理——a）普遍性の支配という
内的な歴史の過酷さ——硬直した抽象，国家の過酷な気質——貴族に対する平民
——貴族支配に対立する民主的原理——抽象法にとって——神聖ではない，聖式
（Sacra）ではない——アテネでアテナ〔は〕【495（278）】民主的な女神〔であ
る〕b）外面的歴史〔では〕——民族のあらゆる生き生きとした個体性は壊滅す
る——パンテオンの中への民族精神〔は〕——ユダヤ人の神の抽象的な統一へと
還元される——精神の生命の普遍的な死——もはや共和制の形式を維持すること
はできなかった。偉大なカエサル——恣意的な個体性——および騒々しい私人た
ち——悟性法のこの修練——あらゆる人間の抽象的な平等——（皇帝の奴隷は最
高の官史として優れていた）奴隷制の廃止——形式的な意識——具体的な現実か
らの自分の内への意識の逃避——哲学すること——犬儒派，ストア派——快楽主
義——修道士，隠修士——一般的な不幸
　和解

　D.　自己意識は自らの内で無限なものとして把握されている——神的な自然と
人間的なものとの一致——神が人間のうちに生まれた——〔それが〕キリスト教
〔である〕。ユダヤ民族〔には〕——古代の苦痛が与えられた——〔ユダヤ民族
は〕他者を待ち望んでおり——この苦痛の世界の不幸の内で世界史的〔である〕
——〔それに対して〕精神〔は〕——具体的なものとしての叡知的世界〔であり〕
——神の国〔であり〕——自然と現実の国に対して——あらゆる人間がそこで生
活している——かぎりなく引き裂かれる分裂〔である〕,
　ゲルマン国家——世界精神によって課せられた北欧の原理——内面性
　地上の叡知的世界——教会——神の共同体の内の——現世の生存——神聖でな
い現在——実体——現在でさえない現在——矛盾——自己意識——現実の世界に
対する精神

【497（278）】——世界の支配——国家——欲望の粗暴，野生，粗野——洗礼者
と皇帝，全キリスト教徒の長——神権政治——しかし分離〔は〕まったく同じよ
うに険しい——彼岸の十字軍が運んでくる——神を——理性の中でのみ現在する
——現在となる——叡知的世界にはその王の現在が欠けていた——東洋における
思考の実体性への同時の還帰〔は〕——生命の墓だけ〔である〕——目下，現在
への還帰——自分のうちにある理性の意識——自然への回顧——自然の研究——
自然的世界の発見——地上との和解——精神的な支配力との世界的な支配力の和
解
　近代の世界的な支配の歴史と闘いの中で
　理性性　精神性

【499（279）】[91]

精神自体——自らを知っている理性——知はまさにその定在である——知はこの入れ物であること〔という〕——実在性——は——まさにふさわしい形態〔である〕——純粋知へと高められる——これは究極の——しかし抽象的な頂点〔である〕——抽象的な自体は総体性，宇宙——究極の個人の明晰さと啓示であるが，しかし哲学は全体直観である

精神の道程——対自存在〔は〕——哲学ということで概念把握する——詳細に説明された——総じて精神の中で無意識に生じたもの〔は〕——つかの間の高揚として〔ある〕——宗教の中で——有限なものの投棄としての側面においてのみ——その弁証法——式典——直接的な信仰と観察

ａ）精神〔の〕概念〔が〕外へ出て行く——精神の器が形成される——職工長としての聡明さ

主観的精神——存在するものとしての理性を目のあたりにすることとして——一つの世界の——世界は客観的に自ら産出する——〔世界は〕精神の自由と所為の所業——および何か生じるものとしての直接的な現実性〔である〕

ｂ）形成されて高められる——自らの内へ入って行く

世界史の理念——その中で理性は——神の自己意識的な**現存**の側面〔であり〕——自ら形成しまた自ら生み出す高揚は，世界的に大きな全体の中で，時間的なものと有限的なものを超えて，理念のように自分自身をそこから解放する

---

91)　（クロノロギー注）筆運びの中のわずかな逸脱（主要にはさまざまな文字サイズにある）に基づいて，原稿 279 頁の二つのやや古いテキスト層（Ⅰ[a]とⅡ[b]）は隔てられており，これらの内で第Ⅰ層は筆跡の字面によって 278 頁の第Ⅰ層に置かれている。若干のⅡへの補遺は特有の層（Ⅴ）[c]と見なされる。第Ⅰ層に属するメモの続きは，次頁のテキスト層（Ⅲ）[d]を構成しており，その層からは，さらに最後のメモが消されたテキストと一緒に独自の層（Ⅳ）[e]として際立たせられる。短いテキストの補足（Ⅳ）[f]は，明らかに前頁の第Ⅲ層と同じ筆運びである。第Ⅱ層は間違いなく第Ⅰ層よりも新しく，また第Ⅲ層はきっとほぼ第Ⅳ層よりも新しい。第Ⅴ層の第Ⅲ層，第Ⅳ層，第Ⅵ層に対する時間的関係に関しては，何も確実なことを言うことはできない。しかし，第Ⅴ層と第Ⅵ層がこの頁のもっとも新しい層であること，また第Ⅵ層がもっとも新しい補遺をなしていると推測して差し支えない。

a　　上記 13,499, 17（「世界史の理念」）と 499, 18-501, 9（第一段から，校訂注を見よ，規定されているまで——）を見よ。

b　　上記 499, 1-3（「高められる」まで——），499, 6-10，499, 13-15，501, 9-11 を見よ。

c　　上記 499, 3-5，499, 11-12 を見よ。

d　　上記 501, 9-14 を見よ。

e　　上記 501, 15 そして校訂注を見よ。

f　　上記 499, 17-18（「神の自己意識的現存の側面」）を見よ。

（A）『エンツュクロペディー』C. 精神哲学についてのメモ　　455

【501（279）】

　民族の内部でも，個人の内部でも，この高揚は形式的，抽象的である──〔また〕直接性の形態を具えている──あらゆるものは民族にとって歴史であり，──過ぎ去るもの〔である〕──そして所産は絶対者の直観である──世界史は理念のようにそれ自体でそれだけで〔完璧に〕把握される──その中で一定であるのは，民族と個人の理念である。しかし，理念が意識へ近づいて来ることは，民族内部の形成陶冶の特殊な経過に陥る──個人は自らに応じて自分の普遍を形成する──詩人，哲学者，は理念を把握する──かれらの民族の考えの中で，理念はかれらにとって世界精神によって規定されている──世界史の中で精神の有限性は取り去られる──精神は，主観的に知る者，および意志するもの〔であり〕，あるいは習俗であり，世界的な支配および営為である──精神は世界史のうちにある〔と〕──知られている──精神が知られているのは精神の分裂である──主観性が純化される──純化の現象，主観性のそれだけでの高揚。

　客観的精神は魂として自らを直観し，知っている

〔第3部　絶対精神〕

【503（280）】[92]〔第454節をめぐって〕

それだけで存続するものこそ〔は〕——国家，最高の絶対的支配力，支配力を超えた支配力〔である〕——人格，有用性——あらゆる自然の方策——絶対的観念論——さらに多少絶対的というより無媒介の外的な自然〔である〕

宗教の国家，また芸術，学への関係〔は〕——完全な平和をもたらすこと〔であり〕——それゆえに自然と国家が絶対者の再現として現実であることが認識される——明確な規定，領域，状態〔である〕——しかし宗教は定在しなければならない

92）（クロノロジー注）原稿280頁の第一テキスト層（Ⅰ）[a]は，もはや第Ⅱ層（Ⅱ）[b]から折に触れて確実に際立っているわけではない。この優勢なテキスト層内部で，文字ポイントのサイズが大きいこと，およびより広いあるいは狭い行の間隔によって，メモ群は互いに際立っている。そのメモ群は，これらの字面の多種多様な特徴を高い蓋然性をもって，下書きの新たな挿入に従ってわずかに変えられたヘーゲルの著述態度によって獲得したのであろうし，また明白なテキスト層を提示してはいない[c]。次の層（Ⅲ）[d]はメモをこの頁の終わりまで成している。この頁のおそらくもっとも新しいテキスト層（Ⅳ）[e]は，すぐに第455節に対するメモの上に見出される。前頁のテキスト層と，以下の一致がある。280頁の第Ⅰ層は279頁の第Ⅱ層と一致し，280頁の第Ⅲ層は279の第Ⅳ層と一致する。280頁の第Ⅱ層と第Ⅲ層の類似は，一致を確実に推量するほどには，そこにはっきりと十分には現れておらず，そこにはかえって271頁の第Ⅳ層との類似がある。

a　　上記13,503, 1-4，503, 10（「この知の内部の分」），503, 12-13（「純粋知」まで）と503, 15-16を見よ。

b　　上記503, 10-12；13-14（これは第一テキスト層のメモの中へ挿入された補遺である。上記脚注aを見よ）と503, 17-505, 18を見よ。

c　　新たな挿入の位置を正確に決めることは不可能であるが，個々のメモ群が書き留められている順序の再現を試みることはできる。§457（505, 6-18）に対するメモに従って，補足が第Ⅰ層（503, 10-16）の中に続いていたのであり，これに「宗教」（503, 17-20「儀式典礼制度」まで）へのメモが引き続いている。さらに「宗教の神秘的傾向」のメモ（503, 20-22）が引き続き，「近代の彼岸」……（503, 23），そして最後に「宗教的直観」……「神」（503, 24-505,5が引き続いている）。

d　　上記505, 22-25を見よ。

e　　上記503, 5-9を見よ。

(A) 『エンツュクロペディー』C. 精神哲学についてのメモ　　457

［第455節をめぐって］

この〔絶対精神という〕知の内部の分断〔は〕——対自的で〔あり〕——元来ある分断は永遠の世界創造〔であり〕——有限な精神の世界創造である。〔すなわち〕生命，自らの内への神の行程——α）対象と実在としての創造そのもの，β）創造についての知，したがって純粋知——芸術，β）典礼の主観的側面——は切り離すことができず——産出，知，意識〔であり〕，自立している

絶対精神と呼ばれ，純粋に自分を知っている精神〔であり〕——この精神は芸術宗教と学でしかありえない

〔a　芸術宗教〕

「a．芸術の宗教」への導入

宗教〔は〕α）知にとっての対象〔である〕直接的な対象が生み出されたもの〔であり〕——絶対者一般，たんなる対象——他者，威力，恐怖，迷信〔である〕——β）礼拝—— 一致した感情，直観——γ）こうした一致を生み出すこと〔が〕——典礼〔である〕。宗教の神秘主義的信仰は思弁であり，——新プラトン主義による神秘主義はそれ自体でそれだけでは〔完璧な〕秘儀ではない

有限な意識にとって近代の彼岸〔が〕常に彼岸〔である〕

宗教的直観は精神を制約し，——抽象的な作品，自然直観，熟考，生命，一時的な行い以外のものに該当する。——しかし以下のようにも言われる。α）神は自然だと認識されなければならない。

【505（280）】

β）誠実に生きることは宗教的に存在することである。γ）宗教的な観点から行うあらゆることは，——あらゆる生活を崇めることであり，——神が遍在〔している〕——したがって，このような自然と精神的な行いは神的なもの，同じように契機として——神的な存在のうちに〔ある〕

神の言葉の多義性

この弁証法は，自然と精神における自身の生活であり，行い〔である〕

神の存在証明——ただ肯定的な存在の中で，有限性の各々の形式に基づく

　　α）世界の偶然性〔と〕——絶対的に必然的な実在

　　β）生き生きしたもの——合目的な世界

　　γ）精神的世界——有限な諸精神がある——したがって無限な精神〔がある〕

458 補 遺

δ）実在性の概念に基づく

各々の内で，肯定的なものの制限と純化によって揚棄〔がなされる〕——偶然的な世界がある。そして有限なものは目的に応じて秩序づけられてある——もっと正確に言うと結果はそのようにあるわけではない——結果は，すなわち，偶然的な世界は真なるものではない〔ということだ〕——

宗教の諸形式〔は〕——宗教史〔となり〕——〔宗教史は〕世界史と関連〔している〕

精神は世界史の中で内容に応じて普遍的となる——精神は特殊的な民族の内では人倫的精神〔として〕存在する——〔精神は〕形式に応じては自分の内容の中で制約されているのだとしても

二つの段階〔があり〕α）外的な形態として〔は〕——制約されている　β）精神として知られる〔段階は〕，それに伴って内容に応じてもまた普遍的である——宗教は本質的に芸術宗教であるならば，普遍的な宗教としてそうではない。精神の形態での真の普遍性，すなわち，思想〔は〕——表象〔である〕

【507（281）】[93)]

---

93)　（クロノロギー注）原稿281頁のおそらく最古のメモ（Ⅰ）[a]を，ヘーゲルは残りの補遺下書きの際に際立って空け隔てて書きとめ残している。同様に早期と執筆年代が決定されて差し支えないメモは，頁の最初で，第460節（Ⅱ）[b]に対するものである。固有のテキスト層（Ⅲ）は第Ⅱ層の第一のメモに対する補足を形成している。さらに第460節に対していて第Ⅱ層のテキストに接続する論述は，美（Ⅳ）[c]の概念をめぐっていて二つの詳細な補遺によって拡張しており（Ⅴ）[d]，両者は後にキリスト教芸術（Ⅵ）[e]をめぐるメモとして下書きされた。そして，宗教芸術に関するメモは461段落まで続いており[f]，この段落は確実に第Ⅴ層にも属している。字面によれば二つのメモは，第460節とさらに第Ⅳ層[g]に関しており，その間で引き続き第Ⅴ層[h]に属している。筆運びによれば280頁の第Ⅱ層は第Ⅰ層に，もしくは279頁の第Ⅱ層に対応しており，280頁の第Ⅲ層は第Ⅱ層に，280頁の第Ⅳ層は第Ⅳ層に対応している。テーマの点では，この頁は一方で芸術のさまざまなエポックに対してのメモを，神的なものの叙述としてエジプトから，ギリシアを経てキリスト教芸術に至るまで含んでおり，他方では，考察に対して，優美や美しさの概念や（美化というキーワードのもと）素材，および象徴もしくは芸術の表現可能性に費やされている考察を含んでいる。それらはメモ書きであり，その中でハインリヒ・グスタフ・ホトーによる講義筆記録の若干の詳述が，1823年夏の芸術哲学に関するヘーゲルの講義由来で響いている[i]。しかし，このメモ書きからすると，ここではそれらのメモをまだ例の場所で芸術形式の体系性（おそらくは，ほとんど詳説されない，エポックの芸術形式）に用いることはせずに，下位におかれているようである。ヘーゲル自身の言明によれば，健康上の理由があって，1817年の夏に自身の予告していた美学に関する講義[j]の開講の見通しを取りやめている。しかし，ヘーゲルが講義のための準備を終えていなかったことが，延期のことで決定的であったのではないかということも，検討されるかもしれない。この推定によればひょっとするとすでに冬に題材を提出してしまっ

（A）『エンツュクロペディー』C. 精神哲学についてのメモ　　　459

［第458節をめぐって］

　概念把握することの難しさとは，すなわち，肯定的なものを障壁とみなして弁明すること，判断を下すこと〔である〕

　元素的なもの，あるいは自然存在——太陽　天体　海〔は〕——定在の形式〔をとっている〕——最高の形式〔は〕精神　知〔ではないことである〕

　知に対する形態——知そのものが定在の最高の形式〔をとっている〕——定在の最高の実在性——したがって知に対して対象としてもこの形式であるのは，普遍的な精神である——

　動物的な生命の珍しくて，外面的な特殊性，〔すなわち〕ある種の人間学的で

ており，そこからヘーゲルはエンツュクロペディーの私的講義のために題材を得ることができたのであり，他方で，1818年の夏にホトーの証言によれば美学のための講義原稿が現存していた [k]。その講義原稿をヘーゲルは自分のメモの際に拠り所とすることができたのだろう。これについて，推敲された原稿から判断してメモが作成されたかもしれないことは，人倫的実体の概念の展開を含む，客観的精神についてのメモと形式的な類似性（小さな，予定されたテキストの若干の長さを暗示する字のサイズ，筆跡と行の運びの規則正しさ）があることから，若干の確からしさをもって推測されうる。

a　　上記507, 23を見よ。

b　　上記505, 3-7，507, 21-22，および509, 3-10を見よ。

c　　上記507, 1-2，507, 8-17，507, 18-20を見よ。

c　　上記507, 11-12（「美は」…「アレゴリー」），509, 16（「形式」），511, 3-6（「崇高—美」…「諸芸術」）。これらの三つのテキスト層は増補より先に関連したテキストを形成していた。

d　　上記509, 12-15（右の頁余白の第一の補遺）と，509, 16-511, 2（第Ⅵ層のテキストのもとでの第二の増補）を見よ。

e　　上記511, 10-16を見よ。

f　　上記511, 17-24を見よ。

g　　上記507, 24-27を見よ。

h　　上記509, 1-2を見よ。

i　　上記507, 8-17，およびG. W. F. Hegel: 講義を見よ。『ヘーゲル講義録と原稿選集』第2巻，芸術哲学講義，ベルリン，1823年。ハインリヒ・グスタフ・ホトーによる筆記録を見よ。A. ゲートマン＝ジーフェルト編，ハンブルク，1998年。137, 9-25；509, 1-2，同書の156, 22-24；513, 5-7，同書の160, 29-33，513, 9-13，同書の116, 26-117, 26を見よ。

j　　上記545, 4-12を見よ。

k　　ホトーは，自分の美学のためのこの原稿を友人の会版の枠でまだ示していて，ホトーはそれを特徴づけている。最古の筆記帳はハイデルベルクから筆記されており，暦年数は1818年になる。エンツュクロペディーと後の法哲学の流儀に従えば，短い要約された節と詳しく述べられた注に区分されており，それはおそらく口述のために役立っていた。そしてひょっとすると主要特徴に従って判断すれば，すでにニュルンベルクで哲学のギムナジウム授業のために原稿が作成されていたのだろう。（故人の友人の会版『ヘーゲル著作集』第10巻，美学講義，第1巻，ハインリヒ・グスタフ・ホトー編，ベルリン，1835年，Ⅶ頁）

460 補　遺

魂を備えた生命の自然の性格〔は〕——動物の状態にあるエジプト人〔である〕
——かれらの生命性は殆ど他者とは捉えられない——〔かれらは〕呪術の神を創
出し——神のために低次のもの，バッタを創出する。——自己意識と連帯してい
ない——われわれは太陽や天体を動物よりも簡単に理解する。しかし，動物の
生態はより高次の自然〔である〕——太陽のように有限ではなく，むしろ生命と
して自分の内で無限であり，β）動物は，活動性，思考，表象，崇拝する儀式の
有限で破壊されうる側面〔である〕——主観性の側面〔である〕しかしここで述
べられるのは，γ）エジプト人は犬や猫を殺すと処罰される〔ことであり〕——
〔これは〕もっとも痛烈な屈辱〔である〕

　純粋思考〔は〕——抽象的な不可視性，ユダヤ的でムハンマド的〔であり〕
——各々が自らのうちにある他なるものに対立する要素〔である〕——というの
は宗教〔だからである〕

　東洋の実体性〔は〕——思考と存在の一致〔であり〕——崇高さ——怪物〔で
ある〕

［第459節をめぐって］
　芸術の詩作品
　芸術が人倫的な民族のうちに出現する時期は，その民族がかれらの現実の世界
が没落することを嘆き悲しみ，かれらの実在を現実性以上に高めて，そこで自己
の純粋性から作り出している[94]。
　ここで初めて芸術が始まる

【509（281）】
　芸術は普段はもっと外面から考察されるのであり——芸術の本質と自然〔が考
察されるの〕ではない——神性の叙述よりも——近代により適した考察〔である〕
　生存の美は思想の支配下にある〔のであり〕——自然の模倣ではない——自然
そのものは理念の模倣であり——貧しいもの〔である〕——理念は自然の直接性
と外面性に対立し，己れを己れの正義にまたしても組み込むだけである。有限な
生存や生命体の諸制限という外部からの影響〔がある〕——芸術作品は自然の作
品よりもすぐれている——人間の姿〔は〕——精神のもっとも自由でもっとも美

　94）　507, 24-26　ヘーゲルは『精神現象学』654頁の芸術宗教にかんする自分の叙述を
ほぼ言葉どおりに引用している。「これは自分を確信している精神のなかで，その世界の喪失
を嘆き悲しみ，現実を超えて，自分の本質を，今や自己の純粋性から生み出す。そのような
時代に絶対芸術が現れ出る」。アカデミー版『ヘーゲル全集』第9巻，377頁，19-22行を見
よ。

（A）『エンツュクロペディー』C.　精神哲学についてのメモ　　　461

しい象徴〔であり〕──ギリシア精神の美の形式──は自然によって壊されている

　美は抽象的に考えられた概念ではない──諸形式は抽象のアレゴリーにすぎない──形態の特定のもの，独特なものは石のうちに最小限にすら説明されることはない。一方では，魂，理念の表現である──他方では，機械的で特殊な個別性に主観的な調整〔である〕──だからといって説明されるわけではない

　形式──美化──何かあるものが作られ，表現されるときには，その特定の用法，直接的な必要と欲求という自然の目的が述べられるだけでない。むしろさらにその際に他の物も念頭におかれ，表象されている──自由な遊戯は，たとえ己れを示すためにこそ存在するにすぎないとしても，何らかの兆候であり──韻や，快い響きが──口にされる──快い響きはそれだけで思想に関心をもつ定めなので，均等，シンメトリー，加工されておらず偶然に，他のものに自分の根拠をもつもの〔は〕──すべて合目的なだけである──否定的な制約としての基礎〔は〕──あるものが自分自身を表現し，また叙述するにすぎないという──単純さ〔である〕──しかし美〔は〕

【511（281）】

　──さらに理念の表現〔という〕──出入り口〔である〕。〔美は〕拡大した形式を一人で関係によって満足させる──

　崇高──美──優美，心地よさ──諸芸術はさまざまな素材〔である〕──詩作品が最高の芸術〔であるのは〕──言葉が表現にとってもっとも豊かな素材だから〔である〕──表象と思想〔があり〕──〔これは〕外見上きれいに飾るという楽しみや目的のための芸術であり──独立している自由な芸術であり──機械的〔な芸術〕であり──真実には芸術〔である，すなわち〕　α）目に見える純粋な形態〔は〕──彫刻品，彫像〔である〕　β）色彩──γ）音〔は〕──一定ではない　δ）言葉──生み出された響き──諸々のイメージ

　キリスト教芸術〔では〕──神的なもの〔であり〕現実と結びつけられた神的なもの〔は〕，現実が本質的な契機〔である〕──ロマン主義〔は〕──そもそも表面に現れた偶然〔である〕──自己から生み出された実体であるだけでなく，その表現の内でこの自己の対象としてある──〔『精神現象学』〕S.654〔を見よ〕──〔すなわち〕概念から自分を生み出すだけでなく，自分の概念そのものを形態としているため，概念と生み出された芸術作品とは互いに同一であることを知っている。天賦の才能，神[95]

────────────

　95）　ヘーゲルは自分の『精神現象学』654頁からほぼ言葉通りに引用している。「後に精神は芸術を超えており，精神のより高次の叙述を獲得している。──すなわち，自己から

462　　　　　　　　　　　　　補　　遺

［第 461 節をめぐって］

　第 461 節　宗教芸術〔では〕——絶対的直観から——観念性，固有の生命が結果として生じている——啓示〔とは〕——意図せずに芸術様式がそのような内容，抽象へ高まる〔ものである〕——芸術には定められた時期と民族がある——時代はもはやそれだけで実体的な生命なのではなく——反省の時代でもない——理念，理念の諸形式——神々——独特の個体性〔は〕——〔それが〕真実であればあるほど高尚である——悲劇〔は〕——王侯や諸個人の専横ではない——〔それは〕宗教で聖職者が賢くて要領がよいわけではない〔ようなものである〕

【513（282）】[96)]

［第 462 節をめぐって］

　人間の手によって作られている[97)]——それがあたかもよくないかのようである——まさにそれゆえに自己意識から〔生み出されるのであり，〕——直接に理念が生み出されるのではない——しかし作り出され，設定されている——したがって素材によって限定されている

　　パトス，熱狂

　詩人は神話を作り出した——民族の教師〔であり〕——宗教の創始者〔である〕

生じた実体をだけでなく，この自己であることを対象としての自己の叙述で，自己の概念から自己を生み出すだけでなく，自己の概念そのものを形態とする。その結果，概念と生み出された芸術作品は相互に同一のものとして知られている」。アカデミー版『ヘーゲル全集』第 9 巻，377 頁，25-30 行を見よ。

　96)　（クロノロギー注）わずかに短いメモだけが 282 頁の最古のテキスト層（Ⅰ）[a]を成している。この層の頁のはじめに位置するメモは，テキスト層（Ⅱ）[b]のメモに囲まれており，このテキスト層（Ⅱ）は文字の特徴にしたがって判断すれば，二つの先行する頁の第Ⅳ層に対応している。第 463 節にたいするメモと第 464 節にたいする第Ⅰ層のメモへの補遺は，テキスト第（Ⅲ）層に分類され，この第（Ⅲ）[c]テキスト層は 281 頁の第Ⅵ層と対応関係にある。

　　a　上記 GW13,513, 4 および 515, 1-2 を見よ。

　　b　上記 513, 1-3 および 513, 5-13 を見よ。

　　c　上記 513, 14-27 および，513, 5-13 を見よ。

　97)　ヘーゲルが自分の『精神現象学』から別の箇所の一節を引用している（前注参照）のに対して，かれはここでは見出し語として関連した箇所を引き合いに出している。〔精神現象学〕683 頁参照。「人間の手によって作られている装飾円柱が非常に本質的であるので，まったく同じようにその仮面の役者は本質的である。〔『精神現象学』〕656 頁以降参照。しかし内在している神は，動物の檻から引っ張り出された黒い石であり，この石には意識の光が浸みわたっている」。同書の 648 頁も参照。アカデミー版『ヘーゲル全集』第 9 巻，392 頁，29-31 行；378 頁，33-34 行参照。374 頁，11 行参照。

（A）『エンツュクロペディー』C．精神哲学についてのメモ　　　463

──〔たとえば〕ホメロス，ヘシオドス[98]──定まらない実在が表象のためのものと定められている──黒い石〔は〕──それによる内容と思想がまだ定かではない〔ものである〕──

マニエール──高尚なマニエール〔は〕──事柄そのものだけが吐露されるのだから──このためにホメロスは個人ではなく，民族全体〔である〕──〔それは〕自体的に本当であり，各人はその時代の，その民族の息子〔であり〕その時代，その民族が個人ということで提示されるのである──〔だから〕題材は民族の功績によるものではない──

古代の偉大な諸々の芸術作品──〔そして〕詩人

〔第463節をめぐって〕
神のイメージ──直接の対象
現実の事柄〔として〕──宗教は直接の現実〔であり〕──心情を犠牲にしない──というのはまだ人倫から気ままに邪な熱情は生じておらず，直接にその神々の間で生活しているからである

犠牲──熱狂──神はその教団のうちに現在しており，感じ取られている──神はその教団の中で生きている──これは神の最高の現実〔である〕──神の栄光というかつての概念は退けられる──神が神の栄光を敬われることはありえない──それ自体で自立的に

人が宗教を得ているのは──ただ自分自身のためであり，神のためではない

内的な主観性〔は〕──すなわち，たんなる理念〔という〕本質──知，教団──実在──精神としての神の定在〔である〕──神の定在のこの意味〔での〕──神の存在──神は存在するのかどうか〔は〕──抽象的な存在としての真実について〔である〕。

【515（282）】
〔第464節をめぐって〕
神々の多数性，〔すなわち〕多くの個体の独立へと分散〔してしまう〕神々の（個体の）不確かさ〔は〕，概念を表現するには適していない──内的な多数性への総括──内的な差異への統一〔が〕──一人の神〔であり〕──それゆえ理性概念の──理念の──内的な区別である。

98）　ヘロドトスによれば，ヘシオドスとホメロスがギリシア人に自分たちの神々を与えた。ヘロドトス『歴史』B2. §53 参照。

464 補　遺

【517（283）】[99]

［第464節をめぐって］

¹ 理念の陰鬱な痕跡〔は〕——象徴と神話[100]のうちに〔あり〕——インド人のうちに〔ある〕

あらゆるものがひしめき合っていた。（喜劇）

神の受肉はあらゆる宗教に含まれている。

思弁的理念——神は彼岸ではなく，至るところに存在する——空虚な語ではなく，実際の実在〔であり〕——スピノザの実体〔である〕——しかし硬直はしていない——むしろ生命体は最高の具体的な自己内存在の生き生きした精神性〔である〕——理性——悟性にとって，抽象は思考に対立するものである——あらゆる宗教は総じて思弁的〔である〕——道徳は内面にあるのではない，キリストもソクラテスも偉大な教師〔である〕

思弁宗教——神秘的なものは芸術宗教のうちにあった——〔それに対して〕真実の宗教であるもの——力があり支配的であるもの——世界史における単一な概念が宗教〔である〕——そこ〔宗教〕からあらゆる運命を認識することができる——総じて偶然ではなく，外的な諸原因ではない，神性——から〔認識することができる〕

啓示されたもの，正確に言うと啓示宗教——あたかも偶然であるような，あたかも外的な諸原因であるような，あたかも絶対的な欲求ではないような〔ものは〕，ばかげた見解〔である〕

99）（クロノロギー注）原稿283頁のほとんどのメモはテキスト第（Ⅰ）ª層に属しており，この中で二番目のより新しい第（Ⅱ）ᵇ層の補遺とメモが綴じ込まれている。第Ⅰ層に対して区別されたテキスト第（Ⅲ）ᶜ層としての独自性の点で，まるで確実に際立っていないのは，第467節のメモである。283頁の欄外の上部右には，印刷文面では明白に関連づけられていない，グスタフ王子による6/3 18という日付の記入が判明しているᵈ。『エンツュクロペディー』の283頁の「b節　啓示宗教」が始まるのだから，日付は特別の日を記録しており，ヘーゲルが先行する節を第464節と結びつけたことが推測されうる。ここでヘーゲルは（グスタフの代わりにグスタンツという）名前のつづり方で王子の言葉によって明らかに語の最後の部分の反復を誘っていた。この頁の記述やメモと，すぐに先行する頁や後に続く最後の頁の文字の書き方の類似性は，見分けがつかない。

a　　上記517, 1-15，517, 18-21，519, 6，519, 13-16，519, 17-19，519, 20-23を見よ。

b　　上記517, 15-17，519, 1-5，519, 7-12を見よ。

c　　上記519, 24-521, 4を見よ。

d　　上記517, 22（脚注1）を見よ。

100）（訳註）ヘーゲルは明らかにF. クロイツァーの著作である『古代民族の象徴と神話』の題名を引き合いに出している。フリードリヒ・クロイツァー『古代民族，特にギリシア人の象徴と神話』，『〔F. クロイツァー〕講演・草稿集』所収，全4巻，ライプツィヒ／ダルムシュタット，1810-12年参照。

（A）『エンツュクロペディー』C. 精神哲学についてのメモ　　465

万物は閉鎖的な神から生じてくる

聖職者は国民を欺く[101]——国民を欺くことが可能かどうか——〔についての〕正しい回答〔は〕——（すべてにわたって国民を欺くことは不可能である）

聖職者自身も国民に属しており——外へ出てはいない——その時代の聖職者の国民の息子たちである

1　頁欄外右上に：グスタフ皇太子 1818 年 3 月 6 日

【519（283）】

神の本性と人間の本性との統一という教義——それ以前〔の統一は〕：太陽，月，自然の諸元素，動物〔であった〕

迷信に対する反証〔は〕——迷信の権利にその根拠が与えられること，だけによっている——それに対しては激烈〔である〕——というのは，迷信との闘いは同時に神聖なものとの闘いとして現れるからである。

宗教は哲学によって正当化されるが，しかし〔哲学は〕宗教から宗教という形式を奪う

無味乾燥な現実では，宗教にいわゆる創始者というものはいなかった——歴史〔は〕——問題ではなかった——むしろ，宗教が問題であった——すなわち，創始者は諸民族となるものであり，理念が創始者の内で諸民族に明らかにされる——創始者はそのかぎりでは創始者ではない——むしろ——宗教の展開が，宗教の創始者なのである——あたかも創始者の意志は，宗教に本来は表現されていないかのように見えるかもしれない。

偶然の外面的な行為〔は〕——悟性に対する矛盾〔である〕——永遠の神の神意〔は〕——謎めいている——神の神意のうちに一時的で個々の有限なものはない——永遠の行為〔である〕——〔それは〕ある時間に関するものではない，たとえある空間にこうした現象が想定されたとしても〔そうである〕

永遠の外観〔が〕前提〔されている〕——表象〔であり〕——すでに最初に現存していたという思想と混ぜ合わされている——〔まず〕最初のものを創造する——〔それは〕最後のもののうちにのみ存在するもの〔である〕——そして運動

101）（訳注）ヘーゲルはベルリン科学アカデミーの懸賞課題に関説しており，これは，——ダランベールによって提案され——1778 年にフリードリヒ大王が公示させたものである。『王立科学・文芸アカデミー新論文集』1778 年，ベルリン，1780 年，30 頁参照。「誤っている人々に有用であるのは，新たな謬見であるとわれわれが結論づけることだろうか，あるいはわれわれがそれらを継続することだろうか」。『王立科学・文芸アカデミー新論文集』1780 年，ベルリン，1782 年，14 頁参照。

466 　　　　　　　　　　補　　遺

〔となる〕
　〔b　啓示宗教〕
　〔第 466 節をめぐって〕
　三つの場面——〔が〕上演〔される〕——〔これらは〕それ自体が，存在の諸
契機である——〔α)〕普遍性，永遠の自体的思考（——論理的場面）抽象的場面
　β）特殊性——反省　分割——両項の独立　γ）個別性，主観性，概念，単一
な総体性
　最高のブラフマン

【521（283）】

　父なるブラフマン〔は〕——また契機としては——永遠の閉鎖的な実在〔であ
り〕——見分けられていない——新プラトン主義者もまた〔そうである〕——な
ぜならば区別がないからである——新プラトン主義者の認識とは，それが抽象的
存在だということである——不備のある——否定性——威力——絶対的判断〔で
ある〕——

【523（284）】[102]

　表現　息子，愛　無関心——
　永遠の領域の中に，その区別の中に，その統一の中にとどまる——
　プラトンの三つ組み[103]〔は〕——抽象の内〔にある〕
　近代のカント哲学[104]〔の〕——形式〔は〕——三つ組みを，形式的に再現する
——哲学による世界の考察——息子としての自然——理念へと変容する——この
変容，自然の有限性の

---

　102)　（クロノロジー注）4 つのテキスト層は相互に必ずしも厳密に区分されうるわけで
はなく，284 頁のメモの中で証明されうる（Ⅰ[a]，Ⅱ[b]，Ⅲ[c]，Ⅳ[d]）。第Ⅰ層メモのすぐ直上と
直下のメモの位置から推理されうるのは，第Ⅰ層メモは，例の第Ⅱ層，あるいは第Ⅲ層に分
類されるメモよりは早く下書きされていることである。テキスト第Ⅲ層は一つの筆運びを明
らかにしており，それは，283 頁の第Ⅰ層と確実な類似性をもち，一方でこの頁のテキスト第
Ⅳ層と 281 頁の第Ⅲ層の間に明白な類似性がはっきりと現れている。
　a　　上記 13,523, 14-18 を見よ。
　b　　上記 523, 1-6, 523, 7-9, 523, 11-13 を見よ。
　c　　上記 523, 19-23 を見よ。
　d　　上記 523, 10 を見よ。
　103)　本巻 421 頁 25 行に対する注を見よ。
　104)　（訳註）ヘーゲルは，特にカントのカテゴリー表の構成のことを考えているのだろ
う。カント『純粋理性批判』B106 参照。

（A）『エンツュクロペディー』C．精神哲学についてのメモ　　467

［第468節をめぐって］

反省の方法における全体

その抽象的な規定への区別の中で——悟性——統一の外部に存在する——差異性と対立

法の支配，範例，折り返し，憧憬

［第469節をめぐって］

外的な時間的現実の形式での思弁そのもの——自分自身の内での有限性の第二の形式が，ただちに自分と等しく設定されている

和解〔は〕——α）永遠の仕方で——自体的な過程そのものが耐え抜いている概念による哲学の和解。

時代における個別的な現実としての神の現象——困窮した人間の形態の内で——和解の前提—— 一つの項そのものとして神の生命，過程が神のもとで表現される——

a）第一のものの統一〔はここでは〕——永遠の，そして第二の，有限でしかも自体的——α）精神の統一であり——β）精神の否定　γ）自分への帰還　　b）対自的〔には〕——直接的に個別的なもの〔であり〕——理念ではない——対象として偶然的に——普遍的なものに対立して——あらゆるものとして——対象，自ら固有のものに進歩する他者——b）自らの内で死滅する　c）同一性——精神〔である〕。

【525（285）】[105]

［さらに第469節をめぐって］

自然的な死〔は〕——直接性に属する

神の消滅，第二の契機の消滅〔は〕——α）神的な自然の独自の外化として——神の痛みは神の自己意識である　β）すでに否定の否定，すなわち，第一の直接性，悪の勝利，克服〔である〕　γ）自体的にβであるものの顕現にすぎない。

105）（クロノロギー注）メモの逸脱した筆運びに対して特有のテキスト層（Ⅰ）[a]が見積もられなければならないが，そのメモに至るまで，二つのテキスト層（Ⅱ[b]とⅢ[c]）の始まりはほぼ間違いなく285頁だと考えることができる。第Ⅲ層は二つのテキスト層よりも新しく，筆運びでは280頁と281頁の第Ⅳ層と282頁の第Ⅱ層と一致する。

a　　上記13,525, 1を見よ。

b　　上記525, 2-7, 525, 13-15, 525, 18-24, 527, 3-5を見よ。

c　　上記525, 8-12, 525, 16-17, 527, 1-2を見よ。

468　　　　　　　　　補　遺

［第470節をめぐって］

α）人間の本性に等しいのは——β）直接的な自己意識の他の項〔である〕

自然的な人間は善ではなくまだ悪であるだろう——〔それは〕分裂の中へ，反省が設定され——自ら悪として〔あるが〕，しかし他者の自然として〔ある〕——ここでは自然的な悪〔に関しては〕——善を捉える——対立の中に自ら立っている——悪という述語——分離〔が〕——与えられる——情熱，自己の欲求〔は〕——自然的な悪〔である〕——道徳的悪は実際に偽善である——

悪は克服される〔ことに関しては〕——自然による直接的な悪〔として〕。自分の内へ行くこと——この自分の内へ行くことで——自己意識の絶対的で純粋な普遍性——意識，恣意としての消滅——

自分の内へ行くこと〔に関しては〕——精神的な死——精神的なものによる自然性の死

プロテスタントの原理——信仰

［第471節をめぐって］

〔絶対者の〕啓示〔に関しては〕——肯定的な意味で——他のところから——よそよそしいものから由来する——他のよそよそしいもの，ならびに理性——あるいは理性を超えて——差異の中での対立——互いにならんでそして超えているものが並びである。哲学はプロテスタントの原理に基づく。——信仰——秘蹟——信仰と享受の中でのみ神的なもの——精神的なもの——物としてではない——〔それは〕聖餐〔である〕。

【527（285）】

驚異とそのような証明，閃光と雷——α）自然　β）個別的で内容のない行為　γ）神的で永遠で普遍的なもの

現実的で普遍的な精神——それゆえに自己固有の精神——知はただ精神の知にすぎない——この形式を保持する——

神秘的なもののうちにおける最高点——

【529（286）】[106]

106）（クロノロギー注）原稿286頁のメモの大多数は優勢である筆運びを明らかにしており，その下書きの新挿入文のささいな変化と，明白でないテキスト層を特徴づけるだろう。それゆえに（もし可能な場合には簡略化する）テキスト第（Ⅱ）[a]層を割り当てることができ，その層は，280頁の第Ⅱ層に対する明白な類似性を示しており，それゆえにその他のこれまでの層と関連している[b]。この層から若干少ない，確実により古いメモ（Ⅰ）[c]が際立

（A）『エンツュクロペディー』C．精神哲学についてのメモ　　　469

〔c　哲　学〕

［第 472 節をめぐって］

時間は，わたしの主がわたしに与えてくれる——これによっているのが哲学の立場〔である〕

芸術〔は〕内容〔であり〕限定されている，宗教〔は〕形式である

芸術——α）主観から生み出されている　β）直接の芸術作品——宗教〔α）〕なじみのないものとして啓示されている　β）内的なもの，主観的——世界からなじみのないもの——哲学　α）生み出されている——わたしの知——わたしの理性　β）即且つ対自——

宗教，神は純粋精神である——自体的には総体性——総体性として表象されている——外的な関係〔である〕

哲学は宗教の立場も，さらに哲学それ自体も揚棄する——知——主観性——

哲学史〔は〕——精神が自己自身を知る精神の最高のあり方〔である〕——それゆえに，展開もまた時代順の歴史〔である〕——認識する理性，精神が自分のうちに含む諸契機からの必要性という，なお現今の立場〔は〕——時代の中で展開されている　α）総じて万有の思想—— 一者として，実在として——β）意識は思考であるという，意識，知と対立するもの，〔また〕思考の独立性——〔や〕離別，現実との対立　γ）思想と客観性そのものとの和解と統一，対象

芸術——衝動的な性質——天才

自由さ，真なるもの，独立性，無制限さ——はただ一にしてすべてである

α）ギリシア哲学の最初期〔は〕——神話の内で哲学する——想像力の形式における実在〔である〕——内面的な芸術家はおそらく

【531（286）】

思考する理性であるが，理性の形態であるのではない——芸術が優勢〔である〕——古代の密儀，詩作品，インドの宗教〔があるが〕——ギリシア哲学は最初期

ちうる。上部の頁欄外メモと下部の頁欄外メモではテキスト第（Ⅲ）[d] 層を識別することができ，この筆運びは 284 頁の第Ⅲ層の筆運びをほぼ繰り返しており，このようにして 283 頁の第Ⅰ層とも結びついている。この内，学生への呼びかけの言葉（Ⅳ）[e] と圧倒的にきわめて粗略でいい加減に下部頁欄外（Ⅴ）[f] に記述されたメモが区別されている。

    a   上記 13,529, 10-11, 529, 13-19, 529, 21-533, 13, 533, 15-535,2（「理性的なもの」まで）を見よ。

    b   上記 674 を見よ。

    c   上記 529, 8-9, 529, 12, 529, 20, 533, 14 を見よ。

    d   上記 529, 3-7, 535, 8-9 を見よ。

    e   上記 529, 1-2 を見よ。

    f   上記 535, 2-7, 535, 10-11 を見よ。

470 補　遺

からなので——哲学の彼岸には何もない

　a）[107]　一般的な水，火，空気——自体的にわれわれにとって思考の存在は絶対者でなければならない——すべてが絶対者から生じ，すべてが絶対者の中へ消滅する

　b）数——ピュタゴラスは数について語っている——知性性—— 一者，だが外面的〔である〕

　c）原子はまさにそこへ欠かせない〔ものである〕——〔原子は〕単一のもの，思考されたもの〔である〕——しかしそのように規定されてはいない

　d）アナクサゴラス——ヌース——普遍的思考——しかし抽象的〔である〕——ドイツ語には適切な語がない——思考，自己意識的な活動——思想の産物——悟性——より外面的なもの——世界霊魂〔が〕——まだもっとも近い〔が〕——まだ表面的で不確か〔である〕

　e）ソクラテス——道徳——自分の内で自己規定する思考——主体にとって何が善であるか〔を問う〕——国家の没落の時代に——独創的精神〔である〕——ソクラテスもピュタゴラス[108]も，よく整備された国家の市民が有徳である〔とする〕

　ソフィスト——思い込み，思考，設定された対自存在の中で現存するものが解消〔する〕

　f）プラトン[109]——イデア〔は〕——主観的ではない——〔だが〕それ自体で自立的に弁証法的ではない。——神によって果たされた具体的な思想〔が〕——三つ組み〔である〕——そのような形式での思弁——真なるものとしての普遍者——ときどき神話的な形式〔がある〕——善，美——普遍，同じく自然——

【533（286）】

　g）アリストテレスは学にまで完成されている——万物の博物学として——概念把握する学〔である〕——すなわち概念を介しているのであって，悟性の思想

　　107）　ヘーゲルによるギリシア以来の全哲学史のメモ風の要約に対して，ヘーゲルの哲学史講義の対応する章を参照。ベルリン版『ヘーゲル著作集』第13-15巻。

　　108）　ディオゲネス・ラエルティオスは，ピュタゴラス学派のクセノピロスの発言を伝えており，この発言はどのようにすれば自分の息子を最善に教育することができるか，という父親の問いにこう回答したものであった。最善の教育ためには，息子がよく制度が整えられた共同体の一員となることだと。ヘーゲルはこの言葉を自分の『哲学史講義』の中で引用している。ディオゲネス・ラエルティオス『ギリシア哲学者列伝』ライプツィヒ，1759年，530頁（8編，16章）参照。ベルリン版『ヘーゲル著作集』第13巻，276頁。この関連におけるヘーゲルのソクラテス解釈については，ベルリン版『ヘーゲル著作集』第14巻，79頁以降参照。

　　109）　本巻421頁25行に対する注を参照。

（A）『エンツュクロペディー』C. 精神哲学についてのメモ　471

ではない

　h）今後，分離された——形式的な悟性哲学の中で——形式的な思想は抽象的に自分の内で孤立し——不幸へと崩れ落ちる——ストア学派〔であり〕——真なるものは形式的に考えられるものである

　i）新プラトン主義〔は〕，思弁的な再興〔である〕——叡知的世界——神秘主義，哲学　聖職者

　II．叡知的世界〔は〕——自由にこれのうちに存在している，つまり思考している自己意識に実際に対している——国家，そして自然が軽視される——共通の意識一般に対して，世界　寺院，神権政治——あらゆる行い，礼拝——全一性——自己決定——自己存在——不可能な——それゆえに，苦しみとわがままという未開の粗野さに対立している——そのうちに普遍は何もない

　それらの主観性，一面性を揚棄せよ

　教会の中の哲学——所与の完成した真理——理性が奉仕している——というのは，神学は哲学と一つだからである——そうでなければならない——高貴な精神——自然を超えて外的に合理化するように——叡知的世界——表象の中ですら現世へと作りだされる——H. ザックス[110]がニュルンベルク人になったように——天使ですらひどくくだらなくて馬鹿げている——なぜならば永遠のものだからである——あらゆる時間的な関係——と悟性がその中に持ち込まれている——基礎づけに対して——叡知的世界そのものの形成がこちらへと導かれる——現在と共通の生存にまで

　III．人は自分の両手へ目を向ける——人のものとしての，人の自然，人の精神，人の自己意識

【535（286）】

　したがって自然観察〔は〕——思想にとって肯定的なものについての自然の意味〔であり〕——理性的なものをそのうちに自らもつことができただろう——外的および内的経験　β）思考の事実

　外的自然と意識の事実，ロック——精密科学（Sciences exactes），反省　有限

　110）（原注）ハンス・ザックス『ゆゆしき悲劇，愛すべき演劇，謝肉祭劇，気晴らしの対話，切なる悲嘆話，すばらしい寓話，その他のこっけいな笑劇と道化芝居の集成』ヨハン・グスタフ・ビュシング博士編纂，第一冊，ニュルンベルク，1816年，12頁，演劇。エヴァの不ぞろいな子どもたち，エヴァの神への呼びかけ。19人の人物が登場する。5幕。／3幕でアダムとエヴァが登場する。アベルは6幕，カインも6幕で登場する。／4幕でカインが悪党，およびサタンと登場して話をする。［…］特に158頁以降，166頁以降。ハンス・ザックス。A. v. ケラー編。第1巻，ヒルデスハイム，1964年。シュトゥットガルト版の復刻版，1870年，特に68頁以降，78頁参照。

472 補 遺

性　啓蒙〔は〕消極的〔であり〕──天国を途絶えさせる〔ことは〕積極的〔である〕──悟性──全能

意識にとって思想と存在の統一

再び時間性の領域──だが知られている。あらゆるより高次の感覚を否定するデカルトのわれ思う，ゆえにわれあり（Cogito ergo sum）[111]──スピノザの実体，思考と存在の一致。ライプニッツのモナド──予定調和

【537（287）】[112]

われわれの諸概念の導出の関心。対象でさえ──世界が前提されている──自我〔は〕──経験的な源泉の到来，習慣的な依存，原因と作用の発生〔である〕真理への問いが忘れられている。

思考と存在の統一──実体の形態で──そしてこの統一の一定の意味を具えていた──ライプニッツは表象するモナドに対して──フランスの抽象的な哲学〔は〕自然，質料〔に対して具えていた〕──自然の連結に関する思考の結果，すなわち現象〔は〕──根拠，自分自身が揚棄している媒介としてあるのではない

カント，フィヒテ哲学は思考の一つの側面を自分のうちに把握し，形成した──総体性として，そのあとで主体性の形式だけを取り去る──総体性にとって主体性は欠陥──欲求，要求，理念はそれ自身だけで生じる──シェリング哲学〔が〕──付け加える〔のは〕──弁証法的なもの──自然哲学──自然の諸規定の中で思考の形式を明示する〔ことである〕──自然と精神の並行論──自体，一つの理念──自然との和解──精神の中の理性──国家と世界史

111）　デカルト『哲学原理』第1部，2（§7）（『デカルト全集』アダン＝タヌリ編，第8巻，1.7）。スピノザ『エチカ』第1部，定義Ⅰ，35（ゲプハルト版『スピノザ全集』第2巻，45）。ライプニッツ『理性に基づく自然と恩寵の理性原理』32以降（§§1, 3）（ゲルハルト版『ライプニッツ哲学著作集』第6巻，598頁以降）参照。

112）　（クロノロギー注）原稿287頁の最古のメモ（Ⅰ）[a]をヘーゲルは引き続く記述の際に，きわだって分離させていた。次のテキスト層（Ⅱ）[b]のメモはすぐに第Ⅲ[c]層の補遺によって補われており，これらのメモの筆運びは明らかに若干不均等であるが，判明な層に対して分離されているのではない。というのは，これらのメモはどうやら下書きの際の新たな挿入に由来するものである。固有のテキスト第Ⅳ[d]層は，なおこの頁下部の残りのメモを形成している。字面によって以下の一致がある。第Ⅱ層は286頁の第Ⅰ層と対応し，第Ⅲ層は，第Ⅱ層と対応し，第Ⅳ層は，286頁の第Ⅲ層と対応している。

　　a　上記13,537, 18（「自体あるいは内容」）を見よ。
　　b　上記535, 5-7（「質料」まで），537, 10-13（「それ自身」まで），539, 9-16（「規定する」まで）を見よ。
　　c　上記537, 1-4, 537, 7-9, 537, 13-20, 537, 21-539, 8, 539, 18を見よ。
　　d　上記539, 16-17, 539, 19-541, 3を見よ。

（A）『エンツュクロペディー』C. 精神哲学についてのメモ　　473

自体あるいは内容　α）物質と運動——存在　対自存在　β）特に個別化され
た自然，反省　γ）生命体
　α）魂——β）意識　γ）精神

［第474節をめぐって］
　第474節は普遍性の結果，存在を証明した，そしてその発展は，自然のその他
の富と並んで，隔離され引き離された発展ではない
　始まりにおいて——人はこの立場に直接的に立とうとする

【539（287）】
［第475節をめぐって］
　第475節　自然は媒介されたもの〔である〕　自分を揚棄するものとして，抽
象的な他在〔である〕——有限性——他在から精神は自分のうちに反省し，そし
て論理的なものとの一致として設定される——遂行〔は〕——論理的なものが具
体的になること〔である〕
　有限な抽象化の両項，他のものの存在から他のものへの推理——それにしても
移行〔が〕，もっとも重要なこと〔である〕

［第476節をめぐって］
　第476節　第二の推理——現象——活動，主観的な活動
　活動——知ということでの主観的な活動——
　主観的に認識すること——認識するのは個々の個人であり，これらの個人が哲
学する。哲学の内容の並存は，こうした現象に属している——精神は一者，魂，
意識，精神ということで存在する——知性と意志——1000の結びつきが作り出
される——成果そのもの〔は〕この実体性の直接的な統一〔である〕——好き勝
手にそこに存在する方法が現れる——記憶，悟性——理性——ばらばらになって
いない契機——分肢は，ただこの実体のうちに存続するものとしてのみ，そこに
存在することができる——すなわち，自己を規定する。——主観的な認識〔は〕，
それ自体で自立的にする理念を内容とする認識〔である〕
　活動性〔の〕契機は同時に内容のうちに，内容の弁証法のうちにある

［第477節をめぐって］
　総体的な知は，主観的ではないものである——むしろ知の特殊性から抽象され
て——事柄へ没頭している——その結果，普遍はわたしの中で活動する——芸術
宗教でと同じように——哲学の困難さはただ一つこの力である——自己を解放

474   補　遺

し，他の諸目的，諸表象――表象のつかの間の偶然で時間的なものを遮ること
　理念はこれらの両契機の内〔にあり〕――無限的直観として，特定の個人に関係しない抽象的理性〔である〕――だから自我は自我であることを止める――すなわち，主観的思考の肯定的な自己

【541（287）】

意識〔である〕――自然――主観的な知――精神――哲学は自らその主観性を揚棄する，すなわち，哲学は自分の理念がこの両項へ分離するのを認識する。

【543（288）】[113]

　世界観を概念把握することによる，理性的な世界観の像――三つの見解はすべて一者の中で統合される　a）この一者は前進する，事柄の本性であり，b）運動〔すなわち〕認識する活動であり　c）まさにその内で主観的でも客観的でもなく――むしろ，これを叙述する一つの理念であり，そして理念の展開の中で特殊領域を通じて同時に契機〔である。〕，この一つの理念が概観する能力である――[1]

　1　この下の頁半分に：　グスタフ皇子とともに，1818年3月10日に終える。
　　1818年9月4日夏学期を終える。
　　ベルリン　1819年3月23日終える
　　1827年3月24日

────────

　113）　（クロノロギー注）原稿288頁はメモの中で二つのテキスト層が区別されており（Ⅰ[a]とⅡ[b]），これらのテキスト層は筆運びによって，287頁の第Ⅱ層もしくは第Ⅲ層に対応しており，したがって286頁の第Ⅰ層もしくは第Ⅱ層と対応している。4つの日付の記入がメモに応じており，これらの日付は，そのつど1817/18年冬，1818年夏，1818/19年冬，1826/27年冬のエンツュクロペディー講義を記録している。ヘーゲルは綴じ込みメモ用頁残りを空白で残していた。そこから推測することができるのは，「1818年3月1日[c]で終わっているグスタフ王子と」の内容の最初の記述に関するわずかなメモが，挙げられている日付の前の行に書き留められていたことである。
　a　　　上記543, 1を見よ。
　b　　　上記543, 1-6を見よ。
　c　　　上記543, 7（脚注1）を見よ。

【545/160b】
　（B）「論理学・形而上学」講義のメモ紙片Ｉ

1817 年夏学期講義開始用メモ（「皆さん。わたしはこの前の冬に」）

皆さん。わたしはこの前の冬に哲学的諸学問のエンツュクロペディー，すなわち哲学のその概要を取り扱ったあと，今学期に二つの哲学の特殊学——論理学と精神哲学を取り扱うこと——を決めた。——論理学はこの講義の対象である。——美学——は別の部門，あるいはそのうえまた一つの具体的な学問を形成する——と当初は考えていた。しかしさらに考慮した後に，この講義を次の学期に延期することが，自分にふさわしい健康状態であることを認めている。

時間的な苦しさも一つの事情である。各学部はその学部だけでやりくりしている。しかし哲学はあらゆる学部と衝突している——

しかしこれは最近のせかせかした時代に〔生じて〕，今やすでに普通になっている勉学の仕方に由来している。つまり実生活へ駆り立てる——大学には停滞している時間はほとんどなく，入学するとすぐ役に立つものとしての特殊な規程の勉学がすぐに開始される。

【546（160b）】

[1]前学期の全部，いやそれどころかまる 1 年，なんなら 2 年ですら——普遍的な諸学問——部分的にまだ今の哲学部のために割り当てられた諸学問に費やされることは，まぎれもなく目的にかなっている。たとえ，これらの諸学問がもはや哲学的なものをもたず——もう何の意味もない伝統としての古い理念でしかなかろうとも〔目的にかなっている〕。

諸学問は悟性の経験的なものに冗漫になりはてた——

真なるものとは，精神と心情に対して一般教養と基礎を提供すべきものである。それも精神がまだ特殊と個別へと降りてこないうちに〔でなければならない〕

いいかえればそれは，精神が特殊な関心を伴わずに，学問の普遍的で純粋なエーテルに浴しながら，宇宙の中を見て回って自分の位置を確認し，真理の[2]場面の中に生きる——そして，それは精神が実定的なもの，恣意的なもの，偶然的なものを選ぶよりは前のこと〔でなければならない〕，精神が圧迫され，世間一般に対立して内部に閉じこもり，〔そして〕自分の特殊な中心点を目指すより前のこと〔でなければならない〕

1 左欄外に：古くて一部法的習慣は確かにある
2 左欄外に：一つの学問が他のものと連関する際の一般的な有用性に関して

（B）「論理学・形而上学」講義のメモ紙片Ⅰ　　477

のではなく

【547（160a）】

哲学生活への道（「人間を動物から区別していること…」）

　人間を動物から区別していることは，動物が直接的な個別的欲求を満足させるために急いで向かうことである。しかし人間は，困窮の状態にあっても困窮を超越し，そしてより高尚な安息日の生活を得ており，利害を抱かず，困窮による目的ももたず，虚栄心からも自由にその永遠の実在を具えてそのうちで生活している。自然の中でその生命である太陽系を――その永遠で普遍的な類で賦活し担うのは内的な諸法則である。それと同様に，このより高尚な意識と生活は，すなわち，一部には宗教的生活の形式，一部には哲学の形式を具えた生活は，あらゆる人間状況の実体と基盤を，何らかの生活環境にあるすべての存在の人倫的な結びつきを形成する。――自己意識的宇宙と個々の主体を維持し支配しているのは，特殊な技巧だとか目的，しくみ，活動等ではない。[1]むしろ，普遍的理念である――この理念は自然の中ではただ法則としてのみあるが，しかし人間のうちでは自己を意識した概念である。

　アンタイオスは，ヘラクレスとの闘いの中で大地との接触を通じて自分の力を再生させて集めた[1]。同じように人間は天空との接触を通じて，人間の精神の安息日を通じて，（自らへの力を再生させ集めた。）そこで人間はあらゆる他の心配，必要，

　1　左の余白：β)

【548（160a）】

　またあらゆる分別そして，生活の制約された目的と状況に結びついてこの実体的な生活に関わる諸学問，その他あらゆる行為［を行い］，ようやく精神の証明，精神の確証を，さらに精神の正当さと神聖化をすら獲得する。――

　まずもって神の国を得ようと努力せよ，そうすればあなたがたには他のあらゆるものが手にはいるだろう[2]。神の国は自由な精神生活である。この精神生活は精神の実在のうちに，神的なものへの従事における神的なものの直観のうちに生き

――――――――――――

　1）　（原注）アポロニウス『アテナイ蔵書の本と断片』（*Apollodri Atheniensis Bibliothecae libri tres et fragmenta*. Curis secundis illustravit. Chr. G. Heyne，Göttingen，1803年），第2冊，Caput5，11. 194（§6）参照。

　2）　マットホイス 6，33 参照。

478 補 遺

ることであり，この精神にふさわしい享受の中で生きることである。真なるもの
は中心点でなければならない――この生命の神的な形態が哲学である――あらゆ
る精神と心情の情勢と取り組み

　ふさわしいと見なされている，哲学の新たな誕生

【549（22b）】

（C）「論理学・形而上学」講義の
メモ紙片 II

論理学と形而上学との一体化（「論理学・形而上学講義」）

　この論理学・形而上学講義が定めるのは——両者が一体となっていることである

　真理の手段——後者〔の形而上学のみでは〕具体的な真理そのもの——世界の神秘〔を定めるが，両者が一つとなって定めるのは〕

　真理の形式〔であり〕——思考の諸法則，諸規則，思考によって前提とされたもの〔である〕——形而上学〔はその〕内容〔である。すなわち〕

　人間の魂と精神の関心をひく諸問題——何がわたしの使命なのか，外的自然の，また精神の本質であるのか——さらに他者が意味するもの〔は何か〕——

　この揺れ動く，変わりやすい，一時的なものの中で確固たるものは何なのか？〔といった問題である〕

　人間はすぐに直接的な世界への信仰を失い，自らの内へ向かい，目に見えない領域のうちへ高められる。

　しかも思考——たんなる確信ではない——によって根拠づけられた理性的な知〔として。〕

　宗教はこの問題の解決を提示する——〔たんにそ〕の信仰，権威を満足させる〔だけな〕のではない——内容〔ばかりではなく〕——真理の形式——この形式に人間の一部は結合され続けなければならない

　共同の前提

　思考による——論理学のように——感覚的でない真理

　共同の前提——音楽のような宗教，享楽，音色——その数比——預言者，詩——信者の受入れ

　真理を認識しない，精神は形式を打ち砕く——フランス革命——国家形式を打ち砕く——さまざまなものを試みる——勇気が弱められて，われわれの運命のうちに降伏する

　ずっと遠くへわれわれがもたらした——実際またわれわれが遠くへもたらしたのであるから——

　まさにその下に始まる朝焼け

　というのは，その下にあるのはより高次の精神だからである——その外皮が打ち破られる

（C）「論理学・形而上学」講義のメモ紙片 II　　　　481

廃墟の上にとどまる——その上に視線をとめる——

絶望

嘆き悲しみと悲嘆の叫び——

力といっても否定的なものではなく，生き生きした力は，この腐朽を砕いた

並んでおかれているのではない——

動物的生命への転落——それは嘘であっただろう

——あるいはそれに関して肯定的な——克服困難なものであれば

この結果を導く諸原理は，哲学そのものの内部に含まれていなければならない
——出現しなければならない

わたしのより大きな論理学[1]

【551（21b）】　普遍的なものの学としての論理学
（「論理学，普遍的なものの学…」）

あらゆるものを貫く——生命と本質——

論理学〔は〕，認識において，ならびに物において普遍的なものの学〔である〕

　a）自然的論理学——自然的形而上学——感覚的直観と表象——自然的思考，消化のような，しかし精神にとって固有の本性——時間的および空間的——その他の無限で幾重もの個別性——色彩——諸形式

　自然の諸形態——外的自然——精神的なもの，内面的な感情〔も〕同じように多様〔であり〕——同情——法　社交的傾向——宗教的感情——これら諸個人に請い求められる

　恣意は有機体の法則をゆがめうる，有機体の本性をではなく，**理性的な主観性**をである

　a）普遍そのもの——観察からの反省

　b）この普遍の意識は反省，規則，法の論理を与える——スペインの長靴〔と呼ばれる靴型拷問具のような〕

　この分離の中でも——具体的なものからの——α）あらゆるものの中でこの自我に対し単一で——わたしをわたしに等しく維持し——その他の中身の充実に対

　1）（原注）550, 18-20　Ge. Wilh. Friedr. ヘーゲル『論理学』第一巻，主観的論理学，ニュルンベルク，1812 年，序説 I 以降。XXI 以降参照。アカデミー版『ヘーゲル全集』第11 巻，15, 25 以降。

482 補　遺

して無限である　β）【552（21a）】だけでなく，内容に普遍的な諸規定が示され
——内容を貫いてひらめく——

真理に関する問い——〔始めは〕形式的なもの〔であるが〕——やがて内容
が問題になる。〔つまり〕普遍が特殊に対してどのような関係にあるかという問
い〔であり〕——真理〔が〕同一性〔であるにしても〕——表象，そして外的な
対象〔の同一性〕ではなく——感覚的なその時点のその場所の対象〔との〕一致
〔同一性であり〕——自体的に普遍的で特殊的なものが普遍へと受け入れられ
る〔際の同一性である〕

c）理性的な論理学——自分自身のうちで具体的——

b）α）精神の活動としての普遍——思考〔は〕本質的に産出すること〔であ
る〕——所与ではない——受け取ること，取り上げること〔ではない〕。　α）特
殊能力　β）自我，直観　表象することなど〔としての自我〕——だが，〔この段
階での自我は〕まったく何も考えていなかったということである

β）主観的活動——客観に対して——理性的な諸形式——他者の外部で

γ）主観的なものと客観的なものの統一

——知の認識する知の本性——

道具的哲学〔は〕——真理の手段〔であり〕——自分自身のうちの真理ではな
い——形式

a）認識における普遍が——その上本当に普遍であるか——すなわち諸物のう
ちにあるか〔否か〕——

理念——絶対者　学

【553（21a）】

c）思考——有限な制限——欺く——その本性を知るに至らなければならない

この普遍はといっても抽象的である——論理的な普遍の二重の意味——人生経
験のように

思考は普遍的場面であり，意志に対立する——現実——反撃，ヴィンディッ
シュマン——わたしの意志の力，わたしの意志のうちにあらゆるものがある——
わたしはわたしのうちでわたしを無限に知っている——誰も屈服させることはで
きない——まさにわたし自身のこの抽象的思考——理性とそれ自身における必然
性に万事を任せる。

ヴィンディッシュマン——その特殊な主観性を放棄すること——神をして働か
しめること——その思いつきに対して否定的に[2]——

———————————

　2）（訳注）ヘーゲルが文中の「反撃，ヴィンディッシュマン」という文言で引き合い
に出しているのはおそらく，カール・ヨーゼフ・ヴィンデッシュマンによるヘーゲル哲学批

(C)「論理学・形而上学」講義のメモ紙片Ⅱ　　　483

3つの部分——概念

　α）質　　　　　　　　　β）量　　　　　γ）度　量

　反省 本質，単純な諸規定　　実在と現象　　現実性——自分との関係性

　概念　　　　　　　　　　　客　観　　　　理念——

思考の客観性——悔い改めに関わる（Bußartig）

事柄それ自身に万事を任せる——神がわれわれのうちに作用する

二つの動向

　α）活動性を通じて産出する——主観性——わたしによって設定された

　β）この活動性は否定である

論理学〔は〕思考の形式における理念

応用論理学は精神哲学である——

論理学　学　体系，全体——さもないとすべて恣意——幸運児たち〔のような
もの〕——身を投げだす

恣意，意志の抽象，その思考〔が〕恣意〔である〕ように

目的——

特殊な学

目的に対して

【554（21a）】

a）理路整然と論じる意識　知

b）哲学的　α）意識の直接的な事実——感情〔は〕——信仰〔である〕

断言——そして必然性

確信と真理——

　今や宗教の中で，国家，法，習俗——いわゆる普遍的な人間悟性——精神のあ
らゆる欲求のために，それへの応答のために，必要だと知るべきもの——〔すな
わち〕与えられた〔ものが〕——われわれ自身の洞察へと還帰する——なじみの
ない，与えられたものではない——むしろわれわれの感情，宗教　同意〔である〕

　α）われわれのうちの固有のもの

　b）洞察——諸根拠，必然性——ある段階に至るまでの究極の前提

　c）究極の諸根拠——究極の形式

判である。このヘーゲル哲学批判をヴィンディッシュマンはその著作，『現代に対する哲学の
関係についての覚書』で披露したのだが，後にこの形式では撤回した。カール・ヨーゼフ・
ヴィンデッシュマン『現代に対する哲学の関係についての覚書。大学の大部分の構成員が出
席した 1818 年 11 月 23 日の哲学講義の開講講演。ライン大学年報からの特別再印刷』ボン，
1819 年，17 頁以降参照。

ここであらゆる基盤が──すべての支え〔が〕消失する
自由──
直接的な事実

【555（152a）】

（D）講義メモ（論理学・形而上学,
自然哲学, 人間学・心理学）

「エンツュクロペディー」講義メモ（α 本来の認識様式……）

　α）本来の認識様式——α）〔それが〕対抗するのは——有限的な，ヤコービ的諸規定 β）分析，
　β）思弁的で普遍的な諸思想——悟性に対抗して
　γ）具体的な——透明な〔諸規定〕
　γ）具体的なもの　自然——そして精神的なもの
　揚棄され，観念的〔になると〕——
　思考されたもの　両極端に駆られ，抽象的なものとして[1]——把握される

　1　左側欄外に：表象にならなければならないかろうじてただ二通りの言葉

【556（152a）】
　色——最高の強度　人格性——自己感情——心胸の無限な充実——
　δ）これが概念——青——色——すべてを永遠ノ相ノモトニ（species aeterni）認識する
　三位一体——板にそのもっとも硬いところで穴をあける
　ε）さらに第三のものからの進展について——自己内における無限性——学において——世界において〔〔本書【25】頁以下の〕〕第 17 節〔について〕　主観と客観という抽象——実体，事柄——ただちにはその使い道がまだ理解されない
　思考諸規定　いかなる表象がそれに対応するのか
　揚棄された発展——〔すなわち〕体系
　とどまりもする——〔世界に〕他的に，しかも世界において生産する——すなわち自らを移しおく——世界において結果にとどまり——この結果の中で鎮まる。
　哲学の歴史——
　第 37 節。概念　理念——α）概念によって概念にふさわしく規定された実在性
　β）本来的な規定性——γ）この本来的な規定性〔が〕——それ自身形式の契機〔であり〕——諸形式の体系が一つの総体性〔であり〕——どの形式もそれ自身のうちではおよそ一つの全体ではなく，むしろ理念〔が一つの全体である〕——

（D）講義メモ（論理学・形而上学，自然哲学，人間学・心理学）　　487

存在の体系　本質の体系　概念の体系
A　哲学の一般的区分
　α）論理学　自然——自己外存在——そして精神
　β）存在の直接性——自然　精神——論理学——最初にそして最後に学ぶ——
しかし自然哲学は論理学なしにはない——
B）始まり——思想として　論理学

【557［152a － 152b］】
　理念——α）存在：存在として——自然——本質，存在に対立する本質におい
ては反省　自己内における精神——概念　思想に対立してたんに本質であるもの
として——たんに内的であり〔したがって〕たんに外的に規定されたものとして
——精神
　自然の哲学の中に　力学　物理学——反省された，相対的な自然——
生けるもの
　精神——自然の精神：意識，精神——
　　存在における理念　α）直接性　自然　β）思想　論理学
　　本質　α）自己内における直接性の反省——精神——β）自己内における思
想の〔反省〕——自身の否定——外面性
　　概念　α）——こうした関係の否定——制約性，相互関係——
　論理学——β）思想の外面性——精神——｜
　理念——外面性へと至る概念——その比較的自立した形態を　その規定性を開
放しつつ——
　論理的理念——各円環
　　α）存在——直接性——理念——度量
　　β）本質——自己への反省——否定された直接性——媒介の体系，関係　相
対的なもの一般—— 一方のものが他方のものに仮象を映ずること——自由にお
ける必然性——自己自身のうちに仮象を映ずることとして他のものに仮象を映ず
ること——すなわち存在——
　　γ）概念——
　α）とβ）は自体的には概念であるが——われわれに対しては概念として設定
されていない——
　　α）存在において　否定，移行としての変化——他の存在するものへ，【558
［152b － 153a］】没落——他への関係としての移行，自己を保つ
　　β）さらに一層規定することとして——同じ基体を——規定性に引き下げら
れた質——この基盤の上をさらに進むこと

488 　　　　　　　　補　　遺

　γ）自己規定——概念はただ自己とのみ関わる——

　発展。理念への概念の〔発展〕——客観性——α）生命の理念への——β）認識の理念へのγ）絶対的理念——

　（〔当〕節[1]〔について〕。それ自体においてはというだけでなく単独にそれだけでみられた（an und für sich），それら〔の諸規定性〕自身における真理〔を扱う〕——|

　応用のことを気にかけずに

　A）存在——a）質的な諸規定性——b）量——反省

　相互関係　c）度量——そしてやり方としてのたんなる質とたんなる量——しかし事柄はやり方に依存する。

　B．本質——反省　諸規定——α）根拠——本質——β）現象　γ）現実性と必然性

　C．概念

　　α）概念——自己内において透明——β）主観性——客観性　γ）理念

　　存在——概念に向かっての普遍性——しかし直ちに特殊なものの——質として

　　a）生成，統一——偽りの——運動，過程——b）ヘラクレイトス；——死はたんに生への移行であり生はたんに死への移行である——c）笑いものにすること——肯定的に存在する目的を前提したうえで具体例からの異議——

【559（153a － 153b）】

　第42節〔本書第41節（【40】頁以下）について〕。定在——存在の形式における生成——結果——生成から或る定在が生じる——興味深い抗議：存在の中には否定的存在は設定されていない。

　2）注解をみよ。進展の仕方——規定性〔は〕その肯定として否定。定在において，弁証法的なものが設定されるということがはじまる。

　その規定性に対立する存在そのもの——自体存在|

　¹定在——そこの〔da〕，存在から区別された規定性——αα）存在するもの一般，質　ββ）否定に対立して存在するもの，——実在性　γγ）限界としての規定性に対立する存在——他者への関係

　α）質　反省諸規定　αα）実在性　ββ）否定　γγ）他のもの——限界——実在性に対して外的として設定された——は——アリウス・アリウス〔alius alius 他者の他者〕であり——他のものへの関係である

　自己への反省という抽象として，〔すなわち〕何か或るもの——抽象的な自体

———————————

　1）（原注）ヘーゲルは第162節（理念）に関説しているかもしれない。【98】頁参照。

（D）講義メモ（論理学・形而上学，自然哲学，人間学・心理学）　　489

存在——〔として〕わたしはすでに物自体に一つの規定を，つまり抽象を与えて
しまっている——ただこのように規定されてもこのものはそこに他のものへの関
係をみない。

　β）質——他のものへの関係。諸規定：他のものへの関係

　有限性——諸限界——有限なものはそれ自身に即して有限である

　γ）変化　α）無限なものへ　β）自己への反省——

　1　頁中央に注記号をともなって：α）より詳細に——これら最初の諸規定に関
連して行程のすべての根本的諸契機が——あり方もまた——〔存する〕。

【560［153b］】

　a）定在一般；b）質　c）或るもの，定在するもの——質が質一般であるとい
うこと

　α）反省諸規定（カントのそれに対して）——存在するものとしての質

　αα）実在性

　ββ）否定——スベテノ規定ハ否定デアル（omnis determinatio est negatio）。否
定に対立して——実在論，——実在的な実在性について，土地；心情の中で実在
的な人間——貨幣

　αα）とββ）の関係——γγ）他のもの——存在するとしての否定——外的——
質は本質的に他のものに対してあり，顕現であり，客観的世界との連関に入る
——

　α）関係であり　β）自己への抽象的な反省——或るもの——定在するものと
してあり

　β）限界，——限界されたものとしての或るものである|

【561［158 1］】

シューバート著作をめぐって（「シューバートⅥをめぐって」）

　シューバートⅥに[2]

―――――――――――
　2）（原注）これが何らかのテキスト箇所に関連づけられたものであるということは証明
できなかった。ほぼ間違いなくこの指示は，知られていない何らかのテキスト箇所に対する
参照指示ではなくて，ヘーゲルがⅠ，Ⅱ…Ⅵと通し番号を付していた自分の研究記録に対す
る作業用の見出しと解すべきであろう。この関連において示唆に富んでいるのは，ヘーゲル

490 補 遺

$^1\alpha$) 一個の物体は——それだけでは——普遍的空間で何ら実在的な運動をもたない——運動〔は〕場所の変化〔である〕——このことが実在的であるためには，場所が前もってすでに他の場所と区別されていなければならないが，場所はただ物質的な規定によってのみこうあり，満たされる。一つの他のものに対して相対的にのみ，運動はある。

β) 二物体が相互に接近するとき，その一方が動くのかそれとも他方か，あるいはどちらの方向に運動はあるのか，——は不定である，—— 一方が静止して他方が運動するのか，そしてどちらが，それとも両方とも運動するのか，いずれにせよその結果，現象は同じである。

このことをやはりニュートンもまた〔述べている〕——

〔どちらがという〕このことは認識にとっては区別できないが，しかしそれはまだ物体間に何ら区別が設定されていないからである——

δ) 区別は αα) 質量の量的な区別であるか，それとも ββ) 質的な——運動と静止の区別であるかである

両者の各々が自分の力で相互に独立に動くならば，こうした区別不可能性の余地が運動に対して残る。

区別はただ対立における両者の関係としてのみあり，すなわち重力の区別である

重い〔物〕としていかなる物も自立性をもたないが，重力はまさにこうした同一性への傾動であり，——ただ質料としてのみ分散し，しかし両者はお互いに対して物体であるというのではない。

1 横欄外に：Ⅵ． さらに一行下げて：1.

の作業の仕方についてのカール・ローゼンクランツによる報告である。「しかし書物全部を抜き書きすることさえ，かれはけっして怠りはしなかった。そしてなお後年に関しても［すなわちシュトゥットガルト時代以降においても］，ペテルスブルクの天文学者シューバートその他の諸著作からの［…］かれの抜粋は，その鋼のような勤勉さを表す記念碑として残っている」（K. ローゼンクランツ『ヘーゲル伝』ベルリン，1844 年，15 頁）。本稿でなされているのは，天文学者フリードリヒ・テオドア・シューバートの業績の自由要約——厳密な意味の抜粋というよりは——であるかもしれない。ヘーゲルの手になる文書の最初の方のいくつかの文は，「天球天文学」序論（シューバート『理論天文学』第 1 巻 3 頁以下）の根本思想の要約とも読めるだろう。シューバートはそこで見かけ上の相対的運動と本当の運動を区別している。それからかれは，『理論天文学』第三部（第 1 章と第 4 章）で前進運動と回転運動を詳しく検討するが，これはヘーゲルがこの文書の後の方で語ることになるものである。フリードリヒ・テオドア・シューバート『一般天文学』第 1-3 巻，ペテルスブルク，1804-10 年，第 1 巻，146 頁以下も参照。——自然哲学者ゴットヒルフ・ハインリヒ・シューバートについては，このような内容的対応関係は確認されなかった。

(D) 講義メモ（論理学・形而上学，自然哲学，人間学・心理学）　　491

【562［158 1-158［2］］】

そして両者の関係性はただ，なお現存する自立性という仮象を揚棄することであり，そして相互に落下するということである。

[1] 両者が接近するかぎりにおいて，質量の量的区別と，それによって質量が規定される速度とは反比例〔になる〕――運動量は MC=mc であるからである。ここで質量が因数であるのは，α）ただ質量が両者の区別をなすからであり，β）量的な区別が，しかもまさに速度におけるそれが，量的規定〔である〕からである――

けれども，このような事態全体はそもそも本来空無である。というのも区別，つまり質量の分離は何ら根拠をもたず，重力においては両者の同一性だけが根拠をもつからである。――区別は｜[2] ただ規定するものであり，質的なものである。量的なものは自己自身を区別するものではない。それは重力に対して外的なものであり――したがって落下においても何ら契機ではない――だからすべての物体は，どれほど質量が異なっていても，等距離からは等速度で落下するのである――

落下の二律背反――落下は区別の揚棄であり，しかもただこの揚棄だけが肯定的なものである――

この面からすると質量が登場するのは〔それが〕たんに外的な区別〔である〕からではない

振り子においては事情が異なるが，それはここには横運動〔がある〕からであり，この運動においては区別が決定的であり，横運動は経験的運動だからである――

ε）相互間の運動はそれだけでは区別されえない――直線的運動のように第三者に即してようやく分離される――

[3] ニュートンの命題，すなわち二物体がお互いに対して重力があり，相互間で運動しあうならば，重心の点は静止しており両者は**【563［158［2］－151 1］】**

1　左側欄外に：MC=mc

2　上方左側欄外に：2.

3　隣りの左側欄外に：

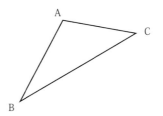

【563 [158 [2] -151 1]】

　この点を巡る一つの円を描くと言う命題は形式的である。点は何ら実在的なものではない。常に同じ区別不可能性が残存する——点が決定的なもの〔であり〕——まさにそれだからこそ重力をもつ物質〔なのであり〕——他のものがそれと自己とを同一にしようとする自己同一的なもの〔なのである〕。

　中心点は両者を分離し突き放すものであるが——一つの空間点ではない——惑星は太陽の周りを回る——ケプラーの法則

　しかし αα) どちらが運動するのかということが区別されえないだけではなく，両者のうちの一方が運動するのかどうかが区別されえない——

　[1]ββ) この区別可能性はさしあたり一方のものがその軸をめぐる回転のうちに存する——すなわち δac が一直線に並ぶのか，それとも δfc がか，という区別〔のうちに区別可能性は存する〕。

　γγ) しかしこのこと，すなわち回転しているのか——〔逆に〕Bがδの周りを動いているのではないのか，このことはただDが静止しているのか，それともBと異なるものとしてそれ自身動いているのかということに即してのみ区別できる。〔後の場合〕であればたんに∠BδDが変化するのみであるからである。この∠が変化せずDとBが等距離のままでも，両者が動くときにはやはり区別できない。

　けれどもDがδの周りを動くとき，ただ二物が相互に動くということだけが決まっていて，しかしどちらが〔動くかは決まってい〕ないならば，Bがδの周りを動くこともできればあるいはδがBの周りを動くこともでき，現象は同じものである——しかしこれはどちらでもよい——|

　[2]ζ) この区別不可能——（はけっして規定されえない。）

　しかし区別それ自体——

　静止と運動——質的。

　すでに落下において。——静止する地球——

(D) 講義メモ（論理学・形而上学，自然哲学，人間学・心理学）　493

そのときは太陽は光源，抽象的に自己へ関係するものとして．

1　隣りの左側欄外に：［下図］
2　上方左側欄外に：3.

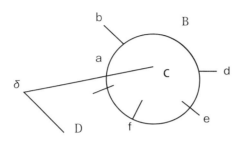

【564 ［151 1］】
　地球が静止しており個々の物体は動いている．これなら区別できる，――落下する諸物体がそれに対する距離の相互関係を変化させる静止した木々や家々等に即して――それは抽象的な地球ではなくて，その表面が多様に特殊化された静止する地球である――ここではそもそもたんに区別可能性だけが問題なのであり――落下は形式的なものである．
　だが公転においては〔事情が異なる〕．――たんに二つでは区別できない．それには三つ要る．――だが自体的に区別されるために，三つのものが必要だろうか？
　静止と運動では足りないのか――
　静止して自己に関係する物体が普遍的物体であり，運動して自己を特殊なものとして設定する物体は自分を自分から区別し，かくして二重化し，一部は――惑星系列，形式的数多性，一部は相対的中心物体と衛星の推理〔になる〕．|
【565 ［158 4a］】

『エンツュクロペディー』第19節に関連して（「A）真理」）

a）真理――
　二つの契機　α）客観性――β）主観

494 補 遺

b）われわれは現象によって真理を認識できるだろうか

無知，自分固有の裁きであり，まったくもって意味深い罰——それは重大な犯罪における呵責のように意味深い——神を発案した——行為に際して良心は——満足し——その洞察を喜ぶ——認識をより重く罰し——そして発案を——喜びそのものはあからさまである——まさに自己自身に接した無知。

外的な諸物の権威——呈示されている——権利——ただ分からせる，把握する——その先行する諸表象と関連する

悪い結果が出る——そこにともに含まれる高き理念へ〔至る〕——自家用論理学——それはわれわれをあるがままにしておく

真剣，——それはそのようには思われていない——われ　哀れな虫けら——粗野のうちに卑しさが存続し続ける——

大地が揺れる——希望——より良き意図や見解——しかし真剣さをもぎ取ること——恣意

人は自分の心構えというものをもちうる，人は確かに頭脳を飾り立てさせようとするでもあろう——

哲学一般——他の諸学問の教授たちもよくそれを持ちうる——真理——エーテルに向かうにしても妖精物語におけるような飛行船に〔乗り込むの〕ではない【566［158 4a］】——自分のうちで自由に漂い思想のエーテルへ向かうのである——柔軟な場面——光を球形に丸め，形態化する——発展——それは柔軟な粘土である——芸術家　堅い素材——われわれは強調する

話に調子を合わせる

α）信頼を得ること

β）権威，高慢を打ち砕くこと

γ）仕事とそれに結びついた

δ）間接的な破棄，——思い出させる状況の除去——

栄養

限りなく反駁する行いをする気にさせる｜

【567［158 3b］】

自然の3段階

（「a）諸段階——弁証法……」）

(D) 講義メモ（論理学・形而上学，自然哲学，人間学・心理学）　　495

a）諸段階──弁証法──たとえば空間

b）しかし個々の諸段階ではない，──生命では──精神がもっとも豊かで深きもの──他のすべてのものは単純なもの

¹c）生けるもの

精神の本性における一般的な位置

a）感情，神話，自然性から脱け出て〔いくこと〕──内容である思考によって──宗教のような田園的生活は上々である。かつての坊主気質に関してのように──どの教会役員会メンバー，説教者，校長が，理性各々しすることをあえてしないだろうか，神に奉仕すると信ずることをあえてしないだろうか──特にその理性の弱さに奉仕し安楽を与えることを〔あえてしないだろうか〕──対立へ，苦痛へと〔向かうこと〕──神なきことへと──精密科学（sciences exactes）──自然法則──その諸力の有限性へと〔向かうこと〕──

c）思考による宥和──還帰──しかし変容された自然

1　頁の左半分の1行下に：B. 1/4　　1/4　　1/4
　　　　　　　　　　　　　K. 1/4　　1/4　　1/4
　　　　　　　　　　　　　T　1/2

【568〔158 3b ‐ 158 3a〕】

この二番目の思考，認識〔は〕普遍的形式での有限な内容〔である〕──自己から分離されかつ同時に合一されている

神についての知，すなわち普遍的本質，威力，原因，正義は思考諸規定である，思考において普遍的であるから。

d）思考はしかし今やア・プリオリであり，自分から開始する，すなわち

わたしのものとしての知性，諸規定，諸形式，わたしはわたしの世界のわたしの諸形式の国にある──しかも同時に存在するものとして。しかしわたしは内容なきもの──真理〔であるが〕──まだいたく相対的〔である〕──わたしから出る素材〔をもつ〕かぎりは，わたしはわたしにとって内容であるとする意志──わたしにとってわたしが問題なのであり，わたしはそれをわたしのものにしようとし，わたしに一つの内容を与えようとする──しかし内容を主観的なものとなし，そうしたものとして維持することを学ぼうとするが，しかもわたしにとってわたしが問題である場合に，何ら思いつきや空しい自説ではなく存在するものが問題なのである。

a）真理はここでわたしにとって目的である──わたしの知として──要約：真理の内容はである〔IST〕であり，そしてわたしはこの内容を主観的に知るこ

496 補　遺

とが，もつことであり所有することである──諸表象は実践的

b）実践的な精神，わたしはわたしにとって真なるものであり，欠乏がわたしの真理の主体である──しかしわたしに対してたんに形式でしかない｜

a）精神は総体性である

b）総体性は精神に対してある──α）分離（わたしと世界），世界，世界における分離は，精神の規定がたんに自体的にのみあり──この同一性が精神に対してはない，というようにある

【569［158 3a］】

わたしがわたしにとって対象になるという意識──わたしがわたしにとって対象になるということは無意識である──

わたしがわたしにとって対象であり，抽象的に主体的に客体的な対象にする（たんに外的な欲望によって）という自己意識｜

【570［158 3a］】

精神哲学第 1 部 b についてのメモ

（「a）人間の原初の状態」）

a）人間の原初の状態

普遍的なものの感覚──

b）未展開の自然的関係

α）本能的──信頼，信用──共感──友好関係の感情──惹きつけられること──呪術的

自分の主人と呼びたくなる何か──

強烈な印象を与えつつ──愛〔は〕確かなものといえる種族的愛〔である〕

β）子供──年長の人間を予感させること──

γ）表象の伝染──狂気の流行病──（魔女的存在を形成する呪術的時代──ファン・ヘルモント[3]

3）（原注）ヨハン・バプティスタ・ファン・ヘルモント『狂気の観念』参照。『全集』フランクフルト，1707 年，264 頁以下。ファン・ヘルモントの体験はイマヌエル・カント『実用的観点における人間学』ケーニヒスベルク，1798 年，148 頁（『カント全集』第 7 巻，216 頁以下）に再録されている。さらにクルーゲ『動物磁気叙述試論』17 頁参照。薬の使用によって磁気的状態が発生することの端的な例としてクルーゲはファン・ヘルモントを挙げ

（D）講義メモ（論理学・形而上学，自然哲学，人間学・心理学）　　497

δ）内在的統一——死による恋人の喪失

c）引き下げ

α）人間がその個別としての感覚そのものにおいて普遍的〔である〕（この感覚の器官）——

β）数々の予感，夢——腹で察すること

普遍的な連関の感覚——しかもそれらにおいて一つの個別性〔であること〕——この連関はその外的連関の総体性において意識に対してはない——

【571〔158 3a〕】

d）現実性の内面性——〔が〕人間の生動性をなす——人間の自立性の区別——人間の現実性の総体性が人間のうちでどのようにあるのかということ

b）呪術的な知一般

母胎内の子供——母体の栄養摂取——

α）その両親に対する子供たちの

β）他の人間たちに対する，強烈な印象を与える——習慣から切り離すこと

肉体性とその媒介を支配する力としての精神——ないしは精神を支配する肉体性の——力自体——自体として感じられた

奇跡——身障者が信仰によって歩けるようにされた

魔女的存在

表象が絶対的同一性として肉体的な結果をもたらしたこと——強硬症においてその話すことへの影響力——癲癇の伝染——少女〔ということで〕，嘔吐に起因する食道破裂——もまた表象の媒介による |

【572〔151 2b〕】

ている。ヘルモントの説明によると，「かつてかれがナベル〔毒草〕の根をほんのわずか味見したとき，それを飲み下すことさえしていないのだが，まるで思考力が頭から胸と胃に移行したかのような状態が突如生じた。かれがはっきり，また持続的に感じたのは，かれが胃の噴門のあたりで，しかも普段よりずっと明晰に生き生きと思考しているということであり，と同時に胃によって呼び起こされた思考力のこの高揚が尋常ならざる歓喜の感情と結びついていたということだった」。

498　　　　　　　　　　　　補　遺

『エンツュクロペディー』第 322 節以下についてのメモ

（「肉体的なものを支配する力」）
肉体的なものを支配する力
　　a）肉体性からの魂の分離
　　b）魂〔が〕それだけ切り離されて普遍的なものとして対象〔である〕──
　　c）切断により，この切断されたものがそれだけで普遍的なものになる──
　　d）肉体における肉体性を支配する力としての直接〔的〕魂
　　自己を力と感じるもの〔として〕振る舞う
　　精神の力は，個別的なものが普遍として自分に対してあるのを思考すること
である──
　　しかしこの力は媒介を通り抜け──外的なものとしてあるかぎりにおいてのみ
力〔であり〕──分離したものとして〔のみ力である〕
　　α）これらの媒介が存在しないときには，感覚する直接的な力〔であるが〕
　　β）しかしそれらの媒介が存在しないかぎりは──わたしの外的なものでな
いかぎりは──〔わたしも〕等しく無力である
　　精神に対する精神──〔は〕媒介〔であり〕──普遍として〔あり〕──諸表
象〔であり〕──直接にではなくも〔あるが〕──個人はこの魔術においてはそ
のままに生き，好都合な諸事情〔が〕根拠〔であり〕──個人の内的なものに
とって──そして個人を規定し──決定すること──
　　さらに α）わたしはわたしの中で個別的なものであり，経験的総体性であり
──わたしが分離するものはこの総体性であり──そうしてこの総体性を外的な
ものとして知るのである
　　β）感覚しつつあるとき，さもなくばわたしが媒介するものについて直接無媒
介に知るのである──

【573 ［151 2b］】
　　γ）同様にこれは普遍的なものを感ずること〔であり〕──（表象することの
ように）──感覚的な個別的現在とその媒介なしに──分離による媒介〔なしに〕
──感覚の直接性なしに〔感ずることである〕｜

【574 ［151 2a］】

（D）講義メモ（論理学・形而上学，自然哲学，人間学・心理学）　　499

『エンツュクロペディー』第320節・第321節についてのメモ

（「わたしを支配する他者の力……」）

わたしを支配する他者の力，他者の中にある何ものかがわたしの中に設定される——

α）直接には子供〔の場合〕

β）わたしの表象によって媒介されると——概念的伝染病

γ）磁気療法士によるもの

δ）薬——ワイン，阿片——

精神的，魔術的——

こうした依存関係が狂気への移行をなすが，——それというのも，依存関係は表象から出発するので，諸相違の自立性を設定するからである——

精神錯乱の伝染病——〔それは〕無力な同一性ではなく，表象作用からくる自立性によって降りかかり，そして今や何か見知らぬものを自己のうちに設定する

やはり同じく不安からくる病——恐怖からくる死

奇跡の行い

個別的なものの普遍的なものへの移行，すなわち或る制約（否定）をわたしの自己の普遍的なものにすること——その一段階は，一つの

いわゆる a.）自然状態であり，

¹α）やはり自然的媒介によって〔ある〕ものの知

β）自然的媒介によってではないものの知——神託

1　左欄外に：これより以下，これほど大きな区分を設けてはならない

【575〔151 2a〕】

いかなる外的なやり方ときっかけによってこのような状態が生み出されるのか，——状態として設定されるのか

まず一般に意気消沈した人——プラトン

α）人倫的限界　β）人倫的気分　γ）治癒力のあるもの¹

心的——精神的かつ肉体的——邪魔されずにこの中へ沈潜し，

その中に生きる——自ら自己の中で覚醒し——分断を揚棄すること——自己と世界の間で散り散りになりながら自分から自分を治癒させる

・普・遍・的・な・もの
特に夢遊病の直観から語ること——自己への沈潜——アルキメデス——動物
内容をもたなければならない
a）限定された明瞭さ
b）無駄口——注意散漫——注意力を保持しないこと——もたないこと
c）痴呆——
d）肉体性——
スイス人のホームシック
諸制限に結びついている——

1　頁の中3分の1ほどに：
7：5＝5：4

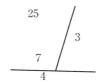

6：5＝5：4・1/6
5：4

【576［151 3a］】

『エンツュクロペディー』第321節についてのメモ

（「狂気は自己内閉鎖性である……」）
狂気は自己内閉鎖性である——夢遊病のように——分断
　a）正気であるとはいかなることか——
　　a）実体〔は〕モノト観念ノ秩序（ordo rerum et idearum）の同一性
　　b）分離——外面性〔は〕非本質的偶然性——規定されてあることの直接性
　　c）感覚の知覚——自由な自我〔という〕形式主義——世界直観とわたしの現実性の直観——自分が誰なのかを知る。明瞭さに反して主張する——わたしの直

（D）講義メモ（論理学・形而上学，自然哲学，人間学・心理学）　　501

観により〔生じた〕何かへと迷い込む，客観的普遍的意識が反駁されている

　分別に際して同一の内容——わたしの直接的な規定性の，すなわちわたしの偶然的な生の——内容はまったくどうでもよくありうる——家は赤いのか——ニコライのような幻影ないし目の誤りでないのか

　わたしの知〔は〕わたしについての，わたしの現実性についての表象——

　a）自己との形式的な同一性——自己意識——理性の概念も

　b）内容をもつ〔こと〕——主観的な内容〔は〕表象——客観的な内容〔は〕——やはりわたしとわたしの現実性の外にある——感覚の単一な同一性——内容が同一であること——関連の根 |

【577〔151 3b〕】

　身をもぎ放すこと，魂はいまだにその実体的同一性において個別的な単独の存在としてあり，純粋に——身をもぎ放し——直接的に——したがって形式的に——そして自ら直接的に〔あり〕——再生によって〔あるの〕ではない

　b）　|

【578〔154a〕】

『エンツュクロペディー』初版の第311節・第322節等についてのメモ

（「a）占星術」）

　a）占星術——その姿勢〔は〕模写〔である〕——古代カルデア人の占星術の時代——個別的なものに引き寄せられた何かより普遍的なもの——近代における偶然の力——寄る辺ない心

　星気的な，星運

　b）人間の周期的生命——時代の尺度。人間的生命の尺度〔が〕大地，植物，樹木の生命との連関〔をもつ〕

　月経，病気の周期

　主観的なものの力により尺度が委縮する——天においてのみ自由

　狂人〔への〕，月〔の影響〕；——ピネル？だかライル？だかはこれを否定する

　c）日ごとの，朝と晩——真昼と真夜中[1]

502 補 遺

1 右頁欄外に：

1790

<u>1520</u>

<u>270</u>

1250

<u>270</u>

980

<u>270</u>

710

<u>270</u>

440

<u>270</u>

170

（579 頁脚注に続く）

【579［154a］】

デュボア——デュピュイ〔の著作『〕万国の宗教（religion universelle）〔』〕——牡牛座，牡羊座，子羊，春分秋分の推移

精神はあらゆる制限を永遠に脱ぎ捨てる。

天上の生活，この世の生活

地上の生命——聖なる鶏，予言：生贄の畜殺

疫病，病気——ヒポクラテスはわれわれとは別様に治療した——最終意志決定

予言術（μαντιχη），〔この語をギリシャ人は〕プラトン〔にならって〕狂気から（a furore）〔取って名づけたが，われわれローマ人は神から（a divis）取ったと〕：キケロ〔が〕『予言について　第一巻』〔で述べている〕

自然との共感的な共生

絶対的存在として〔ある〕自然的なものに対して。

或る主観的な知，自己内の直観ではなしに，或る外的定在における直観。

占星術と占い〔は〕予言，将来を予報すること——主観の状態の認識可能性

リッターの〔本のタイトル『〕星運〔』〕

星霊

（脚注 1 続き）

28. 8

(D) 講義メモ（論理学・形而上学，自然哲学，人間学・心理学）　　503

```
      56
      84
     112
    1400        1790
    1680         280
    1960        1510

     365
                  24
    1460
     730
      87          60
                  60
     525. 600
```

【580〔154a〕】

a）汎神論と自然の礼拝〔は〕意識的になる〔こと〕──思考としての礼拝〔であり〕，そして内的な，同一として考えられたものの崇拝〔である〕──汎神論〔にとり〕神的なものの形式〔は〕肯定的形式としての自然的なもの〔であり〕；否定的精神的形式としてのそれではない──まさにそれゆえに礼拝によって精神的なものにされ──すべてのものは生命によって〔賦活され〕ざわつくが；〔しかし〕われわれはなぜ自然を拝むことができないのか，本質的に主体性，精神性〔が自然には欠けているためである〕

b）汎神論においては或る他なるものが本来的，──生命一般──しかし予言は人間的出来事への規定的関係──〔つまり〕自分だけの自然性；（民族と人倫的神々では）しかし自然的定在において〔ある〕。 |

【581】
　（E）『エンツュクロペディー』注解口述筆記ノート

第1節について

　哲学することへの欲求は思考しようと欲する自由の決意を含んでいる。それも理性ばかりかすでに表象の本能も絶対に本質的として申し立てていた諸対象について，すなわち人間や人間の規定，外的世界や神について思考しようと欲する決意を含んでいる。矛盾こそは，思考をその解決に向けて奮い立たせる。その矛盾とは，これらの諸対象が意識にとって他的なもの，意識の自由の確信に対立する疎遠なものとして意識に対して与えられてあるということであり，またそれら諸対象が自己意識の単純性に対立して多様であるということである。同様にこれらの対象が相互に対してもつ矛盾そのものも，思考をその解決に向けて奮い立たせる。学に先行するこの欲求だけが学の主体的な始まりをなす。この欲求では，思考は，無限な諸対象のさまざまな表象を当面の間は自分の前でそれらが直接現れてくるがままに妥当させる。矛盾は，思考にとってひとり自分だけで解消されねばならないものとして，前提された表象の本性には関わらない〔主観的〕懐疑として現象する。その際思考は，自分がまさにこうした前提そのものを克服しようとしていることを意識していないのである。この点についてはあとの第35節，第36節で扱う。第1節以下では学そのものの始まりについて扱う。｜ (6)

第5節について

　さらに真理の認識は，哲学の最終目的であると言いうる。それが契機として含むのはまず，1 自由の契機であるが，これにおいて精神は，さしあたり他のものにして外的なもの，精神の彼岸として現象するものの中にありながら自分自身のもとにあり，それが精神に対して妥当するのも精神がそれを自分のものとして承認するからなのである。このような自由は，ただ純粋な思考の中にのみある。次に真理認識が含むのは，2 客観性の契機である。これは，わたしが主観的な思考として知るものが同様に客観的であるということである。言い換えれば，諸対象がわたしにとって意識の中でもつような疎遠さ，他的【582】存在をわたしが思考において揚棄するのと同様に，わたしの思考の主観的偶然性，思い込み，表象，そして理屈づけを揚棄し，客観的に，つまり同時に事柄の最内奥の本質である概念に従って，そしてこの概念の中で思考することである。このようにして，わたしにとって相応しくあるものが，自体的にというのみならず単独にそれだけでもあり，わたしは概念と対象性との統一，真理，理性的なものの意識においてあるのである。

（E）『エンツュクロペディー』注解口述筆記ノート　　507

注解1

　一般に真理は主観的なものと客観的なものの一致ではあるが，この主観的なものが限定される意味に応じて，真理は異なった意味をもつ。1，経験的で感性的な歴史的真理が意味するのは，たんに存在するものないし起こったことについてのわたしの表象とそれとの一致であり，正確には正しさと呼ばれ，また表象そのものは〔たんに〕一知見である。2，詩的真理は，そのものとして，空想力による或る造形の表象可能性である。3，一判断が含んでいるかぎりの真理は，或る対象ないし或る出来事についての表象と，表象があるべきところのもの，ないしは一つの普遍的観点｜（7）一般との一致を表現する。4，だが哲学的真理は，対象そのものの自己との一致，というよりむしろ統一であり，つまり対象の概念とその定在との統一である。真理が意識化されたものであるということは真理の主観的形式であって，事柄の真理そのもの自体はこの形式に依存するものではない。

注解2

　実際的な諸学問は，思考形式の観点からは悟性学と呼ばれる。なぜなら，その内容が有限であるか，それとも自体的にばかりかそれだけで真理であるかに関わりなく，ともかく内容が全体的にまたは部分的に内外の知覚，経験，あるいはそのほかの権威によって与えられたものだからである。そして，こうした内容が存在するもの，確固としたものとして根底に据え置かれねばならないとされるならば，思考はこれにたいしてたんに外面性の関係をもちうるのみであり，たんに有限な思考諸規定が，たとえば同等性，秩序，単一性と合成，力，原因と結果などが，悟性推理と同様に使用されうるのみである。これらの諸規定は【583】形而上学を形成しているが，これらの諸学問は，この形而上学を，それが直接意識に見出されるがままに，その真理把握の能力を調べたこともないのに利用するのである。

注解3

　これまでの諸学問には二通りの行き方があった。〔1〕特に古い時代においては，理性または悟性からくみ取られた普遍的諸概念を前提してそれに従って現象を思考した。そのためそこでは知覚による対象の考察が従属的な位置しかもたないやり方が採られた。2，もう一つは，経験上の知覚から出発し，｜（8）秩序，統一，法則を知覚の中に見出し，一般に知覚を普遍的観点にまで高める行き方である。この経験的方法が首尾一貫し理性的に前進するならば，それは理性の写しであるところの内的自然や外的自然を加工し整えて，その結果が哲学に採用される能力

508　　　　　　　　　　　　　補　遺

をもつことにもなろう。｜（13）

第 11 節について

　哲学の諸分肢が自らを現すもっとも手近な姿は推理である。この推理では，普
遍的理念としての論理的なものが，特殊的理念ないし否定的形態における理念と
しての自然を通じて，自体的にあるばかりでなくそれだけでもある理念として
の，つまり精神としての個別性へと自己を規定するのである。この推理が哲学の
もっとも手近なものであるわけは，哲学が思考の学問であり，したがって哲学固
有の場面としてのこの思考の学において理念が開始されるからである。しかし理
念〔にとっては〕各分肢が概念の全総体性であるから，各々が他の規定に対して
同様に振る舞い，こうしてかの推理は現象と媒介の一形式であって，その一面性
は哲学自身によって揚棄されるのである――（第 475 節以下をみよ）その結果，
いかなる契機も始まりとして決まったものはなく，各々が媒介もすれば媒介さ
れもし，そして同様にそれぞれ直接に同一的で一つの実体なのである。｜（15）

【584】

第 12 節について

　思考は通常その主観的な意味にとられ，自己意識の一活動として，一部は直観
能力や想像力などといった精神の他のいわゆる能力だとか力に対立する特殊な活
動とすら見られている。ここではしかし思考は，客観的に普遍的なものとして，
つまり概して悟性ないし理性が自然の中にあると言われもするときの意味で自然
そのものの本質的に内在的な概念として妥当する。こうした理性，すなわち普遍
的なものの具体的体系ないし自己自身のうちにある思想は，同じく理性的である
精神の本質でもある。しかし，自然における理性がそれだけではその自由さにお
いてないように，理性は精神においても，この精神が直観的，欲求的等々として
振る舞うかぎりはその自由さにおいてなく，外面性をともなって有限性に巻き込
まれ，たんにその発展の途上にある。

　こうした精神の道程も同様に一つの理性的総体性なのではあるが，ただこの総
体性はそのものとして自己を知ることがなく，そのために思考ないし理性をその
段階的発展の他の諸契機に対立する一つの特殊なものとして受け止めるのであ
る。精神の具体的本性は，一部は哲学において理性的として認識され，一部は論
理学においてその理性性に従ってその規定から自由なものとして認識されるが，
この規定においては，精神の具体的本性は意識として自然に対立しているととも

（E）『エンツュクロペディー』注解口述筆記ノート　　509

に，外的自然としてもあるのである。｜（18）

第16節について

　思弁的なものは，理性的なものに対立する一つの特殊な領域ないし内容ではなく，概念把握されるかぎりにおける理性的なものである。理性的な原則，法則，思想や理性真理は，或る理性的で普遍的な内容が，表象にもたらされ悟性によってそれだけでみられた場合のものである。同じ内容がそれの含む対立において，分解され，その結果この対立が規定的に思考されると同時にその統一において捉えられたもの，それが思弁である。｜（20）

第19節について

　以前の形而上学および古い時代の哲学一般の，近代のそれに対する主要な対立は次の点にある。前者〔の形而上学や哲学一般〕は，理性の諸対象，すなわち精神，世界，神を認識するという目的をもち，それゆえこれらの対象に即してその内容の矛盾として生じてくる困難や矛【585】盾を自ら考察し，解消しようと努め，取り除こうと試みた。しかし近代哲学一般は，特に批判哲学は，認識作用を考察するという立場を自らに与え，対象に対する認識の対立のもとにとどまり続ける。諸々の対象そのものはこの対立によって空虚な抽象に，そして認識にとっての或る種の彼岸となるのであり，あらゆる規定された内容はそこに属するとされるのである。この認識は，まさにこれによって主観的で有限なものとして，無限なものを自己に捉えることができないものとして｜（21）規定されるのである。その内容はさまざまの有限性の集合となるが，それは以前の形而上学での対象の内容がそうであったのと同様である。｜（32）

第37節について　　注解1

　始まりの本性を理解するためには，理念からみて，存在が三重の意味あるいはむしろ規定をそれ自身にもつという点を先に注意しておくことができる。1，存在は生きた，あらゆるものを自己内に抱える実体的で普遍的な総体性であるのか。2，こうした総体性として，存在は，抽象的なものではない。むしろ自己内で自己を区別するものであり，その結果これらの区別されたもの自身は，ただその相互の不可分な関係においてのみ意味をもち，存在と本質として，お互いによって媒介された相対的で観念的な全体の契機なのである。存在〔としては〕区別とそれに依存したあらゆる規定の捨象によって媒介され生産されたものとしての単純な自己同一の直接性〔である〕。これに対して本質〔としては，存在は〕この媒

介と反省そのものとして〔ある〕。3，無媒介なものというその規定からすれば，存在そのものは，本質への関係なしに，したがって最初のものとして受け止められねばならない。したがってこうした総体性として，存在は，理念の最初のあり方である。

注解2．存在はさしあたり1，無媒介な理念として，自己を媒介に向けての理念として規定し，そして次に2，本質の側面として，現実存在として，一般に媒介された無媒介性として現象する。3，存在は，自由な理念そのものにおいて，すなわち理念の契機として，その規定されていると同時にもっとも豊かな意味における存在の客観性として自己を再生産する。だが存在は同様に，普遍的な根底に，自由な理念にとどまり続け，言い換えれば，絶対的なものは，その総体的な発展において設定された【586】存在以外の何ものでもないのであるが，それは，最初の具体的なものである生成が，それ以降生じるすべての規定の普遍的なものであるのと同様である。すなわち，反発と牽引による変化，減少と増大，根拠から現実存在への進入，ならびに現実存在から根拠への帰還，外化と力，判断，概念による客観性への自己規定，自己を現実化する目的の活動，生命と認識の自分の内での過程，これらすべては生成である。ただし，そのより一層拡大され，より一層真なる形式なのである。｜（33）

注解3．論理の三段階とは，1，直接的存在，2，自己内に入り込み，それによって相対的なものとしての最初の存在に関係づけられた存在，すなわち本質，3，媒介において自由な〔存在〕としての概念であるが，これら論理の三段階はその具体的な定在を，1，普遍的な論理的理念そのものとして，2，そこにおいてはそれら三段階がたんに本質であるところの自然として，そして3，精神としてもっている。〔精神は〕自由な理念，単独にそれだけで現実存在する概念〔である〕。さらに同様に自然の理念をそれだけでみれば，〔1〕存在としては機械的自然，2，本質ないし反省の領域としては非有機的〔自然〕，そして3，概念としては有機的自然である。精神は，〔1，〕存在としては魂。2，本質ないし反省の段階としては意識，3，概念としては，精神そのものである。

第39節〔第38節〕について

I，存在は，1，質的なものである。すなわち，存在の無媒介性はそれ自身が存在の規定性であり，この規定性はまさに無媒介な，存在とまったく同一的なものである。2，〔しかし〕そのことと同様に，規定性は存在と同一ではないから，規定性は存在に即してたんに一つの外的なものとしてある。この存在は，規定性がそれに即しつつ，存在の本質性に従って設定されているところのものであるが，こうした存在は量的なものである。3，存在は，その規定性と対立している本質

的なものであるが，つまりそれだからこそたんに量的な規定性でもあり，したがって存在は〔規定性と対立する本質的なものであるのと〕同様に，それにとっては規定性が本質的であり，それと規定性とが同一であるところのものでもある。こうして質的でもある規定性を伴うことによって，存在は度量である。

Ⅱ，本質は〔存在と〕同じ〔以下三つの〕仕方である。まず1，質的なものとしてあるが，それのここでの意味は，規定性を自己と同一的に含むが，しかし本質は自己へと入り込んだ存在であるから，規定性を揚棄されたものとして，非本質的に仮象として含むということである。2，同時に規定性から自己を区別しつつあり，本質として規定性に対立しているが，この規定性の方はその根拠としての本質に媒介されると同時に無媒介直接的に｜（34）現実存在としてあり，こうして全体としては現象と相互関係〔としてある〕。3，その自己内存在において【587】も外的なもの，その本質性において現実存在している本質は，現実性であり，さらに必然性である。

Ⅲ，概念，しかも1〔としての概念〕は，主観的〔にあるもの〕として自己同一の現実性であり，その規定性，すなわち特殊性においても直接自分と同一の普遍的なものであり，その結果，仮象として映現する契機は全体としての，ただし限定された概念〔である〕。2，同様に，限定された概念は，その直接性において外面性の総体性であり，客観性である。3，しかし絶対的現実性は，その客観性のうちにありながら変わらず自由で主観的な概念，理念である。｜（40）

第43節〔第42節〕について

定在は，その規定性によって，そのあるところのものである。この規定性は，定在に即して，本質的なものであるのと同様に否定でもある。そうであることによって，定在はひとかどの定在なのであり，限界，制限をもち，何か或るもの〔なのである〕。自己関係する否定の点は，一方でただその分離のうちにあるのと同時に，存在するものとしてその否定から区別されてもいる。したがってこの否定はそれ自身が一つの直接的なものとして或る他なる定在なのであり，そのかぎりで，かの点の外部に属する。表象においては，或るものが一つの制限されたものとして妥当するのは，その外部にまだ他のさまざまな現実存在があるからである。だが或るものを概念把握するためには，その制限や有限性をそれらがその或るものの固有の質であり本性であるというように考察する必要がある。｜（42）

第49節〔第48節〕について

それだけである存在（対自存在）とは，まったくそれだけで規定されているも

のである。なぜならば，そうしたものはその他的存在を自分自身だけでもつから
であり，しかもその他的存在は存在していない否定であり，限界は他者をめぐる
限界でもなく他者を求めて規定されてあることでもないので，この他的存在はた
んにそれだけである存在（対自存在）自身のうちにあるにすぎないからである。
それだけである存在においては，それゆえ，存在は観念性へと規定されている。
表象の立場の念頭にあるのは，大体が諸々の現実存在の実在性であり，たとえば
物質において，それから法において，互いに排除しあうものとして絶対的にある
とされる個々のもののそれだけである存在は，それらの直接的な実在性であって
もそれらの観念性の本性〔を表すもの〕ではなく，〔そうしたものが〕表象にとっ
て支配的位置を占めるものなのである。｜（47）

【588】

第58節［第57節］について

　量的比は，その完全な規定性における定量である。1，すなわち，或る限界を
ともなった量は，まさにその限界が揚棄されたんに外的なものであるから，こ
の限界においても単純な自己関係である。2，それだけで規定されている外的な
ものとしての規定性は，自分自身に対して外的であり，自分へのその単純な関係
ないし規定性に従って互いに無関与な諸量の間の差異は，だがその固有の直接的
規定性における量ではなく，たんに相対的な，他のものによる規定性における量
に相当するのである。3，こうして，この相対的規定性は，自分自身から反発し
ながらそれだけで存在するものであるが，それというのもこの規定性がそれ自身
に即して他のものへの関係だからである。量の比は，したがって一性と数多性の
比であり，あるいはそこにおいて量が或る量的比の両項になっている集合数であ
る。4，ところでこの相対性こそ定量そのものの本性ないし質をなすのであるか
ら，比の両項は，比の外にあって互いに無関与な量規定ではなく，ただこの比の
中でのみその質において規定されている。だから比の真理はさしあたり度量であ
る。5，すなわち，質的な意味に解された，比の自分との規定された統一である。
｜（51）

第65節［第64節］について

　本質はなるほどそれ自体としては概念であるが，しかしまだ概念から区別され
る。本質においては，規定性は，自己に関係しはするものの抽象的な区別であ
る。したがって，普遍，特殊，個別が本質の発展であるのと同様，区別されたも

（E）『エンツュクロペディー』注解口述筆記ノート　　513

のそのものは自体的には概念の総体性であり，その結果区別されたものそのもの
は自己をこうした総体性として規定しはする。が，区別は抽象的なものであるか
ら，区別されたものどもが同時に自立的な実在性をもつのである。そして，そこ
でようやく弁証法，すなわち観念性の設定を通じて，概念が──この実体的区別
が──出現するのであり，しかもそのときこの概念においては区別がもはや抽象
的なものではないのである。｜（58）

【589】

第74節［第73節］について

　根拠はまだ何ほどか形式的なものであり，そのため何らか一つの内容をもちえ，
そして具体的な現実存在に即したどのような規定ないし側面であろうとも，その
自己関係の形式においては本質的なものとして，さらに根拠として述べうるので
ある。しかし根拠が形式的であるのは，それがまだようやく本質の抽象的な総体
性にすぎないからであり，根拠としての総体性がまだ自由ではないからである。
すなわち，根拠において総体性は，まだ同時に観念的として設定されておらず，
したがって一つの規定性ないし定在として設定されていない。根拠はまだそれだ
けであるのではなく，まだ概念ではない。したがって根拠は，まだ自己自身にお
いて自己を規定しつつ，自分から目的を設定しつつあるのではない。｜（63）

第85節［第84節］について

　力の無限性が成り立つのは次の点においてである。1，自己への反省，力そのも
のが，他者への反省，力の外化と同一であり，力の外化の中には力のうちに含ま
れているもの以外のいかなる内容もないということ。2，自己の内でのこれら両側
面の統一としての力が，自己への否定的関係であり，こうして自分による活動で
あるということ。これに対して，力の有限性は次の点にある。すなわち，こうし
た関係における形式の区別，力そのものとその外化，および一方の規定から他方
の規定への移行が，いまだに関係そのものの同一性と，つまり力とその外化にお
いて同一であるものと同一ではないということ。言い換えれば，内容が，こうし
た顕現以外の何ものでもないというところまで規定されていないというこ
と。｜（67）

第92節［第91節］について

　現実性は，関係において合一されているとともに相互に分離してもいる自己へ

の反省と他者への反省との統一ではあるが単純で無媒介な統一であり，自分にお
ける関係としてはない。それで，さしあたりこれらの契機は現実性に即して外的
な諸思想としてあり，しかしこれらの外的な諸思想は直接的な現実性の外面性そ
のものでもあるのである。1，自己への反省，それも内的なものとしての，ただ
しその真理において，すなわち｜ (68) 現実性においてあるものとしての，つま
りたんに設定されたものとしての自己への反省，〔これが〕可能性〔であり〕，そ
の思想のうちに現実性の当為は存する。2，他者への反省，同様に現実的でもあ
る外的なもの，それもたんに設定されたものとしての，〔これが〕【590】偶然的
なもの〔である〕。3，偶然的なものは，現実的なものではあるが自分の中で分裂
したものとしての現実的なものであり，その結果，偶然的なものが本質的にそれ
であるところの関係は，或る外的なものとして現象するのである。それゆえ偶然
的なものは，或る他なる現実性の本質である。しかしそれは，1，あたかも偶然
的なものがそれだけで現実的であり，他者の本質であることに対して無関与であ
るかのようにであり，2，あたかもこの他者も同様に本質的にそれだけであり，
それにとってのかの本質をたんに外的な状況として利用するかのようにである。
〔偶然的なものは〕或る事柄の前提された諸条件であり，この事柄は同時に現実
的である内容の総体性である。しかし或る事柄のすべての条件があるならば，事
柄そのものが現実にならねばならない。諸条件は，1，空虚で外的な，なおたん
に偶然的な現実性であり，2，この現実性が或る内的な本質，すなわち現実性の
固有のものでありながら現実性そのものには対立した精神をもつ。3，この精神
は，また一つ別の現実性，或る活動的なものであり，現実として立ちはだかるそ
の制限された諸状況に対して敵対的，攻撃的に振る舞う。しかしその諸状況は，
同時にこの活動的なものの可能性，しかも実在的な可能性をなし，またそれだけ
としてみればたんに外的な現実性にすぎないから，諸状況は活動的なものの内で
自己を揚棄し，その結果，いかなる活動的なものも，諸状況の移り行きにおいて
ただ自己自身と合流し，このような他者への反省において同時に自己への反省
を，したがって自分の現実性を必然性を通じて，しかも必然性として〔もつので
ある〕。｜ (74)

第 104 節 ［第 103 節］ について

　因果関係は，実体性の関係に含まれている諸契機の差異性であり，そして交互
作用はそこからの十全な展開である。1，原因はただ結果としてのみあり，した
がってその己れに基づく自己同一性そのものが或る他なるものであり，総体性と
してある。それはここでの各契機そのものが一つの実体，しかも前提されたもの
としての実体であるのと同様である。というのも実体の規定は同時に原因の本

（E）『エンツュクロペディー』注解口述筆記ノート   515

質的契機であり，原因は作用するものとして結果に関係するが，結果の方では自
己同一なものとして作用せずにあり，結果を或る疎遠なものとして身にまとうか
らである。しかし実体は，自己自身へのその関係の力であり，したがってそれに
とって外的な規定の揚棄であり，また第一のものの結果としてのこの規定は，原
因としての第一のものの存在であるから，この揚棄は反作用であり原因としての
第一のものの揚棄であり，このようにしてこの揚棄は同様に自己を再生し維持
し，【591】こうして反作用する。2，しかしまた，より直接的なしかたで本源的
に己れに基づくと想定された第一の実体の第一の作用も，何か外的なものである
設定された存在である。しかし3，むしろ実体自身のこのような己れへの基づき
という始まりこそまさに｜（75）その固有の受動性，偶有性，設定された存在，
結果と実体であって，この実体は1，直接的な事柄であり，2，作用する，すな
わち自己を自分自身の第一の否定である第二の契機としての設定された存在とな
し，〔3，〕かえってその点ですでにその第一の否定，すなわちその直接性を揚棄
し，ただこのことがそのもともとあったという本源性なのである。4，交互作用
は，観念性についての叙述である。言い換えれば交互作用は，有限な因果性にお
いては交互作用関係にありながら異なったものとして考察される諸規定や諸実体
についての次のような叙述である。すなわち一方では，結果はたんに一つの偶有
的なものでありこのようなものの中にそれだけで原因の実体性が存するのではな
いということ，他方また，直接にもともとあったという本源性はむしろ受動性で
あり設定された存在であるということ，このことを交互作用は叙述する。｜（89）

第 125 節［第 124 節］について

選言判断は，類，実体的普遍を主語にもち，この主語は，同様にその述語でも
あるが，〔これが〕普遍性そのものと特殊性という概念諸規定におけるその完全
な特殊化において設定されると，あれかこれか，あれでもこれでもない，あれも
これも両者とも〔となる〕。今や主語と述語とのこうした同一性が，判断の根本
規定ないし内容，すなわち特殊化における類，しかもその本質としての類に対す
る特殊性の設定された関係をなす。概念の判断は，直接的なものとして，排他的
特殊性，つまり或る個別を主語とし，述語となるのはその類に対する主語の単純
な適合性，目的，規定である。実然判断はしかし，直接に〔ある〕として，主語
のその特殊性に従った類への関係はここではまだ表現されていないのであるか
ら，たんに蓋然的であるにすぎない。｜（108）

【592】

516　　　　　　　　　補　遺

第 156 節から 160 節 ［第 157 節から 161 節］について

　合目的性の推理は二つの前提をもつ。第一のものは，客観の直接的な把捉である。すなわち，自体的には目的と同一であるという客観の本性を含むところの或るたんに観念的な契機が，目的そのものに即してあるという前提である。第二の前提は，客観に対立する目的の活動性である。この客観は，主観的目的としての目的に対して先なるものとして前提された直接的な自立性をもつ。しかもこの客観は，直接的なものとして，ということは受動的なもの，目的によってまったく規定されうるものとしてあるにもかかわらず，やはり自立性を維持する。——これが有限な合目的性の観点，たんに手段でしかない諸目的の生産における無限進行の観点である。｜（117）

169 節 ［第 170 節］以下について

　類として現実存在する類としての理念は，その対他存在としてもはや生けるものの直接的個別性ではなく，自ら普遍性をもつ。こうして，理念の個別性はその定在において直接自分のもとにあり，真の主観性であり知である。しかしこの普遍性，理念の実在性の側面は，1，抽象的普遍性であり，したがってその総体性，規定と充実は或る外的世界としてある。そしてこの抽象的普遍性は，主観的理念に即してはたんに設定された存在として，欠乏としてあるにすぎなくもあるから，この主観的理念はその抽象を充実させようとする衝動である。しかもこの充実はこの理念にとってはさしあたり外的世界を前提することであるから，理念が衝動であるのはただ自体的にというにすぎず，いまだ無意識に自分自身と関わり，その際この理念にとってはまさにその抽象的普遍性，悟性的同一性がその主観的規則なのである。〔これが〕有限的認識〔である〕。2，主観的理念は，自己自身においてさらに自己を規定する。こうした自分による規定性と充実も最初は同様に抽象的なものである。だからそれは欠乏であり，こうした抽象を揚棄しようとする衝動である。しかしこの衝動はなおもたんに形式的なものであり，善の目的に外面性の形式を与えようとするが，しかし或る前提された素材に即してそうする。〔これが〕有限的意欲〔である〕。｜（126）

【593】

第 191 節 ［第 192 節］について

　思考の場面の内でその純粋な自由においてある理念は，理念の現実存在の最高のあり方ではある。しかし同時に特殊なあり方でもあり，思弁的知である。とこ

（E）『エンツュクロペディー』注解口述筆記ノート　　517

ろで理念の場面が思考でありその規定がこうして普遍性であるかぎりでは，知は
抽象的である。したがって自分自身の内で決意しつつ自己を規定しつつ，理念は
自分自身を論理的に発展させることである。しかし概念の単純な自己自身への関
わり方として，理念は無限で直接的な直観であり，自然である。この無限な直観
は規定的にある。というのも，それは直接的なもの，意識の対象一般だからであ
るが，宗教におけるように無限的知に対立するものとしては，自然は，理念の他
在である。しかし同時にかの区別のうちにありながら自然は自体的な理念でもあ
り，それだけで理念になろうとする弁証法である。｜　（130）

第 196 節 ［第 197 節］以下について
自然哲学の体系的概要

　第一部は，質料をその普遍性において，重力として考察する。第二部は，〔質
料を〕物理的諸性質へと自己を特殊化するものとして，そしてその物質的個体性，
特殊的自然として〔考察する〕。第三部は，有機的自然〔を考察する〕。力学，物
理学そして有機体学〔Organik〕ないし生理学。

　第一部。存在の規定のもとにある自然，詳しくはⅠ，質的〔存在〕の〔規定の
もとにある自然〕：1，直接の抽象的存在としての自然の自己外存在は，空間であ
る。2，空間の抽象的定在は，それの次元であり，抽象的な諸形状である。3，そ
れだけであることとしての否定性は，時間である。Ⅱ，量的存在の〔規定のもと
にある自然〕：1，空間に帰った時間としての純量は，質料である。2，定量とし
ては，質料は無規定な物質，物体一般である。3，度およびその外面性がそれだ
けで存在する自分へ帰ること。ここにおいて量的関係は質料の観念的契機の発展
であり，質料概念の設定された総体性ないし関係が，運動である。Ⅲ，度量の領
域。自然の第一の理念は，その自由な運動における諸天体のシステムであるが，
これは概念諸契機に従って単独にそれだけで【594】分割されたものとしての質
料であり，質料の概念をその観念的諸契機の関係として，それらの関係の過程，
運動として叙述するものである。

　第二部。本質ないし反省の規定における自然の物理学は，形式諸規定が自立性
をもつこととしての，しかしまさにそれだからこそそれら諸規定が相対的になる
こととしての形式の自由化における質料である。形式は重力から自らをもぎ離す。
Ⅰ，重力の自己自身からの反発は，死んだ質料である非自立的な物体において設
定されている重力の否定であり，これらの物体はもはや相互に重力ももたなけれ
ば相互運動の関係ももたないのである。｜　（131）しかし2，重力の自己外存在
は，同様にその自己内存在でもある。自由運動の中心は，重力の実体的で肯定的
な統一であるばかりではなく，重力の区別の否定性であり，重力の自己内におけ

518 補 遺

る無限の自己性でもある。

補遺。この自己性こそ，個体的な物体性へと自己を現実化するものである。そして，この物体性はその中で諸契機が個体的な物体として出現する過程の総体性である。これが自然の第二の理念としての化学機構である。1，元素的な物理学。その自立性における反省諸規定，すなわち重力から引き出された質量の自己性そのものは光であるが，剛性と中性の対立をともない，そして個体性の根底に即してみれば，物理学的な規定における体系にとっての自由物体である。2，その相対性における同一の反省諸規定が普遍的個体性という物体に即した元素として〔みられる〕（第225節 - 第229節まで［第226節 - 第230節まで］）。3，元素的な過程（第230節 - 第233節［第231- 第234節］）。| （207）

第304節［第305節］について

自体的には，言い換えればわれわれに対しては概念としてある精神の理念は，精神自身に対して生じなければならず，あるいはむしろ精神は理念を単独に自分だけで生み出さなければならない。精神のすべての活動および精神の世界と歴史のすべての行事は，自己自身を把握するこの仕事の契機である。第一段階，主観的精神は，理論的精神であり，その理論的な過程，精神自身の内部の過程である。これは精神が，絶対的な客観性であるような主観【595】的なものとしての自分自身を自分だけで確信するようになるということである。そして，精神が自分を自由なものとして，すなわちさしあたり抽象的に自由なものとして把握するということである。第二段階，客観的精神は，この自己意識的自由から出発するが，この自由は目の前の自然としての現実的な世界へと自分を仕上げ，〔これが〕法的そして人倫的世界〔である〕。第三〔段階〕は，この客観的精神が自分自身によって〔自分を〕その観念性，普遍性そして真理において把握することであり，絶対的精神の知である。| （222）

第328節等について

精神に対する魂と意識の関係をよりはっきりさせるならば，両者は精神の観念的契機であり，精神以前には単独にも時間的にも現実存在せず，精神の現実存在のたんなる形式ないし規定にすぎない。これらの形式に関して精神はまったくもってその前提された根底であり現実存在する作用主体なのである。したがって魂は一般に，またたとえば覚醒，年齢経過，夢遊病，錯乱，肉体的幻覚なども，精神を，精神の表象や目的等をその内容とする。この内容は精神自身に帰属し，精神自身の考察において初めて生産されるのである。そうではあるがしかし，精

（E）『エンツュクロペディー』注解口述筆記ノート　　　519

神の前に魂と意識の諸段階が考察されねばならない。なぜならば，精神が現実性をもつのはただ，理念において自分にこれら諸前提を立て，そしてこれらから自分を現実にするようなものとしてだからである。｜（223）

第329節について

1，先行する諸段階で主体が魂としてあるところのもの，そして主体がそのようなものとして感じるところのものが，無限ではあるがまだ抽象的な同一性としての主体にとって，今や或る外的な対象である。しかもそのうえ2，主体はまだ直接規定されたものであり個体性として無限に個別化されたものであるから，主体はあらゆる側面から制限された客観をもつ。3，自己自身への無限な関係としての自我は思考しつつあるから，この客観は自我に対して同時に存在等の抽象的で論理的な諸形式においてある。これらの諸形式はいまだ精神の諸規定としてあるのではなしに，ようやく意識のそれとしてあるのである。｜（243）

【596】

第373節について

表象の構造には三つの段階が含まれている。1，想起。わたしは，或る現在の直観を像としての直観から区別し，前者に対してわたしの手中にあるものから取った〔何か特定の〕この述語を与える。2，構想力。わたしは，直観から取られた或る像をわたしの規定された表象から区別する。そして，前者を後者と総合し，前者が，内的で本質的なものとしての後者の外的なものになるようにする。3，記憶。わたしは，わたしの表象に対してわたし自身から発して恣意的に或る外的な直観を与える。これはそれ自身を表象するのではなくて，かの表象を表象するもの，すなわち記号である。そしてわたしは，これらの表象された記号に即して，今や感覚や直観の代わりに事柄を前にするのである。｜（259）

第401節について

己れを自由な意志，現実的意志として知る客観的精神は，自分に対しての現実性を作り出すが，さしあたりそれを自分に対抗するもの，貫くことのできないもの，個別的なものとして，自由な意志として，つまるところ意識として作り出すのである。I，第一の理念は法であり，自由な意志であるが，これは一つの対象の中に自由な意志として現実存在し，それによって現実性をもつのである。したがって法は，1，所有であり，この単純な概念そのもの，しかもそれゆえ同時に

520　　　　　　　　　補　遺

直接性と特殊性の中にある概念そのものである。〔次に法は〕2，契約であり，他の人格の意志に対する関係としてのそれである。〔さらに法は〕3，特殊な意志との区別において単独にそれだけで普遍的なものとしての法である。Ⅱ，ここに含まれており，反省関係において設定されている諸契機が展開されると，第二の理念，道徳性を生じる。〔1〕意志の抽象的本質としての普遍，〔2,〕個々の人格の目的，すなわち幸せをともなった自体的な善，これら両者は，その存立と活動を主観的な意図においてもつ。3，人倫の理念，つまり解消の，それも個別者の生きた自己意識が普遍的な意志において解消することという理念。

　【597】

亡失稿報告

【599】

1　『エンツュクロペディー』IIのメモ用紙綴じ込み私家本

　ヘーゲルは『エンツュクロペディー』の一部に対して，メモ用紙を綴じ込んだ私自家本をつくらせていた。それは印刷面の間に差し込まれた紙片にテキストに対する解説を書き記せるようにするためだった。本巻で編集刊行されたIII（精神哲学）の私家本の他に，さらにII（自然哲学）に対する一冊があった。カール・ルートヴィッヒ・ミシュレはそれについて，G. W. F. ヘーゲル『全集』第7巻，第一部，C.L. ミシュレ編，ベルリン1842年，XVIII頁で次のように報告している。

　ヘーゲルは全部で8回，自然哲学に関する講義を行った〔…〕。ハイデルベルクではかれは，エンツュクロペディー第一版（1817）およびそこに綴じ込まれたメモ用紙にかれが書き記したノートを基にした。

2　原　　稿

　『エンツュクロペディー』IIIのメモ用紙綴じ込み私家本のノートには，自分の著述資料に対する次のような指示が見出される（本巻の275頁24行，349頁8行，391頁14行，477頁7行を参照）。

　　　ノートを見よ

522   補　遺

　　原稿にはかくの通り
　　385 をめぐって　草稿に従って
　　憲法　わたしのノート

解　　説

第 1 部

ヘーゲル哲学と『ハイデルベルク・エンツュクロペディー』

I　現代とヘーゲル体系

　システム，つまり体系化ないし制度化は現代文明の一つの根本特徴である。すべてが体系化ないし制度化へ向かっている。国家や公共体は個人ナンバー制度で，大学は，カリキュラムマップやツリーマップで，会社は就業規則で，ツリー状の体系化へ向かっている。

　ヘーゲルが体系哲学を志向した最後の哲学者であるという点からは，現代文明は，広く考えれば，ヘーゲル化の時代といってよい。しかし，現代の体系化が，ヘーゲルの哲学体系と異なるのは，体系が発出する根源を現代文明は忘却しているが，ヘーゲルの体系哲学を熟察すると体系化の根源が忘却されたわけではないことである。

　ベルリン版『ヘーゲル全集』では，『ハイデルベルク・エンツュクロペディー』は収録されずに，『エンツュクロペディー』第3版だけが収録された。また，ベルリン版の『精神現象学』では，学の体系第1部という語句もすでに削除された。しかもグロックナー版では，補遺を各節に付けるとともに哲学体系という書名が付加された。それをもって，哲学体系を完成させたヘーゲルという虚像が捏造された。

　近年，欧米のプラグマティストがヘーゲルに接近している。しかし，プラグマティズムの名づけ親とも言うべきパースは，すでに20世紀初頭に，ヘーゲルの『精神現象学』にも影響されて，プラグマティズムの体系を築こうとした。さらに，その体系第1部現象学でカテゴリーを探究していた。とりわけ，特殊カテゴリーの事例として『エンツュクロペディー』の内容目次を挙げている。ただし，それは，正・反・合という三分法をヘーゲルの「思想の三段階」と理解し，それを普遍カテゴリーと誤解している（*CP.* 5. 43）。

　それに対して，実存哲学者のキルケゴールは，ベルリン版『ヘーゲル全集』の体系を念頭に置きながら「生存に関係あるもの，実存に対して無関係ではないも

第1部　ヘーゲル哲学と『ハイデルベルク・エンツュクロペディー』　　527

のは，いかなるものも論理体系に取り入れられてはならない」[1]と批判し，論理体系外にいる人間を実存としたときにも，ヘーゲル体系の虚像を相手にする以外に道はなかった。

　ところが，『ハイデルベルク・エンツュクロペディー』そしてその後の『エンツュクロペディー』第2版・第3版は，哲学体系そのものなのではなくて，講義の手引きにすぎない。哲学体系は，その手引きを使用して講義で追求された。したがって『精神現象学』と『論理学』第1版以降の哲学体系は，著作の体系ではなくて主として講義の中の体系となった。

　第一に，論理学講義，自然哲学講義，主観的精神の哲学講義は，『エンツュクロペディー』第3版に結実したし，客観的精神部門に該当する法哲学講義は『法哲学綱要』に結実した。そのかぎりでは，以上の講義は，『ハイデルベルク・エンツュクロペディー』射程内の改訂版である。

　しかし，第二に，世界史の哲学講義，芸術哲学講義，哲学史講義は，『ハイデルベルク・エンツュクロペディー』から第3版に至るまでで描かれた哲学体系の射程内にはおさまらない。

　してみれば，前者の第一の部類それぞれの講義の聴講者筆記録を『ハイデルベルク・エンツュクロペディー』の各部門補足ないし改訂として理解するという新しいヘーゲル研究もアカデミー版『ヘーゲル全集』講義録部門完結によって今後可能となる。論理学部門を補足するのは，5種の筆記録である。Franz Anton Good 筆記録（1817 年夏学期），Heinrich Gustav Hotho 筆記録（断片）（1823 年夏学期），Jules Correvon 筆記録（1824 年夏学期），Friedrich Carl Hermann Victor von Kehler 筆記録（1825 年夏学期），匿名筆記録（1825 年夏学期）。

　自然哲学部門を補足するのは4種の筆記録である。Johann Rudolf Ringier 筆記録（1819/20 年冬学期），Boris von Uexküll 筆記録（1821/22 年冬学期），Karl Gustav Julius von Griesheim 筆記録（1823/24 年冬学期），Moritz Eduard Pinder 筆記録（1825/26 冬学期）。

　主観的精神部門を補足するのは2種の筆記録である。Heinrich Gustav Hotho 筆記録（1822 年夏学期），Karl Gustav Julius von Griesheim 筆記録（1825 年夏学期）。

　客観的精神部門を補足するのは3種の筆記録である。Peter Wannenmann 筆記録（1817/18 年冬学期），Carl Gustav Homeyer 筆記録（1818/19 年冬学期），Rudolf Ringier/Anonym(Bloomington) 筆記録（1819/20 年冬学期）。以上の精神哲学部門に関する5種の筆記録と『ハイデルベルク・エンツュクロペディー』精神

---

　　1)　Vgl. Sören Kierkegaard, *Abschliessende Unwissenschaftliche Nachschrift zu den philosophischen Brocken* (*Sören Kierkegaard, Gesammelte Werke*. 16. Abteilung). Erster Teil, 1957, 103.

哲学部門とを媒介するのは，同書第3部精神哲学部門自筆メモである。

　しかし，世界史の哲学講義，芸術哲学講義，哲学史講義は，すでに述べたように『ハイデルベルク・エンツュクロペディー』から第3版に至るまでで描かれた哲学体系の射程内にはおさまらない。確かに世界史の哲学講義と芸術哲学講義とは，対応する節を『ハイデルベルク・エンツュクロペディー』から第3版に至るまでで描かれた哲学体系に一応もっている。しかし，哲学史講義は，対応する節をさえもっていないばかりではなくて，『ハイデルベルク・エンツュクロペディー』から第3版に至るまでで描かれた哲学体系そのものとは異なる体系概念を提示している場合もある。

Ⅱ　哲学体系構想の変遷と
『ハイデルベルク・エンツュクロペディー』

　哲学には，根源的問いの次元と，方法の次元と，体系の次元とがある。そして方法と体系とは，問いの根源から発出する。それは，ヘーゲル哲学にあっても同様である。ヘーゲル哲学にあって，「精神とは何か」という問いの根源を，意識経験の道で提示したのが『精神現象学』（1807）であり，その問いの根源から，懐疑的方法と学の体系第1部とが発出し，さらに学の体系第2部も発出するはずであった。

　ところが，学の体系第2部前半の思弁論理学は，確かに『論理学』（1812-16）という著作提示されたが，後半の実在哲学としての自然哲学と精神哲学とは提示されることがなかった。しかも，『論理学』の始まりでは『論理学』に先行していた『精神現象学』は，『論理学』掉尾の「認識の理念」になると，精神哲学の一部門に結局格下げされている。そしてこの格下げが，著作で改めて公表されたのが，『ハイデルベルク・エンツュクロペディー』であった。その点についてはこういわれている。

　　「わたしは以前『精神現象学』つまり意識の学的歴史を，哲学の第1部として論じた。そうしたのは『精神現象学』は純粋学の概念を生み出すものであるから，純粋学に先行しなければならないという意味でであった。しかし，同時に意識とその歴史とは，その他一切の哲学的学問と同じく，絶対的始まりではなくて，哲学の円環内の一分肢なのである。そうなれば，懐疑主義もまた，有限な認識のあらゆる形式を貫いて遂行される否定学であるから，同じく学への導入（Einleitung）の役を演じると思われるかもしれない。だが，懐疑主義は，ただたんにほめられた道ではないばかりでなく，それゆえにひょっとしたら余計でもあるかもしれない。なぜならば，先に〔第15節で〕述べたように[2)]，〔懐疑主義を包括している〕弁証法的なものこそが，それ自

---
　2)　（訳注）第15節では，論理的なものの第二の側面である弁証法的なものを独立させると懐疑主義になるとされている。

身肯定学の本質的契機であるのだからである。しかし，付言するならば懐疑主義は有限な諸形式を，もっぱら経験的で学的ではないやり方で見つけ，それらを所与として取り上げることしかできないであろう。そのような完遂された懐疑主義の要求は，一切のものを疑うということ（Zweifeln），あるいはむしろ，すべてのものに絶望するということ（Verzweiflung），つまりまったく何ものをも前提してはいないということ，こうしたことが学に先立っていなければならないという要求と同じものである[3]。こうした要求が本来の意味で完遂されるのは，純粋に思考しようという決意によってであり，一切を捨象し，自由の純粋抽象つまり思考の単純性を貫徹する自由によってである」（本書 40 頁）。

　懐疑主義は，論理的なものの一側面である弁証法的なものに包括されるので，それを方法とする否定学つまり『精神現象学』という学の体系第 1 部をなすべきではなかった。むしろ，『論理学』という肯定学の一側面になるべきだったことになる。

　このようにして，この著作では，『精神現象学』を学の体系第 1 部とする哲学体系が放棄されたことが提示されている。むしろ，論理学，自然哲学，精神哲学の三部門から成る体系が考えられるようになった。その理由は，論理的なものの三側面が登場したからである。しかし『精神現象学』を学の体系第 1 部とする哲学体系に代わる哲学体系が，エンツュクロペディー体系として提示されたのでもなかった。『エンツュクロペディー』は，第 3 版に至るまで，すでに述べたように講義の手引きとなる体系の概要にすぎず，哲学を「体系的に導出し詳述すること」（本書 5 頁）が欠落していた。それは，口述講義に委ねられていたのである。したがって学の体系は，『ハイデルベルク・エンツュクロペディー』以降，もはや，著作でよりも，講義を通して提示されるはずであった。しかし，それも実現されなかった。

---

3)　（訳注）完遂された懐疑主義についてはアカデミー版『ヘーゲル全集』第 9 巻，56頁に書かれている。

Ⅲ　ヘーゲルの哲学史体系と哲学体系との関係

　　ヘーゲルによる哲学体系構築の講義の中心には，哲学体系そのものと哲学史の関係があった。こうしてヘーゲルの哲学史体系と哲学体系との関係がここでの課題となる。端的に言えば，ヘーゲル自身が，確かに哲学史の体系的位置を最終的には確定することはできなかった。しかしイェーナ期以来の長い講義活動を通して，哲学史を体系でありながら哲学体系への導入とすべくヘーゲルは努めてもいた。

　　ヘーゲルは，最晩年には，二つの哲学体系を考えていた。「哲学史に叙述されているのと同じ思考の発展が哲学そのもののうちにも叙述されている。しかしこの場合，それは，先述の歴史的外面性から解放されて，純粋に思考の場面で叙述されている」（GW20, 56）。すなわち，哲学史の体系と哲学そのものの体系とである。哲学史での思考の発展が，歴史的外面性から解放されると哲学そのものの体系となる。ここには，哲学史が哲学そのものの体系への導入であるといったことも見え隠れする。

　　まず，哲学そのものの体系叙述は，『エンツュクロペディー』の体系概要とは無論同一ではない。ヘーゲルは，『エンツュクロペディー』第2版についてこう書いている。「『エンツュクロペディー』第2版は，一連のテーゼみたいなものだから，それの展開と説明は講義に譲る」（1827年7月1日付クーザン宛書簡）。ただし，『エンツュクロペディー』は，哲学そのものの体系の概観を手引き次元で不完全ながら示してもいる。次に哲学史に関する講義も後述するように最後まできわめて不完全であり，体系叙述とはならなかった。

　　そもそも，ヘーゲルは，体系を叙述するということについて十分な基礎づけをしていない。なるほど比較的はっきりしているのは，『精神現象学』序説で，概念言語から構成された哲学命題の弁証法的運動としての体系叙述という見地（GW9, 45）である。この見地は，なるほど『論理学』にもっぱら適合する。しかし『精神現象学』を構成する命題は，もはや概念言語とはいえず，意識の形態とその経験を表現する言語であるにもかかわらず，『精神現象学』もヘーゲルに

よれば，体系叙述なのであった。思考規定の自己運動に裏から意識が操られた体系ともいうべきであろう。

　このような状況で哲学史の体系的位置は，従来，『エンツュクロペディー』の絶対精神の哲学に属するとされてきた。最近では，この説を，『哲学史講義』試行版を編纂したイェシュケも踏襲している[4]。それに対して，トンプスンは，『エンツュクロペディー』緒論に従いながら，『哲学史講義』を『エンツュクロペディー』への導入と解釈している[5]。ただし，両者の説とも，ヘーゲルのわずかな関連言明から推測しているのにとどまっている。

（山口誠一記）

---

　　4)　Vgl. W. Jaeschke, *Hegel-Handbuch. Leben-Werk-Schule*. Verlag J. B. Metzler, Stuttgart/Weimar, 2003, 481.

　　5)　Cf. K. Thompson, Systematicity and Experience: Hegel and the Function of the History of Philosophy. in *Hegel's History of Philosophy. New Interpretations*. Ed. by D. A. Duquette, State University of New York Press, 2003, 180.

第 2 部

『ハイデルベルク・エンツュクロペディー』と
『エンツュクロペディー』各版・『論理学』との異同

I　序説の異同

————————

　3つの版とも論争に満ちている。第1版では，後期啓蒙主義とロマン主義に対して，ドイツ的真摯さと若返る精神の曙光を唱えている。第2版と第3版では，特にヘーゲルに向けられたトルックの汎神論批判に重点が置かれるようになっている。

II　緒論の異同

————————

　第1版第5節では，哲学を理性の学としていて，真理を体系として包括する。ところが，この第5節は第2版と第3版ではなくなっており，哲学は，現実についての思考する考察とされるようになっている。

III　論理学部門の異同

1　「予備概念」の異同[1]

　変わらないのは，四節にわたる「論理的なものの形式的三側面」（第13-16節／第79-82節）と，さらに「論理学の区分」についての最後の節の記述（第37節／第83節）の二箇所である。

　構成上違っている点としては以下の四つが挙げられる。

- （A）　第3版では「思考」に関する長い言及が，予備概念が始まってすぐに展開されているが，これが第1版にはない。

- （B）　「論理的なものの形式的三側面」を述べる四つの節が，初版では冒頭に置かれているが，第2版では三つに分かれ「客観に対する思想の態度」の後に，まとめのような形で，最後に置かれている。

- （C）　『精神現象学』についての記述の重点が，第1版では，学の体系第1部が余計であることに置かれていたが，第2版と第3版では，前半部から後半部にかけての混乱に置かれ，「客観に対する思想の態度」が，『精神現象学』に変わる導入であることが明言されている。

- （D）　第1版の第17節が第2版・第3版では削除されている。これは論理学が思弁的な哲学であることを説明する節であった。これがすべて削除されたのは，前提となる「三側面」の話を終わりにもっていったために，第3版ではあらためて論理学の思弁的性

---

1)　G. W. F. ヘーゲル『ハイデルベルク論理学講義』黒崎剛監訳，ミネルヴァ書房，2017年，328頁参照。

536 　　　　　　　　　　　　　　解　　説

格を強調する必要性が薄れたためであろうかとも考えられるが，
はっきりとはしない。

2　論理学部門本文の異同[2]

『ハイデルベルク・エンツュクロペディー』の「論理学」（1817 年）と『論理学（*Wissenschaft der Logik*）』（1812-16 年；1832 年）とは学の完成された形式で出版されたために，ヘーゲルの論理学は後期の「体系」の枠組みの中で――したがってイェーナ期構想は度外視して――二つの形態で存在している。すなわち，『論理学』（1812-16 年；1832 年）の三つの編と，「講義」という作品形式（筆記録および『エンツュクロペディー』の三つの版）とである。『エンツュクロペディー』はこの論理学の体系部門を上記と同様に「A. 論理学（Die Wissenschaft der Logik）」というタイトルの下に置いている（その一方でヘーゲルは残る二つの部分を「自然哲学」および「精神哲学」と名づけている）。なるほど，これら二つの形態が問題設定と議論進行の大筋との点で一致することは疑いない。だが，二つの版には一連の相違点がある――まさにこれらのことがここで強調されなければならない。『ハイデルベルク・エンツュクロペディー』の論理学はたんに小型の『論理学』であるのではない。そして，そうである以上，それは論理学の独自の一基本形なのである。

　（A）　何よりも刮目すべきは，論理学の組み立て方の違いである。『論理学』でヘーゲルは「主観的なものと客観的なものとの統一」という論理学の概念から，この統一が展開すること，しかも「それがそれ自身のうちに含むもの，すなわち存在と思考とのあの区別の叙述」を通じて展開することの必然性を導き出す。ここからかれに帰結するのが論理学の基本的な区分である。「したがって，一般に存在の論理学と思考の論理学とに，客観的論理学と主観的論理学とに区分されうる」。この区別からは「客観的論理学」と「主観的論理学」という二つの「巻」への分割も帰結する。論理学の一般的区分を論じる箇所を結ぶに及んで初めてヘーゲルは次のように説明を加える。「確かに論理学は一般に客観的論理学と主観的論理学とに分かれる。しかし，さらに明確にいうならば論理学には三つの部分がある」，すなわち存在の論理学と本質の論理学と概念の論理学とである（*GW*11, 30, 32）。

---

　2)　Vgl. W. Jaeschke, *Hegel-Handbuch. Leben-Werk-Schule*. 2. Auflage, J. B. Metzler, Stuttgart, 2010, 327ff.

第2部　『エンツュクロペディー』各版・『論理学』との異同　　537

　これに対して『エンツュクロペディー』は論理学の構造を〈思考と存在とのそれ自身のうちに差異を含む統一〉の中にはっきりと基礎づけることを諦めて，客観的論理学と主観的論理学とへの細分化を取り消す。そのかわりにただ次のように言うだけで済ませている。「純粋学ないし論理学は三つの部分，存在の論理学，本質の論理学，概念あるいは理念の論理学に分かれる。〔これらはそれぞれ〕直接的な思想の論理学，反省する思想の論理学，反省から自分へ行き，その実在性の中で自己自身のもとにある思想の論理学である」（第1版§37，第3版§83参照）。「思想」の三つの形式というこの構造原理に基づくことにより，論理学の三つの部分の関係は，思考と存在との内的に区別された統一の展開という原理による場合とは異なったものになっている。他面において『エンツュクロペディー』の構造原理はヘーゲルと学校形而上学や超越論哲学の組み立て方との結びつきを覆い隠している（GW11. 31 f.）。

　(B)　『論理学』がそうしたように『エンツュクロペディー』も本質論理学を三つの章に分けており，そのうえ第2章と第3章は『論理学』と同じ題名までもち，それぞれ「現象」（§§ 74-89）と「現実性」（§§ 90-107）となっている。しかしながら第1章には徹底的な変更の加えられたことが証拠から分かる。『論理学』で第1章は「それ自身のうちでの反省としての本質」と題されており，「仮象」「本質性または反省規定」「根拠」という三つの節に細分されている。これに対して『エンツュクロペディー』では『論理学』の第1章第1節（「仮象」）が抜け落ちている。かつての第3節（「根拠」）はヘーゲルが非常に切りつめた形式で第1節に含めており，そしてこの第1節——すなわち反省規定についての論考——がこのことによって『エンツュクロペディー』第1章の唯一の内容になっている——ただしヘーゲルはその際に同一性・区別・矛盾という最初の系列を同一性と区別という二者関係に切りつめ，第3のものとして「根拠」を論じており，「根拠」はこのときその独自の地位を失ったのである。

　(C)　形式と本質，形式と質料，形式と内容，形式的根拠と実在的根拠と完全な根拠，相対的無制約者と絶対的無制約者——これらを通じてヘーゲルは『論理学』で現実存在（Existenz）の概念へ導かれるのだが——こうした概念や対概念は『ハイデルベルク・エンツュクロペディー』（1817 年）には採り入れられない。講義ではこれに対してかれは『エンツュクロペディー』のテキストの背後で再び『論理学』の論述を持ち出している（V11,120-125）。「現象」の扱いについてもこれと同様であることが分かる。しかしながら，『エンツュクロペディー』の後の両版はこの切断を修正すると同時に形式的に『論理学』の組み立てに再び近づく。

　(D)　『ハイデルベルク・エンツュクロペディー』の論理学にそなわる独自の基本形式の四つめの要素をなすのは「現実性」の章である。その変更のあり方は

538   解　説

反省規定の論じ方との類比関係を示している。だが，ここで問題になるのはヘー
ゲルの着手点の特殊な主題ではなく，関係の諸カテゴリーと様相の諸カテゴリー
との連関という中心問題である。「現実性」の章で『論理学』は第1節で絶対者
の概念を論じる――「絶対者の開示」「絶対的属性」「絶対者の様態」の節がこれ
にあたる。これに続けてヘーゲルは第2節で――もう一度「現実性」の題名の下
――様相の諸カテゴリーをとりあげる。
　『エンツュクロペディー』ではこれに対応する章はずっと簡単に組み立てられ
ている。『エンツュクロペディー』には絶対者についての節も様相諸規定に関す
る独自の扱いもないのである。絶対者の概念を述べる第1節は欠落し，第2節
と第32節の様相諸カテゴリーと関係諸カテゴリーを扱う部分をヘーゲルはただ
一つの章にまとめるものの，この章の構造はとりとめがない。この章は様相諸カ
テゴリーで始まるが（§§ 90-96），これらにはアラビア数字で下位区分が施され
ており，区切りのないままこれに関係諸カテゴリーが続くが（§§ 97-107），これ
らにはアルファベットで下位区分が施されている。このことによって後者の区分
はいわば先行する数字「3)」の下位区分――したがって関係論理が様相論理の
付録――か，あるいは反対に様相論理が関係論理の前座かのどちらかであること
になる。これによって様相諸カテゴリーと関係諸カテゴリーとは確かに区別され
たままではあるものの，論理学の組み立ての中では不明確な仕方で一つになって
しまっている。講義の伝承資料も別の図柄を示してはいない。それどころか様相
諸カテゴリーと関係諸カテゴリーとの差異をさらに小さくしている（V11, 130-
141）。しかしながら，この提示形式も完全に新しいというわけではない。

Ⅳ　自然哲学部門の異同[3]

　自然哲学部門序論には自然の階層性に言及する箇所がある。その箇所は『エンツュクロペディー』の各版を通じてほぼ変化はない。が，わずかな変更が見られる。その変更に着目し，その背後にあるものを考察してみたい。まず『エンツュクロペディー』第1版（『ハイデルベルク・エンツュクロペディー』）には次のようにある。

　　「自然は諸段階からなる一つの体系だと考えられなければならない。ある段階は他の段階から必然的に生じ，それはそこからその段階が帰結する〔直前の〕段階にとってもっとも近い真理である。とはいうものの，ある段階が他の段階から自然に〔自然界に〕産出されるということではなく，自然の根拠をなす内的な理念のうちでのことである」（『エンツュクロペディー』第1版 §195, *GW*13, 114）。

　これが『エンツュクロペディー』第2版では次のようになる。

　　「自然は諸段階からなる一つの体系だと考えられなければならない。ある段階は他の段階から必然的に生じ，それはそこからその段階が帰結する〔直前の〕段階にとってもっとも近い真理である。とはいうものの，ある段階が他の段階から自然に〔自然界に〕産出されるということではなく，自然の根拠をなす内的な理念のうちでのことである。──メタモルフォーゼはただ概念そのものにだけ帰属する。概念の変化だけが発展なのだから。しかし，概念は自然の中ではある面では内的なものであり，またある面では生ける個体と

---

　　3)　（訳注）伊藤功「1817年以降のヘーゲル自然哲学」，日本ヘーゲル学会『ヘーゲル哲学研究』第24号，2018年，95-107頁参照。および，W. Jaeschke, *Hegel-Handbuch. Leben-Werk-Schule*, Verlag J. B. Metzlen, Stuttgart/Weimsr, 2010², 332f. 参照。訳書『ヘーゲルハンドブック』知泉館，423頁以降を参照。

540 解　説

してのみ現実存在する。したがって，現実存在なるメタモルフォーゼはこの
生ける個体にのみ限定されている。——」（『エンツュクロペディー』第 2 版
§249, *GW*19, 186）

　見られる通り，前半は強調される箇所が一つ増えた以外はそのままで，後半に
「メタモルフォーゼは」以下の部分が追加されている。『エンツュクロペディー』
第 3 版（§249, *GW*20,238f）も前半と後半との間にあるハイフンを取り去ったこと
を除けば第 2 版と変わらない。では，『エンツュクロペディー』第 1 版に加えら
れたこのわずかな変更は何を意味しているのだろうか。

1　合 目 的 性

　現在読むことのできるヘーゲル自然哲学講義筆記録を年度順に追って見るとい
くつか気のつくことがある。もっとも目につきやすいのは自然に対する理論的態
度と実践的態度をめぐる議論の扱いが変化していることだろう。この議論は筆記
録中もっとも年度の遅い 1828 年夏学期のものでは以前に比べてかなり分量が縮
小されている。（だからといって重要性が低下したとは必ずしも言えないが。）そ
して入れ替わるように合目的性をめぐる議論の分量が大幅に増大している。頁数
で言えば理論的態度と実践的態度をめぐる議論が *GW*24, 937-938 に対して合目的
性をめぐる議論が *GW*24, 941-950 となっている。
　ところで，この合目的性をめぐる議論は何のために導入されたのだろうか。そ
の背景を探るために各年度の筆記録に目を通して見ると毎回繰り返し現れる論点
のあることに気づかされる。いくつかあるそれらのうち特に注目に値するのが，
なぜ自然はあるのかという論点，それへの回答ともいうべき神の世界創造という
論点，そして何が自然の動きを駆動するのかという論点である。
　第一に自然の存在根拠という論点から。

　　「さて，自然がわたしたちの対象であるからには，自然は必然的なのか，が
　　最初の問題となる。哲学では『自然がある』から出発することはできず，わ
　　たしたちはなぜ自然があるのでなければならないのかを証明しなければなら
　　ない。」（*GW*24,505,vgl.*GW*24,9）

アリストテレスは自然の存在を証明しようとするのは滑稽だと述べているが

第 2 部 『エンツュクロペディー』各版・『論理学』との異同　　541

（『自然学』2.1.193a3-9），ヘーゲルにとって自然の存在は自明のものとして前提することはできなかった。それはかれ自身何度も繰り返す通り自然哲学がまだ若い学問であり，「自然哲学はその現実性，可能性について疑われるという不利な状況にある」（GW24, 482）からという自覚があったからなのかもしれない。

　第二に神の世界創造については講義の度に言及がある。論理学からの「決意」を通じた自然哲学への移行に自然哲学序論内部で言及されることはほとんどなく，あってもごく簡単なものにとどまる。自然哲学序論ではむしろ神による自然の創造という宗教的表象の用いられることの方がはるかに多い。

　第三に自然が階梯を進んでいく動きがどこに源をもつのかについてヘーゲルは概念と実在とのズレを解消し真理に到達しようとする「衝動」がそれにあたると語る（1828 年講義では「欲求」vgl. GW24, 968f）。「理念とは概念と実在との一致である。〔…〕概念と実在との相違は〔理念の〕非真理であり，かくして相違したものは永遠にその真理へ向かって進んでいく。そこでこう言うことができるだろう。互いに対立するものが対立するときその真理のうちにはなく，このことが真理へと高まっていこうとする衝動となり，こうして〔真理に到達したなら〕矛盾は解消されたのである，と」（GW24, 215）。そして，「自然の過程とは非真理を揚棄し，外面性を，それ自体でそれだけで（an und für sich）あるものと，概念と均一なものにするということである」（GW24, 218）。

　これらの論点を立てることを通じてヘーゲルは何を目指していたのか。それは千変万化のプロテウスたる自然を捉えること，つまり自然があること，そして自然の動きを根拠づけることだろう。合目的性をめぐる議論が前景化してきたことの背景にこのような問題関心のあることを確認しておく。

2　自然の階層性と概念の発展過程

　さて，1828 年の講義で合目的性をめぐる議論が拡張されることと並行してもう一つ顕著になる傾向がある。それは自然の階層を概念の発展過程に組み込もうとする傾向である。Ⅳ冒頭に引用した『ハイデルベルク・エンツュクロペディー』第 195 節に述べられる通り自然には階層性があり段階を踏んで展開していく。だが，それは，現実存在のことではなく非時間的，非歴史的な展開であり，理念上の展開である，とヘーゲルは考える。このことについてはやはり講義の度に触れられる。

　1821/22 年から 1823/24 年までの講義で自然の段階的推移については四つの理

解方法がとりあげられ，いずれも不十分だとして否定される。そのあとでヘーゲルは自分自身の理解方法として進化と流出の相互浸透というものを提示する。まず次のように指摘される。「一方の形式を語れば他方の形式も口にする。自然の生命は二つの側面の〔相互〕貫流であり，これらは正反対の方向から互いに浸透し合う二つの流れである」（*GW*24, 524）。次に精神から始める理解を述べる。

> 「一般に哲学で必要とされるように，わたしたちはここでも精神から始めることができる。それ自体でそれだけで（an und für sich）ある精神，自らを有限なものへと分裂させる精神から。最初のもの，真理とは精神のこと，つまり自らを自然の中で分裂させるもののことであり，だから，わたしたちは，永遠なる精神に発する創造を語るのだし，精神はその後，自然の外面性を揚棄するものである。しかし，この有限な精神はその後，自然を永遠なる精神へと連れ戻す。こうして，精神は本質的にこの過程であり，この過程をなさなければ精神は死んでいる。」（*GW*24, 524）

そして今度は自然から始める理解の仕方を語る。

> 「しかし，同様にわたしたちは自然から始めることもでき，そのとき精神はただの言葉，ただの一般的な表象，直接的なものにすぎず，精神としてあるのではなく，自然としてある。そのとき自然は始まりであるが，他方でわたしたちはこの〔自然という〕直接性がただの設定されたものにすぎないことを，否定にすぎないことを知っている。」（*GW*24, 524）

　前者の精神から始める方が流出にあたり，後者の自然から始める方が進化にあたる。この両者が相互貫流し相互浸透するとヘーゲルは言う。
　こうして『ハイデルベルク・エンツュクロペディー』第195節に『エンツュクロペディー』第2版・第3版で追加された一節の意味が理解されてくるように思われる。そこには『エンツュクロペディー』になかった「発展」への言及がある。「概念の変化だけが発展」である。そして「概念は自然の中ではある面では内的なものであり，またある面では生ける個体としてのみ現実存在する」。時に応じて理性，精神，概念と呼び分けられるものが目的論的な運動を行い自然が生じる。その自然の中に存在する自然物を理解するにはそれに内在する概念をつかまえつつ，より具体的に，より生命性が高まっていく方向にも視線を配らなければならない。変化ということを問題にするには量ではなく形式の必然性に依拠する必要があり，この必然性を規定するのが個体に内在する形で自然の中に存在す

る概念，つまり現実存在する概念である。

3　体系形式上の異同

　（1）『ハイデルベルク・エンツュクロペディー』（1817）でも，自然哲学の体系
形式はまだ見出されていない。ヘーゲルが後の版で行う変更は，この分野が他の
分野よりもはるかに大きい。ニュルンベルク期の構想と同様にヘーゲルは『ハイ
デルベルク・エンツユクロペディー』でも，その第1部を「数学」という見出し
の下に置く。しかしながら，この題名が正当なのはせいぜいヘーゲルがここで空
間の概念とその三つの次元に立ち入り，これらが幾何学の前提をなしており，ま
たなしていると言ってよい限りのことである。それゆえ，ヘーゲルは後の版でも
確かに空間と時間の概念で始めるが，それは「数学」を後に見ながらではなく，
「場所と運動」および「質料と運動」を前に見ながらである。かれは，そこでは，
この部分を「力学」という見出しの下に置く。ちなみに，かれが「数学」で始め
ることに不満を抱いていたことの根拠はすでに，ハイデルベルクで1818年の夏
に行われた講義の口述に見出せる。
　（2）「力学」を「物理学」から切り離すことは，自然哲学第2部のさらに広範
な修正を招来し，この部門をまったく新たに構成し直す。「B. 元素物理学」を，
広範な資料を挿入したり論理的規定に沿わせたりして，「A. 普遍的個体性の物理
学」と「B. 特殊的個体性の物理学」という二つの部分にする（第3版）。「物理
学」の本来の3番目の章「個体物理学」をヘーゲルは新しい3番目の部分「統合
された個体性の物理学」の基礎として利用する。これに対し，自然哲学の3つ目
の部門「有機体物理学」では，地質学的自然，植物的自然，動物有機体と，系列
や大筋に変化は見られない。ここでは変更が体系形式にではなく細部の徹底的な
仕上げに向けられている。
　（3）1819/1820年の講義以来有効になった新しいあらすじの長所は疑いもな
く，「数学」を自然科学のうちで最初のものとしては扱わないということにある。
しかしながらこの長所は次のような短所を代償にして得られている。すなわち，
『ハイデルベルク・エンツュクロペディー』（1817）で「物理学」の最初の部分を
なす「力学」は「物理学」から切り離されてその前に独立した部分として位置づ
けられるのだが，他方でヘーゲルは自然哲学の3つ目の部分「有機体学」をこの
先「有機体物理学」と呼んで「自然論」としての「物理学」という広い概念の下
位に置くのである。

V　精神哲学部門の異同[4]

1　実践的精神

　精神哲学部門の各版異同でまず顕著なのは,「実践的精神」の箇所である。第3版の「実践的精神」はそれぞれ「α 実践的感情」「β 衝動と選択意志」「γ 幸福」という目次見出しをもつ三つの区分からなり,またその事柄の先後関係 (① 実践的感情→ ② 衝動→ ③ 選択意志→ ④ 幸福) は,それぞれの区分の見出しからしてあきらかである。ところが,この構成は第3版に特有なものなのである。

　まず,そもそも区分が明確に設定され見出しが付くのは第2版以降からであり,またその見出しも「α 実践的感情」「β 衝動」「γ 選択意志と幸福」と,第3版と微妙に相違している。何より第2版の構成は「① 実践的感情→ ② 衝動→ ③ 幸福→ ④ 選択意志→ ⑤ 幸福」という,第3版とはあきらかに相違する順序からなるのである。

　この「幸福」の項目をめぐる奇妙な重複は,第2版の構成が,第3版の構成と『ハイデルベルク・エンツュクロペディー』の構成とのちょうど過渡期的なものであることを示唆している。すなわち元々の『ハイデルベルク・エンツュクロペディー』の構成 (これにはそもそもまだ見出しがない) は,「① 実践的感情→ ② 衝動→ ③ 幸福→ ④ 選択意志」という順序であったのである (以上,本巻　頁別表参照)。第3版においては選択意志のあとに幸福が問題となるが,『ハイデルベルク・エンツュクロペディー』(と第2版) ではまず幸福が問題となりそこから選択意志という意志のはたらきかたが登場する。事柄に照らして言い換えれば,『ハイデルベルク・エンツュクロペディー』のヘーゲルの見るかぎり,幸福という普遍的な目的のためにそのつどの衝動の内容を自ら取捨選択して一つの統一の

---

　4)　池松辰男「ヘーゲル『精神哲学』における『実践的精神』の構造——『ハイデルベルク・エンチュクロペディ』を読み直す意味をめぐって」,日本ヘーゲル学会『ヘーゲル哲学研究』第24号,2018年,108-20頁参照。

もとへともたらすように働かざるをえなくなることそれ自体が，意志をして選択
意志という働き方をもたせることになるのであって，意志は最初から選択意志な
のではないのである。

　多数の特殊的傾向性は，なお直接的で自立した規定と見られているが，それと
同時に目的，〔すなわち〕幸福という統一の内で廃棄されていて，非自立的なも
のとしても存在している。意志はこうした無規定的な普遍性として自己のうちに
反省して，個別的な傾向性を超え出るのである。意志は諸々の傾向性の間で選択
しなければならないという立場にあり，また選択意志なのである。

　目下の焦点を選択意志という意志の働き方の導入──なぜ意志が選択意志とい
う働き方をそもそももつのか──に絞るならば，第3版の叙述はいささか飛躍を
含む唐突なものに映る。先述の通り人はそれを読み解くにあたって，外部から前
提となるであろう概念（自己意識）をもち込み補足してやる必要がある。

　これに対し，この部分の移行の理解に際しより示唆に富むのは，むしろ初期の
構想である『ハイデルベルク・エンツュクロペディー』のほうではないであろう
か。そこでは，所与の前提なしに，意志が自然に持ち合わせている幸福への配慮
という事柄そのものに内在して，意志がそもそも選択意志として働きうるきっか
けが示されているからである。言い換えれば『ハイデルベルク・エンツュクロペ
ディー』のテキストは，精神がその衝動のあり方の変化を通じて自己関係を産出
するに至るという実践的精神の基礎構造を，よりその内的動態で指し示すものと
して読むことができる。

2　自由な意志と情熱 ──テキストの改版から見るヘーゲルの
　　　　　　　　　　　　　　　　　　　　関心の変遷

　この『ハイデルベルク・エンツュクロペディー』のヘーゲルの構想と後年のそ
れとの間にはもう一つ，顕著な変遷がある。それは第3版第473節（第1版第
392節）で初めて付け加わった，「情熱」をめぐる詳細な補足である。

　　情熱の規定のうちには，意志規定のうちの一つの特殊性へと制限されてある
　　ということが含まれている。その一つの特殊性のうちに，個体の主体として
　　のあり方全体が沈潜してしまっているのである。〔…〕〔情熱という〕この形
　　式が表現しているのはもっぱら，或る主体が自らの精神，才能，性格，享受
　　をめぐる一切の利害関心の全体を一つの内容のうちにもっているということ

なのである。情熱なしにはいかなる偉大なことも成し遂げられなかったし、これから成し遂げられないであろう。[5]

　傾向性としての衝動がさまざまな特殊性に代わる代わる拘束されていることであるのに対し、情熱としての衝動は一つの特殊性に常に拘束されている。けれども、この特異な衝動については、『ハイデルベルク・エンツュクロペディー』当時のヘーゲルの関心はあきらかに後年のそれと比べ薄いように映る。関心の軸足はあくまで、傾向性／情熱としての衝動の特殊性がいかに乗り越えられうるかというところに置かれていたと思われる。それは、当該箇所に相当する箇所（第1版第393節／第3版第465節）でのヘーゲルが情熱への言及がごくあっさりしていること[6]、ならびに、先般の幸福への配慮にあたって「意志は情熱としては抽象的な悟性であり、自らの諸々の規定性の一つのものに閉じ込めるが、この意志は幸福という普遍的な目的ではこうした個別化から解き放たれることになる」[7]と、明らかに否定的な文脈で情熱が問われていることから示される通りである。

　実際、ひたすら特定の特殊性に固執する情熱は、その本性からして、幸福への配慮からそのかぎりまた自由な意志となる余地からも、もっとも遠いものである（おそらくはまさにそれゆえに、情熱によって動く「世界史的個人」[8]は、世界史の過程で「その情熱を充足させる」にもかかわらず「幸福になることができない」[9]）。自由な選択意志は、その情熱から解き放たれていなければならないので

---

5)　*GW*20, 471.

6)　「情熱の規定にはすでにして、意志規定の一つの特殊性・主観的個別性へと制限されてあるということが含まれている。これに対し傾向性については……」（*GW*13, 293）。第393節注解のこの一文は、傾向性をめぐる詳細な補足をする段落の一部として登場する。これは節番号は違うが第2版でも同様である。これに対し第3版では、引用にある通り、大幅に記述が付け加わっている。かつ段落も独立して、傾向性に先行する位置に置かれているのである。

7)　*GW*13, 22

8)　G. W. F. Hegel, Vorlesungen über die Philosophie der Weltgeschichte. Berlin 1822/1823. Nachschriften von Karl Gustav Julius Griesheim, Heinrich Gustav Hotho und Friedrich Carl Hermann Victor von Kehler. In: *Vorlesungen. Ausgewählte Nachschriften und Manuskripte.* Hrsg. v. Karl Heinz Ilting, Karl Brehmer und Hoo Nam Seelmann, Felix Meiner, 1996, Bd. 12, 68.「歴史的個人はこうして、普遍的なものを把捉して、その普遍的なものを或る源泉、その内容が未だ意識的な定在として現前していないような源泉から汲み出してくる。しかも、それはあたかも、〔かれが〕普遍的なものをかれ自身から、かれ自身の内的なものから汲み出してきているかのようなのである。ゆえに、歴史的個人は、その普遍的なものを〔その行為の〕所行としてもたらし、新たな世界関係を生み出すのであるが、それはさしあたってはたんに、かれ自身の目的、かれ自身の規定性、かれ自身の情熱であるにすぎないように見えるわけである」。

9)　*Ebd.*, 70.

第 2 部　『エンツュクロペディー』各版・『論理学』との異同　　547

ある。

　だが，後年のヘーゲルはそこへ「情熱なしにはいかなる偉大なことも成し遂げられなかったし，これからも成し遂げられないであろう」という一文を付け加え[10]，情熱を抱く「世界史的個人」の行為をめぐって，「歴史哲学講義」との関連を明確に指示することになる。言い換えればこの後年のヘーゲルの構想で初めて，自由の現実性としての人倫の形成における「法の基盤」[11]としての自由な意志と「世界史的個人」のもつ情熱というそれぞれそれ自体としては周知の二つの概念の整合が，テキストの水準で明確に浮上するのである。

　最後に，哲学の推論を論ずる第 474 節から第 477 節は，第 2 版では削除されながら，第 3 版で復活する。

（山口誠一記）

---

　　10)　これは一部にはカントを意識していると思われる。カントもヘーゲルとほぼ同様，『実用的見地における人間学』で「情熱」を「主体の理性による抑制が困難もしくは働かないような傾向性」（Kant, *Anthropologie in pragmatischer Hinsicht*, K8, 251）と解し，だがまさにそれゆえに「はげしい情熱なくして世に偉大なことが成就した試しはない」（*a.a.O.*, 267）という言説を，ヘーゲルと違い棄却するからである。
　　11)　*GW*14-1, 31.

548 解　説

「主観的精神の哲学」各版構成比較

人 間 学

1817	(a) 魂の自然的規定態	(α)（星辰的／地球的生→人種／地方精神→個別化した魂）
	(b) 主観的魂とその実体性の対立	(α)（予感／夢）
	(c) 魂の現実態	(記号としての身体→自我／意識への移行)
1827	(a) 自然的魂	(α) 自然的質（①星辰的／地球的生，　②人種／地方精神，③個別化した魂）
	(b) 夢見る魂	(α) 個体性の受動的全体性（(αα) ゲニウス→ (ββ) 磁気的夢遊病）
	(c) 現実的魂	(記号としての身体→自我／意識への移行)
1830	(a) 自然的魂	(α) 自然的質（①星辰的／地球的生，　②人種／地方精神，③個別化した魂）
	(b) 感ずる魂	(α) 感ずる魂の直接態（(αα) ゲニウス→ (ββ) 磁気的夢遊病）
	(c) 現実的魂	(記号としての身体→自我／意識への移行)

精神現象学

1817	(a) 意識そのもの	①（感性的意識）
	(b) 自己意識	①（欲望）
	(c) 理性	(精神への移行)
1827	(a) 意識	(α) 感性的意識
	(b) 自己意識	(α) 欲望
	(c) 理性	(精神への移行)
1830	(a) 意識	(α) 感性的意識
	(b) 自己意識	(α) 欲望
	(c) 理性	(精神への移行)

心 理 学

1817	(a) 理論的精神	①（感情：感情→注意）
	(b) 実践的精神	①（実践の感情）
1827	(a) 理論的精神	(α) 直観（①感情→②注意→③直観）
	(b) 実践的精神	(a) 実践的感情
1830	(a) 理論的精神	(α) 直観（①感情→②注意→③直観）
	(b) 実践的精神	(a) 実践的感情
	(c) 自由な精神	客観的精神への移行（第 1 版 §399，第 2 版 §481 に

＊）括弧で括られている部分は題目なし。

第2部 『エンツュクロペディー』各版・『論理学』との異同 549

(β)（覚醒／睡眠→年齢経過）	(γ)（感覚／自己感情）
(β)（錯乱）	(γ)（威力としての魂→心身の根源的同一性→習慣一般→熟練）

(β) 自然的変化（①年齢経過，②性的関係，③覚醒／睡眠）	(γ) 感覚
(β) 自己感情（(αα) 自己感情→ (ββ) 狂気）	(γ) 習慣*（註解で　順応＞無関心＞熟練）

(β) 自然的変化（①年齢経過，②性的関係，③覚醒／睡眠）	(γ) 感覚
(β) 自己感情（(αα) 自己感情→ (ββ) 狂気）	(γ) 習慣*（註解で　順応＞無関心＞熟練）

②（知覚）	③（悟性）
②（承認する自己意識）	③（普遍的自己意識）

(β) 知覚	(γ) 悟性
(β) 承認する自己意識	(γ) 普遍的自己意識
への移行)	
(β) 知覚	(γ) 悟性／法則
(β) 承認する自己意識	(γ) 普遍的自己意識

②（表象：想起／内化→再生産的構想力→記憶）	③（思考）
②（衝動）	③幸福〔反省する意志→幸福→選択意志→自由な意志／客観的精神〕

(β) 表象（(αα) 想起／内化→ (ββ) 構想力→ (γγ) 記憶）	(c) 思考
(b) 衝動	(c) 選択意志と幸福〔反省する意志／選択意志→幸福／選択意志→自由な意志／客観的精神〕

(β) 表象（(αα) 想起／内化→ (ββ) 構想力→ (γγ) 記憶）	(c) 思考
(b) 衝動と選択意志〔衝動→反省する意志／選択意志〕	(c) 幸福〔幸福→自由な意志〕
相当)	

＊）紙幅の都合で一部細かな区分を省略している。

第 3 部

『ハイデルベルク・エンツュクロペディー』と
補遺の文献資料上の解明[1]

---

1)　アカデミー版『ヘーゲル全集』第 13 巻，編集者報告（*GW*13, 613ff.）および川瀬和也「『ハイデルベルク・エンツュクロペディ』の生成と発展」，日本ヘーゲル学会『ヘーゲル哲学研究』第 24 巻，2018 年，71-83 頁参照。

552　　　　　　　　　　　解　説

　『ハイデルベルク・エンツュクロペディー』を文献学的に解明するとき，二つの文脈を分けて理解することが重要である。

　第一に，当該著作そのものの成立史に関わる文脈である。この著作には，イェーナ期以来，ニュルンベルク期を通じてのヘーゲルの哲学的エンツュクロペディーへの取り組みが結実している。それで，原稿や講義録から，『エンツュクロペディー』成立の事情を探る文献学的な研究によって，この著作を明らかにすることが可能となる。

　第二に，当該著作が，講義の教科書として使用されたことに関わる文脈がある。ヘーゲルは当該著作を自らの手元に置いて，講義に関連する多数の書き込みを残しており，第3部すなわち精神哲学に関する書き込みは伝承されている。この書き込みは，ヘーゲルの講義の様子を再現するとともに，ヘーゲルの思想発展の様子をわたしたちに知らせてくれる。

　ヘーゲルは，ハイデルベルクとベルリンで，少なくとも1817年から1825年までの期間にわたって，自らの所有していたこの著作に，少しずつ書き込みを行っている。書き込みは，内容に関わるものの他，講義の進度を示す日付の書き込みを含んでいる。また，これらの書き込みは，エンツュクロペディーに関する講義と，人間学・心理学講義に関する書き込みを含んでいる。これらの情報を活用し，その他の講義ノート等と突き合わせることで，『エンツュクロペディー』や，特に精神哲学分野におけるヘーゲル像を新たに描き出すことが可能になると思われる。

　ヘーゲルによる『哲学のエンツュクロペディー』刊行計画は，イェーナ期の1803年夏学期にまで遡る。しかし，イェーナ期にはこの計画は実現せず，代わりに1807年に『精神現象学』が出版される。この書物が体系への導入という性格をもつと同時に学の体系第1部ともされていること，このことに付随する解釈論争については，今は措かざるをえない。とはいえ，わたしたちが知る『ハイデルベルク・エンツュクロペディー』に直接つながるヘーゲルの思索の展開は，ニュルンベルク期テキスト群から知られる。

　ヘーゲルによる綴じ込みメモ用頁つき私家本中の自筆校訂つきの『（ハイデルベルク・）エンツュクロペディー』に加え，補遺としては，綴じ込みメモ用頁つき私家本の，膨大な『エンツュクロペディー』第3部メモ，「論理学・形而上学」講義に関する二つのメモ紙，さらには講義メモ「論理学・形而上学」，「自然哲学」，「人間学・心理学」，筆者不明の『エンツュクロペディー』注解口述筆記ノート，さらに亡失稿報告。以上が本巻に含まれている。なお，日本語版の本巻組版方針は，アカデミー版ともオリジナル版とも異なっている。また，アカデミー版『ヘーゲル全集』第13巻の組版方針とオリジナル版の組版方針の相違については

第3部　文献資料上の解明　　　　　　　　　　　　　553

脚注で詳述した[2]。

　2）　『エンツュクロペディー』についての原典批判校訂注では，アカデミー版テキストが
オリジナル版（O_1）と異なる場合には，第2版（O_2）と第3版（O_3），あるいはそのいずれ
かのテキストが，初版と同一であるかあるいは比較可能な場合には，そのつど記されている。
比較可能かどうかが，該当テキスト箇所の個々の部分にのみ関わる場合には，このことが，
「参照せよ（vgl.）」という略号によって明示されている。箇所によっては，，第2版と第3版
の正誤表も参照されている。

　アカデミー版原典批判校訂注では，以下のことは記されていない。1）スペルの分割（た
とえば，Verstandesbe-/griffe）。2）文字や句読点の印刷の薄さやずれ，個々の文字や数字の大
きさの違い。3）読み方に疑いがないかぎりでの，単語がまとまってずれている箇所。4）節
のテキストや注解の最初の行の字下げが誤って取り除かれた箇所。5）自我＝自我（Ich＝Ich）
という表現中の等号が長く引き伸ばされている箇所と，短く書かれている箇所との図形的な
違い。

　ドイツ文字の長いs（ſ）とfの取り違えは校訂注には記してあるが，印刷技術上の理由
で，再現はされていない。正書法と句読法については，例外的な場合にだけ，たいていは第
2版と第3版，あるいはそのいずれかと突き合わせたうえで変更されている。際立った特徴
として，第1版の正書法と句読法は，第2版や第3版よりも訂正されることが少なく，生硬
になっており，それが放置されているということである（句読法については，アカデミー版
第13巻の次の箇所を参照〔頁数と行数を示す。以下同様〕。26, 5; 32, 9; 52, 21; 66, 5; 72, 23
およびその他の箇所を参照。正書法については，20, 34; 95, 18; 113, 25-26; 127, 31; 134, 15;
138, 7; 139, 9; 149, 8; 169, 3; 208, 27; 231, 16およびその他の箇所を参照）。アカデミー版『ヘー
ゲル全集』編集基本原則（GW1, 417ff.）に則り，ヘーゲルによるしばしば不正確に実施され
た章節などの区分は変更されていない。この例外は36頁，101頁，110頁の箇所にある。そ
して，そこには明白な過失があることが推定されうる。

　"äußerlich" と並んでたびたび現れる "äusserlich" という書き方に，テキスト特有の特殊な正
書法が現れている。それゆえ，分綴（äus-/serlich）は第2版と第3版で通常用いられている
書き方（äußerlich）にしたがって解消されてはいない。それ以外では，分綴の不規則性（em-/
pfangen）については指摘されていない。

　初版の節番号に訂正の必要があるときは，第2版と第3版の節番号を，テキストの比較が
可能な形で明示している。

　原稿に関する原典批判校訂注では，アカデミー版『ヘーゲル全集』第13巻で復元されたテ
キストと異なる読み方と，これまでの諸版の校訂との両方が記されている。ただし，正しい
読み方という点で疑念が残る箇所について，明確な誤読に依拠しているのではない代替案を
示している場合に限っている。通例，ヘーゲルの原稿の端の方にたまたま書かれた小さな計
算については，それがテキストとの内容的な連関を何ら認められない限り，編集上，テキス
ト中に組込むことは，放棄されているが，原典批判校訂注にはそれについて簡単に注記され
ている。しかしその計算とテキストとの連関が推測される場合，それは，テキストでも脚注
として採録されている。

　印刷技術上の問題で，見出しの中のßは，それが大文字もしくは小型大文字にされている
場合，特に断りなく，校訂注では分解されてSSになっている。区分見出しの印刷形状は，
部，章，節といった階層に対応して固定されている。初版ではそのつどの見出しは必ずしも
一貫しないながら文字の大きさを統一して強調されているのだが，区分見出しに現れる，初
版との，印刷の見た目の違いは示されていない。以上については，アカデミー版『ヘーゲル
全集』第13巻，613頁以下を参照。

I 『エンツュクロペディー』第 1 版　1817 年

1　伝 承 資 料

(A)　哲学的諸学問エンツュクロペディー要綱，ゲオルク・ヴィルヘルム・フリードリッヒ・ヘーゲル博士担当講義での使用のために，〔…〕ハイデルベルク，アウグスト・オスヴァルド大学書店，1817 年。

a)　本の体裁について

この本は八つ折り判で刊行された。それにはローマ数字頁付けによる 16 頁（表紙，表紙裏の空白頁，III-X 頁（序文），XI-XVI 頁：目次）と，アラビア数字頁付けによる 288 頁（中表紙，中表紙裏の空白頁，『エンツュクロペディー』本文）が含まれている。正誤表は入っていない。ローマ数字による頁付け部分は 1 全紙[3]，アラビア数字による頁付け部分は 18 全紙を含む。第 2 全紙からは，各全紙の最初の頁の下部に，アラビア数字（2-18）で全紙の始まりが示されている。

ローマ数字による頁付け部分のうち，表紙と裏表紙の空白頁には頁数が記載されていない。アラビア数字による頁付け部分のうち，中表紙と裏表紙の空白頁，緒論の最初の頁にも頁数が記載されていない。その後の『エンツュクロペディー』本文には通しで頁数が記載されている。ただし，114 頁には 141 頁と誤って記載されている。

篇（I. 論理学，II. …III. …）と個別の部門（第 1 部…第 2 部…第 3 部…）は通常，頁を新たにすることで明確に区切られている。これはこの日本語版では再現されている。オリジナル版は自然哲学関連の章ではこの組版の規則から逸脱しており，1 部だけが新たな頁から始められている。「第 1 部　数学」と「第 3

---

3)　後に「四つ折り」「八つ折り」といった表現が出てくることから，紙の大きさの単位 1 ボーゲン（Bogen, 書籍 16 頁分）を「全紙」と訳出した。

第 3 部　文献資料上の解明　　555

部　　有機体物理学」の二つの表題は，改頁することなくテキスト上では連続して
出現している。全作品中のさらなる下位の章立てでも，組版の際のテキスト表題
の区切りは，常に首尾一貫して守られているわけではなく，そのような下位区分
のレベルでは，新たな頁から開始されていたり，そうでなかったりする。このよ
うな事情なので，この日本語版では，すべて連続させて版を組むこととした。

　b）印刷と植字について

　最後の頁（288）の脚部には，オッフェンバッハでのC. L. ブレーデによる印刷
という報告が見出される。

　オリジナル版はドイツ文字で植字され，強調は隔字で示されている[4]。外国語の
単語はオリジナル版ではアンチック体で植字されている[5]。強調はイタリック体で
示されている[6]。論理式では，個別の字句はアンチック体となっている[7]。アンチッ
ク体で書かれたA，B，Cなどの区分のための字句は，アカデミー版ではボドー
ニ体で再現されていない。ギリシア文字で書かれたα，β，γなどの区分のための
文字は，当時使用されていたイタリック体で植字されている[8]。

　オリジナル版の表示は基本的には統一されている。しかし序説は大きな隔字ボ
デー体で植字されている。序説では1頁17行であるが，残りのテキストでは36
行である。節本文と注解のテキストは統一的なボデー体で植字され，注解は左揃
えの字下げで分かるようになっている。オリジナル版6頁の脚注はより小さなボ
デー体で植字され，注解と同様に左揃えで字下げされている[9]。テキストの三つの
大きな篇の区分（I. 論理学，II. 自然哲学，III. 精神哲学）について，間紙に
よる互いの区別は一貫していない。ヘーゲルは内容目次に対する末尾の注解で，
次のように注記している。「印刷場所が遠いために，全体の第2篇であるII. 自
然哲学の127頁と第3篇であるIII.，精神哲学の205頁は特に表題紙を用いて際
立たせられてはいない」[10]。各部の大きな篇の区分I，II，IIIから下位の区分A，
B，Cまでは，装飾的な線によって互いに規則的な仕方で区別されている[11]。オリ

───────────

　4）　この書式はアカデミー版『ヘーゲル全集』第13巻では一貫してベンボー書体で再現
されている。

　5）　アカデミー版ではボドーニ体で植字されている。

　6）　アカデミー版では隔字体のボドーニ体で植字されている。

　7）　アカデミー版ではボドーニ体で植字されている。

　8）　アカデミー版ではイタリック体は再現されていない。

　9）　この印字ならびに脚注の左揃えの字下げはアカデミー版でも日本語版でも再現され
ていない。

　10）　本巻10頁。したがってたんなる過失があるということであるから，アカデミー版
『ヘーゲル全集』の巻ではこれら両者の間紙が挿入されている。

　11）　これはアカデミー版および本巻でも再現されていない。印刷上の理由で，これらの
箇所の変則的な字下げや注解の箇所にときおりある字下げの欠如についても，再現されてい

ジナル版には欄外表題は含まれない。

c）区分と節番号

目次には本文にはなくて，付加的な下位区分が含まれる。「論理学」第 2 部「現実性」では下位項目の a. 実体性，b. 原因性，c. 交互作用，a. 理論的精神では下位項目の 1）感情，2）表象，〔3〕思考，b. 実践的精神では下位項目 1）実践的感情，2）衝動と傾向性，3）幸福，そして最後に C. 人倫では下位の章 1. 個別的民族，2. 対外的国法，3. 普遍的世界史，がある。目次のテキストは，形式の点でもときおり本文の表題と少々異なっている。目次に用いられている文字のさまざまなサイズの違いと，頁数指示列上部に記入されている「頁」とは，アカデミー版でも日本語版本巻でも再現されていない。

オリジナル版の節番号には誤りがある。第 19 節は誤って第 14 節となっているが，その続きは誤っていない。第 38 節はオリジナル版では脱落しており，そのため第 38 節から第 131 節が間違って第 39 節から第 132 節と表記されている。第 132 節は二つあり，同様に第 138 節も二つある。そのあとでは第 139 節から第 306 節までが誤って第 138 節から第 305 節となっている。また，第 306 節が抜けている。第 307 節からは再び正しい節番号となっている。間違った数え方の規則に従えば第 238 節と数えられるはずだった節は，実際には間違って第 236 節と数えられている（正しくは第 239 節）が，その続きには同様の誤りはない。さらに，第 383 節のところは，間違って第 283 節となっている。これらの誤った節番号についての訂正が必要であるため，後続する節への指示訂正も生じている。これらの指示はヘーゲルによってなされており，テキスト内部では正しい番号が指示されていることもあるが，誤っていることもある。

d）アカデミー版の編纂について

アカデミー版の編纂には，ヘーゲル・アルヒーフが所有する 4 冊の資料本（分類番号 A 817 1, A 817 1A, A 817 1B, A 817 1C）が用いられている。一箇所では，各資料本の間でわずかに相違があった。「§. 55.」の数字が，A 817 1A では「§. 5.」，A 817 1C でも「§. 5.」と不完全に印字されており，残りの 2 冊の資料本では「§. .」さえ存在しなかった。

以上に加えて，アカデミー版の編纂では以下を一貫して用いている。

O$_2$： Georg Wilhelm Friedrich Hegel: *Encyclopädie der philosophischen Wissenschaften im Grundrisse. Zum Gebrauch seiner Vorlesungen.* Zweite Ausgabe. Heidelberg, 1827.

O$_3$： Georg Wilhelm Friedrich Hegel: *Encyclopädie der philosophischen*

ない。テキストに生じた空行も同様に再現されていない。

第 3 部　文献資料上の解明　　　　　　　　　　　557

Wissenschaften im Grundrisse. Zum Gebrauch seiner Vorlesungen. Dritte Ausgabe.
Heidelberg, 1830.

　さらには，以下の『ハイデルベルク・エンツュクロペディー』新版についても
比較検討を行った。

　Georg Wilhelm Friedrich Hegel: *Enzyklopädie der philosophischen Wissenschaften*
im Grundrisse. Mit einem Vorwort von Hermann Glockner. Stuttgart, 1927.

　『エンツュクロペディー』第 1 版（『ハイデルベルク・エンツュクロペディー』）
の上記グロックナー編ファクシミリ版では，完全に忠実ではないものが用いられ
ている。頁付は製本に合わせてなされており，オリジナル版の頁付は新たに付け
加えられた柱に括弧書きで掲載されている。他方で『エンツュクロペディー』の
三つの篇には扉が付されており，全紙の番号は欠けており，最終頁の出版者と出
版地の表示は再現されていない。

　この巻本は，以下の記念版では，ハイデルベルク期の公刊著作 2 篇による増補
がなされている。

　Georg Wilhelm Fridrich Hegel: *Sämtliche Werke. Jubiläumsausgabe in zwanzig*
Bänden. Im Faksimileverfahren neu hrsg. von H. Glockner. Bd. 6 Enzyklopädie
der philosophischen Wissenschaften im Grundrisse und andere Schriften aus der
Heidelberger Zeit. Mit einem Vorwort von Hermann Glockner. Dritte Auflage der
Jubiläumsausgabe. Stuttgart, 1956.

（B）メモ用綴じ込み頁を含む『エンツュクロペディー』冊子自筆メ
　　モにおける印刷テキストの校訂

　ヘーゲルが所有していた『エンツュクロペディー』の冊子には，精神哲学だけ
が含まれていた。その冊子は，印刷されているテキストに対するメモを書き込め
るようにするための頁をわざわざ差し込んで綴じられていた[12]。つまり，そのよ
うな頁を，印刷された頁の間に綴じ込んだ形で綴じられていた。この冊子には，
印刷されたテキストへの校訂が見られる。日本語版本巻では翻訳対象としなかっ
たが，アカデミー版『ヘーゲル全集』ではその校訂を表示している。①このよう
な校訂のうち，そのまま原典批判校訂注へと統合されたのはヘーゲルが所有して
いた冊子で HK という略号で記録されていたものである。②それ以外の変更の一
部は差し込まれた白紙の頁に書かれている。アカデミー版『ヘーゲル全集』では
それらについては脚注の形で挙げられている。第一の種類の校訂①は，ヘーゲル

　12）　本「解明」「II 補遺」「2『エンツュクロペディー』第Ⅲ篇についてのメモ詳説」に
ある本についての詳しい記述と比較せよ。

558 解　説

による変更に強く関わっているため，それについてはアカデミー版でも示されている。ヘーゲルの校訂と一致するものは，「HK も同様」という書き方で示してある。

　ヘーゲルの校訂の仕方についての詳細は，校訂注にも含まれていない。これについては総じて，ヘーゲルによる通常の校訂指示は余白や本文中になされていたということが一般に参考になるだろう。アカデミー版原典批判校訂注では，このやり方については通常，「余白への書き込み」と書かれている。さらには，ヘーゲルが上下が逆になった文字を余白に回転記号で書き込んで校訂をしているということも注意されてしかるべきである。

　脚注として書かれた校訂考証資料にはまた，ヘーゲルが余白や行間に通常の校正記号を用いて書き込んだものもある。これに関わる差異は，アカデミー版『ヘーゲル全集』ではたとえば「本文中の訂正」という書き方で示してある。ラテン文字でヘーゲルが行った修正は，アカデミー版『ヘーゲル全集』ではボドーニ体で記してある。ラテン文字で書かれたものの他にドイツ文字で個別の文字が書かれている箇所もあったが，これについては特に示していない。ヘーゲルが印刷されたテキストの単語間に挿入しようとした校訂については，アカデミー版『ヘーゲル全集』では本文中の脚注の参照番号を，各々の語句の間に裸の数字で示してある（たとえば，eigene[1] Wirklichkeit）。

　ヘーゲルによる校訂が記された当該本には，境界を示す線も発見されたが，それはあるいはヘーゲルが空き頁に本文の印刷指示のためのメモを書き込んだものかもしれない（それは第 390 節の本文のあと，第 390 節の注解のあと，第 393 節の本文のあと，第 396 節のあとにある）。

2　『哲学のエンツュクロペディー』成立史

（A）エンツュクロペディー的な叙述の公刊計画と形成史

　a.『エンツュクロペディー』体系の構想は，表 1（本書 614 頁）のように少なくとも 1803 年のイェーナ大学での講義便覧にまで遡ることができる。その後，『精神現象学』公刊を経て，ニュルンベルク期のギムナジウムで，この仕事が仕上げられた。これには，ニートハンマーによる教育改革，とりわけ『バイエルン王国の公教育機関の一般的規準』（以下『規準』）が強く影響したことが知られている。（成立過程について，特に重要と思われる事項を，表 1 にまとめた）。

　これについて，特筆すべきことは二つある。一つは，1808 年にニュルンベル

第 3 部　文献資料上の解明　　　　　559

クに移ってから，1812 年までのわずか 4 年の間に，『エンツュクロペディー』に
関するヘーゲルの仕事が一気に進展していることである。この時期のヘーゲルの
校長としての多忙ぶりを考えると，驚くべきことである。これだけの短期間での
体系の成立過程を追いかけるには，1 年ごとの変化に細かく注意してゆく必要が
あるだろう。もう一つは，ニートハンマーからの影響の大きさである。『エンツュ
クロペディー』の体系は，ニートハンマーの『規準』で要求された内容を満たす
ものとして整理された。もちろん，エンツュクロペディー的な叙述を具体的にど
う実現するかについてはヘーゲルの独創もかなり含まれるが，発展史を再構成す
る上では，ニートハンマーからの影響や，この他この時代の共通認識を反映した
部分と，ヘーゲル自身の独創である部分とを分けて整理することが重要となろう。
　　b. ヘーゲルは 1803 年夏学期には，Philosophiae universae delineatio，あるいは
『哲学のエンツュクロペディー』の講義を，まもなく出版される自身の教科書に
したがって実施すると予告している[13]。しかし，この案内で予告された教科書は
公刊されなかった。ヘーゲルは次の学期に，さしあたって本の予告については断
念したが，しかし哲学体系の全体を講義しようとはしている。それに対応して，
かれは思弁哲学の体系，ないしは哲学の普遍的体系を予告している。1805 年夏
学期の予告では，かれは再び或る本に言及しており，その本は哲学の全学問を含
むはずだとされている[14]。しかし，この刊行も実現していない。結局 1807 年の春
に，『学の体系第 1 部・精神現象学』が出版されたが，それは体系への導入とい
う課題をもっているとされている[15]。『精神現象学』の自著広告では，ヘーゲルは
学の体系第 2 部の内容を「第 2 巻には思弁哲学としての論理学の体系と，哲学の
残りの 2 部門，自然と精神の学が含まれる予定である」と予告している[16]。だが，
1812 年から 1816 年にかけての『論理学』の分冊での刊行によって，この計画も
頓挫した。それでもなおヘーゲルは，論理学に自然哲学と精神哲学の叙述を後続
させるという意図を確固としてもち続けたのだった[17]。
　　ニュルンベルク期（1808-16）にヘーゲルはギムナジウム校長の職を務めると

---

　　13)　*Catalogi scholarum in Academia Jenensi*（『イェーナ大学講義便覧』）. 1741-1814.
Universitätsbibliothek Jena. 154 面右欄 ; *Intelligenzblatt der Allgemeinen Literatur-Zeitung.*（『一
般学芸新聞報告』）Jena, 第 81 号（1803 年 4 月 20 日）675 頁. *Briefe von und an Hegel*（『ヘー
ゲル往復書簡集』）第 4 巻第 1 分冊・第 2 分冊，Hrsg. von F. Nicolin, Hamburg, 1977-1981. 第
1 分冊 81 頁および 83 頁も参照せよ。
　　14)　『イェーナ大学講義便覧』166 頁および『ヘーゲル往復書簡集』第 4 巻第 1 分冊 81
頁参照。
　　15)　アカデミー版『ヘーゲル全集』第 9 巻 457 頁および 463 頁参照。
　　16)　同巻 447 頁。
　　17)　『論理学』（1812）の序説，アカデミー版『ヘーゲル全集』第 11 巻 8 頁参照。

560　　　　　　　　　　　　　　　　解　　説

　同時に哲学準備教育の教授として講義をしている。この時期は，かれにとって本
来の哲学的な仕事から離れた時期ではけっしてなかった。むしろイェーナ期に
始まり，それ以来構想されてきた哲学体系を彫琢する好機であった。ヘーゲルの
ニュルンベルク期のテキストの最初の編纂者であるカール・ローゼンクランツは，
ニュルンベルク期のエンツュクロペディーに「1807 年の『現象学』と 1817 年の
『エンツュクロペディー』をつなぐ中間段階」が見られるということを正当にも
指摘している[18]。しかしながら，ローゼンクランツ版からは，発展史的なつなが
りに関するいかなる洞察も得られない。というのも，かれは年度の異なるテキス
トを，詳しい注記なしにひとまとめにしているからである[19]。

　ようやく今日になって，新たに発見された原稿を用いることで，ローゼンクラ
ンツ版のもとになったテキストを探り，ニュルンベルク期のテキスト群が 1817
年の『エンツュクロペディー』の成立史に関してもつ意義を十分に評価すること
ができるようになった。ニュルンベルクでヘーゲルは初めて，のちの『エンツュ
クロペディー』に特徴的であるように，小さな節の形式によって哲学全体を叙述
している。さらには，精神論を主観的精神，客観的精神，絶対的精神に分け，主
観的精神を人間学，現象学，心理学に分けるという三複対的分節化の形が現れ初
めている。加えて，この時期に「エンツュクロペディー」というタイトルがしば
しば用いられるようになる。

　哲学全体を叙述するというヘーゲルの努力は，前述のニートハンマーによる
『バイエルン王国の公教育機関の一般的規準』という文書と軌を一にする。この
『規準』は，ニュルンベルクにヘーゲルが就任するとほぼ同時に発効した。この
時点ではまだ一般には閲覧可能でなかったその内容について，ヘーゲルは友人の
ハインリヒ・エーバーハルト・パウルス――当時，ニュルンベルクで郡教育官を
していた――から情報を得ていた[20]。哲学の勉学について，『規準』は主要な観点
として，「ギムナジウムでの勉学にとって哲学部門での本質的な課題は，生徒を
思弁的な思考へと導き，また，そこで生徒に段階的な訓練をほどこすことで，大

---

　18)　*G. W. F. Hegel's Werke. Vollständige Ausgabe durch einen Verein von Freunden des
Verewigten.* Bd. 18, *Philosophische Propädeutik.*（故人の友人の会版『ヘーゲル著作集』第 18
巻『哲学入門』)，Hrsg. von K. Rosenkranz, Berlin, 1840. XVIII.
　19)　ローゼンクランツは根拠資料について非常に曖昧な情報しか与えていない。ロー
ゼンクランツ版の根拠資料を批判的に推定する試みは，ウド・ラーマイルによってなされて
いる。*Hegels » Philosophische Enzyklopädie« in Nürnberg. Mit einer Nachschrift von 1812/13.*
Hrsg. von U. Rameil, In: *Hegel-Studien.* 30 (1995), 22-26 参照。
　20)　*Briefe von und an Hegel.* Bd. 1.（『ヘーゲル往復書簡集』第 1 巻)，Hrsg. von J.
Hoffmeister. Hamburg 1952. 260f, 264; F. I. Niethammer: *Philanthropinismus – Humanismus.
Texte zur Schulreform.* Bearbeitet von W. Hillebrecht, Weinheim u. a. 1968. 7ff 参照。

第3部　文献資料上の解明　　　　　　　　　　561

学の授業の開始点である哲学の体系的勉学に向けて準備が整うように生徒を引き
上げることである」と述べている。特に上級クラスについては，「ギムナジウム
上級クラスでは最終的に，以前には個別に取り扱われた思弁的思考の諸対象を，
一つの哲学的エンツュクロペディーということで一緒に把握する」とされている。
他の箇所では，上級クラスは，「諸学問の普遍的連関についての知への導入」を
与えることを課題とすると言われる[21]。

　『規準』の方針に応じて，ヘーゲルは各授業年度に上級クラスで哲学的エンツュ
クロペディーの講義をしている。最初のエンツュクロペディー課程講義（1808/09
年）で，ヘーゲルは，初めにかれのエンツュクロペディーの概念を紹介している。
「哲学的エンツュクロペディーは，必然的で，概念によって規定された連関につ
いての学であり，諸学問の根本概念と根本命題が哲学的に生成することについて
の学である」[22]。1812年10月23日付ニートハンマー宛所見で，ヘーゲルはギム
ナジウムでの哲学的エンツュクロペディーの課題を細かく述べている。「エンツュ
クロペディーは，哲学的でなければなりませんから，空虚であり，また，若者に
益をなさない文学的エンツュクロペディーをぜひとも排斥せねばなりません。そ
れは哲学の普遍的内容以外を含んではなりません。その内容とはすなわち，哲学
の特殊諸学問の根本諸概念と諸原理であって，その諸学問には三つの主要な学が
数えられます。第一に論理学，第二に自然哲学，第三に精神哲学です。その他の
あらゆる学は非哲学的と見えますが，実際にはその始まりからしてこれに属して
います。また，それらの学はこの始まりからしてエンツュクロペディーのうちで
のみ考察されるということになります。というのも，エンツュクロペディーは哲
学だからです」[23]。ヘーゲルはここですでにのちのハイデルベルク期の『エンツュ
クロペディー』の構想を展開しているが，それを細部まで仕上げるにはなおいく
らか骨を折っている。ニュルンベルクのギムナジウムでのエンツュクロペディー
講義では，ようやく少しずつ，のちのエンツュクロペディーの相貌が形成されて
いる。また，上級クラスの授業は，下級クラスや中級クラスの授業との調整をし
ながら行われていた。それゆえ，この時期の発展についての完全な概観を得るた
めには，これら下級クラスおよび中級クラスをも扱わなければならない。このこ
とについても，考慮しておく必要がある。

---

21)　F. I. Niethammer: *Philanthropinismus – Humanismus*. 65f, 59.

22)　*Philosophische Encyclopädie. Für die Oberklasse des Gymnasiums. Nürnberg 1808-09*.
Staatsbibliothek zu Berlin Preußischer Kulturbesitz, Nachlaß Hegel 16-III. 1（『哲学的エンツュク
ロペディー』ニュルンベルクギムナジウム上級クラス用，1808-09，ベルリン・プロイセン文
化財団国立図書館，ヘーゲル遺稿16Ⅲ束，紙片第1番）。

23)　*G. W. F. Hegel: Sämtliche Werke*. Bd. 21 (*Nurnberger Schriften 1808-1816*), Hrsg. von J.
Hoffmeister, 439.（ホフマイスター版『ヘーゲル全集』第21巻，439頁）

562   解　　説

　上級クラスの授業についてのヘーゲルの報告から，ニュルンベルク・エンツュ
クロペディーの細かな執筆行程を表1（本書614頁）のように追跡することがで
きる[24]。
　エンツュクロペディーのプロジェクトの各部（論理学，自然哲学，精神哲学）
の形成についても講義録のおかげでより精確に描写できるようになった[25]。

（B）論理学部門の形成

　a. 論理学を見てみる。ここでも，論理学体系の変遷を年表形式で表2（本書
615頁）に示す。論理学の形成史で目につくのは，主観的論理学ないし概念論と
理念論に関する箇所で，ヘーゲルが構成をなんども変更していることである。主
観的論理学のうちの「主観性」にあたる箇所は初めからほぼ変更されていないの
に対し，「理念」の扱いは大きく変わっている。また，目的論が先に成立し，そ
れを発展させる形でのちの機械論，化学論が登場してきたことも注目に値する。
　b. まず『エンツュクロペディー』第1版の直接の前段階ニュルンベルク期があ
ることが注目される。『エンツュクロペディー』の「論理学」の「予備概念」の
一部が，1812/13年のエンツュクロペディー課程の論理学の章にすでに含まれて
いる。「予備概念」の第13節と同じように，ヘーゲルはエンツュクロペディー課
程の第8節で，論理的なものの3側面を区別している。「論理学にはその3側面
にしたがった形式がある。第一に抽象的あるいは悟性的側面，第二に弁証法的あ
るいは否定的理性的側面，第三に思弁的あるいは肯定的理性的側面である」[26]。ま
た，ヘーゲルによる旧形而上学の区分は，のちの『エンツュクロペディー』にお
ける区分と一致する。しかしその他の点では，1812/13年および1816年の『論
理学』や1817年の『エンツュクロペディー』における論理学の標準的な構成は
表2（本書615頁）のように，ようやく少しずつ形成されているにすぎない[27]。

---

　24)　同 3-10; *Hegels »Philosophische Enzyklopädie« in Nürnberg*. Hrsg. von U. Rameil.
13ff. 参照。

　25)　U. Rameil, „Der teleologische Übergang zur Ideenlehre und die Entstehung des Kapitels
»Objektivität« in Hegels propädeutischer Logik". In: *Hegel-Studeien*. 28 (1993), 171ff 参照。

　26)　*Philosophische Encyklopädie 1812-1813*. Nachschrift von Christian Meinel, Schüler der
Oberklasse. Landeskirchliches Archiv Nürnberg, Ms. 1763. *Hegels »Philosophische Enzyklopädie«
in Nürnberg*. Hrsg. von U. Rameil. 28. 参照。

　27)　*Geisteslehre als Einleitung in die Philosophie. Für die Mittelklasse des Gymnasiums.
Nürnberg 1808-1809, mit Überarbeitungen aus den folgenden Jahren*. Staatsbibliothek
zu Berlin Preußischer Kulturbesitz, Nachlaß Hegel 16-II, § 31; *Subjektive Logik. Für die
Oberklasse des Gymnasiums. Nürnberg 1809-1810, mit Überarbeitungen aus den folgenden
Jahren*, Staatsbibliothek zu Berlin Preußischer Kulturbesitz, Nachlaß Hegel 16-IV. §§ 41, 66,
73; U. Rameil: „Der teleologische Übergang zur Ideenlehre und die Entstehung des Kapitels

第 3 部　文献資料上の解明　　　563

（C）精神哲学部門の形成

a. 精神哲学について，表 3 の年表（本書 615 頁）で整理してみる。精神哲学については，1807 年の『精神現象学』からの構想の変化も含め，かなり詳細に体系の変化を追うことができる。また，体系の変化には，実際の授業での必要も大きく影響していたことがうかがえる。

b. 1810/11 年のエンツュクロペディー課程で，精神論が初めて扱われるが，それはまだのちのものとは大きく異なっている。ニュルンベルク期の精神哲学の発展に影響を与えたのは，ヘーゲルのギムナジウム講師時代が始まってすぐに，すでにかれが『精神現象学』の根本構想を断念したことである。これは，現象学を短縮する必要があると気付いたためであった。

構想の変更は，1808/09 年の中級クラス課程で行われた。『規準』は中級クラスに「論理学演習」（中級クラス初年次）と「哲学入門」ないし「心理学」（中級クラス 2 年次）を組み入れていた[28]。そこでヘーゲルは，これらの異なった規準にかれの課程で対応しようと試みた。かれは「精神の論を哲学入門として」報告しており，1807 年の『精神現象学』の全体を再述するのに加えて，それに心理学を接続しようとしている。「精神論は精神についてその意識のさまざまな様式とその活動性のさまざまな様式とから考察する。前者の考察は意識論と呼ばれうるし，後者は霊魂論〔心理学〕と呼ばれうるであろう」。意識論には三つの主要な段階があり，それらは 1807 年の『精神現象学』の緒論に対応している。すなわち，「(1) 抽象的あるいは不完全な諸対象の意識，(2) 有限な精神の世界の意識，(3) 絶対精神の意識」となっている[29]。

しかし，ヘーゲルはここで導入された発展版プログラムを最後まで維持しなかった。予告された霊魂論が意識論のあとに置かれることはなく，ヘーゲルは「理性」章の初めの意識論を中断し，直接に論理学へと移行している。この移行はまったく予定外に生じたものであり，導入の時点では予定されていなかった。ヘーゲルがこのような進行方式をとるきっかけとなったのは，おそらくは教育上のさまざまな理由である。1807 年の『精神現象学』の全体をその主要な段階についてだけであっても取り扱うというのは実行不可能な企てであった。このことは，授業を進める中でおそらくはっきりしていたはずである。また，『規準』で

»Objektivität« in Hegels propädeutischer Logik". In: *Hegel-Studien*. 28 (1993), 177参照。; *Philosophische Encyklopädie 1812-1813*. Nachschrift von Christian Meinel, Ms. 1763, *Hegels »Philosophische Enzyklopädie« in Nürnberg*, Hrsg. von U. Rameil. 29f. 参照.

[28]　F. I. Niethammer: *Philanthropinismus – Humanismus*. 58, 66.

[29]　*Geisteslehre als Einleitung in die Philosophie*. §§ 2 u. 6. „Texte zu Hegels Nürnberger Phänomenologie." Hrsg. u. erläutert von U. Rameil, In: *Hegel-Studien* 29 (1994), 16, 20 参照.

564 　　　　　　　　　　　　　解　説

中級クラスのための論理学が推奨されていたということも顧慮されるべきである。

　この 1807 年の『精神現象学』を短縮した叙述が，以降の年々の精神論の構成要素となる。ヘーゲルは以降から，意識論に論理学を後続させていた 1808/09 年の課程での実際の進行を変更し，霊魂論に論理学を後続させるようになる。これは，1808/09 年の課程でも当初には計画されていたことであった。1808/09 年の受講生筆記録へのヘーゲルによる訂正ですでに，以前の意識を三つの主要段階に分けるという 1807 年の『精神現象学』に対応していた区分は改訂されている。意識論は以前の第 1 部（「抽象的あるいは不完全な諸対象の意識」）と一緒にされているのである。今や，意識論は「(a) 意識一般，あるいは外的な意識，(b) 自己意識，(c) 理性」へと区分される[30]。

　1811/12 年の中級クラス課程では，意識論と心理学が「精神現象学」と「本来の精神論」へと互いから区別されている。「第 4 節　主観はより詳しくは精神だと考えられる。精神が現象しているのは，それがある存在する対象に本質的に関係するかぎりにおいてであり，すなわち，それが意識であるかぎりにおいてである。意識論はそれゆえ，精神現象学であり，精神論の第 1 部を構成する。／第 5 節　しかし精神は本質的に客観に背いて，その自己活動性を通じて客観への非依存性を生み出す。この精神それ自身のうちでの活動性，あるいは自己関係のうえにあってかつこの関係を作り出すものとしての活動性を，精神は本来の精神論で考察する」[31]。この課程の（「心理学に関する節」の）受講生筆記録と，授業の対象に関するヘーゲルの報告から推定されるように，「精神現象学」と「本来の精神論」は「心理学」という上位タイトルのもとにまとめられている。

　自然哲学について扱われ，また，精神論について初めて扱われている 1810/11 年のエンツュクロペディー課程では，「精神現象学」はたんに精神論への導入として，一つの節（第 65 節）で言及されているだけである。そのあとでは「現象学」についてそれ以上顧みられることはなく，以下のように区分された精神哲学が続いている。「第 67 節　精神哲学は三つの部分を含む。そこでは以下のことが考察される。1) その概念における精神，心理学一般，2) 精神の現実化すなわち，国家学と歴史，3) 芸術，宗教，学問における精神の完成」[32]。1) の「その概念に

---

30)　Ebenda § 5. „Texte zu Hegels Nürnberger Phänomenologie." Hrsg. von U. Rameil. 20 参照。

31)　*Paragraphen zur Psychologie 1811-1812. Nachschrift von Christian S. Meinel, Schüler der Mittelklasse.* Landeskirchliches Archiv Nürnberg, Ms. 01767. „Texte zu Hegels Nürnberger Phänomenologie". Hrsg. von U. Rameil. 17 参照。いずれも *GW*10 に収録されている。

32)　*System der besonderen Wissenschaften. Für die Oberklasse des Gymnasiums. Nürnberg 1810-1811, mit Überarbeitungen aus den folgenden Jahren.* Staatsbibliothek zu Berlin Preußischer

第 3 部　文献資料上の解明　　　　　　　565

おける精神」は知性と意志，すなわち，理論的精神と実践的精神に下位区分される。2）の「精神の現実化」は，のちの『エンツュクロペディー』における客観的精神についての章に対応するように思われるが，実際にはその一つの部分，つまり，結論の部分のみをもっている。法と道徳はそこではなくて，「その概念における精神」の実践的精神の箇所で主題とされている。あるいはヘーゲルは心理学を法的な概念や倫理的な概念を用いて記述した『基準』の規範に影響されたのかもしれない。

　そして，1812/13 年のエンツュクロペディー課程では，法と道徳が国家学および歴史とともに扱われる。精神論は，四つに分けられている。「第 54 節　精神論は第一に，現象する精神，すなわち，外的対象に関わるかぎりでの精神，あるいは意識についての論，すなわち，精神現象学を含む。／第 55 節　それは第二に，その概念における精神，あるいは精神自身のうちで考察されたその活動性の諸規定にしたがった精神，すなわち，心理学を含む。／第 56 節　第三にそれはその理性性の実現ということで考察された精神，すなわち，法の学および道徳，国家学および歴史を含む。〔…〕／第 61 節　第四のものは，芸術，宗教および哲学における精神の叙述と絶対的認識にしたがった，精神の完成である」[33]。この区分は，法，道徳，人倫に下位区分されてからのエンツュクロペディーの客観的精神の区分に比較的はっきりと近づいている。

　のちの『エンツュクロペディー』における主観的精神の三幅対的な区分の前身が，1810/11 年のエンツュクロペディー課程講義録へのヘーゲルの欄外メモに見出される。当該のメモは，1812/13 年のエンツュクロペディー課程では綴じ込まれておらず，むしろそれよりあとの或るメモに関連していると見てよさそうである。ヘーゲルは第 65-67 節の欄外メモで，上述の 1810/11 年のエンツュクロペディー課程の区分を，1812/13 年のエンツュクロペディー課程での広範囲にわたる区分に対応する仕方で訂正している。すなわち，1）現象学，2）心理学，3）精神の現実化：法学，国家学，歴史，4）芸術，宗教，哲学における精神の完成，がそれである。この欄外メモの訂正でヘーゲルは，これら四つの部門に加えてさらに一つの部門を置いている。それは人間学であり，そこではたんなる自然的な定在のうちで精神が考察される。詳しく言えば，ここでは人間学の対象として以下が箇条書きふうに挙げられている。その対象とは，占星術，天体と地球の影響

Kulurbesitz, Nachlaß Hegel 16-VI. U. Rameil: „Der systematische Aufbau der Geisteslehre in Hegels Nürnberger Propädeutik." In: *Hegel-Studien.* 23 (1988), 27ff. 参照。

　　[33]　*Philosophische Encyklopädie 1812-1813.* Nachschrift von Christian Meinel, Ms. 1763. なお U. Rameil, „Der systematische Aufbau der Geisteslehre." 37f. 参照。いずれも *GW*10 に収録されている。

566   解　　説

関係，精神病，気候区分である。したがって，ヘーゲルはすでに，後に『エン
ツュクロペディー』のさまざまな版の人間学のうちでもっと詳しく扱われるテー
マに言及していたということになる。のちの人間学の仕上げのための，ここでの
箇条書きよりも内容豊かな材料を，ニュルンベルク時代の心理学が準備した。そ
れゆえ，1810/11 年のエンツュクロペディー課程の心理学は，第 90-93 節で，夢
をみる眠り，夢遊病，精神錯乱，予感，幻視，狂気を取り扱っている[34]。

　今のところ，年代についての手掛かりのある 1812/13 年以後の課程の筆記録は
見つかっていない。また，さらにヘーゲルはかれの講義対象についての報告で人
間学に言及していない。それで人間学，現象学，心理学での区分がなされた正
確な時期を推定することはできない。しかし，ニュルンベルク期の終わりには，
ヘーゲルはすでにこの区分を企図していたはずである。というのも，この区分は
フリードリヒ・フォン・ラウマーに宛てた 1816 年 2 月 8 日の書簡で，また，さ
らには 1816 年の秋に公刊された『論理学』の第 2 巻（概念論）で，根底に置か
れているからである。フォン・ラウマーへの書簡では，ヘーゲルは精神現象学，
心理学，人間学，法論および義務論（Pflichtenlehre），美学および宗教哲学を列
挙している[35]。『論理学』では，ヘーゲルは魂，意識，精神そのもののそれぞれの
間に区別をしている。そして霊魂論については次のように言われる。「それ自身
で存在する概念は必然的に直接的な定在においてもある。この生命との実体的同
一性において，すなわち，概念がその外面性の内へと沈み込んで存在することで，
概念は人間学で考察されることになる」[36]。1817 年の『エンツュクロペディー』
での区分——霊魂，意識，精神——が与えられている。ただし，ここでは霊魂論
は人間学と呼ばれている。

　（D）自然哲学部門の形成

　a. 自然哲学については，ギムナジウム講義から分かることは少ない。エンツュ
クロペディーの論理学や，『論理学』における機械論，化学論，生命における叙
述から，叙述の変化をわずかに知ることができるのみである。『精神現象学』に
おける「観察する理性」との関連など，研究の余地は残っているように思われる。

　b. 自然哲学の形成については，ニュルンベルク期の筆記録をもとに追跡できる。
1812/13 年のエンツュクロペディー課程（第 18 節）では，自然哲学への導入が
以下のようになされる。「自然は諸段階による体系だと考えられる。その諸段階
の各々は他の段階から必然的に出現する。しかし，それらは自然な仕方で，ある

　34）　U. Rameil: „Der Systematische Aufbau der Geisteslehre." 42, 47f. 参照。
　35）　*Briefe von und an Hegel*. Bd. 2, Hrsg. von J. Hoffmeister, Hamburg, 1953, 102. 参照。
　36）　*GW*12, 197

第 3 部　文献資料上の解明　　　　　　　　　　　　　　　　　567

いは現実性において出現するのではなくて，自然の根底にある内在的な理念にお
いて出現する」。

　1817 年の『エンツュクロペディー』では，ヘーゲルはほとんど同じ言葉で〔こ
の導入を〕言い表している。「自然は諸段階からなる体系だと考えられなければ
ならない。ある段階は他の段階から必然的に生じ，それはそこからその段階が帰
結する段階にとってもっとも近い真理である。とはいうもののある段階が他の段
階から自然に産出されるということではなく，自然の根拠をなす内的な理念のう
ちでのことである」（本書 159 頁）。また，自然哲学の数学，物理学，生理学への
区分は，『エンツュクロペディー』の第 2 版および第 3 版での区分とは異なって
いるが，1812/13 年の講義と 1817 年の『エンツュクロペディー』とで内容が一
致するだけでなく，ほぼ同一の語句で表現されている[37]。

　自然哲学の細部のさらなる一致から，ヘーゲルがニュルンベルク期のエンツュ
クロペディー課程のあとすぐに引き続いて『エンツュクロペディー』を仕上げた
ということが分かる。1808/09 年のエンツュクロペディー課程には生命の理念の
区分が見出される。これをヘーゲルは『ハイデルベルク・エンツュクロペディー』
では引き継いでいる。一方で，ベルリン版の『エンツュクロペディー』では引き
継いでいない[38]。

　エンツュクロペディー課程では，二つの不連続な，順に入れ替わって現れる区
分をもった，生命の理念についての章が論理学に含まれている。第一の区分で，
有機的な生命の普遍的な諸契機が挙げられる。第 81 節では次のように言われる。
「生命には三つの普遍的な諸契機がそれ自身のもとにあるが，それらは多くの有
機的な体系を同様に構成するものである。すなわち，（a）その普遍的で単純な，
その外面性における自己内存在，すなわち，感受性（b）外からの刺激を感じる
こと，それに対して直接的に反応すること，すなわち，刺激反応性，（c）この外
への帰結の内への還帰，すなわち，再生産」。そのあとに，生命がそのうちで自
己を維持する過程として特徴づけられる区分が続く。すなわち，第 82 節では次
のように言われる。「自己を実現する自己意識として，生命は三つからなる過程
である。（a）個体の自己自身の内での形成，（b）その非有機的な自然に対する自

────────

　37）　*Philosophische Encyklopädie 1812-1813.* Nachschrift von Christian Meinel. Ms. 1763.
§ 20. 参照。また，*Hegels »Philosophische Enzyklopädie« in Nürnberg.* Hrsg. von U. Rameil. 20,
30. 参照。

　38）　このことを最初に示したのはウド・ラーマイルである。Aufbau und systematische
Stellung der Ideenlehre in Hegels propädeutischer Logik. In: *Hegels enzyklopädisches System.*
Hrsg. von H.-C. Lucas † u. B. Tuschling. Stuttgart-Bad Cannstatt (erscheint noch) 参照。なお，
この書物は 2003 年に，*Hegels enzyklopädisches System der Philosophie* というタイトルで，
frommann-holzboog 社より出版されている。

568　　　　　　　　　　　　　解　　説

己維持，（c）類の維持」[39]。この後者の区分が，引き続く節（第 83-88 節）で個別に説明される。

　同様に 1817 年の『エンツュクロペディー』では初めに感受性，刺激反応性，再生産が有機的生命の根本諸規定と呼ばれる（第 277 節）。その後，自己を維持する生命過程の三つの契機について一般的な仕方で扱われる（第 279 節）。さらに続いて，その三つの契機の各々が個別に扱われる（第 280-292 節）。

　『論理学』では，これとは異なる区分が見出される。意外なことに，ヘーゲルは『論理学』での区分を『エンツュクロペディー』第 1 版では引き継いでいない。それでも，その区分はこのテーマについてのその時点での目下のかれの彫琢位置を反映している。1808/09 年のエンツュクロペディー課程の第二の区分をかれは『論理学』では，――生きている個体，生命過程，類といういくらか異なったタイトルで――初めに立てている。ここでは第一の契機（生きている個体）の下位区分として，エンツュクロペディー課程の第一の区分（感受性，刺激反応性，再生産）が現れる[40]。『エンツュクロペディー』の第 2 版と第 3 版は，この『論理学』の区分にしたがっている。ただし，――第 1 版ですでにそうだったように――生命の理念はもはや論理学ではなく，自然哲学において扱われている。

3　ハイデルベルクでの『エンツュクロペディー』を取り巻く状況

（A）『エンツュクロペディー』刊行経緯

　ニュルンベルクからハイデルベルク大学へ移ったあと，最初の学期となった 1816/17 年冬学期に，ヘーゲルは「哲学史」の講義とともに，「哲学的諸学問エンツュクロペディー」の講義を行っている[41]。ヘーゲルは，「論理学・形而上学」ではなく，「哲学史」の講義をするようにはっきりと依頼されていた[42]。1816 年 8 月 20 日のカール・ダウプ宛の書簡で，ヘーゲルはこれに応じている。

　39）　*Philosophische Encyklopädie. Für die Oberklasse des Gymnasiums.* 紙片 16 裏頁 - 紙片 17 表頁参照。

　40）　*GW*12, 182-191, 185f. 参照。

　41）　F. Nicolin: „Hegel als Professor in Heidelberg. Aus den Akten der philosophischen Fakultät 1816-18." In: *Hegel-Studien.* 2 (1963), 96; *Briefe von und an Hegel.* Bd. 4. T. 1. 110. 参照。

　42）　*Briefe von und an Hegel.* Bd. 2. 113f. 参照。

第 3 部　文献資料上の解明　　　　　　　　　　　　　　569

　　わたしの講義の主題について，貴殿より次の半期には論理学と自然法は望
ましくないとの説明を受けておりますので，哲学的諸学問エンツュクロペ
ディーと哲学史を講義したいと思います。また，哲学的諸学問エンツュク
ロペディーによって，もっともふさわしい仕方でわたしの講義を始めること
ができると考えております。そう申しますのも，それによって哲学への普遍
的な洞察が与えられるだけでなく，わたしが将来にわたし自身の授業を計画
したいと考えております諸学問の予告がなされるということにもなるからで
す。詳しく申し上げますと，自然哲学，つまりはその全体の一部ということ
になりますが，それについてわたしは講義をするつもりですが，そのあとで
これについての特殊講義は致しません。第 3 の講義となります精神論，つま
り，以前には霊魂論〔＝心理学〕と呼ばれていたものですが，これについて
は聴講生にとっても，わたし自身にとっても，最初に置くには負担が大きい
ということにもなりかねません。エンツュクロペディーには，チュートリア
ル（演習形式の授業）を接続させることが目的にかなっておりましょう[43]。

　したがって，ヘーゲルはニュルンベルクですでにかなり詳細に書き始められて
おり，今や──『論理学』の刊行に続いて──いっそう正確に仕上げられうるエ
ンツュクロペディーのプロジェクトをさらに追求している。かれがこの時点で，
のちの講義『哲学的諸学問エンツュクロペディー』の教科書を世に出すためのか
なり具体的な行動を始めていたということは，ハイデルベルクの出版業者である
アウグスト・オスヴァルトとそれ以前にコンタクトを取っていたことから推測で
きる。どうやら，ヘーゲルはこの男と，計画されている本の原稿料を前払いする
ということもすでに取り決めており，その際に原稿をオスヴァルトに引き渡して
いたらしい。ハインリヒ・エーバーハルト・パウルス宛 1816 年 10 月 13 日付の
書簡で，ヘーゲルは次のように書いている。

　　わたしの家財道具は，家内が同郷のバウアー先生の奥方宛に送りました。
　オスヴァルト氏にもそのことについては書簡を書いておきましたし，ちょっ
　とした原稿を受け取ってもらうそのついでに，荷降ろしやその他の援助につ

---

　43)　　Ebenda 114f.; *Der handschriftliche Nachlaß Georg Wilhelm Friedrich Hegels und die
Hegel-Bestände der Staatsbibliothek zu Berlin Preussischer Kulturbesitz*. T. 1.（E. ツィーシェ筆
記による目録），T. 2. *Die Papiere und Wasserzeichen der Hegel-Manuskripte*.（E. ツィーシェと
D. シュニットガーによる分析的調査）（＝ *Staatsbibliothek zu Berlin Preussischer Kulturbesitz.
Katalog der Handschriftenabteilung*. Hrsg. von T. Brandis. Zweite Reihe: Nachlässe. Bd. 4）.
Wiesbaden, 1995, T. 1, 310 Anhang 44. 参照。

いてお気遣いくださるよう，かれにはお願いしてあります[44]。

　残念ながら，出版社との取り決めの内容を伝えるような執筆契約は残されていない。おそらく，取り決めは口頭だけでなされたのだろう。というのも，ヘーゲルはハイデルベルクへの引っ越しのために出版地に逗留しており，それゆえ，出版社と直接交渉することができたはずだからである。

　ハイデルベルクで，ヘーゲルはその後『哲学的諸学問エンツュクロペディー』の講義を，1817/18 年の冬学期に，講義一覧では予告されない私的な講義として一度（スウェーデンのグスタフ王子のために[45]）行っている。また，その後 1818年夏学期にはこれを公式に予告された講義として実施している。その際の講義は，今や公刊された「エンツュクロペディー」講義の教科書にしたがった説明の口述筆記をともなったものとなっている[46]。

（B）　出版時の状況について

　『ハイデルベルク・エンツュクロペディー』の印刷状況について，1817 年夏学期の講義予告から間接的に推定することができる。ヘーゲルは「まもなく公刊される」「『哲学的諸学問エンツュクロペディー』の手引き」にしたがった「論理学・形而上学」を予告している。したがって，学部に講義予告を提出した時点では，予告された講義ですでに『エンツュクロペディー』が手元にあるはずだと見積もっていたことになる。その時点とは，2 月の終わり頃だとされている。しかし，このとき学期に計画されている「人間学・心理学」講義では，かれのまもなく公刊される講義の教科書を手引とすることはできず，口述筆記による講義しか行えないということもヘーゲルには，はっきり分かっていた[47]。

　おそらくヘーゲルは，「論理学・形而上学」講義には，印刷全紙を学生たちに配布できると考えていた。しかし「人間学・心理学」講義については明らかにそうは考えていなかった。それはこの部分——『エンツュクロペディー』の第 3 部——は，学期の初めに印刷が済んでいるということはまずないという状況だったからである。

　まだ完全には印刷が終わっていない著作の印刷版を学生に配布するというやり

---

44)　*Briefe von und an Hegel.* Bd. 2, 143.

45)　Hegels Notizen zum absoluten Geist. Eingeleitet u. hrsg. von H. Schneider. In; *Hegel-Studien.* 9 (1974), 10ff. 参照。

46)　F. Nicolin, „Hegel als Professor in Heidelberg." 97; *Briefe von und an Hegel.* Bd. 4, T. 1, 111. 参照。

47)　F. Nicolin, „Hegel als Professor in Heidelberg." 96. 参照。また，*Briefe von und an Hegel.* Bd. 4, T. 1, 111. 参照。

第 3 部　文献資料上の解明　　　　　　　　　　　　571

方は，『精神現象学』や『エンツュクロペディー』の第 2 版でも用いられていた
ものである。また，他の著者の著作，たとえばフィヒテの『全知識学の基礎』で
も用いられていた[48]。

（C）　印刷状況について

　印刷状況は，ライプツィヒ見本市目録での『エンツュクロペディー』の予告か
らも明らかにすることができる。その予告は，1817 年のイースター見本市の目
録に，完成した著作として掲載されている[49]。

　イースター見本市は待降節第 3 日曜日である 4 月 27 日に始まり，5 月 17 日ま
で 3 週間にわたって続く[50]。しかしこの時点では，ヘーゲルの著作はまだ公刊さ
れていない[51]。したがって『エンツュクロペディー』は，これから初めて出る本
の一つとして予告されていたはずである。

　ヴァイトマン書店による見本市目録の序言には，書物寄稿の際には対応するカ
テゴリーに注意することが明確に要請されている。すなわち，情報として，寄稿
者などは，その題名の本が完成しているのか，それともこれから出る本なのかを
知らせるよう依頼され，また，寄稿が遅れたタイトルは，次回の目録でなければ
掲載の考慮がされないと通知されている。このためヘーゲルまたは出版社は，レ
ターレ（四旬節第四日曜日＝ 1817 年 3 月 16 日）の前の，3 月 10 日から始まる
週については[52]，見本市目録のための予告の時点として，印刷の時間的な流れを
考慮すると現実的ではないと考えたのだろう。

　ヘーゲルによって 2 月の終わりになされた，1817 年夏学期講義の予告からは，
講義が始まる 4 月 28 日の時点では，教科書がまだできあがっていないと見込ま
れていることが読み取れたのだった。一方で見本市目録の予告からは，ヘーゲル
は自著が遅くともイースター見本市の終わり（5 月 17 日）までには完成すると
予期していたと結論できる。

　48）　*GW*9. 458; *GW*19. 462; J. G. Fichte: *Gesamtausgabe der Bayerischen Akademie der Wissenschaften*. I, 2. Hrsg. von R. Lauth u. H. Jacob unter Mitwirkung von M. Zahn, Stuttgart-Bad Cannstatt, 1965, 182f. 参照。

　49）　*Allgemeines Verzeichniß der Bücher, welche in der Frankfurter und Leipziger Ostermesse des 1817 Jahres entweder ganz neu gedruckt, oder sonst verbessert wieder aufgelegt worden sind, auch inskünftige noch herauskommen sollen*. Weidmannische Buchhandlung, Leibzig, 1817, 83f.

　50）　*Allgemeine deutsche Real-Encyclopädie für die gebildeten Stände*. (Conversations-Lexicon.) In zehn Bänden. Bd 6 (M und N). 5. Original-Ausgabe. Leipzig, 1820. 361.

　51）　*Briefe von und an Hegel*. Bd. 2, 155. 参照。

　52）　*Allgemeines Verzeichniß der Bücher für die Ostermesse 1817*（脚注 49）参照。

572　　　　　　　　　　　　　　解　説

　実際の印刷の流れは，4 月中旬のヘーゲルの書簡から分かる。1817 年 4 月 19
日に，ヘーゲルはフリードリヒ・ニートハンマーにこう書いている。「『エンツュ
クロペディー』はイースター？！までに完成されなければなりません。全紙 6 枚
分が印刷されています。貴君とヤコービ氏には見本を送っています。神はわれわ
れを苦しめてきたものですが，最後にはその成果を，われわれが望み，可能と考
えたほどに完成させないほど悪いものだとは思っていません。28 日には，講義
が始まります」[53]。

　1817 年のイースターは 4 月 6 日である。この印刷終了の期日がいかに非現実
的かを，ヘーゲルは自分でも分かっていた。全紙 6 枚分は明らかに 4 月 10 日ま
でに印刷された。全紙 6 枚は 96 頁であるから，本の第 1 部，「論理学」の 138 節
までが含まれている。論理学の終わりまでにはまだ 30 頁，全紙にして約 2 枚分
が足りない。全体では，『ハイデルベルク・エンツュクロペディー』は序論を除
いて 288 頁ある。

　本の印刷は，講義開始までに，ヘーゲルが（「自分のまもなく公刊される『哲
学的諸学問エンツュクロペディー』の手引にしたがって」）「論理学・形而上学」
講義の聴講生に論理学全体の印刷全紙を配布できるように進められればよかっ
た。「論理学・形而上学」講義が，印刷された教科書から，内容的に些細とは言
えない仕方で逸脱していることは，きっと奇妙に思われるだろう[54]。「人間学・心
理学」講義では，明らかに印刷の経過を現実的に見積もっており，ヘーゲルは予
告通りに口述筆記のみによって講義しようとした。このため，印刷全紙を配布す
る必要はなかった。しかし，後の講義では，ヘーゲルが製本され，かれ自身によ
るメモがなされた『エンツュクロペディー』第 3 部の見本を使ったということが
分かっている。

　出版された『エンツュクロペディー』の署名には，「1817 年 5 月，ハイデルベ
ルクにて」とある。したがって印刷は 5 月中には完了したということになる。

　1817 年 4 月 19 日付カール・フリードリヒ・フロムマン宛のヘーゲル書簡は，
5 月 31 日付追伸をともなっているが，これがより詳しい情報を与えている。そ
こには以下のように書かれている。「わたしの講義のための哲学的諸学問エンツュ
クロペディーの出版をオスヴァルト氏にお願いしていて，その本がちょうど最近
になって完成し，そのオスヴァルト氏がわたしにあなた宛の 150 フローリンの

---

　53)　*Briefe von und an Hegel.* Bd. 2, 152.

　54)　*G. W. F. Hegel: Vorlesungen. Ausgewählte Nachschriften und Manuskripte.* Bd. 11:
Vorlesungen über Logik und Metaphysik. Heidelberg 1817. Mitgeschrieben von F. A. Good. Hrsg.
von K. Gloy unter Mitarbeit von M. Bachmann, R. Heckmann u. R. Lambrecht, Hamburg, 1992.
XLff. 参照。

第 3 部　文献資料上の解明　　　　　573

　領収書を見せてくれましたよ」[55]。ヘーゲルが出版社と,『エンツュクロペディー』
の謝礼の一部をフロマンに送ることで合意していたのは明らかである。かれは
私生児であるルートヴィヒ・ゲルトの養育費の支払い義務をフロマンに対して
負っていたのである。この支払い額から報酬額を逆算することは,残念ながらで
きない。それでも,印刷の状況については,この書簡は決定的なヒントを与え
てくれる。すなわち,6 月の初めには『エンツュクロペディー』の公刊は目前に
迫っていたことである。

　1817 年 6 月 23 日,ズルピッツ・ボアスレはゲーテ宛の書簡に次のように書い
ている。「ついこのあいだ出版されたヘーゲルの『哲学的諸学問エンツュクロペ
ディー』からの同封する頁は,あなたが知っておくのに十分値するものです」[56]。
したがって,『エンツュクロペディー』は 6 月の初めから 6 月 23 日までの間に出
版された。

　印刷版テキストへのヘーゲルの訂正（HK）が書かれた時期について正確に述
べることは不可能である。考慮すべきなのは,書き込みが異なる性格をもつとい
うことだ。それゆえ,訂正書き込みの一部（A）はアカデミー版の批判的校訂注
に統合され,他の訂正書き込み一部（B）はそこから分けてアカデミー版テキス
トの脚注として再現された。いくつかの箇所では,綴じ込まれた白紙頁へのメモ
に対する直接の関係を再現することができた。書き込みの性格の違いから,それ
らを異なった執筆時期へと区分することが考えられるかもしれない。前者（A）
は,『エンツュクロペディー』の直後に出された,現在は散逸している正誤表の
補遺である可能性があり,後者（B）は綴じ込まれた白紙頁へのメモの執筆に
あたって,別の時期に書かれた訂正である可能性がある。ある箇所については,
ヘーゲルの校訂は『エンツュクロペディー』第 2 版のための準備として読まれる
べきだということが分かっている。ただし,そこからは執筆時期推定のためのい
かなる根拠も得られない。

---

55)　*Briefe von und an Hegel.* Bd. 2, 155.
56)　*Hegel in Berichten seiner Zeit genossen.* Hrsg. von G. Nicolin, Hamburg, 1970, 145.

Ⅱ　補遺について

1　『エンツュクロペディー』「Ⅲ 精神哲学について」の自筆メモについて

　1817 年の『エンツュクロペディー』については，ヘーゲルが『エンツュクロペディー』をもとに行った講義筆記録が残されている。それに加え，ヘーゲル私家本が存在し，ヘーゲルによる自筆メモが書き込まれた。ヘーゲルは，授業で使うために，メモ用頁が綴じ込まれた特別な『エンツュクロペディー』を製本させている。書き込みは，このメモ用頁になされている。メモ用頁は，第 3 部の精神哲学関連のもののみが現存している[57]。これらの書き込みは，『エンツュクロペディー』の内容理解のためのみならず，ハイデルベルクおよびベルリンにおけるヘーゲルの授業の様子を知るためにも，貴重な資料となっている。以下ではこの書き込みについて，分かっていることを整理して提示する。

　これらの書き込みの多くは，ヘーゲルによる講義進捗状況メモで巻末表 4（本書 617 頁）のように日付の書き込みである。日付の書き込みからは，ヘーゲルの授業の様子を知ることができる。関連する講義には，エンツュクロペディー全体についての講義の他，「人間学・心理学」講義がある。メモが第 3 部の精神哲学に関するものしか現存していないため，これら以外の講義については，この資料から詳細を知ることはできない。日付の書き込みから得られる，エンツュクロペ

---

　57)　現存する書き込み用頁は全部で 86 頁あるが，その一部は空白のままとなっている。また，ごく一部の例外を除いて，本文が印刷された頁には，書き込みはなされていない。書き込みは，『エンツュクロペディー』が出版された 1817 年夏学期の授業時に初めてなされている。その後，1818/19 年冬学期までの三つの学期に渡って，書き込みが繰り返される。このうち，1817/18 年冬学期の講義は，当時スウェーデンの王子であったグスタフ（のちのヴァーサ公グスタフ）のために行われたプライベートなものであった。その後，1827 年 7 月の第 2 版の出版まで，量は減ってゆくものの，断続的に書き込みがなされている。

第 3 部　文献資料上の解明　　　　　　　　　　　　　575

ディーおよび人間学・心理学の各講義の状況は，アカデミー版の編集者によって
表にまとめられている。これを訳出したのが表 4 である[58]。日付以外の，内容に
関わるメモについては，年代を正確に確定するのが困難な状況である。たとえば，
ある頁になされたメモの中で，文字の大きさなどから相対的な前後関係を推定す
ることはできる。原則として，文字が大きいものほど先に書かれ，小さいものほ
ど，後から，残った間隙に書かれている，などの一定の法則があるからである。
しかし，このような方法では，何年に書かれたかという情報までを確定させるこ
とはできない。このため，ある程度期間に幅をもたせたクロノロジーで満足せざ
るをえないのが実情である。

　これについても，アカデミー版の編集者は表に整理している（*GW*13, 680ff.）。
この表は少々複雑だが，見方が分かれば，理解できないものではない。まず，頁
ごとに，メモをいくつかの「層」に分け，それらの層の間の相対的な年代順を推
定する。それらの層には，I から VII までの番号が振られる。これがアカデミー
版上部の表である。この時，ある頁の層 I と，別の頁の層 I が同じ年代の書き込
みであるとは限らないことに注意しなければならない。あくまでも，層の番号は，
その頁内でのメモを相互に区別するためのものである。さらに，ヘーゲルが行っ
た講義について分かっていることや，日付の書き込みなどから，書き込みの時期
を推定する。これが，アカデミー版下部の表であり，本解説では表 5（本書
頁以降）に編集した。これと，実際の書き込みを照合することで，おおよその年
代を知って内容と照らし合わせることができるようになる。この私家本『ハイデ
ルベルク・エンツュクロペディー』のメモは，講義録研究を補完するものとして
位置づけられるであろう。

　そこで，このメモと講義録の関係を整理しておきたい。イェシュケの『ヘーゲ
ル・ハンドブック』ならびに，池松辰男氏の論文によれば，精神哲学に関する講
義録は，1822 年夏学期講義録（ホトー筆記），1825 年夏学期講義録（グリースハ
イム筆記），それに，1827/28 年冬学期講義録（エルトマン／シュトルツェンベル
ク筆記）の三つである[59]。イェシュケも指摘するように，この資料の状況は，満
足いくものとは言い難い。『ハイデルベルク・エンツュクロペディー』へのメモ
からは，1810 年代後半および 20 年代前半のヘーゲルの思索の変化を知ることが

　58）　日付の書き込みの間隔はまちまちではあるが，おおよその講義の様子を知ることが
できるだろう。ただし，1 週間に 40 節以上も講義が進んだというのは考えにくいため，該当
する 1818 年夏学期講義などでは，ヘーゲルは途中の節を省略しながら講義したのではないか
と，アカデミー版の編集者は推測している。
　59）　Vgl. W. Jaeschke, *Hegel-Handbuch. Leben-Werk-Wirkung*. J. B. Metzler, 2010; 池松辰
男「精神哲学講義」，寄川条路編『ヘーゲル講義録研究』第 4 章，法政大学出版局，2016 年。

576 解　説

できる。また，1822 年や 25 年の筆記録については，メモとの整合性を確かめることから，ヘーゲルの思索の実態にアプローチすることも可能となりそうである。
　ここではイェシュケの研究について，少し詳しく見ておこう。エンツュクロペディーの体系では，魂，意識，精神の三段階がそれぞれ，人間学，精神現象学，心理学に対応する。イェシュケは，ここで魂と心理学が対応しないという用語法のいびつさを指摘している。イェシュケの丁寧な報告によれば，イェーナ期にはラテン語の「心の哲学（philosophia mentis）」をドイツ語に翻訳する際に，「霊魂論（Seelenlehre）」と「精神哲学（Philosophie des Gesites）」という二種類の訳語が当てられていた。また，エンツュクロペディーで，精神論に「気息論（Pneumatologie）」の訳語が一旦は検討されたが，これが 18 世紀的な「気息論」を連想させるがゆえに避けられた[60]。このように，特定の概念間の関係に注目するアプローチにおいては，特にこうした資料の価値が高くなると言えるだろう。

2　『エンツュクロペディー』Ⅲ についてのメモ詳説

（A）伝 承 資 料
a）伝承者についての記録
保存状況

　O_1*：ベルリン・プロイセン文化財国立図書館，Libr. Impr. C. not. Ms. Oct. 127. (acc 1889. 259.)。王立図書館によってまだ残されていたヘーゲルの遺産を引き受けるにあたり，1901 年から 1904 年までの間に新たな順序で一連の刊本が原稿との連関から取り出され，「Libri impressi cum notis manuscriptis」という分類群に入れられた。
製本および修復の状況

　O_1*には，白い筆記用紙によるメモ用綴じ込み紙とともに製本された，ベーラム〔羊皮紙風の紙〕上に印刷された O_1*の，全紙で 14 枚目から 18 枚目の冊子が関係している。14 枚目の全紙の第 1 頁（209 頁）は，裏側の余白の右側に，ヘーゲルによって，製本業者への指示がインクで書かれている。「間に挟む〔書かれた部分の上の白い〕紙〔そして行の終わりの下のカバー〕とともに製本せよ。／今週中」。指示にはこれ以上は希望する製本形式について述べられてはいない。
　冊子には八つ折り判（22.3 × 14.5cm）で半分の表紙が使われており，表紙にはオリーブ色の，大理石模様の紙が被せられている。背面は裏に赤い革のプレー

60）　Vgl. W. Jaeschke, *a. a. O.*. 347ff.

トがつけられていて，金色の刻印で2行にわたって Libr. C. not. Ms. Oct. 127. と書かれている。この冊子はもはやオリジナル版ではない。ベルリン国立図書館2号館修復部の情報によると，1920年代に由来するものである[61]。

修復にあたっては，いくつかの場所に，強化のために足（製本を強化するための細工）が貼り付けられ，それが一部では手書きのテキストを覆ってしまっている。中の頁の上部の紙の破損が，223頁から240頁までの印刷面と綴じ込み紙に及んでいるのだが，それらの頁のいくつかの場所では紙テープが裏から貼られており，手書きのテキストが隠れていない。

2番目の原本の見返しの紙には，東洋学者であり王立図書館の司書であったルートヴィヒ・シュテルンによって，黒のインクで Libr. Impr. C. not. Ms. Oct. 127 の記号と，取得符号（acc. 1889. 259.）が記載されている。

第18全紙の最後の紙は，印刷面の287頁と288頁を欠いている。細いテープに至るまでの部分（おそらくは残っている全紙の最初の紙と273頁および274頁との縫合が外れないようにするためのものである）は，修復前の時点で何度かすでに切り取られていた可能性が高い。欠けている頁の前後の綴じ込み紙については，その頁の端の印刷を読み取ることはできず，その頁がいつ切り離されたのかを特定することはできない。また，なぜそれが起こったのか，それが切り離された時点でひょっとして破損していたのかどうか，ということも分からない。この頁への署名のあとは発見されていない。

メモ用綴じ込み頁について

メモ用綴じ込み紙のところには，ひとまとまりの印刷全紙にそのつど筆記用紙のまとまり（個々の両面紙片）がつけられており，内側スペースの中には1枚の紙片が中に張り付けられている。例外は第16全紙であり，そこでは印刷全紙の最初のまとまりに筆記用紙がつけられていない。このような仕方で，第14全紙と第15全紙の間，また，第17全紙と第18全紙の間にはそれぞれ2枚の綴じ込みメモ用紙片がある。指示が煩雑になるのを避けるため，アカデミー版でも印刷

---

61) 残念ながら現在ではもはや見ることができないが，もともとはその全紙は分割されて，3冊に綴じられていた。修復と新たな製本によって，古い縫合と糊づけは失われてしまった。全紙は新たに三つの帯で綴じられ，まとまりを布で補強され，表紙をつけて製本されている。表と裏の見返しには少し古い手漉きの強度のあるざら紙〔一方の頁にはプロテスタントの高位聖職である監督の透かしが，他方にはイニシャルの H で覆われた錨の透かしが入っている〕が使われている。その紙はもともと青く染められていたが，今では茶色く色あせており，装丁の革の部分も変色したのだということがここから分かる。表の飾り見返し〔表表紙の裏の頁〕の中の左上に貼られているのは，赤い革でできた，破損したオリジナル版の背面のラベルであり，上下には金のスタンプで装飾がなされており，金の型押しで2行にわたって「Enzyklop. III. Th.」とタイトルが印字されている。

578 解　説

された頁の次のメモ用綴じ込み頁の書き込み，つまり，綴じ込み頁のうち印刷された頁と向かい合う頁には，印刷された頁の頁番号に星印を付した符号をつけている。したがって奇数頁に対する綴じ込み頁は左，偶数頁に対するそれは右と，対応する印刷頁の反対側に置かれている[62]。

　　ヘーゲルは綴じ込まれた 86 の頁のすべてに書き込みをしているわけではなく，頁ないし紙片が白紙のままになっている場合もある[63]。

　　総合すると，綴じ込まれた 86 の頁の内，78 頁に書き込みがあるということになる。

　書き込みの状況

　　ヘーゲルは，印刷頁に書き込みをすることを厳に避けており，場合によっては白紙頁のごく短いテキストだけで済ませている。二つの（或る意味での）例外の箇所では，この規則が破られている。235 頁にある第 364 節の 2 行目の右の余白に，縦の線で印がつけられていて，自らのテキストへの注解が別の頁に，もっと正確に付されている。また，273 頁には，頁の右の余白，第 438 節の結論の隣に，ほぼ確実にヘーゲルの筆跡であるが，確実には判別できない鉛筆での書き込みで，「Constitution mein Heft（憲法　わたしのノート）」とある。ヘーゲルはごく少数の箇所で，印刷されたテキストへの訂正と補足を綴じ込まれた頁にも書き込んでいる[64]。

　　各メモ用綴じ込み頁へのヘーゲルの書き込みには量的に相当にばらつきがあり，キーワードの書き込みから，箇条書き，分節化の図式，簡潔な文の断片ないし文の部分，短い解説にまでわたっている。書き込みはおもに黒のインクでなされているが，いくつかの箇所では茶色の薄いインクで，また，2，3 の箇所では

　　62）　したがって，私家版のその巻は，以下のものを含んでいる。①二つの新たな，修復の際に差し込まれた見返しの紙。②オリジナル版の見返しの紙。③ O_1 の 5 全紙（14 から 18）。ただし，第 18 全紙の最後の紙，つまり，第 39 枚目，O_1 の 209 頁から 286 頁を除く。④ 43 枚の間紙。ただし，第 14，15，17，18 全紙の 9 枚と，第 16 全紙の 7 枚が欠けている。

　　63）　①第 6 の綴じ込み頁の表と裏。つまり，218★と 219★。②9 枚目の裏と 10 枚目の表。つまり，第 14 全紙と第 15 全紙の間の 2 枚の紙の背面の頁。③18 枚目の表，つまり 240★。④34 枚目の裏と 35 枚目の表，すなわち，第 17 全紙と第 18 全紙の間の背面の頁。⑤43 枚目の裏，すなわち，綴じ込まれた頁の最後で，相対する印刷テキストを欠くもの。

　　64）　223★頁には，第 329 節のテキストの修正が，印刷されたテキストへの参照指示なしに書き込まれている。226★頁には，再び削除され，印刷頁の 226 頁の左の余白に変更を加えて再掲された，第 335 節注解テキストへの訂正がある。234★頁では第 358 節の注解テキストへの修正が削除され，対応する印刷頁に再掲されている。246★頁には第 378 節のテキストへの補足が書きこまれている。249★頁には第 385 節中の本文の差し替えが書かれている。同様に 253★頁には第 391 節のテキストの差し替えがある。また，262★頁には，第 409 節のテキストについての構文に関する解説が含まれている。

第 3 部　文献資料上の解明　　　　　　　　　　　　579

灰色がかった黒色で書かれている。ごくわずかな数の書き込みについては，ヘーゲルは鉛筆で行っている。

　いくつかの綴じ込み頁や印刷頁では，鉛筆での書き込みや強調がなされているが，これはおそらくすべて他人の筆運びである[65]。

b）メモの編集史

グロックナー版まで

　故人の友人の会によって編まれたヘーゲル著作集の版では，1817 年のエンツュクロペディーは無視されていた。ヘルマン・グロックナーが 1927 年に初めて初版のファクシミリ版を出版した。

ホフマイスター版

　哲学文庫シリーズにおける新たな批判的ヘーゲル全集のために，ヨハネス・ホフマイスターは，『ハイデルベルク期の諸文書　1816-1818』という巻の編集を企画し，そこに『ハイデルベルク・エンツュクロペディー』と，手書きの追記を再録することを考えていた。これに対応する出版社の予告が，以下のように 1956 年のホフマイスター版『ベルリン期の諸文書』に見出される。

> 　内容：哲学的諸学問のエンツュクロペディー（1817）。精神哲学へのヘーゲルによる手書き追記を含む。ハイデルベルク年報所収の諸論文。ヴュルテンベルク領邦等族交渉録。ヤコービの著作について。ハイデルベルクの学部文書と評議会議事録。

> 　この巻には目玉として，1817 年の『エンツュクロペディー』の初版が含まれる。この，集約的体系の最初の要綱をヘーゲルは「講義での使用のため」に公刊したのだが，これは H. グロックナーの手によってすでに再び入手可能になってはいた。しかし，かれの版は写真による翻刻版であり，誤植やその他の異常のある箇所を多く引き継いでいた。

> 　アカデミー版の特別な価値が，ヘーゲル自身の手による精神哲学への追記を掲載していることである。これは，これまで知られていなかったものである。その判読は非常に骨の折れるものであり，イェーナ期その他の原稿についての訓練を積んだ編集者ホフマイスターのような，ヘーゲルの筆運びと哲学を深く知る者だけに可能な仕事である。この 10 年以上にわたる補足と

　65）　① 221 ★頁，222 ★頁，223 ★頁，224 ★頁「済」という印。② 262 ★頁，263 ★頁，272 ★頁，274 ★頁，各一つの十字マーク，282 ★頁，二つの十字マーク。③ 254 ★頁，274 ★頁，276 ★頁，短い横線。④ 261 ★頁，この巻の利用者による茶色いインクのしみが残っている。

580 解 説

　書き込みは，1827/30 年のエンツュクロペディーの生成についてのほとんど唯一の本物の証言である。さらには，それらの書き込みはこの期間のヘーゲルの精神哲学講義の原稿とみなされうるものだが，この講義はまもなくNKHA〔新批判版〕の第 11 巻として初めて一連のものとして編集される[66]。

　この予告にもかかわらず，ここで予告された巻が実際に出版されることはなく，手書き追記の出版はホフマイスターによってはもはや実現されなかった。

　イルティング版

　1973 年に，カール＝ハインツ・イルティングは，法哲学講義の全資料の公刊を開始した。この「全資料」は未完に終わったが，当時入手可能であったヘーゲルの法哲学講義の全資料を公刊する予定であった。この第 1 巻として，精神哲学第 2 部への書き込みをエンツュクロペディーの節と対照させて印刷したものが公刊されており，これに，メモ用綴じ込み頁を含む冊子への書き込みをもとに編集したメモが含まれている[67]。この編集では，（原典批判的な指示という形式で）もっとも古い，1817/18 年冬学期のエンツュクロペディー講義に分類される書き込みの層が，1818 年夏あるいは 1818/19 年冬学期の書き込みと区別されている。ただし，1818 年夏と 1818/19 年冬の書き込みは区別されていない。さらには，（やや年代学的に，タイポグラフィーを用いて）「記録からテキストへの付加的な補足にまで至る諸追記」が互いに区別されている[68]。この区別は，字体やインクの色の観察に関する考慮に基づいており[69]，1817/18 年冬の書き込みへの帰属は，特定の字体を証拠としてなされている[70]。

　このテキスト層の違いを付け加えたことによって，この版はその後の編集の指針を示すものとなっている。しかし，この版で編集されたテキストの形態については考慮の外に置かれなければならない。というのも，残念ながらテキストの復元に関して重大な欠陥が見られるからである。

　シュナイダーおよびニコリンの版

　アカデミー版『ヘーゲル全集』テキストの修復には，ホフマイスターの下準備

---

　66)　*G. W. F. Hegel: Sämtliche Werke.* Neue Kritische Ausgabe. Hrsg. von J. Hoffmeister, Bd. 11: Berliner Schriften（左の表紙による）．*G. W. F. Hegel: Berliner Schriften 1818-1831*（右の表紙による），Hrsg. von J. Hoffmeister, Hamburg, 1956 参照。

　67)　*G. W. F. Hegel: Vorlesungen über Rechtsphilosophie 1818-1831. Edition und Kommentar in sechs Bänden* von K.-H. Ilting, Stuttgart-Bad Cannstatt, 1973-74, 4 Bde., Bd. 1, 136-213. 参照。

　68)　前掲書，Bd. 1, 134.

　69)　同上。

　70)　前掲書，Bd. 1, 135.

第 3 部　文献資料上の解明　　581

を利用しつつ，ヘルムート・シュナイダーによって 1974 年に公刊された絶対的
精神についての書き込みの先行版と，1975 年にフリートヘルム・ニコリンとヘ
ルムート・シュナイダーによって出版された主観的精神への書き込みの先行する
版とが用いられた[71]。

c）メモのテキストの形態と復元について

以下の場合には，本書でもメモのまとまりの始まる箇所に節番号を指示するこ
とで，『エンツュクロペディー』のどの節へのメモに分類されるかを示した[72]。

① 　ヘーゲルがメモのテキストの中で直接的な割り振りをしている場合
② 　メモの節に対する分類が明確である場合
③ 　関連性が内容的に確実であるか，十分確からしい場合
④ 　振り分けが別の仕方，たとえば印刷されたテキストのキーワードが
　　目立たされているなどの仕方で示されている場合

一定の節に限定するような仕方での分類や，あるいは大まかな分類のみが可能
であるような場合には，一連の節番号がまとめて示されている。書き込みのテキ
ストを印刷されたテキストに結び付けるいかなる手掛かりもない場合には，分類
はなされていない[73]。

（B）メモ成立史

a）書き込みの期間

書簡の証拠資料にしたがって『エンツュクロペディー』が 1817 年の 6 月頃に
印刷され公刊されたということから説き起こそう[74]。ヘーゲルが『エンツュクロ
ペディー』の第 3 部のメモ用綴じ込み頁つき冊子を講義ノートとして完成させ，
それを使用することができた期間は，学期終了までのおよそ 3 週間に限定される。
確かに，かれが『エンツュクロペディー』の最終的に店頭に並ぶ前に個別の全紙
や契約によって決められた献本を得ており，かろうじて学期の前半のうちに O_1 ★

71）　„Hegels Notizen zum absoluten Geist.“ Eingeleitet u. hrsg. von H. Schneider. In: *Hegel-Studien*. 9, 1974, 9-38.; „Hegels Vorlesungsnotizen zum subjektiven Geist.“ Eingeleitet u. hrsg. von F. Nicolin u. H. Schneider, In: *Hegel-Studien*. 10, 1975, 11-77.

72）　アカデミー版では欄外注として表示されている。

73）　書き込みのアカデミー版に，対応する綴じ込み頁のファクシミリ版（原寸大）を対照して添付している。綴じ込み頁のテキストの編集された再現版が印刷の 1 頁を超える場合には，綴じ込み頁のファクシミリ版では編集されたテキストの進行に対応して，進行するテキストの始め（│→）とテキストの終わり（→│）の印の欄外注によって再現している。

74）　*Briefe von und an Hegel*. Bd. 2, 155 参照。

582   解　説

を講義の基礎として取り替えて用いていたという可能性はある。しかし，ヘーゲルが7月初めになって初めてその冊子を入手できた可能性もある。

　どの時点でかれがその冊子を使用できたかは，日付の記入された第338節への書き込みによって解明される。それは以下のものである。「1817年7月10日から，1時間当たり2と2分の1節を作成」。この表現からは，この書き込みがここに書かれた日になされたのではなく，この日を見据えてなされたということ，すなわち，7月10日の少し前にはその素材を学期の残りの期間のために自由に使えると考えていたことが分かる。また，なお計画されたままになっている講義の時間数で，まだ説明していない節の数を除する計算をしていたということも推測できる。それゆえ，この書き込みからは，ヘーゲルがこの日までに（導入の節も考慮すれば）38節を講述し終えており，それに対応してまだ62節が残っていたということが算出できる。

　ヘーゲルは講義予告では，「人間学・心理学を口述筆記によって毎週5時間，5-6時から」[75]講義する予定だとしていた。これに基づいて計算すると，かれは53時間で38節しか扱っておらず，今やたった5週間で（すなわち，25時間で）まだ残っている教材を片づけなければならなかった，ということになってしまう。いずれの想定もあまり信憑性がない。むしろ，ヘーゲルは「人間学・心理学」の講義で，並行してなされていた「論理学・形而上学」の講義と同様のやり方をしていたと考えるべきだろう。すなわち，かれは毎週，実際には講義予告とは異なる時間数の講義を，許可を得て行っていたのである。後者の，1時間のチュートリアル（演習形式の授業）を伴う6ないし5時間の講義として予告された講義については，ヘーゲルは学期の最初の週には4時間，その後は5時間の講義を行い，学期の終わりに際して初めて，題材を終わらせるために6時間の講義を余儀なくされたということが伝えられている[76]。これと同様にヘーゲルは人間学・心理学の講義では，学期の大部分の期間には4時間または3時間の講義を行ったのかもしれない（ひょっとするとかれは週に1時間をチュートリアルにあてたかもしれない）。そうすると，上で行った計算とはいくらか違った結果になるということになる。「論理学・形而上学」講義をヘーゲルは4月30日に始めて，9月17日に終えている[77]。およそ同様の期間が人間学・心理学の講義にも充てられたはずである。したがって，夏学期の講義期間としておよそ20週が使用できたことになる。7月10日は第11週の木曜日にあたる。したがってヘーゲルが半期のバランスのようなものをゆがめていたこともありうるだろう。そのバランスからか

　75）　*Briefe von und an Hegel.* Bd. 4, T. 1, 111; *V* Bd. 11, XXIV. 参照。
　76）　前掲書 XXVf. 参照。
　77）　同上。

第 3 部　文献資料上の解明　　　　　　　　583

れは，題材を最後まで扱うのならば，学期の終わりまで個々の節を扱うペースを速めなければならないと認めていた。かれは学期の前半に 38 節を講義し，今や残り 62 節に 25 時間を充てた。したがって，かれはおそらくは週に 3 時間の講義をしようとしていたが，かれが実際にもそうしたのかどうかは証明できない。

もっとも，7 月 10 日の書き込みの誘因は学期の前半後半のバランス（だけ）ではなく，同時に新たな講義の基礎への変更計画が，教材の使用について考えるようにヘーゲルを促したのだとも考えられる。というのも，なんといっても，ヘーゲルが『エンツュクロペディー』第 3 部のメモ用綴じ込み頁つきの冊子を，ようやく印刷業者から受け取ったのは，書き込まれた日付の数日前だったということもありうるからである。

ヘーゲルが O_1★を講義の際に確かに詳細までは分からないような仕方で用いてはいるが，それに基づいて講義したわけではない，ということも十分ありうることである。この想定には二つの証拠さえも提出されうる[78]。間接的な手掛かりとなるような，この講義についての講義ノートのようなものは，これまでのところ発見されていない。また，直接的な手掛かりである，ヘーゲル自身の言葉のようなものも同様に現存していない。さらには，第 338 節から第 339 節への書き込みからは，内容の点でも筆運びの点でも，この学期に起源があるということの信憑性が高まることはない。

これらのことから，以下のように推測できよう。日付のある最初の書き込みは，O_1★全体の最古の書き込みに関わっている。また，印刷されたテキストへの訂正はそれとともにもっとも初期の書き込みに属している。場合によっては，これらは 1817 年の夏に由来するのかもしれない。

1817 年夏学期に続く三つの学期では，ヘーゲルはそのつどエンツュクロペディー全体を講義した。その三つの学期とは，1817/18 年冬学期，1818 年夏学期，そしてかれのベルリンでの最初の学期である 1818/19 年冬学期である。

この一連の講義で，〔グスタフ王子のための私的な講義であったという〕特殊

---

78)　一つは，1817 年夏学期には，ヘーゲルがそのあとに O_1★にしたがって行った講義では毎学期していたような，講義終了の日付を記した書き込みがないということである。しかしながら，ヘーゲルがこの学期には終了の日付を書き残すのを怠った可能性や，あるいはかれが綴じ込まれた白紙頁を含む冊子でのこの習慣をのちの学期になってから始めた可能性は排除できない。もう一つの証拠としては，「論理学・形而上学」講義の現存する筆記録の一つから，ヘーゲルがこの「論理学・形而上学」講義を，計画とは異なって口述筆記によって行ったということが容易に推測される，ということが挙げられる（前掲書 Bd. 11, XXVI-XXXII. 参照）。また，そうでなくても「人間学・心理学」講義については，このことは予告されていたのである。O_1★に講義終了の日付が書かれていないことを説明するために，ヘーゲルはひょっとすると口述筆記の際に用い，現在では散逸してしまった原稿にそれを書き込んだのかもしれない，という想定も可能である。

584　　　　　　　　　　　　　解　　説

な問題が，1817/18 年冬学期講義に現れている。その講義は公式には予告されて
も確認されてもおらず，これについての証言は，1817 年 12 月 11 日のニートハ
ンマー宛の書簡で初めて現れる。そこでヘーゲルはその講義について，「この冬
には三つの講義をしていて，それにほとんどの時間を取られてしまった」と述べ
ている[79]。この申告と一致するのが，$O_1^{\star}$ における以下の日付の書き込みである。
それは，「グスタフ王子」の名前と結びついたもので，1818 年 2 月 8 日および 16
日，また，3 月 6 日および 10 日のものである。これらの書き込みの最初のもの
〔2 月 8 日〕は第 333 節に対して見出され，最後のものは，「グスタフ王子ととも
に，1818 年 3 月 10 日に終了」と告げている。

　この講義について，以下のように想定することが許されるであろう[80]。ヘーゲ
ルは冬学期にはグスタフ王子（スウェーデン王子，1829 年よりヴァーサ公グス
タフ[81]）のための私的な講義を行っていた。このため確かにこの学期の主題の範
囲がどのようなものであったかを示すものはどこにもない。しかし日付の書き込
みからすると，学期の最後の 6 週あるいは 7 週間が精神哲学に費やされたという
ことが推定できる。また，ここから，それ以前の 12 週で，他の二つの体系の部
分を扱うには十分であったということも推定されうる[82]。

　1820 年，1822 年，1825 年の夏学期講義では，ヘーゲルは「教科書にしたがっ
た〔…〕人間学・心理学」の講義を行っている[83]。これらの講義でも $O_1^{\star}$ が一つ
の（ただし唯一のではない）基礎となっていたということは，三つすべての学期
の日付の書き込みが示す通りである。

　1827 年 7 月初めの『エンツュクロペディー』第 2 版の出版の前[84]にあたる

---

79)　*Briefe von und an Hegel.* Bd. 2, 169.

80)　H. Schneider in: *Hegel-Studien.* 9 (1974), 12f. 参照。

81)　グスタフの伝記事項については，前掲書 14f, ならびに Constant von Wurzbach, *Biographisches Lexikon des Kaisethums Oesterreich, enthaltend die Lebensskizzen der denkwürdigen Personen, welche seit 1750 in den österreichischen Kronländern geboren wurden oder darin gelebt und gewirkt haben. Dreiundfünfzigster Theil.* Wallnöfer – Wergelsperg. Wien, 1886, 125ff.

82)　週あたりの講義時間数や曜日ごとのその割り振りについては，まったく推測できな
いか，ごくわずかな根拠からの推測をすることしかできない。書き込まれた日付の曜日を考
えてみたい。2 月 16 日は月曜日，3 月 6 日は金曜日，3 月 10 日は火曜日，2 月 8 日はなんと
日曜日である。これらの日付が間違いなく記入されているならば，ヘーゲルはおそらくこの
私的な講義で，講義の日付の割当についてはある程度譲歩して，聴講生である王子の要望に
合わせざるをえなかったことになる。その後の二つの学期の経過における，講義の終了時の
同様の日付の書き込みは，ヘーゲルが綴じ込まれた頁を含む冊子を講義のために用いていた
ということを裏づけている。

83)　*Briefe von und an Hegel.* Bd. 4, T. 1, 119-122.

84)　Editorischer Bericht in: *GW* 19. 462. 参照。

第 3 部　文献資料上の解明　　　　　　　585

1826/27 年冬学期には，ヘーゲルは「教科書にしたがった」エンツュクロペディー
についての最後の講義をしている[85]。かれはこの講義で，教科書の第 2 版をある
程度紹介できるという希望をもって講義の予告をしていたはずである[86]。かれが
このときの講義の準備にあたって，そもそもまだ第 1 版の，メモ用綴じ込み頁を
含む冊子を用いていたのかどうかは，講義筆記録やその他の報告がないためよく
分かっていない。もしヘーゲルが，伝えられている通り，かれに送られた『エン
ツュクロペディー』の見本をすぐに比較的少数の門下生のサークルで公表してい
たのならば，古い講義の基礎資料をまだ引っ張り出していたとは考えにくい[87]。

b）日付書き込みと題材の扱いの概観

O_1 ★日付書き込みは主として，講義で題材の一区切りを終わらせた時点を記
録するために書き込まれた。それゆえ，さしあたってすべてのエンツュクロペ
ディー講義の終了の日付と，1817 年夏学期を例外として，1825 年夏学期までの
「人間学・心理学」講義の終了の日付が書かれている。「人間学・心理学」講義か
らは，ヘーゲルが「A. 魂」の節を終わらせ，したがって「B. 自己意識」へと移
ることができた日付が，規則的に確定できる。この書き込みや，その他の書き込
み，それらはそれほど体系的になされているわけではない。だが，それらの書き
込みから，ヘーゲルがそのつどの学期進行の中で題材をどう扱ったかについての
以下の見通しを得ることができる。これについては，表 4（本書 617 頁以降）も
参照されたい。

エンツュクロペディー講義については，日付書き込みからは当然ながらあまり
得られるものがない。というのも，精神哲学に先行する論理学と自然哲学の部分
についての証拠が欠けているからである。それらの部分について，日付の平均値
を算出することはできるが，ヘーゲルは，均一的な講義をしてはいないだろう。
いかにしてかれが非常に広範にわたる題材を 1 学期という時間枠の中に詰め込
むことができたのかも，よく分からない[88]。

まったく同様に，いかにしてヘーゲルがエンツュクロペディー講義を〔1817/18

85）　*Briefe von und an Hegel*. Bd. 4, T. 1, 123.

86）　Editorischer Bericht in: *GW*19. 462. 参照。

87）　確かに O_1★には講義の終了した日付が書かれているが，ヘーゲルはこのときには以
前の資料には日付の記録を最小限の形で書くだけで十分だと考えていた。ヘーゲルはすでに
冬学期の開始以前から，また，冬学期全体を通じて，長きにわたって，第 2 版の出版のため
に『エンツュクロペディー』の改訂にあたっていたのである。したがって，かれが講義準備
にあたって O_1★になお新たな書き込みを加えたとは考えられない。

88）　たとえば，かれは 1 週間あたり 55 節分を取り扱ったのだということになるのだか
ら，割愛や要約をせずにはやりおおせることができなかった箇所もあるはずである。しかし，
その割愛や要約が何についてなされたのか，ということについても，手掛かりが欠けている。

586 解　説

年冬学期にグスタフ王子のために行われた〕私的な講義の要求に合わせて調整したのかということについても手掛かりがほとんどない。もっとも，1817/18 年冬学期には学期の開始日の記録はないにせよ，それが大学講義が公式に始まる日（1817 年 10 月 21 日[89]）に近い日だと見積もることはできる。他の学期と比較すれば，ヘーゲルがこの冬学期と続く夏学期におよそ同じほどの週数を経て第 328 節に到達していたということが分かる。それゆえ，かれは二つの学期で題材の割り振りをおよそ同じ仕方で構成していたということになる。また，（冬学期と比べて 2 週間ほど短かった）夏学期の終わりに際してのみ時間が逼迫していたということも分かる。

　注目に値するのは，ヘーゲルが 1818 年夏学期にもエンツュクロペディー講義の枠組みで，「魂」の章の終了日を書き残していることである。1818/19 年冬学期からは，最初の日付の書き込みは精神哲学第 2 部，客観的精神の始まりのときに見出され，次の書き込みは第 2 部の進行の中で，憲法の叙述へと移るときである。それゆえ，ヘーゲルはこの講義では客観的精神と絶対的精神を 2 週間で扱ったのである。1826/27 年冬学期からは，講義の終わりの日付だけが書き込まれ，それゆえ，ヘーゲルが題材をどう分割したかについては何も分からない。

　エンツュクロペディー講義の日付書き込みがあまり役立たないのに対して，ヘーゲルの講義態度を再構成するために役立つのは，「人間学・心理学」講義でのヘーゲルの日付書き込みである。際立っているのは，三つのベルリンでの講義すべてを通じて題材範囲と講義時間の関係がほとんど同じであるということであるが，これはいくらか修正すればハイデルベルクでの講義にも指摘されうる。それゆえ，ヘーゲルは常に，講義のもとになった精神哲学の第 1 部の最初の 29 の節に，残りの 71 節の 2 倍を超える時間（総時間数の 70％から 78％）をかけていたことになる。

　同様のことはすでにハイデルベルクでの講義でも起こっていた。これについてはさらに 7 月 10 日の準備の書き込みに説明がある。

　これと同じことが，人間学と心理学についてのベルリンでの最初の講義でも繰り返される。ヘーゲルは最初の 29 節におそらくはついうっかり長い時間をかけすぎ，〔あとから〕題材の扱いについてメモをせざるをえなくなっていることに気づいたのである。講義時間における題材区分の規則的な不均衡からは，ヘーゲルが学期の最初の 3 分の 2 では印刷された諸節と手書きの書き込み（それは『エンツュクロペディー』のこの部分では確かに残りの部におけるよりもいくらか密である。しかしメモ全体に対するその比率は，ヘーゲルが講義のために自由に使

89）　*Briefe von und an Hegel*. Bd. 4, T. 1, 327. 参照。

第 3 部　文献資料上の解明　　　　　　　　　587

えた時間に対するこの部分の講義に使われた比率と同じではない）だけに基づい
てどうにかしようとしたのではない。むしろ一つあるいは多くの，散逸したとみ
なさざるをえないこれ以外の原稿にも依拠していたのだと推察される。

　日付書き込みから分かる通り，ヘーゲルは「哲学のエンツュクロペディー」の
三つの講義と「人間学・心理学」の三つの講義で，$O_1^\star$を講義の基礎として用い
ていた。このことが 1817 年夏学期の「人間学・心理学」講義の一部と，1826/27
年冬学期のエンツュクロペディー講義にあてはまるかどうかは，少なくとも不確
実である。この二つの学期の日付書き込みのそれぞれからは，たんにヘーゲルが
$O_1^\star$をこれらの講義でも援用していたということが確証されるにすぎない。

　c）メモ群執筆時期推定のための予備知識
　書き込み手順の推定
　ヘーゲルが $O_1^\star$ にしたがって行ったすべての講義を準備する際に冊子へのメモ
を書き込んだということから考察を始めるべきである。これらの準備がどのよう
な仕方でなされたかは伝わっていない。ヘーゲルが或るときは講義の開始前にそ
のつどの講義の題材全体に目を通してメモを書き込んだということ，また，この
仕事は学期が始まっても延長して続けられたということ，これらの可能性を検討
すべきであろう。しかしまた，授業時間の直前に，あるいは或る週の授業時間の
前に準備をし，この（諸）時間に扱う予定の節について書き込みをしたという可
能性もある。この場合，その時間に準備された題材のすべては扱われず，その結
果毎時間の準備が常に必要というわけではなくなるということも，ときには生じ
たであろう。

　ヘーゲルが実際にどうしていたにせよ，講義前に 2，3 の一続きの頁や節に目
を通していたが，その作業が一気に比較的短い時間で終えられることはなかった，
ということはいずれにせよありそうなことである。この講義準備に由来するメ
モについては，ときには，ヘーゲルは他の仕事との関係のためにそのメモを〔授
業準備とは異なる時期に〕することさえあったのかもしれない。ヘーゲルは，第
321 節を 6 月 19 日の数日後に扱ったようなのだが，その節へのメモには，9/8 22
〔1822 年 8 月 9 日〕という括弧の中に書かれた日付の書き込みがある。この日は
この学期の講義全体の終了の 5 日前にあたっている。また，「b. 魂の実体性に対
する主観的な魂の対立」の始まりとそれに続く第 319 節に対しても，これと同じ
日付の書き込みがある。これらのことは，授業準備と異なる時期になされたメモ
もあると考える材料を提供している。ただし，そのメモは確かに「割り込み」で
書かれているが，しかしなお授業期間内に書かれてはいる。

　メモ群の層分類
　授業との関わりでなされた $O_1^\star$ へのメモのすべてが一つのメモの層に属すると

仮定すれば，以下のように考えられる。すなわち，「メモ」のテキストは 1817/18 年冬学期，1818 年夏学期，1818/19 年冬学期の三つのエンツュクロペディーのための準備段階に生まれた三つのメモの層と，同様に 1820 年，1822 年，1825 年それぞれの夏学期の三つの「人間学・心理学」講義に属する三つのメモの層とから構成されている。それゆえ，「精神哲学」の三つの部との関連で，第 1 部すなわち，主観的精神に対して六つ（まで）の書き込みの層，そして残る二つの部，すなわち，客観的精神と絶対的精神に対して三つ（まで）のそのような書き込みの層を設けることができる。

　メモの形式と内容

　この箇所，また，以下の箇所での「メモ」の概念は正当にも広い意味で用いられている。というのも，O_1★へのヘーゲルの書き込みには，メモとは何であるかということを形式的に規定する以下の二つの基準がともかくも存在するからである。

　少数の書き込みは，印刷されたテキストへのさまざまな形での訂正である。これは印刷された頁や，ときには白紙頁に書かれている。

　上で挙げられた例外を除けば，ヘーゲルは残るすべての書き込みを白紙頁に書いている。場所が大幅に足りないときでさえ，かれはこの設定された枠組みを逸脱していない。或る白紙頁に書き始めたメモを続く白紙頁まで続けている箇所が，たった一箇所あるだけである。

　純粋な日付の書き込みや，簡潔な覚書が補われた日付の書き込みのメモは，内容によってグループ化することができる。これはメモのある程度の部分を占めている。

　残りの書き込みには，a）それなりに厳密に構造化されうるような，まちまちな範囲を分節化する枠組みに関するものがある。また，b）長さがまちまちで，整理の度合いがかなりバラバラなテキストがある。これらの中には一語または数語のキーワードも多い。また，文のような構造をある程度はもっているがきちんと文として閉じられてはいない句もある。この他，文の部分，または主文や従属節から作られた未完成の文もあれば，通常はゲダンケンシュトリッヒ〔英語の「ダッシュ」にあたる記号（――）〕によって区切られまた閉じられた，テキストのつながりとしてひとまとめにしたくなるような語句もある。それらは常に互いの境界がはっきりせず，また，しばしば複数のテキストの層にまたがっている。たいていの場合，これらのメモは行の上または下に目印をつけられた追記であるか，あるいはさまざまな長さの行の末尾や下に続けられた補足や，何行も離れたところに見出される補遺である。補遺が離れている場合には，目印があることもあれば，ないこともある。

第 3 部　文献資料上の解明　　　589

メモと『エンツュクロペディー』各節の対応関係

　メモには，『エンツュクロペディー』のどの節に関わるかが明白であるものもある。それは場合によっては，それが書かれた場所によって分かる。この場合，メモは節や節への注解のテキストの向かいの位置，ないしメモで繰り返されている印刷された本文のキーワードの向かいの位置から開始されていることがある。あるいは，メモで説明されていることから対応が分かる場合もある。印刷された本文のキーワードに印がつけられて（下線が引かれて）いて，これによって分かることもある。あるいは，節番号の指定や明確な指示がある場合もある。

　場合によっては，或る節から他の節への議論の移行の兆しがメモに現れていることもある。他の場合には，素描にとどまってはいるが，その後『エンツュクロペディー』第 2 版において新たに考察がなされることを感じさせるような表現のメモや，そのような表現を一部に含むメモもある。一部の，といってもかなり多くの数のメモには，特定の一つの節に関係するのかどうか明らかではなく，第 2 版にも対応箇所をもたないものもある。

各メモの執筆時期

　或るメモや，そのメモが構成するテキストの層が，先ほど分類したメモの層のうちのいずれに属するかを決定するために考慮すべきことがいくつかある。まず，日付の書き込みがそうである。また，筆運びの特徴的な徴表もそうである。さらには，内容とは無縁の外的な源泉によって得られるような，区別をつけられ，また，個別化できるかぎりでの個々の書き込みの位置によって，テキスト層の間の相対的な順序を割り出す執筆時期研究も考慮に入れられなければならない。

他の講義原稿との比較

　1817 年と 1830 年の間の期間の，日付の記されたあるいは日付を確定できる原稿の筆運びとエンツュクロペディーへのメモのさまざまな筆運びを比較してみよう。すると，哲学史や宗教哲学などの原稿を書くとき，ヘーゲルは教科書（『エンツュクロペディー』や『法哲学』）の綴じ込み紙へのメモとはいくらか異なる書き方をしていることがはっきりする。というのも，さまざまな筆運びの特徴という観点から，『エンツュクロペディー』におけるメモと『法の哲学要綱』におけるメモは類似していたり一致していたりするが，そのような類似や一致はそれ以外（すなわち，哲学史などの講義原稿など）ではいかなる原稿にも認められえないものだからである。確かに，原テキストの中のこの期間の原稿には（また，明らかにその欄外書き込みにも），明らかな筆運びの違いがある。しかし，それらでは筆運びの徐々の変化が見て取れるというのではない。むしろ或る原稿の中で新たな文を書き入れるときに，まったく特徴の異なる書き方がなされている。筆運びが徐々に変化し続けているわけではないのだ。

哲学史や宗教哲学の講義原稿の文字について一貫して特徴的なのは，明らかに文字が大きいということである。欄外書き込み，たとえば宗教哲学の原稿の欄外書き込みでのみ，比較的小さな，また，（場合によっては）非常に小さな文字が見られる。そうはいっても，そのようになっているのは，欄外書き込みの（そして当然原稿の）全体の面積に比して，少し長いテキストやその連なりが含まれている場合である。エンツュクロペディーのメモでは，また，法哲学のメモでも，大きな文字のテキストはほとんどなく，通常は小さめの字体で書かれている。また，原稿とは違って，始めから小さな文字で書かれた，長めのメモ群が見出される。メモが欄外注という形式でなされているという点を念頭に置き，また，ヘーゲルが書き込みにあたってはときおり余白の狭隘さを強く考慮し，相当に〔文字の大きさについて〕自制しながら書き込んでいたということを考慮に入れたとしても，小さめの文字が著しい頻度で用いられているということは，特殊な書き方だとみなしてよさそうである。

さらに，講義原稿のうちのとりわけ宗教哲学の原稿では，特に欄外書き込みにおいて，著しく異なる筆運びがなされているということも付け加えておこう。その筆運びの中には，同じ時期，あるいはほぼ同じ時期に書かれたとは考えられないようなエンツュクロペディーにおけるメモの筆運びと類似するものもいくつかある。とりわけ精神哲学の最後の二つの区分，主観的精神と絶対的精神のメモとの類似が見られるのだが，これらのメモをヘーゲルが書いた時期は，1818/19年冬学期までの時期しかありえない。講義原稿が場合によってはエンツュクロペディーメモの日付の推定の助けを与えうるということは，ありえないことではない。しかし筆運びと書き込みの時期との一定の相関や，あるいは比較的多くのメモで広く用いられている筆運びとメモの層との間の一定の相関を，十把一からげに構築することはできない。講義原稿についてそうであるように，メモのテキストのコーパスについても，ヘーゲルの筆運びの時期による変化を再構成するということはほとんどできないのである。

エンツュクロペディーメモ内部での筆運びの違い

ヘーゲルの原稿について，エンツュクロペディーメモの内部で，筆運びの類型化ができる。その類型化にあたっては二つの異なる，ときおり交差しあるいはまた重なり合う書き方の傾向を考慮しなければならない。すなわち，一方では，メモで余白頁を埋めていったことで場所が狭くなり，このために，次期が遅くなるほど文字を押しつぶして書いたり，字体を小さくしたりする対処がなされているという傾向がある。他方では，やや長い連続したメモやあるいは引き続いて連続的に展開される議論の素描をするために，それに見合った場所を残しておこうとして初めから文字のサイズや行の向きを調整するということがなされている。

第3部　文献資料上の解明　　　　591

　余白頁への第1層のメモと通常みなされるテキスト層には，以下の筆運びが特徴的なこととして当てはまる。そこでは文字が大きく，字体がはっきりしており，線が太い。文字は力強く躍動的に表されていて，いわば不注意に空間を占めている。数少ない，広いスペースを使ってなされた書き込みは，節の本文や節の注解，また，ときには節と節の間の空間に明確に属している。自由に書くことができる場所の，不注意で鷹揚に見える使い方を，ヘーゲルは，さらなる補足の書き込みでは繰り返すことができなかった。最初のメモの際にスペースを大きく使う筆運びをして，すでにその後のメモ用スペースが狭くなってしまっていたからである。その後のテキストやメモの層の筆運びはだんだんと小さく簡潔になっていった。ときにはそのテキスト層のための場所が非常に小さく，意味上（また，構文上）一つながりであるようなテキストを，そのときにまだ空いていた場所へと分割して書き込まなければならないほどであった。字体の違いはこの傾向を継続して明確にもっているが，同じ字体のメモがそのつど一貫して連続した執筆時期に属するということはあまりありそうにない。むしろ，書き手がそのつどどのような筆運びを使うことができたかに応じた変化だとみなされるべきである。他の傾向に対応する，明確な特色をもった，かつより多くの変容が見られる筆運びは，ヘーゲルが明らかに初めから比較的長く繋がったテキストを書こうと計画していた箇所に見出される。このようなメモの文字は，筆運びの変化に応じて中型から小型であり，筆使いは一定しており，さっと書いたたいていの場合太い線は比較的大きな文字で用いられ，字体ははっきりしていて，行の向きは均一かつまっすぐであり，また，行が頁の幅の全体を占めている。しばしばメモは頁上部の余白から始まっている。しかし，ときには印刷されたテキストにはっきり対応させて頁のかなり下の方から書き始められていることもある。また，通常はこれらのメモは同じテキストの層にあり，場合によっては後からわずかに補足されている。

　二つの傾向が同じ余白頁で示されることもある。筆運びの異なる形態は，以下の類型から出てくる。すなわち，それらの形態では，反復される徴表が今示したほどには判明に現れておらず，それゆえ，容易には一括りに記述できない。

　メモの相対的な執筆時期研究の分析では，すべてのテキストを明確に個別のテキストの層に分類するということは，完全にはできない。それゆえ，諸テキストに関して確かにかなり小さなまとまりが把握されるということはない。テキストの層は各々の余白頁に相対的に，ローマ数字で示される。番号付与は，その頁上の諸層の推定された時間的な順序にしたがっている。相対的な年代の具体的な説明や，それを絶対的な日付に結びつけることは，テキスト層の一覧表でなされている。一覧表は上部に同じ時期に属するとみなされうるテキスト層の表示を含んでおり（*GW*13, S. 680 以下の偶数頁参照），下部に余白頁のそれぞれの個別のテ

592 解　説

キスト層に対する要約された日付の指示を含んでいる（本書618頁以降表5参照）。

d）まとめ

　日付の書き込みというわずかな基礎に依拠して——その基礎が講義終了の日付だけを確定するのではないというそのかぎりでのことだが，——それに依拠して，また，確実に日付の分かるわずかなメモやテキストの層に依拠して，エンツュクロペディー講義や「人間学・心理学」講義の準備状況から，テキスト層の執筆時期研究の序説で見積もられた六つないし三つのメモの層を再構成するということは不可能に思われよう。確かに，テキスト層分析から執筆のつながりは知られうる（書き込みの層が一つの雛形を満たす場合には，その層が把握可能になる）。しかし，たいていの場合，そのつどのテキスト層の連なりの時間的な帰属ははっきりしないままにとどまる。とは言え，ここでは特に次の不都合が注目されるべきである。すなわち，これまでいかなるエンツュクロペディー講義の筆記録も白日のもとになっていないということ，そしてその時期に知られていた二つの筆記録はいずれも，（『エンツュクロペディー』第1版に対して）比較的遅い学期の「人間学・心理学」講義のものだと推定されているということである。

　メモ書き込み期間の区分

　いずれにせよ，それでもなお次の可能性がある，つまり，相対的な執筆時期研究の観察と，書き込みの生成についての，いくつかの書き込みのグループに基づいて追加的な情報源を取り入れた考慮とによって，傾向からみて，或る重大なこと，すなわち，メモの大部分の書き込みがなされたとかなりの確からしさで推定されうる期間を区切ることができるようになる。

　精神哲学第1部へのメモ書き込み期間

　始めに，「精神哲学」第1部「主観的精神」へのメモを見るならば，さしあたり次のことが注目されよう。すなわち，相対的な執筆時期研究について確証のほとんどない主として行間にされた追記を除くと，1825年夏学期という後期講義準備のときに追加されたと思われるメモはごくわずかしかない。1822年夏学期の準備のときにも，おそらくほんの少しのメモしかなされていない。するとメモの主要部分は当然ながら，別の期間のものだということになる。すなわち，それらは1818年夏学期，1818/19年冬学期，1820年夏学期の講義の準備のときに書き込まれたと想定される。より早い1817/18年冬学期という推定については，どうやらわずかなメモしかなされた可能性はなさそうである。

　精神哲学第2部と第3部へのメモ書き込み期間

　精神哲学の第2部および第3部，すなわち，客観的精神および絶対的精神へのメモということでは，執筆時期として問題になるのは，三つの〔講義〕準備段階

第 3 部　文献資料上の解明　　　　　　　593

〔の期間〕である。ここでは，個々のテキスト層分析での説明と同様に，1818/19
年冬学期の授業準備への分類はけっして排除されえない。しかし，メモの大部分
が1817/18年冬学期と1818年夏学期になされたと考える確からしさのほうが優っ
ている。

　アカデミー版の表は，二つの互いに関係する部分から構成されているが，それ
らの表は技術的な理由から見開きの頁に横長版で印刷されている。

　表の上部（本書では割愛）はローマ数字で示されたテキスト層であり，メモの
執筆時期研究についての節で与えられた記述によって以下のように想定されるも
のである。すなわち，それらはかなりの確からしさで時間的に連続するメモの執
筆段階に属し，綴じ込みメモ用頁にそれらが現れるときには相並んで置かれてい
る。しかし，挙げられているのは，先行あるいは後続する綴じ込みメモ用頁のテ
キスト層と関係づけられうるものに限られている。並んでいることをはっきりさ
せるために，太字の枠線を用いているが，その枠線は，それが属すると思われる
テキスト層を示すものがまったくなく，表のその場所がダッシュによって空だと
示されているときにも続けられている。

　表の下部（本書618頁以降表5）は，それぞれの綴じ込みメモ用頁の個々のテ
キスト層についての日付を表している。述べてきたことからすでに明らかなよう
に，また，〔この〕まとめでも何度も強調したように，個々のテキスト層に確実
な日付をつけることは，ごくわずかな場合にしかなされえない。それでもなお，
確からしさや期間の幅はまちまちだが，或る層のテキストが書き込まれたと思わ
れるような期間をある程度割り出すことはできる。それでも不確実なところは
残っており，表の上部と下部の間の完全な調和を通じてこの不確実さを取り除く
ことはできないように思われる。日付をつけるために選ばれた表現は，この事情
を同様に考慮してなされている。本書では，当該表の下部だけを表5にして掲載
した。

3　「論理学・形而上学」講義のメモ紙片 I

（A）伝 承 資 料

原稿：ハーヴァード大学ホートン図書館（マサチューセッツ州ケンブリッジ）
ヘーゲル諸文書 . bMS Ger 51（14）160
　メモ紙片は両面に書かれた四つ折り紙片から成っている。紙片は淡いグレーで
少し黄ばんでおり，透かしはなく，寸法は22 × 18cmである。右上部には図書

館によって黒インクで 160 という番号が記入されている。紙片は 2 箇所が損傷している。上半分の左側の余白のところでは，縦方向に斜めに上にむけて 5cm ほど線が引かれている。また，下の余白の左側には直径およそ 3cm から 3.5cm ほどの焦げ跡があり，広がって下縁に達している。焦げ跡による損傷によって，端のテキストは損なわれている。両頁の書き込みは，黒インクでなされている。表の頁（160 表頁）には，左におよそ 3cm の狭い余白が残されているが，裏頁（160b）では余白無く一様に書き込みがなされている。

（B）成立史

a. 1817 年夏学期講義開始用メモ（「皆さん。わたしはこの前の冬に」）という，（図書館の頁付によれば）紙片裏頁にある記録は，大学教育の形態に合った論理学講義導入の一般的な文言を含んでいる。ヘーゲルは，「前の冬に哲学的諸学問エンツュクロペディー，すなわち，学の全体を概観する哲学を取り扱い，この学期には以下のことを予定して」いた，すなわち，「それらのうちの特殊な諸学問，つまり，論理学と精神哲学を扱う」と告示しており，また，予告されていた美学講義を中止するつもりだと述べていた。これらの告示は不規則ではあるが，1817 年夏学期と結び付けられる。この学期には，かれは前述の三つの講義を予告していた[90]。講義の時間は 4 月 28 日月曜日から始まっているが[91]，おそらくメモはそれより少しだけ前の時点に書かれたものと考えられる。ことによると最初の授業時の直前に書かれたのかもしれない。

b. 哲学生活への道（「人間を動物から区別していること…」）という表頁のメモでは，見たところ主観的精神の授業導入枠組みについての考察について講述する講義メモが関係していると思われる。この推測は一つにはここで想起される，1822 年の精神哲学についての授業の，ハインリヒ・グスタフ・ホトー[92]による筆記録での定式化によって支持される。また，他方では，これに似た，他の講義の導入でヘーゲルが述べている，「生の安息日」というキーワードに合致する考察[93]があることも，この推測を支持している。ヘーゲルは 1817 年の夏に「人間学・心理学」について講義しているので，紙片の表面への記録は，ほぼ間違いなくこの期間になされたと考えられる。したがって裏頁のメモと近い時点において

90）*Briefe von und an Hegel*. Bd. 4, T. 1, 111. 参照。

91）*Briefe von und an Hegel*. Bd. 2, 153. 参照。

92）Die Nachschrift Hotho 6, 裏表 ff. 参照。

93）*GW* 17, 6, 22-24; *G. W. F. Hegel: Vorlesungen. Ausgewählte Nachschriften und Manuskripte*. Bd. 3: *Vorlesungen über die Philosophie der Religion*. T. 1, *Einleitung. Der Begriff der Religion*. Hrsg. von W. Jaeschke, Hamburg, 1983, 62, 35f. 参照。

第 3 部　文献資料上の解明　　　　　　　　　　　　　　595

なされたということになる。それでもなお，より後の授業のために書かれたということは完全には排除されない。この根拠から，二つのテキストがこの巻に採録された順序は，図書館による製本の順序にしたがっていない。表頁が 1817 年夏学期中に書かれ，裏頁が 1817 年夏学期開始前に書かれたのだから，裏頁が先に書かれ，表頁は後から書かれたということ。

4　「論理学・形而上学」講義のメモ紙片 II

（A）伝 承 資 料

原稿：ベルリン・プロイセン文化財国立図書館　ヘーゲル遺稿第 16 束，第 1 分冊，紙片第 21 番，第 22 番

　ここで扱われるのは，透かしのある黄褐色メモ用紙全紙二つ折り紙片を，真ん中で横に折りたたんだ四つ折り判（21 × 16.5cm）の裏表両面紙片である。透かしはメミンゲン市の紋章であり，その下に G H とある。余白は，下の余白の上まで（全紙二つ折り版裏表両面紙片の切り取られた縁まで）切り取られている。紙片の表頁には，右上に図書館によって鉛筆で 21 および 22 の番号が振られている。第一の紙片の表頁全体に書き込みがあり，第一の紙片の裏頁は上半分に書き込みが，第二の紙片の裏頁は 3 分の 2 まで書き込みがある。この裏頁の下の 3 分の 1 には，金銭に関する計算が書かれている。第 2 の紙片の表側は空白である。紙片第 21 番表頁には，右の余白の真ん中辺りに同様に何かの計算が書かれているが，その意味はよく分からない。これらの頁への書き込みは，紙片第 21 番裏頁右側の小さな書き込みを除いて，黒または灰色がかった黒のインクでなされている。

（B）成 立 史

　論理学と形而上学との一体化（「論理学・形而上学」講義）と普遍的なものの学としての論理学（「論理学，普遍的なものの学……」）の二つの講義メモは，二つ折り紙片の第 21 番表頁と第 22 番裏頁に見出される。紙片第 21 番裏頁のテキストは，3 人の学生に対する，かれらのコンクールに関する許可についての所見の腹案でもある。この下書きは 1818 年から 1820 年の間の時期のものと推定されるが，二つの講義メモの執筆時期については，このことからはいかなる確実な逆推理もなされえない。ヘーゲルが三つのテキストを執筆した順序は，紙片の折り方からも，内容的な観点によっても，確実にはほとんど決定できないが，二つの

紙片が現在保存されている折り方（左側に余白頁をつくって折り返す）は，その他の書き込みの際の慣習と同じである。それゆえ，ヘーゲルは始めに紙片第21番表頁を書き，次に紙片第21番裏頁を，そして最後に紙片第22番裏頁を書いたようである。同様に検討に値するのは，折り目が頁の右の余白から始まっているという想定である。すなわち，現存する折り方が当初と同じでないということである。ここから，二つの可能性が考えられよう。1）ヘーゲルは初めに紙片第21番裏頁の所見腹案を執筆し，あとからその頁を（右へと）折り返し，それから裏表両面紙片の外側の空白の頁に書き込みをしたか，あるいは2）ヘーゲルは紙片第22番裏頁を始めに書き，それからa）裏表両面紙片の全体を裏返して紙片第21番表頁を書き，そのあとで紙片第21番裏頁を書いたか，あるいはb）〔紙片第22番裏頁を書いたあとで〕紙片第22番裏頁を右へと折り返し，紙片第21番裏頁を書いて，さらに折り返して紙片第21番表頁を書いたか，いずれかである。

　両方の頁の記載は明らかに，「論理学・形而上学」講義の一般的な導入にあたっての注意についてのメモに関わっており，ヘーゲルは自身の『エンツュクロペディー』の関連する節をそれの根底に置いている。メモの文面については『エンツュクロペディー』の特定の版とのいかなる関係も復元されえず，また，ヴィンディッシュマンによる言及も日付探索の役には立たない。

　日付推定のためのいかなる確実な根拠もこの紙片にはない。〔しかし，〕以下のことはきっとほぼ確実にそうだと想定されてよい。それは，ヘーゲルは，書き込みにあたって，おそらくはテュービンゲン時代に書き込みを始めていた二つ折り判裏表両面紙片の空白の半分を使ったということである。ヘーゲルはその半分を切り離して，四つ折り判の裏表両面紙片へと折り曲げているからである。かれがいつ紙片をこのように加工したかということは決定できない。

5　講義メモ（「論理学・形而上学」講義，「自然哲学」講義　　　　ならびに「人間学・心理学」講義）

　この補遺テキスト群には，四つの伝承経路をもった原稿が収録されており，それらの経路のうちの二つは一つのテキストに束ねられている。

（A）「エンツュクロペディー」講義メモ（「α本来の認識様式」）
a）伝承資料
原稿：ハーヴァード大学ホートン図書館（マサチューセッツ州ケンブリッジ）

第 3 部　文献資料上の解明　　　　　　　597

ヘーゲル諸文書, bMS Ger 51（14）152, 153

　7.6 × 11cm の透かしのない灰色で黄色く色あせた固い紙でできた八つ折り判
裏表両面紙片（真ん中で横に曲げられた四つ折り判）に書かれている。最初の
紙片の表頁（つまり，152a）は右下に黒のインクで 152 と，2 枚目の紙片の表頁
（つまり，153a）には右上に 153 と番号が振られている。153 の紙片の頁の右の
縁はなめらかに切りそろえられており，残りの頁の余白は一部でかなりぞんざい
に折り曲げられている。152 表頁には，上からおよそ 3cm と左からおよそ 2cm
のところの余白に直径およそ 1 センチ大の，濃いグレーの固い物体によるテキス
トの汚損がある。この詳細不明の物体の色は他の頁にもしみ通っているが，他の
頁ではテキストの汚損は生じていない。書くのに使われたインクは黒色である。

　b）成 立 史

　原稿の日付を確定する外的な手掛かりは，透かしや認識可能なシルクスクリー
ンがないということから，ここでヘーゲルによって用いられた紙が機械紙である
のではないかと結論されることだけである。

　テキストの中に現れる節番号は，『エンツュクロペディー』第 1 版の対応する
節に含まれる論述に関係している。それゆえ，執筆は『エンツュクロペディー』
の引用された節を含む全紙の印刷が確定するより前ではありえない。書簡上の証
拠によれば，その本の最初の六つの全紙は 1817 年 4 月半ばまでには印刷されて
いた[94]。ヘーゲルは 1817 年夏に「論理学・形而上学」を講じているから，内容的
な点では少なくとも，この授業を進める際にはすでに原稿が書かれていたという
可能性は排除されない。しかし，ここでの自然哲学の「動力学・物理学——反省
された，相対的な自然——生けるもの」という区分は，1817 年の『エンツュク
ロペディー』第 197 節における〔数学，物理学，生理学という〕区分と異なって
いる。ちょうど 1817 年夏の「論理学・形而上学」講義の筆記録では，第 37 節
への記録において，自然の第 1 の段階にあたる学[95]の提示がなく，これはヘー
ゲルがこのときは説明するのを控えたということをともかく意味していると思われ
る。これに対して，その区分は 1818 年夏学期の『エンツュクロペディー』注解
口述筆記ノートでなされているような，「動力学，物理学，有機体論ないし生理
学」への区分と十分に一致している。1819/20 年冬学期の自然哲学の講義筆記録
には，同様に「数学だけでなく時間と空間の内での動力学，物理学，有機体論」

　94）　*Briefe von und an Hegel*. Bd 2. 152. 参照。
　95）　対応する箇所では次のように言われている。「自然は理念であり，純粋存在という
形式で，また，それは神であり，抽象において相互に外在する存在という形式で存在する。
また，それは直観作用の形式として存在するが，その直観作用とは，存在において純粋に直
観する作用のことである」（*V*11, 66, 30-32）。

598　　　　　　　　　　　　　　　解　　説

への区分が再び見出される[96]。こうして書き込みがなされた可能な時期としてこ
こですでに 1818 年夏が考慮の対象になる。

　しかし，これが講義での区分の前段階をなすものではなく，むしろ〔同じ区分
について後からなされた〕別の定式化であるという可能性も残っている。それゆ
え，推測されるように，ヘーゲルによって用いられた紙が実際には機械紙であっ
たとすれば，近い時期だが少しあとの時点での下書きであるという可能性も残る。
そうすると，このメモが早くとも 1821 年に作られたということにもなる[97]かも
しれない。ヘーゲルは 1821 年から 1827 年の間に 7 回「論理学・形而上学」を講
義しており，しかもそのつど夏学期に講義している。1828 年からはヘーゲルは
「論理学・形而上学」を『エンツュクロペディー』第 2 版によって講義しており，
それゆえ，メモのもっとも遅い場合の作成時期は 1827 年夏だと考えられる。

（B）シューバート著作をめぐって（「シューバートⅥをめぐって」）

　『エンツュクロペディー』第 19 節に関連して（「A）真理」），自然の 3 段階
（「A.）諸段階――弁証法……」），精神哲学第 1 部 b. についてのメモ（「A）人間
の原初の状態」），『エンツュクロペディー』第 322 節以下についてのメモ（「肉体
的なものを支配する力」），『エンツュクロペディー』第 320 節・第 321 節につい
てのメモ（「わたしを支配する他者の力……」），『エンツュクロペディー』第 21
節についてのメモ（「狂気は自己内閉鎖性である……」），『エンツュクロペディー』
初版第 311 節・第 322 節についてのメモ（「a. 占星術」）

　これら 7 つのテキストは，二つの伝承経路から見つかった。それらは「シュー
バート Ⅵ 関連」のテキストによってであり，そのテキストは互いに束ねられて
いながら二つに分かれており，それらは一連の記述であるように推察される。

a）伝承資料

　原稿：ハーヴァード大学ホートン図書館（マサチューセッツ州ケンブリッジ）
ヘーゲル諸文書，bMS Ger 51（14）151 および bMS Ger 51（14）158

　a）bMS Ger 51（14）151. この伝承経路は，1820 年 4 月 21 日に，ベルリン大
学においてカール・フェルディナント・グラッフェによって，学長のヨハン・フ
リードリヒ・ルートヴィヒ・ゲッシェンの名で医学・外科学博士学位を授与され
たルブリン出身のヤーコプ・ヨーゼフ・カプリンスキーの博士学位記の裏頁であ
る。学位記は 51 × 44.5cm の寸法の透かしのない淡い黄色の全紙に印刷されてい

　96）　*G. W. F. Hegel: Naturphilosophie.* Bd. 1, *Die Vorlesung von 1819/20.* In Verbindung mit
K.-H. Ilting, Hrsg. von M. Gies, Neapel, 1982, 11f; „Editorischer Bericht" in: *GW*19, 465ff. 参照。

　97）　ヘーゲルが機械紙を使用したことについては，E. Ziesche/D. Schnitger: *Der
handschriftliche Nachlaß Georg Wilhelm Friedrich Hegels.* T. 2, 39f を見よ。

第 3 部　文献資料上の解明　　　　　　　　　　　　　599

る。全紙は三度折りたたまれており，4 分の 1 のところ（つまり，大四つ折り判）
まで，灰色がかった黒と黒みがかった灰色のインクで書き込みがされている。全
紙は学位記の上半分の裏頁の左上に，図書館によって黒のインクで「151（全）」
と記録されており，最後の 1 の上には鉛筆で 7 と書かれている。下半分の裏の右
上には，最終的な番号として 150 の頁が黒のインクで見られる。

　b）bMS Ger 51（14）158. これはベルリン大学において 1819 年 12 月 30 日に，
これもまた，カール・フェルディナント・グラッフェによって，学長のヨハン・
フリードリヒ・ルートヴィヒ・ゲッシェンの名で医学・外科学博士学位を授与さ
れたマグデブルク出身のヨハン・ゴットフリート・イマヌエル・ヴィルヘルム・
ハラスの博士学位記である。学位記は 53 × 45cm の寸法で，透かしのない淡い
黄色の全紙に印刷されている。全紙は三つに折られ，全体に灰色がかった黒ない
し黒みがかった灰色のインクで書き込みがされており，処理済みのマークの形式
の全体への取り消し線が，茶色がかった黒のインクで書かれている。図書館の
158（全）という番号づけは，黒のインクで，最後の折りによってできた頁のう
ちの最初の頁の左下に書かれている。

　いずれの全紙も，印刷用黒インクがいくらか染み込んでいる。ヘーゲルが
シューバート著作をめぐって（「シューバートⅥをめぐって」）のテキストの下書
きに用いたインクの色は，二つの全紙への残りの書き込みのインクよりもほんの
わずかに淡い。取り消し線には黒く，わずかに茶色みがかったインクが用いられ
ている。

b）成　立　史

　ヘーゲルが始めに「シューバート Ⅵ をめぐって」をまとめて書いたという前
提のもと，以下のことから出発する。下書きは二つの学位授与の日付直後から一
度に書かれた。ヘーゲルはこれや他の学位記を刷り損じた紙として手に入れたか，
あるいはそれらを大学で刷り損じ紙として入手でき，その裏頁を書くのに使った
と考えて良いだろう[98]。こう考えると，ヘーゲルが学位授与の日付がほぼ 4 カ月
離れた二つの学位記を一緒に用いたということも説明される。

c）執筆の順序について

　ヘーゲルが二つの全紙をそれぞれ最初に 2 回横向きに折り曲げて大四つ折り判
へと折ったということと，それから執筆が始められたということ，しかも 1819
年 12 月 30 日の学位記の下半分の裏の右頁から書き始めたということ，これらの
想定から始めたい。この頁は「シューバート著作について」の最初の部分を含ん

　98）　ホートン図書館のヘーゲル諸文書の第 10 分冊と第 16 分冊にはなお，学位記の裏
面から作られた紙片上への抜き書きの全系列が保存されている。

でおり，またヘーゲルはその頁の右上にインクで1と番号を振っている。図書館はそれに続けて右上に鉛筆で1と書き込んでいる。左の頁には図書館による番号はつけられていないが，テキストの続きが書かれ，またヘーゲルによって左上に2という番号がつけられている。それからヘーゲルは1820年4月21日の学位記の裏の下半分の右の頁にシューバートに関するテキストの最後の部分を書いている。この頁にもヘーゲルによってインクで3と書かれており，図書館によって鉛筆で1と番号が振られている。

　二つの全紙にさらに書き込みをするために，ヘーゲルはすでに書きこみのある頁を二つめの折り目で内側に折り返して，三つ目の折り目を二つ目の折り目交差させる形でもう一度折り曲げている。「158.」では，折り返しによって作られた大四つ折り判に，図書館によって鉛筆で3および4と書かれている。3のところでは最初の折り目が上で二つ目の折り目は右，4のところでは最初の折り目が上で二つ目の折り目は左である。三つ目の折り目によってできた大八つ折り判への書き込みにあたって，頁の下に二つ目の折り目があり，頁の左に三つ目の折り目がある頁からヘーゲルが書き始めたということが想定される。この頁は大四つ折り判4の右半分であるが，そこには図書館によって「b」と書かれ，左半分には「a」と書かれている。おそらくヘーゲルはそれ以外の頁に，以下の順番で書き込みをしている。始めに（しかしそれは執筆作業の開始ではないが），「158. 4 b」の頁に書き，そのあとで「158. 4 a」に書き，それからかれは書き込みのある頁を三つ目の折り目で折り返し，再び左頁に三つ目，上に二つ目の折り目がくるようにした。3頁は図書館によって右にb，左にaと書かれており，ヘーゲルはおそらく始めに3bの頁を使い，それから最後に3aの頁の上から3分の1に書き込みをした（そこでは三つ目の折り目が右頁に，また二つ目の折り目が頁の上にきている）。再び書き始める際には，ヘーゲルは大四つ折り判158. 3 aのまだ空いていたスペースに，これまでの書き込みの方向と逆向きにさらに書き込んでおり，したがってこのときには右に最初の折り目，下に二つ目の折り目，そして左に三つ目の折り目がくる向きに紙が用いられている。この推定は，「肉体性とその媒介を支配する力としての精神」以下のテキストの配置と，境界線の位置を考慮することで補強される。

　全紙151の書き込みの続きについて，以下の想定から出発する。ヘーゲルは書き込みのある頁を書き込みのない頁の上に，新しい方の二つ目の折り目が，学位記の上半分を不揃いに分けている最初の二つ目の折り目の2cmほど脇にくるように折りたたんだ。その後に続けて，新しい方の二つ目の折り目に対して垂直に，真ん中あたりに三つ目の折り目をつけた。図書館はこれらの事情に関連する番号を採用している。したがって，一つ目の折り目が上に来るように見て，左にくる

第3部　文献資料上の解明　　　601

大四つ折り版には鉛筆で 2，右には 3 と書かれている。三つ目の折り目に対応する大八つ折り判は，二つ目の折り目が上に来るようにして，2 頁では左半分に a，右半分に b，3 頁では右半分に a，左半分に b と書かれている。大八つ折り判の頁ではすべて，新しい方の二つ目の折り目が上にくるようにして筆記され，下側の，全紙の切れ目の方へと向けて書き進められている。執筆の順序は，2b，2a，3a，3b の順だったと考えられる。二つ目の折り目の折り直しについては，後世のどこかの時点でもとに戻されていた，すなわち，全紙は，最初につけられた方の二つ目の折り目に合わせた形で保管されていた。

　ヘーゲルがシューバートに関するテキストの筆記に用いたインクの色は，2 枚の全紙への他の書き込みよりもごくわずかに薄い。取り消し線には，暗くわずかに茶色がかった色のインクが使われている。

　d）個々のテキストについて

　以下の四つのテキストは 1819 年 12 月 30 日の学位記の裏面に見出される。その順序は，推定される執筆順序にしたがっている。

　a．シューバート著作をめぐって（「シューバート Ⅳ をめぐって」）にはいかなる決まった動機も決まった目的も確実には知りえない。見たところ，自然哲学関連の論述であり，天文学者フリードリヒ・テオドール・シューバートの一つあるいは複数の記述がその論述の思想的出発点であったと考えられる。また，おそらくはこの論述はのちの仕上げのための基礎として役立てられたはずである。この論述は早くとも 1820 年の 4 月の終わりに書かれたと思われる。また，番号づけに含まれる表示から推測すると，それはもはや完全な形では保存されていない記録の続きの部分であり，その記録はシューバートの著作に多少とも直接関わっていたようである。

　b．『エンツュクロペディー』第 19 節に関連して（「A」真理）は，キーワードと定式化の寄せ集め，ないし編成表であり，ほぼ間違いなく，「論理学・形而上学」講義の中に入っていたものである。これは少なくとも，故人の友人の会版第 6 巻の『エンツュクロペディー』第 19 節（「論理学」への「予備概念」の最初の節）の補遺の証拠となっている[99]。これは一部，原稿テキストでの定式化と言葉が一致している。〔原稿テキストの〕「その先行する諸表象と関連する悪い結果が出る──そこにともに含まれる高き理念へ〔至る〕──自家用論理──それはわれわれをあるがままにさせる」という言葉は，〔補遺の〕「人は同様にまた論理

　99）　*G. W. F. Hegel's Werke. Vollständige Ausgabe durch einen Verein von Freunden des Verewigten*. Bd. 6: *Encyklopädie der philosophischen Wissenschaften im Grundrisse. Erster Theil. Die Logik*. Hrsg. u. nach Anleitung der vom Verfasser gehaltenen Vorlesungen mit Erläuterungen u. Zusätzen versehen von Dr. L. v. Henning, Berlin, 1840, 29-31. 参照。

を聞き取るが，これはわれわれをあるがままにしておくべきなのであり，思考が通常の表象の領域を超えてゆく場合には，人は悪い結果へと至ると思い込む」という言葉に対応しているし[100]，〔原稿テキストの〕「真剣，——それはそのようには思われていない」という言葉は，〔補遺の〕「怠惰な精神は簡単に，次のように言おうと思いつく，『それは哲学することでもって真剣になるわけではない，と思い込まれていない』と」という言葉に対応する[101]。さらに，〔原稿テキストの〕「われ　哀れな虫けら」という言葉は，〔補遺の〕「わたしという哀れな者はいかにして真なるものを認識しうるのか？」という言葉に対応し[102]，〔原稿テキストの〕「粗野のうちに卑しさが存続し続ける」は，〔補遺の〕「人はしかしまた，それから真理が認識され，結局は人がその有限な目的の卑しさのうちで生き延びるということを見出すということがありうるのか，とも問う」という言葉の中に再び見出される[103]。

　故人の友人会版の対応する巻の編者であるレオポルト・フォン・ヘニングが『エンツュクロペディー』の諸節への補遺のための出典について述べていることによれば，以下の想定から考察を始めてよかろう。ヘニングは手元にあった1819 年夏から（おそらく）1831 年までの期間の「論理学・形而上学」講義の筆記録のノートから〔補遺を〕編み出したのである[104]。かれがヘーゲルのこの原稿を補遺の定式化に直接用いたということはほぼ考えられない。というのも，〔これらの原稿の〕定式化には脈絡がなく，原稿の中の順序と印刷されたテキストの順序はいくらか異なっているからである。補遺が今ある形になるには，確実に，原稿の中にあるのよりも詳細なテキスト上の連関と文脈があったといってよい。ヘニングが原稿を前に置いていたかどうかは分からないが，かれ自身は，その間の編集に用いたのは「残された紙片」だと曖昧に述べている[105]。

　縦の取り消し線は，処理済みの印または他の原稿に引き継がれたことの印だと思われるが，その正確な意味も不明確なままになっている。しかし，この処理済みの印がヘーゲル自身によってつけられたのではないとする根拠もない。まったく確からしいことに，1829 年から 1831 年に書かれた「論理学・形而上学講義のメモ[106]」はこのテキストに見られたようなものと，言葉の上でも意味についても一致する同じ定式化がされている。そこでもまた，「頭を掃除する」という言

100）　*Hege, Werke*. Bd. 6, 31. 参照。
101）　同上。
102）　前掲書，30.
103）　同上。
104）　Ebenda Bd. 6, Vf. und VIII 参照。
105）　Ebenda V.
106）　„Editorischer Bericht" in: *GW*19, 475-177. 参照。

第 3 部　文献資料上の解明　　　　　　　　　　　　　603

葉がある[107]。また，そこには「それは有限な仕方で悪い結果へと至る[108]」とある。また，「すべての教授はその学問を褒めそやす[109]」だとか，「論理学で固く保持され，他の諸学問では徐々に軽くなる[110]」とも言われる。ひょっとすると，処理済みの印は，「論理学・形而上学」講義のこれらのメモの執筆とともに，『エンツュクロペディー』の第 2 版や第 3 版にしたがって書かれたのかもしれない。

　c. 自然の 3 段階（「A.」諸段階──弁証法……）は，短い分節化や断片的な文とキーワードの形で書かれている。またその一部は同様に処理済みの印を意味する縦の線によって取り消されている。『エンツュクロペディー』第 2 版の定式化との確実な類似は[111]，ここでは論理学の「予備概念」に対応する「論理学・形而上学」講義の部分の講義メモが問題になっているのではないかと思わせる。このメモについてはおそらく先行する記述から時間的にすぐあとに執筆がされたと想定してよいだろう。また，記述の順序の分析が示す通り，続くメモより前に書かれたことは確実である。

　d. 精神哲学第 1 部 b. についてのメモ（「a）人間の原初の状態」）は，第 319 節から第 325 節まで，すなわち，精神哲学第 1 部の「b. 主観的精神のその実体性に対する対立」の章についてのメモである。このメモは，「人間学・心理学」講義用メモだと考えられる。メモと，1825 年夏学期の講義のグリースハイムによる筆記録との言葉上・意味上の一致から，この原稿か，またはそれに基づくのちの修正が，講義のもとになっていると確実に推定される[112]。この可能性のゆえに，処理済みの印としての縦の線は，むろんここでも『エンツュクロペディー』第 2 版の修正に起因すると考えられる。

　より確実な日付の推定が不可能であることから，この伝承経路によるメモの起草時期は 1820 年 4 月から 1825 年夏までの間の期間に大まかに限定されるにとどまる。

　ところで，一連の三つのテキスト e・f・g は，1820 年 4 月 20 日の博士学位記の裏面に書かれており，また，その配置は推定された書き込みの順番に対応している。

　e.『エンツュクロペディー』第 322 節以下についてのメモ（「肉体的なものを支配する力」）は，主題の上では『エンツュクロペディー』第 322 節以下に対応し，

　107）　*GW*19, 429, 9f; 434, 6 にも登場する。
　108）　Ebenda 430, 11f.
　109）　Ebenda 429, 8.
　110）　Ebenda 429, 11f.
　111）　Ebenda 77, 24. 参照。
　112）　Nachschrift v. Griesheim 239f. 参照。

以下の二つのグループとともに、「人間学・心理学」講義用メモとして書かれたと考えられる。三つのメモのグループはすべて、『エンツュクロペディー』のメモ用綴じ込み頁の書き込みの、対応する節の記述と内容的に緊密な一致を示している。注目すべきは、意味を解釈するのは難しいが、ここでのメモには、他のメモと異なり、修正の印がないということである。

　f.『エンツュクロペディー』第320節と第321節についてのメモ（「わたしを支配する他者の力……」）は、主題の上では『エンツュクロペディー』第320節と第321節に属し、以上のメモ群と同様に講義メモだとみなされる。このメモの中には、いくつか処理済みの印によって取り消されたものがある。

　g.『エンツュクロペディー』第21節についてのメモ（「狂気は自己内閉鎖性である……」）は、主題の上では『エンツュクロペディー』第21節に収斂している。フリードリヒ・ニコライの幻視への言及からは、より詳しく、これが書かれたのが遅くとも1822年夏であることが分かる。というのも、すでにハインリヒ・グスタフ・ホトーによる1822年夏学期の「人間学・心理学」講義ではニコライの幻視報告についての逸話ふうの記述があるからである[113]。このメモにも、第151束紙片第3番裏頁だけが例外であった、処理済みの印としての縦の線がある。

　推定された記述の順序と、「狂気は自己内閉鎖性である」以下のメモ群の日付の推定から、この伝承経路におけるすべての記述の起草は、1820年4月の終わりから1822年夏までの期間に限定される。

（C）『エンツュクロペディー』第1版の第311節・第322節などについてのメモ（「a.）占星術」）

a）伝承資料

原稿：ハーヴァード大学ホートン図書館（マサチューセッツ州ケンブリッジ）ヘーゲル諸文書　bMS Ger 51（14）154.

　この原稿は四つ折り判紙片の淡い黄色（シャモア色）の紙に片面だけ書かれており、透かしはなく、21.8 × 18cm のサイズである。紙片はより大きな全紙を折り目の線にそって折り曲げたり切り離したりして作られたことが分かる。そして、なめらかに切り取られた縁が左側にあり、いくらか粗く切り取られた縁が上にある。表面は左上に図書館によって黒のインクで154. と番号がつけられている。ヘーゲルはその紙片に黒のインクで余白無く記入している。

b）成立史

　この紙片は講義メモで、主題の上では『エンツュクロペディー』初版の第311

113）　Nachschrift Hotho 49 裏頁 , また，Nachschrift v. Griesheim 172f. 参照。

第3部　文献資料上の解明　　　　　　　　　　　　605

節と第322節における自然な魂についての叙述に関連している。そして，一部
は『エンツュクロペディー』第3部に綴じ込みのある本のメモに一致している。
メモは早くとも1817年夏，つまり，ヘーゲルが『エンツュクロペディー』の最
初の出版に向けて講義していたときから，遅くとも1825年の夏，かれが『エン
ツュクロペディー』初版による最後の「人間学・心理学」講義をしたときまでの
間に書かれた。テキストに現れるピネル，ライル，デュピュイ，デュボワ，リッ
ターの書物への指示は，日付を推定するためのより詳細な手掛かりにはならない。
デュボワの本への言及からは，メモが1817年の夏にはまだ書かれていなかった
ということが分かる。というのも，デュボワの問題の本が最初に出版されたのは
この年であり，ヘーゲルが直ちにその出版を知ることはできなかったからであ
る[114]。デュボワの名前があとから付け加えられたのに対して，オリジナルのメモ
の執筆がどの期間になされたかということ，また，ヘーゲルがメモの執筆の間に
その名前を思い浮かべていたかということを決定することはできない。ここで機
械製の紙が用いられていないということから，メモが書かれた時点として，ある
程度の確からしさで，1822年夏までが考えられるということも考慮にいれる必
要がある[115]。

（D）『エンツュクロペディー』注解口述筆記ノート
a）伝 承 資 料

　1817年の『エンツュクロペディー』のある私家本には，綴じ込まれた紙片に，
ヘーゲルの手によらない，日付のない手書きの書き込みがなされている。それゆ
え，ヘーゲルだけではなく，他の人物も綴じ込み頁つきの私家本を作らせていた
ということになる。書き込みの著者についてはその本には何の説明もない。「1937
年 J. H. アンダーフープ蔵書」という蔵書印だけが残されている。H. アンダー
フープ博士は，1921年にヘーゲル全集の編者ゲオルク・ラッソンにこの本の存
在について知らせたが，しかし前の所有者や書き込みをした人物についての情報
はもっていなかった[116]。本はヘーゲル・アルヒーフに収められ，現在もそこにあ
る。

　これは『エンツュクロペディー』の完全な本である。最初の綴じ込み頁はアラ

　114）　Jean Antoine Dubois: *Description of the Character, Manners, and Customs of the
People of India.* London, 1817.

　115）　E. Ziesche/D. Schnitger: *Der handschriftliche Nachlaß Georg Wilhelm Friedrich
Hegels.* T. 2, 39f. 参照。

　116）　Unveröffentlichte Diktate aus einer Enzyklopädie-Vorlesung Hegels. Eingeleitet u.
hrsg. von F. Nicolin. In: *Hegel-Studien.* 5 (1969), 9. 参照。

606　　　　　　　　　　　　解　　説

ビア数字での頁づけが始まる短いタイトル頁の次，すなわち，2頁と3頁の間に
ある。綴じ込み頁は，この本の最後まで続いている。178頁と179頁の間だけ，
頁が欠けている。それらの頁は，切り口が一様になっている印刷された本の頁と
異なり，少し広くなっており，固い紙でできている。すべての頁に書き込みがあ
るわけではない。

　他者の手による（鉛筆，赤鉛筆，インクでの）書き込みがなされている。この
書き込みは特に，初版の節番号を，『エンツュクロペディー』第2版ないしは第
3版の節番号に割り当てたものであり，当該の読者のために問題となる箇所に印
をつけ，決まった箇所に一覧表をつけたものである。これは比較的あとに書かれ
たものである。というのも，故人の友人の会版全集の頁が指示されており，より
あとの作品（1841年に出版された，アルトゥール・ショーペンハウアーの著書
『倫理学の二つの根本問題』）にも関係づけられているからである。これらのメモ
は最後の所有者であるアンダーフープ博士によって書かれたことが確実であり，
この版では考慮されていない。或る箇所では，LXV のメモの綴じ込み頁への書
き込みの外の余白で，隣接する本文への関係づけがなされている。その本文とは，
「悟性ないし理性が自然の中にあると言われもするときの意味で」である。この
メモは，明らかに，「論理学」の「序論」の XV 頁の対応する箇所を指示してい
る。「しかし以下のように言われるかぎりで，すなわち，悟性が，また，理性が，
対立する世界に存在すると…」という箇所である[117]。インクの色からは，このと
きには他のひとの手によって書き込みがなされたということが判定できる。

　不詳の人物の手による綴じ込み紙片への日付のない書き込みは，きれいに書か
れており，略字は使われず，省略や取り消しもほとんどない。個別の節への言及
は常に対応する節の高さになされているわけではなく，コメントのための余白を
できるだけ多くとるために，しばしば頁の上から始まっている。一つの節への言
及が，前後する綴じ込み紙片のそれ以上の頁に続くことはほとんどない。コメン
トのほとんどの部分は『エンツュクロペディー』第1部（論理学）に見られる。
第2部（自然哲学）については，この本にはたった一つの説明しかなく，それは
自然哲学の構成についての長めの概観である。第3部（精神哲学）についての言
及は四つしかない。絶対精神についての章にはまったく書き込みがない。また，
コメントが多くなされている『エンツュクロペディー』第1部についても，すべ
ての節に説明がなされているわけではない[118]。

---

　117)　*GW* 11, 22, 15-16,

　118)　ドイツ語表記に関して，この書き込みには以下の特徴がある。(1) しばしば，i
の点が欠けている。(2) und の代わりにしばしば ud とだけ書かれ，このとき筆記体の u の弧
状記号が欠けている。(3) "z. B." の略記法は略記を表すプンクトなしに合字として示されて

第3部　文献資料上の解明　　　607

b）成立史

純粋に内容的には，書き込みの性格から，これはヘーゲル本来の思想の複製のようなものに違いないということが見て取れる。書き手がこの『エンツュクロペディー』の本の中でテキストに個人的な所見を書き込んだということはほぼ考えられない。さらには，不詳の執筆者が，『エンツュクロペディー』第2版ないし第3版におけるヘーゲルの叙述を，かれの初版の本に付け加えたということも考えられない。というのも，ここではのちの版のそのつどの対応する節との比較がなされたということを支持するいかなる根拠もないからである。しかしまた，これはヘーゲルの講義の口述筆記のようなものでもありえない。講義では『エンツュクロペディー』は節から節へと自由な形式で進行していたが，書き込みは『エンツュクロペディー』のテキストの根本思想をかなりコンパクトな形式で再現しているからである。

このメモの説明の性格の格別なところは，テキストの言い換えが目指されておらず，むしろ根本思想を明確にし，展開すること，ならびに複数の個々の節に広がった思考の連関を再現することが目指されているということである。それゆえ，第1節における哲学の始まりの問題の説明では，自由の決意の必然性を参照するよう指示されているが，これについて初めて明示的に扱われるのは第36節である。さらに第1節についての説明で，表象的な思考が陥る矛盾の意味が，哲学の始まりのために際立たせようとされるときには，あとになって論理的なものの弁証法的な側面（第15節）やカントのアンチノミー（第32節）を取り扱うところでようやく展開される観点が先取りされている。それゆえ，この問題についての分散した注意は，思考の道行をまとめる形で集められている。実際，第1節の説明は，大まかに「緒論」と「予備概念」の根本思想である。テキストの思考の上での指針のコンパクトな再現は，一部では入り組んだ構文にも表れている。

説明ではまた，課題や推移，分節化が明確にされなければならなかった。それゆえ，「予備概念」から論理学の第1部への移行がなされる第37節と第39節

いる。（4）2te, 3teのような序数については，オリジナル版では接尾辞のteには或る箇所では二重下線が引かれ，或る箇所では上に線が引かれ，或る箇所では特に何も強調されていない。アカデミー版ではそのような序数は一般に$2^{te}, 3^{te}$のような上付き文字で書かれている。（5）一貫してはいないが，dieをd.と，また，DieをD.と略しているところがある。この他，アカデミー版『ヘーゲル全集』第13巻の一般的な略記法で示した省略は，資料ではことさら示されていない。オリジナル版では段落区切りが常に明確に字下げによって示されているわけではないが，アカデミー版ではこれは字下げによって表現されている。記録はオリジナル版の誤りのある節番号を引き継いでいるので，当該の節については訂正した番号を角括弧で補完して示している。アカデミー版の欄外表題では，頁数を示す$2^\star, 6^\star, 7^\star, 8^\star$等々は，そのつど，綴じ込み紙片の書き込まれた頁に向かい合っている印刷された本の頁を指示している。

（新たな番号では第 38 節）への注記では，考察の労苦が，存在を始まりとすることを基礎づけるためになされている。そこにおいて書き手は，論理学全体の構成を提示している。

　自然哲学についてのわずかな説明では，自然哲学の全体の構成についての体系的な概観がされているが，これは後の，『エンツュクロペディー』第 2 版で行われた分節化をすでに予告している。第 1 版で区別された各部は以下の通りである。「第 1 部　数学」と，「第 2 部　非有機的なものの物理学」「A. 力学」とが第 2 版では「第 1 部　力学」にまとめられている。また，初版の自然哲学第 2 部は「非有機的なものの物理学」だが〔第 2 版の〕第 2 部のために手を加えられた形では，「物理学」となっている。それから，第 1 版と同様に有機的なものについての第 3 部が続く[119]。これに対応するようにこのメモの体系的概観では「力学，物理学，有機体論あるいは生理学」となっている。

　しかし，この体系的概観の物理学の下位分類は，まだ初版の『エンツュクロペディー』の構成に準拠している。概観は完全に遂行されているわけではない。元素的物理学の構成が個々にすべて見直されているにもかかわらず，これは個体的物理学についてはなされていない。また，有機体論についての第 3 部の下位分類も欠けている。

　説明の素描的な性格にかんがみて，ヘーゲルはこの『エンツュクロペディー』の全体について，聴講者がまさにこの形式の書き込みをしようとするような仕方で講義をすることができたのかどうかということが問題となる。ヘーゲルは『エンツュクロペディー』についての講義を，初版の公刊以後 4 度行っている。ハイデルベルクでは，1817/18 年冬学期と 1818 年夏学期，ベルリンでは，1818/19 年冬学期と 1826/27 年冬学期とである[120]。

　そして，1818 年夏学期の講義だけは，ヘーゲルが「説明のための筆記」を通じて予告したものである。学部の事務書類から分かるように，ヘーゲルはその講義を実際に行ったか，あるいは初めのところを講義した[121]。それゆえ，『エンツュクロペディー』のメモ用綴じ込み頁付きの本の書き込みは，1818 年夏学期講義の口述筆記に関わりがあると想定される。書き込みのコンパクトな性格もこうして理解できる。かの書き込みがチュートリアルの口述筆記であるという想定にはいかなる手掛かりもない。というのも，ヘーゲルは『エンツュクロペディー』についての講義をチュートリアルと結び付けてはいないからである。

　119）　*GW* 19, 465ff. 参照。

　120）　*Briefe von und an Hegel*. Bd. 4. T. 1, 111, 119, 123 を参照。また，脚注 193 における指示も参照。

　121）　F. Nicolin: *Hegel als Professor in Heidelberg*. 98. 参照。

第 3 部　文献資料上の解明　　609

　それでもなお，なぜ自然哲学についてわずかな書き込みしかなく，また，絶対精神についてまったく書き込みがないのかということは不明のままである。そのうえ自然哲学についての書き込みは未完成である。ほぼ間違いなく，ヘーゲルの講義の当該の聴講生はすべてを筆記してはおらず，それどころか講義の終わりの方を欠席したのであろう。ヘーゲルが講義で教材の最後まで届かなかったということは考えられない。というのも，ヘーゲルがもっていた綴じ込みのある本への日付の書き込みから分かることだが，かれは「エンツュクロペディー」講義で教材の最後まで到達していたからである。

Ⅲ 亡失稿報告

1 『エンツュクロペディー』Ⅱについての
綴じ込みのある私家本

　ヘーゲルがエンツュクロペディー，論理学・形而上学，自然哲学，精神哲学，法哲学講義の元にしていた概説のうち，二冊の本の一部が残されている。一つはメモ用の頁が綴じ込まれ多くのメモが書き込まれた『法哲学』第 1 部の本と[122]，1817 年の『エンツュクロペディー』第 3 部の，メモ用の頁が綴じ込まれた本とである。それゆえ，メモ用頁の綴じ込みをともなった要綱の全体が，ヘーゲルが当時使用していた形ではわれわれに残されていないということはなるほど確実である。むしろ，『法哲学』についても，『エンツュクロペディー』についても，〔講義のもとにするという〕目的にかなった仕方で，いくつかの要綱中の部分が一緒になっていた，メモ用の綴じ込みを含む本があった，という想定から出発すべきである。『エンツュクロペディー』についての 2 番目の分冊は，たぶん第 2 部（「自然哲学」）だけが含まれていたものである。このことが確実なのは，カール・ルートヴィヒ・ミシュレによって，故人の友人の会版『ヘーゲル全集』の枠組み中の自然哲学の版の序説に証言が残されているからである。残っている本のカバーにある表示は，『法哲学』の本では「法哲学　第 1 部[123]」となっており，『エンツュクロペディー』では「エンツュクロペディー　第 3 部」となっている。ここから間接的に，対応する表示をもった他の部があったであろうということが，それについての報告はないが想定できる。

　122）　Staatsbibliothek zu Berlin Preußischer Kulturbesitz. Libri impressi cum notis manuscriptis oct. 126; また，これについて，„Editorischer Bericht" in: *GW*14 も参照。

　123）　E. Ziesche, *Der handschriftliche Nachlaß Georg Wilhelm Friedrich Hegels*. T. 1, 222. 参照。

第 3 部　文献資料上の解明　　　　　　　　　　　611

2　原　　稿

「ノートを見よ」という指示が，主題としては『エンツュクロペディー』第
318 節に属するメモの文脈の中にある。この指示の筆運びを，同じ行にある 19/6
22〔1822 年 6 月 19 日〕という日付の筆運びや，この頁の残りのメモの筆運び
と比較して観察すると，この指示は当該の日付より前に書かれたと考えられる。
1822 年と 1825 年の夏の「人間学・心理学」講義の残された筆記録からは，ヘー
ゲルが講義のこの場所で追加資料を援用していることを一定の確実さで把握する
ことができる。その資料にしたがってヘーゲルは 1822 年には第 317 節と第 318
節について講義するとき，『エンツュクロペディー』と「メモ」の中に含まれる
ものを超え出て講義を作っており，1825 年の続く講義でもまた，それらの節の
講義の順序を変更している。これらの追加資料については，全体を通じて指示と
の関係がある。1820 年夏についてはこれまでいかなる講義筆記録も明らかになっ
ていないため，手記によってはこの期間の日付や，あるいはそれどころかそれ以
前の期間の日付は指示されない可能性がある。この前提のもとでは，ヘーゲルが
ここで例の二冊のノート（あるいは少なくともそれらのうちの一冊）を扱ってい
たということは排除されない。

　そのノートについては，ルートヴィヒ・バウマンが故人の友人の会版の「精神
哲学」の編集者前書きで次のように報告している。「編者には，とりわけヘーゲ
ルのもともとの講義ノートが手元にあった。そのうちの『1817 年 5 月』という
日付が見てとれるものからは，その個々の部分での詳しさが大きく異なっている
ということが分かる。もう一つのノート，これはベルリンで書かれ，1820 年夏
学期に初めて使われたものだが，このノートでは詳しさはある程度均一になって
いる。しかし，いずれのノートも，固く結びついた諸命題を敷衍するような対象
についての展開を含んではおらず，たいていは一般的な見取り図や簡略な言葉を
含んでいるにすぎない」[124]。二つのノートの内容についてのこの記述は，必要な
変更を加えれば，たとえばこの巻で編集された，ばらばらの紙片や全紙によって
伝わっているような講義メモにも当てはまる。それゆえ，バウマンによって選ば
れたノートについての表示は，「講義ノート」を受講生による筆記録だけでなく，

---

124)　*G. W. F. Hegel's Werke. Vollständige Ausgabe durch einen Verein von Freunden des
Verewigten.* Bd. 7, 2: *Encyklopädie der philosophischen Wissenschaften im Grundrisse. Dritter
Theil. Die Philosophie des Geistes.* Hrsg. von Dr. L. Boumann. Berlin, 1845, VI.

612 解　説

　講義メモの集積も（一部はことによると口述筆記のためのメモではあったかもし
れない）それに入るというかなり広い意味で理解しないかぎりは，けっして正し
いとは言えないことになる。この意味で，指示は，「人間学・心理学」の最初の
講義の初めから，『エンツュクロペディー』の関連する節についての補完的な説
明と概念的な変容をヘーゲルが書き込んでいた，メモのノートに関わっていると
いうことになるだろう。

　「原稿にはこの通り」という指示の場合にも，「385 をめぐって，草稿に従って」
というそれに似た形の指示の場合にも，ホトーとグリースハイムの筆記録の対応
する箇所を見たところで，1822 年と 1825 年の夏学期の「人間学・心理学」講義，
追加で，要綱とメモのテキストを超える資料が入り込んでいるということの証拠
は認められない[125]。

　「原稿にはこの通り」という指示は，主題の上では当時の経験的心理学へのヘー
ゲルによる批判に属する記述と関連している。それゆえ，この「原稿」によって，
1821/22 年頃の時期の主観的精神の哲学についての断片的な原稿が意味されてい
るのではないかという可能性が出てくる[126]。（とりわけ，そこでは，経験的心理
学についての記述やメモが念頭に置かれており，ことによると「エッシェンマイ
ヤーの 3 部構成の心理学」や，「シュテッフェンスの 2 分冊の人間学」について
の講評も前提されていたかもしれない[127]。）また，これらの箇所への指示は，講
義の実践にとっての意味をもたず，たんなる備忘録という性格のものではないか
という可能性も出てくる。「385 をめぐって，草稿に従って」という 2 番目の指
示は，同様に主観的精神の原稿に関係しているかもしれないが，このことは想定
される書き込みの時期のゆえに排除される。

　さらには，次の可能性も考慮に入れるべきである。まずヘーゲルがここで，定
式化は似ているにもかかわらず，そのつど同じ原稿のことをいっているわけでは
なくて，2 番目の場合には，バウマンのいう「講義ノート」の一冊が考えられて
いたということもありうる。次に，ヘーゲルは二度ともこの（あるいはこれらの
うちの一冊の）「ノート」のことをいっているということになるが，この場合，
このことはわれわれが知る根拠によっては，残された筆記録から証明されえない。

　それにもかかわらずなお考えられるのは，両方の参照指示が一つの原稿のこと
をいっていて，その原稿は今日ではもはや一義的に同定できないか，散逸したか
であり，また，それをヘーゲルは最初の「人間学・心理学」講義のためにだけ用
いており，遅くとも 1822 年の夏には（ここでもわれわれには分からない理由か

---

125)　Die Nachschrift Hotho 95 裏頁および die Nachschrift v. Griesheim, 367f. 参照。
126)　アカデミー版『ヘーゲル全集』第 15 巻，207-49 頁および同書編集者報告参照。
127)　Ebenda 210, 9-212, 7，また，216, 1-217, 20 参照。

第 3 部 　文献資料上の解明 　　　　613

ら）それを用いるのをやめていたということである。

　印刷テキスト余白の，第 438 節の終わりの右横のところに書かれた鉛筆のメ
モ「憲法　わたしのノート」は，その向かいのメモ用綴じ込み頁 238★の，書き
込みと書き込みの形式についてのメモに，主題の上で緊密に関わっている。メ
モは読み取るのが困難であり，筆運びからしか日付を推定できない。ヘーゲル
はエンツュクロペディーについて全部で 5 回しか講義しておらず，そのうちの
4 回は 1817 年の『エンツュクロペディー』公刊のあとであり，さらにそのうち
の 3 回は『法哲学』（1821 年）公刊の前である。だから，また，それでなくても
1826/27 年冬学期の講義についてはヘーゲルがそもそも 1817 年のテキストによっ
て講義を作ったか定かでないのだから，このメモは遅くとも 1818/19 年冬までに
書かれたとより詳しく推定できる。ここから，ヘーゲルはこの箇所で，かれが
1817/18 年冬までに法哲学講義のために用いることができた原稿に関わっている
か，あるいはより後の，『法哲学』出版のための準備を含む原稿に関わっている
かいずれかだと結論できるかもしれない。両方の基準に合うようなノートが考え
られていた可能性もある。それゆえ，そのメモはヘーゲルが法哲学についてもエ
ンツュクロペディーについてもそれぞれ講義していた 1817/18 年冬学期の講義か，
あるいはそれに続く 1818/19 年の講義から派生しており，また，かれはエンツュ
クロペディー講義の準備の際に，そのメモを法哲学講義の原型と交錯する形で書
き付けていたということも推定されうる。

　　　　　　　　　　　　　　　　　　　　　　　　（川瀬和也・翻案）

614 解 説

表1 『エンツュクロペディー』体系の成立

年次	事 項
1803	イェーナ大学の講義便覧において,『哲学のエンツュクロペディー』の刊行が初めて予告される。
1807	『精神現象学』公刊。自著広告において,「学の体系第2部」としてエンツュクロペディーに相当する内容の著作が予告される。
1808	ヘーゲル,ニュルンベルクに赴き,ギムナジウム校長に就任。ニートハンマーによる教育改革の一環として,『バイエルン王国の公教育機関の組織に関する一般的規準』(以下,『規準』)が作成される。この中で,ギムナジウム上級クラスの目標として,「思弁的思考の諸対象を,ひとつの哲学的エンツュクロペディーにおいて一緒に把握する」ことが挙げられる。
1808/09	ヘーゲル,ギムナジウム上級クラスにおいて最初の「エンツュクロペディー」講義。論理学講義が始まる。この時は,『精神現象学』に続くものとして体系が構想されていた。
1809/10	上級クラスにて,論理学の一部と自然哲学の一部を含むエンツュクロペディー関連講義。
1810/11	「体系的順序」による「エンツュクロペディー」講義。
1811/12	論理学,自然哲学,精神哲学の構成による授業が初めて行われる。
1812	『論理学』「存在論」公刊。ヘーゲル,10月23日付ニートハンマー宛書簡にて,「哲学的エンツュクロペディー」の課題についてコメント。

表2 論理学の体系構成の変化

年代	事 項
1808/09	ギムナジウム講義において,存在論的論理学,主観的論理学,理念論の三区分が現れる。存在論的論理学では,本質と現実性について扱われている。 ここで存在論的論理学は客観的論理学とも言い換えられる。主観的論理学には概念論,判断論,推論論が含まれる。理念論は客観的論理学,主観的論理学に並ぶ独立の第3部となっていた。 また,この時は客観性篇が欠けていた。ただし,推論論の最後に,理念論への移行の箇所として目的についての議論が含まれる。
1809/10	理念論が主観的論理学に統合される。目的についての議論が拡張され,「過程」についての章が置かれる。これにより,推論の論理学が,形式的推論,目的論的推論,過程の三つに区分されることになった。
1812	『論理学』「存在論」公刊。
1812/13	主観的論理学が主観性,客観性,理念の三つに区分される,『論理学』「概念論」や『エンツュクロペディー』で踏襲される論理学の体系が完成する。この時,客観性も機械的連関,化学的過程,目的の三つに区分されている。

第3部　文献資料上の解明　　　　　　　　　615

表3　精神哲学の体系構成の変化

年代	事項
1808/09	ギムナジウムの中級クラスにおいて,『規準』において課程の内容に指定された心理学を,『精神現象学』と接続しようとする試みがなされる。『精神現象学』の構成を反映した,「(1) 抽象的あるいは不完全な諸対象の意識,(2) 有限な精神の世界の意識,(3) 絶対精神の意識」からなる「意識の論」に,心理学が後続すると予告された。しかし実際の授業では,意識論は途中で中断され,論理学へと移行している。いずれにせよ,ヘーゲルはここで,『現象学』を大幅に短縮する必要に迫られたと考えられる。
1810/11	エンツュクロペディーにおいて,「精神論」が初めて扱われる。ここで,精神哲学は「その概念における精神,心理学一般」,「精神の現実化すなわち国家学と歴史学」,「芸術,宗教,学問における精神の完成」に区分される。ただし,「国家学と歴史学」には,法や道徳に関する考察は含まれていない。
1811/12	以前の「意識論」が「精神現象学」と呼ばれ,心理学が「本来の精神論」と呼ばれる。また,国家学,歴史学と一緒に,法と道徳が扱われるようになる。
1812/13	この時期の欄外メモにおいて,「現象学」,「心理学」,「精神の現実化としての法の学,国家学,歴史」,「芸術,宗教,哲学」の四部門が区別されるとともに,新たに「人間学」への言及がなされる。
1816	このときまでに,『ハイデルベルク・エンツュクロペディー』と同様の体系が構想される。ただし,正確な成立時期については,資料が欠けている。

表4　日付の書き込みと授業の対応

[エンツュクロペディー] 講義

学期および週ごとの予告授業時間数	日付の書き込みの期間	扱われた節番号	講義された節の数	週における講義時間数	週あたりに扱われた節の数
1817/18 冬学期	1817年10月21日から1818年2月8日	1から333	333	15-16	21-22
	1818年2月9日から1818年2月16日	334から372	39	1	39
	1818年2月17日から1818年3月6日	373から464	92	3	30 2/3
	1818年3月7日から1818年3月10日	456から477	13	1 (3日)	13
1818年夏学期　毎日	1818年5月1日から1818年8月17日	1から317	317	14	22 1/2
	1818年8月12日から1818年8月17日	318から328	11	1	11
	1818年8月18日から1818年8月24日	329から383	55	1	55
	1818年8月25日から1818年9月4日	384から477	94	2	47
1818/19年冬学期, 5時間	1818年10月22日から1819年3月11日	1から399	399	19	21
	1819年3月12日から1819年3月17日	400から435	36	1	36
	1819年3月18日から1819年3月23日	436から477	42	1	42
1826/27年冬学期, 5時間	1826年9月1日から1827年3月24日	1から477	477	20	23-24

[人間学・心理学] 講義

学期および週ごとの予告授業時間数	日付の書き込みの期間	扱われた節番号	講義された節の数	週における講義時間数	週あたりに扱われた節の数
1817年夏学期, 5時間	1817年4月28日から1817年7月10日	300から337	38	11	3 1/2
	1817年7月11日から1817年9月17日	338から399	62	10	6 1/4
1820年夏学期, 5時間	1820年4月17日から1820年7月3日	300から322	23	11	2
	1820年7月4日から1820年7月7日	323から328	6	1 (4日)	6
	1820年7月8日から1820年7月25日	329から362	34	2	17
	1820年7月26日から1820年8月11日	362から399	37	3	12 1/3
1822年夏学期, 4時間	1822年4月25日から1822年6月19日	300から318	19	7 (1/2)	2 1/2
	1822年6月20日から1822年7月22日	319から328	10	5	2
	1822年7月23日から1822年8月13日	329から399	71	3 1/2	20 1/4
1825年夏学期, 4時間	1825年4月28日から1825年7月28日	300から328	29	14	2
	1825年7月29日から1825年8月12日	329から362	34	2 1/2	13 1/2
	1825年8月13日から1825年8月30日	363から399	37	2 1/2	15

第 3 部　文献資料上の解明　　　　617

表 5

B1. 1 *recto	209*	210*	211*	212*	213*	214*	215*	216*
1820 年夏から 1822 年夏の間	1822 年夏(より)早い可能性も	1817/18 の可能性	1817/18 冬または 1818 夏	1818 夏から 1822 夏の間	1818 夏から 1822 夏の間	1818 夏から 1822 夏の間	おそらく 1820 年(あるいはいくら)か早く	おそらく 1820 年(あるいはいくら)か早く
	1825 年夏(ことによると)より早く	1822 年夏(ことによると)より早く	1818 夏から 1822 夏の間				1822 年の前または(はその最中(1822 年 8 月より前)	1822 年の前または(はその最中(1822 年 8 月より前)
	おそらく(より)1820 年早い可能性も						1818 夏と 1822 夏の間	

618 解 説

227★	226★	225★	224★	223★	222★	221★	220★	217★
1818年夏から1820年夏の間	おそらく1820年以前	おそらく1817/18年冬	1820年あるいはそれよりいくらか早く	1820年あるいはそれよりいくらか早く	おそらく1820年以前	1818/19年冬（ことによるとより早く）	1818/19年冬（ことによるとより早く）	おそらく1820年の前または最中
おそらく1820年以前	1820年またはそれ以前	おそらく1817/18年冬		おそらく1820年以前	おそらく1820年以前		1818/19（ことによるとより早く）	1822年の前または最中（1822年8月より前）
1820年夏（より）早い可能性も）	1820年夏（より）早い可能性も）	1820年夏（より）早い可能性も）		1820年、またはそれ以前（1820年7月以前）	おそらく1820年以前		おそらく1820年以前	1822年8月9日
おそらく1820年（より）早い可能性も）		1817/18年冬から1820年夏の間			1820年夏（より）早い可能性も）		おそらく1820年以前	
		おそらく1817/18年冬から1820年夏の間					おそらく1820年以前	
							1820年、またはそれ以前（1820年7月以前）	
							1820年7月3日	

第 3 部　文献資料上の解明

228 ★	229 ★	230 ★	231 ★	232 ★	233 ★	234 ★	235 ★	236 ★
おそらく 1820 年またはそれ以前	おそらく 1817/18 年またはそれ以前	おそらく 1818 年夏以前（第Ⅳ層より古い）	（この層については日付の手掛りがない）	おそらく 1817/18 年冬と 1818/19 年冬の間	1818/19 年あるいはそれ以前（1820 年夏？）	1820 年（ことによるとより早く）	おそらく 1817/18 年冬と 1818/19 年冬の間	おそらく 1817/19 年冬と 1818/19 年冬の間
1818/19 年冬（ことによるとそれ以前）	おそらく 1817/18 年冬	おそらく 1818 年夏以前（第Ⅳ層より古い）	（おそらく第Ⅰ層より古いが、それ以上の手掛りはない）	1818/19 年冬あるいはそれ以前（または 1820 年夏？）	1818/19 年あるいはそれ以前（1820 年夏？）	1820 年（ことによるとより早く）	1818/19 年冬それ以前あるいは 1820 年夏になってから？）	おそらく 1817/19 年冬と 1818/19 年冬の間と 1820 年夏の間
1820 年（ことによるとそれ以前）	1817/18 年冬またはそれ以後	おそらく 1818 年夏以前（第Ⅳ層より古い）		1820 年あるいはそれより古い	1820 年またはそれ以前（1820 年 7 月以前）	1820 年（ことによるとより早く）	1820 年（あるいはそれより遅く）	1818/19 年冬以前あるいはそれ以前あるいは 1820 年夏？）
1820 年またはそれ以後		1817/18 年冬または 1818 年夏		1818/19 年冬あるいはそれ以前（ことによると 1820 年夏）	1820 年またはそれ以前（1820 年 7 月以前）	1820 年（ことによるとより早く）	おそらく 1820 年あるいはそれより遅く	おそらく 1820 年あるいはそれ以後
				1820 年あるいはそれ以前（1820 年 7 月より古い）	1818/19 年冬あるいはそれ以前（ことによると 1820 年夏）	1820 年あるいはより早く（1818/19 年冬？）		おそらく 1820 年あるいはそれ以後

237★	238★	239★	241★	242★	243★	244★	245★	246★
1817/18 年と 1820 年の間（ことによると 1822 年になってから）	1817/18 年と 1820 年の間（ことによると 1822 年になってから）	おそらく 1820 年あるいはより早く	1817/18 年の間と 1820 年の間	1817/18 年と 1820 年の間、あるいは 1822 年	1818/19 年冬あるいは 1820 年夏（しかしことによると 1818 年 2 月以前にすでに）	1817/18 年と 1820 年の間、あるいは 1822 年	1817/18 年と 1820 年の間、あるいは 1822 年	おそらく 1817/18 年と 1820 年の間
		おそらく 1822 年あるいはより早く	1817/18 年の間と（あるいは 1822 年になってから？）		1818/19 年夏（ことによると 1818 年 2 月以前にすでに）	1817/18 年と 1820 年の間、あるいは 1822 年		おそらく 1817/18 年と 1820 年の間
		1817/18 年の間（あるいは 1822 年になってから？）	1818/19 年冬（ことによると 1820 年夏になってから）		1818/19 年冬あるいは 1820 年夏（しかしことによると 1818 年 2 月以前にすでに）	1817/18 年と 1820 年の間、あるいは 1822 年		おそらく 1817/18 年と 1820 年の間
		おそらく 1820 年あるいはより早く			1818/19 年冬あるいは 1820 年夏（しかしことによると 1818 年 2 月以前にすでに）			1817/18 年の間、あるいは 1820 年あるいは 1822 年
		おそらく 1820 年あるいはより早く			1820 年（より早い可能性も）			

255★	254★	253★	252★	251★	250★	249★	248★	247★
おそらく 1817/18 年冬と 1820 年夏の間	1817/18 年冬と 1820 年夏の間の可能性	おそらく 1820 年あるいはそれ以前	1822 年あるいはそれ以前の可能性	1817/18 年冬と 1820 年夏の間	(日付の手掛りなし)	おそらく 1818 年夏あるいはより早く	1818 年あるいはより早く	おそらく 1817/18 年冬、(あるいは)より遅く〈?〉
おそらく 1820 年より古い、あるいは	1817/18 年冬と 1820 年夏の間の可能性	おそらく 1820 年あるいはそれ以前 1820 年あるいはより早く	1822 年あるいはそれ以前の可能性	1817/18 年冬と 1820 年夏の間	(日付の手掛りなし)	おそらく、1818 年夏	おそらく 1818 年夏あるいはより早く	1820 年夏 (こと〈によ〉るとそれより早く〈にも〉)
	おそらく 1817/18 年冬と 1820 年夏の間	おそらく 1820 年あるいはより早く	おそらく 1820 年あるいはそれ以前	おそらく 1817/18 年冬と 1820 年夏の間	(日付の手掛りなし)	1818 年夏あるいはことによるとより遅く	1818 年あるいはより早く	おそらく 1817/18 年冬と 1820 年夏の間
	十中八九 1817/18 年冬以後、あるいは 1820 年夏	おそらく 1817/18 年冬と 1820 年夏の間		1817/18 年冬と 1820 年夏の間あるいはより遅く		おそらく 1818 年夏あるいはより早く	1820 年と 1822 年の間の時期、あるいはそれ以前	

256★	257★	258★	259★	260★	261★	262★	263★	264★
おそらく 1820 年あるいは より早く	1818/19 年冬以前の可能性	十中八九 1820 年夏あるいはそれ以前	1817/18 年冬と 1818/19 年冬の間	1817/19 年冬と 1818/19 年冬の間	1817/18 年冬と（1818/19 年冬の間になってからの可能性）	おそらく 1817/18 年冬（あるいはいくらか遅く？）	おそらく 1817/18 年冬（あるいは より遅く？）	おそらく 1817/18 年冬（ことによると より遅く）
1820 年と 1822 年の間の期間（ことによると より早く？）	1818/19 年冬以前の可能性	1818/19 年冬（ことによると より早く）	1817/18 年冬と 1818/19 年冬の間	1818/19 年冬（ことによると より早く）	1817/18 年夏と（1818/19 年冬の間になってからの可能性）	1817/18 年夏と（1818/19 年冬の間になってからの可能性）	1817/18 年夏と（1818/19 年冬の間になってからの可能性）	1818/19 年冬（ことによると より早く）
1820 年と 1822 年の間の期間（ことによると より早く？）	1818/19 年冬以前の可能性	1818/19 年冬（ことによると より早く）	おそらく 1818/19 年冬あるいは より早く	1818/19 年冬（ことによると より早く）	1817/18 年夏と（1818/19 年冬の間になってからの可能性）	1818/19 年冬あるいはいくらか早くの可能性	1818/19 年冬（ことによると より早く）	
	1817/18 年冬と 1818/19 年冬の間	1818/19 年冬あるいはそれ以前の可能性	おそらく 1818/19 年冬あるいは より早く	おそらく 1818/19 年冬				
	1818/19 年冬あるいは より遅く	1817/18 年冬と 1818/19 年冬の間	おそらく 1818/19 年冬					

第 3 部 文献資料上の解明

265★	266★	267★	268★	269★	270★	271★	272★	273★
おそらく 1817/18 年冬（あるいはそれよりわずかに遅く）	おそらく 1817/18 年冬	おそらく 1817/18 年冬	おそらく 1817/18 年冬	おそらく 1817/18 年冬あるいはわずかに遅く	おそらく 1817/18 年冬	1817/18 年冬あるいは 1818 年夏	おそらく 1817/18 年冬、あるいはいくらか遅	1817/18 年冬冬あるいは 1818 年夏（ことによると 1818/19 年冬になってから）
おそらく 1817/18 年冬（あるいはそれよりわずかに遅く）	おそらく 1817/18 年冬あるいは 1818 年夏	おそらく 1817/18 年冬あるいは 1817/18 冬あるいは 1818 年夏	おそらく 1817/18 年冬あるいは 1817/18 年冬あるいは 1818 年夏	おそらく 1817/18 年冬、ことにまると 1818 年夏	おそらく 1817/18 年冬あるいはいくらか遅く	おそらく 1817/18 年冬あるいはといくらか遅く	1817/18 年冬あるいは 1818 年夏	1817/18 年冬冬あるいは 1818 年夏と 1818/19 年冬になってから）
1817/18 年冬と 1818/19 年冬の間	1817/18 年冬と 1818/19 年冬の間	おそらく 1817/18 年冬と 1818/19 年冬の間		1817/18 年冬、ことにまると 1818 年夏	おそらく 1817/18 年冬以後かつ 1818/19 年冬かそれ以前	1818/19 年冬の可能性（あるいは）より早く	おそらく 1817/18 年冬あるいはそれ以前との間	1818/19 年冬の可能性（ことによるとより早く）
1817/18 年冬と 1818/19 年冬の間	1818/19 年冬（ことにまるとより早く）			1817/18 年冬と 1818/19 年冬の間	おそらく 1818/19 年冬、ことにいくらか早	おそらく 1817/18 年冬ずかにことにまると 1818 年冬	1817/18 年冬と 1818/19 年冬の間	1818/19 年冬の可能性（ことによるとより早く）
おそらく 1819/19 年冬				1818/19 年冬とことにまるとより早く		1817/18 年冬と 1818/19 年冬の間		
						おそらく 1818/19 年冬といくらか早		

274*	275*	276*	277*	278*	279*	280*	281*	282*
1817/18年冬あるいは1818年夏	1817/18年冬あるいは1818年夏	おそらく1817/18年冬、ことによると1818年夏になってから	1817/18年冬の可能性	おそらく1817/18年冬あるいは1818年夏	おそらく1817/18年冬	おそらく1817/18年冬あるいは1818年夏	おそらく1817/18年冬（1818年まで?）	おそらく1817/18年冬
おそらく（運くとも）1818/19年冬あるいはそれ以前	おそらく1817/18年冬あるいは1818年夏	1817/18年冬と1818/19年冬の間	おそらく1817/18年冬、ことによると1818年夏	1817/18年冬あるいは1818/19年冬の間	おそらく1817/18年冬あるいは1818年夏	おそらく1817/18年冬、ことによると1818年夏	おそらく1817/18年あるいは1818年冬まで	1818年夏と1818/19年冬の間
1817/18年冬あるいは1818年夏 1817/18年	おそらく1817/18年冬あるいは1818/19年冬 1817/18年	おそらく1817/18年冬あるいは1818年夏	1817年冬あるいは1818年夏と1818/19年冬の間	おそらく1818/19年冬あるいはもっと前	1817/18年冬と1818/19年冬の間	1817/18年冬と1818/19年冬の間	おそらく1817/18年冬、ことによると1818年夏まで	おそらく1818年夏と1818/19年冬の間
	1818年夏あるいは1818/19年冬の可能性		1817年夏あるいは1818年冬と1818/19年冬の間		1817/18年冬と1818/19年冬の間	おそらく1818年夏と1818/19年冬の間	おそらく1818年夏と1818/19年冬の間	
					1818/19年冬あるいはそれ以前		おそらく1818年夏と1818/19年冬の間	
					1818/19年冬あるいはそれ以前		おそらく1818年夏と1818/19年冬の間	

288 *	287 *	286 *	285 *	284 *	283 *
1817/18 年冬	おそらく 1817/18 年冬	1817/18 年冬	おそらく 1817/18 年冬	1817/18 年冬あるいは 1817/18 年夏の間	おそらく 1817/18 年冬あるいは 1818 年夏になってから
1817/18 年冬	1817/18 年冬	1817/18 年冬（ことによると 1818 年夏になってから）	おそらく（ことによると 1818 年夏）	1817/18 年冬あるいは 1817/18 年夏の間	おそらく 1817/18 年冬あるいは 1818 年夏
	おそらく 1817/18 年冬	おそらく 1817/18 年冬あるいは 1818 年夏	1818 年夏と 1818/19 年冬の間	おそらく 1817/18 年冬あるいは 1818 年夏になってから	おそらく 1817/18 年冬あるいは 1818 年夏
	おそらく 1817/18 年冬あるいは 1818 年夏	おそらく 1818/19 年冬		おそらく 1817/18 年冬あるいは 1818 年夏になってから	
		おそらく 1818/19 年冬（ことによると 1818 年夏にはすでに）			

責任編集者あとがき

───────────

　本訳書は, Georg Wilhelm Friedrich Hegel, *Enzyklopädie der philo-sophischen Wissenschaften im Grundrisse.* Heidelberg, August Oßwald's Universitätsbuchhandlung, 1817 および関連自筆文書の日本語版『ヘーゲル全集』第 11 巻としての本邦初訳である。日本語版独自の翻訳および編集に際しては, アカデミー版『ヘーゲル全集』第 13 巻や H . グロックナー編『ヘーゲル全集』所収『ハイデルベルク・エンツュクロペディー』および両版部分訳などを参照した。

　アカデミー版『ヘーゲル全集』第 13 巻の枢要ともいうべき校訂注や原稿写真は, 翻訳の性格上, 割愛せざるをえなかった。補遺として収録されている『ハイデルベルク・エンツュクロペディー』C . 精神哲学への自筆メモも, そのままでは単語と不完全文の長大な羅列になっているため理解不能なので, 試みに完全文として理解できるように日本語版では補足した。将来, 当該メモ研究が進みさらに改善されることを願っている。また, 同巻の原注と編集者報告は, 日本の読者に理解しやすいように取捨選択したり, 翻案にして文字説明文を図表にしたりするなど工夫した。

　『ハイデルベルク・エンツュクロペディー』は, H . グロックナー編『ヘーゲル全集』とズアカンプ社版『ヘーゲル著作集』とが依拠したベルリン版『ヘーゲル著作集』に収録されなかった。それは, なるほど『ハイデルベルク・エンツュクロペディー』を増補したのが, 『エンツュクロペディー』第 2 版および第 3 版だという解釈による。そして, 90 年前から日本でも当該ベルリン版『ヘーゲル著作集』に依拠した翻訳が開始されたが, その後, とりわけ発展史研究無視の面がドイツでも批判され, 新しい全集への胎動が始まり, 2014 年に自筆著作部門が完結した。その間発展史的研究が整備されるに従って, 『ハイデルベルク・エンツュクロペディー』は, ニュルンベルク期の哲学思索の総決算でもあ

るという面に光が当てられはじめた。さらに，関連自筆文書にも注目が集まり，『エンツュクロペディー』第2版への展開研究への門戸が開かれようとしている。

たしかに，H．グロックナー編『ヘーゲル全集』で『エンツュクロペディー』第3版に補遺が付されて哲学体系という書名も付けられた。しかし，『ハイデルベルク・エンツュクロペディー』の第8節と第15節から判明するように『エンツュクロペディー』は，体系とはいっても体系原理に止まる。つまり，『エンツュクロペディー』とは，講義で実現されるはずだった諸学問原理の百科全書にすぎない。勝義の体系は，また別に構築されるべきであった。

にもかかわらず，エンツュクロペディー体系がヘーゲル哲学とされた点でその影響は大きかった。ここでは，哲学の原理は，デカルトが唱えたように明晰判明で疑うことのできない体系の土台という輝かしい役割をすでに失っている。ここから洞察されるように，ニーチェのいう権力への意志が，もはや哲学の原理というよりは，皮肉にも擬人観を前提とした解釈世界の最終的事実にすぎないことになった。哲学の原理を，ヘーゲルは換骨奪胎し，ニーチェは，哲学的詐欺の隠喩にして，ニーチェの妹やハイデッガーまでも，権力への意志が哲学の原理であるかのように誤解させられた。

本書には，筆者も含めて9人が，巻末紹介にあるように分担翻訳をしたが，2回の相互検討を経るうちに各自が本書全体に係わることになっている。また，全集翻訳事務局員の三氏（伊藤功・服部悠・石井雄大）には巻末索引項目編集に尽力していただいた。そして，筆者が，知泉書館担当者とともに本巻責任編集者としては，用字・用語・表記・訳語の統一に努め，『ヘーゲル全集』日本語版編集総括としては，本書を同全集第11巻にするべく努めた。

最後に，学術出版への高邁な使命感で世紀的大事業ともいうべき本全集刊行を決意された株式会社知泉書館わけても小山光夫社長，齋藤裕之氏に心より敬意を表する次第である。

　2019年5月1日

　　　　　　　　　　　　　　　　　山口　誠一

エンツュクロペディー詳細目次

〔序　説〕

哲学の全範囲の概観

哲学の仕上げは内容と合致する方法による

精神の両方向 ―ロマン主義と後期啓蒙主義

理性的洞察の立場と直接知・感情

内容目次

緒　論

§1　哲学以外の諸学問は表象を前提している

§2　哲学を始めることの内容上の難題

§3　哲学を始めることの形式上の難題

§4　緒論は先取りにすぎない

§5　哲学は理性の学である

§6　エンツュクロペディー（百科全書）としての哲学

§7　エンツュクロペディーは必然的に体系である

§8　哲学の体系と哲学の歴史

§9　エンツュクロペディーと特殊的学問との関係

§10　哲学と実証的な諸学問

§11　学の概念的三区分

Ⅰ　論理学

予備概念

§12　純粋理念の学としての論理学

§13　論理的なものの三形式面

§14　α）悟性的面

§15　β）弁証法的面

§16　γ）思弁的面

§17　思弁哲学としての論理学

§18　論理学と形而上学および批判哲学との関係の再検討

§19　旧来形而上学による述語付加の欠陥

§20　旧来形而上学による表象を基準とする欠陥

§21　旧来形而上学による独断論の欠陥

§22　存在論への批判

§23　合理的心理学

§24　宇宙論

§25　自然神学

§26　経験論

§27　カント哲学の悟性概念

§28　統覚と純粋悟性概念

§29　純粋悟性概念と経験との関係

§30　悟性と物自体との関係

§31　カントの理性による認識批判

§32　カント哲学の一面性

§33　主観的観念論としての批判主義

§34　カント哲学の前提

§35　学的立場にとって放棄すべき諸前提

§36　論理学の無前提性

§37　論理学の三部門

第1部　存在論

§38　学の始まりとしての純粋存在

§39　純粋存在は無である

§40　無

§41　生成の成果としての定在

§42　質は他在であり実在性である

§43　或るもの

§44　或るものの有限性と変化

§45　或るものは他のものへと無限進行

する

§46 悪無限性としての無限進行

§47 真の無限性

§48 対自存在は直接性であり一である

§49 一の絶対的反発

§50 一の牽引と量への移行

§51 量は純粋存在である

§52 連続量と分離量

§53 定量

§54 集合数と単位

§55 度

§56 無限の量的進行

§57 量的比

§58 度量への移行

§59 度量

§60 規則としての度量

§61 度量の無限進行

§62 本質への移行

第2部　本質論

§63 仮象と反省

§64 反省としての本質の存在

§65 自己内に仮象を映す反省としての本質的存在

§66 本質の否定作用は自己関係的であり自己内区別を生む

§67 本質にとって外的で仮象上の区別としての差異

§68 外的な区別としての相等と不等

§69 外的な区別から区別そのものへの推移

§70 肯定的なものと否定的なもの─対立の命題

§71 自己内の区別としての本質の区別の回復

§72 根拠─総体性として設定された本質

§73 直接的存在の再生─現実存在

§74 物自体

§75 物の諸性質

§76 諸性質の一定の自立化としての質料

§77 質料に対立するものとしての形式

§78 形式と質料，物自体と諸質料

§79 本質と非本質の相互転換としての現象

§80 現象

§81 直接性と媒介性の直接的統一としての現実存在

§82 現実存在のあり方である相互関係

§83 全体と部分との相互関係

§84 力とその外化

§85 力の外化をつうじて設定された統一としての内と外

§86 内と外との同一性としての内容

§87 内容としての現象と本質との同一性

§88 その同一性における内と外，現象と本質との直接的相互転化

§89 内と外との同一性としての現実性

§90 他において自己にとどまる現実性

§91 現実性は自己媒介的可能性も含む

§92 可能性と対立する直接的現実性の偶然性への転落

§93 たんに可能的・偶然的なものが有限であるのは・その形式と内容の分離による

§94 偶然から条件への転化

§95 可能性と現実性の実在的になった同一性としての必然性

§96 必然性と必然性の相互関係としての現実的なもの

§97 実体性と偶有性

§98 実体

§99 威力として作用する原因への実体の推移

§100 無限な原因性とその有限化としての無限進行

§101 別の実体を設定し存在させる原因の前提作用

§102 交互作用

§103 因果性の自体的にある真理（無限な原因）としての交互作用

§104 因果性の自体的にある真理（無

エンツュクロペディー詳細目次　　631

限な原因）の自立化・現実化と
しての交互作用
§105　必然性の真相
§106　必然性の真相としての自由，実
　　　体の真相としての概念の自立性
§107　スピノザ的実体の現実化として
　　　の概念

　　　　第3部　概念論
§108　概念は自由である
§109　概念の進展は発展である
§110　この概念論の区分および通常の
　　　論理学との違い
§111　概念の統一の三契機
§112　真の概念はその個別・特殊・普
　　　遍の統一により具体的である
§113　概念的統一における内在的区別
　　　としての判断
§114　判断（本源的分割）とその形式
　　　の限界
§115　判断の客観的意味—すべての物
　　　は判断である
§116　物の有限性の表現としての判断
　　　的分離
§117　判断的分離からの形式と内容の
　　　分離の出現
§118　直接的判断における普遍・特殊
　　　との分離
§119　直接的判断は定在の判断である
§120　分裂的な定在の判断はそれ自身
　　　同一判断と無限判断に分裂し揚
　　　棄される
§121　反省の判断

§123　必然性の判断の出現
§124　必然性の判断の進展（定言・仮
　　　言・選言）
§125　概念の判断
§126　普遍・特殊統一の主体性として
　　　真理の判断
§127　普遍・特殊，主語・述語の概念
　　　的媒介としての推理

§128　概念的同一性と判断的区別との
　　　理性的統一としての推理
§129　直接的推理
§130　直接的な推理は定在の推理であ
　　　る
§131　定在の推理の内容面における偶
　　　然性
§132　定在の推理の形式面における偶
　　　然性
§133　個別・特殊・普遍の媒介統一
§134　個別・特殊・普遍の媒介統一の
　　　進展としての第二格・第三格
§135　数学的推理
§136　反省の推理
§137　実体的統一の生産回復
§138　必然性の推理における概念的統
　　　一の三契機の明示化
§139　悟性的自己外存在の自己揚棄に
　　　よる概念的統一の現実化
§140　客観—神の存在論的証明につい
　　　て
§141　概念はその総体性において自分
　　　を非概念的客観にする決意をす
　　　る
§142　客観の性格
§143　その客観の性格からの形式的機
　　　械的連関の導出
§144　形式的機械的連関はその無規定
　　　という規定性により抵抗と強制
　　　の反省的連関へ進む
§145　外的否定という反省の外観は自
　　　己を揚棄する
§146　客観の内的否定性・内在的自立
　　　性と絶対的な機械的連関
§147　絶対的機械的連関における概念
　　　の三契機の媒介
§148　機械的連関における媒介の不完
　　　全性による進展
§149　化学的なものとその内在化の傾
　　　動
§150　概念の三契機の媒介
§151　概念的媒介の不完全性

§152	差異化の原理の欠如
§153	化学的過程の自己揚棄と目的の出現
§154	目的は概念の自己規定が現実化しそれだけで現実存在するにいたったもの
§155	外的合目的性
§156	活動と手段
§157	主観的目的
§158	目的の現実化
§159	理性の狡智
§160	中項もふたたび手段に転落する
§161	目的から理念へ
§162	概念と客観の自体的統一の現実化としての理念
§163	理念の諸定式
§164	理念が過程である
§165	生命
§166	個体内部の過程
§167	非有機的自然における個体の生命維持過程
§168	類の過程
§169	個体の自己揚棄により現実化した自由な類としての精神
§170	精神に外的宇宙を対立させる理念
§171	設定作用（Setzen）＝前提作用（Voraussetzen）
§172	認識作用
§173	概念と客観の統一の外面性
§174	分析
§175	その第二の方法としての総合
§176	定義による総合
§177	区分による総合
§178	定理と証明による方法―これらの方法の有限性
§179	外的必然性と意欲の理念への移行
§180	理念はもとより目的的活動であるということ
§181	無的仮象の揚棄を目指す主観的意欲は仮象の無を確信しつつも

	その無の存在を前提してしまっていること
§182	有限的意志の矛盾
§183	絶対的理念への移行
§184	自分自身を思考する理念
§185	自分を対象化する純粋形式の方法としての絶対的理念
§186	思弁的方法の第一の契機：始まり
§187	思弁的方法の第二の契機：進展
§188	進展の諸段階
§189	思弁的方法の第三の契機：終結
§190	理念の形式はこうした行程（方法）として内容の魂である
§191	理念はこうした行程（方法）として体系的総体性である
§192	無限な現実性である理念は現実化するために自分の他在である無を自然として開放する決意をする

Ⅱ　自然哲学

§193	自然の規定
§194	個別化，必然性と偶然性
§195	自然の諸段階
§196	自然の理念の推移
§197	自然哲学を構成する3つの学問

第1部　数　学

§198	空間
§199	空間の三次元
§200	点，線，面
§201	時間
§202	自己外存在の否定的統一としての時間
§203	現在，未来，過去
§204	運動と物質

第2部　物理学

| §205 | 反発，牽引，重さ |
| §206 | 物理学の概要 |

§207	質量と物体	§242	結晶化
§208	空間・時間から区別されたものとしての物体	§243	個体的な物体と機械的な過程
		§244	音
§209	重さの現象である運動としての物体	§245	摩擦と熱容量
		§246	本項 b) の概略
§210	万有引力	§247	光と色，空気と匂い，水と味
§211	物体の個別性・複数性と運動	§248	個別的な物体が元素および他の個別的な物体との間にもつ関係
§212	諸天体の関係		
§213	惑星の運動	§249	電気的な諸関係
§214	衛星の惑星に対する関係	§250	接触を通じた光の産出
§215	落下	§251	化学的な過程への移行
§216	衝突，静止，慣性	§252	金属性
§217	重さと非自立的天体	§253	抽象的な中性としての水の元素
§218	物質の存在をなすものとしての質	§254	酸素と水素
		§255	窒素
§219	元素	§256	炭素
§220	光	§257	塩
§221	光の諸規定	§258	塩基
§222	色彩	§259	概念の有限な現象としての化学的な過程
§223	光体		
§224	月と彗星	§260	有機体への移行
§225	惑星		
§226	物理学的元素		**第3部 有機体物理学**
§227	空気	§261	第3部の概要
§228	火	§262	有機体の形態としての地球
§229	水	§263	特殊な個体から構築された過去の体系
§230	地性		
§231	気象学的な過程	§264	地球の地質学的特徴
§232	地球の過程の一契機としての分裂と緊張	§265	岩石核
		§266	植物的な自然への移行
§233	地球の過程のもう一つの契機としての自己揚棄	§267	いくつもの個体への分化
		§268	植物の栄養摂取
§234	諸元素の否定的統一としての地球	§269	植物の内的な形態化過程
		§270	植物の外的な自己固有化の過程
§235	個体的物理学の区分	§271	花
§236	形態とは	§272	性別
§237	比重または密度	§273	類過程
§238	脆弱性	§274	主体性の芽生え
§239	磁力	§275	自己運動や声などの動物の諸特徴
§239	磁力		
§240	磁力に対立するものとしての球	§276	再生産されるものとしての動物
§241	凝集力	§277	感受性，興奮性，再生産

§278	神経組織，血液組織，消化組織	§312	地理的な諸部分の本性―人種の差異
§279	過程としての生けるもの		
§280	生ける個別性の形態化過程と自己感情	§313	地方精神
		§314	魂の個人的主観への個別化
§281	多様な感覚の形成	§315	魂の目覚め
§282	諸感覚と過程との関係	§316	目覚めにおける精神の活動
§283	感情	§317	年齢の自然な経過
§284	欲求と刺激	§318	魂の対自存在としての自己感情・感覚
§285	同化		
§286	消化	§319	魂の主観性の分化
§287	道具としての刺激	§320	予感と夢
§288	外へ向けられた活動性から自己の再生産への反転	§321	主観的な魂の矛盾としての混乱状態
§289	再生産，類，性別	§322	魂の形式の揚棄と設定
§290	衝動	§323	魂と肉体性との根源的同一性
§291	類過程	§324	肉体に対する魂の活動
§292	新しい生命	§325	想起と熟練
§293	動物の型	§326	魂の記号としての肉体性
§294	病気	§327	自我
§295	病気固有の現象としての熱	§328	魂から意識へ
§296	薬剤	§329	自我における精神の自分自身への無限の関係―光
§297	動物的な個体が自身の概念に対してもつ普遍的な不適合性		
		§330	魂における精神の実体的普遍性―闇
§298	死	§331	存在する所与のものとしての客観
§299	精神への移行		

Ⅲ　精神哲学

		§332	意識の弁証法的な運動
		§333	意識の目的―確信を真理へと高めること
§300	自然の真理としての精神		
§301	精神の本質としての自由	§334	確信から真理への諸段階―意識，自己意識，理性
§302	啓示作用としての精神		
§303	精神の世界としての自然の設定	§335	感性的な意識
§304	精神の始まりとしての精神	§336	知覚への移行
§305	精神の分類	§337	確信から知へ
§306	有限な精神の有限性	§338	個別性と普遍性との矛盾
		§339	知覚の真理としての悟性

第1部　主観的精神

		§340	現象の法則の国
§307	主観的精神の分類	§341	法則の内的区別の必然性
§308	魂としての精神	§342	対象における概念としての生けるもの
§309	実体としての魂―精神の眠り		
§310	魂の分類	§343	生命の意識において自己意識が燃え立つ
§311	星辰的かつ地球的生命		

エンツュクロペディー詳細目次　　　635

§344	意識の真理としての自己意識―自我＝自我	§377	想像力／構想力
§345	実在性を欠いた自己意識―衝動	§378	記憶
§346	抽象的な自己意識	§379	記号
§347	意識を自己意識と等しいものにしようとする衝動	§380	言語
§348	欲望	§381	暗唱
§349	対象の本性としての弁証法	§382	機械的記憶
§350	破壊するもの，利己的なものとしての欲望	§383	名前
§351	満足の中で生じる自己感情	§384	思想
§352	承認の過程の生成	§385	思考
§353	争いとしての承認	§386	悟性，判断，概念と理性
§354	生死をかけた承認の争い	§387	自由な意志
§355	支配と隷属	§388	満たされた精神としての意志
§356	自立性と非自立性の結合	§389	実践的感情
§357	奴隷の奉仕を通じた個別的意志から普遍的な自己意識への移行	§390	実践的感情における直接的個別性
§358	普遍的な自己意識の相互承認	§391	実践的感情の当為と快・不快
§359	意識と自己意識の真理としての理性	§392	情熱
		§393	傾向性
§360	理性の普遍性―意識における客観と自己意識における自我	§394	関心
		§395	幸福という目的
§361	主観性の純粋な個別性としての理性	§396	諸衝動の相互制約
		§397	恣意としての意志
§362	真理である絶対的な実体としての精神	§398	意志の矛盾
		§399	主観的な精神から客観的な精神へ
§363	魂と意識との統一としての精神		
§364	精神の有限性と無限性		第2部　客観的精神
§365	精神の発展とその目的	§400	自由な意志としての客観的精神
§366	理論的精神と実践的精神	§401	客観的精神の分類
§367	精神の産物は形式的である	§402	人格
§368	知性	§403	物件と占有
§369	感情	§404	占有から所有へ
§370	感覚の形式―触発	§405	他の人格の必要性
§371	注意	§406	人格間の中項としての物件
§372	表象	§407	形式的なものとしての法権利
§373	想起	§408	契約
§374	心像，表象	§409	契約の履行と有効性
§375	個別的な直観の普遍的な直観への包摂	§410	人格としてのわたしの侵害
		§411	所有と人格性の承認
§376	再生産の構想力	§412	否定判断としての民事係争
		§413	無限判断としての犯罪
		§414	第三の判断としての刑罰によ

	る対立の揚棄
§415	道徳性へ
§416	道徳性の契機としての利害関心と心構え
§417	自由の反省的判断としての道徳的観点
§418	道徳的行為による矛盾の克服
§419	罪の範囲の限定性
§420	究極目的としての道徳法則
§421	主体は善を意図とするべきである
§422	義務の数多性とその衝突
§423	善と義務の一致の要請
§424	普遍的意志と特殊的利害関心との調和の偶然性
§425	幸不幸と善悪との（無）関係
§426	主体性の無限性としての当為の矛盾
§427	良心と悪の差異
§428	純粋な自己確信の空虚さ
§429	反省と媒介の揚棄による人倫への移行
§430	自由としての人倫
§431	自由な実体において当為は存在である
§432	実体的統一における諸個人相互の信頼
§433	身分と家族
§434	人倫的義務と形成陶冶
§435	実体的生における徳
§436	労働における個別性と普遍性の二側面
§437	法律の二側面
§438	統治と君主
§439	憲法＝国制の諸規定
§440	社会契約論批判
§441	人倫における普遍的身分の使命
§442	民族における精神の自然性の回復
§443	個体としての諸国家間における普遍性の不在
§444	戦争状態と普遍的身分

§445	戦争における特殊な定在の犠牲
§446	国家間の相互承認と平和
§447	対外的国法
§448	普遍的世界史と世界審判
§449	各民族精神の歴史における役割
§450	絶対的法権利としての自由
§451	道具としての個人とその報酬としての名声
§452	精神的実体の無限性

第3部　絶対的精神

§453	精神における概念の実在性
§454	絶対的威力としての人倫的実体
§455	精神の自分自身と知への根源分割
§456	直観・表象としての絶対的精神
§457	理想の意味
§458	神の抽象的形態
§459	美における自然的直接性の揚棄
§460	美の形式性
§461	美の形態の有限性
§462	芸術作品における産みの苦しみ
§463	主観性の放棄による実体との同一性：祭式
§464	啓示への移行
§465	反省還帰としての絶対的精神と表象
§466	反省還帰による内容と形式の分離
§467	普遍性：父―子―聖霊
§468	特殊性：悪としての子
§469	個別性：生き生きとした現実的な精神
§470	それ自体での総体性と現実的な普遍精神
§471	哲学の対象としての真理
§472	芸術と宗教の統一としての哲学
§473	哲学による回顧
§474	学の始源への還帰
§475	第一の推理：論理的なもの―自然―精神
§476	第二の推理：自然―精神―論理

エンツュクロペディー詳細目次　　　637

的なもの
§477　第三の推理：精神—普遍的なもの—自然

補　遺

（A）『エンツュクロペディー』
　C. 精神哲学についてのメモ
　　〔第1部　主観的精神〕
§307 をめぐって
§308 をめぐって
§309 をめぐって
§309 注解をめぐって
§310 をめぐって
§311 をめぐって
§312 をめぐって
§313 以下をめぐって
§315 をめぐって
§316 をめぐって
§316 続きをめぐって
§317 をめぐって
§318 をめぐって
§318 続きをめぐって
§319 以下をめぐって
§320 をめぐって
§321 をめぐって
§321 続きをめぐって
§323 をめぐって
§324 をめぐって
§325 をめぐって
§326 をめぐって
§326 注解をめぐって
§327 をめぐって
§328 をめぐって
§329 をめぐって
§330 をめぐって
§331 をめぐって
§332 をめぐって
§333 をめぐって
§335 をめぐって
§336 をめぐって
§337 をめぐって

§337 続きをめぐって
§338 をめぐって
§339 をめぐって
§340 をめぐって
§341 をめぐって
§342 をめぐって
§342 続きをめぐって
§343 をめぐって
§344 をめぐって
§345 をめぐって
§346 をめぐって
§347 をめぐって
§348 をめぐって
§349 をめぐって
§350 をめぐって
§352 をめぐって
§353-§355 をめぐって
§355 続きをめぐって
§355 注解をめぐって
§356 をめぐって
§357 をめぐって
§358 をめぐって
§359 をめぐって
§360 をめぐって
§361 をめぐって
§362 をめぐって
§363 をめぐって
§364 をめぐって
§364 続きをめぐって
§365 をめぐって
§366 をめぐって
§367 をめぐって
§367 注解をめぐって
§368 をめぐって
§368 注解をめぐって
§369 をめぐって
§370 をめぐって
§370 注解をめぐって
§370 続きをめぐって
§370 注解の続きをめぐって
§372 をめぐって
§371 をめぐって

§373 をめぐって
§374 をめぐって
§375 をめぐって
§376 をめぐって
§377 をめぐって
§378 をめぐって
§379 をめぐって
§379 注をめぐって
§380 をめぐって
§381 をめぐって
§383・§384 をめぐって
§385 をめぐって
§386 をめぐって
§388 以降をめぐって
§390 注をめぐって
§391 をめぐって
なお §391 をめぐって
§391 注をめぐって
§392 をめぐって
§393 をめぐって
§393 注をめぐって
§394 をめぐって
§395 をめぐって
§396-§398 をめぐって
§399 をめぐって

〔第 2 部　客観的精神〕
「客観的精神」という見出しをめぐって
§400 をめぐって
§402・§403 をめぐって
§405 をめぐって
§406 をめぐって
§407 をめぐって
§409
なお §409 をめぐって
§410 をめぐって
§411・§412 をめぐって
まだ §412 をめぐって
§413 をめぐって
§414 をめぐって
§415 をめぐって
§416 への移行と本をめぐって

§417 をめぐって
§418 をめぐって
§419 をめぐって
§420 をめぐって
§421 をめぐって
§422 をめぐって
§423 をめぐって
§424 をめぐって
§425 をめぐって
§426 をめぐって
§427 をめぐって
§428 をめぐって
§429 をめぐって
§430 をめぐって
なお §431 をめぐって
§432 をめぐって
§433 をめぐって
§434・435 をめぐって
§437-§439 をめぐって
§439 をめぐって
§440 をめぐって
§442-§443 をめぐって
§444 をめぐって
§447 をめぐって
§448 をめぐって
§450 をめぐって
§451-§452 をめぐって

〔第 3 部　絶対精神〕
§454 をめぐって
§455 をめぐって
§458 をめぐって
§459 をめぐって
§461 をめぐって
§462 をめぐって
§463 をめぐって
§464 をめぐって
§464 をめぐって
§466 をめぐって
§468 をめぐって
§469 をめぐって
さらに §469 をめぐって

エンツュクロペディー詳細目次　　639

§470 をめぐって
§471 をめぐって
§472 をめぐって
§474 をめぐって
§475 をめぐって
§476 をめぐって
§477 をめぐって

　　　（B）「論理学・形而上学」講義
　　　　　のメモ紙片 I
1817 年夏学期講義開始用メモ
哲学生活へ道

　　　（C）「論理学・形而上学」講義
　　　　　のメモ紙片 II
論理学と形而上学との一体化
普遍的なものの学としての論理学

　　　（D）講義メモ
　　（論理学・形而上学，自然哲学，
　　　　　人間学・心理学）
「エンツュクロペディー」講義メモ
シューバート著作をめぐって
『エンツュクロペディー』§19 に関連して
自然の 3 段階
精神哲学第 1 部 b についてのメモ
『エンツュクロペディー』§322 以下についてのメモ
『エンツュクロペディー』§320・§321 についてのメモ
『エンツュクロペディー』§321 についてのメモ
『エンツュクロペディー』第 1 版 §311・

§322 について

　　　（E）『エンツュクロペディー』
　　　　　注解口述筆記ノート
§1 について
§5 について
注解 1
注解 2
注解 3
§11 について
§12 について
§16 について
§19 について
§37 について
§39［§38］について
§43［§42］について
§49［§48］について
§58［§57］について
§65［§64］について
§74［§73］について
§85［§84］について
§92［§91］について
§104［§103］について
§125［§124］について
§156-§160［§157-§161］について
§69［§170］以下について
§191［§192］について
§196［§197］以下について
§304［§305］について
§328 等について
§329 について
§373 について
§401 について

人 名 索 引

ア　行

アウテンリート Johann Heinrich Ferdinand Autenrieth 1772-1835　　239
アナクサゴラス Anaxagoras 前 500 頃 -428 頃　　470
アブラハム Abraham　　13
アリストテレス Aristoteles 前 354/3-322/1　　36, 51, 59, 86, 115, 116, 120, 132, 133,
　　170, 194, 209, 234, 243, 288, 290, 470, 540
アンセルムス Anselmus Cantaberiensis 1033-1109　　118-21
イェシュケ Walter Jaeschke 1945-　　174, 423, 532, 574, 575
イルティング Karl Heinz Ilting 1925-84　　579
ヴァニーニ Lucilius Caesar Vanini 1585-1619　　157
ヴィンディッシュマン Karl Joseph Hieronymus Windischmann 1775-1839　　482, 483,
　　596
ヴォルフ Christian Wolff 1679-1754　　28-32
エピクロス Epikur 前 342-270 頃　　54, 421
エルトマン Johann Eduard Erdmann 1805-92　　574
エンペドクレス Empedokles　　209

カ　行

カエサル Caius Julius Caesar 前 102-44　　453
ガリレオ Galileo Galilei 1564-1642　　183
ガル Franz Joseph Gall 1758-1828　　363, 490
ガルヴァーニ Luigi Galvani 1737-98　　212
カント Immanuel Kant 1724-1804　　13, 28, 31, 33-38, 40, 41, 57, 64, 70, 73, 76, 85,
　　86, 112, 121, 130, 132, 133, 138, 146, 162, 164, 174, 205, 267, 273, 275, 286, 368,
　　372, 433, 448, 466, 472, 489, 496, 547, 607
キケロ Marcus Tullius Cicero 前 106-143　　54, 502
キリアン Konrad Joseph Kilian 1771-1811　　146, 233, 235, 247
キルケゴール Sören Kierkegaard 1813-55　　526
クーザン Victor Cousin 1792-1867　　531
グスタフ王子（スウェーデン皇太子）Gustav（Kronprinzen von Schweden）1799-
　　1877　　366, 367, 396, 398, 464, 474, 568, 583, 585
クラウゼ Karl Christian Friedrich Krause 1781-1832　　347
グリースハイム Karl Gustav Julius von Griesheim 1798-1854　　338, 340, 341, 349,
　　350, 389, 575, 603, 612

人 名 索 引　　　　641

グリム Jacob Grimm 1785-1863　　210
クルーク Wilhelm Traugott Krug 1770-1842　　19
グレン Friedrich Albrecht Gren 1760-1858　　184, 199, 201, 205, 211, 217
クロイツァー Georg Friedrich Creuzer 1771-1858　　464
グロックナー Hermann Glockner 1896-1979　　526, 557, 579
ケストナー Abraham Gotthelf Kästner 1719-1800　　182
ゲーテ Johann Wolfgang von Goethe 1749-1832　　192, 244, 571
ケプラー Johannes Kepler 1576-1630　　179-81, 183, 196, 197
ゲレス Joseph von Görres 1776-1848　　7

サ　行

シェリング Friedrich Wilhelm Joseph Schelling 1775-1854　　6, 19, 45, 56, 57, 121,
　146, 158, 196, 206, 233-36, 247, 472
ジャン・パウル Jean Paul/Jean Paul Friedrich Richter 1763-1825　　349
シュテッフェンス Henrik Steffens 1773-1845　　612
シュトルツェンベルク Ved Stolzenberg　　575
シューバート Friedrich Theodor von Schubert 1758-1825　　190, 194, 195, 245, 246,
　489, 490, 598-601
シュライエルマッハー Friedrich Ernst Daniel Schleiermacher 1768-1834　　19
シュルツェ Gottlob Ernst Shulze 1761-1833　　45, 86
ショーペンハウアー Artur Schopenhauer 1788-1860　　606
スパランツァーニ Lazzaro Spallanzani 1729-99　　239
スピノザ Baruch de Spinoza 1632-77　　44, 94, 96, 102, 120, 121, 139, 149, 157, 234,
　260, 464, 472
ゼノン（エレアの）Zeno von Elea 前 490 年頃 -430 頃　　51, 59
ソクラテス Soktates 前 470 頃 -399　　431, 451, 464, 470

タ　行

ダウプ Carl Daub 1763-1836　　567
ツィーシェ Eva Ziesche 1939-2005　　567
デカルト René Descartes 1596-1650　　102, 120, 260, 472
テンネマン Wilhelm Gottlieb Tennemann 1761-1819　　121
トルック Friedrich August Gotttreu Tholuck 1799-1877　　534
ドルトン John Dalton 1766-1844　　190
トレヴィラーヌス Gottfried Reinhold Treviranus 1776-1837　　239, 240, 244
トロックスラー Ignaz Paul Vitalis Troxler 1780-1866　　247, 348
トロムスドルフ Johann Bartholomäus Trommsdorf 1770-1837　　188, 199, 217, 235

642 人 名 索 引

ナ　行

ニコライ Friedrich Nicolai 1733-1811　　500, 604
ニートハンマー Friedrich Immanuel Niethammer 1766-1828　　98, 558-61, 572, 584
ニュートン Isaac Newton 1643-1727　　13, 177, 178, 180, 181, 183, 189-93, 197, 204,
　　490, 491

ハ　行

ハイム Johann Ludwig Heim 1741-1819　　194
ハイム Rudolf Haym 1821-1901　　338
ハーヴィ William Harvey 1578-1657　　234
ハウフ Johann Karl Friedrich Hauff　　197
バウマン Ludwig Boumann 1801-1871　　349, 611, 612
パウルス Heinrich Eberhard Gottlob Paulus 1761-1851　　560, 569
ハーシェル Frederick William Herschel 1738-1822　　190
ハラー Albrecht v. Haller 1708-77　　83
パラケルスス Paracelsus 1493-1541　　209, 363
ピネル Philippe Pinel 1745-1826　　501, 605
ピュタゴラス Pythagoras 前 582 頃 -497/96　　145, 169, 470
ヒューム David Hume 1711-76　　86
フィチーノ Marcilio Ficino 1433-99　　157
フィヒテ Johann Gottlieb Fichte 1762-1814　　45, 121, 273, 364, 366, 472, 569
ブラウン John Brown 1735-88　　232, 233, 247
プラトン Platon 前 427-327　　120, 121, 133, 157, 264, 302, 338, 354, 422, 451, 452,
　　457, 466, 470, 471, 499, 502
ブルッカー Jakob Brucker 1696-1770　　121, 157
ブルーメンバッハ Johann Friedrich Blumenbach 1752-1840　　243
プロティノス Plotin 205 頃 -270　　157
フロムマン Karl Friedrich Ernst Frommann 1765-1837　　572, 573
ペゲラー Otto Pöggeler 1928-2014　　423
ヘシオドス Hesiod　　463
ベッカー Werner Becker　　423
ヘニング Justus Christian Henning 1791-1866　　602
ベーメ Jacob Böhme 1575-1624　　300
ヘラクレイトス Heraklit 前 540 頃 -480　　488
ヘルダー Johann Gottfried von Herder 1744-1803　　157, 343, 345-47
ベルトレ Claude Louis Berthollet 1748-1822　　212, 217, 218
ヘロドトス Herodot　　463
ボアスレ Sulpiz Boisseree 1783-1854　　573
ボーデ Johann Elert Bode 1747-1826　　190

人 名 索 引　　　643

ホトー Heinrich Gustav Hotho 1802-73　　338, 341, 349, 350, 366, 389, 458, 459, 575, 594, 604, 612
ホフマイスター Johannes Hoffmeister 1907-55　　561, 579, 580
ホフマン Ernst Theodor Amadeus Hoffmann 1776-1822　　146, 247
ホメロス Homer　　401, 463

マ　　行

マイスト Kurt Rainer Meist 1944-2013　　423
マース Johann Gebhard Ehrenreich Maaß 1766-1823　　30, 67, 103, 104
マールブランシュ Nicolas Malebranche 1638-1715　　260
ミシュレ Karl Ludwig Michelet 1801-93　　121, 192, 193, 521, 610
メーメル Gottlieb Ernst August Mehmel 1761-1840　　98
モーゼ Moses 前 13 世紀頃　　435
モルヴォー Louis Bernard Guyston de Morveau 1736-1816　　217

ヤ・ラ　行

ヤコービ Friedrich Heinrich Jacobi 1743-1819　　44, 86, 121, 486, 572, 579

ライプニッツ Gottfried Wilhelm Leibniz 1646-1716　　64, 69, 70, 73, 112, 125, 260, 472
ラインホルト Karl Leonhard Reinhold 1758-1823　　45, 273
ラウマー Friedrich Ludwig Georg von Raumer 1781-1840　　564
ラグランジュ Joseph-Louis Lagrange 1736-1813　　403
ラッソン Georg Lasson 1862-1932　　606
ラプラス Pierre Simon Laplace 1749-1827　　178, 194, 197
ラマルク Jean Baptiste Pierre Antoine de Lamark 1744-1829　　159, 243
ラ・メトリ Julien Offoy de La Mettrie 1709-51　　201
リッター Johann Wilhelm Ritter 1776-1810　　502, 605
リヒター Jeremias Benjamin Richter 1762-1807　　217, 218
リヒテンベルク Georg Christoph Lichtenberg 1742-99　　199–201
リンネ Carl von Linne 1707-78　　243
レシュラウプ Andreas Röschlaub 1768-1835　　247
ローゼンクランツ Johann Karl Friedrich Rosenkranz 1805-79　　158, 490, 560
ロック John Locke 1632-1704　　471

著作名索引
（ヘーゲルの著作を除く）

アウテンリート Johann Heinrich Ferdinand Autenrieth
　生理学案内 Handbuch der Physiologie　　239
アリストテレス Aristoteles
　分析論前書 Analytica priora　　115
　オルガノン Organon　　35
　形而上学 Metaphysik　　　116, 170, 209
アンセルムス Anselmus Cantaberiensis
　プロスロギオン Proslogion　　119, 121
ヴァーグナー Johann Jakob Wagner
　事物の本性について Von der Natur der Dinge　　236
ヴォルフ Christian Wolf
　一般宇宙論 Cosmologia generalis, methode scientifica pertractata, qua ad solidam,
　　inprimis dei atque naturae, cognitionem via sternitur　　31
　合理的心理学 Psychologia rationalis　　31
　自然神学 Theologia naturalis methode scientifica pertractata.　　32, 33
　第一哲学もしくは存在論 Philosophia prima, sive ontologia, methode scientifica
　　pertractata, qua omnis cognitionis humanae principia continentur　　29, 30
エウクレイデス Euklid
　原論 Elemente(Elementa)　　180, 232, 247
エルクスレーベン Johann Christian Polykarp Erxleben
　自然論の基礎 Anfangsgründe der Naturlehre　　199
オウィディウス Ovid
　著作集 Opera　　7, 51, 125, 366, 422, 451, 452, 459, 470, 472, 578

カント Immanuel Kant
　永遠平和のために Zum ewigen Frieden　　448, 449
　自然科学の形而上学的原理 Metaphysische Anfangsgründe der Naturwissenschaft
　　174, 205
　実用的観点における人間学 Anthropologie in pragmatischer Hinsicht　　496
　純粋理性批判 Kritik der reinen Vernunft　　13, 34, 35, 37, 40, 44, 57, 64, 70, 86, 121,
　　138, 146, 162, 164, 205, 372, 466
　判断力批判 Kritik der Urteilskraft　　31, 130
キケロ Cicero
　神々の本性について De natura deorum　　54
　予言について De divination　　54, 502
キーゼヴェッター Kiesewetter
　学校用論理学 Logik zum Gebrauch für Schulen　　30, 98, 102–04

著作名索引　　　　645

キュヴィエ Georges Cuvier
　四足獣の白骨化した骸骨についての研究 Recherches sur les ossemens fossils de
　　quadrupèdes　　243
キリアン Conrad Joseph Kilian
　全医学体系草案 Entwurf eines Systems der Gesammten Medizin　　146, 233, 235
グリム Jacob Grimm
　ドイツ語辞典 Deutsches Wörterbuch　　210
クルーク Wilhelm Traugott Krug
　諸学問の体系的エンツュクロペディー試論 Versuch einer Systematischen
　　Enzyklopädie der Wissenschaften　　19
クルーゲ Kluge
　動物磁気についての叙述の試み Versuch einer Darstellung des animalischen
　　Magnetismus　　348
クルージウス Christian August Crusius
　偶然真理に対立するかぎりでの必然的理性真理の草案 Entwurf der notwendigen
　　Vernunft-Wahrheiten, wiefern sie den zufälligen entgegengesetzt warden　　31
グレン Friedrich Albrecht Carl Gren
　自然理論概説 Grundriß der Naturlehre　　184, 199, 201, 205, 211, 217
クロイツァー Friedrich Creuzer
　象徴と神話 Symbolik und Mythologie der alten Völker, besonders der Griechen
　　464
ゲーテ Johann Wolfgang Goethe
　色彩論 Zur Farbenlehre　　192
ケプラー Johannes Kepler
　宇宙の調和 Harmonices mundi　　179
　新天文学 Astoronomia nova　　179

ザックス Hans Sachs
　ゆゆしき悲劇，愛すべき演劇，謝肉祭劇，気晴らしの対話，切なる悲嘆話，すば
　　らしい寓話，その他のこっけいな笑劇と道化芝居の集成 Ernstliche Trauerspiele
　　471
シェリング Friedrich Wilhelm Joseph Schelling
　芸術哲学講義 Vorlesungen über die Philosophie der Kunst　　459, 527, 528
　哲学と宗教 Philosophie und Religion　　158
　哲学体系の詳述 Fernere Darstellungen aus dem System der Philosophie　　146, 196,
　　236
シャラー Carl August Schaller
　諸学問のエンツュクロペディーと方法論 Encyclopädie und Methodologie der
　　Wissenschaften　　19
シュティグリッツ Johann Stieglitz
　動物磁気 Über den thierischen Magnetismus　　265, 348, 355, 496
シューバート Friedlich Theodor Schubart

646 著作名索引

理論天文学 Theoretische Astronamie　490
一般天文学 Populäre Astronamie　490
シューベルト Gotthilf Heinrich Schubert
　理論的天文学　190, 194, 195
シラー Friedrich Schiller
　芸術家 Die Künstler　15, 469, 494
スピノザ Baruch (Benedict) de Spinoza
　エチカ Ethica more geometrico demonstrata　102, 472

ディオゲネス・ラエルティオス Diogenes Laertius
　ギリシア哲学者列伝 De vitis, dogmatibus et apophthgmatibus clarorum philosophorum
　　338, 470
デカルト René Descartes
　第一哲学についての省察 Meditationes dé prima philosophia　102
テンネマン Wilhelm Gottlieb Tennemann
　哲学史 Geschichte der Philosophie　121
トロックスラー Ignaz Paul Vital Troxler
　人間の本質についての洞察 Blicke in das Wesen des Menschen　348
　疾病分類学および治療の基礎にかんする考案 Ideen zur Grundlage der Nosologie und
　　Therapie　247
トロムスドルフ Johann Bartholomäus Trommsdorff
　全化学の体系的案内書 Systematisches Handbuch der gesammten Chemie zur
　　Erleichterung des Selbststudiums dieser Wissenschaft　188, 199, 217, 235

ニュートン Isaac Newton
　光学 Optice: sive de reflexionibus, refractionibus, inflexionibus et coloribus lucis, libri
　　tres　178, 189–92, 197, 204
　自然哲学の数学的諸原理 Philosophiae naturalis principia mathematica　13, 177,
　　178, 180, 181, 183, 204

ハーヴィ W. Havey
　動物の発生に関する研究 Exercitationes de generatione animalium　234
バトゥー Charles Batteux
　文学入門 Einleitung in die schönen Wissenschaften　190
ハットン Charles Hutton
　数学・哲学辞典 A mathematical and philosophical dictionary〔…〕　204
ビオ Jean-Baptiste Biot
　実験的・数学的物理学概論 Traité de physique expérimentale et mathématique　193
ビシャ Xaverius Bichat
　生死にかんする生理学的研究 Physiologische Untersuchungen über Leben und Tod
　　242, 243
フィッシャー H. Fischer

著作名索引　　　　647

シュヴァーベン語辞典 Schwäbisches Wörterbuch　　210
フィヒテ Johann Gottlieb Fichte
　全知識学の基礎 Grundlage der gesammten Wissenschaftslehre　　45, 571
プラトン Platon
　国家 Respublica　　451, 452
　政治家 Politicus　　445
　ティマイオス Timaeus　　157, 354, 422
フランクール L. B. Francoeur
　力学原論 Traité élémentaire de mécanique　　180
ブルッカー Jakob Brucker
　哲学の批判的歴史 Historia critica philosophiae　　121
ブルーメンバッハ Johann Friedrich Blumenbach
　自然誌案内 Handbuch der Naturgeschichte　　243
プロティノス Plotin
　エネアデス Enneaden　　157
ベーコン Francis Bacon
　学問の進歩 De augmentis scientiarum　　218
ベッカリーア Cesare Bonesana Beccaria
　犯罪と刑罰 Von Verbrechen und Strafen(Dei delitti e delle pene)　　428
ベルクマン Torbern Bergman
　物理学・化学小論集〔…〕Opuscula physica et chemica〔…〕　　216
ベルセリエス Jöns Jacob Berzelius
　化学的静力学 Essai de statique chimique　　212, 218
ヘロドトス Herodotus
　歴史 Historiae　　463
ホイヘンス Ch. Huygens
　振り子時計 Horologium oscillatorium sive de motu pendulorum ad horologia a ptato
　demonstrations geometricae　　185
ボーデ Johann Elert Bode
　天文学入門 Anleitung zur Kenntniß des gestirnten Himmels）　　190

マウラトーリ Ludwig Anton Mauratori
　人間の想像力について。多数の補遺付き。ゲオルグ・ヘルマン・リヒェルツ編
　　Über die Einbildungskraft des Menschen　　347
マース Johann Gebhard Ehrenreich Maaß
　論理学綱要 Grundriß der Logik　　30, 67, 103, 104

ライプニッツ Gottfried Wilhelm Leibniz
　事物の根源的起源 De rerum originatione radicali　　73
　モナドロジー Monadologie　　69, 125
　自然と恩寵の理性原理 Vernunftprinzipien der Natur und der Gnade　　73, 472
　弁神論 Theodizee　　73

ラプラス Pierre Simon Laplace
　天体力学 Traité de mécanique céleste　　178, 194
ラマルク Jean-Baptiste Pièrre Antoine de Monet, Chevalier de Lamarck
　動物哲学 Philosophie zoologique　　159, 243
リヒター J. B. Richter
　化学量論あるいは化学元素の計量術の諸原理，第 1 部，純粋な化学量論を含む
　　　Anfangsgründe der Stöchyometrie oder Meßkunst chymischer Elemente. Erster Theil
　　　welcher die reine Stöchyometrie enthält　　217
　気象学にかんする新考案 Neue Ideen über die Meteorologie　　201
ルサージュ G.-L. Le Sage
　機械論的化学論 Essai de Chymie méchanique　　182
ルソー Jean=Jacques Rousseau
　社会契約論 Contrat social　　320
ローゼンクランツ Karl Rosenkranz
　ヘーゲル伝 Georg Wilhelm Friedrich Hegel's Leben　　158, 490

地 名 索 引

アテネ Athene（Athen または Athenai）
　453
アフリカ Afrika　　345
アムステルダム Amsterdam　　102
イェーナ Jena　　6, 19, 45, 158, 196,
　233, 236, 244, 247, 531, 536, 552,
　560, 576, 579
イギリス England　　13
イタリア Italien　　428
インド Indien　　159, 346, 450, 464, 469
ヴィッテンベルク Wittenberg　　19
ウィーン Wien　　199, 201
ヴュルツブルク Würzburg　　40
ヴュルテンベルク Würtemberg　　579
エジプト Ägypten　　448, 458

カルデア Chaldäa　　501
ギリシア Griechenland　　442, 451, 452,
　458, 461, 463, 464, 469, 470
ゲッティンゲン Göttingen　　83, 193,
　201, 243
ケーニヒスベルク Königsberg　　13,
　448, 496
ゴータ Gotha　　157, 194, 195

シュトゥットガルト Stuttgart　　244,
　490
ジュネーブ Genf　　239
スイス Schweiz　　83, 500
スウェーデン Sweden　　570, 574, 589

ダルムシュタット Darmstadt　　464
テュービンゲン Tübingen　　158, 192,
　210, 233, 243, 244, 596
デルポイ Delphi　　338
ドイツ Deuschland　　7, 200, 347, 376,

380, 431, 470, 534

ナント Nantes　　598, 599
ニュルンベルク Nürnberg　　36, 37,
　174, 459, 471, 481, 543, 552, 558–
　63, 566–69

バイエルン Bayern　　557, 559, 614
ハイデルベルク Heidelberg　　8, 179,
　423, 440, 459, 521, 543, 552, 554,
　557, 561, 568–70, 572, 574, 579,
　586, 608
ハノーファー Hannover　　355
パリ Paris　　119, 178, 180, 185, 193,
　194, 197, 212, 217, 218, 243
ハレ Halle　　19, 67, 190, 195, 355, 356
ハンブルク Hamburg　　423, 459
バンベルク Bamberg　　40, 275
フランクフルト Frankfurt　　30–32,
　197, 247, 347, 496
フランス Frankreich　　159, 192, 201,
　243, 347, 376, 380, 431, 448, 472,
　480
ブレスラウ Breslau　　217, 218, 428
プロイセン Preußen　　338, 366, 559,
　575, 594
ベルリン Berlin　　6, 51, 59, 98, 158,
　190, 201, 338, 355, 366, 419, 459,
　465, 470, 474, 490, 521, 526, 552,
　561, 574, 576, 577, 579, 583, 586,
　595, 598, 608, 611
ボン Bonn　　423, 483

ミュンヘン München　　210
メス Metz　　423

650 　　　　地 名 索 引

ヨーロッパ Europa　　345, 346

ライプツィヒ Leipzig　　13, 19, 30–32,
　54, 121, 146, 157, 182, 192, 201, 210,
　211, 233, 236, 239, 247, 338, 347,

　355, 464, 571
リ ガ Riga　　174, 205
ローマ Rom　　442, 452, 502
ロンドン London　　13, 14, 204, 214,
　234

事 項 索 引

ア　行

愛 Liebe　　8, 282, 350, 384, 410, 442,
　452, 466, 496

悪 Böse　　31, 32, 73, 159, 255, 300,
　301, 314-16, 330, 331, 412, 428, 434-
　38, 440, 467, 468

ア・プリオリ a priori, apriorisch　　31,
　34, 451

アンチノミー（二律背反）Antinomie
　35-37, 57, 491, 608

意志 Wille　　12, 74, 124, 132, 139, 148,
　268, 273, 281, 285, 287, 297-99, 301,
　303, 304, 306-17, 320, 321, 323, 331,
　341, 347, 349, 350, 357, 360, 362,
　378, 382, 383, 386, 388, 389, 391,
　409, 410, 413-18, 420-24, 426-31,
　433, 434, 436-39, 445-47, 451, 455,
　465, 473, 482, 483, 495, 502, 519,
　520, 544-47, 565
　　一般―― allgemeiner -　　426, 428
　悪意 böser -　　268, 391

意識 Bewußtsein　　13, 15, 20, 33, 34,
　40, 45, 47, 49, 51, 102, 103, 120, 137,
　144, 165, 168, 189, 258, 265, 270-80,
　282-84, 286, 289, 290, 292, 297, 316,
　329, 340, 344, 348, 350, 351, 353,
　354, 356, 357, 359, 361, 364-67, 369,
　371-75, 381, 383-88, 392, 395, 396,
　406-11, 416, 420, 421, 430, 431, 433,
　435, 437-40, 453, 455, 457, 462, 468,
　469, 471-74, 477, 481, 483, 487, 496,
　497, 500, 503, 506, 507, 508, 510,
　517-20, 529, 531, 532, 546, 563-67,
　576

生き生きしたもの（生けるもの）
　Lebendiges　　141, 142, 160, 222,
　224, 226, 229, 230, 232, 233, 237-
　39, 246, 248, 249, 277, 458, 487, 495,
　516, 597

威力 Macht　　89, 96, 98, 134, 166, 197,
　262, 264, 268, 296, 311, 317, 319,
　322, 326, 330, 375, 379, 400, 435,
　457, 466, 495

色 Farbe　　108, 191-93, 197, 210, 212,
　227, 231, 246, 263, 266, 367, 370,
　394, 398, 399, 401, 481, 486

宇宙論 Kosmologie　　31

運動 Bewegung　　26, 51, 59, 82, 94,
　95, 105, 119, 122, 124, 126, 132, 133,
　139, 151, 160, 168-71, 176-86, 192,
　193, 196, 197, 208, 211, 225, 230,
　245, 272, 273, 284, 303, 323, 330-
　32, 367, 407, 409, 465, 472, 474, 488,
　490-93, 517, 518, 531, 542, 543

運命 Schicksal　　96, 267, 268, 319, 444,
　447, 451, 464, 480

永遠平和 ewiger Frieden　　448, 449

エーテル Äther　　476, 494

円環 Kreis　　16, 21, 40, 193, 331, 487,
　529

音楽 Musik　　196, 197, 361, 401, 480

カ　行

懐疑 Zweifel　　12, 506, 530

懐疑主義 Skeptizismus　　7, 25, 40, 45,
　421, 529, 530

外的 äußerlich　　20, 21, 32, 33, 59, 60,
　65, 68-71, 103, 107, 122, 125, 126,
　129, 131-34, 136, 143-45, 147, 148,

150, 152, 156, 159, 162, 169-71, 176-
78, 182, 184-86, 191, 199, 203, 204,
206, 208, 210, 226, 230-32, 234, 235,
237, 238, 240, 241, 244, 245, 247,
248, 252, 262, 263, 265, 268, 271,
277-79, 286-89, 293, 294, 301, 302,
307-09, 312, 313, 319, 320, 322, 328,
329, 331-33, 344, 345, 352-54, 356,
357, 368, 374, 375, 377, 380, 381,
384-86, 389, 392, 393, 395, 396, 399,
406, 408, 410, 414, 422, 428-32, 437,
440, 447, 450, 456, 458, 464, 467,
469, 471, 480-82, 487-89, 491, 494,
496, 497, 499, 502, 506, 507, 509,
512, 514-16, 519, 564, 565
——なもの Äußeres　　15, 68, 83,
126, 128, 151, 215, 238, 252, 269,
274, 288, 309, 344, 350, 363, 366,
386, 394, 431, 491, 498, 506, 510-12,
514, 515, 519
概念 Begriff　　6, 11-14, 16, 18-21, 24,
25, 27, 28, 30-35, 37, 38, 40, 41, 48-
51, 54, 59, 66, 67, 69, 70, 73, 81, 83,
86, 90, 91, 94-96, 98, 99, 100-20,
122, 124-38, 140-53, 156-60, 162-71,
174, 175, 177-79, 181-86, 188, 189,
194, 196, 199, 200, 202, 205-07, 209,
210, 213, 214, 216, 218, 219, 224-27,
229-37, 239, 241, 242, 244-49, 252-
55, 258-60, 262, 264, 266-68, 272-74,
277-79, 282-90, 293, 294, 297, 298,
300, 306, 309, 311, 313, 316, 320,
321, 324, 326, 330-33, 338, 340-42,
354, 355, 360, 362-64, 367, 369-73,
375, 383-85, 388, 389, 391, 392, 394,
400, 405-09, 419, 421-23, 426, 430,
433, 436, 437, 439, 440, 446, 451,
454, 458, 459, 461-64, 466, 467, 470,
472, 474, 477, 483, 486-88, 499, 500,
506-13, 515, 517, 518, 520, 528, 529,
531, 535-39, 541-43, 545, 547, 561,
562, 564-66, 576, 588, 603, 608, 612,

615, 616
解放 Befreiung　　32, 49, 96, 129, 132,
153, 254, 258, 266, 272, 278, 285,
291, 293, 300, 301, 303, 323, 324,
326, 327, 332, 357, 373, 382, 399,
422, 454, 473, 531
化学機構 Chemismus　　518
化学的連関 Chemismus　　128, 134,
135, 219, 241, 246
学，学問 Wissenschaft　　5-7, 11, 14-21,
24-28, 39-41, 44, 49, 99, 119, 124,
139, 146, 147, 160, 163, 164, 167-
69, 193, 217, 218, 233, 243, 253, 270,
286, 297, 321, 332, 333, 431, 446,
448, 456, 457, 470, 476, 477, 481-83,
486, 494, 506-08, 526, 529, 530, 534-
36, 541, 552, 559-62, 564, 569-72,
579, 594, 603
　純粋な—— reine -　　40, 537
　——の体系 System der -　　40, 526,
529, 530, 535, 552, 559
確信 Gewißheit　　16, 45, 120, 121, 142,
144, 148, 151, 232, 241, 272-76, 279,
283, 287, 315, 316, 364-69, 384, 385,
387, 388, 391, 427, 436, 437, 439,
460, 480, 483, 506, 518
革命 Revolution　　346, 447, 451
　フランス—— Französische -　　480
仮象（映現）Schein　　25, 64, 66, 68,
69, 71, 73, 74, 78, 81, 84, 87, 88, 91,
94, 95, 99, 100, 117, 132, 133, 135,
138-41, 148-50, 152, 153, 254, 316,
321, 332, 340, 362, 374, 383, 408,
415, 487, 491, 511, 537
家族 Familie　　262, 282, 318, 381, 421,
431, 439, 440, 442, 450, 452
活動（活動性）Tätigkeit　　17, 28, 41,
45, 74, 88, 89, 122, 124, 128, 130,
131, 133, 134, 139, 142, 144, 146,
148, 149, 182, 200, 233, 235, 237,
238, 240, 244, 245, 248, 254, 258,
262, 268, 273, 279, 287-89, 291-93,

事 項 索 引　　　　653

295, 296, 300-03, 306, 312-14, 317-
20, 323, 327, 328, 342, 343, 351, 359-
63, 374-76, 383, 386, 388-90, 392,
393, 395, 403, 408, 412, 438, 445,
460, 470, 473, 474, 477, 482, 483,
508, 510, 513, 514, 516, 518, 520,
531, 563-65

神 Gott　　　29, 30, 32, 33, 44, 46-49, 54,
102, 108, 118, 121, 124, 157-59, 253,
260, 327-29, 344, 354, 402, 412, 414,
416, 437, 442, 444, 451-54, 456, 457,
460, 462-65, 467, 469, 470, 482, 483,
494, 495, 502, 503, 506, 509, 540,
541, 572, 598

　──の国 Reich -es　　　453, 477

　──の存在証明 Gottesbeweise
120, 457

　──の存在論的証明 ontologischer
Beweis des vom Daseyn -s　　　118,
119, 124, 138, 139

感覚 Empfindung　　　105, 171, 186, 190,
206, 229, 230, 231, 234, 263, 289-92,
295, 297, 342, 348, 352-54, 356, 362,
366, 386, 389, 391-95, 397-99, 400,
402, 404, 406-08, 411, 412, 436, 442,
472, 480-82, 496-98, 500, 519

関係 Beziehung, Verhältnis, Relation
13, 15, 17, 24, 26, 28, 33-35, 39, 45,
48, 51-55, 56, 59, 60, 62, 64-66, 68,
69, 71, 72, 77, 79-83, 85, 86, 88-95,
99, 103, 104, 106, 107, 109-11, 113-
15, 117, 118, 120, 122, 124, 126, 127,
130, 131, 133-39, 141-43, 145, 148,
151, 158, 159, 163-66, 169-71, 174,
177, 179-84, 188, 189, 191-93, 196,
199, 200, 201, 203, 204, 209-12, 214,
216, 218, 219, 223, 225, 226, 229-
38, 241, 243, 246, 253, 254, 260, 264-
66, 269, 270, 272-75, 277, 279, 281,
286, 292-95, 299, 300, 302, 308, 309,
312, 314, 315, 318, 319, 321, 322,
329, 330, 340, 341, 347, 354-56, 358-

60, 362, 365, 369-71, 373, 374, 376,
380, 381, 385-87, 392, 396-98, 400-
03, 405, 408, 419, 424, 426, 430, 432,
433, 438, 446, 449, 454, 456, 461,
462, 469, 471, 474, 482, 483, 487-91,
493, 496, 499, 503, 507, 509-15, 517-
20, 526, 531, 537, 538, 544, 546, 564,
573, 606, 611, 612

感傷 Empfindsamkeit　　　416

感情 Gefühl　　　8, 12, 13, 15, 20, 33, 34,
225, 226, 228, 230-32, 241, 245, 247,
263, 274, 279, 280, 289, 290, 291,
298, 299, 300, 301, 303, 349, 350,
353, 354, 357, 367, 385, 392-96, 409-
11, 413, 444, 457, 481, 483, 486, 495-
97, 544, 556

　宗教的── religiöses -　　　290, 481

感性 Sinnlichkeit　　　12, 24, 27, 33, 34,
37, 54, 70, 109, 146, 147, 162, 165,
196, 209-11, 218, 236, 259, 274-76,
278, 288, 353, 367-69, 372-75, 377,
403, 405, 507, 548

　──的なもの Sinnliches　　　49, 266,
275, 367, 370, 371

　超越論的──論 transzendentale -
34, 162, 164

完成可能性 Perfektivität　　　346

観念性 Idealität　　　86, 170, 176, 189,
208, 222, 228, 231, 260, 267, 340,
341, 361, 363-65, 384, 406, 408, 462,
512, 513, 515, 518

観念論 Idealismus　　　15, 37, 86, 121,
139, 149, 162, 233, 290, 359, 366,
375, 376, 416, 456

議会 Parlament: Volksvertretung　　　578

機械的連関（メカニズム），機械論
Mechanismus　　　116, 125-27, 134,
135, 182, 183, 203, 236, 237, 560, 565,
615

喜劇 Komödie, Lustspiel　　　345, 464

記号 Zeichen　　　269, 270, 280, 294-96,
327, 340, 343, 363, 364, 372, 396,

397, 402-07, 452, 489, 519

犠牲 Opfer　227, 303, 311, 319, 322, 326, 329, 428, 447, 448, 452, 463

義務 Pflicht　14, 299, 302, 313-15, 317, 318, 379, 380, 391, 394, 414, 421, 426, 431, 433, 434, 439, 442, 444, 447, 566

客観，客体 Objekt　15, 32, 39, 86, 98, 107, 109, 113, 118, 122, 124-29, 131, 132, 134-37, 140, 141, 144, 146, 148-50, 237-41, 252, 268, 271-74, 276-79, 280-83, 289, 290, 340, 341, 344, 365, 367-69, 371-76, 381-84, 386, 392, 394, 395, 399, 408, 416, 421, 424, 433, 437, 482, 486, 516, 519, 535, 564

客観性，客体性 Objektivität　27, 34, 64, 98, 101, 118, 120-22, 124, 129, 131, 133, 134, 136, 139, 140-43, 147, 148, 165, 219, 230, 241, 248, 249, 252-54, 258, 268, 273, 278, 281-83, 285, 287, 296, 299, 302, 313-15, 319, 348, 351, 357, 369, 372-74, 381, 384, 409, 413, 415, 432, 433, 439, 469, 483, 488, 493, 506, 510, 511, 518

教会 Kirche　448, 453, 471, 495

教科書 Lehrbuch　98, 112, 550, 557, 569-72, 584, 585, 590

教義 Lehre　465

強制 Zwang　126, 309, 310, 378, 426, 443

キリスト教 Christentum　124, 253, 421, 422, 426, 452, 453, 458, 461

儀礼 Kultus　451

近代 Neuzeit　54, 133, 132, 453, 456, 457, 460, 466, 501, 509
　——的 neuzeitlich　132
　——の modern　132

空間（空間的）Raum　11, 31, 34, 57, 58, 67, 147, 156, 160, 162-65, 167-71, 176, 177, 180, 182, 183, 189, 203-05, 212, 222, 228, 259, 291, 292, 295, 340, 341, 343, 354, 361, 370, 392, 393, 397, 399, 400, 401, 421, 465, 490, 492, 494, 517, 543
　——性 Raumlichkeit　177, 207

偶然 Zufall　6, 16, 18, 19, 54, 87, 98, 103, 157, 228, 293, 311, 314, 315, 323, 412, 413, 429, 436, 442, 449, 451, 458, 461, 464, 465, 501

偶然性 Zufälligkeit　15, 20, 31, 32, 61, 66, 87, 88, 114, 156-59, 194, 196, 262, 292, 301, 302, 306, 309-11, 314, 319, 321, 327, 328, 332, 391, 393, 414, 421, 422, 429, 431, 443, 457, 500, 506

偶然的なもの Zufälliges　19, 81, 87, 88, 115, 119, 171, 270, 290, 296, 299, 311, 394, 429, 476, 514

空想力，想像 Phantasie　293, 294, 401, 507

君主 Monarch　320, 426, 445, 446, 451
　——制 Monarchie　444, 445

形式 Form　6-8, 12, 15, 20, 21, 25, 27, 29, 33, 34, 37, 40, 45-47, 51, 56, 59, 64, 66, 67, 70, 73, 74, 77, 78, 80-82, 85-91, 99, 101, 104-14, 116, 117, 120-22, 126, 127, 129-32, 134, 136, 139, 144, 145, 150, 152, 153, 156, 158, 162, 165, 170, 176, 181, 186, 187, 191, 203, 205-08, 211, 214-18, 229, 234, 236, 240, 244, 246, 255, 267, 268, 270, 272, 274, 287-90, 292, 293, 295, 297, 299, 300-02, 309, 315, 320, 323, 328-30, 332, 333, 342, 344, 360, 367, 368, 373, 379, 381, 382, 384, 385, 387-89, 392, 393, 396, 399, 401-03, 406, 408, 410-14, 426, 428, 437, 438, 441, 442, 449, 453, 457-62, 465-70, 472, 477, 480-83, 486, 488, 495, 496, 503, 507, 508, 510, 513, 516-19, 529, 530, 536-38, 542, 543, 545, 562, 598, 608, 613

形式主義 Formalismus　6, 7, 108, 146,

事 項 索 引　　　　655

233, 236, 247, 306, 311, 438, 500

形式的 formell　　11, 17, 24, 26, 27, 31,
35, 38, 66, 73, 74, 98, 99, 101, 103,
112, 113, 125-27, 131, 132, 137, 139,
140, 144, 146, 148, 170, 183, 194,
195, 199, 205, 222, 233, 234, 238,
245, 249, 264, 266, 272, 273, 285,
287, 291, 293, 296, 297, 300-03, 306,
308-10, 328, 356, 359, 366, 367, 379,
382, 383, 388, 389, 395, 397, 400,
406-10, 413, 421, 430-33, 435, 438,
440, 443, 451, 453, 455, 459, 466,
471, 482, 492, 493, 500, 501, 513,
516, 535, 537

啓示 Offenbarung: offenbar　　329, 331,
332, 437, 449, 454, 462, 468

啓示宗教 offenbare Religion　　329, 464,
466

形而上学 Metaphysik　　28, 29, 33, 70,
217, 266, 286, 341, 366, 407, 475,
479-81, 507, 509, 537, 552, 562, 568,
570, 572, 582, 594-99, 601- 03, 610

芸術 Kunst　　332, 346, 411, 431, 451,
456-62, 469, 565, 565

芸術宗教 Kunstreligion　　327, 457, 458,
460, 464, 473

啓蒙，啓蒙主義 Aufklärung　　6, 7, 471,
534

経験 Erfahrung　　7, 34, 35, 37, 121,
168, 178, 181, 204, 276, 302, 351,
438, 471, 482, 507, 529, 531

経験的 empirisch　　6, 12, 18-20, 30, 33-
36, 40, 64, 168, 180, 189, 191, 207,
209, 211, 216, 218, 235, 239, 242,
243, 285, 286, 288, 292, 338, 367,
371, 386, 472, 476, 491, 498, 507,
530, 612

傾向性 Neigung　　301-04, 319, 320,
545-47, 556

契約 Vertrag; Kontrakt　　308, 309, 320,
421-27, 442, 446, 520

決意 Entschluß　　40, 124, 153, 437,

506, 517, 530, 541, 608

言語 Sprache　　30, 77, 295, 395, 404,
405, 421, 428, 531

現実性（現実，現実態）Wirklichkeit
19, 38, 40, 41, 44, 51, 70, 83-92, 94,
95, 110, 111, 121, 129, 130, 136, 138,
153, 157, 160, 189, 200, 202, 215,
225, 227, 228, 241, 242, 248, 249,
252, 261, 265-70, 268, 288, 290, 300,
303, 304, 311, 317-24, 329, 348, 351,
352, 356, 357, 359, 361, 362, 375,
389, 394, 409, 416, 417, 419, 421,
423, 429, 431, 432, 434, 437, 439,
440, 446, 447, 451, 453, 454, 457,
460, 461, 463, 465, 467, 469, 482,
483, 488, 497, 500, 511, 513, 514,
518-20, 534, 537, 538, 541, 547, 548,
556, 567

最高の―― höchste -　　463

――化 Realisierung　　85, 88, 93, 94,
118, 131-36, 139, 149, 150, 312, 518,
563, 564

――化する realisieren　　70, 118,
121, 122, 129, 131-33, 135, 139, 149,
436, 510, 518

現実存在，現存 Existenz　　44, 49, 70,
73-80, 82, 84, 85, 100, 109, 120, 124,
128, 132, 137, 143, 157-60, 185, 186,
338, 343, 344, 354, 359, 375, 388,
392, 454, 510-13, 517, 518, 537, 541

現象 Erscheinung　　7, 8, 20, 32, 35, 38,
64, 70, 76, 78, 79, 81, 82, 85, 86, 139,
143, 146, 170, 176-78, 183, 186, 189,
190, 192, 195, 197, 199, 200, 201,
204-07, 210, 211, 214, 219, 222, 245,
255, 270, 272, 273, 276, 277, 281,
316, 329, 333, 344, 353, 371, 372,
383, 384, 395, 401, 455, 467, 472,
473, 483, 488, 490, 492, 493, 507,
508, 511, 537

原子論的 atomistisch　　38, 54

憲法 Konstitution　　320, 444-46, 522,

578, 586, 613

（法）権利 Recht　　11, 14, 281, 298,
　299, 302, 306, 308, 310, 311, 315,
　317, 319, 320, 323, 414, 422, 425,
　427, 428, 450, 465, 494
原理 Prinzip　　13, 17, 18, 26, 29, 34, 44,
　54, 70, 73, 102, 119, 128, 129, 133,
　137, 146, 147, 162, 164, 165, 167,
　168, 174, 177, 178, 180, 181, 183,
　189, 193, 204-07, 215, 217, 234, 235,
　300, 308, 314, 322, 323, 366, 385,
　416, 436, 437, 439, 440, 442, 446,
　447, 449, 451-53, 468, 472, 481, 537,
　561
権力 Gewalt　　439, 449, 452
行為 Handlung　　65, 70, 106, 112, 119,
　132, 267, 269, 310, 312-16, 322, 323,
　347, 358, 361, 363, 374, 401, 411,
　427, 428, 431-33, 436, 465, 468, 477,
　494, 546, 547
口述 Diktat　　5, 459, 530, 543
口述筆記 Diktat, diktieren　　550, 568,
　569, 571, 581, 582, 597, 605, 607,
　609, 612
幸福 Glückseligkeit　　32, 303, 409,
　415-17, 433, 448, 544-46
合目的性 Zweckmäßigkeit　　131, 132,
　140, 159, 219, 240, 286, 516, 540,
　541
合目的的（合目的な）zweckmäßig
　132-34, 458, 461
合理性 Rationalität　　214
国際法 Völkerrecht　　322, 448, 449
国制 Verfassung　　320, 321
国民 Nation; Volk　　446-48, 465
心 Herz, Gemüt　　499, 501 575
個人 Individuum　　70, 262-64, 287,
　301, 309, 310, 313, 314, 318, 320-
　23, 350, 351, 400, 402, 407, 423, 427,
　431, 432, 446-51, 454, 455, 462, 463,
　473, 474, 481, 498, 526, 546, 547
悟性 Verstand　　25, 26, 29, 32, 35, 36,

　38, 39, 51, 67-70, 72, 102, 130, 132,
　138, 139, 144, 146, 164, 167, 168,
　170, 171, 174, 177, 185, 189, 191,
　199, 204, 207, 234, 254, 255, 266,
　267, 273, 276, 277, 287-90, 297, 299,
　303, 341, 342, 354-56, 359, 361, 370,
　371, 388, 391, 394, 402, 464, 465,
　467, 470-73, 476, 483, 486, 507-09,
　546, 606
　たんなる―― blosser –　　26-28, 122
個体 Individuum　　70, 141, 142, 158,
　210, 223, 225-27, 241, 246, 248, 261,
　321, 322, 350, 361, 463, 539, 542,
　545, 565, 568
個体性 Individualität　　44, 141, 194,
　196-98, 200, 202, 203, 208-10, 213,
　215, 219, 223-26, 228, 246, 247, 249,
　263, 264, 320, 322, 342, 359, 362,
　364, 402, 436, 444, 446, 448, 450,
　451, 452, 453, 462, 517-19, 543

サ　行

罪責 Schuld　　432, 436
主体性 Subjektivität　　70, 111, 113,
　141, 222, 227, 228, 230, 231, 240,
　242, 248, 249, 303, 312, 313, 315-17,
　320, 323, 329, 438, 451, 472, 503
主観的なもの（主体的なもの）
　Subjektives　　16, 45, 119, 122, 129,
　131, 138, 139, 162, 206, 222, 226,
　234, 267, 272, 287, 290, 296, 299,
　302, 351, 357, 395, 399, 413, 415,
　423, 482, 495, 501, 507, 536
守護神 Genius　　442, 451
手段 Mittel　　132-35, 141, 169, 230,
　238, 307, 353, 360, 379, 381, 420,
　421, 429, 442, 448, 480, 482, 516
純粋知 reines Wissen　　452, 454, 456,
　457
象徴 Symbol　　168, 295, 352, 400-02,
　458, 461, 464

事項索引

——的 symbolisch　329, 363, 399, 404

証明 Beweis　5, 7, 11, 13, 32, 38, 94, 99, 102, 114, 118-22, 124, 137-39, 145, 147, 157, 178-81, 191, 194, 199, 201, 212, 214, 232-35, 239, 242, 248, 327, 338, 440, 457, 466, 468, 473, 477, 489, 540, 612

衝動 Trieb　8, 47, 130, 143, 144, 148, 230, 232, 241, 247, 278, 279, 301-03, 312, 320, 351, 356, 373, 378, 388, 395, 409, 410, 413-17, 420, 434, 437, 440, 443, 469, 516, 541, 544-46, 556

承認 Anerkennen, Anerkennung　5, 7, 8, 158, 254, 280-82, 309, 310, 313, 318, 322, 332, 374, 377-79, 381, 383, 422, 426-29, 431, 448, 506

所業 Tat　318, 319, 323, 439, 451, 454

所有 Eigentum　15, 292, 307-09, 311, 323, 342, 388, 396, 406, 413, 421, 422, 425, 430, 439, 447, 451, 452, 495, 520, 550

磁力 Magnetismus　206, 207, 236, 247

進化 Evolution　159, 541, 542

知ること Wissen　13, 50, 244, 279, 308, 315, 508, 565, 573, 574, 605

神学 Theologie　19, 28, 32, 33

　自然——natürliche -　32, 33

人格 Person　307-12, 317, 319, 320-22, 381, 420, 422, 426, 430, 431, 439, 442, 451, 456, 486, 520

　無限な——unendliche -　451

人格性 Persönlichkeit　307, 309-12, 319, 381, 422, 426, 439, 442, 486

心胸 Herz　486

進行／後退 Progreß/Regreß　52, 59, 61, 62, 73, 80, 90-92, 146, 147, 159, 185, 216, 219, 225, 263, 273, 285, 310, 315, 382, 401, 423, 516, 536

無限後退 unendlicher Progreß　73

信仰（信念）Glaube　20, 120, 158, 197, 332, 385, 433, 454, 457, 468, 480, 483, 497

心情 Gemüt　15, 287, 298, 299, 411, 463, 476, 478, 489

神的なもの Göttliches　37, 116, 189, 359, 402, 451, 457, 458, 461, 468, 477, 481, 486, 503

神秘主義 Mystizismus　457, 471

　——的 mystisch　457

審美的 ästhetisch　410, 415

新プラトン主義 Neuplatonismus　457, 466, 471

進歩 Fortschritt 37, 218, 219, 467

真理 Wahrheit　5, 8, 15, 25, 28, 30, 31, 33, 35, 48, 51, 60, 65, 70, 76, 77, 79, 82, 83, 92-94, 98, 99, 105, 106, 108, 109, 111, 122, 134, 136-38, 144, 148-50, 153, 157, 159, 160, 163, 167, 177, 196, 241, 246, 249, 252-55, 259-61, 266, 270, 273, 274, 276, 277, 282, 283, 286-89, 296, 297, 299, 302, 304, 311, 317, 327, 331, 332, 339, 365, 367, 369, 385-87, 391, 393, 436, 471, 472, 476, 480, 482, 483, 488, 493-96, 506, 507, 509, 512, 514, 518, 534, 539, 541, 542, 567, 599, 601, 602

　理性——Vernunft -en　31, 509

　歴史的——Geschichts -　507

心理学 Psychologie: Seelenlehre　31, 98, 102, 258, 285, 286, 292, 295, 338, 340, 343, 356, 358, 364, 378, 386, 417, 552, 560, 563-65, 569, 570, 572, 574-76, 582, 583, 585-88, 592, 593, 595, 597, 603-05, 611, 612

人倫 Sittlichkeit　10, 38, 158, 262, 302, 306, 316-19, 321, 323, 326, 344, 357, 370, 377, 379, 413, 419, 421, 431, 438-40, 442-45, 447, 448, 450, 451, 458-60, 463, 477, 499, 503, 518, 520, 547, 555, 565

人類 Menschengeschlecht　224, 339, 343, 345, 450

神話（ミュートス）Mythus, Mythologie

124, 435, 436, 462-64, 469, 495
神話的 mythisch: mythologisch　　470
推理 Schluß　　16, 35, 36, 99, 111, 113-
　　20, 122, 127, 130-34, 178, 179, 190,
　　192, 197, 206, 219, 240, 266, 306,
　　310, 312, 333, 349, 409, 466, 473,
　　493, 507, 508, 516, 547
崇高 Erhabenheit　　181, 404, 459-61
数学 Mathematik　　11, 13, 56, 117, 145,
　　146, 160, 167-69, 177, 178, 180, 181,
　　183, 192, 193, 204, 543, 553, 565,
　　597, 608
ストア主義 Stoizismus　　421
生，生命 Leben　　105, 132, 133, 141-
　　43, 149, 153, 158, 160, 191, 196,
　　219, 222-27, 229, 230, 232-35, 237-
　　46, 248, 249, 259-65, 268, 277, 280,
　　281, 288, 293, 300, 319-22, 326, 327,
　　329-31, 342-45, 350-54, 356, 357,
　　360, 362, 363,372, 373, 378, 379,
　　382,398,412, 428, 452, 453, 457, 458,
　　460-64, 467, 473, 476, 478, 481, 487,
　　488, 494, 495, 497-99, 500-03, 509,
　　510, 516, 520, 526, 539, 542, 566-68
　　自然の―― - der Natur　　541
正義，正義である Gerechtigkeit, gerecht
　　33, 302, 319, 412, 413, 420, 428, 434,
　　449, 450, 460, 495
制限 Schranke,Beschränkung, Beschränkt-
　　heit, Beschränken, beschränkt, Be-
　　grenztseyn, Begrenztheit　　6, 16, 18,
　　25, 26, 31, 38, 86, 136, 146, 183, 198,
　　219, 232, 265, 302, 311, 322-24, 329,
　　356, 359, 361, 373, 387, 393-95,
　　415-17, 423, 425, 433, 445, 446, 449,
　　451, 458
政治 Politik　　7
政治生活 politisches Leben　　446
政治的 politisch　　415, 445, 446, 452
精神 Geist　　6, 7, 21, 31, 40, 45, 48, 64,
　　70, 77, 83, 99, 101, 102, 105, 109,
　　116, 120, 126, 139, 141-43, 146, 156-

60, 166, 242, 249, 251-55, 257-70,
　　272-75, 283-91, 298, 299, 300, 301,
　　302, 304-07, 315, 317, 321, 323-33,
　　337, 338, 340-42, 344, 347, 349, 350,
　　352, 354, 360-64, 366, 367, 372, 374,
　　378, 380, 383-91, 393-96, 401, 408-
　　10, 414, 416, 419-21, 423, 424, 431,
　　436, 437, 439, 440, 442, 446, 450-63,
　　467-74, 476-78, 480-83, 487, 494-
　　98, 502, 506, 508-10, 514, 518, 519,
　　521, 526-32, 534-36, 542, 544, 545,
　　548, 556, 560, 563-66, 574, 575, 578-
　　80, 585, 587, 589, 594, 600, 602, 603,
　　607, 609-12
客観的―― objektiver -　　254, 305,
　　306, 317, 326, 389, 419-21, 455, 459,
　　518, 519, 527, 548, 560, 565, 586,
　　588, 592
国民――，民族―― Volks-　　323,
　　328, 446, 450, 453
主観的―― subjektiver -　　254, 257,
　　258, 285, 306, 317, 326, 338, 340,
　　341, 364, 384, 410, 440, 454, 518,
　　527, 548, 560, 566, 581, 588, 590,
　　592, 594, 603, 612
世界―― Welt-　　323, 453, 455
絶対――，絶対的―― absoluter -
　　254, 306, 325, 327, 329, 330, 419,
　　456, 457, 518, 532, 558, 562, 580,
　　585, 587, 590, 592, 607, 609
普遍的―― allgemeiner -　　323, 324,
　　329, 331, 421, 450, 452
――性 -igkeit　　265, 282, 318, 393,
　　452, 453, 464, 503
――的なもの -iges　　116, 189, 359,
　　402, 451, 468, 481, 486, 503
――と自然 - und Natur　　116, 333
――哲学 -esphilosophie　　21, 273,
　　338, 440, 476, 483, 496, 521, 527-30,
　　536, 544, 552, 555, 557, 560-63, 574-
　　76, 579, 580, 584, 586-88, 591, 593-
　　95, 599, 603, 607, 610, 611

事 項 索 引　　　　659

――の概念 Begriff des -es　　252,
　253, 274, 298, 306, 326, 340, 363
――の歴史 Geschichte des -es　　344
――論 -eslehre　　254, 558, 561-63,
　567
生動性，生命体 Lebendigkeit　　139,
　158, 224, 263, 412, 461, 464, 473,
　497
生命過程 Lebensprozeß　　235, 566
世界 Welt　　13, 15, 27, 29, 31-33, 70,
　73, 121, 125, 143, 144, 148, 149, 183,
　197, 223, 224, 243, 244, 253, 254,
　261, 262, 271, 285, 289, 300, 312,
　313, 315, 326, 340, 341, 351, 360,
　365, 367, 372, 385, 386, 389, 399,
　400, 410, 414, 419-21, 430-32, 434,
　438, 440, 451-54, 457, 460, 466, 469,
　471, 472, 480, 486, 489, 495, 496,
　499, 506, 509, 516, 518, 563, 606
叡知的―― intelligible -　　453, 471
ギリシアの―― griechische -　　451
直接的（な）―― unmittelbare -
　143, 480
――創造 -schöpfung　　457, 540, 541
――史 Weltgeschichte　　253, 323,
　329, 449-52, 454, 455, 458, 464, 472,
　527, 528, 546, 547, 554
――的 weltgeschichtlich　　70, 453-
　55, 546, 547
絶対者 Absolutes　　27, 38, 120, 234,
　253, 331, 455, 457, 468, 470, 482,
　538
絶対的なもの　　29, 35, 38, 44, 46, 47,
　51, 54, 56, 57, 64, 66, 108, 112, 119,
　120, 124, 130, 136, 146, 158, 254,
　307, 404, 433, 438, 510
絶対的精神，絶対精神 absoluster Geist
　10, 254, 306, 325, 327, 329, 330, 419,
　456, 457, 532, 518, 560, 563, 581,
　586, 588, 590, 592, 607, 609
絶対的（な）自由 absolute Freiheit
　153, 284, 285, 307

絶対的対立 absolute Entgegensetzung
　31
絶望 Verzweifelung　　40, 120, 481, 530
摂理 Vorsehung　　158, 449
善 Gutes　　32, 126, 132, 148, 149, 189,
　301, 312-16, 351, 391, 420, 421, 428,
　429, 431, 433-40, 442, 444, 448, 451,
　452, 468, 470, 516, 520
――の理念 Idee des Guten　　126,
　421, 431
戦争 Krieg　　322, 346, 355, 436, 448,
　449
全体 Ganzes, ganz 5, 16-18, 20, 24, 28,
　29, 38, 48, 49, 57, 58, 73, 79-82, 93,
　98, 101, 107, 112, 116, 118, 122, 124,
　125, 131, 134, 139, 141, 160, 164,
　176, 178, 181, 195, 212, 213, 219,
　224, 225, 227, 230, 231, 233, 243,
　245, 247, 261, 269, 272, 278, 289,
　290, 302, 318, 319, 365, 379, 381,
　387, 392, 393, 405, 407, 428, 439,
　441, 442, 445-48, 451, 454, 463, 467,
　483, 486, 491, 507, 509, 511, 545
占有 Besitz　　307-09, 322, 362, 422,
　424, 425
想起 Erinnerung, erinnern　　167, 190,
　269, 291-97, 361, 371, 393, 396, 397,
　399, 401-03, 405-07, 429, 519
相互承認 gegenseitige Anerkennen
　282, 322
疎外 Entfremdung　　118
総体性，全体性，全体的なもの Totalität
　16, 18, 29, 73, 81, 88, 89, 98, 99, 108,
　110, 118, 124-26, 128, 140, 142, 143,
　150, 152, 153, 163, 188, 191, 195,
　197, 207, 210, 213, 215, 222-24, 229-
　31, 236, 237, 245, 254, 284, 294, 299,
　301, 306, 318, 321, 329, 331, 333,
　344, 348, 352, 357, 365, 393, 394,
　426, 431, 439, 443, 454, 466, 469,
　472, 486, 496-98, 508-11, 513-18,
　548

想像 Einbildung, einbilden　157, 351,
　382, 407
想像 Phantasie　293, 294, 401
想像力 Einbildungskraft　196, 197,
　347, 382, 390, 396, 469, 508
疎遠なもの，よそよそしいもの Fremdes
　388, 433, 437, 468, 506, 515
存在 Sein　11, 12, 14, 15, 30, 32, 41,
　43-54, 56, 59, 61, 62, 64-66, 68, 70,
　73, 74, 77, 78, 83, 85, 90, 93-96, 98,
　99, 102, 109, 111, 117-21, 124, 130,
　133, 136, 138, 146, 148, 150-52, 157,
　158, 160, 162, 165-67, 174, 185, 186,
　253-55, 266, 267, 269, 270, 276, 284,
　360, 364, 365, 369, 377, 384, 402,
　406, 408, 409, 417, 436-38, 443, 451,
　457, 460, 463, 466, 470, 473, 487,
　488, 509-12, 515, 517, 519, 536, 537,
　540, 599, 606, 608
　——者 Wesen（ens）　119, 120, 149,
　370
　——論 Ontologie　29, 30
　——論 Lehre vom Sein　174
　——論的 ontologisch　118, 119,
　121, 124, 138, 139

タ　行

体系 System　16, 17, 19, 35, 40, 45,
　57, 86, 137, 139, 146, 157, 159, 169,
　174, 179, 183, 186, 194-97, 199, 206,
　223, 232, 233, 235, 236, 243, 244,
　247, 295, 407, 440, 442, 449, 483,
　486, 487, 508, 518, 526-32, 534-36,
　539, 552, 559, 560, 562, 563, 567,
　576, 579, 584
　——形式 Systemform　543
対立，対置 Gegensatz, Entgegensetzung
　20, 26, 67, 79, 194, 200, 207, 214,
　230, 246, 310, 363, 467,
他在 Anderssein　21, 51, 52, 62, 65,
　68, 109, 151, 153, 156, 163, 270, 272,

375, 376, 473, 517
魂 Seele　13, 26, 29, 31, 38, 107, 138,
　139, 141, 142, 152, 213, 222, 234,
　253, 258-66, 268-70, 272, 284, 288,
　289, 294, 295, 297, 326, 340-43, 347,
　349, 350, 352-54, 356-63, 366, 383-
　87, 391, 394, 401, 406, 407, 412, 421,
　437, 439, 444, 455, 460, 461, 473,
　480, 497, 498, 501, 510, 518, 519,
　548, 566, 576, 585-87, 605
知 Wissen　14-16, 49-51, 130, 275,
　278, 282, 284-87, 289, 290, 306, 313,
　317, 318, 326-29, 332-44, 353, 354,
　364, 384, 386-90, 392, 393, 395, 407,
　419, 420, 432, 436, 437, 439, 445,
　451, 452, 454, 456, 457, 459, 460,
　463, 468, 469, 473, 474, 480, 482,
　483, 493, 495, 497, 499, 500, 502,
　516-18, 560, 612
知覚 Wahrnehmung　12, 13, 34, 35, 64,
　70, 105, 146, 147, 151, 170, 189, 196,
　275, 276, 288, 371, 372, 376, 392,
　500, 507
力 Kraft　24, 33, 38, 41, 80-82, 84, 99,
　130, 144, 171, 176, 178, 180, 181,
　183,199, 208, 232, 237, 239, 245,
　246, 248, 262, 288, 289, 343, 345,
　363, 369, 370, 390, 405, 448, 464,
　473, 477, 481, 482, 490, 497, 498,
　501, 507, 508, 510, 513, 515, 599,
　600, 604
知性 Intelligenz　33, 119, 193, 268,
　273, 284-89, 291-95, 296-99, 301,
　306, 307, 317, 326, 353, 388, 389,
　391-93, 395, 397-408, 410, 434, 436-
　39, 473, 495, 565
抽象 Abstraktion　26, 32, 33, 37, 47,
　49, 51, 66, 67, 72, 78, 83, 84, 86, 87,
　91, 95, 107, 109, 117, 130, 137, 138,
　143, 144, 162, 165, 170, 186, 189,
　207, 214, 215, 217, 232, 266, 268,
　278, 285, 287, 299, 307, 315, 331,

事 項 索 引　　　661

333, 341, 342, 356, 359, 374, 436,
442, 445, 447, 451-53, 461, 462, 464,
466, 483, 486, 488, 489, 509, 516,
598
――的 abstrakt　　24-26, 28, 29, 44,
45, 49, 67, 68, 74, 76-78, 81, 85, 87,
88, 101, 102, 105, 107, 113, 114, 122,
124, 126, 127, 130, 133, 137, 139,
144-47, 151, 157, 162, 163, 165, 167,
174, 179, 183, 189, 191, 193, 196,
202, 204, 207, 210-18, 223, 224, 226,
228, 230, 231, 233, 248, 253, 255,
259, 261, 264, 266, 273-81, 285, 291,
292, 296, 298, 303, 304, 307, 309-
11, 313, 315, 316, 320, 321, 327, 330,
340, 350, 361, 363-67, 372-76, 382,
385, 388, 392, 394, 395, 399-401,
403, 404, 408, 413, 416, 419, 421,
422, 430, 434, 435, 439, 452-55, 457,
460, 461, 463, 466, 467, 470-74, 482,
486, 488, 489, 493, 496, 509, 512,
513, 516-19, 520, 546, 562, 563
中世 Mittelalter　　347, 448
超越論的観念論 transzendentaler
　　Idealismus　　86
超越論哲学 Transzendentalphilosophie
　　537
直接性（直接態）Unmittelbarkeit　　13,
46, 48, 51, 53, 68, 74, 77-79, 84, 85,
87-89, 91-95, 109, 124, 142, 143,
149, 151, 160, 213, 219, 224, 239,
244, 249, 252, 253, 259, 264, 265,
268, 270, 274, 275, 277-82, 284, 290,
291, 294, 297, 299-301, 307, 310,
312, 327-29, 331-33, 340, 343, 356,
359, 360, 362-64, 367-69, 372, 374,
375, 377, 378, 381, 388, 392-95, 400,
402, 403, 411-13, 416, 427, 430, 455,
460, 467, 487, 498, 500, 509, 511,
515, 520, 542, 548
直接知 unmittelbares Wissen　　8, 329
直接的なもの Unmittelbares　　11, 17,

48, 61, 85, 89, 92, 94, 98, 108-11,
115, 142, 151, 152, 162, 208, 213,
248, 260, 278, 280, 293, 295, 307,
319, 328, 332, 365, 367, 370, 389,
390, 392, 395, 406, 416, 422, 511,
515-17, 542
直観 Anschauung　　13, 15, 20, 24, 33,
34, 59, 96, 139, 143, 147, 151, 164,
167, 265, 274, 289, 291-96, 327-29,
331, 332, 344, 348, 355, 360, 372,
393-407, 410, 416, 455, 457, 477,
482, 499, 500, 502, 508, 517, 519,
548
哲学 Philosophie　　5-7, 10-21, 24, 26,
28, 36, 37, 39, 40, 49, 87, 90, 102,
118, 120, 121, 124, 146, 158, 168,
169, 234, 253, 255, 273, 286, 287,
290, 292, 331-33, 343, 345, 355, 364,
384, 446, 452, 454, 459, 465, 466,
467-69, 471-74, 476-78, 481, 483,
486, 487, 494, 506-09, 529-531, 532-
35, 540, 542, 547, 559-61, 565, 569,
594, 608, 612
――の理念 Idee der -　　333
近代―― moderne -, neuzeitliche -
　　509
思弁―― spekulative -　　27, 28, 557,
558
――史 Geschichte der -　　28, 121,
338, 469, 470, 531, 532, 567, 589
展開 Entwicklung　　17, 38, 70, 112,
126, 133, 223, 226, 323, 459, 465,
469, 474, 514, 531, 537, 541, 611
天国 himmliche Sphäre　　471
当為 Sollen　　52, 131, 299-301, 315,
317, 374, 411, 416, 420, 421, 431,
434, 514
統一 Einheit　　18, 26, 31, 34, 36, 39,
48-51, 57, 61, 73, 76, 80-82, 85, 93-
95, 98, 100, 101, 103-05, 107, 108,
111, 112, 114, 115, 118, 124, 125,
127, 131, 133, 137-40, 143, 144, 147-

50, 152, 167, 170, 174, 176, 177, 179,
196, 202, 203, 213, 229, 230, 237,
254, 268, 269, 274, 279, 282, 284,
285, 292, 294, 296, 303, 304, 306,
312, 317, 318, 332, 350, 351, 362,
363, 367, 369, 370, 373, 374, 378,
392, 394, 398, 400-02, 410-12, 414,
433, 439, 445, 451-53, 463, 465-67,
469, 472, 473, 482, 488, 506, 507,
509, 512-14, 517, 536, 537, 544, 545
概念の――- des Begriffs　　100, 105,
108, 111
思考と存在の――- von Denken und
Sein　472
同一性 Identität　　32, 37, 45, 65-73, 77,
80-84, 88-91, 93-95, 99-102, 104,
106, 107, 109, 110, 112, 120-22, 125,
126, 130, 131, 138, 140, 144, 145,
152, 164, 166, 167, 170, 171, 174,
176, 177, 183, 185, 188, 189, 191,
193, 195-98, 200, 205, 229, 231, 234,
241, 245, 248, 249, 252, 255, 259,
260, 264, 265, 267-69, 272, 275, 276,
279, 281-83, 289, 294, 296, 297, 299,
300, 306, 308, 311-14, 316, 318, 326,
329, 344, 351-54, 361, 363, 369, 370,
377, 378, 383, 387, 390, 397, 399,
402, 405, 408, 416, 436, 438, 442,
452, 467, 482, 490, 491, 496, 499,
500, 513, 515, 519, 537
統治 Regierung　　320
道徳 Moral　　420, 423, 439, 440, 443,
451, 464, 470, 563, 564, 616
――性 Moralität　　298, 306, 310-
12, 317, 420, 423, 430, 431, 433, 435,
437, 439, 440, 443, 451, 520
動物磁気 animalischer Magnetismus
265, 348, 355, 496
東洋 Orient　　189, 453, 460
徳 Tugend　　254, 282, 319, 444, 451,
452
独断論　　29

度量 Maaß　　60-62, 169, 205, 487, 488,
511, 512, 517

ナ　行

名前 Name　　18, 108, 181, 192, 196,
199, 209, 296, 396, 403, 405, 440,
464, 583, 605
内的なもの Inneres　　74, 83, 93, 110,
127, 156, 159, 188, 269, 274, 276,
277, 288, 292, 309, 363, 370, 394,
469, 498, 514, 539, 542, 546
内面性 Innerlichkeit; Inneres; innerlich
78, 89, 133, 265, 453, 497
二元論 Dualismus　　70
二律背反 Antinomie　　35, 36, 57, 491
人間（人，ひと）Mensch　　6-8, 12,
13, 17, 20, 30, 31, 38, 46, 49, 50, 51,
83, 101, 103, 104, 118, 145, 156-59,
163, 165, 171, 192, 193, 196, 200,
201, 209, 218, 219, 236, 242, 265,
267, 270, 281, 290, 298, 299, 309,
338, 345, 347, 351, 354-56, 360, 362,
365, 366, 369, 372, 375, 376, 379-81,
386, 388, 391, 395, 399, 401, 412-15,
422, 426-29, 432, 434-38, 438, 440,
442-48, 453, 461, 462, 463, 465, 465,
467, 468, 477, 480, 489, 494, 496,
497, 501, 506, 527, 545, 594, 599,
603, 605, 606
――学 Anthropologie　　20, 258, 286,
338, 340, 343, 353, 358, 363, 364,
372, 395, 417, 460, 496, 552, 560,
565, 566, 570, 574-76, 582-89, 591,
594, 596, 603-05, 611, 612
――的なもの Menschliches　　453
認識 Erkenntnis　　7, 8, 12, 13, 19, 21,
28, 32, 33, 37-39, 40, 41, 86, 98, 120,
145, 152, 153, 174, 243, 244, 247,
255, 321, 332, 371, 372, 396, 403,
408, 412, 424, 431, 435, 443, 444,
466, 473, 481, 482, 486, 488, 490,

事 項 索 引　　　663

494, 495, 502, 506, 508-10, 516, 529,
　565, 597, 602
ア・プリオリな―― a priori -　　34
主観的―― subjektive -　　333
哲学的―― philosophische -　　37, 39
――根拠 -sgrund　　20, 158
――作用 Erkennen　　143-49, 151,
　509
入門 Einleitung　　190
人相学 Physiognomik　　270

ハ　行

媒介 Vermittlung　　6, 45, 46, 68, 74-
　76, 79, 80, 82, 84, 85, 88, 89, 91, 93,
　94, 111, 114, 115, 122, 124, 127, 128,
　134, 145, 148, 149, 162, 213, 225,
　229, 237, 239-41, 275, 281, 306, 316,
　326-28, 330-33, 354, 361, 364, 365,
　376, 378, 381, 382, 409, 422, 426,
　438, 439, 472, 473, 487, 497-99, 508-
　11, 514, 600
始まり Anfang　　12, 17-19, 40, 44, 45,
　47, 49, 50, 124, 147, 150-52, 178,
　181, 185, 200, 202, 227, 237, 245,
　253, 254, 268, 281, 284, 332, 333,
　349, 357, 363, 369, 381, 389, 467,
　487, 506, 508, 515, 529, 542, 609
発展 Entwicklung　　51, 64, 70, 98, 99,
　118, 122, 242, 263, 285, 321, 323,
　344, 350, 388, 440, 447, 473, 486,
　488, 494, 508, 510, 513, 531, 539,
　541
汎神論 Pantheismus　　344, 503, 534
反省，反省還帰 Reflexion　　17, 26, 41,
　44, 64, 66, 71, 73-83, 85-92, 94, 98,
　100, 101, 103, 104, 109-12, 117, 120,
　126, 131, 139, 143, 151, 152, 157,
　177, 183, 193, 196, 232, 234, 238,
　253, 258, 259, 263, 264, 267, 271-76,
　282, 288, 291, 293, 297, 302-04, 306,
　313, 315-17, 321, 329-31, 333, 340,

348, 350, 352, 353, 354, 363, 365,
　368-370, 372, 373, 383, 384, 392-
　94, 400, 401, 404, 408, 409, 412, 414,
　415, 417, 419, 420, 427, 430, 436-38,
　440, 441, 443-45, 450-52, 462, 466-
　68, 471, 473, 481, 483, 487-89, 510,
　513, 514, 517, 520, 537, 545, 597
外（面）的―― äußere（fremde）- 21,
　109, 139, 241, 302, 414
――規定 -sbestimmung　　73, 74,
　102, 171, 174, 188, 206, 233, 275,
　330, 537
――形式 -sform　　181, 191, 288
判断 Urteil　　13, 30, 45, 99, 101, 102,
　104-12, 122, 124, 129, 130, 138, 140,
　142, 143, 151, 193, 242, 259, 262,
　264, 266, 268, 271, 272, 273, 278,
　289, 297, 301, 306, 307, 309, 310,
　312, 326, 330, 355, 356, 358, 363,
　365, 373, 376, 391, 399, 408, 411,
　430, 435, 459, 466, 507, 510, 515
美 Schönheit:Schönes　　327, 328, 452,
　458-60, 461, 470
美学 Ästhetik　　476, 564, 593
美学の ästhetisch　　459
彼岸 Jenseits　　37, 38, 79, 92, 144, 273,
　327, 364, 372, 386, 452, 456, 457,
　464, 469, 506, 509
悲劇 Tragödie　　412, 462, 471
必然性 Notwendigkeit　　6, 11, 13, 15,
　16, 21, 26, 31, 32, 34, 45, 47, 64, 81,
　85, 86, 88-90, 93-96, 105, 110, 112,
　116, 117, 119, 139, 145, 147, 148,
　156, 163, 164, 168, 184, 219, 267,
　277, 286, 295, 299, 301, 311, 317,
　332, 343, 345, 356, 359, 370, 371,
　386, 387, 393, 399, 420, 421, 428,
　436, 437, 442, 448, 449, 482, 483,
　487, 488, 511, 514, 536, 542, 608
否定 Negation　　13, 25, 26, 30, 40, 51,
　64, 67, 68, 89, 101, 103, 104, 116,
　119, 126, 139, 148, 151, 152, 158,

162, 163, 164, 166, 176, 189, 201,
231, 232, 238, 239, 241, 246, 248,
252, 276-80, 282, 301, 307, 309, 310,
326, 338, 342, 359, 361, 363, 369,
374, 376, 378, 382, 387, 413, 415,
417-21, 427, 432, 435, 438, 467, 472,
483, 487-89, 499, 501, 503, 508, 511,
512, 515, 518, 529, 530, 541, 542,
546, 562
——性 Negativität　46, 47, 62, 64,
65, 68, 81, 89, 92, 98, 119, 120, 122,
126, 127, 129, 133, 134, 151, 152,
160, 165-67, 169, 170, 174, 200, 208,
212, 215, 234, 237, 238, 252, 260,
264, 271, 272, 279, 280, 285, 295,
297, 298, 300, 304, 317, 322, 327,
328, 330, 331, 359, 364, 388, 393,
412, 417, 418, 428, 435, 436, 448,
466, 517
——の否定 Negtion der Negation
53, 152, 163, 467
批判主義 Kritizismus　7, 37
批判哲学 kritische Philosophie　28,
120, 122, 509
病気 Krankheit　11, 235, 245-48, 264,
266, 267, 345, 347, 354-57, 499, 501,
502
表象 Vorstellung　6, 11-13, 15, 21, 24,
29, 30, 32, 33, 34, 37-39, 46, 48-50,
54, 62, 64, 66, 91, 99, 101-04, 107,
108, 124, 125, 132, 137, 146, 147,
156, 157, 162, 164, 165, 167, 170,
177, 182, 189, 190-92, 200, 203, 205,
217, 232, 239, 253, 255, 259, 263,
265, 266, 273, 286-89, 291-97, 303,
327-29, 331, 332, 340, 344, 347, 348,
354, 355, 357, 359, 361, 372, 378,
380, 382, 383, 385, 391, 392, 394-96,
397-99, 401-08, 422, 436, 458, 460,
461, 463, 465, 469, 471, 472, 474,
481, 482, 486, 494-500, 506, 507,
509, 511, 512, 519, 541, 542, 556,

601, 602, 608
便覧 Kompendium　558, 560
復活 Restauration　132, 133
物質的なもの Materielles　156, 260
物理学, 物理学的, 物理学者 Physik
13, 20, 54, 146, 160, 175, 176, 186,
188-90, 192-94, 197-201, 203-05,
215-17, 222, 224, 247, 259, 286, 487,
517, 518, 543, 555, 567, 597, 598,
608
不死（性）Unsterblichkeit　31, 104,
133, 422
プロテスタント protestantisch　468,
576
分析 Analysis; Analyse　30, 33, 48, 50,
144, 152, 193, 235, 286, 315, 358,
486
分割 Diremtion　204, 294, 309, 356,
357, 361, 377, 466, 517, 536
分離　16, 38, 39, 57, 58, 87, 107, 112,
113, 122, 128, 182, 196, 239-41, 278,
279, 287, 291, 297, 329, 331, 332,
344, 376, 432, 435, 453, 468, 472,
481, 491, 496, 497, 500, 511
分裂 Entzweiung　200, 211, 215, 219,
225-27, 234, 351, 354, 402, 436, 437,
453, 455, 468
平和 Friede　322, 448, 449, 456
弁証法 Dialektik　25, 26, 51, 65, 68,
115, 119, 122, 139-42, 149, 153, 198,
279, 314, 323, 368, 375, 376, 408,
416, 454, 457, 473, 494, 513, 517,
598, 603
——的 dialektisch　25-27, 40, 64,
70, 99, 121, 131, 140, 152, 159, 272,
273, 288, 303, 314, 470, 472, 488,
529-31, 562, 608
弁神論 Theodizee　73
ポテンツ Potenz　232, 235, 238, 245
法 Recht　11, 13, 48, 49, 281, 298-300,
302, 306-08, 310, 311, 315, 317, 319,
320, 322, 323, 342, 350, 374, 377,

事 項 索 引　　　　　665

379, 381, 389, 410, 420-24, 426-31,
　439-42, 446, 448-51, 467, 481, 483,
　512, 513, 518, 519, 547, 565, 565
抽象——abstraktes -　　453
封建制 Feudalismus　　379
法状態 Rechtszustand　　311
法則 Gesetz　　24, 31, 45, 67, 83, 98,
　144, 158, 159, 177-85, 190, 196, 197,
　199, 217, 218, 265, 276, 277, 292,
　310, 313, 344, 360, 370, 371, 372,
　373, 382, 386, 391, 430, 431, 432,
　434, 435, 439, 477, 480, 481, 492,
　495, 507, 509
法律 Gesetz　　313, 319, 320, 411, 420,
　428, 432, 436
報復 Wiedervergeltung, Vergeltung
　429
方法 Methode　　5, 6, 12, 19, 48, 70,
　122, 144-47, 149-53, 168, 180, 467,
　473, 507, 529, 530, 541, 574
本質 Wesen〔Ens〕　　11, 16, 27-29, 31,
　32, 37, 40, 41, 45, 49, 54, 58, 62, 64-
　74, 78-80, 82-85, 87-90, 94, 95, 98-
　101, 105, 107, 109, 112, 117, 121,
　124, 127, 128, 130, 133, 135-37, 140,
　141,148, 152, 157, 162, 163, 166,
　168-71, 174, 176-79, 183, 184, 186,
　188, 190, 199, 203-05, 209, 213, 216,
　222, 225, 226, 230, 231, 235, 237,
　241-43, 245, 247-49, 252-54, 259,
　261, 262, 265, 266, 268, 272, 273,
　275, 276, 280-83, 287, 288, 290, 291,
　293-97, 299, 301, 309, 311-14, 317,
　320, 321, 326, 327, 329-31, 333, 338,
　340, 344, 360, 369, 370, 372, 379,
　381, 383, 385, 386, 388, 400, 401,
　410, 411, 416, 424, 426, 429, 433,
　434, 439, 442, 448, 449, 451, 458,
　460-63, 480-83, 487-89, 495, 500,
　503, 506, 508-15, 517, 519, 520, 530,
　536, 537, 542, 560, 564

マ　行

身分 Stand; Stände　　318, 319, 321,
　322, 380, 442, 445, 446
無 Nichts　　26, 32, 46-51, 54, 64, 67,
　68, 86, 107, 121,125, 126, 142, 148,
　153, 166, 167, 190, 255, 315, 316,
　360, 380, 404, 432, 446
無限（無限者）Unendliches　　12, 15,
　27, 29, 30, 33, 35, 38, 44, 52, 53, 57,
　59, 61, 62, 73, 80, 81, 90-93, 109,
　114, 119, 120, 133, 137-40, 144, 149,
　153, 156, 162, 169, 180, 189, 190,
　223, 231, 232, 234, 252, 254, 255,
　270, 272, 273, 283, 284, 285, 288-91,
　300, 304, 308-10, 315, 319, 322, 324,
　351, 354, 356, 363, 366, 367, 377,
　383, 385, 388, 392, 393, 397, 403,
　417, 422, 424, 427, 428, 435, 436,
　438, 449, 451, 453, 458, 460, 474,
　481, 482, 486, 489, 506, 509, 513,
　516-19
　——性 Unendlichkeit　　29, 52, 53,
　80, 81, 162, 232, 270, 284, 288, 315,
　324, 356, 363, 383, 435, 449, 486,
　513
　——な unendlich　　15, 27, 35, 38,
　90-93, 114, 137-40, 144, 153, 156,
　189, 223, 231, 232, 234, 252, 254,
　283-85, 291, 308, 309, 315, 319, 354,
　366, 385, 388, 392, 438, 451, 453,
　458, 486, 489, 506, 509, 517, 519
無差別 Indifferenz　　45, 46, 56, 129,
　206, 207, 211, 214, 215, 216, 234
　——点 Indifferenzpunkt　　206
矛盾 Widerspruch　　25, 30, 31, 33, 37,
　39, 50, 51, 53, 59, 64, 67, 70, 72, 81,
　87, 103, 105, 114, 115, 119, 121, 122,
　128, 138, 139, 148, 149, 169, 178,
　184, 232, 265-67, 272, 276, 278, 280,
　296, 300, 303, 304, 312, 315, 356,

359, 366, 367, 373, 374, 376, 377,
378, 411, 415, 422, 432, 435, 447,
453, 465, 506, 509, 537, 541, 608
──律 Satz des -s　　31, 67
無神論 Atheismus　　157
無制約者 Unbedingtes　　537
無制約的 unbedingt　　35, 37, 45, 112
命題 Satz　　29, 30, 33, 34, 36, 45, 46,
48, 49, 66, 67, 69-73, 105-07, 109,
112, 116, 119, 164, 168, 180, 181,
201, 205, 234, 289, 290, 368, 369,
491, 492, 531, 561, 611
迷信 Aberglauben　　452, 457, 465
目的 Zweck　　8, 24, 28, 32, 48, 49, 68,
74, 76, 81, 83, 111, 129-35, 140, 141,
148, 149, 159, 160, 164, 168, 192,
213, 219, 226, 230, 240, 243, 247,
267, 269, 273, 285-87, 298, 300, 303,
304, 306, 307, 312-15, 317-19, 322,
338, 351, 359-61, 367, 378, 381, 382,
391, 393, 400, 408-10, 412-18, 420,
424, 428-35, 437, 438, 442-44, 448,
449, 451, 458, 461, 473, 476, 477,
483, 488, 495, 506, 509, 510, 513,
515, 516, 519, 520, 540, 541, 544-46,
568, 601, 602, 610
　究極── Endzweck　　313, 433, 434,
438
モナド Monade　　69, 125, 472
物 Ding　　26, 28-31, 35, 37, 38, 45-47,
64, 73, 76-78, 86, 103, 104, 106, 107,
109, 111, 113, 119, 137, 141, 217,
259, 266, 267, 273-76, 283, 288, 348,
354, 356, 357, 360, 363, 365, 369,
370, 397, 398, 400, 401, 404, 422,
468, 481, 482, 489, 490, 494, 496

ヤ・ラ　行

有機的なもの Organisches　　222, 225,
241, 608
ユダヤ人 Jude　　359, 361, 453

ユダヤ的 judisch　　460
欲求　　122, 232, 237, 281, 318, 321,
380, 381 388, 397, 410, 427, 429,
431, 432, 440-42, 461, 464, 468, 472,
477, 483, 506, 508, 541
　──の体系 System der Bedürfnisse
440, 442

力学 Mechanik　　13, 14, 170, 175, 177,
182, 185, 186, 199, 205, 233, 487,
517, 543, 597, 608
利害関心 Interesse　　308, 310, 312,
314, 315, 318, 319, 545
理性 Vernunft　　7, 8, 13-16, 19, 20, 25-
29, 35-38, 45, 103, 111-13, 124, 130,
132-34, 137-39, 144, 147, 178, 179,
181, 183, 196, 210, 214, 232, 240,
243, 244, 254, 255, 258, 262, 265,
268, 274, 282-84, 285-87, 289, 290,
297-99, 301, 302, 306, 310, 312, 317,
320, 333, 344, 348, 354, 355, 359,
367, 382-84, 385-91, 393, 394, 397,
407, 409, 410, 412-15, 420, 424, 431-
34, 437, 439, 440, 442, 443, 445, 453,
454, 463, 464, 468, 469, 471-74, 480-
82, 495, 500, 506-09, 534, 542, 547,
562-65, 606
　観察する── beobachtende -　　565
　実践── praktische -　　132, 433
　純粋── reine -　　36, 37
　絶対的── absolute -　　45
　──概念 –begriff　　112, 130, 132,
286, 463
　──の学 Wissenschaft der -　　14, 15,
534
　──の狡知 List der -　　133
　──法 - recht　　432
　──的なもの Vernunftiges　　26, 27,
37, 112, 113, 130, 196, 268, 285, 288,
290, 299, 310, 382, 388, 410, 469,
471, 506, 509
理想 Ideal　　327, 351

事 項 索 引　　　　　　　　667

理念 Idee　　5, 7, 16, 19-21, 24, 27, 28,
　38, 41, 49, 64, 76, 98, 101, 103, 112,
　122, 126, 132, 133, 135-44, 146-53,
　156-60, 166, 169, 178, 196, 206, 207,
　211, 222, 223, 230, 242, 244, 248,
　249, 252-54, 260, 261, 263, 265, 268,
　273, 279, 293, 297, 298, 300, 306,
　326, 328, 329, 331-33, 344, 345, 350,
　356, 357, 359, 360, 372, 373, 385,
　402, 421, 422, 431, 433, 436-38, 443,
　448, 449, 451, 454, 455, 460-67, 472-
　74, 476, 477, 482, 483, 486-88, 494,
　508-11, 516-19, 520, 529, 537, 539,
　541, 562, 567, 568, 598, 602,
絶対的―― absolute -　　9, 149, 150,
　326, 488
　哲学の―― - der Philosophie　　206,
　333
　生命の――（直接的――）- des
　Lebens（unmittelbare -）　　132,
　133, 153, 242, 244, 249, 260, 488,
　565, 566
　キリスト教の―― - des Christentums
　422
　――論 -nlehre　　560, 615
良心 Gewissen　　45, 315, 412, 421, 436,
　438, 439, 443, 494
倫理学 Ethik　　606
類過程 Gattungsprozeß　　225, 227, 230,
　241
霊魂 Seele　　31, 260, 344, 470, 564,
　566, 567, 569, 576

　――論 Psychologie; Seelenlehre
　31, 563, 564, 566, 569, 576
礼拝 Kultus　　457, 471, 503
歴史 Geschichte　　16, 17, 19, 20, 40,
　121, 244, 265, 323, 344, 345, 347,
　354, 421, 436, 447, 453, 455, 465,
　469, 486, 507, 518, 529, 531, 541,
　546, 547, 564, 565
　――哲学 - sphilosophie　　547
労働 Arbeit　　281, 309, 318, 319, 323,
　380, 382, 442
ロマン主義 Romantik　　6, 7, 461, 534
論理学 Logik, Wissenschaft der Logik
　6, 12, 13, 21, 24-28, 36, 37, 39, 41,
　47, 64, 69, 70, 73, 98, 99, 102, 112,
　119, 120, 124, 126, 130, 132, 133,
　138, 139, 149, 150, 169, 174, 218,
　255, 286, 295, 297, 366, 475, 476,
　480-83, 487, 527, 529-31, 535-38,
　541, 554, 555, 559-64, 566-72, 582,
　586, 594-99, 601-03, 606-08, 610,
　614-16

　　　　　ワ　行

和解 Versöhnung　　357, 453, 467, 469,
　472
惑星 Planet　　179, 180, 182, 185, 194-
　96, 261, 360, 370, 492, 493
われわれに対して Füruns　　99, 342,
　487, 518

訳 者 紹 介

責任編集者

山口誠一（やまぐち・せいいち）
〔共訳担当箇所〕『ハイデルベルク・エンツュクロペディー』序説，緒論，A. 論理学・予備概念，存在論，C. 精神哲学についてのメモ［第 373 節から第 439 節まで］
1953 年生まれ。東京大学文学部哲学科を経て東京都立大学大学院人文科学研究科哲学専攻博士課程単位取得退学，法政大学文学部教授（哲学），*Jahrbuch für Hegelforschung* 国際顧問。
〔主要業績〕『ヘーゲル哲学の根源——〈精神現象学〉の問いの解明』（法政大学出版局，2017 年［オンデマンド］），*Hegel in Japan——Studien zur Philosophie Hegels*（共編著，Lit Verlag，2015），*Die japanischsprachige Hegel-Rezeption von 1878 bis 2001——Eine Bibliographie*（共編著，Peter Lang Edition，2013）

共 訳 者
（50 音順）

池松辰男（いけまつ・たつお）
〔担当箇所〕『ハイデルベルク・エンツュクロペディー』C. 精神哲学についてのメモ［冒頭から第 372 節まで］
1988 年生まれ。東京大学大学院人文社会系研究科博士課程修了，東京大学大学院人文社会系研究科倫理学研究室助教，博士（文学）。
〔主要業績〕『ヘーゲル「主観的精神の哲学」——精神における主体の生成とその条件』（晃洋書房，2019），『ヘーゲル講義録入門』（共著，法政大学出版局，2016），オットー・ペゲラー編『ヘーゲル講義録研究』（共訳，法政大学出版局，2015）

伊藤　功（いとう・いさお）
〔担当箇所〕『ハイデルベルク・エンツュクロペディー』B . 自然哲学
1966 年生まれ。早稲田大学大学院文学研究科博士後期課程単位取得満期退学，横浜国立大学非常勤講師，修士（文学）。
〔主要業績〕「1817 年以降のヘーゲル自然哲学」（『ヘーゲル哲学研究』第 24 号，2018 年），「ヘーゲルと一者論」（『ヘーゲル哲学研究』第 20 号，2014 年），『ヘーゲル「新プラトン主義哲学」註解』（共著，知泉書館，2005 年）

大西正人（おにし・まさと）
〔担当箇所〕『ハイデルベルク・エンツュクロペディー』A. 論理学第 2 部本質論・第 3 部概念論，講義メモ「論理学・形而上学，自然哲学，人間学・心理学」，『ハイデルベルク・エンツュクロペディー』注解口述筆記ノート，亡失稿報告
1958 年生まれ。東京都立大学大学院人文科学研究科哲学専攻博士課程単位取得満期退学，法政大学等非常勤講師。
〔主要業績〕「カントの超越論的観念性とヘーゲルの矛盾——ヘーゲルはおのれの主張する「矛盾」の由来をいかに理解したか」（『ヘーゲル哲学研究』第 10 号，2004 年），「ヘーゲル哲学の原理としての観念的矛盾」（法政大学教養部『紀要』第 116 号，2001 年），「「観念的な矛盾」について——ヘーゲルの矛盾論」（『ヘーゲル哲学

研究』第 5 号，1999 年）

岡崎　龍（おかざき・りゅう）
〔担当箇所〕『ハイデルベルク・エンツュクロペディー』C. 精神哲学，緒論，第 2 部
1987 年生まれ。一橋大学大学院社会学研究科総合社会科学専攻博士後期課程単位
取得退学，フンボルト大学哲学科博士課程在学中，修士（社会学）。
〔主要業績〕「ヘーゲルとパフォーマティヴィティ──『精神現象学』「自己疎外的
精神の世界」とジュディス・バトラー」（『思想』，第 1137 号，2019 年），「変革的
主体の形成」（『ヘーゲルと現代社会』晃洋書房，2018 年），ジュディス・バトラー
『欲望の主体──ヘーゲルと 20 世紀フランスにおけるポスト・ヘーゲル主義』（共
訳，堀之内出版，2019 年）

大河内泰樹（おおこうち・たいじゅ）
〔担当箇所〕『ハイデルベルク・エンツュクロペディー』C. 精神哲学・第 3 部
1973 年生まれ。一橋大学大学院社会学研究科単位取得退学。一橋大学大学院社会
学研究科教授，Dr. der Philosophie（Ruhr-Universität Bochum）
〔主要業績〕*Ontologie und Reflexionsbestimmungen. Zur Genealogie der Wesenslogik
Hegels*（Königshausen & Neumann, Würzburg, 2008），「多元的存在論の体系──
ノン・スタンダード存在論としてのヘーゲル『エンチュクロペディ』」（『思想』第
1137 号，2019 年）ほか。

川瀬和也（かわせ・かずや）
〔翻案担当箇所〕『ハイデルベルク・エンツュクロペディー』解説第 3 部
1986 年生まれ。東京大学大学院人文社会系研究科基礎文化研究専攻哲学専門分野
博士課程単位取得満期退学，宮崎公立大学助教，博士（文学）
〔主要業績〕『ヘーゲルと現代思想』（共著，晃洋書房，2017 年），「行為者性の社会
理論──コースガード・ピピン・ヘーゲル」（『思想』第 1137 号，岩波書店，2018
年），「ヘーゲル『大論理学』における絶対的理念と哲学の方法」（日本哲学会編
『哲学』第 68 号，2017 年）。

小島優子（こじま・ゆうこ）
〔担当箇所〕『ハイデルベルク・エンツュクロペディー』C. 精神哲学についてのメ
モ［第 440 節から第 477 節まで］，「論理学・形而上学」講義のメモ紙片 I・II
1973 年生まれ。上智大学大学院哲学研究科哲学専攻博士後期課程修了，高知大学
教育研究部人文社会科学系人文社会科学部門准教授，博士（哲学）。
〔主要業績〕『ヘーゲルと現代思想』（共著，晃洋書房，2017 年），『ヘーゲル──精
神の深さ──『精神現象学』における「外化」と「内化」』（知泉館，2011 年），
『最新哲学がよ〜くわかる本』（秀和システム，2006 年）

真田美沙（さなだ・みさ）
〔担当箇所〕『ハイデルベルク・エンツュクロペディー』C. 精神哲学・第 1 部
1989 年生まれ。ハイデルベルク大学哲学部博士候補生，修士（社会学）。
〔主要業績〕「ヘーゲル論理学存在論における三つの無限性：イェーナ論理学「一重
の関係」から『大論理学』「存在論」へ」（日本哲学会編『哲学』68 号，2017 年），
「論理学・形而上学講義──「予備概念」の成立」（共著『ヘーゲル講義録入門』法
政大学出版局，2016 年），「量における質の回復について──ヘーゲル『大論理学』
における「定量の無限性」を中心に」（『ヘーゲル哲学研究』第 21 号，2015 年）

〔ヘーゲル全集　第 11 巻〕　　　　　　　ISBN978-4-86285-296-0

2019 年 6 月　5 日　　第 1 刷印刷
2019 年 6 月 10 日　　第 1 刷発行

責任編集　山　口　誠　一
発行者　小　山　光　夫
印刷者　藤　原　愛　子

発行所　〒113-0033 東京都文京区本郷 1-13-2
　　　　電話03（3814）6161 振替00120-6-117170　　株式会社 知泉書館
　　　　http://www.chisen.co.jp

Printed in Japan　　　　　　　　　　　　　　印刷・製本／藤原印刷

ヘーゲル全集
（全19巻　24冊）

◇　全巻の構成　◇

第1巻　初期論稿　Ⅰ
　　責任編集　杉田孝夫

第2巻　初期論稿　Ⅱ
　　責任編集　山口誠一

第3巻　イェーナ期批判論稿
　　責任編集　田端信廣

第4巻　論稿・草案（1794-1808）
　　責任編集　伊坂青司

第5巻　イェーナ期体系構想　Ⅰ
　　責任編集　座小田豊

第6巻　イェーナ期体系構想　Ⅱ
　　責任編集　座小田豊

第7巻　イェーナ期体系構想　Ⅲ
　　責任編集　座小田豊

第8巻1　精神現象学　Ⅰ
　　責任編集　山口誠一

第8巻2　精神現象学　Ⅱ
　　責任編集　山口誠一

第9巻1　ニュルンベルク時代のギムナジウム諸過程
　　　　とギムナジウム諸式辞（1808-16年）　Ⅰ
　　責任編集　幸津國生

第9巻2　ニュルンベルク時代のギムナジウム諸過程
　　　　とギムナジウム諸式辞（1808-16年）　Ⅱ
　　責任編集　幸津國生

第10巻1　**論理学　客観的論理学：存在論**（第1版, 1812）
　責任編集　久保陽一

第10巻2　**論理学　客観的論理学：本質論**（第1版, 1813）
　責任編集　久保陽一

第10巻3　**論理学　客観的論理学：概念論**（第1版, 1816）
　責任編集　久保陽一

第11巻　**ハイデルベルク・エンツュクロペディー**（1817）　付：補遺
　責任編集　山口誠一　　　　　菊/688p/9000円【第1回配本】

第12巻1　**法哲学綱要　Ⅰ**
　責任編集　赤石憲昭／神山伸弘／佐山圭司

第12巻2　**法哲学綱要　Ⅱ**
　責任編集　赤石憲昭／神山伸弘／佐山圭司

第13巻　**評論・草稿Ⅰ**（1817-25）
　責任編集　海老澤善一

第14巻　**評論・草稿Ⅱ**（1826-31）
　責任編集　海老澤善一

第15巻　**自筆講義録**（1816-31）　**Ⅰ**
　責任編集　小林亜津子／山口誠一

第16巻　**自筆講義録**（1816-31）　**Ⅱ**
　責任編集　山脇雅夫

第17巻　**エンツュクロペディー**（1827/30）
　責任編集　高山　守

第18巻　**論理学**（1832）**第1巻 存在論**（第2版）
　責任編集　久保陽一

第19巻　**抜粋・メモ**（1785-1800/1809-31）
　責任編集　大野達司／山本卓／日中鎭朗／山口誠一

編集総括　山口誠一

＊　講義録　書簡は追って刊行予定です。

ヘーゲルハンドブック 生涯・作品・学派
W. イェシュケ／神山伸弘・久保陽一・座小田豊・島崎隆・高山守・山口誠一監訳
B5/750p/16000円

生と認識 超越論的観念論の展開
久保陽一 A5/352p/5800円

ヘーゲル「新プラトン主義哲学」註解 新版『哲学史講義』より
山口誠一・伊藤功 菊/176p/4200円

思弁の律動 〈新たな啓蒙〉としてのヘーゲル思弁哲学
阿部ふく子 A5/252p/4200円

ヘーゲル 精神の深さ 『精神現象学』における「外化」と「内化」
小島優子 A5/300p/5000円

哲学の欲求と意識・理念・実在 ヘーゲルの体系構想
幸津國生 A5函入/296p/5000円

ドイツ観念論の歴史意識とヘーゲル
栗原 隆 A5/322p/4700円

超越論哲学の次元 1780-1810
S. ディーチュ／長島隆・渋谷繁明訳 A5/328p/5600円

スピノザの学説に関する書簡
F. H. ヤコービ／田中光訳 A5/496p/7000円

非有の思惟 シェリング哲学の本質と生成
浅沼光樹 A5/304p/5000円

カント哲学試論
福谷 茂 A5/352p/5200円

理性の深淵 カント超越論的弁証論の研究
城戸 淳 A5/356p/6000円

判断と崇高 カント美学のポリティクス
宮﨑裕助 A5/328p/5500円

初期フォイエルバッハの理性と神秘
川本 隆 菊/302p/6000円

ニーチェ『古代レトリック講義』訳解
山口誠一訳著 菊/168p/3600円